KB190726

신약 강해시리즈 (3)

Jesus+ NOTHING

갈라디아서 강해

신약 강해시리즈 (3)

갈라디아서 강해

이중수 글
처음 찍은날 · 2022년 5월 10일
처음 펴낸날 · 2022년 5월 15일
펴낸이 · 오명진
펴낸곳 · 양들의식탁
출판등록 · 제2015-00018호
주소 · 서울시 노원구 동일로 221길 22 대림 아파트 5동 109호
전화 · (02)939-5757
보급 · 비전북 전화 (031)907-3927 팩스 080-907-9193
이메일 · jsleemar22@gmail.com(이중수), boseokdugae@hanmail.net(오명진)

ISBN 979-11-90206-02-0 04230
ISBN 979-11-960446-3-3 04230 (세트)

신약 강해시리즈 (3)

Jesus+ NOTHING

갈라디아서 강해

양들의식탁

갈라디아서의 핵심 이슈는 예수님으로 충분한가 하는 것입니다. 갈라디아 지역의 거짓 교사들은 온전한 구원을 받으려면 「예수 + 할례」라고 가르쳤습니다. 바울은 그것은 '다른 복음'이고 「예수 + Nothing」이 참 복음이라고 반박했습니다. 바울의 주장은 예수님 이외에 다른 어떤 것도 필요하지 않다는 것입니다. 이것은 우리에게도 직접 적용되는 문제입니다.

구원을 받기 위해서 필요한 것이 무엇입니까? 주 예수를 자신의 대속주로 믿는 것입니다. 그런데 그다음이 문제입니다. 일단 교회에 들어오면 사람이 만든 각종 룰(rule)과 전통이 구원 여부를 판단하는 기준이 되고 율법이 신앙생활의 잣대가 되는 경우가 허다합니다. 옛 언약에 속한 것들을 새 언약 교회에 옮겨서 재적용하는 것은 바울에 의하면 '다른 복음' 입니다.

우리나라 교회에 자리 잡은 유교적 가치관의 관습이나 재래 사상에서 나온 여러 형태의 비복음적이고 율법적인 요소들은 참 교회의 모습을 퇴색시키고 새 언약 백성의 신앙생활을 오염시킵니다. 결국 우리가 던져야 할 질문은 「예수 + 무엇」이 또 있느냐는 것입니다.

예수님이 전부라면 그 이외의 것들은 내세우지 말아야 합니다. 주 예수를 구주로 믿고 거듭났으면 예수님이 세우신 새 언약 속으로 들어갔습니다. 그렇다면 왕이신 예수님의 다스림을 받으면서 그분의 가르침과 권위 아래에서만 살아야 합니다.

의롭다는 선언을 받기 위해서 필요한 것이 무엇입니까? 예수님을 믿는 것 이외에 아무것도 없습니다. 정상적인 교인으로서 사는 데 필요한 것이 무엇입니까? 예수님을 주인으로 모시고 성령의 인도에 따라 사는 것입니다. 그 이외의 것들을 갖다 붙이는 것은 모두 비복음적인 종교적 전통과 세속주의입니다.

우리가 추구하는 교회의 모습이 무엇입니까? 갱신된 교회입니다. 어떻게 하는 것이 갱신된 교회입니까? 예수님 이외에 추가하는 것이 없는 교회입니다. 율법을 복음에 보태거나 의식을 내걸거나 복음에 근거하지 않은 교회 관습을 따르지 않는 것입니다. 오직 주 예수님과 성령의 인도로 복음의 진리를 바르게 깨닫고 실천에 옮기는 것입니다.

바울은 갈라디아서에서 유대주의 거짓 교사들이 퍼트리는 '다른 복음'의 해악을 지적하고 예수님으로 충분하다고 역설하였습니다. 본 강해가 오직 주님만이 구원과 성도의 삶에 필요한 모든 것을 제공한다는 사실을 확신하는 데 도움이 되기를 기도합니다.

2022년
이중수

CONTENTS

저자 서문 4

1. 소개 11
2. 아멘의 하나님 (갈 1:1~5) 20
3. 타협할 수 없는 복음 (갈 1:6~8) 34
4. 다른 복음은 없나니 (갈 1:6~10) 45
5. 바울이 계시로 받은 복음 (갈 1:11~14) 58
6. 은혜로 나를 부르신 이 (갈 1:15~24) 71
7. 빼앗길 수 없는 자유 (갈 2:1~10) 81
8. 안디옥의 이상향 (갈 2:11~14) 97
9. 율법의 행위와 이방인의 구원 (갈 2:15~16) 108
10. 예수님의 믿음 (갈 2:15~16) 121
11. 은혜 구원은 죄가 되는가? (갈 2:17~18) 133
12. 율법에 죽은 자 (갈 2:19) 147
13. 그리스도 안에 있는 나 (갈 2:20) 159
14. 육체는 무엇인가? (갈 2:20) 171

CONTENTS

15. 내 안에 계신 그리스도 (갈 2:20~21) 182
16. 바울이 가르친 복음 (갈 3:1~5) 194
17. 무엇으로 성령을 받았는가? (갈 3:1~5) 204
18. 아브라함의 자손 (갈 3:6~9) 215
19. 율법이 주는 생명 (갈 3:10~12) 227
20. 저주받은 메시아 (갈 3:13~14) 239
21. 아브라함의 복 (갈 3:14) 252
22. 아브라함의 복과 성령의 약속 (갈 3:14) 264
23. 아브라함 언약과 모세 언약 (갈 3:15~18) 277
24. 율법은 왜 필요한가? (갈 3:19~29) 290
25. 율법과 복음은 반대인가? (갈 3:21~25) 304
26. 새 창조와 새 가족 (갈 3:26 ~29) 318
27. 유업을 이을 자 (갈 3:29) 329
28. 유업은 어떻게 소유하는가? (갈 3:29) 342
29. 종과 아들과 아빠 아버지 (갈 4:1~7) 356

CONTENTS

30. 하나님이 아시는 자들 (갈 4:8~11) 370
31. 그리스도의 형상을 이루기까지 (갈 4:12~20) 380
32. 종의 멍에를 메지 말라 (갈 4:21~5:1) 395
33. 그리스도인의 자유 (갈 5:1) 412
34. 은혜에서 떨어진 자 (갈 5:2~4) 424
35. 사랑으로 드러나는 믿음 (갈 5:5~6) 435
36. 효력 없는 할례 (갈 5:6~12) 445
37. 사랑으로 인도되는 자유 (갈 5:13~15) 454
38. 율법은 경건생활의 길잡이인가? (갈 5:16) 468
39. 성령의 인도와 율법의 성취 (갈 5:16) 479
40. 성화의 절대 모델 (갈 5:16) 491
41. 육체와 성령의 줄다리기 (갈 5:17) 500
42. 성령은 어떻게 율법을 성취하는가? (갈 5:18) 511
43. 율법 아래 있지 않는 것은 무엇인가? (갈 5:18) 522
44. 잠정법으로서의 율법은 폐지되었는가? (갈 5:18) 533

CONTENTS

45. 율법보다 높은 곳으로 가라 (갈 5:16~18) 545

46. 육체의 일은 분명하다 (갈 5:19~21) 563

47. 하나님 나라의 상속 (갈 5:19~21) 573

48. 성령의 열매 (갈 5:22~23) 596

49. 성령으로 행하라 (갈 5:24~25) 606

50. 성령으로 행하는 사람들 (갈 5:24~26) 619

51. 신령한 사람들 (갈 6:1) 626

52. 그리스도의 법은 무엇인가? (갈 6:2~5) 634

53. 심고 거두기 (갈 6:6~10) 644

54. 영생을 거두리라 (갈 6:8~10) 652

55. 율법적 경건과 십자가 은혜 (갈 6:11~18) 661

부록.

톰 라이트(Tom Wright)의 칭의론은 옳은가? 673

1.
소개

본 강해서의 제목을 [예수 + Nothing] 이라고 했습니다. 예수님 이외에 아무것도 보태지 않는 것이 곧 구원이라는 말입니다. 구원은 예수님을 떠나서는 존재하지 않습니다. 또한 예수님에게 다른 무엇을 덧붙여도 안 됩니다. 구원에 관한 한, 예수님이면 충분합니다. [예수 + 엑스트라]는 '다른 복음'(갈 1:7)입니다.

그런데 그렇게 생각하지 않는 사람들이 있었습니다. 그들은 예수님으로 충분하지 않다고 주장하였습니다. 그들은 바울이 개척한 갈라디아 지역의 교회들을 돌아다니면서 바울을 헐뜯고 그의 가르침을 비난하였습니다. 그들은 예수님만 믿는 것은 온전한 구원이 아니라고 가르쳤습니다. 예수님 다음에 아무것도 없는 것이 아니고 plus (+) 가 있다는 것입니다. 예수님만으로는 충분하지 않기 때문에 엑스트라가 있어야 한다는 말입니다. 바꾸어 말하면 [예수님 + 율법] 이라야 온전한 구원이라는 주장입니다.

이것이 바울 사도가 갈라디아서를 쓰게 된 동기입니다. 이제 배경 이해를 위해서 관련 성구들을 살펴보겠습니다.

어떤 사람들이 유대로부터 내려와서 형제들을 가르치되 너희가 모세의 법대로 할례를 받지 아니하면 능히 구원을 받지 못하리라 하니 바울 및 바나바와 그들 사이에 적지 아니한 다툼과 변론이 일어난지라 형제들이 이 문제에 대하여 바울과 바나바와 및 그 중의 몇 사람을 예루살렘에 있는 사도와 장로들에게 보내기로 작정하니라 (행 15:1~2).

바리새파 중에 어떤 믿는 사람들이 일어나 말하되 이방인에게 할례를 행하고 모세의 율법을 지키라 명하는 것이 마땅하다 하니라 (행 15:5).

놀랍게도 이런 주장을 한 사람들은 예수님을 메시아로 받아들인 유대인 크리스천들이었습니다. 그래서 갈라디아서에 나오는 바울과 할례당 사이의 논쟁의 초점은 기독론이라고 할 수 있습니다. 구원을 받고 하나님의 백성이 되는 것이 예수님만 믿고 되는 일이냐 아니면 할례와 같은 여러 종류의 율법의 행위들도 있어야 하느냐는 것입니다.

우리는 어떻습니까? 예수님이 전부라고 생각하십니까? 아마 그러실 것입니다. 그런데 실제 생활에서도 그렇게 적용되고 있습니까? 우리는 아마 [예수님 + nothing] 이라고 믿을 것입니다. 그런데 실제로 보면 [예수님 + something]이 항상 붙어나옵니다.

갈라디아 지역에서 활동했던 할례당들은 [예수님 + 할례]라고 했습니다. 우리는 할례 받지 않으면 구원받지 못한다고 말하지 않을 것입니다. 그러나 신약시대의 세례가 구약시대의 할례에 해당한다고 생각하는 사람들도 있습니다. 그래서 구약의 이스라엘 백성이 하나님과의 언약의 징표로서 할례를 받았듯이,

신약시대에는 반드시 세례를 받아야 구원받는다고 주장합니다.

갈라디아서는 율법 준수와 구원 문제를 비롯해서 우리에게도 이슈가 되는 여러 주제들을 다룹니다. 예를 들면 교회 지도자의 권위 문제, 믿음에 의한 칭의 교리, 옛 언약과 새 언약의 차이, 성령 생활 등입니다.

[갈라디아서의 배경]

오순절 이후에 약 10년간은 크리스천들은 모두 유대인들이었습니다. 그래서 기독교는 예루살렘을 중심으로 하는 유대교의 한 분파로 인식되었습니다. 그러니까 기독교는 유대교처럼 이방인들과 상관이 없는 종교 집단이었습니다. 당시의 유대인 크리스천들은 이방인들에게 전도할 생각도 하지 않았고 그런 일이 합당하다고 여기기도 않았습니다.

예를 들어, 베드로가 고넬료에게 복음을 전하게 되었을 때 유대인 교인들이 모두 충격을 받았습니다. 특히 할례파 유대인들이 베드로가 이방인에게 전도했다고 비난하였습니다.

> 유대에 있는 사도들과 형제들이 이방인들도 하나님의 말씀을 받았다 함을 들었더니 베드로가 예루살렘에 올라갔을 때에 할례자들이 비난하여 이르되 네가 무할례자의 집에 들어가 함께 먹었다 하니 (행 11:1~3).

베드로의 해명이 무엇이었습니까? 자신이 욥바 시에서 기도할 때 환상으로 큰 보자기에 담긴 온갖 부정한 동물들을 보았습니다. 하늘에서 소리가 있어 베드로에게 이르되 일어나서 이것들을 잡아 먹으라고 했습니다. 베드로는 유대인의 음식 규례를 지켜야 했기에 절대로 부정한 것을 먹을 수 없다고 거절했습니다. 세 번씩 거절한 후에 베드로는 가이사랴의 고넬료라는 로마 군대의 백부장으로부터 그를 데리러 온 사람들을 따라 고넬료의 집으로 가서 복음을 전했습니다. 그 결과 고넬료와 그의 온 집안이 다 구원을 받았습니다.

이 고넬료 사건 이후에 얼마가지 않아서 안디옥에서 이방인들이 복음을 듣고 개종하는 이변이 있었습니다(AD 45년경, 행 11:19~26). 이 사건은 오순절 이후 10년이 지난 때였습니다. 이것은 교회사에서 가장 큰 선교의 전환점이 되는 사건이었습니다.

여기서 우리는 하나님께서 오래 전부터 이방인들에게도 복음이 전파될 것이라고 하신 예언의 말씀이 드라마틱하게 성취되기 시작한 것을 알 수 있습니다. 하나님은 약속을 지키십니다. 그런데 하나님의 약속은 흔히 우리의 예상을 깨고 극적인 방법으로 이루어집니다. 아무도 생각하지 않던 때에 스데반의 순교가 계기가 되어 박해 때문에 그리스도인들이 사방으로 흩어지게 되었습니다. 처음에는 유대인들만 상대로 선교를 했습니다. 그러다가 어떻게 일이 발전되었습니까?

> 그 중에 구브로와 구레네 몇 사람이 안디옥에 이르러 헬라인에게도 말하여 주 예수를 전파하니 주의 손이 그들과 함께 하시매 '수많은 사람들이' 믿고 주께 돌아오더라 (행 11:20~21).

그런데 누가 안디옥의 헬라인에게 복음을 전하라고 했습니까? 선교 위원회가 있어서 그런 결정을 내린 것도 아니고 예루살렘의 사도들이 지시한 것도 아니었습니다. 이들은 순전히 박해를 피해 다니면서 복음을 전했던 무명의 교인들이었습니다. "구브로와 구레네 몇 사람"이라고만 나옵니다. 그들의 이름도 없고 아무런 배경 설명도 없습니다. 그들은 자비로 안디옥에 도착하여 아무도 생각하지 못했던 헬라인들에게 복음을 전했습니다.

원래 유대인들은 고넬료 사건에서 보듯이 이방인들을 상대하지 않았습니다. 그럼에도 이들이 이방인들에게 복음을 전한 것을 보면 성령의 인도를 받았음에 틀림없습니다. 더욱 놀라운 것은 복음을 들은 헬라인들이 주 예수를 믿은 것입니다. 그런데 한두 사람이 아니고 "수많은 사람들이" 믿었다고 했습니다. 어떻게 이런 일이 일어날 수 있었겠습니까? 구브로와 구레네의 그 '몇 사람'이 선교학을 전공했기 때문입니까? 요즘처럼 그들에게는 선교 학위가 없었습니다. 그들의 성공 비결이 무엇이었습니까? 그들 자신에게는 아무것도 없었습니다. 그러나 '주의 손이 그들과 함께' 하셨다고 했습니다(21절).

우리에게 세상이 인정하는 능력이 없어도 주의 손이 함께 하시면 주의 뜻이 이루어집니다. 주의 손이 함께 하시면 우리의 소명이 성취됩니다. 우리가 구하고 의지해야 하는 것은 선교 지식이나 전략이 아니고 주님의 신령한 손길입니다.

이 '몇' 사람에 대해서 조금 더 생각해 봅시다. 이들은 기독교 복음이 이방인에게 전해지는 데 획기적인 공헌을 한 초창기 개척 선교사들입니다. 이들이 아니었다면 기독교 복음은 얼마나 오랫동안 유대인들에게만 퍼졌을지 모릅니다. 그러나 이들은 바울보다도 먼저 복음을 안디옥의 이방인들에게 전한 선구자들이었습니다. 기독교가 세계 종교로 발돋움할 수 있었던 것은 이들의 이방인 개척 선교의 덕분이라고 해도 과언이 아닙니다. 이 사건을 계기로 바나바와 바울이 안디옥에 가서 사역할 수 있었고 그들이 안디옥 교회의 파송을 받음으로써 본격적인 이방인 선교의 물꼬가 트였습니다. 그런데도 하나님께서는 이 소수의 몇 사람들을 숨기셨습니다. 우리는 그들의 이름조차 모릅니다. 사람들은 자신의 공을 내세우려고 하고 다투어 크게 되고 유명해지려고 합니다. 그러나 하나님 나라에서는 하나님이 감추신 사람들이 더 귀하고 더 위대한 사역자일 수 있습니다.

또 한 가지 생각해 볼 점은 하나님은 절대 다수를 주관하시고 대가족을 거느리시는 분이지만 이름 없는 소수의 하나님도 되십니다. 하나님의 위대한 사역은 극소수의 인물들에 의해서 이루어진 경우가 많습니다. 반드시 사람이 많고 자원이 풍부해야 하나님의 일을 할 수 있는 것이 아닙니다. 소수의 몇 사람에 의해서 다수에게 혜택이 가게 하는 것이 하나님의 방법입니다. 숫자에 현혹되거나 눌리지 말고 하나님의 손이 우리와 함께 하시기를 간구해야 하겠습니다.

안디옥에서는 영적 대각성이 일어났고 교회가 날로 부흥하였습니다. 그런데 문제가 생겼습니다. 안디옥에는 유대인 인구도 컸습니다. 그들 가운데 그리스도의 복음을 믿는 자들도 많았습니다. 그런데 보니까 크리스천이 된 이방인들의 생활 습관이 영 눈에 거슬렸습니다. 그들은 유대인들이 절대로 먹지 않는 돼지고기를 먹고 할례도 받지 않았습니다. 그래도 된단 말인가? 하는 의문이 일었습니다. 자기들은 유대인으로서 음식 규례를 철저하게 지키고 언약 백성의 표시로서 할례를 반드시 받는데 이방인 크리스천들은 너무 쉽게 구원을 받는 듯하였습니다. 주 예수를 믿는 것까지는 좋은데 유대인 메시아를 믿는다면 유대인의 관습을 따라서 종교 생활을 하는 것이 마땅하지 않느냐는 것이었습니다.

그런데 사실 더 근본적인 신학적 이유가 뒤에 깔려 있습니다. 유대주의자들은 개종한 이방인들에게도 할례를 요구하였습니다. 하나님은 아브라함과 그의 후손에게 언약을 맺으셨습니다. 하나님은 아브라함과 그의 후손의 하나님이 되시고 땅과 자손을 주신다고 약속하셨습니다. 또한 그들이 하나님의 언약 백성이라는 표시로서 남자들은 모두 할례를 받으라고 하셨습니다.

> 하나님이 또 아브라함에게 이르시되 그런즉 너는 내 언약을 지키고 네 후손도 대대로 지키라 너희 중 남자는 다 할례를 받으라 이것이 나와 너희와 너희 후손 사이에 지킬 내 언약이니라 … 할례를 받지 아니한 남자 곧 그 포피를 베지 아니한 자는 백성 중에서 끊어지리니 그가 내 언약을 배반하였음이니라 (창 17:9~14).

그런데 구약에는 이방나라들이 예루살렘으로 몰려와서 가르침을 받고 이스라엘 왕에게 복종하게 될 것이라는 예언들이 있습니다.

> 임금의 지휘봉이 유다를 떠나지 않고, 통치자의 지휘봉이 자손 만대에까지 이를 것이다. 권능으로 그 자리에 앉을 분이 오시면, 만민이 그에게 순종할 것이다 (창 49:10, 새번역).

> 내게 구하라 내가 이방 나라를 네 유업으로 주리니 네 소유가 땅 끝까지 이르리로다 (시 2:8).

> 말일에 여호와의 전의 산이 모든 산 꼭대기에 굳게 설 것이요 모든 작은 산 위에 뛰어나리니 만방이 그리로 모여들 것이라 많은 백성

이 가며 이르기를 오라 우리가 여호와의 산에 오르며 야곱의 하나님의 전에 이르자 그가 그의 길을 우리에게 가르치실 것이라 우리가 그 길로 행하리라 하리니 이는 율법이 시온에서부터 나올 것이요 여호와의 말씀이 예루살렘에서부터 나올 것임이니라 (사 2:2~3).

바울의 반대파들은 이러한 예언들이 성취되려면(미 4:1~3; 슥 14:16~19) 개종 이방인들에게 모세의 율법을 준수하게 해야 한다고 보았습니다. 이러한 예언들은 메시아 시대에 예수님에 의해서 성취될 것이었지만 거짓 교사들은 이를 민족적인 차원에서 이스라엘을 높이는 일로 보고 이방인 개종자들에게 할례를 요구하고 모세 율법에 충실할 것을 가르쳤습니다.

그들의 주장에 의하면 율법은 언약 백성에 대한 하나님의 분명한 뜻을 드러낸 말씀입니다. 율법 준수는 언약 백성의 공동체에 소속되었다는 증거가 되고 또한 율법에서 약속된 복을 받는 길이라고 본 것입니다. 그래서 그들은 이방인 교인들에게 갖가지 유대교의 전통에 속하는 것들을 요구하기 시작하였습니다. 처음에는 할례를 받아야 한다고 했다가 할례를 받지 않으면 구원도 없다고까지 공언하였습니다. 바울은 이들의 주장을 강력하게 반대하고 나섰습니다. 예수님이 전부가 아니고 예수님 이외의 것들이 추가되었기 때문입니다. 그래서 복음의 본질을 밝히고 구원은 유대교의 율법으로 받는 것이 아님을 강조하는 서신을 보냈습니다.

(참고 자료)

Galatians, Michael Eaton. Sovereign World.
Galatians, Richard Longenecker. Word Biblical Comm.
Galatians, William Hendriksen,
Galatians, Leoon Morris. IVP
Galatians, Alan Cole. Tyndale NT Comm.
The Epistle to the Galatians, Herman Ridderbos. New London Comm.
The Epistle to the Galatians, Ronald Fung. NICNT
The Message of Galatians, John Stott. The Bible Speaks Today, IVP
Bewitched (The rise of Neo~Galatianism). David Anderson.
Law and Grace, Alva McClain.
Paul and the Law, Brian Rosner. New Studies in Biblical Theology, IVP
The End of the law, Jason Meyer, Mosaic covenant in Pauline Theology.
Freedom in Fatih, H.D. McDonald. Pickering & Inglis LTD
Galatians For You, Timothy Keller.
Galatians, John Piper
Sermons on Galatians, John Calvin
Commentary on Galatians, Martin Luther
The gospel of grace, Bob Deffinbaugh
Galatians, Thomas Constable
No more law, Bruce Atkinson
Law, Morality and the Bible, Edited by B.N. Kaye, G.J. Wenham

2.
아멘의 하나님
갈라디아서 1:1~5

갈라디아서는 예수 그리스도의 십자가 복음에 대한 말씀입니다. 우리는 대부분 십자가 복음이라고 하면 너무 간단하게 생각하는 경향이 있습니다.

「예수님이 나를 위해서 십자가에서 대속의 죽음을 치르셨다. 그래서 나의 죄는 그리스도를 통해서 처리되었다고 믿는다. 나는 이제 정죄를 받은 죄인이 아니고 용서를 받고 하나님의 자녀가 되었다. 나는 사후에 천국에 들어갈 것이다.」

이 정도로 알고 믿는 것 같습니다. 그러나 이것이 복음의 전부가 아닙니다. 만약 그렇다면 신약 성경은 단 몇 줄로 끝날 수 있었을 것입니다. 복음은 우리가 일반적으로 아는 것보다 훨씬 더 많은 내용을 담고 있습니다. 그래서 주 예수의 십자가를 믿고 구원을 받은 신자가 되었어도 복음을 더 배우고 더 깨달아야 합니다.

복음을 더 배워야 하는 또 다른 중요한 이유가 있습니다. 복음은 이 세상에서 항상 공격을 받습니다. 어둠의 세력들이 십자가 복음을 '다른 복음'으로 희석시키고, '세속 사상'으로 물들게 합니다. 그래서 우리는 바울이 갈라디아서에서 '다른 복음'의 영향을 받은 갈라디아 교인들에게 참 복음의 실체를 어떻게 설명하고 있는지를 잘 들어야 합니다. 우리도 '다른 복음'의 영향을 받고 있기 때문입니다. '다른 복음'은 멀리 있는 것이 아닙니다. 가까이 있습니다. 이것을 이단 교파처럼 나와는 아무 상관이 없다고 볼 것이 아닙니다. 이미 교회 안에 알게 모르게 많이 퍼져 있습니다.

바울의 인사말에는 갈라디아서 전체의 메시지로 발전될 씨앗들이 담겨 있습니다. 1절에서 자신의 사도직에 대한 항변이 나옵니다. 바울의 사도직에 대한 변호는 1장 11절에서 2장까지 이어집니다.

4절은 그리스도의 십자가 속죄를 언급한 것인데 3장에서 5장 12절까지의 내용으로 확대됩니다. 2절과 3절은 은혜와 평강을 비는 축도입니다. 축도가 서신 끝에 주로 나오지만 갈라디아서에서는 앞에도 나옵니다. 은혜와 평강의 삶은 5장 13절에서 6장 끝까지 율법이 아닌 성령 생활을 통해서 온다는 내용과 연결됩니다.

그러니까 바울은 서두의 인사말에서 갈라디아서의 전체 메시지가 될 자신의 사도직의 권위와 속죄의 원리 및 구원의 목적과 성화의 방법을 시사하는 씨앗들을 뿌려 놓았습니다. 그래서 우리가 갈라디아서를 계속 읽어 나가면 이러한 복음의 씨앗들이 싹이 트고 풍성한 열매를 맺는 것을 보게 될 것입니다.

사람들에게서 난 것도 아니요 사람으로 말미암은 것도 아니요 오직 예수 그리스도와 그를 죽은 자 가운데서 살리신 하나님 아버지로 말미암아 사도 된 바울은 (1:1).

바울은 첫 절에서 자신이 사도로 부름받은 사실을 진술했습니다. 그런데 그의 다른 서신들의 경우와는 달리 매우 장황한 편입니다. 그는 로마서에서 "예수 그리스도의 종 바울은 사도로 부르심을 받아 하나님의 복음을 위하여 택정함을 입었으니"(롬 1:1)라고 하였습니다. 고린도전후서와 골로새에서는 "하나님의 뜻을 따라 그리스도 예수의 사도로 부르심을 받은 바울"(고전 1:1; 고후 1:1; 골 1:1)이라고 했으며, 빌립보서에는 사도에 대한 언급이 없이 "그리스도 예수의 종 바울"(빌 1:1)이라고 했습니다. 데살로니가전후서에는 종이나 사도라는 말도 사용하지 않고 그냥 '바울'이라고 소개하였습니다(살전 1:1, 살후 1:1). 빌레몬서에서도 자신의 사도직에 대한 언급이 없이 간단하게 "그리스도 예수를 위하여 갇힌 자 된 바울"(몬 1:1)이라고 했습니다. 디모데전후서와 디도서에서도 자신의 사도직에 대한 별다른 언급이 없이 그냥 "그리스도 예수의 사도"라고만 하였습니다.

그럼 왜 바울이 갈라디아서에서만 자신의 사도직의 원천에 대해서 길게 진술했을까요? 분명 어떤 이유가 있었을 것입니다. 이것을 밝혀내야만 갈라디아서의 논쟁의 한 실마리를 풀게 됩니다.

사도직에 대한 변호가 나오는 1장 11절에서 2장까지의 내용을 보면 바울을 싫어하는 사람들이 그의 사도직에 대해 이의를 제기했음을 알 수 있습니다. 그 내용은 바울이 교회를 박해한 사람이었다는 것과 그의 복음이 예루살렘의 모교회가 인정하는 것이 아니고 사사롭게 개인이 만들어내었다는 것입니다. 따라서 바울은 예수님으로부터 직접 사도로 부름을 받은 열 두 사도들처럼 사도 행세를 할 수 없다는 것이었습니다.

이것은 바울에게는 매우 심각한 문제였습니다. 만약 그의 사도직을 인정받지 못하면 그의 복음 메시지는 권위가 없어지고 자신의 선교 사역은 맥이 빠질 것이었습니다. 그래서 바울은 제일 먼저 자신의 사도직에 대한 강력한 주장을 하고 나섰습니다.

> **사람들에게서 난 것도 아니요 사람으로 말미암은 것도 아니요**(1절 상반절).

즉, 자신의 사도직은 사람이 준 것이 아니라는 것입니다. 예루살렘 모교회에서 결정했거나 사람이 임명한 것이 아니라는 말입니다. 이것은 엄청난 주장입니다. 예루살렘에는 열 두 사도들이 있었습니다. 교회가 그들을 중심으로 세워졌고 그들의 가르침으로 자라고 있었습니다. 그런데 교회를 박해하던 바울이 어느 날 갑자기 예수를 믿는다고 하였습니다. 거기까지는 받아줄 수 있을지라도 그가 예수님의 사도로 부름을 받았다고 하면서 이방인들에게 할례가 없는 복음을 전하고 다니는 일을 그냥 둘 수 없었습니다.

바울의 주장에 의하면 그의 사도직은 예수님과 하나님으로부터 받은 것입니다. 우리는 여기서 바울의 높은 기독론이 비쳐나오는 것을 볼 수 있습니다. 그가 예수님과 하나님을 동격으로 취급한 점을 주목하십시오. 그를 사도로 임명하신 분은 예수님과 하나님 아버지이십니다. 예수님이 하나님과 동등한 사도직의 원천입니다. 바울은 부활하신 예수님이 하나님 아버지와 함께 이방인 선교를 위해서 자신에게 사도의 직분을 주셨다고 확신하였습니다. 바울은 자신이 다메섹 길에서 예수님으로부터 받은 사도직은 인간의 제도적 결정이나 어떤 유명 인사에 의한 것이 아니고 예수님의 신적 근원에서 나왔다고 확신하였습니다.

바울은 하나님이 예수님에게 행하신 일이 무엇인지를 지적합니다. "그를 죽은 자 가운데서 살리신 하나님"(1절)이라고 했습니다. 바울은 여기서 자신이 받은 사도직이 얼마나 경이로운 일인지를 암시하고 있습니다. 예수님이 누구이십니까? 십자가에서 끔찍한 죽임을 당하시고 사흘 만에 다시 살아나신 분입니다. 잠시 회생하신 것이 아니고 영원히 죽지 않는 새 창조 세계의 새 몸으로 부활하셨습니다. 그리고 제자들이 보는 앞에서 승천하셨고 지금은 하나님의 보좌를 공유하시면서 세상을 다스리십니다. 이렇게 되도록 하신 분이 누구입니까? 하나님이십니다. 그러니까 죽은 자에게 영원한 부활 생명을 주신 하나님께서 우주적인 왕권을 나누시는 예수님과 함께 바울을 불러 사도로 임명하셨다는 것입니다.

이렇게 보면 바울의 사도직은 누구도 도전할 수 없습니다. 원천이 죽은 자를 살리시는 생명의 하나님으로부터 왔기 때문입니다. 그런데 바울은 하나님을 "아버지"라고 불렀습니다(1, 3절). 예수 그리스도에게 부활 생명을 주셨던 하나님은 바울을 낳으신 분입니다. 하나님께서는 예수 그리스도의 십자가 대속을 통해서 바울이 믿음으로 새롭게 태어나게 하셨습니다. 바울에게 사도직을 주신 분은 다름 아닌 자신의 하늘 아버지이십니다. 바울은 주 예수를 믿음으로써 하나님의 양자가 되었고 그를 '아빠 아버지'라고 부르게 되었습니다(롬 8:15). 3절에서는 "우리 하나님 아버지"라고 하였고 4절에서는 "하나님 곧 우리 아버지"라고 했습니다. 하나님은 바울뿐만 아니라 주 예수를 믿는 모든 성도의 아버지이십니다.

바울은 세상적인 관점에서 사도직의 명예를 생각하고 자칭 사도라고 내세운 것이 아닙니다. 그가 자신의 사도직을 소중하게 여기고 조금도 양보하지 않은 것은 자기를 부르신 분이 구주 예수님과 주 예수를 죽음에서 다시 일으키신 하늘 아버지의 선한 뜻이었기 때문입니다.

우리도 예수님과 하늘 아버지께서 우리를 구원하시고 주의 자녀로 부르셨다고 확신할 수 있어야 합니다. 나를 불러 복음을 듣게 하시고 구원을 받게 하신 분이 누구이신지를 확실하게 알아야 합니다. 그냥 습관적으로 입으로만 예수님이 나의 구주되신다고 말하는 것 이상이라야 합니다. 바울처럼 높은 기독론을 지니고 살 때에 구원받은 것이 너무 감격스럽고 예수님이 너무도 자랑스럽습니다.

그런데 바울이 자신의 사도직의 원천이 부활하신 예수님과 하나님 아버지라고 했을 때는, 그의 서신을 읽는 독자들이나 그의 반대파에게 큰 도전을 한 것입니다. 그 도전은 바울의 메시지가 인간의 출처에서 나온 것이 아니고 하늘의 계시이기 때문에 그의 말을 하나님께서 주시는 신령한 메시지로 받아들여야 한다는 것이었습니다. 사도들의 메시지는 신약 성경에 포함되었습니다. 갈라디아서도 신약성경의 일부입니다. 그렇다면 우리가 갈라디아서를 어떤 자세로 대해야 하겠습니까? 갈라디아서만이 아니고 모든 성경을 하나님의 계시로 받아들여야 합니다. 바울은 디모데후서 3장 16절에서 "모든 성경은 하나님의 감동으로 된 것”(딤후 3:16)이라고 했습니다.

우리가 성경의 영감을 믿는다면 성경을 대하는 자세가 달라져야 마땅합니다. 성경을 잘 읽지 않는 교인은 깊이 반성해 보아야 합니다. 내가 건성으로 성경을 대하는지 아니면 하나님의 말씀으로 믿고 진지하게 대하는지 자성해 보아야 합니다.

함께 있는 모든 형제와 더불어… (2절).

이 말은 바울이 자기가 받은 사도직에 대해서 동조하고 지지하는 다른 믿음의 형제들이 있음을 시사합니다. 아무도 알아주지 않는 사도직을 바울 혼자서 주장하는 것이 아니라는 말입니다. 물론 지지자가 있다고 해서 반드시 바울의 사도직이 정당화되거나 신적 근원이 입증되는 것은 아닙니다. 유대주의자들이나 할례당들을 지지하는 사람들도 많았으니까요. 그러나 바울에게는 사도로 부름받은 증거가 많이 있었습니다. 사도로 인정을 받으려면 두 가지 증거가 반드시 필요했습니다. 하나는 예수님의 부활을 목격한 증인이라야 했습니다(행 1:22). 다른 하나는 자신의 사역에서 하나님의 능력이 뚜렷하게 증시되어야 했습니다. 이 양편의 내용을 담은 구절이 고린도전서 9:1 ~2절입니다.

내가 자유인이 아니냐 사도가 아니냐 예수 우리 주를 보지 못하였느냐 주 안에서 행한 나의 일이 너희가 아니냐 다른 사람들에게는 내가 사도가 아닐지라도 너희에게는 사도이니 나의 사도 됨을 주 안에서 인친 것이 너희라 (고전 9:1~2).

바울은 다메섹 길에서 부활하신 예수님을 만났고 직접 사도직의 임명을 받았기 때문에 예수님의 열 두 사도들과 동등한 사도의 자격을 갖춘 자였습니다. 또한 바울의 메시지를 들었던 많은 사람이 예수님을 하나님께서 보내신 대속주로 영접하는 변화를 일으켰습니다. 그리고 사도 됨을 증시하는 강력한 기적들이 바울의 사역에서 다른 사도들 못지않게 많이 일어났습니다(행 5:12 ~16).

> 우리 하나님 아버지와 주 예수 그리스도로부터 은혜와 평강이 있기를 원하노라 (3절).

바울은 참 복음을 따르는 형제들과 함께 갈라디아 교회에 하나님의 은혜와 평강을 기원하였습니다. 거짓 교사들의 꾀임에 넘어가서 혼란에 빠진 교회나 성도들을 위해 나와 함께 기도해 주는 사람들이 곁에 있다는 것은 매우 감사한 일입니다. 우리는 때로는 별다른 후원이 없이 거의 혼자 주님을 외롭게 섬겨야 하는 때도 있습니다. 바울은 1차 감금 때부터 그런 처지에 빠졌습니다.

> 내가 처음 변명할 때에 나와 함께 한 자가 하나도 없고 다 나를 버렸으나 그들에게 허물을 돌리지 않기를 원하노라 (딤후 4:16).

바울의 죽음이 임박했을 때에도 여러 동역자들이 그의 곁을 떠나거나 이런저런 사정으로 흩어졌습니다. 그는 처형을 기다리며 디모데후서에서 이렇게 말했습니다.

> 너는 어서 속히 내게로 오라 데마는 이 세상을 사랑하여 나를 버리

고 데살로니가로 갔고, 그레스게는 갈라디아로, 디도는 달마디아로 갔고 누가만 나와 함께 있느니라 네가 올 때에 마가를 데리고 오라 그가 나의 일에 유익하니라 (딤후 4:9 ~11).

예수님의 경우도 처음에는 많은 사람이 따랐지만 점차 떨어져 나갔고 십자가로 가셨을 때에는 사도들까지도 그를 버리고 다 도망쳤습니다. 그런데 하나님께서는 우리의 연약함을 아시고 각자가 처한 형편에 따라 도우십니다. 사도 바울이 갈라디아 지역에서 활동했던 반대파들의 집요한 방해를 받았을 때 그의 곁에서 그를 격려한 성도들과 동역자들이 있었습니다. 우리는 누가 나중에 등을 돌릴지 알지 못합니다. 그러나 현재 하나님이 허락하신 교우들과 함께 다른 성도나 교회를 위해 은혜와 평강을 빌어주는 자세를 가져야 하겠습니다. 언젠가 우리에게도 혼자 있게 되는 때가 올지 모릅니다. 세상에 박해가 오면 많은 사람이 떨어져 나갈 것입니다. 그러나 주님은 우리를 결코 버리시지 않습니다. 바울은 다 그를 버렸을 때에도 "주께서 내 곁에 서서 나에게 힘을 주셨다"(딤후 4:17)라고 간증하였습니다.

그리스도께서 하나님 곧 우리 아버지의 뜻을 따라 이 악한 세대에서 우리를 건지시려고 우리 죄를 대속하기 위하여 자기 몸을 주셨으니 (4절).

바울은 사도직에 대한 변호 후에(1절), 그리스도의 십자가 대속을 말합니다. 아마 유대주의자들이 십자가를 구원과 복음의 핵심으로 삼고 강조하지 않았기 때문이었을 것입니다. 그리스도께서 우리 죄를 대속하기 위하여 자기 몸을 주신 것은 두 측면으로 진술되었습니다.

첫째, 그리스도의 십자가 대속은 하나님의 뜻을 따라 된 일이었습니다. 빌라도의 법정에 서서 심문을 받고 처형되신 예수님의 십자가 사건을 겉으로만 보면 최대의 비극입니다. 무죄한 예수님이 유대인들의 모함으로 억울한 죽음을 당하였습니다. 그러나 베드로의 오순절 설교에서 지적되었듯이 십자가 사건은 "하나님께서 정하신 뜻과 미리 아신 대로 내준 바 되었다"(행 2:23)고 했습니다. 십자가 대속을 통해서 세상 죄인들을 용서하고 하나님과 화해할 수 있는 구원의 길을 여시려는 것이 하나님의 계획과 뜻이었습니다.

둘째, 예수님의 십자가 대속은 "이 악한 세대에서 우리를 건지시려고"(4절) 행하신 일입니다. 대속의 일차적인 목적은 죄와 죽음과 사탄의 굴레에 사로잡힌 이 세상 죄인들을 구출해 내는 것입니다. 구출된 사람들은 더 이상 사탄의 영역에서 살지 않습니다. 빛의 나라인 주 예수의 나라로 옮겨지기 때문입니다.

> 그가 우리를 흑암의 권세에서 건져내사 그의 사랑의 아들의 나라로 옮기셨으니 그 아들 안에서 우리가 속량 곧 죄 사함을 얻었도다(골 1:13~14).

유대주의자들은 할례를 받고 모세 율법을 지켜야만 언약 백성 안에 머물 수 있다고 주장했습니다. 그러나 바울은 여기서 예수님의 십자가 대속이 구원의 전부라고 말하고 있습니다. 신자들은 이미 사탄과 죄와 죽음이 다스리는 이 악한 세대에서 예수님의 나라로 들어갔습니다. 이것은 하나님의 뜻대로 된 일입니다. 그렇다면 할례를 받거나 기타 여러 가지 모세 율법에 얽매일 필요가 없습니다. 율법은 옛 언약에 속한 것이기 때문입니다.

> 영광이 그에게 세세토록 있을지어다 아멘 (5절).

'영광'은 하나님의 성품의 광채를 가리킵니다. 이 광채는 거룩하고 천상적이며 하나님의 숭대하심과 장엄하심을 나타냅니다. 특히 구속과 창조 사역에서 드러난 하나님의 끝없는 지혜와 능력, 풍성한 사랑과 은혜가 가시적으로 드러나는 것입니다. 그래서 바울은 이러한 하나님의 영광이 영원하기를 송축합니다(엡 2:7). 하나님께서는 모든 선한 것을 계획하시고 이루십니다. 구주 예수를 이 악한 세상에 보내신 분도 하나님이시고 우리 죄인들을 주의 자녀로 부르신 분도 하나님이십니다. 그래서 하나님께 모든 영광이 돌아가야 마땅합니다.

그런데 이 송영은 율법을 앞세우고 십자가를 뒤편에 두려는 유대주의자들에 대한 반응으로도 볼 수 있습니다. 바울은 나중에 이렇게 말했습니다.

> 내가 하나님의 은혜를 폐하지 아니하노니 만일 의롭게 되는 것이 율법으로 말미암으면 그리스도께서 헛되이 죽으셨느니라 (갈 2:21).

바울은 십자가를 자랑하였습니다(갈 6:14). 십자가는 인류의 구속사에 가장 큰 획을 긋는 대 분기점입니다. 인류의 역사가 BC에서 AD로 넘어가는 사건입니다. 그래서 바울은 예수님의 십자가를 영광으로 여겼습니다. 반면, 유대주의자들은 십자가를 기피하였습니다. 그들은 십자가로 말미암아 받는 박해를 받지 않으려고 할례를 들고 나왔습니다. 그들은 이방인들을 꾀어내어 할례를 받게 하고 그들이 복을 받도록 인도했다고 자랑하였습니다. 그들은 율법을 미끼로 삼아 하나님께 돌아가야 할 영광을 가로채는 자들이었습니다(갈 6:12 ~13).

[아멘의 하나님]

본 단원은 '아멘' 으로 마칩니다. '아멘' 이란 말은 히브리어입니다. 구약에서는 청중이 맹세나 저주의 유효성을 인정하는 응답으로 사용했습니다. 혹은 자신이 그 결과를 기꺼이 받겠다는 뜻으로도 사용했습니다(민 5:22; 신 27:15). 예언의 말씀을 환영한다는 뜻도 되고 송영이나 축도에 동의한다는 의미도 있습니다.

신약에서는 기도를 종료할 때 사용했고, 재림 소망에 대한 신앙을 표현하는 뜻으로도 사용되었습니다. 예수님도 아멘을 자주 사용하셨습니다. 그런데 예수님이 사용하신 아멘은 매우 독특합니다. 자신의 말씀에다 자신의 권위를 얹고 아멘하셨기 때문입니다. 공관복음서(마태, 마가, 누가)에서는 예수님이 사용하신 아멘이 싱글로 사용된 반면, 요한복음에는 두 번씩 반복해서 사용되었습니다. 왜 요한복음에서만 '진실로' 라고 번역된 '아멘' 이 겹쳐서 두 번씩 나오는지는 잘 알 수 없습니다. 아마 말씀의 엄숙성을 강조한 것으로 보입니다.

✲ '내가 진실로 너희에게 이르노니' (막 9:1; 10:29) '진실로' =아멘.

✲ '내가 진실로 진실로 너희에게 이르노니' (요 1:51), '진실로 진실로' =아멘, 아멘.

바울은 하나님의 모든 약속이 예수님 안에서 다 성취된다는 뜻에서 아멘이라고 했습니다.

> 하나님의 약속은 얼마든지 그리스도 안에서 예가 되니 그런즉 그로 말미암아 우리가 아멘 하여 하나님께 영광을 돌리게 되느니라 (고후 1:20).

요한계시록에서는 아예 예수님을 '아멘'(계 3:14)이라고 불렀습니다.

> 라오디게아 교회의 사자에게 편지하라 아멘이시요 충성되고 참된 증인이시요 하나님의 창조의 근본이신 이가 이르시되 (계 3:14).

이 번역에서는 예수님을 그냥 아멘이라고 했기 때문에 본 뜻이 잘 드러나지 않습니다. 우리 말로는 좀 어색하지만 '그 아멘'이라고 하는 것이 좋습니다. 영역에서는 the 라는 정관사를 붙여서 the Amen 이라고 했습니다. 예수님은 '아멘'의 원천이십니다. 예수님을 '아멘'이라고 한 것은 이사야 65장 16절을 반향합니다.

> 이러므로 땅에서 자기를 위하여 복을 구하는 자는 진리(아멘)의 하나님을 향하여 복을 구할 것이요 땅에서 맹세하는 자는 진리(아멘)의 하나님으로 맹세하리니 이는 이전 환난이 잊어졌고 내 눈 앞에 숨겨졌음이라(사 65:16, 참조. 새번역 난외주)
>
> "He who invokes a blessing on himself in the land shall do so by the God whose name is Amen, and he who utters an oath in the land shall do so by the God of Amen." (New English Bible, Is. 65:16).

여기서 진리의 하나님(아멘의 하나님)은 여호와 하나님을 가리킵니다. 그런데 요한계시록에서 예수님을 '아멘' 이라고 한 것은 예수님을 여호와 하나님과 동등하신 분으로 일치시킨 것입니다. 여호와 하나님은 절대적인 진리이십니다. 그래서 그분의 이름이 '아멘' 입니다. 예수님도 절대적인 진리이십니다(요 14:6). 따라서 성부와 성자의 이름이 다 '아멘' 입니다. 사도 요한도 바울처럼 높은 기독론을 가졌음을 확인할 수 있습니다.

바울이 갈라디아서 서문의 끝에서 사용한 아멘은 숭고한 하나님의 구속 사역에 대한 반응으로 하나님께 영광이 돌아가야 한다는 고백입니다. 바울은 반대파들의 극심한 방해와 비난 속에서도 하나님을 송축하며 아멘이라고 외쳤습니다. 우리도 각자가 처한 환경 속에서 어떤 일을 만나든지 하나님을 송축하고 아멘으로 응답하여야 하겠습니다.

3.
타협할 수 없는 복음
갈라디아서 1:6~8

> 다른 복음은 없나니 … 우리가 너희에게 전한 복음 외에 다른 복음을 전하면 저주를 받을지어다 (갈 1:7~8).

우리가 갈라디아서를 읽어보면 바울의 어조가 매우 격렬합니다. 그는 처음부터 자신의 사도직을 들고 나옵니다. 그 자체가 잘못된 것은 아니지만 다른 서신에서는 그렇게 자신의 사도직의 권위를 강변하지 않았습니다. 그다음에 이어서 나오는 말은 자기가 개척한 갈라디아 지역의 교회들이 '다른 복음'을 따른다는 것입니다. 그리고 그들에게 다른 복음을 전하는 자들은 저주를 받으라고 합니다. 사도가 복을 빌어주지 않고 저주를 비는 것은 매우 두려운 일입니다. 솔직히 그냥 듣기에는 대단히 거북합니다. 2장으로 가면 그가 사도 베드로를 면전에서 책망했다고 말합니다. 이것도 상당히 충격적입니다. 마지막으로 그는 "이후로는 누구든지 나를 괴롭게 하지 말라"(6:17)고 냉정하게 선을 긋고 서신을 끝냅니다. 노골적으로 화를 내고 일방적인 요구를 하는 듯합니다. 바울은 매우 교만하고 권위적이라는 인상을 줍니다.

한편, 다른 측면에서 보면 바울은 복음의 진리에 전적으로 투신된 사도였습니다. 그는 다메섹 길에서 부활하신 예수님을 만난 후에 완전히 달라졌습니다. 그는 유대교의 전통을 따르는 엄격한 바리새인이었습니다. 그러나 예수님이 하나님께서 보내신 구속주이심을 깨닫고 즉시 율법적인 유대교를 떠났습니다. 그때부터 그는 예수님의 십자가 복음을 전하기 위해 모든 것을 다 버렸습니다. 갈라디아서에서 바울은 자기 자랑을 하거나 다른 사람을 무조건 무시한 것이 아닙니다.

할례당들은 예수님의 십자가 희생을 믿는 것으로 충분하지 않다면서 할례도 받아야 한다고 갈라디아 교인들을 혼란에 빠지게 하였습니다. 그래서 바울은 그들의 위험과 오류를 가차없이 노출시켜야 했습니다. 바울은 십자가 복음과 갈라디아 교인들을 보호하기 위해서 강경한 입장을 취하지 않을 수 없었습니다.

[바울의 안디옥 사역]

예루살렘 교인들이 박해로 예루살렘을 떠나 여러 곳으로 피신한 후에 얼마 가지 않아 시리아의 안디옥에서 많은 이방인들이 예수를 믿게 되었습니다. 그래서 예루살렘 교회가 이 소식을 받고 바나바를 안디옥으로 파송하였습니다. 바나바가 안디옥에 가 있으면서 가르칠 때에 더 많은 사람이 교회에 들어왔습니다(행 11:22~26). 바나바는 도울 자가 필요하여 다소에 가서 바울을 찾아 동역할 것을 부탁하였습니다. 이 두 사람이 안디옥으로 와서 일 년간 많은 사람에게 복음을 전하였습니다.

그런데 바울의 초기 사역에 대해서는 우리가 별로 아는 것이 없습니다. 그는 AD 34년 경에 다메섹에 사는 크리스천들을 잡으러 가는 길에서 부활하신 예수님을 만나고 드라마틱한 회심을 하였습니다. 그때 주님은 그를 사도로 부르시고 이방인 선교 소명을 주셨습니다. 그러나 그가 이방인 선교사로서 안디옥에서 바나바와 함께 사역하게 된 때는 그의 회심 이후 약 12년 후였습니다. 바울은 12년이란 긴 세월을 지명도가 없이 살았습니다. 하나님은 그를 즉시 슈퍼 스타로 세계 선교의 무대에 등단시키지 않았습니다. 빨리 이름을 띄우고 속히 출세하게 하는 것은 하나님의 계획이 아닙니다. 하나님께서는 바울이 이런저런 테스트를 받으면서 준비된 사역자가 되도록 긴 훈련 기간을 거치게 하셨습니다.

우리는 하나님의 일을 우리 성격대로 하려는 성향이 있습니다. 우리는 대체로 매우 급한 편입니다. 우리나라 사람이 가장 많이 쓰는 말 중의 하나는 '빨리빨리' 입니다. 그러나 하나님의 일은 서둔다고 되지 않습니다. 빨리하려면 사람의 힘과 방법에 의존해야 합니다. 하나님의 손에 잡힌 맷돌은 서서히 돕니다. 급히 돌리면 곡식 알이 다 튕겨나가고 맙니다. 고운 가루가 되려면 맷돌 밑에서 자아가 잘게 깨어지는 체험이 있어야 합니다. 바울은 이러한 과정을 거쳐서 안디옥으로 가서 많은 사람에게 복음을 전하였습니다.

바울이 안디옥에 있는 동안, 아가보라는 선지자가 성령의 감동으로 예루살렘에 기근이 올 것이라고 예고하였습니다. 그래서 안디옥 교인들이 예루살렘 교회에 구제금을 거두어 바나바와 바울에게 주고 예루살렘 장로들에게 전달하게 하였습니다(행 11:30). 아마 갈라디아서 2장 1~10절에 나오는 예루살렘 지도자들과의 만남이 이 흉년 구제금을 전달한 때였을 것입니다.

십사 년 후에 내가 바나바와 함께 디도를 데리고 다시 예루살렘에 올라갔나니 … (갈 2:1).

그때 바울은 자신이 전파하는 복음이 어떤 것이라는 것을 예루살렘 지도자들에게 제시하였습니다. 그들은 바울의 복음에 문제가 있다고 보지 않았습니다. 그들은 그가 이방인의 사도가 된 것을 기쁘게 인정하였습니다(갈 2:1~10). 그래서 안디옥 교회와 예루살렘 교회가 자칫 두 종류의 기독교로 분열될 수 있었던 위험이 사라지게 되었습니다.

바울과 바나바가 예루살렘 방문을 마치고 안디옥으로 돌아갔을 때 안디옥 교회는 그들을 이방인 선교사로 파송하였습니다. 그때가 AD 47년 경이었습니다. 그들은 배를 타고 먼저 구브로(키프로스, Cyprus) 섬으로 가서 유대인 회당에서 전도하였습니다. 이어서 그들은 지금의 터키에 해당하는 도시들을 돌았습니다. 그들이 방문한 곳은 남부 갈라디아 지역이었습니다. 비시디아 안디옥, 이고니온, 루스드라, 더베 등지였습니다.

✽ 구브로 섬에서는 총독에게 복음을 전하였고 바예수라는 마술사는 총독이 믿지 못하도록 방해하다가 눈이 머는 벌을 받았습니다.

✽ 비시디아 안디옥에서는 많은 이방인들이 개종하였습니다. 그러나 유대인들의 박해로 쫓겨났습니다(행 13:14~52).

✽ 루스드라에서는 걸어본 적이 없는 장애인이 기적으로 치유되었습니다(행 14:8~10).

여기서 바울은 안디옥과 이고니온에서부터 그를 추적한 유대인들의 충동으로 무리가 던진 돌에 맞아 순교할 뻔했습니다.

이것이 바울의 1차 선교 여행이었습니다. 선교 기간은 아마 1년 정도 걸렸을 것으로 봅니다(AD 47~48). 바울의 선교팀은 다시 안디옥 교회로 돌아와서 선교 보고를 하였습니다(행 14:26-28).

하나님께서 이방인들에게 믿음의 문을 여셔서 큰 수확이 있었는데 이들에게 성령이 부어졌고(갈 3:3~4) 많은 기적이 일어났다고 했습니다(갈 3:5). 이들은 주 예수의 복음을 믿고 구원받은 것을 즐거워하였습니다(갈 4:15).

그런데 한 가지 특기할 사항은 이러한 이방인 선교 동안에 바울이 한 번도 율법에 대해서 언급하지 않았다는 사실입니다. 그 이유가 무엇이었을까요? 이방인들은 유대인들에게 요구된 모세법의 요구를 지킬 필요가 없었기 때문입니다. 그러나 이 점이 유대주의자들이나 할례파들의 시비거리가 되었습니다. 그들은 바울이 이방인 개종자들에게 율법의 요구를 면제시켰다고 불평하면서 바울의 이방인 선교 사역을 크게 반대하며 방해하였습니다.

[바울의 선교 사역의 교훈]

바울이 갈라디아 지역을 다니면서 이방인들에게 주 예수의 복음을 전할 때 여러 가지 기적이 일어났습니다. 그 중에는 치유의 기적도 있었습니다. 그런데 이상하게도 바울 자신은 건강이 좋지 않았습니다(갈 4:13). 그의 모습은 보는 사람에게 혐오감을 일으킬 정도였습니다(갈 4:14). 그런데도 그는 기적으로 치유되지 않았습니다.

이것은 무엇을 의미합니까? 부활하신 예수님이 직접 사도의 소명을 주셨고 갈라디아 선교가 성공적이었어도 바울에게는 견디어야 할 시련이 있었음을 말합니다. 중요한 것은 기적적인 치유가 없어도 바울은 계속해서 복음을 전하고 열매를 거둔 것입니다. 그는 돌에 맞아 거의 죽을 뻔했었지만, 다시 일어나서 선교 여행을 마쳤습니다(행 14:19).

우리는 하나님의 일을 하면서 어려움에 봉착합니다. 내 몸에 병이 생길 수도 있고, 갑자기 경제적인 어려움에 빠지거나 여러 반대에 직면할 수 있습니다. 그러나 하나님은 우리 몸에 박힌 육체의 가시를 빼시지 않고도 얼마든지 우리가 받은 소명이 성취되도록 능력을 주시는 분입니다. 바울이 돌에 맞아 내버려진 후에 다시 깨어났을 때 어떤 일이 일어났습니까? 그는 바나바와 함께 더베로 가서 복음을 계속 전했습니다. 그 결과 "많은 사람을 제자로 삼고"(행 14:21) "우리가 하나님의 나라에 들어가려면 많은 환난을 겪어야 할 것이라"(행 14:22)는 교훈을 주었습니다. 바울이 겪은 박해는 많은 신자를 얻는 열매로 보상되었습니다. 하나님은 자주 고난을 거쳐 하나님의 나라가 전진하게 하십니다.

[오직 예수와 다른 복음]

바울이 1차 선교 여행을 마치고 안디옥으로 귀환했을 때 문제가 터졌습니다. 이것은 선교지에서 당했던 박해보다 훨씬 더 심각한 문제였습니다. 복음의 뿌리를 흔들려는 일이었기 때문입니다. 예루살렘에서 유대주의자들이 이방인 크리스천도 모세법 아래에서 살아야 한다고 주장하기 시작했습니다. '유대주의자'는 이방인 크리스천들에게 유대교의 전통과 모세법을 준수해야 한다고 주장하는 사람들을 가리킵니다. 이들은 갈라디아 지역에서 바울이 개척한 교회들을 바울의 영향권에서 벗어나게 하려고 방해하였습니다. 바울이 생명을 걸고 개척했던 갈라디아 이방인 교회들은 다른 복음에 귀를 기울였습니다. 그들은 거짓 교사들의 선동을 받고 바울의 사도직을 의심하였습니다. 바울은 예루살렘 모교회의 순복음(original gospel)을 부패시키는 자라는 비난을 받았습니다. 이것은 매우 심각한 문제였습니다. '다른 복음'이 예수 그리스도의 '참 복음'을 내몰려는 시도였기 때문입니다.

이러한 분위기 속에서 마침 베드로가 안디옥을 방문하였습니다(갈 2:11~14). 베드로는 한동안 안디옥의 여러 이방인 교인들과 자연스러운 교제를 하였습니다. 그들과 함께 자유롭게 먹고 마시면서 모임도 갖고 서로 왕래하였습니다. 이것은 예루살렘의 보수주의 유대인 교인들의 눈에 크게 거슬리는 일이었습니다. 이방인들과 함께 식탁에 앉는 것은 모세의 음식 규례를 지키지 않는다는 것을 의미하기 때문입니다. 그래서 예루살렘의 야고보로부터 보냄을 받았다는 사람들이 도착하자 베드로는 그들이 두려워서 자리를 옮겼습니다. 이것을 본 바울이 여러 사람 앞에서 베드로를 꾸짖었습니다(갈 2:11~14).

베드로는 이방인들이 음식 규례를 지킬 필요가 없다는 것을 알았습니다. 그는 하나님께서 오직 주 예수를 대속주로 믿으면, 율법의 규례와 상관없이 이방인을 포함하여 모든 사람을 차별없이 받아주신다는 것을 실제 체험으로 알았습니다. 베드로는 자기 입으로 고넬료 사건 때에 그렇게 증언했습니다(행 10:34~35).

하나님께서 믿음으로 의롭게 된 자들을 깨끗하다고 하신다면, 피 있는 음식을 먹거나 기타 부정하다고 여겨진 음식을 먹는다고 해서 정죄될 것이 없었습니다. 이제는 주 예수를 믿는 자들은 누구나 하나님의 동일한 백성이었습니다. 베드로는 이것을 알면서도 예루살렘 보수주의 할례파들의 압력에 눌려 위선을 행하였기에 바울의 책망을 받았습니다.

여기서 이슈는 십자가 복음이 타협할 수 있느냐는 것입니다. 베드로는 죄인이 예수 그리스도의 십자가 대속을 믿음으로써 구원을 받는다는 사실을 알았습니다. 그러나 그는 예루살렘 유대주의자들의 압력에 눌려 그들 편에 섰습니다. 유감스럽게도 바나바까지 휩쓸려 같이 위선자가 되었습니다.

우리는 어떻습니까? 복음의 진리를 타협한 적이 없습니까? 우리는 평소에는 '오직 예수'(갈 1:10)라고 하면서도 압력을 받으면 예수님보다 다른 것들을 더 신뢰하기 쉽습니다. 그래서 바울이 우리의 좋은 모범이 됩니다. 그는 유대주의자들의 거짓된 가르침과 타협하지 않고 강력하게 맞서 싸웠습니다. 그는 자신이 받은 그리스도의 계시대로 가르치고 그 복음의 교훈에 따라 살았습니다. 이것은 그에게 박해를 몰고 왔습니다. 그는 때로는 죽음의 문턱까지 갔습니다. 우리는 갈라디아서에서 주 예수와 십자가 복음을 위한 바울의 열정과 헌신을 읽습니다.

바울은 회심한 이후로 다른 성도들로부터 항상 의심을 받았고 여러 시련을 당하였습니다. 그러나 그는 '오직 예수'의 깃발을 높이 들고 모든 것을 참으며 거짓과 싸웠습니다. 그는 주님이 계시하신 십자가 복음의 진리에 모든 것을 걸었습니다. 이것은 개인의 신조나 사상이 아니었습니다. 그는 주님이 하나님의 기름부음을 받은 메시아이심을 확신하였고 주 예수의 복음만이 죄인이 구원을 받는 길임을 믿었습니다. 그렇다면 다른 어떤 것도 이 구원의 진리에 첨가될 수 없다는 것이 바울의 입장이었습니다. 그래서 바울은 본 서신의 초두부터 예수 그리스도의 십자가 대속이 구원의 유일한 길이라고 천명하였습니다(갈 1:4).

절대적인 진리는 타협할 수 없습니다. 예수님은 길이요 진리요 생명이십니다. 구원의 길과 진리와 생명은 하나뿐입니다. 하나가 전부입니다. 그 하나는 〈오직 예수〉입니다.

〈오직 예수〉라고 할 때의 '오직'이라는 말은 갈라디아서 1:1절의 원문에는 나타나지 않습니다. 그러나 문맥상으로 '오직'을 넣은 것은 매우 적절하다고 봅니다. 실제로 '오직 예수'라는 말이 원문에서 사용된 경우는 예수님의 변화산 사건에 대한 공관 복음서의 기록에 나옵니다(마 17:8; 막 9:8; 눅 9:36). 원문을 영어로 직역하면 Jesus only, 혹은 Jesus alone이 됩니다. 흔히 only Jesus로 사용합니다.

> 제자들이 눈을 들고 보매 '오직 예수' 외에는 아무도 보이지 아니하더라 (마 17:8).

> 소리가 그치매 '오직 예수'만 보이더라 (눅 9:36).

〈오직 예수〉는 우리 모두의 모토라야 합니다. 하나님이 정하신 구원의 길에는 예수님 이외에는 그 어떤 것들도 끼어들 수 없습니다. 변화산에는 모세와 엘리야 선지자가 나타났습니다. 그러나 그들은 곧 무대에서 사라지고 〈오직 예수〉님만 보였습니다. 모세는 이스라엘에 율법을 전해 준 사람이었고 엘리야는 이스라엘을 우상 숭배로부터 하나님께로 돌이키게 하는 개혁에 앞장 섰던 선지자였습니다. 그러나 그들의 사역의 목표는 예수님에 의해서 완전하게 성취되었습니다. 예수님은 구원의 창시자며 완성자이십니다. 예수님 이외의 것들은 구원의 무대에서 모두 사라져야 합니다.

「예수님 + 모세」도 안 되고, 「예수님 + 엘리야」도 안 됩니다. 「오직 예수」면 다 됩니다. 예수님 안에 우리의 생명과 구원과 새 하늘과 새 땅이 있습니다. 바울은 이 복음이 절대로 누구에 의해서도 희석될 수 없다고 믿었습니다. 그래서 그는 엄하고 간곡한 어조로 갈라디아 교회들에게 서신을 보냈습니다. 그는 때로는 거칠게 들릴지 모릅니다. 갈라디아 교인들을 어리석은 사람들이라고 했습니다(갈 3:1). 율법대로 다 행하지 않는 자들은 저주 아래 있다는 신명기의 극언도 서슴치 않았습니다(갈 3:10; 신 27:26). 그리고 "너희가 달음질을 잘 하더니 누가 너희를 막아 진리를 순종하지 못하게 하더냐"(갈 5:7)고 다그쳤습니다.

오늘날의 교회들은 돈도 많고, 건물도 많고, 찬양대도 많고, 선교사도 많고, 목회자도 많고, 장로도 많고, 신학교도 많고, 신학자도 많습니다. 그런데 〈오직 예수〉를 위해 살고, 〈오직 예수〉를 위해 죽고, 〈오직 예수〉의 복음을 외치며, '다른 복음'을 전하는 세력들과 싸우려는 믿음의 용사들은 적습니다. 교회에 얼마나 많은 '다른 복음'이 들어와 있는지 모릅니다. 왜 교회가 갱신되어야 합니까? 다른 복음이 들어와서 판을 치고 있기 때문입니다. 어떻게 해야 복음의 탈을 쓴 재래 종교의 사상과 물신주의와 탐욕과 불의와 영성 없는 공허한 메시지들을 교회 담장 밖으로 내던질 수 있겠습니까?

우리에게 주 예수 그리스도의 계시가 있어야 하겠습니다. 우리 눈에 〈오직 예수〉만 보여야 하겠습니다. 다른 것들에 시선을 주면 부패하게 됩니다.

우리는 첫 세대의 사도가 될 수 없습니다. 그들은 교회의 기둥이었고 기초였습니다. 그들은 기독교 교리를 성령의 감동과 조명으로 확립하였습니다. 우리는 그들의 가르침을 배우고 실천해야 합니다. 우리는 첫 세대의 사도는 될 수 없어도, 하나님의 보내심을 받았다는 기본적인 의미의 사도적 소명은 모두 가진 자들입니다. 우리는 부패하고 무력한 교회의 갱신을 위해서 보냄을 받았습니다.

우리에게 사도 바울이 있는 것을 감사합시다. 그의 채찍은 아플지라도 우리 영혼에 보약이 됩니다. 그가 받은 구원의 교리는 타협이 없을지라도 순수하고 흠이 없습니다. 그가 가르치는 성령 생활은 율법의 수준을 능가하는 승리하는 크리스천 삶의 비결입니다.

갈라디아서를 통해서 주 하나님께서 우리 각자에게 복음의 진수를 새롭게 깨닫게 하시기를 기원합니다. 그래서 바울처럼 "내게는 우리 주 예수 그리스도의 십자가 외에 결코 자랑할 것이 없다"(갈 6:14)고 고백할 수 있어야 하겠습니다.

4.
다른 복음은 없나니
갈라디아서 1:6~10

고대 사회에서나 현대 사회에서 인사말이 끝나면 본론으로 들어가는 것이 서신의 일반 양식입니다. 바울은 본론으로 들어가기 전에 수신 교회의 회중들을 칭찬하면서 하나님께 감사하는 것이 그의 습관이었습니다. 그런데 주석가들은 갈라디아서의 서언에는 감사의 말이 없다고 지적합니다. 그 까닭은 바울이 할례당들 때문에 몹시 흥분된 상태에 있었기 때문이라고 봅니다. 그러나 바울의 각 서신을 체크해 보면 고린도후서와 디모데전서 및 디도서에서도 인사말의 서언에 감사하는 말이 나오지 않습니다. 그때 바울은 흥분 상태에 있지 않았습니다. 한편, 디모데전서와 고린도후서에는 감사의 말이 나옵니다. 그러나 그것은 해당 교회들로 인해서 감사한 것이 아니고 자신에게 이방선교를 맡기시고 열매를 맺게 하시는 하나님께 감사한 것이었습니다(딤전 1:12; 고후 2:14). 바울이 격앙된 상태에 있었던 것은 인정할 수 있을지 몰라도 그것을 감사를 언급하지 않은 이유라고 보는 것은 설득력이 없습니다.

주목할 것은 바울의 갈라디아서 서언이 끝난 후에 나오는 본론이 너무도 격렬하게 시작된다는 것입니다. 바울은 갈라디아 교회들이 다른 복음을 따르는 것이 너무도 이해할 수 없는 일이라고 했습니다. 그는 이어서 '다른 복음'을 전하는 자들에게 저주를 받으라고 했습니다. 갈라디아 교회들은 이 서신을 받고 무척 놀랐을 것입니다. 바울은 저주를 받으라는 말을 두 번씩이나 반복했습니다. 아마 당시의 독자들은 이런 생각을 할 수 있었을지 모릅니다.

「복음이란 좋은 소식인데 어떻게 복음을 전하는 사도가 남에게 저주를 받으라고 할 수 있는가? 예수님은 원수도 사랑하고 박해자를 위해서 기도하라고 하셨지 않은가? 바울 자신도 "너희를 박해하는 자를 축복하라 축복하고 저주하지 말라"(롬 12:14)고 가르치지 않았는가? 그런데 우리에게 할례를 받으라고 하는 유대주의자들이 왜 저주를 받아야 하는가? 그들은 바울이 없을 때 우리를 찾아와서 하나님의 복을 받도록 유대교의 여러 좋은 것들을 행하게 하는데 감사는 못할망정 저주를 하다니 이게 될 말인가? 우리가 '다른 복음'을 따른다고 하는데 어째서 다른 복음인가? 바울은 우리가 어떻게 십자가 구원을 받는지를 가르쳤고, 유대주의자들은 우리가 할례를 통해서 어떻게 하나님의 복을 받는지를 가르치는데 무엇이 문제란 말인가? 우리에게는 복도 필요하지 않은가? 복을 받아야지 온전한 구원이라고 할 수 있지 않은가? 십자가와 할례는 상호보완적일 텐데 바울 사도가 저주 운운하니 도무지 이해할 수 없다.」

바울은 갈라디아 교인들을 이상하게 여겼고, 갈라디아 교인들은 바울을 이상하게 여겼을 것입니다. 이제 우리는 바울의 말을 하나씩 짚어보면서 도대체 무엇이 문제였는지를 살피도록 하겠습니다.

> **그리스도의 은혜로 너희를 부르신 이를 이같이 속히 떠나 다른 복음을 따르는 것을 이상하게 여기노라** (6절).

바울이 이상히 여긴 까닭이 무엇입니까? 바울의 1차 선교는 갈라디아 지역이었는데 매우 성공적이었습니다. 많은 사람이 곳곳에서 복음을 받아들였습니다. 성령이 내리고 기적들이 일어났습니다. 그런데 얼마가지 않아 갈라디아 교회들이 탈선하기 시작하였습니다. 그들은 "속히 떠나 다른 복음"(6절)을 따랐습니다. '떠났다'는 말은 원래 군사 용어인데 탈영했다는 뜻입니다.

여기서 우리도 이상하게 여기지 않을 수 없습니다. 갈라디아 교인들이 누구에게서 복음을 전해 들었습니까? 사도 바울이었습니다. 사도 바울이 누구입니까? 그는 하나님께서 이방인 선교를 위해 특별히 택하시고 복음의 대요와 구원의 교리를 계시해 준 대 사도였습니다. 사도 바울은 성령이 충만하였고 하나님의 능력으로 복음을 전하였습니다. 그럼에도 갈라디아 교회들이 유대주의자들의 그릇된 가르침에 넘어갔습니다.

우리는 어떻습니까? 만약 사도 바울이 와서 매주 우리에게 설교하고 성경공부를 인도한다면 그분의 가르침을 한 마디도 안 놓치려고 하지 않겠습니까? 바울이 전하는 복음 이외의 것은 어떤 것이라도 수용하지 않을 것입니다. 그러나 장담할 수 없는 일입니다. 현대판 유대주의자들의 '다른 복음'을 따르는 교회들이 얼마든지 있습니다. 그들이 사도 바울의 가르침을 못 받았기 때문일까요? 아닙니다. 그들은 적어도 바울이 쓴 서신들을 성경 말씀으로 믿을 것입니다. 그럼에도 돈복을 복음이라고 매주 선전하는 거짓 가르침에 온 세계의 수많은 교인들이 넘어가고 있습니다. 도대체 어떻게 된 일일까요?

일차적인 원인은 나 자신입니다. 내가 내 욕심을 따라 내 귀를 즐겁게 하는 가르침을 따릅니다.

> 때가 이르리니 사람이 바른 교훈을 받지 아니하며 귀가 가려워서 자기의 사욕을 따를 스승을 많이 두고 또 그 귀를 진리에서 돌이켜 허탄한 이야기를 따르리라(딤후 4:3~4).

이것은 바울 시대만 아니고 지금도 마찬가지입니다. 사람들은 복음의 진리를 선포하고 본문을 충실히 강해하는 설교보다는 부담없이 들을 수 있는 매끄럽고 인기 좋은 사람 위주의 메시지를 선호합니다.

> 만일 누가 가서 우리가 전파하지 아니한 '다른 예수'를 전파하거나 혹은 너희가 받지 아니한 다른 영을 받게 하거나 혹은 너희가 받지 아니한 '다른 복음'을 받게 할 때에는 너희가 잘 용납하는구나(고후 11:4).

왜 이런 일이 일어날까요? 근본적인 원인은 하나님을 대항하고 십자가 복음을 증오하는 사탄과 그에게 속한 어둠의 세력 때문입니다.

> 만일 우리 복음이 가리었으면 망하는 자들에게 가리어진 것이라 그 중에 이 세상의 신이 믿지 아니하는 자들의 마음을 혼미하게 하여 그리스도의 영광의 복음의 광채가 비치지 못하게 함이니 그리스도는 하나님의 형상이니라 (고후 4:3~4).

그럼 실제적인 탈선 방지책은 무엇일까요?

첫째, 성경의 경고를 명심해야 합니다. 사탄은 이 세상 신입니다. 그는 자기 손아귀에 잡힌 사람들을 빼앗기지 않으려고 합니다. 그래서 그들의 마음을 혼미하게 한다고 했습니다. 그의 방법은 거짓 교사들을 사용하여 포도주에 물을 타듯이 복음을 희석시키는 것입니다.

> 다른 복음은 없나니 다만 어떤 사람들이 너희를 교란하여 그리스도의 복음을 변하게 하려 함이라 (7절).

거짓 교사들의 기독교는 이름은 복음이지만 내용은 '다른 복음' 입니다. '다른 복음' 을 전하는 자들의 목적은 복음을 변질시키는 것입니다.

6절에서 바울은 갈라디아 교회들이 다른 복음을 따른다고 했습니다. 아마 갈라디아 교인들은 생각하기를 자기들이 매주 모여서 예배를 보는데 왜 하나님을 떠났다고 하는지 의아해 했을 것입니다. 교인들은 교회 안에만 있으면 하나님을 떠난 것이 아니라고 생각합니다. 대부분의 교인들은 자기들이 듣고 따르는 가르침이 참 복음인지 다른 복음인지 구별할 능력도 부족하고 관심도 없는 것 같습니다. 이것은 위험한 일입니다. 거짓 복음을 전하는 자들은 교회 밖에서 몰래 들어오기도 하지만 주로 교회 안에 있습니다. 목회자나 리더들인 경우가 많습니다. 바울은 에베소 장로들에게 주는 고별 메시지에서 경고하였습니다.

> 내가 떠난 후에 사나운 이리가 여러분에게 들어와서 그 양 떼를 아끼지 아니하며 또한 여러분 중에서도 제자들을 끌어 자기를 따르게 하려고 어그러진 말을 하는 사람들이 일어날 줄을 내가 아노라 (행 20:29~30).

'여러분 중에서도 제자들을 끌어 자기를 따르게' 한다고 했는데 교회 리더들을 가리킵니다. 요즘 식으로 표현한다면 목사와 장로들입니다. 우리나라 교회의 경우 장로가 설교하는 경우는 많지 않습니다. 그래서 목사들이 주로 거짓된 가르침을 의식적이든 아니든 행하는 경우가 더 많습니다. 좋은 목사들도 있지만 삯군 목사나 비복음적인 설교를 하는 목사들이 더 많습니다. 목사들치고 예수 그리스도의 십자가를 완전히 부인하는 사람은 없을 것입니다. 그러나 복음에 물을 타고 재래종교의 미신을 집어넣고 세속적 물질관을 입혀서 귀를 즐겁게 하려는 설교는 자주 들을 수 있습니다. 축복신앙과 구복사상을 복된 소식이라고 전하며 실질적으로 맘몬 신을 섬기는 교회도 얼마든지 있습니다. 교회 안에서 행하는 일이라고 다 복음적인 것이 아닙니다. 율법주의를 보수 신앙이라고 자부하는 교회도 적지 않습니다. 이런 일들이 사실상 교회 안에서 일어나고 있습니다.

둘째, 내가 복음에 대해서 흐릿하게 알고 있으면 말 잘하는 거짓 선생들에게 넘어가기 쉽습니다. 그래서 내가 들은 진리의 복음을 분명하게 숙지하고 계속해서 더 깨우쳐 나가야 합니다.

일단 예수를 믿고나면 그때부터 싸움이 시작된다고 여겨야 합니다. 이 세상 신이 나를 가만히 두지 않기 때문입니다. 교회를 아무 생각없이 건성으로 다닐 것이 아니라 복음의 기초를 다지는 일에 시간을 쓰시기 바랍니다. 봉사하는 것보다 복음을 분명하게 아는 것이 더 중요하고 시급합니다. 복음이 무엇인지 분명한 개념도 없고 확신도 없으면 거짓 가르침에 나도 모르게 넘어가 버립니다. 그런데 복음을 확실하게 들었어도 뿌리가 내리지 않으면 거짓 교사의 밥이 되기 쉽습니다.

바울은 갈라디아 교인들이 그로부터 복음을 확실하게 들은 것을 전제하고, 6절에서 다른 복음을 따른 것은 은혜로 그들을 부르신 하나님을 떠난 일이라고 했습니다. 여기서 바울은 갈라디아 교인들의 구원 여부를 말하는 것은 아닙니다. 복음을 믿고 한 번 구원을 받고 거듭났다면 십자가를 완전히 부인하지 않습니다. 갈라디아 교인들은 유대주의자들의 율법을 따르는 교리적인 탈선을 했지만 구원을 잃은 것은 아니었습니다. 그러나 십자가 은혜를 약화시키는 의식이나 규정에 따라 신앙생활을 하려고 하면 하나님의 임재와 성령의 역사에서 멀어집니다.

'다른 복음'은 오직 주 예수의 대속으로 구원을 받는다는 은혜 복음을 액면대로 받아들이지 않습니다. 이것은 십자가에 대한 모독입니다. 이것은 큰 죄입니다. 복음의 뿌리를 흔드는 일이기 때문입니다. 이런 말들에 속지 마십시오.

「구원은 그리스도의 십자가를 믿고 받지만 하나님을 기쁘게 하여 복을 받는 일은 율법을 지켜야 합니다. 율법의 계명에 순종하지 않는 사람은 구원받았다고 볼 수 없어요. 온전한 하나님의 백성이 되기 위해서는 안식일도 지키고, 십일조도 내고, 직분도 받고 교회의 여러 활동에 적극적으로 봉사해야 합니다.」

이런 것들은 구원받는 일과 아무 상관이 없습니다. 또한 반드시 구원받았다는 증거도 아닙니다. 믿음이 없이도 율법을 지킬 수 있습니다. 구원받지 않고도 주일 잘 지키고, 십일조 잘 내고, 건축헌금 잘 하고, 집사 장로 직분도 받고, 교회 활동에 적극적일 수 있습니다. 명칭만의 교인들 중에는 거듭난 신자들보다 외적으로 훨씬 더 경건해 보이고 열심인 경우가 적지 않습니다.

구원은 우리의 봉사나 선행과 하등의 관계가 없습니다. 악한 사람도 은혜로 구원받고, 선한 사람도 은혜로 구원받습니다. 십자가는 은혜의 물적 증거입니다. 우리 중에 2천 년 전에 갈보리 십자가에 못 박힌 사람은 아무도 없습니다. 그때 예수님에게 물 한 잔 준 사람도 없습니다. 우리는 그때 태어나지도 않았습니다.

그런데 우리가 어떻게 구원을 받았습니까? 하나님께서 나를 사랑하여 나를 구하시려고 나 대신 자기 아들을 희생제물이 되게 하셨습니다. 그리고 성령으로 우리를 거듭나게 하셨습니다. 하나님께서 내가 아직도 죄인으로 있었을 때 나를 그리스도의 은혜로 부르셨기 때문에 내가 구원을 받았습니다. 하나님께서 우리가 구원받기 위해서 이것을 하고 저것을 행하라고 요구하시지 않았습니다.

그리스도 예수 안에 있는 속량으로 말미암아 하나님의 은혜로 값없이 의롭다 하심을 얻은 자 되었느니라 (롬 3:24).

유대주의자들은 갈라디아 교인들에게 할례를 받고 유대인의 생활 방식을 따르라고 했습니다. 그래야 언약 백성에게 약속된 복을 받고 명실공히 하나님의 백성이 된다고 가르쳤습니다. 오늘날도 이런 종류의 가르침이 많습니다. 십일조 잘 하면 하나님께서 몇 배로 늘려주신다든지, 새벽 기도는 하나님이 특별히 축복해 주신다든지, 기도 응답 받으려면 기간을 정하고 작정 금식하면 된다든지, 직분을 받으면 하늘의 상급이 크다든지, 목사의 안수 기도는 효험이 크다든지 하는 얘기들은 우리가 한두 번 듣는 것이 아닙니다. 유대주의자들이 할례를 받으면 하나님이 복을 내리신다는 말이나 다를 것이 없습니다.

✻ 직분 받는 문제와 관련해서 최근에 직접 들은 얘기가 있습니다. 교인 수가 3천 명 가량 된다고 했습니다. 그런데 더 좋은 교회 건물이 매물로 나왔답니다. 현재 사용중인 본 교회당이 다소 좁기는 하지만 큰 빚을 내고 새 건물을 꼭 살 필요는 없다고 했습니다. 그러나 담임 목사님이 장로 임명을 하겠다고 하면서 적어도 한 사람당 얼마 정도는 나올 테니까 건물 매입이 가능할 것이라고 했답니다. 실제로 장로 임명을 했는데 원래 동의했던 액수보다 훨씬 더 많이 나왔다고 합니다. 결국 건물 구입비를 맞추기 위한 수작이었던 것입니다. 장로될 자격이 전혀 없는 사람들까지 포함시키는 바람에 교회에 큰 분란이 생겼다고 했습니다. 이런 일을 우리나라 교회에서 옛날부터 다반사로 행하고 있습니다.

내 집 팔아 건축헌금 내면 하늘에서 맨션 분양받는다든지, 목사 잘 섬기면 그 집안을 하나님이 책임져주신다든지, 성경 백독하면 영안이 열린다든지 하는 말들이 교회 안에 무성합니다. 내 자식 잘된다니까 봉투 끼고 유명 강사들의 안수를 받겠다고 앞으로 나가는 사람들도 한 둘이 아닙니다. 이런 것이 사도 바울이 가르친 복음일까요?

무속신앙을 교회에 들여놓고 하나님의 복이라고 속이는 일이 비일비재합니다. 그런데 이런 유치한 말들을 신조처럼 믿고 따르는 교인들이 있기 때문에 많은 교회가 불의한 돈을 모으고 교회를 배금사상의 경배처로 둔갑시켰습니다.

우리는 복음을 성경대로 믿고 절대로 양보하지 말아야 합니다. 「복음+다른 것」을 섞으면 그리스도께서 헛되이 죽으셨다는 뜻입니다. 십자가 죽음으로 충분하지 않다는 것이기 때문에 하나님의 구원에 대한 모독입니다. 이것은 은혜 구원을 부정하는 것입니다. 그래서 바울은 '다른 복음'을 전하는 자들이 하나님의 저주를 받는다고 경고하지 않을 수 없었습니다.

저주를 받는 것은 하나님께 드리는 것이 악하기 때문에 받아지지 않고 오히려 심판의 대상이 된다는 말씀입니다. 유대주의자들은 할례를 받는 것은 하나님을 기쁘게 하는 일이라고 가르쳤습니다. 음식 규례와 안식일을 엄수하는 것도 계명을 지키는 것이기 때문에 하나님의 인정을 받는 일이라고 가르쳤습니다. 그러나 바울은 이것이 모두 은혜 구원을 내던지려는 짓이라고 하면서 저주를 받을 일이라고 했습니다. 말하자면 하나님의 엄중한 심판을 받게 된다는 경고였습니다.

왜 이처럼 심한 말을 했을까요? 유대주의자들의 가르침이 그리스도의 복음을 변질시켰기 때문입니다. 변질된 복음은 복음이 아닙니다. 그래서 사실상 7절에서 '다른 복음'은 없다고 했습니다.

축복의 길이라고 따랐던 것이 저주의 길이었다고 생각해 보십시오. 갈라디아 교회들은 이 말을 듣고 큰 충격을 받았을 것입니다. 그들 자신도 하나님의 저주 아래 놓이게 된 것을 생각할 때 더욱더 놀라고 두려웠을 것입니다.

바울 당시의 유대주의자들은「예수 + 모세」였습니다. 지금도 교회는 율법주의와 외형주의로 복음을 각색해서 변형시키고 있습니다. 현대 교회의 유대주의자들은「예수 + 다원종교」,「예수 + 교회 전통」,「예수 + 세례」,「예수 + 십일조」,「예수 + 안수 기도」 등등 수도 없이 많은 군더더기를 붙입니다.

복음이 아닌 것들로 구원을 받으려고 하거나 하나님의 은혜가 아닌 것들에 의존해서 하나님을 기쁘게 해 드리려고 하면 저주 아래 있다는 것을 체험하게 됩니다. 다른 복음을 따르면 거듭난 신자라도 저주 아래 있는 것과 같은 두려움과 죄책감에서 벗어나지 못합니다. 십자가의 은혜 이외에 다른 것들을 지켜야 하기 때문입니다. 다른 것들은 여러 형태로 추가됩니다. 그래서 그 것들을 내가 다 잘 지키는지 확신할 수 없습니다. 그래서 헌신을 반복하지만 하나님이 원하시는 수준에 이를 수 없다는 사실에 실망하고 좌절합니다. 결국 유업의 상을 받지 못하고 은혜 아래에서 사는 삶의 기쁨과 자유를 잃습니다.

> 무릇 율법 행위에 속한 자들은 저주 아래에 있나니 기록된 바 누구든지 율법 책에 기록된 대로 모든 일을 항상 행하지 아니하는 자는 저주 아래에 있는 자라 하였음이라 (갈 3:10).

행위로 자신의 의로움을 증명할 수 있는 자는 아무도 없습니다. 내가 아무리 선행을 하고 계명을 지킨다고 하여도 항상 잘할 수는 없습니다. 그래서 양심이 불편하고 늘 전전긍긍하면서 살아야 합니다. 이것은 그리스도 안에 있는 자유가 아닌 속박의 삶입니다. 하나님과의 교제가 아버지와 자녀의 관계가 아니고 무서운 주인과 종의 관계입니다. 구원의 확신이 없기 때문에 언젠가 버림을 받을지도 모른다는 두려움 속에서 삽니다. 이것이 행위로 구원을 이루려고 하는 신자들이 겪는 저주의 체험들입니다.

바울은 개인적인 악심에서 유대주의자들에게 저주를 받는다고 독설을 퍼부은 것이 아닙니다. 유대주의자들도 회개하면 저주가 아닌 은혜의 삶을 살 수 있습니다. 바울 자신도 한 때는 복음의 원수였습니다. 그러나 그는 주 예수를 만난 이후로 복음을 깨닫고 새 사람이 되었습니다. 저주 아래 있던 과거의 바리새인의 삶을 청산하고 예수 그리스도가 주시는 은혜의 구원을 받아 율법에서 해방되었습니다. 그래서 그는 그리스도의 마음을 품고 유대주의자들을 크게 경고하였고 동시에 갈라디아 교인들도 돌아서기를 촉구하였습니다.

그의 말이 격렬하게 느껴진다면, 절벽으로 걸어가는 어린 자식에게 힘을 다해 절박하게 멈추라고 소리치는 부모의 절규를 상상해 보십시오. 혹은 유괴범이 내 자식을 잡아가려고 한다면 '나는 당신을 사랑하니까 용서하겠으니 아이를 그냥 데려가세요' 라고 하겠습니까? 아이를 보호하기 위해 내 목숨을 걸지 않겠습니까?

바울은 갈라디아 교인들에게 하나님의 저주를 경고했습니다. 이런 일은 물론 인기가 없습니다. 그러나 저주를 받는다고 서슴없이 경고한 것은 바울이 사람의 비위를 맞추기 위해서 복음에 물을 타지 않았음을 증명합니다.

유대주의자들은 바울이 이방인 개종자들에게 할례를 면제해 주었기 때문에 '쉬운 복음'을 전하여 인기를 끌려고 했다고 비난한 듯합니다. 그러나 바울은 자신이 지금까지 사람들을 기쁘게 하기 위해서 이방인 사역을 했다면 그리스도의 종이 아니라고 했습니다. 우리도 그리스도의 종입니다. 그렇다면 바울을 닮아야 하겠습니다. 거짓 복음에 대항하여 싸워야 합니다. 오직 예수의 복음을 지키기 위해 싸우지 않으면 교회 갱신은 구호에 그치고 말 것입니다.

바울은 '다른 복음은 없다'고 하였습니다. 우리를 구원하는 복음은 예수 그리스도의 십자가 대속을 통한 은혜 구원 이외에는 없습니다. 이 복음 이외에 다른 요소들을 끌어다 붙이면 저주를 받습니다. 하나님께서는 우리를 구원하기 위해 십자가에 자기 몸을 내어주신 예수님의 대속적 죽음을 온전한 제물로 받아 주셨습니다. 죄인에 대한 하나님의 요구는 죽음입니다. 그러나 예수님이 우리 대신 죽음의 형벌을 받으셨습니다. 이 큰 하나님의 사랑을 믿고 하나님께로 돌아오면 용서를 받고 하나님의 자녀가 됩니다. 아무 한 일이 없이 빈손으로 나가서 영생의 선물을 받는 것이 은혜 구원입니다. 이 구원을 확실하게 믿고 하나님의 자녀로 의롭게 된 사실을 기뻐하며 '다른 복음'에 속하는 것들을 모두 뿌리치고 살아야 하겠습니다.

5. 바울이 계시로 받은 복음

갈라디아서 1:11~14

바울은 1장 1절에서 언급했던 자신의 사도직에 대한 변호를 간증 형식으로 진술하기 시작합니다.

바울이 전한 복음은 예수 그리스도의 계시입니다.

복음은 인간의 사상도 아니고 스스로 깨달을 수 있는 것도 아닙니다. 우리가 주 예수의 복음을 믿고 구원을 받았다면 그 자체가 기적입니다. 자연인의 생각과 행위로는 도저히 믿을 수 없는 것이 복음이기 때문입니다. 복음은 인간의 철학적 명상이나 아이디어로 만들어진 것이 아닙니다. 아무리 머리가 좋고 영성이 탁월해도 복음은 인간이 만들 수 없습니다. 복음은 사람의 머리에서 나오기에는 너무도 차원이 다른 것이기 때문입니다.

✽ 삼위일체 교리를 생각해 보십시오.

성경에서 하나님이 세 분처럼 나옵니다. 성부, 성자, 성신이라고 하면서 하나님은 한 분이라고 합니다. 세 개가 하나가 되어야 하는데 우리의 숫자 개념으로 이해가 가지 않습니다. 물론 진흙처럼 세 개를 한 뭉치로 뭉뚱그려놓고 한 개라고 말할 수 있지만 이것은 성경의 설명이 아닙니다. 세 분의 신성이 같고 뜻과 성품과 능력과 목적이 동일하며 완전한 조화 속에서 상호 협력하며 영원히 함께 존재한다는 것이 삼위일체 교리입니다. 그런데 세 하나님이 아니고 한 하나님이십니다. 우리가 기껏 설명해 보았자 한계와 모순에 부딪칩니다. 사실상 설명이 불가능합니다. 인간이 만들어 낸 것이 아니기 때문입니다. 삼위일체 교리는 교회사에서 수백 년 동안 논쟁해 왔지만 해결할 수 없었습니다. 변호하기가 심히 어렵기 때문에 신비해서 모른다고 고백해야 합니다. 아무도 이해할 수 없고 믿을 수 없는 이런 교리를 사람이 만들어 낼 리가 없습니다. 그래서 바울이 전하는 복음이 그리스도의 계시라는 말이 옳습니다.

✲ 사람이나 사탄의 영향으로 만들어진 타종교에서는 신에게 잘 보여야 복을 받고 사후 천국에 들어간다고 가르칩니다. 신에게 잘 보이려면 종교 규례를 철저하게 지키고 선행을 해야 합니다. 그런데 기독교 복음은 어떻게 가르칩니까? 아무런 공로가 없고 경건하지 않아도 십자가에서 하나님의 아들이 나 대신 속죄양이 되셨다는 것을 믿고 하나님께 마음을 돌리면 구원받는다고 합니다. 어떤 종교에서도 단순한 믿음으로 죄인이 의롭게 되었다고 선포하는 가르침이 없습니다(롬 4:5). 경건하지 않은 자를 의롭다고 하고 아무일도 하지 않은 죄인을 의인이라고 선포하는 성경의 칭의 교리는 사람의 생각으로는 넌센스입니다. 의로운 행위가 없는데 의롭다고 먼저 선포하는 것은 인간의 논리로는 역순입니다.

✽ 십자가에서 극형을 받은 나사렛 예수라는 사람을 하나님의 아들이며 신성을 가지신 메시아라고 가르치는 종교가 어디에 있습니까? 예수가 동정녀 출생을 하였고 십자가에서 죽은 후 장사되었지만 사흘 만에 다시 살아나서 승천했다는 성경의 진술을 누가 믿을 수 있단 말입니까? 자연인은 이런 복음을 믿을 수 없습니다.

복음은 초자연적인 하나님의 계시입니다. 죄인이 복음을 믿게 되는 것도 하나님이 거저 주시는 은혜의 선물입니다.

바울은 자신이 전한 복음을 두 가지 측면에서 대조시킵니다.

첫째, 사람의 뜻에 따라 된 것이 아니라고 합니다.

> 이는 내가 사람에게서 받은 것도 아니요 배운 것도 아니요 (12절).

이것은 바울이 예루살렘 본교회의 영향을 받지 않았다는 뜻입니다. 바울을 반대하거나 의심하는 자들은 바울이 예루살렘의 사도들로부터 당연히 배우고 그들의 권위 아래 있어야 한다고 보았습니다. 그래서 바울은 예루살렘 교회의 사도들이나 다른 어떤 사람들로부터 자기가 전하는 복음을 학습했거나 받은 것이 아니라고 강조하였습니다. 그러니까 예수님이 세상에 오셔서 복음을 전하셨고 사도들을 통해 성경에 기록되게 하셨다는 말입니다. 그런데 바울의 포인트는 자신이 전하는 복음은 사도 베드로나 다른 교사들로부터 배운 것이 아니라는 것입니다. 그의 복음도 다른 사도들처럼 출처가 예수님이라는 주장입니다. 다른 점은 그는 예수님 생전에 사도의 부름을 받은 것이 아니고 부활하신 예수님으로부터 사도직을 받았습니다.

이 주장은 수용하기 힘들었을 것입니다. 당시에는 예루살렘 교회가 모교회 역할을 했었고 열 두 사도들이 통솔하고 있었습니다. 그래서 바울처럼 아웃사이더가 된 교인들은 예루살렘 교회의 공인을 받아야만 리더로서 행세할 수 있다고 보았습니다. 제도적인 권위와 통제가 필요하다는 말입니다.

다행히 바울이 3년 후에 베드로와 야고보를 예루살렘에서 만났을 때 그들은 바울에게 자신들의 권위를 내세우지 않고 바울의 독립적인 선교 활동을 인정하였습니다. 우리는 이런 자세를 배워야 합니다. 내 조직에 속하지 않았다고 해서 배척하거나 제도적으로 하나님의 일을 통제하려고 하는 것은 교회 발전에 거침돌이 됩니다. 바울이 예루살렘 교회의 간섭을 받지 않고 자유롭게 선교할 수 있었던 것처럼, 현대교회도 교단이나 교회 기구를 통해서 일할 때에 권위주의나 전통주의에 빠지지 않도록 조심해야 합니다.

둘째, 오직 예수 그리스도의 계시로 말미암은 것이라고 합니다.

바울이 예수님으로부터 받았다는 계시는 다메섹 도상에서 부활하신 주님을 만났을 때였습니다. 그때 받았던 계시가 바울이 전하는 복음의 핵심이었습니다. 그리고 이 복음은 예루살렘 사도들이 전하는 복음과 다르지 않았습니다. 다만 복음 전파의 영역에 있어 예루살렘 사도들과 달랐을 뿐입니다. 바울은 이방인의 사도가 되기 위해 특별히 하나님이 택한 사람이었습니다(16절).

[바울이 다메섹 도상에서 받은 계시의 내용은 어떤 것이었습니까?]

바울이 다메섹 도상에서 갑자기 눈부신 광채로 나타나신 예수님을 만난 시간은 극히 짧았을 것입니다. 그러나 그 짧은 시간에 바울은 기독교 복음의 핵심을 깨닫고 즉석에서 예수님이 하나님의 아들되심을 확신하였습니다. 이것은 바울이 박식하거나 성경을 잘 알아서가 아닙니다. 그는 과연 출중한 성경 학자였지만 그의 성경 지식이나 바리새인의 전통이 그를 크리스천으로 만들지 않았습니다. 그가 주 예수의 신분을 믿게 된 것은 성령의 조명을 받았기 때문입니다. 바울 자신이 나중에 고린도교회에게 "성령으로 아니하고는 누구든지 예수를 주시라 할 수 없느니라"(고전 12:3)고 하였습니다.

• 예수님은 바울에게 "네가 어찌하여 나를 박해하느냐"(행 9:4)라고 물으셨습니다. 바울이 누구시냐고 되물었을 때 "나는 네가 박해하는 나사렛 예수라"(행 22:8; 9:5)고 하셨습니다. 바울은 다메섹에 있는 크리스천들을 결박하러 가는 길이었습니다. 그래서 그는 즉시 교회가 '그리스도의 몸'이라는 사실을 깨달았습니다. 이것이 그리스도와 신자 사이의 연합교리가 되어 바울의 여러 서신에서 등장합니다.

• 바울은 예수님으로부터 이방인들에게 보냄을 받았다는 말씀을 들었을 때 복음이 유대인만을 위한 것이 아님을 즉시 깨달았습니다(행 26:16~18).

• 예수님은 바울에게 선교 소명을 주시고 구원의 대요를 알려 주셨습니다.

바울은 아그립바 왕 앞에서 변호할 때 이런 간증을 했습니다.

"이스라엘과 이방인들에게서 내가 너를 구원하여 그들에게 보내어 그 눈을 뜨게 하여 어둠에서 빛으로, 사탄의 권세에서 하나님께로 돌아오게 하고 죄 사함과 나를 믿어 거룩하게 된 무리 가운데서 기업을 얻게 하리라 하더이다" (행 26:17~18).

이 말씀을 들은 바울은 구원을 설명하거나 적용할 때 '빛과 어둠'의 비유를 애용하게 되었습니다(롬 13:12; 고후 4:6; 골 1:13). 바울이 사탄의 세력에 대해서 많이 언급한 것도 이때 받았던 계시에 바탕한 것이었습니다(고후 4:3~4; 엡 2:2; 6:12). 십자가의 속죄 교리를 비롯해서 성도의 부활과 유업, 기독론과 종말론도 여기서 나왔고 칭의와 성화에 대한 가르침도 이때 받은 계시에서 연유된 것이었습니다.

물론 바울은 그 이후에도 "주의 환상과 계시"(고후 12:1)가 많았고 "여러 계시를 받은 것이 지극히 크다"(고후 12:7)고 했습니다. 그래서 그는 하나님의 모든 경륜을 전하는 최대의 성경 강해자가 되었습니다(행 20:27; 엡 3:2). 그는 낙원에도 이끌려 갔었고(고후 12:4, 7) 아나니아의 안수로 성령충만과 치유를 체험했습니다. 이것은 그가 성령 교리를 터득하는 계기가 되었습니다(행 9:17).

예수 그리스도께서 다메섹 길에서 바울에게 계시하셨던 날은 바울이 그의 복음의 기본적인 아웃라인을 받은 날이었습니다. 복음은 계시된 것이지 만들어진 것이 아닙니다. 한때 일부 신학자들이 바울에게 유대주의자들이 비난했던 것과 유사한 공격을 하였습니다. 즉, 예수님의 원래 복음은 단순한 것이었는데 바울이 자기 마음대로 신학화하고 어렵고 복잡하게 만들었다는 것입니다. 그러나 바울의 진술에서 우리는 그가 복음을 스스로 만든 것이 아니고 예수 그리스도의 직접적인 계시로 받은 것이라는 사실을 확인할 수 있습니다.

바울은 예수님과 그의 복음을 멸시하고 박해하였습니다.

바울은 자신이 과거에 유대교에 있었다고 말하면서 그때 자신의 상황을 두 가지로 고백합니다. 하나는 자신이 유대교의 신봉자로서 하나님의 교회를 크게 박해했다는 것입니다(13절). 다른 하나는 자신이 유대교에서 다른 여러 동갑자들보다 지식과 경건과 열성이 훨씬 더 뛰어났다고 합니다(14절).

[유대교란 무엇일까요?]

우리는 유대인들은 구약 성경을 믿는 언약 백성이라고 생각하기 쉽습니다. 이 말은 과거에는 맞았지만 지금은 반드시 그런 것은 아닙니다. 구약 성경을 믿는 정통 유대인들도 있지만 현대 유대인들 중에는 무신론자들도 많습니다.

바울 당시의 유대교는 신구약 중간기 시대의 배경을 가진 것입니다. 유대교라는 용어는 이스라엘 남부를 유다(Judah)라고 부른데서 유래하였습니다. 남부 유다는 BC 6세기에 바벨론에 의해 망하였습니다. 그때 많은 유대인이 바벨론으로 잡혀갔습니다. 그곳에서 자신들의 아이덴티티를 유지하기 위해 회당 예배를 보기 시작하였고 귀환한 후에도 회당이 유대교의 구심점이 되었습니다. 유대교는 구약과 신약 중간기에 발전된 유대인의 종교적인 관습과 생활 방식을 가리킵니다.

유대교 내에는 바리새파, 사두개파, 엣센파, 열성당원이 있었습니다. 그 중에서 바리새파가 유대교에서 가장 영향력이 컸습니다. 평신도 운동이었는데 종교적 경건이 하나님 나라의 도래를 앞당기는 길이라고 보고 토라(모세 오경)의 준수를 강조하였습니다. 이들은 구전(oral tradition)도 믿었는데 토라와 거의 동등한 위치에 있다고 보았습니다.

[구전은 무엇일까요?]

구전은 두 갈래입니다. 하나는 할라카(Halakah)라는 도덕법이었고 모든 유대인들이 지켜야 했습니다. 또 하나는 하가다(Haggadah)인데 사회 생활에 대한 일반 가르침과 묵상의 내용으로서 할라카처럼 강력한 법적 구속력은 없었습니다. 이 구전은 AD 2세기에 '미쉬나'라는 문서로 편집되었습니다. 일반적으로 잘 알려진 '탈무드'는 이러한 구전들을 5세기에 집대성한 일종의 전통법전입니다.

우리에게 직접 관련된 부분은 바울이 유대교의 바리새파에 속하였고 구전까지 철저하게 지켰다는 것입니다. 이 점에서 그는 다른 사람들보다 크게 앞서간 바리새인이었습니다. 바울의 이러한 배경에서 볼 때 그가 하나님의 교회를 박해한 이유를 찾을 수 있습니다.

바울은 예수님이 종교적 사기꾼이며 유대교의 원수라고 여겼습니다. 그리스도를 따르는 교인들은 십자가에서 처형된 죄수를 메시아라고 믿었고 그의 부활을 주장하였습니다. 그들은 구원이 모세법의 준수가 아닌 예수를 하나님이 보내신 메시아로 믿음으로써 온다고 주장하였습니다. 이것은 유대교의 신앙을 위협하는 일이었습니다. 십자가 처형으로 죽은 사람이 어떻게 메시아란 말입니까? 예수를 하나님의 신령한 아들로 믿는 것도 신성모독이었습니다. 바울은 교회를 박해하는 것이 하나님을 위해 마땅히 행해야 하는 자신의 본분이라고 믿었습니다(참조. 요 16:2).

[바울의 간증이 주는 교훈]

종교 전통은 주 예수를 바르게 믿는데 큰 방해가 될 수 있습니다. 바울은 자신이 유대교에 있었을 때에 대해서 실토하였습니다. 대제사장들과 장로들은 바울이 기독교인을 박해하는 것을 공적으로 지원하였습니다. 일반 유대인들도 바울의 교회 박해를 반대하지 않았습니다. 그들은 유대교와 바리새인 전통의 배경 속에서 자랐기 때문입니다. 그들은 유대인의 방식과 전통이 하나님께서 모든 사람에게 원하시는 것이라고 당연시하였습니다. 누구나 특정한 형태의 삶의 방식을 전수받고 삽니다. 국가와 사회와 가족에게는 나름대로의 사는 방식이 있습니다. 그래서 사람들은 일반적으로 다른 형태의 문화나 가치관을 쉽게 수용하지 않습니다.

✲ 영국에는 구식민지 국가에서 들어와 사는 이민자들이 많습니다. 그들 중에는 영국 국법을 어기면서까지 자기 나라의 종교 문화를 지키려고 합니다. 예를 들어 부모가 미성년인 어린 딸의 결혼을 한 번도 만나본 적이 없는 본국의 남자와 미리 정해 놓고 강제로 결혼을 시킵니다. 반대하면 죽이기까지 합니다. 여자가 할례를 받지 않았다고 해서 결혼을 못하는 경우도 있습니다. 여성 할례 시술은 영국에서 불법입니다. 그래도 자기 나라의 습관을 고집하는 자들이 있습니다.

바울도 유대인 종교 방식이 전적으로 옳다고 믿었기 때문에 예수를 주님으로 섬기는 기독교를 용인할 수 없었습니다. 우리가 물려받은 전통적 가치관과 삶의 방식은 복음을 믿고 복음의 가치관에 따라 사는 일에 적지 않은 걸림돌이 될 수 있습니다. 타종교나 세상 학문의 배경 때문에 예수를 못 믿겠다고 하는 사람도 있습니다. 자신이 과학을 공부했기 때문에, 진화론자이기 때문에, 종교에 매이지 않고 자유롭게 살고 싶기 때문에 예수를 못 믿겠다고 합니다. 요즘은 일부 기독교가 신종 코로나 감염증 방역에 비협조적이고 이웃의 안전을 외면하는 이기적 집단이며 목회자들의 비윤리적인 처신 때문에 교회라면 지긋지긋하다는 사람들도 많습니다. 혹은 개인의 어떤 특별한 상황 때문에 예수를 믿을 수 없다는 경우도 있습니다.

본인은 어떤 유명한 무당에게 복음을 전한 적이 있었습니다. 자신이 예수를 믿을 수 없는 이유를 이렇게 말했습니다. "나는 지금까지 평생을 무당으로 지내면서 귀신을 섬겼습니다. 그 덕분에 자식들을 먹여 살렸고 학교도 보냈습니다. 그런데 어떻게 내가 섬기는 귀신을 배신할 수 있겠습니까?"

• 복음을 받아들이는 것은 학력이나 재력이나 사회적 신분과 무관합니다.

바울은 매우 지적인 사람이었습니다. 그는 탁월한 성경 학자였는데 당시에 유명한 랍비인 가말리엘의 문하생이었습니다(행 5:34). 그럼에도 그는 교회를 박해하였습니다. 지적으로 특출한 인물이라도 영적으로 눈이 멀 수 있습니다. 지성인들은 영적 문제를 가졌어도 그들의 지성이 전혀 도움이 되지 않습니다. 돈이 많거나 사회적 신분이 높다고 해서 복음을 쉽게 믿을 수 있는 것도 아닙니다. 오히려 그런 사람들은 자신이 가진 것을 믿기 때문에 복음의 필요성을 느끼지 못하거나 아예 관심도 없습니다.

• 잘못된 종교적 확신은 복음을 배척합니다.

바울은 크리스천을 투옥하고 죽이는 것이 죄라고 생각하지 않았습니다(행 26:10). 그는 스데반의 살해에 동조하였고 자신이 발벗고 나서서 교회를 박멸하려고 했습니다(행 22:20). 그는 예수 그리스도의 복음을 한 번도 진지하게 고려한 적이 없었습니다. 그는 예수님을 신성모독자로 보았고 그를 따르는 자들은 반드시 처벌을 받아야 한다고 믿었습니다. 이것은 사실을 조사해 보지 않은 채 유대교의 편견에 붙잡힌 비이성적인 행위였습니다. 가장 지적인 사람이 가장 비이성적이 되어 복음을 배척할 수 있습니다.

• 세속적인 야망은 예수를 믿는 데 방해가 됩니다.

바울은 자신이 유대교에서 동갑자들보다 훨씬 앞섰다고 했습니다(14절). 그는 유대교의 가르침과 조상의 전통에 대한 열정으로 불타고 있었습니다. 바울은 유대교의 랍비로서 큰 인물이 되어 출세하고 싶었을 것입니다. 그런 야망에 붙잡혀 살면 복음의 진리가 눈에 보이지 않습니다. 출세하기 위해서 정신을 다 쏟고 있으면 출세보다 더 좋고 더 영원한 가치가 있는 것이 눈에 들어오지 않습니다. 바울은 영원한 구원의 복음을 바로 눈 앞에 두고 대하면서도 오히려 교회를 박해하였습니다.

그는 유대교에 충실하였고 매우 지적이며 헌신적이었습니다. 구약에 정통하였고 대제사장들과 이스라엘의 장로들이 인정해 주는 사람이었습니다. 그러나 그는 증오심과 살기로 가득 차 있었습니다. 자신이 하나님 앞에서 큰 죄를 짓고 있다는 사실을 전혀 의식하지 못하였습니다. 그렇다면 그의 지식이 무엇이며 그의 사회적 신분이 무엇입니까? 살기등등한 기세로 크리스천을 잡으러 다니는 그에게 무슨 영성이 있단 말입니까?

바울은 가장 종교적이었지만 그의 종교적 헌신이 그를 구원하지 못하였습니다. 그는 가장 박식했어도 그의 지식이 그에게 십자가 구원의 의미를 깨닫게 하지 못하였습니다. 그는 유대교의 최고 고위층들의 인정을 받았지만 그의 사회적 호평이 그를 그리스도께로 인도하지 못하였습니다.

바울은 율법 준수에 흠이 없다고 하였습니다(빌 3:6). 그러나 그는 살인을 서슴치 않았고 사람들을 투옥시키기 위해 혈안이 되어 있었습니다(행 26:10~12).

율법 준수가 사람을 더 경건하고 더 영적으로 만드는 것일까요? 종교적 룰(rule)과 관습을 철저하게 지키면 하나님과 더 가까워지고 주님의 성품을 닮는 거룩한 모습으로 변화되는 것일까요? 아닙니다. 바울은 그 모든 규례를 준수하였고 구약성경에 밝았지만 잔인하고 냉혹한 인물이었습니다.

바울은 사람들이 부러워하는 많은 것을 가졌지만 복음에 부요하지 못하였습니다. 그는 똑똑한 인물이었지만 가장 어리석은 행동을 하였습니다. 자신이 진정으로 찾고 원하던 것을 눈 앞에 두고 눈을 감았습니다. 그는 자신의 거룩한 삶을 하나님으로부터 인정받기 원했지만, 그가 성취한 것은 아무것도 없었습니다. 그는 교회를 박해함으로서 주 예수를 박해한 사람이 되었습니다. 유대교에 투신했던 바울은 겉으로는 성공했을지라도 복음의 관점에서 보면 완전히 실패한 종교인에 불과하였습니다.

구원은 우리의 자원으로 얻을 수 없습니다. 구원은 경건으로도 얻지 못합니다. 구원은 지식도 재물도 명성도 선행도 모두 지나쳐 갑니다. 구원은 오직 주 예수 그리스도를 신뢰하는 믿음으로 옵니다. 그런데 누가 나를 믿음의 길로 인도하고 누가 나에게 십자가를 믿을 수 있게 합니까? 하나님이십니다. 오직 하나님만이 우리를 구원하십니다. 이것이 15절에 나오는 "그러나"의 의미입니다. 바울의 지금까지의 간증은 유대교에 있었을 때의 일이었습니다. 그가 이렇게 간증하는 까닭은 자신이 유대교에 그처럼 철두철미하게 투신했었는데 어떻게 그리스도의 복음을 믿고 사도가 될 수 있었겠느냐는 것입니다. 한 마디로 사람의 힘으로는 될 수 없다는 말입니다. 그에게 일어난 변화는 전적으로 하나님의 능력이며 그를 긍휼히 여기신 하나님의 은혜가 아니면 달리 설명할 수 없다는 것이 그를 비난하고 반대하는 유대주의자들에 대한 변호였습니다.

주 예수를 믿고 구원을 받으려면 나로 하여금 예수를 믿지 못하게 하는 것이 무엇이든지 다 내려놓아야 합니다. 구원은 나의 것을 내려놓고 하나님의 것을 붙잡을 때 옵니다. 나에게 속한 것이 아닌, 하나님이 준비하신 사랑의 선물인 주 예수를 믿음으로 받아들여야 합니다. 그러면 다 잃는 것 같지만 다 얻는 것입니다. 죽음에 속한 것을 버리고 영생을 얻는 것입니다. 바울은 복음의 원수였지만 자기 것을 모두 포기하고 주 예수 앞에 엎드렸을 때, 영원한 구원을 받고 새 사람이 되었습니다. 이것이 우리 모두의 체험이기를 기원합니다.

6.
은혜로 나를 부르신 이
갈라디아서 1:15~24

본 항목은 1장 11절에서 시작한 바울의 간증에서 후반부 내용을 담고 있습니다. 전반부에서는 바울이 전한 복음의 출처가 인간이 아닌 예수 그리스도의 계시라는 것과 자신이 유대교에 있었을 때 승승장구하면서 교회를 박해했다는 내용이었습니다.

그런데 왜 갑자기 자신이 박해했던 교회의 사도로 급변하게 됐는지를 해명할 필요가 있었습니다. 이것이 후반부 간증의 내용입니다. 바울은 매우 비범한 스토리를 가진 비범한 인물이었습니다. 그는 철저한 유대교의 신봉자로 있다가 돌연 그가 멸시하던 나사렛 예수를 하나님이 보내신 메시아로 믿게 되었습니다. 유대주의자들은 바울의 개종을 의심하였고 그의 사도직을 인정하지 않았습니다. 그들은 바울에 대해 나쁜 소문을 퍼뜨렸습니다.

• 바울은 예루살렘 교회로부터 공식적인 사도의 임명을 받은 적이 없는 자칭 사도이다.

• 이방인들에게 할례가 없는 싸구려 복음을 전하여 인기를

얻으려고 한다.

일반 교인들도 바울의 소문을 듣고 그의 회심을 믿을 수 없어 경계하고 만나기를 꺼려 하였습니다(행 9:26). 이런 상황에 빠진다면 어떻게 해야 할까요? 하나님이 다 알아서 해결해 주실 테니까 하나님께 모든 것을 맡겨야 할까요? 때로는 바울처럼 사람들의 의혹을 풀기 위해서 자신에 대한 사실들을 밝혀야 합니다. 더구나 하나님의 일에 거침돌이 된다면 더욱 그럴 필요가 있습니다.

그래도 이런 일은 시간이 지나면 밝혀질 텐데 하고 그냥 넘어갈 수 있습니다. 그렇게 생각한다면 바울의 해명은 없어도 좋았을지 모릅니다. 하지만 우리는 바울이 성령의 영감을 받고 갈라디아서를 쓰고 있다는 점을 염두에 두어야 합니다. 그래서 성령께서 무엇을 말씀하시려고 이런 간증 부분이 들어가게 하셨는지를 생각해 보아야 합니다. 만일 이 부분이 생략되었다면 어떤 결과가 나왔을까요? 적어도 우리는 두 가지 중요한 기독교 교리를 놓쳤을 것입니다. 그것은 예정과 부르심입니다. 바울은 이 교리를 진술하기 위해서 의도적으로 자신의 간증 스토리를 넣은 것은 아니었습니다. 그러나 성령께서는 그의 간증 속에 자연히 예정과 부르심이라는 교리가 언급되도록 인도하셨습니다.

바울은 초두에서(11, 12절) 자신이 전한 복음은 '사람의 뜻을 따라' 된 것이 아니고 '오직 예수 그리스도의 계시로 말미암은 것이라'(12절)고 했습니다. 이 주장은 13절에서 그가 유대교에 있었을 당시 어떤 일을 행하였는지에 비추어 볼 때 설득력이 있습니다. 그래서 그는 두 가지 측면에서 회심 이전의 상황을 진술하였습니다.

첫째, 나는 유대교에 있었을 때 교회를 심히 박해한 자였다. 이것은 다 아는 사실이다. 나는 교회를 아주 없애버리려고 하였다. 마음만 먹은 것이 아니고 실제로 교인들을 잡아 가두었다.

> 내가 이 도를 박해하여 사람을 죽이기까지 하고 남녀를 결박하여 옥에 넘겼노니 이에 대제사장과 모든 장로들이 내 증인이라 (행 22:4~5).

둘째, 나는 다른 어떤 유대인보다도 가장 철두철미한 유대교 신봉자였다. 나는 대제사장들과 유대교의 장로들로부터 크리스천들을 결박할 수 있는 공문을 받아낼 정도로 유대교 지도자들의 인정과 신임을 받은 바리새인이었다. 나는 "열심으로는 교회를 박해하고 율법의 의로는 흠이 없는 자"(빌 3:6)였다. 이런 내가 무엇이 아쉬워서 예수 그리스도를 믿고 유대인이 멸시하는 이방인을 위한 사도까지 되었겠는가? 내가 만사를 제쳐놓고 박해하던 교회의 사도가 되어 예수를 전파한다는 것이 있을 수 없는 일이지 않겠는가?

그래서 바울은 15절에서 '그러나'로 시작되는 진술을 합니다. 이것은 유대교의 골수분자였던 바울에게 있을 수 없는 일이 일어난 것에 대한 설명입니다. 즉, 교회 박멸을 위해 살기를 품고 사방으로 크리스천 사냥을 위해 광분했던 사람이 어떻게 그리스도의 사도가 되었느냐는 것을 하나님의 예정과 은혜의 부르심이라는 말로 진술하고 있습니다.

> 그러나 내 어머니의 태로부터 나를 택정하시고 그의 은혜로 나를 부르신 이가 (1:15).

기독교 교리 중에서 가장 어려운 교리의 하나가 예정교리입니다. 삼위일체 교리처럼 아무도 이것을 제대로 이해할 수 없습니다. 우리가 분명하게 아는 것이 있다면 성경의 예정은 숙명이 아니라는 것입니다. 그 이상은 성경이 자세히 설명하지 않습니다. 우리는 성경에 계시된 것 이상은 알 수 없습니다. 예정에 대해서 이런저런 이론이 있을지라도 충분히 설명될 수 없습니다. 그래서 성경의 말씀을 액면대로 받아들이는 수밖에 없습니다.

바울의 간증에 의하면 그는 모태에서부터 사도가 되도록 하나님이 선택하셨다고 합니다. 이것은 하나님께서 바울의 출생을 주관하셨다는 뜻입니다. 그가 선악을 행하기도 전에, 주 예수를 믿기도 전에, 어머니 뱃속에 있을 때부터 이미 하나님께서 그를 이방인의 사도로 세우려고 계획하시고 모든 상황을 통제하셨다는 것입니다.

바울은 15절에서 예레미야 선지자의 말을 상기시킵니다.

> 내가 너를 모태에 짓기 전에 너를 알았고 네가 배에서 나오기 전에 너를 성별하였고 너를 여러 나라의 선지자로 세웠노라 하시기로 (렘 1:5).

바울은 자신의 소명이 예레미야 선지자의 소명과 일치한다고 생각한 듯합니다. 그는 구약 선지자들에게 주셨던 이방인 선교에 대한 예언이 그를 통해서 성취되고 있다고 느꼈을 것입니다. 그런데 이 소명은 다메섹 도상에서 예수님을 처음으로 만났을 때 비로소 바울에게 알려졌지만 하나님 편에서는 영원 전부터 계획된 일이었습니다.

우리는 하나님의 선택과 예정을 들으면 들을수록 너무도 엄청나서 어리둥절해집니다. 내가 구원을 받고 하나님의 자녀가 된 것이 내가 태어나기도 전에 아니, 세상 창조 이전부터 하나님의 마음 속에서 작정된 일이었다는 것을 생각해 보십시오. 그렇다면 나의 구원은 너무도 확실합니다. 내가 전혀 아무 일도 행하기 전에 이미 작정된 것이니까 내가 구원받은 것은 정말 하나님의 은혜구나 하고 감탄하며 고개를 숙이지 않을 수 없습니다.

하나님은 예레미야와 바울의 출생 이전에 그들을 택하시고 그들이 세상에 태어나도록 하셨습니다. 하나님께서는 주 예수를 믿는 모든 자들에게 동일한 일을 행하십니다. 우리가 하나님의 자녀가 된 것은 우리의 시점에서 보면 예수님을 믿었을 때입니다. 그러나 하나님의 시점에서 보면 세상 창조 이전에 된 하나님의 예정이었습니다.

> 곧 창세 전에 그리스도 안에서 우리를 택하사 우리로 사랑 안에서 그 앞에 거룩하고 흠이 없게 하시려고 그 기쁘신 뜻대로 우리를 예정하사 예수 그리스도로 말미암아 자기의 아들들이 되게 하셨으니 이는 그가 사랑하시는 자 안에서 우리에게 거저 주시는 바 그의 은혜의 영광을 찬송하게 하려는 것이라 (엡 1:4~6).

우리는 하나님께서 우리를 창세 전에 그리스도 안에서 구원하여 하나님의 자녀가 되도록 미리 선택하셨다는 것을 잘 이해할 수 없습니다. 그런데 더 놀라운 것은 이 구원이 하나님의 아들을 통해서 거저 주는 은혜라는 것입니다. 그래서 바울은 "그의 은혜로 나를 부르신 이" (15절)라고 했습니다. 하나님은 그리스도를 통해서 바울을 거저 주는 은혜로 구원하시고 이방인의 사도로 부르셨습니다.

[부르심(calling)은 무슨 의미일까요?]

바울이 자주 사용한 용어입니다. 부른다는 말은 목소리로 그냥 이리 오너라 하고 부르는 것이 아닙니다. 이것은 하나님이 우리가 주 예수를 믿도록 하기 위해서 구원의 길로 인도하시는 부름입니다. 이 부름은 불가항력적인 것은 아닙니다. 프로그램을 입력해 놓고 버튼을 누르기만 하면 작동되는 것이 아닙니다. 하나님은 택하신 자들을 부르십니다. 그리고 부르신 자들을 의롭다고 선포하십니다(롬 8:30). 그러니까 택함을 받고 부름을 받은 자들은 복음을 믿게 된다는 말입니다. 하나님의 부르심은 저항할 수 없는 것은 아니지만 내가 아무리 저항해도 결국은 이것이 극복이 되고 예수를 주님으로 부르게 됩니다.

바울은 주 예수께 저항하고 있었습니다. 그러나 그의 저항은 한계에 부딪쳤고 한순간에 눈처럼 녹아버렸습니다. 이것이 다메섹 도상의 체험이었습니다. 하나님의 부르심은 세미한 음성으로 들리든지 혹은 우뢰소리로 들리든지 죄인을 십자가로 구원하는 강력한 능력입니다.

바울은 예수님을 멸시하고 예루살렘교회를 박해하였습니다. 그러나 하나님이 그를 부르셨습니다. 하나님은 바울의 마음 속에서 강력하게 역사하셔서 그의 저항심이 제거되게 하셨습니다. 그 결과 바울은 예수님을 믿게 되었습니다.

이것이 모든 크리스천들에게 일어나는 일입니다. 대부분의 경우 믿기 전에 갈등도 일으키고 반발도 하고 반대도 하지만 결국은 내 의지로 믿게 됩니다. 나의 굳은 마음이 어느새 부드러워지고 하나님에 대한 적대감이 사라지기 때문입니다. 그래서 하나님의 주권적인 은혜의 역사가 없으면 순전히 내 뜻만으로는 구원받을 수 없습니다. 하나님께서 강력한 능력으로 내 마음의 담벽을 헐고 하나님의 사랑을 느끼게 하셔야 십자가 복음 앞에 엎드리게 됩니다.

그의 아들을 이방에 전하기 위하여 그를 내 속에 나타내시기를 기뻐하셨을 때에 내가 곧 혈육과 의논하지 아니하고 (16절).

바울은 다메섹 도상에서 예수님의 환상을 보고 하나님께서 자기를 이방인의 사도로 부르셨으며 이를 위해 그를 출생 전부터 택하셨음을 깨달았습니다. 더구나 하나님께서 그를 출생 전부터 택하시고 그리스도 안에서 은혜로 부르셨음을 확신하게 되었습니다. 그렇다면 다른 인간들과 상의할 것이 무엇이 있었겠습니까? 그는 누구의 인정도 파송도 필요하지 않았습니다. 그때 그는 혈육과 의논하거나 예루살렘으로 가지 않았다고 했습니다. 잠시 이 '혈육'이라는 표현에 대해서 말씀드립니다.

혈육과 의논하지 아니하고 (16절).

'혈육'은 우리 말로 부모, 자식, 형제 자매처럼 한 핏줄을 가진 사람을 가리킵니다. 혈육지친이라고도 합니다. 바울이 여기서 자기 부모나 형제들과 의논하지 않았다는 뜻이 아닙니다. 원문에는 '살과 피''(flesh and blood)로 나오는데 그냥 사람이란 의미입니다. 때로는 연약한 인간이라는 의미도 됩니다. 그래서 우리

말로 '혈육' 이라고 하면 의미가 달라지기 때문에 새번역에서처럼 '사람들' 이라고 하는 것이 낫습니다.

바울이 간 곳은 아라비아였습니다. 두 가지 질문이 있습니다. 아라비아는 어디이고 왜 바울이 그곳으로 갔을까요? 갈라디아서에서 아라비아라는 지명이 한 번 더 언급됩니다. 4:25절에서 하갈에 대한 비유를 하면서 "이 하갈은 아라비아에 있는 시내산"(4:25)이라고 했습니다. 여기서 언급된 아라비아는 바울이 간 아라비아가 아니고 아라비아 반도를 가리킵니다.

어떤이들은 '아라비아' 라고 하면 퍽 낭만적인 이미지를 떠올립니다. 그래서 바울이 광야 같은 곳에 가서 독거하면서 오직 하나님만 생각하고 받은 계시를 깊이 묵상했다고 봅니다. 새번역의 난외주에는 '아라비아' 를 '다마스쿠스 동남쪽에 있는 나바태아 왕국을 가리킨다' 고 나옵니다. 당시의 아라비아는 팔레스타인 동남쪽과 유대인 인구가 많은 다메섹까지 포함시켰습니다. 이곳은 나바태아인이라는 아랍 부족들이 지배하였는데 바울 당시에는 나바태아 왕국의 아레다 왕(Aretas)이 통치하였습니다(고후 11:32).

바울은 분명 아라비아 지역으로 가서 자신이 받은 계시의 의미를 깊이 묵상하는 시간을 가졌을 것입니다. 그러나 그의 일차적인 목적은 아라비아 지역에서 복음을 전하는 것이었다고 봅니다. 바울은 자신의 소명을 예레미야 선지자 뿐만 아니라 이사야서에 나오는 종의 소명과도 일치시킨 듯합니다.

이사야 42장에 보면 여호와의 종이 게달과 셀라의 거민들로 하여금 하나님을 찬양하게 한다고 했습니다. 이곳에 거주하는 인종은 북아랍 부족으로서 나바태아 왕국에 속한 지역이었습니다. 그래서 그는 아라비아 지역에서 자신의 선교 소명을 시도했다고 볼 수 있습니다. (참조. 사 49:1, 6; 사 42:6~7, 16; 고후 4:4~6).

바울은 수리아와 길리기아 지방에도 갔다고 했는데 거기서도 복음을 전했을 것입니다(21~22절). 유대에 있는 교회들은 바울이 이곳에서 선교했다는 소문을 듣고 그로 인해 하나님께 영광을 돌렸을 것입니다(22~24절).

바울은 다메섹 사건 이후로 그리스도에게 사로잡혀 있었습니다. 예수님이 하나님의 아들이시라는 사실과 그가 다시 살아나신 메시아라는 확신이 그를 압도하였습니다. 그는 자신의 화려한 과거를 모두 파묻고 그리스도 안에서 새 사람이 되어 오직 예수를 전하는 일에 불타고 있었습니다. 그런 그가 광야 같은 곳에 피신하여 아무 일도 하지 않고 오로지 묵상과 기도로 삼 년씩 세월을 보냈을 리가 없었을 것입니다. 바울은 다메섹 체험 이후에 아나니아를 만나 닫혔던 눈이 회복되었을 때 즉시 각 회당에서 예수가 하나님의 아들이라고 전파하였습니다(행 9:19~22). 그렇다면 그는 분명 아라비아에서도 복음을 전했을 것입니다.

바울은 아라비아의 체류가 끝난 후에도 예루살렘으로 가지 않았다고 했습니다. 그는 다메섹으로 돌아갔다가 삼 년 후에 예루살렘에 갔지만 그가 만난 사도들은 베드로와 야고보뿐이었습니다. 베드로의 경우 예수님의 지상 생활에 대한 정보를 바울에게 알렸을 테지만 그에게 새로운 복음을 강론하거나 예루살렘 교회를 대표하는 공식적인 선교사 임명은 하지 않았습니다. 베드로와 야고보는 바울의 복음과 그의 독자적인 선교 사역을 그대로 인정하였습니다.

바울의 요점은 자신이 박해하던 기독교의 사도가 된 것은 전적으로 하나님의 주권적인 은혜라는 것입니다. 그래서 자신에게 있을 수 없던 일이 일어났고 자신이 받은 복음의 계시가 전혀 인간적인 출처에 근원하지 않았다는 것입니다.

우리 각자의 구원과 소명도 하나님이 오래 전부터 계획하셨습니다. 하나님의 주권적인 섭리의 은혜에 의해서 전혀 나에게 일어날 수 없었던 일이 일어났습니다. 나는 날 때부터 예수를 믿은 것이 아닙니다. 나는 출생 때부터 타락한 아담의 후손이었습니다. 나는 죄인으로 태어났습니다. 그러나 나는 태어나기 전부터 하나님의 사랑의 대상이었습니다. 모든 것이 잘못 가고 있는 때에 하나님의 주권적인 은혜가 나를 원래 계획하셨던 선한 방향으로 바꾸고 마침내 주 예수 그리스도의 복음을 믿는 지점에까지 인도하였습니다. 우리는 하나님의 구원 계획에 따라 만사가 움직여지는 대구원의 드라마에 포함된 사람들입니다.

본 단원은 "나로 말미암아 하나님께 영광을 돌리니라" 는 말로 끝납니다(1:24). 어떤 사람으로 말미암아 사람들이 하나님께 영광을 돌렸습니까? 바울의 고백처럼 '죄인 중의 괴수'(딤전 1:15)였던 자였습니다. 그는 교회와 주 예수를 박해했던 사람이었습니다. 바울은 죄인 중의 괴수였음에도 다른 사람들이 그의 거듭난 새 삶을 보고 하나님께 영광을 돌렸습니다.

우리는 하나님의 기뻐하시는 뜻이 이루어지는 과정의 일부로서 함께 만나고 교제합니다. 그래서 바울처럼 복음이 하나님에게서 온 것임을 확신하고 하나님의 택함을 받고 구원받은 사실을 감사하며 오직 주 예수께서 원하시는 일을 행하면서 살아야 하겠습니다.

7.
빼앗길 수 없는 자유
갈라디아서 2:1~10

본문을 보면 바울이 자신의 사도직을 변호하는 일에 집착하는 듯합니다. 바울은 이미 1장 하반부에서 자신이 사도가 된 경위를 자세히 진술했습니다. 그런데 2장에서 또 자신의 사도직과 이방인 선교의 정당성을 입증하려고 합니다. 그래서 좀 불필요한 변호가 아닌가 싶습니다. 만약 그렇게 느낀다면 성경은 지루한 책이 됩니다. 우리와 별 상관이 없는 이야기들로 들리는 내용들이 많기 때문입니다. 우리는 엔터테인 문화와 개인주의에 익숙해 있습니다. 그래서 모든 것이 나 개인에게 흥미가 있고 직접적인 유익이 있어야 관심을 갖습니다. 성경은 이런 자기 중심적인 삶에서 탈피하여 무궁한 하나님의 세계와 원대한 그리스도의 나라를 위해서 살도록 가르칩니다. 바울은 이런 기도를 올렸습니다.

능히 모든 성도와 함께 지식에 넘치는 그리스도의 사랑을 알고 그 너비와 길이와 높이와 깊이가 어떠함을 깨달아 하나님의 모든 충만하신 것으로 너희에게 충만하게 하시기를 구하노라 (엡 3:18~19).

하나님의 나라에는 너비와 길이와 높이와 깊이가 있습니다. 하나님의 나라와 그리스도의 사랑이 어떤 것인지를 알려면 성경을 배워서 깨달아야 합니다. 그럼에도 주 예수를 믿는다고 하면서 대부분 성경을 가까이 하지 않는 경향이 있습니다. 우리는 피상적인 수준을 넘어서 성경의 너비와 길이와 높이와 깊이에 조금이라도 들어가 보려고 해야 합니다. 그것이 하나님께서 기뻐하시는 뜻입니다. "모든 성경은 하나님의 감동으로 된 것으로 교훈과 책망과 바르게 함과 의로 교육하기에 유익"(딤후 3:16)하다고 하였습니다. 우리가 이 말씀을 믿고 성경 말씀을 대한다면 분명 하늘에 속한 복을 받을 것입니다(엡 1:3).

우리는 바울이 사도라는 것을 다 알고 믿을 것입니다. 그래서 그의 사도직에 대한 변호는 우리에게 불필요한 것으로 여길지 모릅니다. 그러나 본문도 성령의 감동으로 쓰여진 말씀이기 때문에 하나님의 뜻과 주 예수의 나라를 위해 필요한 영적 교훈을 담고 있다고 보아야 합니다.

바울에게는 구태여 자신의 사도직을 누누히 변호하지 않으면 안 되는 어떤 상황이 있었을 것입니다. 이것을 이해하면 복음이 어떻게 해서 오늘에 이르게 되었는지를 아는 데 큰 도움이 됩니다. 또 우리가 그때와 같은 유사한 상황을 만났을 때 어떻게 처신하는 것이 옳은지를 알 수 있습니다.

유대주의자들은 바울이 예루살렘에 가서 야고보와 베드로와 요한을 만나보고 그들의 지시를 받았다고 주장하였습니다.

바울이 예루살렘 교회의 사도들로부터 선교 사역에 대한 지시를 받았다면 그는 그들과 동등한 사도가 아니고 그들의 권위 아래 있는 2급 사역자라는 뜻입니다. 이것은 바울의 사도적 권위를 격하시키려는 시도였습니다. 유대주의자들은 바울의 이방인 선교가 예루살렘 지도자들의 지시와 허락에 의한 것인데 바울이 자기 마음대로 할례 없는 기독교를 전파한다고 비난하였습니다. 유대주의자들은 바울이 전하는 복음이 예루살렘 교회의 사도들과 틀리다고 주장한 것이었습니다. 이것은 심각한 비난이기 때문에 바울은 변호하지 않을 수 없었습니다.

바울은 자기가 예루살렘을 방문한 것은 하나님의 계시에 의한 것이라고 했습니다. 누가 오라 가라고 해서 움직인 것이 아니라는 말입니다. 하나님께서 지시하셨기 때문에 그대로 순종했다는 것입니다.

"십사 년 후에 … 계시를 따라"(1~2절) 예루살렘에 올라갔다고 했는데 잠시 생각해 볼 대목입니다. 14년이면 긴 세월입니다. 바울의 예루살렘 방문은 이번이 두 번째였습니다. 그런데 바울은 14년이 지난 후에도 하나님의 계시를 받았습니다. 다메섹으로 가는 길 위에서 주님의 계시를 받았던 바울은 그 이후에도 주님의 계시를 받고 있었습니다. 다메섹에서는 복음의 내용에 대한 계시였고, 14년 후에 받은 계시는 예루살렘 방문과 관련된 지시였습니다.

하나님께서는 자신과 복음에 대한 계시도 하시지만 하나님을 섬기는 일에서 필요한 실제적인 인도도 하십니다. 바울은 14년이 지난 후에도 여전히 자신의 삶에서 하나님의 인도의 손길을 체험하였습니다. 이것은 우리에게 큰 격려가 됩니다. 주님께서 우리도 계속하여 인도하실 것이기 때문입니다. 하나님은 자기 자녀들을 돌보시는 일에서 신실하십니다.

바울이 말하려는 것은 자신의 결정에 따라 예루살렘의 지도자들을 만나러 간 것이 아니라는 것입니다. 그는 아마도 유대주의자들의 비난에 대해 자신이 전하는 복음이 과연 예루살렘 사도들의 복음과 일치하는지 않는지를 직접 확인하고 싶었을 것입니다. 그때 하나님께서 바울에게 예루살렘 방문을 하라고 지시하셨습니다. 그때가 언제였습니까? 5년 전도 아니고 13년 전도 아닙니다. '14년' 후라는 하나님께서 원하시는 때가 있었습니다. 바울은 자신의 결정이었다면 그 전에 혹은 그 이후에 예루살렘을 방문할 수 있었었을 것입니다. 하나님께서는 우리의 때를 통제하시면서 주의 뜻이 이루어지게 하십니다. 주님이 정하신 때는 때로는 늦게, 때로는 이르게 옵니다. 우리 편에서 할 일은 주님의 때가 올 때까지 기다리다가 명령이 내리면 순종하는 것입니다.

왜 바울의 달음질이 헛될 수 있을까요? (2절)

바울이 자신의 복음을 예루살렘 지도자들에게 제시하고 설명한 목적은 유대주의자들의 비난을 막기 위한 것이었습니다. 만약 예루살렘 사도들이 유대주의자들의 선전에 동조한다면, 이방인 개종자들에게 할례를 주어야 하는 상황이 될 것이었습니다. 이것은 바울이 매우 염려한 일이었습니다. 그래서 그는 헬라인으로서 할례를 받지 않은 디도를 데리고 예루살렘으로 갔습니다. 바울의 의도는 예루살렘 교회에서 디도에게 할례를 주려고 할 것인지를 지켜 보겠다는 것이었습니다. 만약 예루살렘 사도들이 유대주의자들의 입장을 밀어준다면 디도에게 할례를 주라고 할 것이었습니다. 그렇지 않다면 유대주의자들의 할례 주장이 예루살렘 교회의 권위를 입은 것이 아님이 드러날 것이었습니다. 그래서 디도는 테스트 케이스였습니다.

예루살렘 리더들의 반응이 무엇이었습니까? "저 유력한 이들은 내게 의무를 더하여 준 것이 없었다"(6절)고 했습니다. '유력한 이들'은 "기둥 같이 여기는"(2:9) 야고보와 베드로와 요한을 가리킵니다. 그들은 바울과 바나바에게 교제의 악수를 했다고 했습니다. 교제의 악수는 서로의 입장을 인정하며 상호 돕는 관계임을 상징하는 제스추어입니다. 그들은 바울의 복음에 수정을 요구하거나 그의 이방인 사역을 간섭하지 않았습니다.

그들은 디도에게 할례를 주지 않았습니다. 이것은 무엇을 의미할까요? 율법 시대가 지나갔다는 뜻입니다. 더구나 이방인에게는 유대인들이 수천 년 동안 시행해 왔던 할례가 적용되지 않는다는 것입니다. 그 까닭은 유대인이나 이방인이 오직 주 예수의 십자가 대속을 믿음으로써 하나님의 백성이 되고 구원을 받기 때문입니다. 말을 바꾸면, 이제부터는 모세 시대가 아니고 예수님 시대라는 것입니다. 율법이 아닌 성령으로 사는 새 시대가 왔다는 것입니다. 한편, 유대인 크리스천들이 할례와 같은 율법의 순종이 구원의 조건이 아니라는 것을 확신하고 실천하는 데에는 상당히 많은 시간이 지나야 했습니다. 아브라함 이후로 시행해 오던 민족적 아이덴티티를 하루 아침에 내던지기에는 할례의 관습이 너무도 깊었기 때문입니다.

본 사건은 교회사적으로 볼 때 매우 중요합니다. 복음이 두 종류로 갈라질 수 있었는데 하나로 연합되고 결속이 강화되었습니다. 만일 예루살렘 리더들이 유대주의자들의 편을 들고 바울의 복음과 선교를 인정하지 않았다면 유대주의자들은 더욱 기승을 부려서 바울의 사역에 큰 지장이 왔을 것입니다. 그래서 자칫 하면 예루살렘 교회는 할례자들로 구성된 모세적인 기독교가 되고, 바울이 개척한 교회들은 무할례자들로 구성된 비율법적인 기독교로 분열될 수 있었습니다. 다행히 초대교회는 하나의 복음 아래에서 같은 하나님을 섬겼고 지금까지 이 복음이 우리에게 전해지고 있습니다.

교회적으로 혹은 개인 성도들 사이에 이견과 반대와 비난이 생길 수 있습니다. 그럴 때 어떻게 해야 하겠습니까? 우선 하나님이 정하시고 인도하시는 때를 기다려야 합니다. 그리고 하나님의 분명한 지시를 받아야 합니다. 바울은 하나님의 계시를 받고 떠났기 때문에 예루살렘에서 하나님의 선한 뜻이 이루어지는 것을 체험하였습니다.

우리는 사사건건 시비를 가리려고 하지 말아야 합니다. 때로는 져주고, 참아주고, 내가 손해를 보는 것이 최선의 길일 수 있습니다. 그러나 복음의 근간이 되는 핵심 교리나 교회의 연합을 깰 수 있는 문제들을 만났을 때에는 바울처럼 사실을 제시하고 상대방의 질문에 답변하면서 그들의 반응을 확인하는 것이 좋습니다. 바울이 야고보와 베드로와 요한을 직접 만나서 이야기한 것은 복음을 위해 자신을 변호하고 상대방의 입장을 확인한 후에 다음 조치를 취할 수 있는 좋은 방법이었습니다. 바울은 주님으로부터 독립적으로 이방인 선교의 소명을 받았으므로 예루살렘 사도들의 허락을 받을 필요가 없었습니다. 그런데도 그는 하나님의 지시를 받았을 때 그들과 협의하고 지원을 주고 받을 용의가 있었습니다. 이같은 자세는 고립주의나 배타주의가 정통의 표지가 되어서는 안 된다는 교훈입니다.

또 다른 교훈은 교회 연합을 위해서는 주고 받는 것이 있어야 한다는 것입니다. 야고보와 베드로와 요한은 바울과 바나바에게 교제의 악수를 하였고 바울은 가난한 예루살렘 교회를 물질로 돕겠다고 약속했습니다. 그는 이미 안디옥에서 구제금을 준비해 왔습니다. 이것은 예루살렘 지도자들과의 만남이 실패했다 하더라도 전달했을 것입니다.

바울은 직접 자기 눈으로 예루살렘 신자들의 가난을 보았습니다. 바울은 아직 로마서와 고린도후서에서 언급한 대로(롬 15:25~28; 고후 8~9장), 예루살렘 교회를 위해서 대대적인 '구제 기금' 사역을 시작하지는 않았지만 이미 그의 마음 속에 담겨 있었습니다. 그래서 그는 가난한 자들을 기억해 달라는 예루살렘의 세 사도들의 부탁을 기꺼이 수행하겠다고 약속했습니다. 교회와 성도 사이의 교리적인 연합은 물질적인 도움을 주는 일에 영향을 주어야 합니다(요일 3:17; 약 2:14~17).

바울은 예루살렘 교회의 사도들의 유명세에 눌리지 않았습니다.

사람들은 베드로를 위시한 첫 사도들을 최고로 쳤습니다. 그러나 바울은 그들이 어떻든지 자기와는 상관이 없다고 생각했습니다. 하나님은 사람을 외모로 판단하시지 않기 때문입니다. 바울은 유력한 사도들이 자기에게 복음에 대한 수정을 요구하거나 지시한 것이 없다고 했습니다. 이 말은 언뜻 들으면 바울이 교만한 것 같습니다. 그러나 바울의 포인트를 잡아야 본문을 오해하지 않습니다.

바울의 강조점은 지금 교회가 새로운 국면에 들어섰다는 것입니다. 이방인들이 구원을 받기 시작했기 때문입니다. 이방인들의 대규모 개종은 이스라엘 역사에서 전례가 없는 일이었습니다. 사실상 베드로가 10년 전 오순절 날에 설교해서 유대인 수천 명이 구원을 받았던 사건 못지않게 중요한 일이 벌어지고 있다는 것입니다.

바울의 요점은 과거의 입장이 어떠했든지 이제부터는 하나님의 새로운 활동에 다 같이 참여하여 세계 선교의 문을 넓혀야 한다는 것이었습니다. 과거도 중요하지만 현재 하나님이 행하시는 일이 무엇인지를 알아보고 그 일에 자신이 맡은 소명을 다하도록 힘쓰는 것이 더 중요합니다. 바울과 예루살렘의 리더들이 가졌던 모임의 소득은 각자 받은 소명을 인정하고 서로 격려한 것입니다.

유대주의자들의 목적은 복음의 자유를 빼앗는 것이었습니다(4절).

바울은 유대주의자들을 '거짓 형제들'이라고 못을 박았습니다. 그들은 교회에 가만히 침투한 사람들입니다. 왜 가만히 들어왔을까요? 공작 요원들이기 때문입니다. 자기들도 예수를 믿는다고 위장하고 참 신자들을 종으로 삼으려는 것이 목적이었습니다. 오늘날 우리나라 교회를 좀먹는 신천지와 같은 이단 종파들이 같은 수법을 사용합니다.

[거짓 형제들은 어떤 사람들입니까?]

이들은 예수를 존경했지만 구원은 오직 예수님을 믿음으로써 온다는 것을 부인했습니다. 겉으로는 예수를 구주로 믿는다고 내세웠지만 사실은 구원받지 못한 바리새즘 전통의 유대인들이었습니다. 이들은 흉내만 내는 모방 교인들로서 예루살렘의 크리스천 지도자들에게 유대교의 가르침을 따라야 한다고 압력을 가하였습니다. 그런데 예루살렘 교회의 지도자들은 유대교의 할례와 같은 전통적 의식들이 구원에 불가결한 것이 아니라는 사실을 분명하게 깨닫지 못한 상태였습니다. 물론 이들은 점차 유대교의 전통적 의식들이 구원에 영향을 주지 않는다는 것을 확신했지만 당시로서는 유대주의자들의 압력을 즉석에서 단호하게 반박하고 퇴치할 수 있는 처지가 아니었습니다. 그들은 참 사도였고 예수 그리스도의 복음을 믿었지만 유대주의자들에 대해서 바울처럼 분명하지 않았습니다(벧후 3:16). 만약 그들이 처음부터 유대주의자들의 잘못을 직시하고 즉각 대처했더라면 나중까지 문제가 불거지지는 않았을 것입니다. 다행히 하나님께서는 이 문제를 사도 바울을 통해 해결해 주시려고 그를 예루살렘으로 보내셨습니다.

바울은 예루살렘 교회의 지도자들 앞에서 구원은 유대 문화의 의식과 상관없이 오직 그리스도를 믿음으로써 받는다고 진술하였습니다. 예루살렘의 사도들은 모두 바울의 구원 교리에 동의하여 이방인인 디도에게 할례를 요구하지 않고도 그를 크리스천 형제로 맞이했습니다. 이것은 바울이 보기를 원했던 일이었습니다.

한편, 우리는 예루살렘 교회의 지도자들이 이 문제를 애초부터 분명하게 깨닫고 대응하지 못한 것을 당시의 상황에서 이해할 필요가 있습니다. 이방인들이 구원을 받기 시작한 AD 45년 이전에는 모든 크리스천 남성들은 할례를 받았던 유대인들이었습니다. 그래서 할례 문제가 주 예수를 믿고 구원받는 일에 이슈로 등장할 필요가 없었습니다. 그러나 많은 이방인이 교회로 들어오게 되자 상황이 달라졌습니다. 유대주의자들은 이방인이라도 당연히 할례를 받아야 한다면서 예루살렘 지도자들에게 압력을 넣었습니다. 또한 그들은 바울이 개척한 교회들을 다니면서 바울의 할례 무용론은 교회 전통을 깨는 것이라고 주장하였습니다. 이들의 세력이 하도 강해서 베드로도 그들을 두려워할 정도였습니다(갈 2:12). 아마 이들은 교육이 없는 사도들을 무시하고 그들이 가진 사도적 권위를 시기하며 그들을 자기들 편으로 끌어들여 세력을 잡으려는 야심이 있었을 것입니다.

> 어떤 사람들이 유대로부터 내려와서 형제들을 가르치되 너희가 모세의 법대로 할례를 받지 아니하면 능히 구원을 받지 못하리라 하니 (행 15:1).

> 바리새파 중에 어떤 믿는 사람들이 일어나 말하되 이방인에게 할례를 행하고 모세의 율법을 지키라 명하는 것이 마땅하다 하니라 (행 15:5).

이들에 대한 바울의 반응은 절대로 그렇지 않다는 것이었습니다. 유대주의자들이 할례를 주장하는 것은 복음의 본질을 변질시키려는 '다른 복음'이라고 밝혔습니다(1:7~8). 바울은 그들이 거짓 형제들이며 그리스도 안에 있는 성도의 자유를 빼앗고 자기들을 종으로 삼으려고 한다고 지적하였습니다.

> 이는 가만히 들어온 거짓 형제들 때문이라 그들이 가만히 들어온 것은 그리스도 예수 안에서 우리가 가진 자유를 엿보고 우리를 종으로 삼고자 함이로되 그들에게 우리가 한시도 복종하지 아니하

였으니 이는 복음의 진리가 항상 너희 가운데 있게 하려 함이라 (2:4~5).

그럼 바울이 '그리스도 예수 안에서' 누리는 우리의 자유라는 것이 무엇을 의미하는 것일까요? '거짓 형제들'은 유대인 문화와 모세의 계명들을 고수하였습니다. 그들은 십자가 복음이 전부라는 것을 믿지 않고 할례와 같은 의식을 참 구원의 잣대로 삼았습니다. 이들은 야고보에게도 압력을 넣었고 이방인 교회들을 다니면서 그의 지지를 받았다고 주장하였습니다.

유대주의자들은 십자가의 원리가 아닌, 유대민족의 종교적 전통에 서서 모세를 변호하며 할례를 부르짖었습니다. 구원은 「예수 + 모세」가 아닙니다. 예수도 믿고 모세도 믿는 것이 아니라 모세가 믿고 고대했던 주 예수를 취하고 그림자였던 모세는 제쳐두는 것입니다. 예수도 믿고 할례도 받는 것이 아닙니다. 교회 속으로 잠입한 거짓 형제들은 처음부터 할례를 받아야 구원받는다고 말하지 않았습니다. 바울이 그들을 거짓 형제들이라고 했기 때문에 교회 배경을 가진 자들이었습니다. 그들은 복음을 들었을 것이고 주 예수를 믿는다고 고백했을 것입니다. 그렇지만 그들은 할례를 받고 유대인의 종교 문화를 따라야 거룩한 하나님의 언약 백성이 된다고 가르치기 시작했습니다. 교인들은 대체로 복음을 깨닫고 예수님의 가르침대로 살려고 하기보다는 의식이나 규칙에 따라 사는 것을 더 편하게 생각합니다.

✲ 예를 들어, '예수 믿고 세례를 받아야 구원받습니다' 라고 말하면 별다른 거부감 없이 세례를 받습니다. 의식이나 규칙을 따르는 것은 생각하지 않고도 할 수 있습니다.

✲ 예배보다 성경공부 참석율이 대체로 낮습니다. 예배는 형

식으로 짜여졌기 때문에 어려울 것이 없습니다. 생각없이 그냥 하라는 대로 따르면 됩니다. 설교도 좋든 싫든 듣기만 하면 되고 마음이 따라가지 않아도 됩니다.

유대주의자들은 점차 자신들의 속내를 보이기 시작했습니다. 그들은 할례를 받으면 언약 백성이 되어 하나님께서 약속하신 복을 받는다고 하다가 드디어 본색을 드러내기 시작했습니다. 그들은 바울이 개척한 선교지를 다니면서 할례를 안 받으면 구원도 없다고 가르쳤습니다. 그들의 주인은 예수님이 아니고 모세였습니다. 그래서 예수님의 복음만으로 구원을 받는다고 외친 바울은 유대교의 배신자였습니다.

지금도 동일한 방식으로 구원에 조건을 붙입니다. 이런저런 것들을 해야 구원받고 그러지 않으면 구원받은 것이 아니라고 말합니다. 이런저런 것들은 [예수 + 엑스트라]에 해당하는 것들입니다. 그런데 엑스트라가 필수항목으로 둔갑합니다. [복음 + 행위]가 구원의 공식입니다. 이것은 유대주의자들의 슬로건이었습니다.

우리가 만약 [믿음 + 행위]를 구원의 공식으로 삼으면 칭의교리는 내던져야 하고 율법의 노예 생활로 다시 들어가야 합니다. 할례는 율법의 속박으로 들어가는 관문입니다(갈 5:3). 할례를 받으면 다른 모든 율법을 지켜야 합니다. 그래서 바울은 "우리가 한시도 복종하지 아니하였으니 이는 복음의 진리가 항상 너희 가운데 있게 하려 함이라"(5절)고 했습니다. 바울이 예루살렘 지도자들과 가졌던 만남은 오직 믿음으로 의롭게 된다는 사실을 확인한 것이었기에 그리스도 안에서 누리는 자유를 빼앗긴 것이 아니었습니다.

우리는 바울처럼 거짓된 복음은 '한시도 복종' 하지 말아야 합니다. 이것들은 가만히 들어온 가르침들입니다. 그런데 더 심각한 문제는 「복음 + something」보다 복음 자체가 분명하지 않은 것입니다. 물 탄 복음에는 구원과 상관없는 것들이 구원의 조건으로 슬그머니 붙어 나오기 마련입니다. 복음을 핵심대로 알고 믿지 않은 채 흐릿한 상태에서 교인이라는 명칭만 붙이고 성경이 요구하지 않는 것들을 행하려고 하면 갈수록 구원의 확신이 불투명해집니다. 그래서 교회 생활에 익숙해지긴 하지만 구원의 확신과 그리스도 안에서 받는 자유가 없이 종살이를 하는 셈이 됩니다.

또 다른 문제는 이것도 좋고 저것도 좋다는 식의 「물 탄 복음 + anything」입니다. 요즘 시대는 상호 모순이 되는 것도 다양해서 좋다거나 무비판적으로 비복음적인 것을 용인하는 것이 겸비의 표현이라는 식의 관용주의가 거의 당연시되고 있습니다. 이것은 기독교의 절대적 진리를 부정하고 현대 사회의 상대적 가치를 따르는 것입니다. 이것은 편법이고 편한 길입니다. 바울은 유대주의자들이 고난을 받지 않으려고 할례를 전하였다고 했습니다(갈 6:12). 복음이 가리키는 올바른 길을 가려면 고난이 오기 마련입니다. 복음의 길을 회피하는 것은 현대판 유대주의입니다.

[복음은 어떻게 자유를 주는 것일까요?]

• 내 편에서 무엇을 준비하고 나갈 필요가 없기 때문에 자유롭습니다. 내 편의 어떤 행위가 전제된 것이 아니기 때문에 준비가 잘 되지 않아서 염려할 필요가 없습니다. 율법 준수나 선행이나 훌륭한 성품이 있어야 구원받는 것이 아닙니다. 그래서 마음에 아무런 속박이 없습니다.

• 잘난 사람도 못난 사람도, 부자도 가난한 자도, 인종이나 성별이나 문화의 차별이 없기 때문에 누구나 받을 수 있는 구원입니다. 구원은 어떤 조건이나 환경의 제재를 받지 않기 때문에 자유롭습니다.

• 나의 의로 의롭게 되는 것이 아닙니다. 그리스도의 의로 의롭다는 선언을 받습니다. 그래서 나는 죄인이 아닌 의인으로 인정됩니다. 하나님의 자녀가 되는 것이 전혀 나에게 달린 것이 아닙니다. 하나님이 나를 위해 예수님이 모든 것을 대행하게 하셨습니다. 그래서 예수 그리스도의 십자가 대속을 믿기만 하면 구원을 받습니다. 십계명을 지켜야 하거나 도덕적인 사람이 먼저 되어야 구원받는 것이 아닙니다. 복음은 율법이든 양심이든 나를 죄로부터 속박하고 종노릇을 하게 했던 것들로부터 완전히 해방시킵니다.

• 행위가 아닌 믿음에 의한 구원이므로 구원의 확신을 가질 수 있습니다. 행위 구원은 확신을 주지 못합니다. 내가 율법을 다 잘 지켰다고 자신할 수 없기 때문입니다. 그러나 칭의 구원은 나 밖에서 일어납니다. 하나님이 나를 구원하기 위해 필요한 모든 것을 그리스도를 통해서 성취하셨기 때문에 구원은 오직 믿음으로 거저 받는 선물입니다.

• 종교적 관습이나 전통으로부터 자유합니다. 유대교의 율법주의나 세속 종교는 외부적인 규정을 지킬 것을 요구합니다. 할례, 안식일, 십일조, 절기, 음식 규례 등을 지키라고 요구합니다. 우리는 아직도 이에 준하는 교회 관습과 제도들로부터 벗어나지

못했다고 보아야 합니다.

과거에는 교인이 극장가는 것을 교회에서 금하였습니다. 이것은 성경의 가르침이기보다는 사회문화적인 가치관을 따르는 것이었습니다. 지금은 TV와 인터넷 시대니까 그런 규정은 소용이 없습니다. 술 담배도 교회에서 금했지만 지금은 술 담배 문화가 너무도 일반화되었기 때문에 종교적인 이유를 내세운다고 해서 먹혀 들어가지 않습니다. 그래서 또 다른 룰(rule)을 만듭니다. 어느 목사님 설교에서 교인 중에 주일날 낚시배 탔다가 전복되어 죽었다고 했습니다.

이런 것이 유대주의자들의 신학이었습니다. 우리나라의 경우 유교의 영향이 크기 때문에 내적 동기나 영적 상태보다는 외적인 것들에 쏠려서 신앙생활을 하는 경우가 적지 않습니다. 그래서 종교적 위선과 불편한 양심으로 살게 만듭니다. 그리스도 안에서 누려야 할 양심의 자유와 구원의 기쁨과 감사로 하나님을 가까이 대하기보다는 벌 받을까 봐 두려워합니다. 이것이 유대주의자들이 노린 그리스도 안에 있는 갈라디아 교인들의 자유의 납치였습니다. 그들은 갈라디아 교인들을 율법에 예속시킴으로써 구원의 확신 대신에, 의식과 규례에 묶인 종교 생활로 거짓된 안전감을 주려고 했습니다. 그러나 이것은 오히려 하나님을 제대로 섬기지 못한다는 불안감과 죄책감만 일으켰습니다.

주 예수의 대속을 믿고 구원을 받은 신자라면 하나님께서 정죄하시지 않습니다(롬 8:1). 그래서 모든 죄책으로부터 자유를 누립니다. 예수님이 나 대신 하나님의 진노의 형벌을 받으셨기 때문에 신자는 율법의 저주에서 해방되었습니다(갈 3:13). 신자는 하나님의 영원한 자녀입니다. 언제라도 하나님을 아버지라고 부르며 가까이 나아갈 수 있습니다. 신자는 주 예수의 십자가 피 아래 있기 때문에 모든 죄를 용서받고 깨끗한 양심으로 하나님을 섬기는 자유를 누립니다. 신자는 자신의 행위가 아닌 그리스도의 완전한 삶과 대속적 희생에 근거한 구원을 받았습니다. 그래서 자신의 구원을 확신하고 기쁨과 감사함으로 하나님을 즐겁게 섬깁니다.

유대주의자들은 신자들이 가진 이러한 자유를 엿보고 그들을 다시 율법과 두려움과 죄책감의 노예로 삼으려고 유인하였습니다(갈 2:4). 그러나 주님은 우리가 종의 멍에를 메지 않도록 십자가로 구속하셨습니다(갈 5:1; 행 15:10). 바울이 디도에게 할례를 받지 않게 한 목적이 무엇이었습니까? 우리에게 복음의 진리가 유대주의적인 의식이나 여러 규정으로부터 해방되게 하여 오직 거저 받는 은혜의 구원으로 살게 하려는 것이었습니다. 우리는 복음의 진리가 몰래 들어온 거짓 교사들에 의해서 손상되지 않도록 깨어 있어야 하겠습니다.

8.
안디옥의 이상향
갈라디아서 2:11~14

안디옥은 초대교회에서 예루살렘 교회 다음으로 중요한 곳이었습니다.

• 여기서 처음으로 크리스천(그리스도인)이라는 명칭이 사용되었습니다(행 11:26).

• 예루살렘을 제외하고는 가장 큰 무리의 크리스천들이 집결된 공동체였습니다.

• 처음으로 유대인 크리스천들이 이방인들에게 복음을 전한 곳이었습니다(행 11:19~20).

• 안디옥에는 많은 유대인이 살고 있었는데 크리스천이 된 유대인들도 적지 않았습니다.

• 안디옥 교회에서는 유대인과 이방인 교인이 함께 공동 예배를 보았습니다.

• 안디옥 교회에서 처음으로 바울과 바나바를 이방인 선교를 위해 파송하였습니다(행 13:1~3).

• 안디옥 교인들은 처음으로 이방인 교회로서 예루살렘 교회에 흉년 자선 헌금을 모아 보냈습니다(행 11:29~30).

안디옥 교회는 유대인과 이방인이 모두 동일한 구원을 받고 그리스도 안에서 같은 지체가 되었다는 것을 실제로 공동 예배와 식탁 교제를 통해 매주 실천하였습니다. 이방인 교인들에게 할례와 같은 유대인 의식이 요구되지 않았습니다. 이들은 상호 교제를 통해 그리스도 안에 있는 자유를 즐겼습니다. 이것은 바울이 외치던 가르침이었고 야고보, 베드로, 요한이 다 동의했던 것이었습니다. 그래서 안디옥 교회는 가장 이상적인 기독교 공동체였습니다.

[불편한 진실]

안디옥 교회는 유토피아 공동체인 줄 알았는데 옥에 티가 드러났습니다. 두 사도 사이에 유감된 사건이 발생하여 매우 불편한 진실이 노출되었습니다. 바울이 베드로를 여러 사람 앞에서 크게 책망하였습니다. 우리는 이 사건을 대할 때 마음이 좀 불편합니다. 성경에 이런 부분이 빠졌으면 좋았겠다는 생각이 듭니다. 아마 우리나라 문화의 정서가 이런 사건의 실체를 파악하는데 장애가 되는 것 같습니다.

우리나라 문화에는 어른과 아이의 구별이 있고 상하의 서열과 선후배 개념이 분명합니다. 그래서 아랫 사람이 윗 사람을 무시하거나 도전하면 피해를 입습니다. 우선 후배가 선배를 감히 책망할 수 없습니다. 베드로는 바울보다 먼저 사도가 된 사람이었습니다. 그는 예수님과 함께 3년 반 동안 동거 동락하면서 다른 사도들의 대변인 노릇을 했습니다. 그는 예수님의 세 명의 최측근 중에서도 두드러진 사도였습니다. 그는 변화산에서 야고보와 요한과 함께 예수님의 변용(變容)을 목격하고 하나님의 음성을 들었습니다(막 9:2, 7). 또한 예수님이 그에게 "너는 베드로라 내가 이 반석 위에 내 교회를 세우리니 음부의 권세가 이기지 못하리라"고 하셨고 천국 열쇠를 그에게 주신다고까지 하셨습니다(마 16:18~19). 물론 그 의미는 베드로 개인에게 국한된 특권을 말하는 것은 아닙니다. 그러나 베드로는 열 두 사도 중에서 항상 앞서가는 위치에 있었고 그의 오순절 설교는 성령 시대를 여는 교회사의 큰 획을 긋는 대 전환점이었습니다. 그는 바울의 말대로 예루살렘 교회를 받쳐주는 기둥이었습니다(갈 2:9).

그런데 바울은 누구입니까? 유대교에서는 알아주는 사람이었지만 교회를 심히 박해했던 자였습니다. 그러다가 갑자기 부활하신 예수님이 환상으로 나타나서 자기에게 사도직을 임명하셨다고 주장했습니다. 그리고 이방인들에게 할례 없는 복음을 전하며 다녔습니다. 그는 베드로보다 나이도 훨씬 어렸습니다. 그는 유대교 공부는 많이 했지만 예수님 밑에서 직접 배운 적이 없었습니다. 베드로의 스승은 예수님이었지만 바울의 스승은 유대교의 가말리엘이었습니다. 비교가 되지 않습니다. 그런데 바울이 어떻게 감히 베드로에게 그처럼 무례할 수 있단 말입니까? 베드로가 안디옥을 방문한 것은 귀한 기회인데 정중히 모시고 특별집회를 열었어야 할 것입니다. 모든 교인을 모아놓고 베드로 사도가 예수님과 함께 다닐 때의 사역과 예수님이 남기신 가르침을 듣는 시간을 가졌다면 얼마나 좋았을까요? 아마 베드로는 안디옥에 머무는 동안 이런 시간을 가졌을 듯합니다. 그가 안디옥에 도착한 후 언제 바울의 견책을 받게 되었는지 알 수 없지만 바울이 말한 내용으로 보면 베드로가 안디옥에 한동안 머물렀던 것 같습니다.

아무튼 우리의 정서로 보면 바울의 행동은 오만불손하게 보입니다. 그의 말은 맞습니다. 복음은 이방인과 유대인을 가리지 않습니다. 그러나 베드로가 틀렸다면 조용히 따로 만나서 얘기했으면 좋았을 것 같습니다. 온 회중이 모인 곳에서 대놓고 베드로에게 면박을 주는 것은 바울이 지나쳤다는 느낌이 듭니다. 그리고 구태여 이런 내용을 편지에 적어서 갈라디아 교회들에게 알릴 필요가 있었을까 싶기도 합니다. 베드로의 체면과 권위가 크게 손상되는 일이지 않겠습니까? 그래서 바울이 평소에 베드로에 대한 감정이 좋지 않아서 그를 깎아내리려고 했나 하는 의구심이 들 정도입니다. 베드로 사건을 거론하지 않더라도 이방인과 유대인 사이에 차별이 없다는 것은 그가 진술하는 갈라디아서 전체에서 충분히 설득이 될 터인데 왜 그렇게까지 나왔을까 싶습니다.

이제 우리가 이렇게 느낀다면 본문을 바르게 파악할 수 없습니다. 성경을 우리 문화의 안경과 감정으로 들여다보기 때문입니다. 우리는 여기서 서열이나 연령의 차이나 과거의 경력이나 우선권이나 선후배 의식을 제쳐놓고 본문을 읽어야 합니다. 그래야 우리의 문화적 정서와 편견을 걸러내고 본문을 대할 수 있습니다.

바울은 베드로의 처신이 교회 연합에 큰 금이 가게 하는 일이라고 판단하였습니다.

베드로는 안디옥에서 이방인들과 자유로운 교제를 나누었습니다. 그가 이방인들과 함께 먹었다는 것은 식탁 교제를 의미합니다. '식탁 교제'(table fellowship)는 일반 용어지만 이방인과 유대인 사이의 자유로운 친교를 가리키는 의미로 사용됩니다. 유대인들은 이방인과 한 식탁에 앉는 것을 피하였습니다. 이방인들의 식탁에는 유대인들이 부정하게 여기는 음식들이 나오기 때문이었습니다. 그래서 부정한 음식을 먹는 이방인들과의 접촉은 유대인들을 오염시킨다고 여겼습니다. 그러나 하나님께서는 베드로에게 이방인들을 더 이상 부정한 백성으로 여겨서는 안 된다고 하셨습니다(행 10:15, 28). 그래서 그는 성령의 지시를 받고 고넬료에게 가서 복음을 전하였습니다. 고넬료의 집안이 모두 구원을 받고 성령을 체험하였습니다. 이 보고를 받은 예루살렘 교회는 하나님께서 이방인들에게도 생명 얻는 회개를 주셨다고 하며 하나님께 영광을 돌렸습니다(행 11:18). 그 이후로 바울이 예루살렘을 방문했을 때 야고보와 베드로와 요한이 이방인들에게 할례 없는 복음을 전하는 것을 찬성하였습니다. 유감스럽게도 이때의 동의는 오래가지 못하였습니다.

안디옥에 온 베드로가 이방인들과 식사를 하다가 소위 야고보의 보냄을 받았다는 자들이 나타나자 자리를 떠났습니다. 여기서 잠시 이 식탁 교제의 성격에 대해서 말씀드리겠습니다. 초대교회에서는 애찬이라는 것이 있었습니다. 교인들이 형편대로 음식을 가지고 와서 온 회중이 함께 먹었는데 노예들은 그때가 가장 잘 먹는 때였습니다. 이 공동식사(common meal)를 아가페라고 불렀는데 애찬(the love feast)이라는 뜻입니다. 이때 성찬도 함께 시행하였습니다(고전 11:20). 베드로가 식탁에서 물러난 것이 성찬 때였는지는 알 수 없습니다. 분명한 것은 베드로가 사석에서 이방인 교인 몇 사람과 식사를 한 것이 아니고 예배의 문맥에서 행한 애찬이었다는 것입니다. 그래서 바울이 베드로를 "모든 자 앞에서"(14절) 꾸짖었다고 했습니다. 온 회중이 모여서 애찬을 나누었다고 볼 수 있는 대목입니다. 이 공동식사는 온 회중이 구별없이 성찬을 함께 나누는 때이기 때문에 유대인이나 이방인이 그리스도 안에서 하나라는 것을 아로새기는 연합과 화해의 시간이었습니다. 수천 년 동안 쌓았던 장벽이 무너지고 십자가 복음으로 인종과 문화의 담을 넘어 새로운 그리스도의 공동체가 형성되는 것을 실감하는 뜻깊은 시간이었습니다(엡 2:14~19).

이러한 배경에서 볼 때 우리는 바울이 왜 베드로에게 심한 견책을 했는지를 이해하게 됩니다. 베드로가 이방인과의 식탁 교제에서 물러난 것은 주 예수의 십자가 희생을 상징하는 성찬 테이블이 이방인 신자용과 유대인 신자용으로 갈라진다는 뜻입니다. 이것은 절대로 용인될 수 없는 일이었습니다. 바울은 이번 일을 그냥 넘어가면 이방인과 유대인 사이의 교회 연합은 되돌릴 수 없는 분열을 초래하고 이방인 신자들은 큰 혼란에 빠지게 될 것이라고 판단하였습니다. 그들은 지금까지 바울로부터 이방인들과 유대인들을 하나님께서 구별하시지 않고 다 받아주신다고 배웠습니다. 그런데 베드로의 돌발적인 처신 때문에 이방인 교인들은 충격을 받고 어리둥절해질 수밖에 없었을 것입니다. 그래서 바울은 단호하게 '복음의 진리' 대로 행하지 않는 베드로에게 힐문하였습니다.

> 네가 유대인으로서 이방인을 따르고 유대인답게 살지 아니하면서 어찌하여 억지로 이방인을 유대인답게 살게 하려느냐 (14절).

베드로는 고넬료 사건 때에 "하나님께서 깨끗하게 하신 것을 네가 속되다 하지 말라"(행 10:15)는 말씀을 기억하고 살았을 것입니다. 그는 지금까지 이방인들의 음식을 가리지 않고 먹었습니다. 이런 의미에서 바울은 그가 유대인이지만 이방인을 따라 살았다고 했습니다. 그런데 이제는 다시 유대인의 생활 방식을 따라 이방인의 부정한 음식을 먹지 않겠다고 했으니 이것은 이방인 신자들도 유대인의 생활 방식을 받아들이라는 말이나 마찬가지였습니다. 물론 베드로는 안디옥의 이방인 신자들을 보고 이제부터는 유대인의 음식 규례를 지켜야 한다고 말하지 않았을 것입니다. 그렇지만 그의 행동은 이방인 신자들의 자유를 박탈하는 셈이었습니다. 더구나 안디옥 교회의 중요한 지도자인 바나바까지 베드로의 행동에 유혹을 받았기 때문에 더 심각한 문제가 되었습니다. 예루살렘 모교회에서 온 사도 베드로가 야고보로부터 보냄을 받았다고 하는 자들이 오니까 그들이 두려워 바나바와 함께 식탁 교제에서 물러났다면 안디옥 교인들은 어떻게 해야 한단 말입니까? 도대체 누구 말을 믿고 따라야 합니까?

이러한 위험한 분위기를 직시한 바울은 즉석에서 사태 수습에 나섰습니다. 그것은 복음의 진리를 알면서도 상황에 따라 왔다갔다 하는 베드로의 이중적인 불일치를 호되게 견책하는 것이었습니다. 이것은 쓴 약이 양약이라는 말이 있듯이, 이방인 교회뿐만 아니라 베드로 자신을 위해서도 필요한 일이었습니다.

베드로는 용감하면서도 겁이 많았고 장담을 하고나서 마음을 바꾸는 습성이 있었습니다.

✻ 그는 예수님처럼 믿음으로 갈릴리 호수를 잠시 걸었지만 파도를 두려워하다가 물에 빠져들었습니다.

✻ 그는 예수님과 함께 죽겠다고 장담했다가 예수님을 세 번

씩 부인하였습니다.

베드로의 이러한 성격은 그가 성령에 충만한 오순절 설교를 했다고 해서 금방 없어진 것도 아니고 예루살렘 교회의 중심 인물이 되었다고 해서 사라진 것도 아니었습니다. 자신의 약점은 평생을 따라다닐 수 있습니다. 그래서 때로는 충격 요법이 필요합니다. 여러 성도들 앞에서 바울의 면책을 들은 베드로는 아마 자신의 처신이 몰고 올 부정적인 파장을 생각하고 크게 뉘우쳤을 것입니다. 우리는 이 사건이 어떻게 수습되었는지 정확하게 알 수 없습니다. 적어도 베드로는 그의 서신에서 "우리가 사랑하는 형제 바울"(벧후 3:15)이라고 표현하였습니다. 또한 자기가 가르치는 것은 바울 서신에도 있다고 하면서 바울의 권위를 세워주었습니다. 또한 자기도 알기 어려운 말씀들이 바울 서신에 있다고 솔직하게 인정하면서 억지로 풀려고 하지 말라고 조언하였습니다(벧후 3:16). 그가 만약 바울에 대해서 섭섭한 마음이 있었거나 앙금이 남아 있었다면 이렇게 말하지 않았을 것입니다. 이것이 베드로의 성숙이며 우리가 본받아야 할 훌륭한 성품입니다.

사실상 베드로는 나중에 예루살렘 회의에서 바울과 바나바가 참석한 가운데 일어나서 바울이 평소에 주장하던 것과 같이, 이방인들도 유대인과 동일하게 주 예수의 은혜로 구원받는다고 증언하였습니다. 그리고 이방인에게 유대인들도 감당하지 못했던 율법의 멍에를 지우는 것이 부당하다고 하였습니다(행 15:7~11).

베드로는 안디옥에서 그 많은 신자들 앞에서 바울의 책망을 받고 망신을 당하였음에도 바울의 말이 옳다는 것을 알고 부끄럽게 여겼을 것입니다. 그는 분명 바울에게 사과하고 화해했을 것입니다. 한편, 바울은 예루살렘 회의 때에 베드로의 입장을 분명히 확인하고 기뻐했을 것입니다. 이러한 관계는 우리가 본받아야 할 아름다운 성도의 교제입니다.

우리는 본 사건을 통해서 성경이 다른 경전들과 얼마나 다른지를 알 수 있습니다. 사도들은 거의 완전한 성자로 그려져야 할 텐데 그렇지 않습니다. 바울이 바나바와 심히 다툰 이야기도 실려 있고 바울이 베드로를 공적으로 책망했다는 기사도 들어 있습니다. 삭제 감인데 말입니다. 더구나 바울의 서신이 성경에 포함되었으니 베드로의 이름에 오명이 영구히 찍히는 일입니다. 그래도 이 사건의 스토리를 우리의 유익을 위해 성경에 포함시켰습니다. 하나님께서는 세상이 행하는 방식대로 사람 눈에 좋은 인상을 주기 위해서 사실을 숨기거나 미화시키지 않습니다. 성경은 정직한 책입니다. 궂고 민망한 사건들도 기록하여 교훈이 되게 합니다. 이것이 우리가 성경을 하나님의 말씀으로 보고 신뢰할 수 있는 이유의 하나입니다.

바울은 베드로에게 개인적인 감정이 있어서 기회를 엿보다가 안디옥에서 그의 실수를 붙들고 늘어진 것이 아닙니다. 그는 베드로를 라이벌로 여기지도 않았고 "베드로에게 역사하사 그를 할례자의 사도로 삼으신 이가 또한 내게 역사하사 나를 이방인의 사도로 삼으셨느니라"(갈 2:8)고 했습니다. 그는 하나님께서 베드로를 통해 유대인들에게 큰 일을 행하신다는 것을 인정하고 존중하였습니다.

그러나 바울이 사도 베드로를 책망한 이유는 다른 것이 아니고 그가 "복음의 진리를 따라 바르게 행하지 아니함을"(갈 2:14) 보았기 때문이었습니다. 그리고 베드로의 식탁 교제 이탈이 이방인 교회에 가져오는 악영향을 생각하고 의연히 일어나 현장에서 베드로의 잘못을 지적하고 복음의 진리가 바르게 적용되어야 함을 역설하였습니다.

우리는 서로 좋은 관계를 유지해야 합니다. 그러나 '복음의 진리'를 굴절시키고서 좋은 관계를 유지한다는 것은 진리 밖에서나 가능한 일입니다. '복음의 진리'를 볼모로 잡고서 건전한 교제를 가질 수 없습니다. 성도와 교회의 연합은 '복음의 진리'에 바탕한 것이어야 합니다. 타협을 하면 신앙생활은 그때부터 이중적인 잣대로 상황에 따라 움직이는 위선이 됩니다. 하나님께서 우리에게 원하시는 것은 위선이나 타협이 없이 '복음의 진리'로 한 마음이 되어 애찬을 나누는 것입니다.

그런데 우리에게는 양면적인 문제가 있습니다. 베드로는 이방인 신자와의 교제가 불법이거나 금지된 것이 아님을 알았습니다. 그는 알면서도 위선을 행하였습니다. 우리의 경우는 어떻습니까? '복음의 진리'를 알고도 실천하지 못하는 경우도 있고, 교회를 다니고 예수를 믿는다고 하지만 '복음의 진리'를 분명하게 모르는 경우도 있습니다. 베드로처럼 분명히 알아도 압력을 받으면 타협하기 쉬운데 복음의 바탕을 잘 모르고 습관적인 교회생활을 한다면 거짓된 가르침에 넘어가서 큰 영적 손실을 당하게 됩니다. 그러면 어떻게 하여야 하겠습니까?

무엇보다도 바울을 통해서 하나님이 말씀하시는 '복음의 진리'를 잘 배워야 합니다. 바울은 2장 15절부터 시작되는 다음 항목에서 사람이 어떻게 의롭게 되는지와 율법의 행위가 우리의 구원과 어떤 관계가 있는지를 설명할 것입니다. 이러한 근본 교리를 잘 깨우치고 숙지해야 합니다. 그다음 배운 것을 실천하는 적용 신앙의 훈련을 받아야 합니다. 이 훈련은 수양회나 세미나를 통해서 단기간에 받는 것이 아닙니다. 주님과 함께 동행하면서 배운 것을 날마다 실천하는 삶이어야 합니다. 그래서 하루를 살고 나면 내가 어떻게 복음의 진리대로 살았는지를 반성해 보고 하나님께 회개할 것은 하면서 진일보된 내일을 기대하고 살아야 합니다. 우리는 아는대로 다 행하지 못합니다. 그러나 날마다 '복음의 진리'를 짚어가면서 살려고 힘쓴다면 위기가 올 때 훨씬 더 잘 감당할 수 있습니다.

'안디옥의 이상향'은 완전하지 못하였습니다. 지상의 유토피아는 언제나 불완전합니다. 그러나 교회는 불완전하여도 하나님께서 기뻐하시고 받아주시는 정도의 수준에는 닿을 수 있습니다. 안디옥 교회가 '복음의 진리'를 위해 위기를 해결해 나간 모습은 이상향의 한 단면입니다. 우리 모두 "복음의 진리를 따라 바르게 행"(갈 2:14)하는 자들이 되어 주님께서 크게 기뻐하시는 유토피아의 성도들이 되어야 하겠습니다.

9.
율법의 행위와 이방인의 구원
갈라디아서 2:15~16

고대 언어에서는 현대어처럼 문장 부호가 없었습니다. 우리나라 문장에도 원래는 종지부나 의문표가 없었습니다. 그래서 개역성경에는 종지부나 의문표가 없습니다. 새번역에는 서양 문장 부호를 사용하여 문장 끝에 점도 찍고 인용부호도 넣습니다. 헬라어 원문에는 따옴표가 없습니다. 그래서 바울이 베드로에게 한 말이 어디서 끝나는지 정확하게 알 수 없습니다. 다만 문맥으로 볼 때 2:15~21절까지가 베드로를 견책한 주제와 관련되었음을 알 수 있습니다.

본인 짐작에는 바울이 베드로 앞에서 몇 마디 책망을 하고 14절에서 끝난 것이 아니고 연속해서 강론을 했다고 봅니다. 베드로가 일어나서 다른 방으로 갔는지 아니면 끝까지 바울의 말을 다 들었는지는 알 수 없습니다. 아마 바울은 베드로의 행동이 교회 연합을 깨는 중대 사안이었기 때문에 회중 전체를 앉혀놓고 믿음에 의한 칭의 구원을 설교했을 것 같습니다. 더구나 그때 성찬을 하고 있었다면 바울로서는 십자가 구원이 이방인과 유대인에게 하등의 차별이 없음을 강조하고 구원의 원리를 재천명하는 호기로 보았을 가능성이 있습니다.

그런데 그 후에 사태수습을 어떻게 했는지가 궁금합니다. 어쩌면 베드로가 바울의 강론이 끝난 후에 온 회중 앞에서 자신의 잘못을 사과하고 바울의 가르침이 옳다고 했다면 이 불상사는 화가 복이 되어 교회 연합에 금이 가는 것을 막을 수 있었을 것입니다. 베드로가 그렇게 했다는 말은 없지만 만약 그냥 두었다면 부작용이 심각했을 것입니다. 그래서 본인은 베드로가 자리를 떠났을지라도 자존심이나 수치감을 내려놓고 다시 돌아와서 교회 연합을 위해 사과했다고 보고 싶습니다. 베드로는 실수도 잘 하지만 회개도 잘 하는 사람이었으니까요. 그는 예수님을 세 번씩 모른다고 부인한 후에 밖으로 나가 심히 통곡하였습니다.

율법의 행위는 이방인 신자에게도 해당되는가?

본문은 내용상 앞 절의 연속이지만 여기서부터 5:12절까지 바울의 칭의론에 대한 교리적 논증이 시작되기 때문에 새 항목으로 다루었습니다. 16절은 믿음에 의한 칭의 교리를 요약하여 진술한 것이기에 매우 중요한 구절입니다.

그 내용은 네 가지로 나눌 수 있습니다.

첫째, 사람이 의롭게 되는 것은 율법의 행위가 아니다.

둘째, 사람이 의롭게 되는 것은 예수 그리스도를 믿음으로써 된다.

셋째, 우리는 그리스도 예수를 믿는다. 율법이 아닌 믿음으로 의롭다 함을 받기 위함이다.

넷째, 아무도 율법의 행위로 의롭다 함을 받지 못한다.

사람이 어떻게 의롭게 되는지를 말합니다. 그냥 '사람'이라고 했기 때문에 유대인과 이방인의 구별이 없습니다. 그런데 이방인들도 율법과 상관이 있을까요? 율법은 누구에게 준 것이었습니까? 온 인류에게 주신 것입니까? 적어도 십계명은 모든 나라 백성에게 해당된다고 보는 분들도 있습니다. 율법에 포함된 의식법이나 유대나라의 시민법은 안 지켜도 되지만 도덕법은 영원하기 때문에 누구나 지켜야 한다고 봅니다. 그래서 국가가 예수 그리스도를 믿든지 않든지 십계명을 사회도덕의 좌표로 삼아야 한다고 주장하기도 합니다. 그러나 십계명을 온 인류를 위해 준 것으로 보면 역사적인 배경과 문맥에 어긋납니다. 십계명이 어떻게 시작합니까?

> 나는 너를 애굽 땅, 종 되었던 집에서 인도하여 낸 네 하나님 여호와니라(출 20:2).

하나님께서 이방인들을 애굽에서 인도하신 적이 있었습니까? 그 대답은 자명합니다. 이방인들은 출애굽하지 않았습니다. 한편, 신약 교회는 십계명을 지켜야 할 충분 타당한 이유가 있다고 생각할지 모릅니다. 흔히 말하기를 구약시대의 제사제도를 비롯한 의식법은 예수님을 바라보았던 것이었는데 예수님이 오셔서 십자가로 성취하셨으므로 지킬 필요가 없다고 합니다. 그러나 도덕법은 영구적이기 때문에 이방인 교인들에게도 예외가 될 수 없다고 내세웁니다.

그럼 다시 처음에 던졌던 질문으로 돌아갑니다. 율법은 누구를 위한 것이었습니까? 율법은 모세가 이스라엘 백성에게 전해 준 것입니다. 율법은 이방인을 위한 것이 아니고 이스라엘 백성이 하나님과 맺은 언약에 근거해서 하나님을 섬기는 방식과 언약 백성의 삶의 양식을 가르친 것이었습니다. 이방나라가 하나님과 언약을 맺지 않았습니다. 하나님께서 이방나라에 율법을 주신 적이 없습니다. 하나님께서 이방나라를 보고 왜 율법을 지키지 않느냐고 책망하신 적이 있었습니까? 율법은 이스라엘만 받았습니다.

> 그가 그의 말씀을 야곱에게 보이시며 그의 율례와 규례를 이스라엘에게 보이시는도다
> 그는 어느 민족에게도 이와 같이 행하지 아니하셨나니 그들은 그의 법도를 알지 못하였도다 할렐루야 (시 149:19~20).

하나님은 자기 백성을 다른 모든 백성과 구별하셨다. 하나님은 그의 말씀과 율례와 규례로 다른 어떤 나라와도 관계하시지 않았다. 율례와 규례는 하나님의 언약 계시에 대한 용어들이다. 이것들은 하나님의 신실한 백성이 하나님을 찬양하는 근거이다. (ESV Notes).

모세 율법은 이스라엘이라는 특정 국가와 맺은 임시 방편이었다. 율법은 이스라엘 국가가 다른 나라들과 구별되는 특징이었다. 그러나 율법은 죄를 드러냈지만 인간의 곤경을 바꿀 능력은 갖지 않았다(Philip Eveson, 참조. 롬 4:13−15).

그런데 이방인이 교인이 되면 달라지는 것일까요? 예수 그리스도를 주님으로 믿고 나면 율법 아래로 들어가는 것인가요? 교

회에 들어오는 순간부터 율법을 지킬 의무와 책임이 지워집니까? 갈라디아서 3:19절을 보십시오.

> 그런즉 율법은 무엇이냐 범법하므로 더하여진 것이라 천사들을 통하여 한 중보자의 손으로 베푸신 것인데 약속하신 자손이 오시기까지 있을 것이라 (갈 3:19).

The New English Bible은 이것을 '잠정적 조치'(a temporary measure)였다고 번역하였습니다.

> It was a temporary measure pending the arrival of the issue to whom the promise was made (Gal. 3:19).

율법은 예수님이 오실 때까지 이스라엘 백성을 다스렸던 잠정법이었습니다. 그런데 예수님이 언제 오셨습니까? 2천 년 전입니다. 그럼 그 이후에도 이 잠정법이 계속 유효합니까? 도덕법은 유효하다고 말합니다. 그러나 바울은 율법을 도덕법, 의식법, 시민법 등으로 나누지 않았습니다. 이렇게 나눈 사람은 13세기 가톨릭 신학자였던 토마스 아퀴나스(Thomas Aquinas)였습니다. 이 분류를 개신교에서 그대로 받아들여 지금까지 사용하고 있습니다.

그럼 우리 경우를 생각해 봅시다. 우리가 메시아로 오신 예수님을 믿고 크리스천이 되었는데 그분이 오실 때까지만 잠정적으로 유효했던 율법을 지켜야 한단 말일까요? 그나마 율법은 유대인들을 위한 것이었습니다. 우리는 유대인이 아니지 않습니까?

그럼 왜 바울이 본문에서 사람이 의롭게 되는 것은 율법의 행위로 말미암는 것이 아니라고 했을까요? 지금 그는 갈라디아 교인들에게 보내는 서신에서 이 말을 하고 있다는 점을 염두에 두어야 합니다. 갈라디아 교인들은 이방인이었습니다. 왜 이방인 교인들에게 율법의 행위로 의롭게 되지 않는다고 말합니까? 물론 이 원칙은 유대인에게도 해당합니다.

그런데 이방인들을 포함해서 '율법의 행위'라는 표현을 쓴 것은 이유가 있습니다. 갈라디아 교인들은 이방인이지만 유대주의자들이 와서 유대인 방식으로 살지 않으면 구원이 없다고 가르쳤습니다. 그래서 갈라디아 교인들은 유대인이 아니면서 유대인처럼 살아야 한다고 생각하기 시작했습니다. 그래서 바울은 율법의 행위라는 말을 갈라디아 교인들에게도 적용시켰습니다.

다시 말해서 바울은 유대인들이나 혹은 유대주의자들의 영향을 받은 사람들에게 말할 때에는 '율법'으로 구원을 받지 못한다고 말하였습니다. 그러나 원칙적으로 율법을 받은 적이 없는 모세 이전 세대나 이방인들에 대해서 말할 때에는 '율법'이라는 말을 빼고 그냥 '행위'라고만 하였습니다(딤후 1:9; 딛 3:5).

✻ 예를 들어 아브라함이 무엇으로 구원을 받았는지를 지적할 때에 '율법의 행위'가 아닌 그냥 '행위'로 의롭게 된 것이 아니라고 했습니다.

"만일 아브라함이 행위로써 의롭다 하심을 받았으면 자랑할 것이 있으려니와 하나님 앞에서는 없느니라" (롬 4:2).

왜 아브라함에게는 '율법의 행위'로 구원받지 않았다고 했을까요? 그는 율법이 주어지기 훨씬 이전에 살았기 때문입니다. 또 에베소서에서도 그들이 받은 구원이 "행위"에서 난 것이 아니라고 했습니다(엡 2:9). 율법의 행위라고 하지 않은 것은 에베소 교회가 이방인 교회였기 때문입니다.

그럼 우리는 어느 쪽에 속합니까? 이방인 쪽입니다. 그래서 그냥 '행위' 로 구원받은 자가 아니라고 말해야 합니다. 율법을 받은 적이 없기 때문입니다. 그렇다면 '율법의 행위' 라는 말은 우리에게 적용될 수 없는 것일까요? 원칙적으로 없습니다. 그러나 현실적으로 '율법의 행위' 는 우리에게도 해당됩니다. 어째서 그럴까요? 우리는 이방인으로서 전도를 받고 교인이 되었습니다. 그럼에도 교회에서 율법의 행위를 운운하는 까닭은 두 가지 이유에서입니다.

첫째, 우리나라 교회가 갈라디아교회처럼 율법교사들의 영향을 받았기 때문입니다. 그래서 율법의 행위가 있어야 온전한 구원을 받은 것이라는 가르침이 퍼져 있습니다.

둘째, 구원은 주 예수를 믿음으로써 받지만, 신자의 삶은 율법 준수로 이루어진다고 믿기 때문입니다. 그래서 우리는 이방인 교인들이지만 마치 유대교의 율법주의 배경을 가진 유대인 신자인 양 가르치고 또 그렇게 살려고 합니다. 이것은 모순일 뿐만 아니라 새 언약 백성의 새 삶의 방식이 아닙니다.

이렇게 말하면 율법 무용론자나 혹은 율법 폐지론자로 오해받기 쉽습니다. 그러나 율법은 예수님에 의해서 성취되었음을 기억해야 합니다. 그래서 신자에게는 그다음 단계의 새 삶의 방식이 기다리고 있음을 알아야 합니다. 갈라디아서 후반부에 가면 율법이 아닌 성령에 의해서 우리의 삶이 이루어져야 한다고 말합니다.

그럼 율법은 불필요한 것이며 우리와 전혀 상관이 없는 것일까요? 그렇지 않습니다. 우리는 유대인으로서 모세 율법을 받지 않았지만 구약시대에 하나님께서 자기 백성을 어떻게 인도해 오셨는지를 배워야 합니다. 우리가 받은 구원은 예수님이 오셨을 때 시작된 것이 아니고 구약시대부터 준비되어 오다가 신약시대에 와서 이루어졌습니다. 마치 꽃이 처음에는 봉오리로 있다가 조금씩 꽃잎이 벌어져서 마침내 활짝 피는 것과 같습니다. 구약시대는 구원의 꽃봉오리 시대였습니다. 그래서 구원의 꽃 전체를 보려면 봉오리부터 거슬러 올라가야 합니다. 하나님께서는 구약시대의 이스라엘 백성에게 율법을 주시고 언약 백성의 삶의 방향과 예배 및 사회 생활 전반에 걸친 지침을 주셨습니다.

율법은 궁극적으로 예수님의 도래를 바라보는 신정국가 시대의 잠정법이었습니다. 그래서 우리는 율법이 어떻게 그리스도 안에서 성취되었는지를 구원의 역사를 더듬으면서 배워야 합니다. 역사의 큰 특징은 연속성입니다. 연속성이 있어야 앞뒤가 성립되고 문맥이 생깁니다. 구약 역사는 구원의 배경입니다. 그래서 그 배경 속에서 율법이 어떤 역할을 감당했는지를 배워야 합니다. 이것은 율법과 구원에 대한 바울의 가르침을 이해하는 길잡이가 됩니다.

우리는 이방인 출신 교인들입니다. 우리가 처음부터 구속사의 과정 속에서 율법이 가진 성격과 역할을 바르게 배웠더라면 율법 문제로 불필요한 신경을 쓸 필요가 없었을 것입니다. 유감스럽게도 초대교회의 사도들은 바울을 제외하고는 율법의 성격과 역할에 대해서 그다지 분명하지 않았습니다. 그중에서도 베드로는 고넬료 사건을 계기로 이방인과 유대인 사이에 구별이 없다는 큰 진리를 깨달았음에도 일관성이 없었습니다. 그래서 그는 안디옥을 방문했을 때 야고보의 보냄을 받았다고 주장하는 사람들이 들어오는 것을 보고 이방인들과 나누던 식탁 교제를 중단하였습니다. 그러나 그는 고넬료 사건을 보고했을 때나 예루살렘 회의 때에 분명하게 이방인들에게 율법 준수의 의무가 없음을 밝혔습니다. 그가 처음부터 한결음의 자세로 일관했더라면 초대교회는 율법 문제에서 벗어나 훨씬 더 밝고 힘찬 모습으로 발전했을 것입니다.

우리나라 교회도 율법의 역할과 성취에 대해서 처음부터 역사적인 문맥에서 잘 가르치고 그다음 단계로서 신자 생활이 율법에 의해 통제되어서는 안 된다는 것을 분명하게 했더라면 「예수 + 율법」이라는 모순된 공식에 사로잡히지 않았을 것입니다.

칭의 구원은 어떻게 받는가?

구원은 내가 이루는 것이 아니고 은혜로 받습니다. '율법의 행위' 가 아닌, 그리스도에 대한 믿음으로 의롭다는 하나님의 법정 선포를 받는 것이 칭의입니다. 그런데 이방인에게는 율법이 주어지지 않았지만 구원의 원리는 마찬가지입니다. 이방인도 '행위' 로 구원받지 못합니다. 유대인이 모세법을 지켜서 구원받는 것이 아니듯이, 이방인도 자신의 선행으로 구원받지 못합니다. 그 까닭은 유대인의 경우는 율법을 다 지킬 수 없고, 이방인의 경우도 항상 선행을 할 수 없기 때문입니다. 율법으로든지, 자신의 행위로든지 하나님의 영광의 수준에 모두 미달됩니다.

그러면 어떠하냐 우리는 나으냐 결코 아니라 유대인이나 헬라인이나 다 죄 아래 있다고 우리가 이미 선언하였느니라 기록된바 의인은 없나니 하나도 없으며 깨닫는 자도 없고 하나님을 찾는 자도 없고 다 치우쳐 함께 무익하게 되고 선을 행하는 자가 없나니 하나도 없도다 (롬 3:9~12).

모든 사람이 죄를 범하였으매 하나님의 영광에 이르지 못하더니 그리스도 예수 안에 있는 속량으로 말미암아 하나님의 은혜로 값없이 의롭다 하심을 얻은 자 되었느니라 (롬 3:23~24).

인간의 선한 행위는 아무리 훌륭해도 죄의 오염에서 해방될 수 없습니다. 인간의 선행의 수준도 하나님이 원하시는 완전한 영광의 수준에 이를 수 없습니다. 그래서 인간은 누구나 죄인입니다. 인간은 정죄 아래 있습니다. 스스로 구원할 수 없습니다. 누군가 나의 죗값을 지불해야 합니다. 그래서 하나님께서 예수님을 세상에 보내시고 우리 죄를 대신 갚기 위해 십자가 형벌을 받게 하셨습니다.

인류의 죗값은 지불되었습니다. 그럼 모든 사람이 구원을 받습니까? 그렇지 않습니다. 죄인을 구원하시는 목적은 죄로 인해 단절된 하나님과의 관계를 정상적으로 회복하는 것입니다. 그래서 죄인은 하나님께로 나와야 합니다. 자신이 죄인임을 인정하고 하나님께서 나를 대신해서 자기 아들을 보내어 형벌을 받게 하신 것을 감사해야 합니다. 나의 죄가 모두 용서된 것을 믿고 예수님을 주님으로 맞이해야 합니다. 예수님의 대속의 효력은 내가 십자가를 믿을 때에 발생합니다.

하나님께서는 이 예수를 속죄제물로 내주셨습니다. 그것은 그의 피를 믿을 때에 유효합니다.(롬 3:25, 새번역).

우리가 주 예수를 믿을 때에 비로소 예수님의 의로우심과 거룩하심과 예수님의 순종과 부활 생명이 모두 우리에게로 넘어옵니다. 그래서 하나님께서 나를 의롭다고 선포하시고 예수 그리스도를 머리로 삼는 새 창조의 새 백성이 되게 하십니다. 이것을 칭의라고 부릅니다. 하나님의 눈에 나는 죄가 없는 의인입니다. 예수 그리스도의 의가 모두 나에게 넘어왔기 때문입니다. 하나님께서 나를 예수 그리스도의 십자가 죽음과 부활 생명 안에 집어넣고 보시기 때문에 나는 죄의 용서를 받고 다시 살아났습니다.

구원은 내가 하나님을 위해서 행한 것이 있기 때문에 받는 것이 아닙니다. 반대로 하나님께서 나를 위해서 그리스도를 통하여 행하신 일이 구원의 바탕이며 근거입니다. 구원은 전적으로 완전하시고 거룩하신 하나님에게서 온 것입니다. 따라서 하나님이 주시는 구원은 완전하고 흠이 없습니다. 하나님은 우리를 먼저 그리스도의 대속을 통해서 법적으로 받아주시고 자녀의 신분을 주신 후에 그리스도인의 삶을 살게 하십니다.

하나님께서는 주 예수를 자신의 구주로 믿는 자들을 의롭다고 선포하십니다. 이 칭의는 그리스도를 믿는 자들에게는 누구에게나 차별이 없습니다. 칭의를 덜 받는 사람도 없고 더 받는 사람도 없습니다. 칭의는 시간과 환경에 따라 줄어들거나 늘어나지 않습니다. 칭의는 하나님이 예수 그리스도의 대속적 죽음을 만족하게 여기시고 그를 믿는 자들에게 아무런 유감이 없이 의롭다고 선포하시는 것입니다.

이것은 하늘 법정에서 우리의 새로운 신분에 대해서 내리는 일회적이고 영구적인 선포입니다. 여기에는 어떤 차별도 없습니다. 그리스도의 대속을 믿으면 누구나 하나님의 자녀입니다. 이 구원은 거저 받는 것이기 때문에 하나님의 은혜입니다. 그래서 아무도 자신의 구원을 자랑하지 못한다고 했습니다. 자기가 행해서 이룬 것이 아니기 때문입니다.

> 너희는 그 은혜에 의하여 믿음으로 말미암아 구원을 받았으니 이것은 너희에게서 난 것이 아니요 하나님의 선물이라 행위에서 난 것이 아니니 이는 누구든지 자랑하지 못하게 함이라 (엡 2:8~9).

이러한 구원을 우리가 받을 수 있다는 사실을 생각해 보십시오. 얼마나 다행하고 감사한 일입니까? 예수님을 하나님이 보내신 대속주로 믿고 그분을 주님으로 받아들이면 구원을 받습니다. 너무도 간단하지 않습니까? 만약 내 죄를 내가 갚아야 한다면 죽음 밖에 없습니다. 그것은 구원이 아닙니다. 나의 죄는 어떤 인간도 대신 갚아주지 못합니다. 인간은 모두 죄인이기 때문입니다. 오직 죄가 없으시고 하나님이 창세 전부터 준비하신 하나님의 아들만이 내 죄를 대신 갚으실 수 있습니다. 이 일은 2 천년 전에 이미 이루어졌습니다. 예수님이 우리 구원의 전부입니다. 그렇다면 예수님 이외에 다른 것들을 구원의 조건으로 붙이지 말아야 합니다.

갈라디아 교회들은 유대주의자들로부터 「예수 + 할례」라는 구원 공식을 배웠습니다. 이것은 거짓된 가르침이며 오직 주 예수만이 구원의 전부라는 사실을 부정하는 것입니다. 그래서 갈라디아 교회들은 바울로부터 율법의 행위로 구원받을 수 없음을 다시 배워야 했습니다. 그들은 어리석었습니다. 그들은 예수님의 십자가 이외에 다른 것을 보지 말았어야 했습니다(갈 3:1).

그런데 하나님께서 언제나 그러하시듯이, 우리의 우매한 행위에도 불구하고 은혜를 내리십니다. 바울이 갈라디아서를 쓰게 된 것은 유대주의자들의 방해와「예수 + 할례」의 거짓 구원에 넘어간 갈라디아교회가 원인이었습니다. 그러나 그 열매로 우리는 복음의 한 중요한 교리인 칭의 구원을 확인하게 되었고, 그리스도 안에 있는 새 삶의 모습이 어떤 것인지를 선명하게 알 수 있게 되었습니다. 주께서 우리를 도우셔서 구원의 핵심이 더욱 우리 심령에 밝혀지기를 기원합니다.

10.
예수님의 믿음
갈라디아서 2:15~16

성경을 잘 모르시는 분들이나 교회에 처음 나오시는 분들은 성경을 읽을 때 예비 지식이 없어서 혼란스러울 때가 있습니다. 흔히 이름 때문에 헷갈린다고 합니다. 예를 들어서 구약에 보면 사울 왕이 있는데 신약에도 사울이 있습니다. 그런데 나중에 보면 사울을 바울이라고 합니다. 구약에 여호수아(예호슈아)가 있는데 신약의 예수(예슈아)와 같은 이름이라고 하면 이상하게 여깁니다. 이것은 성경에 사용된 언어가 구약은 히브리어이고 신약은 헬라어이기 때문에 표기와 발음에 차이가 있기 때문입니다. 구약에는 아람어로 된 항목도 포함되었습니다. 신약에는 드물기는 해도 히브리어도 나오고 더러 아람어도 사용되었습니다. 갈라디아서에서 바울이 게바라는 이름을 사용했는데 베드로를 가리킵니다.

바울은 2장 8절에서 “베드로에게 역사하사 그를 할례자의 사도로 삼으신 이가 또한 내게 역사하사 나를 이방인의 사도로 삼으셨느니라”고 했습니다. 그리고 곧 이어서 “또 기둥 같이 여기는 야고보와 게바와 요한도 내게 주신 은혜를 알므로 나와 바나바에게 친교의 악수를 하였으니…"(갈 2:9)라고 했습니다. 그래서 베드로 말고 야고보와 게바와 요한, 이렇게 네 사람에 대해서 바울이 말하는 것처럼 들립니다. 그러나 게바는 아람어로 바위 혹은 반석이란 뜻입니다. 아람어는 예수님 당시에 팔레스타인에서 널리 사용된 대중 언어였습니다. 게바를 헬라어로 옮긴 것이 페트로입니다. 이것을 우리 말로 베드로라고 하고 영어로는 Peter라 합니다. 성경의 이름은 우리말로 된 음역이 영어보다 원음에 훨씬 더 가깝습니다.

예수님의 믿음을 믿어야 의롭게 됩니다.

2장 14절에서 바울은 게바에게 이렇게 책망했습니다.

> 네가 유대인으로서 이방인을 따르고 유대인답게 살지 아니하면서 어찌하여 억지로 이방인을 유대인답게 살게 하려느냐 (갈 2:14).

이 말에 이어서 바울의 교리적인 진술이 시작됩니다. 첫머리가 "우리는 본래 유대인이요 이방 죄인이 아니로되"(2:15)입니다. 무슨 의미일까요? 유대인과 이방인이 다르다는 것입니다. 어떻게 다르다는 것일까요? 유대인의 생활 습관이 다르고, 이방인의 생활 습관이 다르다는 것입니다. 그런데 서로 나름대로 다른 것이 아니고 한쪽은 의롭고 다른 한쪽은 의롭지 않다는 뜻입니다. 유대인은 자신들이 이방인들과는 달리 의롭다고 생각하였습니다. 그 근거는 유대인은 율법을 가졌고 율법을 지킨다는 것입니다. 이방인은 율법을 소유하지 않았고 우상 숭배자며 매우 부도덕하였습니다. 그래서 유대인은 이방인들처럼 죄인이 아닌 의인이라는 것입니다.

바울은 게바에게 예수님이 주시는 구원 안에서는 유대인과 이방인의 차별이 없다는 것을 잘 알면서 왜 갑자기 차별을 하냐고 힐문하였습니다. 그가 이방인과의 식탁 교제에서 물러난 것은 이방인들이 이제부터는 유대인처럼 살아야 한다는 말이 아니냐고 도전하였습니다. 게바는 지금까지 이방인 신자와 자유롭게 섞여서 교제했는데 완전히 180도 태도를 바꾼 것은 사람이 무엇에 근거해서 의롭게 되는지를 부인하는 짓이라는 말입니다. 그래서 바울은 16절에서 "사람이 의롭게 되는 것은 율법의 행위로 말미암음이 아니요"라고 했습니다. 바울이 지금 하는 말은 칭의 교리의 재천명입니다.

유대인들은 율법에 따라 이방인과 식탁 교제를 하지 않았습니다. 이방인들이 율법에서 의식상 부정한 음식으로 분류된 여러 가지 음식들을 먹었기 때문입니다. 율법은 음식 규례 말고도 각종 규정들이 많았습니다. 예를 들어 남자 아이는 태어나면 8일 만에 할례를 받아야 하고, 일년에 세 번씩 예루살렘 예배에 참석해야 하며, 안식일을 비롯하여 여러 절기를 지키고, 십일조를 내야 했습니다. 십일조도 요즘 교회에서 하듯이 한 가지 종류가 아니고 적어도 세 가지 종류가 있었습니다.

유대인들은 이러한 율법 준수가 하나님의 백성이 되는 필수 불가결한 요소라고 믿었습니다. 그래서 대부분의 유대인은 교인이 된 이후에도 율법을 지켜야 한다고 보았습니다. 그러다가 이방인 교인들이 점점 불어나서 유대인 신자들의 수효보다 훨씬 많아졌습니다. 유대주의자들은 위협을 느끼고 유대교를 보호하기 위해 이방인 신자들에게 율법준수를 요구하였습니다. 그래서 그들은 안디옥 교회에 와서 "모세의 법대로 할례를 받지 아니하면 능히 구원을 받지 못하리라"(행 15:1)고 가르쳤습니다. 이런 상황에서 베드로가 유대주의자들의 편으로 돌아서는 행동을 했기 때문에 바울은 좌시할 수 없었습니다. 그래서 도대체 사람이 어떻게 의롭게 되는 것이냐고 하면서 칭의 구원론을 강해하기 시작하였습니다.

한마디로 우리가 의롭게 되는 것은 예수 그리스도를 믿어서 됩니다. 율법 준수나 나의 선행은 나를 하나님 앞에서 죄가 없는 의로운 자로 세우지 못합니다. 오직 우리 죄를 위해 자신을 내어주신 예수님을 하나님이 보내신 아들로 믿어야 의롭다는 인정을 받습니다.

그런데 예수님을 믿는다는 것이 과연 어떤 것일까요?

우리는 보통 예수님을 나의 대속주로 내가 믿으면 구원을 받는다고 생각합니다. 맞습니다. 그러나 그것이 전부가 아닙니다. 다른 의미도 있습니다. 예수님을 믿어야 하는 사람은 나 자신입니다. 다른 사람이 나를 위해 믿어줄 수 없습니다. 그런데 내가 믿기 때문에 구원을 받는다면 나의 믿음을 강조하는 셈이 됩니다. 우리는 믿음이 좋다 나쁘다, 믿음이 적다 크다 등으로 표현합니다. 혹은 믿기만 하면 됩니다. 믿으십시오 라고 말합니다. 집회나 설교 때에 믿음을 강요하거나 유도하는 경우도 자주 있습니다. 한 마디 해놓고 '믿으십니까? 믿으시면 아멘 하세요!' 라고 말합니다. 남들이 다 아멘 하니까 나도 따라서 '아멘' 하게 됩니다. 그냥 '믿습니다' 라고 조용히 말하면 밋밋하니까 '믿습니다' 하고 힘을 주거나 '믿십니다' 하고 이상한 액센트를 넣어서 일종의 자기 체면을 걸거나 믿음이 좋은 듯한 인상을 주려고 합니다.

그러다보면 습관이 되어서 그런 식으로 믿음을 억지로 표현하거나 아멘으로 응답하지 않으면 예배를 본 것 같지 않다고 느낍니다. 이런 것은 모두 유치하고 인위적인 조작입니다. 성경이 말하는 믿음과 아무 상관이 없는 엉터리 연극입니다. 그런 조작극의 분위기에 말려들어서 신앙생활을 하시지 않기 바랍니다.

중요한 것은 나의 믿음이 아니고 예수님의 믿음입니다. 나의 믿음은 올라가고 내려갑니다. 기분과 상황에 따라 믿음이 있는 것 같기도 하고 없는 것 같기도 합니다. 나의 믿음은 완전하지 않습니다. 그래서 나는 나의 믿음을 신뢰할 수 없습니다. 나의 믿음은 대상이 있어야 합니다. 그런데 그 대상이 누구입니까? 예수 그리스도입니다. 예수 그리스도는 세상을 어떻게 사셨습니까? 하늘 아버지에 대한 믿음으로 사셨습니다. 그의 믿음에는 흠이 없었습니다. 그래서 항상 하늘 아버지의 뜻대로 사셨습니다. 예수님은 모든 상황에서 완전한 믿음으로 사셨습니다. 그의 믿음은 오르락내리락하지 않았습니다. 그는 언제나 아버지 앞에서 신실하셨습니다. 자신의 이기적인 유익을 위해 사시거나 악과 타협하거나 순종하시지 않은 적이 한번도 없었습니다.

헬라어의 믿음(pistis, 피스티스)이라는 단어는 신뢰라는 뜻도 있지만 신실이라는 의미도 있습니다. 그래서 갈라디아서 2장 16절은 이렇게 번역될 수 있습니다.

> yet we know that no one is justified by the works of the law but by the faithfulness of Jesus Christ. And we have come to believe in Christ Jesus, so that we may be justified by the faithfulness of

Christ and not by the works of the law, because by the works of the law no one will be justified. (New English Translation).

"그러나 우리는 아무도 율법의 행위로 의롭게 되지 않고 예수 그리스도의 신실하심으로 의롭게 된다는 것을 압니다. 그래서 우리는 그리스도 예수를 믿게 되었는데 그것은 우리가 율법의 행위가 아닌 그리스도의 신실하심으로 의롭게 되려는 것입니다. 왜냐하면 율법의 행위로는 아무도 의롭게 될 수 없기 때문입니다."

이것은 New English Translation(NET) 이라는 최근의 영역을 제가 우리말로 옮긴 것인데 By faith in Christ 대신에 by the faithfulness of Jesus Christ로 번역한 대표적인 실례입니다.

Knowing that a man is not justified by the works of the law, but by the faith of Jesus Christ, even we have believed in Jesus Christ, that we might be justified by the faith of Christ, and not by the works of the law; for by the works of the law shall no flesh be justified. (21st Century King James Version).

"사람은 율법의 행위가 아닌, 예수 그리스도의 믿음으로 의롭게 된다는 것을 알기에 우리도 예수 그리스도를 믿습니다. 이는 우리가 율법의 행위가 아닌 그리스도의 믿음으로 의롭게 되려 함입니다. 율법의 행위로는 아무도 의롭게 될 수 없습니다." (21st Century King James Version).

이 번역은 21세기 킹제임스역입니다. '예수 그리스도를 신뢰하는 믿음' 대신에 '예수 그리스도의 믿음'이라고 옮겼습니다.

학자들 사이에서 이 두 형태의 번역을 놓고 갑론을박을 합니다. 어느 쪽이 맞고 틀리기 보다는 양편 다 가능한 번역입니다. 넓게 보면 예수님을 믿는다는 것은 예수님의 인격과 신분과 그가 우리의 구원을 위해서 행하신 모든 것을 믿는 것입니다. 그러나 예수님의 믿음과 그분의 신실하심으로 우리가 의롭게 되었다고 옮기면 우리의 믿음보다 예수님의 믿음을 구원의 근거로 보기 때문에 강조점이 나의 믿음에서 예수님의 믿음으로 바뀝니다.

직역성경은 메시아의 신실함에 강세점을 둔 번역입니다.

> 사람은 토라의 행위로 의로워지는 것이 아니고 예슈아 마쉬아흐의 신실함을 통하여 의로워지는 것을 우리가 압니다. 우리가 마쉬아흐 예슈아를 믿는 것은 토라의 행위가 아니고 마쉬아흐의 신실함으로 의로워지기 위함입니다. 이는 토라의 행위로는 어떤 육체도 의로워지지 않기 때문입니다.(직역성경 갈 2:16).

그리스도의 믿음 혹은 그리스도의 신실하심을 우리가 믿는다고 보면 우리의 신앙생활에서 격려가 되는 측면이 있습니다. 예수님은 완전하고 충만한 믿음으로 하나님을 끝까지 신실하게 섬겼습니다. 그래서 그의 삶과 죽음은 하나님의 뜻대로 완전하게 이루어졌기 때문에 예수님이 우리의 완전한 대속주가 되셨습니다. 이런 의미에서 예수님의 신실하심에 근거해서 하나님이 우리를 의롭다고 하십시다. 영어로는 믿음(faith)과 신실(faithfulness)의 어원이 같기 때문에 이해하기 쉽습니다. Faith라는 단어에 가득하다는 의미의 fulness를 붙이면 신실함이 됩니다.

예수님은 완전한 믿음으로 죄가 없는 완전한 삶을 사셨습니다. 율법이 요구하는 모든 것을 신실하게 다 성취하셨습니다. 그리고 더 나아가 우리의 죄가 속죄되도록 자신의 완전한 삶을 우리를 위해 바치셨습니다. 그는 하늘 아버지께서 자신의 죽음으로 우리를 죄와 사탄의 권세에서 풀어주시고 모든 죄를 용서하실 것을 믿었습니다. 예수님은 한 순간도 하나님의 구원의 능력을 의심하지 않았습니다. 예수님은 모든 일에서 하나님을 믿고 믿음이 충만한 신실한 삶을 사셨습니다. 그래서 하늘 아버지께서 예수님의 완전한 믿음의 삶을 신뢰하는 자들을 의롭다고 선포하십니다.

우리는 예수님을 믿어야 구원을 받습니다. 그러나 예수님을 믿는 나의 믿음이 좋아서 구원받는 것이 아닙니다. 우리는 예수님의 믿음이 좋고 완전하기 때문에 의롭다는 인정을 받습니다. 구원의 근거는 나의 믿음이 아니고 예수님의 완전무결한 믿음입니다. 예수님의 믿음을 신뢰하면 내 믿음이 약할 때에도 큰 위로가 됩니다. 예수님의 믿음이 나를 세워주기 때문입니다. 나는 하나님 앞에 내 믿음으로 서 있는 것이 아니고 예수님의 믿음으로 서 있습니다. 나는 나의 믿음 생활이 완벽하고 충만하기 때문에 하나님을 아버지라고 부를 수 있는 것이 아닙니다. 나의 믿음은 항상 부족합니다. 나의 믿음 생활은 일정하지 않습니다.

그러나 예수님의 완전무결한 믿음에는 변함이 없습니다. 예수님은 지금도 하늘에서 온전한 믿음으로 우리를 위해 아버지 앞에서 중보하십니다. 우리는 예수님의 믿음과 신실하심으로 의롭게 되었을 뿐만 아니라 세상을 사는 동안 계속해서 예수님의 완전한 믿음과 신실하심에 의존해서 살아야 합니다.

율법의 행위는 무엇인가?

16절에서 '율법의 행위'로 의롭게 되지 않고 오직 예수 그리스도를 믿음으로 의롭게 된다고 하였습니다. 행위와 믿음의 대조입니다. 그런데 여기서 바울이 '율법의 행위'라고 한 의미가 무엇일까요? 그냥 읽으면 모세법을 지키는 것을 의미한다고 볼 것입니다. 그러나 앞의 문맥은 식탁 교제이기 때문에 바울이 말하는 '율법의 행위'는 음식 규례를 지키고 이방인과 접촉하지 않는 것을 가리킨 듯합니다. 이것은 퍽 간단한 것 같은데 사실은 매우 큰 논쟁거리입니다. 한 편에서는 '율법의 행위'는 모세법 전체를 가리킨다고 보고 다른 편에서는 음식 규례, 안식일, 할례 등과 같은 유대인의 독특한 생활방식을 가리킨다고 봅니다. 이렇게 보는 신학자들을 '새관점 학파'(New Perspective)라고 부릅니다. 새관점 학파의 주장은 전통적인 칭의론을 도전하는 것이기 때문에 현재 신학계에서 핫이슈가 되고 있습니다. 보다 상세한 내용은 본서의 부록으로 실은 '톰 라이트의 칭의론은 옳은가?'를 참고하십시오. 본 강해에서는 '율법의 행위'가 모세 율법 전체를 가리킨다는 입장을 취하였습니다. 그 근거는 갈라디아서 3장 10절입니다.

> 무릇 율법 행위에 속한 자들은 저주 아래에 있나니 기록된 바 누구든지 율법 책에 기록된 대로 모든 일을 항상 행하지 아니하는 자는 저주 아래에 있는 자라 하였음이라 (갈 3:10).

이 구절에서 율법 행위를 몇 가지 유대인의 전통적인 정결법이나 음식 규례, 안식일 또는 할례 등에 국한시킨 것이 아니고 모세 율법 전체를 가리키고 있음이 분명합니다. 물론 당시의 유대인들은 유대주의의 대표적인 규례들을 지키면 하나님의 언약 백성 속에 머물 수 있다고 믿었습니다. 그러나 바울은 만약 율법의 한 가지라도 지키면서 이를 구원의 조건으로 붙이면 율법 전체를 지켜야 할 의무가 있다고 했습니다. 그의 포인트는 아무도 율법을 다 지키지 못하기 때문에 결국 율법을 어기는 자들에게 정해진 저주를 받는다는 것입니다.

우리는 모세 율법을 구원의 수단으로 지키지는 않을 것입니다. 십계명을 지켜야 구원받는다고 말하지는 않을 줄 압니다. 그러나 뒤집어서 십계명을 지키지 않으면 구원받은 사람이 아니라는 말은 자주 듣습니다. 십계명에 도적질도 있고 간음도 있고 안식일 준수도 있습니다. 그럼 교회에서 세례도 받았는데 주일을 자주 빼먹는 사람은 구원을 못 받았을까요? 도적질은 어떻습니까? 한 두번도 아니고 상습적으로 속이고 훔친다면 구원받은 교인이라고 할 수 있을까요? 비즈니스 하면서 지속적으로 세금 속이는 경우가 많은데 탈세자는 구원받은 교인이 아닐까요?

율법이 구원의 잣대가 되면 아무도 구원받을 수 없습니다. 누구도 율법을 다 지킬 수 없기 때문입니다. 그래서 은혜 구원이 있어야 합니다. 바울은 로마서에서 말하였습니다.

> 그러나 이제는 율법과는 상관없이 하나님의 의가 나타났습니다. 그것은 율법과 예언자들이 증언한 것입니다. 그런데 하나님의 의는 예수 그리스도를 믿는 믿음을 통하여 오는 것인데 모든 믿는 사람에게 미칩니다. (롬 3:21, 새번역).

칭의 구원은 율법과 상관이 없다고 했습니다. 율법은 구원에 관한 한, 아무 영향을 주지 않는다는 것입니다. 율법은 믿음이 온 이후로 물러섰습니다. 내 앞에 있는 것은 율법이 아니고 예수님입니다. 우리는 주 예수의 신실하심을 믿고 구원을 받았습니다. 그래서 모세가 아닌 예수님을 섬깁니다.

만약 율법에 의존해서 하나님의 자녀가 되려고 한다면 구원의 확신을 가질 수 없습니다. 교회를 한 동안 못 나가면 양심이 편치 못하고 십일조를 하지 않아도 죄책감이 들 것입니다. 그러나 우리는 이런저런 율법의 규례로부터 해방되었습니다. 하나님께서 율법 준수에 근거한 나의 의가 아닌, 예수님의 흠없는 의로 나의 죄를 덮으시고 예수님의 완전한 믿음과 신실하심을 통해서 나를 구원하셨기 때문입니다. 그래서 나는 예수님만 바라보고 예수님을 따라 살면 됩니다.

내 믿음이 연약할 때 예수님의 완전한 믿음을 의지하십시오. 내가 죄를 지었을 때 예수님의 죄없는 삶에 근거해서 하나님이 나를 용서하신다는 것을 기억하고 돌이키십시오. 우리는 사실상 칭의의 선포를 받았기 때문에 정죄 아래 있지 않습니다. 우리는 형벌을 받아야 할 죄인이 아니고 의인입니다. 우리는 율법의 행위가 아닌 예수님의 신실하심(through the faithfulness of Jesus Christ)으로 의롭게 되었습니다.

예수님은 우리를 위해 온갖 고난 속에서 완전한 믿음으로 사셨고 우리를 위해 온전한 순종으로 십자가 죽음을 당하셨습니다. 우리 죄를 용서하기 위해서 완전한 믿음과 순종으로 죄 없는 삶을 사셨습니다. 우리는 내 믿음으로 구원받지 않고 예수님의 믿음으로 구원받았습니다. 그래서 내 믿음이 내려갈 때에도 크게 염려할 필요가 없습니다. 나의 작은 믿음은 예수님의 완전한 믿음에 닻을 내릴 수 있기 때문입니다.

칭의는 우리의 기초석입니다. 우리가 서 있는 반석은 흔들리지 않습니다. 완전한 믿음을 가지신 예수님이 우리를 구원하시고 자신의 반석 위에 세워두셨습니다. 지금도 하늘에서 우리를 위해 24시간 완전한 믿음과 신실하심으로 하늘 아버지께 중보하십니다. 완전한 믿음을 가지신 분이 나를 위해 기도하신다면 그 기도는 항상 응답될 것입니다. 우리는 주 예수의 이러한 믿음 생활과 신실하심을 믿고 살아야 합니다.

칭의는 내가 몸으로 느낄 수 없습니다. 보이는 것도 아니고 들리는 것도 아닙니다. 칭의는 하늘 법정의 선포이기에 나는 내가 그리스도의 완전한 의로 입혀진 하나님의 자녀임을 성경 말씀대로 믿어야 합니다. 그리고 꾸준하게 주 예수의 믿음에 의존하며 주님께서 나를 지켜주실 것을 신뢰하면서 살아야 하겠습니다.

11.
은혜 구원은 죄가 되는가?
갈라디아서 2:17~18

인간 사회는 나름대로 사는 방식이 있습니다. 생활 문화도 있고 종교 문화도 있습니다. 이 생활 방식은 하루 아침에 생기는 것이 아니고 오랜 세월을 거쳐서 형성됩니다. 그래서 일단 전통으로 굳어지면 너도 나도 이 전통적 가치관에 따라 살게 됩니다. 그런데 누가 갑자기 나타나서 그런 전통적 가치를 더 이상 따를 필요가 없다면서 다른 아이디어를 제시하면 저항하고 반발합니다. 늘 해온 것이기 때문에 바꿀 필요가 없다는 것입니다. 지금 이대로가 편하고 좋다는 식입니다.

바울은 유대인들에게 사람이 의롭게 되는 것은 율법의 행위로 되는 것이 아니라고 했습니다. 그랬더니 큰 반대가 일어났습니다. 그 까닭이 무엇입니까? 유대교의 전통문화를 바울이 무시했다고 생각했기 때문입니다. 조상 적부터 항상 해오던 종교적 관습들을 왜 하루아침에 다 바꾸려고 하느냐는 것입니다. 사람들은 전통적 가치관에 젖어 있기 때문에 쉽게 바꾸려고 하지 않습니다.

"율법의 행위로써는 의롭다 함을 얻을 육체가 없느니라"(갈 2:16 하반)는 말은 파격적인 선언이었습니다. 유대인들은 모세 이후로 장구한 세월 동안 율법 생활을 해왔습니다. 율법 준수는 언약 백성의 당연한 의무라고 믿었습니다. 율법을 지키지 않으면 이방인 죄인들과 다를 것이 없다고 여겼습니다. 유대인들을 이방인 죄인들과 구별짓는 것은 다름아닌 율법이었습니다. 유대민족은 율법을 가졌고 이방민족은 율법이 없었습니다. 유대인들은 율법을 지키기 때문에 거룩한 하나님의 백성이었습니다. 그러나 이방민족은 율법이 금하는 온갖 행위를 하기 때문에 더러운 죄인들이었습니다. 그래서 그들과 상종을 말아야 했습니다. 유대교의 율법 전통에 의하면 그들과 접촉하면 의식상 부정하게 된다고 했습니다.

유대인들이 전통적으로 중시하는 율법 중에서 특별히 이방인과 구별되는 규례가 있었습니다. 즉, 안식일 준수, 부정한 음식 안 먹기, 할례였습니다. 유대인이 이방인과 식탁 교제를 할 수 없는 것은 그들이 율법에서 금지된 부정한 음식들을 먹기 때문이었습니다. 이것은 유대인들 사이에서는 아무런 문제가 될 수 없었습니다. 그들은 고기는 피를 빼고 먹었고 율법에서 부정하다고 규정한 음식은 입에도 대지 않았기 때문입니다. 특히 음식 규례는 유대인들이 부정한 음식을 먹는 이방인들과의 접촉을 피하게 하는 방어벽이었습니다.

그런데 바울이 율법의 행위로는 아무도 하나님 앞에서 의롭다는 판정을 받을 수 없다고 하니까 유대주의자들의 입장에서는 반발이 크지 않을 수 없었습니다. 전통적으로 늘 해오던 일에 브레이크를 걸면 부정적 반응이 나오기 마련입니다. 유대주의자들의 관점에서 보면 바울의 주장은 이중적인 문제가 있었습니다.

첫째, 이방인과의 접촉을 피할 필요가 없다고 가르쳤습니다. 이것은 유대인들이 모세 이후로 지켜온 종교 전통을 부정하고 유대인의 특징을 소멸시키는 일이었습니다. 이것은 율법을 어기고 죄를 짓게 하는 것이라고 보지 않을 수 없었습니다.

둘째, 율법 자체의 유효성을 부정하는 것입니다. 율법이 금기로 삼는 규정들을 제쳐놓기 때문입니다. 이것도 율법을 무시하는 죄악된 일이었습니다.

유대인은 하나님의 언약 백성인데 이방인과의 구별이 없다면 지금까지 모세 이후로 지켜온 율법은 헛것이냐는 반발이 나오지 않을 수 없었습니다. 유대주의자들은 이방인이 예수를 믿고 하나님의 언약 백성 속으로 들어오려면 유대인의 전통적 가치관에 따른 종교문화를 받아들여야 한다고 주장했습니다. 그들은 하나님의 구원이 유대인의 종교문화를 중심으로 이루어져야 한다고 믿었습니다. 언약 백성의 공동체에 들어와서 함께 교제하려면 음식 규례를 이방인들도 지켜야 한다는 말이었습니다.

베드로는 안디옥 교회에서 유대주의자들이 왔을 때 두려워서 이방인들과의 식탁 교제에서 물러났습니다. 그가 이방인 신자와의 식탁 교제를 부정해서가 아니었습니다. 그는 주 예수를 믿는 자들은 유대인이나 이방인이나 아무런 차별이 없다는 사실을 잘 알고 있었습니다. 그는 한 때 이방인인 고넬료 집에 들어갔었고 그 이후로 이방인들과 자유롭게 사귀었습니다. 그러나 그의 모순된 행동은 유대주의자들의 주장을 받아들이는 셈이 되었고 안디옥의 이방인 교인들을 혼란에 빠지게 하였습니다. 베드로는 음식 규례가 그리스도 안에서 전혀 유효하지 않다는 것을 잘 알고도 모순된 처신을 했습니다. 그래서 바울의 강한 책망을 받았습니다.

17절은 이러한 배경과 연결해서 보지 않으면 금방 이해가 되지 않습니다.

> 만일 우리가 그리스도 안에서 의롭게 되려 하다가 죄인으로 드러나면 그리스도께서 죄를 짓게 하는 자냐 결코 그럴 수 없느니라 (갈 2:17).

칭의 구원을 받는 것이 왜 죄인으로 드러나는 일일까요? 칭의란 하나님께서 죄인을 의롭다고 선언하시는 것이 아닙니까? 그러면 반대로 말해야 하겠지요. 즉, 죄인으로 있다가 의인으로 드러났다고 말입니다. 그런데 내가 죄인으로 드러나면, 그리스도께서 나로 하여금 죄를 짓게 하는 분이라는 것입니다. 앞뒤 연결이 잘 되지 않는 논리입니다.

17절은 분명 바울의 말이 아니고 다른 사람들의 말을 듣고 바울이 그들의 주장을 부정하는 것입니다. 그래서 끝에 "결코 그럴 수 없느니라"(17절)고 했습니다. 그럼 다른 사람들이 누구일까요? 유대주의자들입니다. 그들이 바울의 칭의 교리를 듣고 비방한 것입니다.

은혜 구원을 가르치면 반법주의라는 비난을 받습니다.

구원을 받는데 율법을 지킬 필요가 없다고 말하는 것은 당시의 유대인들에게는 매우 이상하게 들렸을 것입니다. 율법의 행위가 없어도 구원을 받는다면 무법자가 되는 셈이기 때문입니다. 그렇다면 율법이 없는 이방인처럼 부도덕한 삶을 사는 것이니까 결국 반법주의라는 말입니다. 이런 식의 공격이 됩니다.

「율법이 칭의 구원을 받는데 아무 효력이 없다면 율법 무용론이지 않은가? 그러면 자기 마음대로 살면서 방종을 일삼을 텐데 이방인의 타락한 수준으로 내려가는 것이 아닌가?」

「바울 당신은 유대인들에게 율법을 무시하고 이방인과 자유롭게 식탁 교제도 하고 유대인의 신분 표식에 해당하는 것들에 신경 쓸 필요가 없이 살라고 말하지 않는가? 그렇다면 예수 그리스도의 구원을 빙자해서 율법을 어기는 죄를 지어도 좋다는 말인가? 결국 그리스도가 죄를 조장하는 자란 말이 아닌가?」

바울은 "결코 그럴 수 없느니라"(17절)고 했습니다. 그 까닭은 헐었던 것을 다시 세우면 범법자가 되기 때문입니다. '헐었던 것은 무엇입니까?' 칭의 구원을 받는데 장애가 되는 것을 제거하는 것을 가리킵니다. 허문다는 것은 막힌 벽을 허문다는 뜻입니다. 이것은 예루살렘 성전 구조와 관련된 표현입니다. 성전에는 유대인과 이방인을 분리시키는 담이 있었습니다. 이방인은 이방인의 뜰이라고 하는 지정된 구역을 넘어갈 수 없었습니다. 어기면 사형이라는 표시가 붙어 있었습니다. 에베소서 2장에서 이것을 '원수 된 것 곧 중간에 막힌 담'이라고 표현하고 예수님이 십자가 죽음으로 허무셨다고 했습니다.

그는 우리의 화평이신지라 둘로 하나를 만드사 원수 된 것 곧 중간

에 막힌 담을 자기 육체로 허시고 법조문으로 된 계명의 율법을 폐하셨으니 이는 이 둘로 자기 안에서 한 새 사람을 지어 화평하게 하시고 (엡 2:14~15).

율법은 유대인과 이방인을 구별하였습니다. 특별히 음식 규례와 같은 의식법 때문에 유대인은 이방인을 접촉할 수 없었습니다. 그러나 이제는 오직 주 예수를 믿음으로써 모든 더러운 죄로부터 깨끗하게 됩니다. 따라서 의식법은 더 이상 유효하지 않습니다. 율법 준수로 구원을 얻으려는 시도도 그쳐야 합니다. 율법의 모든 요구를 예수님이 자신의 죄 없는 삶과 십자가 대속의 형벌로 만족시켰습니다.

그런데 다시 율법으로 돌아간다면 어떻게 되겠습니까? 베드로처럼 모순된 처신을 하고 위선자가 됩니다. 예수 그리스도의 속죄 사역을 부정하는 셈이 됩니다. 십자가로 유대인과 이방인 사이를 가로막았던 담을 헐었는데 다시 세우면 어떻게 되는 것입니까? 하나님께서는 일찌기 아브라함에게 그의 자손으로 오실 그리스도를 통해서 만민이 복을 받게 하시겠다고 약속하셨습니다. 이제 유대인과 이방인의 구별을 허물고 오직 그리스도 안에서 하나님의 새 백성이 되게 하려는 하나님의 구원의 뜻을 막는 것은 범법자가 되는 것입니다.

바꾸어 말하면 율법을 포기하지 않는 것이 죄입니다. 율법을 포기하지 않으면 「예수 + nothing」이 아니고 「예수 + 율법」이 됩니다. 이것은 칭의가 아닙니다. 예수님만으로 충분해야 칭의 구원이고 은혜 구원입니다. 율법으로 돌아가면 자신을 율법의 정죄 아래 두는 것입니다. 율법에서 그리스도께로 돌아가는 것은 죄가 아닙니다. 그리스도께 속했다가 율법으로 돌아가는 것이 죄입니다.

유대인으로서 그리스도의 복음을 받아들인 크리스천들은 모세법으로 의롭게 되려는 생각을 버리고 오직 예수님만 신뢰하고 살아야 했습니다. 그들은 이방인들과 함께 식탁 교제를 했는데 이것은 불법이었습니다. 그들은 아마 돼지고기를 먹기도 했을 것이고 혹은 우유와 고기를 함께 먹었을지 모릅니다. 어쩌면 안식일에 음식을 만들었을지도 모릅니다. 이것들은 모두 모세법을 어기는 행위였습니다. 그래서 유대주의자들이 볼 때 오직 예수만 믿고 받는 칭의는 죄를 조장하는 악한 길이라는 결론을 내리지 않을 수 없었습니다. 이처럼 지금도 율법을 내려놓고 오직 예수만 믿고 사는 것이 은혜 구원이라고 하면 당장 반발이 생깁니다. 모세의 도덕법은 계속 유효하다고 보기 때문입니다. 그래서 반법주의라는 비난을 받지 않으면 복음을 제대로 전한 것이 아니라는 말이 있습니다.

[반법주의는 무엇입니까?]

반법주의(Antinomianism)는 문자적으로 법을 반대한다는 뜻의 신학 용어입니다. 반법주의는 은혜 구원을 강조하는 사람들을 비난하기 위해서 사용하는 말입니다. 이를테면, 행위가 아닌 은혜로 구원을 받는다면 율법이 필요없다는 말이니까 법을 무시하고 마음대로 살기 때문에 불법자라는 비난입니다. 이것은 은혜 구원을 오해한 것입니다. 은혜 구원을 가르쳤던 바울은 가장 경건한 사람이었습니다.

은혜 구원을 가르치는데 사람들이 왜 율법 폐지론이니, 율법 무용론이니 혹은 반법주의니 하고 비난할까요? 그들은 어떻게 해서든지 율법을 끌어들이려고 합니다. 구원은 예수 그리스도의 십자가를 믿고 받지만 그 구원이 진짜라는 것을 증명하려면 율법을 지켜야 한다는 것입니다. 그들은 칭의 구원은 믿음으로 받지만 성화는 율법에 명시된 도덕법으로 이루는 것이라고 강조합니다.

그러나 바울이 말하는 '율법의 행위'는 도덕법만 가리킨 것이 아닙니다. 왜 의식법은 예수님이 성취하셨기 때문에 지킬 필요가 없다고 하면서 도덕법은 그대로 지켜야 한다는 것일까요? 예수님이 도덕법은 성취하시지 않았습니까? 십계명도 다 성취하셨습니다. 그래서 바울은 갈라디아서 2장 19~20절에서 자신이 율법에 죽었고 그리스도와 함께 십자가에 못 박혔다고 했습니다. 그리고 그가 사는 것은 하나님의 아들의 믿음을 신뢰하면서 산다고 했습니다. 무슨 의미이겠습니까? 자신이 율법의 행위로 의롭게 되거나 율법의 도덕 수준으로 사는 것이 아니라는 말입니다. 그는 율법 시스템 전체에서 벗어나서 그리스도의 가르침과 통치를 받는 새 언약 시스템 안으로 들어간 사람이었습니다. 이것은 구약 시스템과 비교할 수 없는 질적 변화입니다.

그렇다면 왜 사람들이 율법에 집착할까요? 율법 준수라는 전통적인 종교 생활이 몸에 익었기 때문입니다. 사람들은 전통에 매여 삽니다. 전통적 가치관이 다 나쁜 것은 아닙니다. 잘 보존하여 후대에 물려주어야 할 유산도 있습니다. 그러나 그리스도께서 이루신 구원에 다른 것들을 첨가시키는 전통들은 모두 버려야 합니다. 그렇게 하면 율법으로부터 자유하기 때문에 신앙생활이 눌리지 않고 하나님과의 교제가 자연스럽고 솔직해집니다. 율법을 잘 지키는 것처럼 보이게 하려는 종교적 위선이나 죄책감에서 해방됩니다. 오직 주 예수만 믿고 그분의 가르침과 모범에 따라 살면 율법으로 경건해지려고 할 때보다 훨씬 더 자유롭고 신앙생활에 깊이와 발전이 있습니다. 복음 이외의 것들이 나와 교회를 통제하지 못하도록 해야 합니다. 칭의 구원의 복음과 상관 없는 교회 전통이나 율법적이고 바리새인적인 것들에 붙잡히면 위선자가 되기 쉽습니다. 바울의 가르침을 따르면 우리의 이러한 종교적 편견과 그릇된 교회 문화로부터 해방될 수 있습니다.

[성화도 율법을 따르지 말아야 합니다.]

우리는 구원만이 아니고 성화도 율법이 없이 이루어진다는 사실을 알아야 합니다. 구원받은 후의 성화는 점진적입니다. 그래서 칭의처럼 단번에 영원히 받지는 않지만 원리는 마찬가지입니다. 성화도 칭의처럼 그리스도의 믿음을 신뢰해야 합니다. 은혜 구원은 너무도 자유로워서 율법의 눈으로 보면 죄를 조장하는 듯한 인상을 줍니다. 그러나 우리는 모세의 제자들이 아니고 예수님의 제자들입니다. 율법의 법규에 따라 사는 자들이 아니고 성령의 인도에 따라 사는 새 언약 백성입니다.

율법에 따라 크리스천의 경건한 삶을 살려고 하면 항상 실패합니다. 율법을 강조하다 보면 쉽사리 율법적이 되고 교회에는 더 많은 규정과 룰(rule)이 생깁니다. 그래서 신자들은 그런 교회 전통에 따른 규범들에 의해서 신앙생활이 통제됩니다. 잘 적응하면 좋은 신앙이라는 인정을 받고 그렇지 않으면 구원을 의심받습니다. 우리는 복음이 아닌 것에 충성하지 말아야 합니다. 사람들의 눈에 죄를 짓는 것처럼 보일지라도 오직 주 예수님만으로 충분해야 합니다.

칭의 구원의 엣센스는 모세법에 매달려서 구원을 받거나 율법의 도덕 규범으로 거룩한 하나님의 백성이 되려고 하는 일을 포기하는 것입니다. 사실상 모세법을 포기하는 것이 성화의 지름길입니다. 율법이 없으면 질서가 깨어지고 신자생활이 유지될 수 없을 것 같지만 모세법에 의존하는 삶을 고집하면 매우 낮은 수준에 머물게 됩니다. 예를 들겠습니다.

✼ 십계명에는 도둑질하지 말라는 명령이 있습니다. 도둑질하지 않으면 여덟째 계명을 지킨 것입니다. 그것으로서 끝입니다. 그러나 신약 백성은 이런 수준으로 살지 않습니다. 바울은 에베소서에서 이렇게 가르쳤습니다.

> **도둑질하는 자는 다시 도둑질하지 말고 돌이켜 가난한 자에게 구제할 수 있도록 자기 손으로 수고하여 선한 일을 하라** (엡 4:28).

도둑질을 하지 않을 뿐만 아니라 오히려 가난한 자를 돕기 위해서 선한 일을 하라는 것입니다. 어느 편이 더 높은 수준의 경건 생활입니까? 도둑질만 안하면 된다고 생각하면 더 이상 나아갈 수 없습니다. 이것은 소극적이고 제한적입니다. 그러나 어려운 자들을 돕기 위해서 땀 흘려 일해야 한다고 생각하면 도둑질은 엄두도 내지 않습니다. 이렇게 되면 여덟째 계명에서 해방되고 그 수준을 훨씬 넘어갑니다.

✼ 헌금의 실례를 들어 보겠습니다. 헌금은 우리가 주로 교회에 합니다. 적어도 십일조는 자기 교회에 내어야 하는 것으로 압니다. 전통적인 십일조를 하는 경우에는 자기 교회에 매

달 수입의 10분의 1을 바치면 그것으로 십일조 계명을 지킨 것입니다. 그러나 더 중요한 것은 신약 교회의 수준으로 사는 것입니다. 교회는 복음을 전하고 하나님께 예배를 드리는 곳이기 때문에 교회 운영을 위해서 헌금이 필요합니다. 그래도 여러 형태의 복음 사업을 하는 개인이나 단체 혹은 이웃 구제에도 자유롭게 헌금할 수 있어야 합니다. 그렇게 하면 교회 위주의 헌금만이 하나님께서 즐겨 받으시고 복을 내리신다는 그릇된 헌금관에서 해방될 수 있습니다. 헌금은 반드시 교회에만 해야 한다고 율법적으로 가르치면 그리스도 안에서 성령의 인도에 따라 물질의 청지기직을 수행하는 그리스도인의 자유를 빼앗는 것입니다.

모세법으로부터 해방되어야면 그리스도만 믿고 그분의 믿음에 의지해서 사는 삶이 얼마나 자유로운 것인지를 체험합니다(2:19). 모세법은 신약 백성을 위한 경건의 길이 아닙니다. 회심하기 이전의 바울과 바리새인들이 율법 준수를 하려다가 어떤 삶으로 끝났는지를 생각해 보십시오.

✽ 바울이 모세법에 철저했음에도 그는 가장 불경한 자가 되었습니다. 선량한 교인들을 박해하고 사람을 죽이기까지 하면서도 하나님의 일을 행한다는 뒤틀린 생각에 붙잡혀 있었습니다. 바울이 크리스천이 된 후에 무엇에 의존해서 살았습니까? 율법의 도덕적 규범에 따라 살았습니까? 아닙니다. 그는 과거의 바리새인의 삶으로 돌아가지 않았습니다.

✽ 바리새인들은 율법을 엄격하게 지켰습니다. 그런데 예수님을 가장 많이 박해한 자들이 누구였습니까? 바리새인들이었습니다. 예수님은 그들을 회칠한 무덤이라고 하셨습니다(마 23:27).

겉으로는 희고 깨끗하게 보이지만 안에는 썩은 시체와 마른 뼈들이 있다고 하셨습니다. 당시에는 무덤에 접촉되면 의식적으로 부정을 타기 때문에(민 19:16) 눈에 쉽게 뜨이도록 무덤을 회칠해 놓았습니다. 바리새인들은 율법 전문가였고 율법 준수의 모범생들이었지만 예수님이 지적하신대로 위선자들이었습니다(눅 12:1).

그런데 왜 율법으로 거룩한 삶을 살 수 없는 것일까요? 사람들은 율법을 지키면 하나님께 가까이 나아갈 수 있다고 생각합니다. 그러나 율법을 품고 살면 율법에 의해 정죄만 당하고 내가 죄인이라는 양심의 고발을 피할 수 없습니다. 율법은 이웃 사랑과 십계명 준수를 요구합니다. 율법은 "그리스도의 법"(갈 6:2)에 비하면 수준이 훨씬 낮아도 나의 결단이나 자력으로 지킬 수 없습니다. "율법 책에 기록된 대로 모든 일을 항상 행"(갈 6:10)하는 자가 없기 때문입니다. 그래서 율법의 행위로 거룩해지려거나 구원을 받으려고 하는 자들은 율법의 저주 아래 있습니다. 우리가 율법을 지킬 수 없는 결정적인 요인은 율법 자체에 문제가 있어서가 아니라(롬 6:12) 율법을 지킬 수 있는 능력을 받지 못하기 때문입니다. 율법은 우리에게 준수 능력을 주지 않습니다.

그럼 어떻게 해야 율법의 저주에서 해방될 수 있을까요? 한마디로 내가 율법에 죽어야 합니다. 그런데 내가 율법의 형벌을 받고 죽으면 무슨 소용이 있습니까? 내가 죽고 율법의 정죄에서 벗어나려면 다른 사람이 내 죄를 지고 나 대신 죽어주어야 합니다. 그리고 죽음의 형벌을 받은 후에 다시 살아나야 합니다. 누가 그런 일을 할 수 있습니까? 죄 없는 하나님의 아들이신 예수님만이 나를 위한 속죄 제물이 될 수 있습니다. 우리가 이것을 믿으면 예수님의 속죄 행위가 모두 나의 것으로 간주됩니다. 예수님은 자신을 율법 아래 두시고 모두 준행하셨습니다. 그래서 내가 주 예수를 믿으면 나도 예수님처럼 율법을 다 지킨 셈이 됩니다. 예수님은 죄가 없는 완전한 삶을 사셨습니다. 그래서 나도 예수님 안에서 죄 없는 삶을 산 것으로 인정됩니다. 예수님은 십자가 처형을 당하시고 사흘 만에 부활하셨습니다. 그래서 예수님을 믿으면 나도 다시 살아납니다(롬 6:3–11). 이것이 죄인이 하나님의 의로운 자녀로 받아지는 원리입니다.

우리는 스스로 율법을 지키려고 애쓰지 말아야 합니다. 모두 실패합니다. 율법의 요구를 충족시키는 유일한 길은 오직 주 예수를 자신의 구원자로 믿고 받아들이는 것입니다. 우리가 주 예수를 믿으면 그 순간에 매우 중요한 변화가 생깁니다. 주님을 믿기 전에는 나의 영혼은 하나님과의 관계에서 죽어 있었습니다. 그래서 하나님에 대해 어떤 반응도 할 수 없고 하나님의 뜻을 따라 살려는 마음도 생기지 않습니다. 그러나 주 예수를 믿고 거듭나면 성령께서 내 마음에 들어오셔서 나의 영혼을 일깨우고 하나님을 위해 살려는 의욕을 일으킵니다. 그래서 내 능력이 아닌 성령의 능력으로 율법의 요구를 성취하게 됩니다(롬 8:4). 다시 말해서 우리는 이제 허물과 죄로 죽었던 과거의 영적 죽음에서 깨어나(엡 2:1) 성령의 내주를 받음으로써 하나님께 대하여 살아나기 때문에 율법을 지킬 수 있는 능력을 받습니다.

한편, 율법은 신자의 삶을 영적으로 더 풍성하게 하거나 하나님께 더 가까이 나아가게 하지 않습니다. 오히려 정반대로 율법 생활은 두려움을 일으키고 그리스도 안에서 누려야 할 죄와 사망과 정죄로부터의 자유를 침해합니다(롬 8:3). 그러나 그리스도 예수 안에 있는 자에게는 결코 정죄함이 없다(롬 8:1)는 사실을 늘 염두에 두고 성령의 인도에 따라 살면, 율법의 요구를 충족시킬 뿐만 아니라 새 언약 백성에게 부과된 최고의 법인 그리스도의 사랑의 법(약 2:8; 갈 6:2)을 실천할 수 있습니다.

그렇다면 나는 예수 그리스도의 십자가 대속을 믿기 때문에 하나님의 정죄와 심판에서 해방된 사람입니까? 나는 예수님이 나를 사랑하사 자신을 십자가에 내어주신 사실을 믿습니까?(갈 2:20). 나는 성령의 내주를 믿는 거듭난 성도입니까? 그래서 성령의 능력에 의지하여 주 예수를 섬기고 있습니까?

12.
율법에 죽은 자
갈라디아서 2:19

본 강해는 종교개혁 이후로 율법이 신약 교인들의 삶에 여전히 유효하다는 복음주의 입장을 반대하는 내용입니다. 그래서 전통적인 율법관을 가지신 분들에게는 도전이 될 수 있습니다.

바울은 2장 18절에서 자신이 헐었던 것을 다시 세우면 스스로 범법자가 되는 것이라고 했습니다. 다시 세우는 것은 율법으로 의롭게 되겠다는 뜻입니다. 이것은 예수 그리스도에 대한 믿음만으로는 부족하기 때문에 율법의 도움을 받아야 한다는 말입니다. 바울은 처음부터 율법의 행위로는 아무도 의롭다 함을 얻지 못한다고 못을 박았습니다(2:16). 베드로처럼 율법 때문에 유대인과 이방인 신자 사이에 차별을 두어서는 안 된다는 것을 알고 이방인들과 자유로운 식탁 교제를 하다가 180도 선회하는 것은 허물었던 것을 다시 세우는 일이었습니다. 바울은 이 일이 있어서는 안 된다는 것을 19절에서 또 하나의 파격적인 말로 간증합니다.

내가 율법으로 말미암아 율법에 대하여 죽었나니 이는 하나님에

대하여 살려 함이라 (갈 2:19).

유대교의 역사에서 율법에 대해서 이렇게 과격하게 말한 사람이 없었습니다. 이것은 우리가 구원을 이해하는데 매우 중요한 진술입니다. 유대교의 관점에서 보면 절대로 받아드릴 수 없는 극단적인 발언입니다. 사실 오늘날의 교회도 이 말을 소화하고 있는지 의심스럽습니다. 교회는 율법에 죽었다기보다는 더 살아 있는 것 같습니다. 흔히 율법은 구원의 수단으로서는 무익하지만 신앙생활을 위해서는 유익한 가이드라고 말합니다. 이것은 바울의 말이 아닙니다. 그럼에도 이러한 가르침이 종교개혁 이후로 복음주의 개신교의 전통이 되었습니다.

종교개혁자들이 이신칭의를 외치자 가톨릭에서는 칭의교리가 방종을 조장한다고 비난하였습니다. 오직 믿음으로 구원받는다면 거룩한 삶은 어떻게 되는 것이냐고 도전했습니다. 실제로는 의롭게 되지 않았는데 의롭다고 선언하는 것은 허구라는 것입니다. 의롭게 되지 않은 사람을 의롭다고 선포하는 것은 성화의 삶을 무시하는 것으로 보였습니다. 이것은 종교개혁의 이미지를 손상시키는 비판이었습니다. 그래서 종교 개혁자들은 이렇게 변호하였습니다.

「구원은 오직 믿음으로 받는다. 율법은 칭의에 관한 효력이 없다. 그러나 구원 이후의 성도의 거룩한 삶을 위해서는 율법은 유효하다」

율법이 성화의 길잡이라는 말이었습니다. 그 이후로 대부분의 개신교회는 이 입장을 취해 왔습니다.

루이스 벌코프(Louis Berkhof)

"형벌 제도 및 구원의 방법으로서의 율법은 … 그리스도의 죽음으로 폐하여졌다. 반면 우리의 도덕적 삶의 기준으로서의 율법은 하나님의 거룩하심이 그대로 반영된 것이며 따라서 신자들에게도 영원히 유효하다."

씨.케이 바렛(C.K. Barret)

"율법은 칭의의 수단으로서는 죽었다. 그러나 순종의 삶으로 가게 하는 가이드로서는 죽지 않았다."

싱클레어 퍼거슨(Singclair Furguson)

"율법은 구원을 얻는 기초는 아니다. 그러나 그것은 구원 안에 들어간 자와 못 들어간 자를 구별하는 시금석이다. 거듭났는지의 여부는 율법 준수로 판별된다. 우리는 믿음으로 율법을 도리어 굳게 세운다" (롬 3:31).

ESV study bible notes

"그런즉 우리가 믿음으로 말미암아 율법을 파기하느냐 그럴 수 없느니라 도리어 율법을 굳게 세우느니라" (롬 3:31).

"바울이 우리가… 도리어 율법을 굳게 세운다고 말했을 때 그는 또한 율법의 영구적인 도덕 원칙을 확증한 것이다."

맥코미스키(McComisky)

"죄가 너희를 주장하지 못하리니 이는 너희가 법 아래에 있지 아니하고 은혜 아래에 있음이라" (롬 6:14)

"이 말은 율법의 종식을 의미하는가? 바울은 율법의 윤리적 내용이 순종의 모델로서 완전히 종식됐다고 말하지 않는다. 고대 율법의 윤리는 인간의 순종의 개요로서 하나님의 계시이다. 은혜 아래에서 인간은 율법의 이상을 성취시킬 능력이 있다(롬 3:31)." (The covenant of promise p. 108)

제임스 패커(James Packer)

'십계명에서 명시되고 신구약의 윤리 교훈에서 나타난 도덕법은 일치된 법으로서 모든 시대의 하나님의 백성을 위한 행위 규범으로 주어졌다. 이것은 강조되어야 한다" (Concise Theology, p.180)

티모시 켈러(Timothy Keller)

"바울 서신들에서 우리는 그가 이방인 신자들을 십계명의 도덕 명령에서 해방시키지 않았다는 것을 안다. 크리스천은 거짓말하거나 훔치거나 간음 등을 할 수 없다. 그러나 도덕법을 삶의 방식으로서 취하는 것으로부터는 해방되지 않았지만, 구원의 시스템으로부터는 해방되었다. 우리는 구원을 받기 위한 희망을 품고 두려움과 불안전 속에서 순종하지 않는다. 그러나 우리가 이미 그리스도 안에서 구원받았다는 것을 아는 자유와 안전함 속에서 십계명의 도덕 명령을 지킨다."

존 스토트(John Stott)

"하나님이 자기 백성에게 계시해 주셨던 도덕적 규범의 핵심적인 선언이 바로 십계명이다. 이것은 지금도 여전히 효력을 발휘하고 있다. 비록 구약의 의식법이 현재는 무용지물이 된 상태이고, 시민법도 오늘날의 나라에 그대로 적용하기는 어렵지만, 도덕법만큼은 유효하다. 이는 십계명이 모세의 법이 아니라 하나님의 법이기 때문이다. 예수님이 산상설교에서 하신 말씀은 이 도덕법을 폐기하는 것이 아니라 해석하는 것이었다" (그리스도인의 확신, Your Confirmation, p. 128).

그러나 다행스럽게도 모든 개혁주의 신학자들과 목회자들이 이렇게 말하는 것은 아닙니다. 소수파에 속하기는 하지만 구약 율법과 신약 신자들 사이에 불연속성의 여지가 많다고 보는 분들도 있습니다.

더글라스 무(Douglas Moo)

• 그리스도께서 자신의 삶과 가르침으로 모세 율법을 성취하셨기 때문에(마 5:17) 율법의 마침이 되신다(롬 10:4). 그래서 신자들은 율법의 규례들을 행위 규범으로 지키지 않아도 된다.

• 신자에게 적용할 수 있는 새로운 규범은 그리스도의 법(갈 6:2)이다. 신약 신자들은 사랑 안에서 성령의 능력으로 그리스도의 법을 성취한다(고전 9:21).

• 모세 율법은 그리스도인에게 무차별적 권위로 받아들여지지는 않지만 그 각각의 계명 중 일부는 그리스도의 법에 통합된 것으로서 여전히 권위를 지닌다.

본인은 이 견해에 기본적으로 동의하지만, 모세법의 일부가 그리스도의 법으로 통합되었다고 보기보다는 신약의 수준에 비추어 목표에 닿았다고 말하는 것이 더 정확하다고 생각합니다(참조. 마 5:17–48).

[율법에 죽는 것은 무엇인가?]

우리가 전통적인 율법관을 가지고 있으면 바울이 율법에 죽었다는 말을 아마 다음과 같은 식으로 이해하려고 할 것입니다.

✻ 예수님이 우리 대신 율법의 요구를 자신의 완전한 순종의 삶으로 만족시키고 십자가에서는 우리가 받아야 할 율법의 형벌을 대신 받으셨다. 그래서 주 예수를 믿는 자들은 율법에 죽은 것과 같다. 율법은 믿음으로 그리스도와 연합된 우리를 정죄할 수 없기 때문이다. 법은 죽은 자에게는 효력이 없다. 신자는 그리스도 안에 들어가 있기 때문에 예수님의 율법 순종과 나 대신 십자가에서 받으신 율법의 저주가 나의 것으로 간주된다.

✻ 그러나 율법이 내게 죽은 것은 아니다. 나는 여전히 율법을 순종함으로써 거룩한 삶을 살아야 하고 내가 믿음으로 구원받았다는 사실을 증명해야 한다.

이것은 개신교의 전통적 가르침입니다. 그러나 앞의 말은 맞지만 뒤의 말은 맞지 않습니다. 구원은 율법과 상관없이 믿음으로 받지만 성화는 율법 준수로 성취된다는 것은 바울의 가르침이 아닙니다. 바울은 자신이 율법에 대하여 죽었다고 말해 놓고 그 율법으로 다시 살아야 한다고 말하지 않았습니다. 또한 율법 준수로 자신이 받은 구원을 증명해야 한다는 것도 바울의 가르침이 아닙니다. 율법은 그리스도를 배척한 바리새인들도 잘 지켰습니다. 바울은 그리스도를 믿기 전에 율법의 의로는 흠이 없는 자였다고 고백하였습니다. 율법은 그리스도에 대한 믿음이 없이도 지킬 수 있습니다.

19절을 다시 읽겠습니다.

"내가 율법으로 말미암아 율법에 대하여 죽었나니 이는 하나님께 대하여 살려 함이라"

[나는 어떻게 율법에 대하여 죽었을까요?]

두 가지 측면으로 대답할 수 있습니다.

1) 나는 예수님을 믿는 믿음에 의해서 율법에 죽습니다. 내가 예수님을 믿으면 예수님이 받으신 율법의 형벌이 내가 받은 것으로 간주됩니다. 그래서 나는 예수 그리스도 안에서 율법의 형벌을 받고 죽었습니다. 율법은 그리스도가 죄인을 대신하여 받은 형벌 때문에 더 이상 죄인을 정죄할 수 없습니다. 죽은 자에게는 법의 구속력이 소멸됩니다.

2) 나는 율법 자체에 의해서 죽은 자로 간주됩니다. 율법이 나를 가두고 있었지만 나를 대표하는 예수님의 십자가 형벌이 집행됐기 때문에 나를 석방합니다. 율법의 눈에 나는 죽은 자입니다. 죽은 시체를 붙잡고 있어 봤자 아무 소용이 없기 때문에 풀어줍니다.

내가 이렇게 율법에 죽는 것은 주관적인 체험이 아니고 객관적인 사실입니다. 즉, 예수님이 율법의 형벌을 나 대신 받으시고 나를 율법의 저주로부터 구속하셨습니다(갈 3:13; 4:4~5). 이것은 내가 직접 체험한 것이 아닙니다. 그러나 하나님의 눈에는 이 사건은 예수 그리스도 안에서 나에게 일어난 일입니다.

[율법에 죽은 목적이 무엇입니까?]

하나님께 대하여 살기 위함이라고 했습니다. 그런데 하나님께 대하여 살려면 율법을 다시 끌어와서 될 일이 아닙니다. 자신이 율법에 죽은 자라는 사실을 믿고 율법으로 살려고 하지 말아야 합니다.

바울은 자신이 율법에 죽었지만 그 목적은 하나님께 대하여 살려 함이라고 했습니다. 이것은 칭의가 아니고 성화를 가리킵니다. 즉, 하나님을 섬기는 성도의 거룩한 삶은 율법에 먼저 죽어야 한다는 것입니다. 바울은 율법으로 순종의 삶을 살려고 한 것이 아니고 자신이 율법에 죽었기 때문에 하나님을 위해서 살게 된다고 하였습니다.

이것은 매우 중요한 가르침입니다. 종교개혁 이후로 개신교의 가르침은 율법을 성화의 가이드로 삼는 것이었습니다. 그러나 바울의 주장은 율법으로부터 해방되어야 성화가 된다고 말합니다. 이것을 "하나님에 대하여 산다"라고 표현했습니다. 다시 말해서 바울은 하나님께 대한 순종의 삶을 사는 문제를 "내가 율법에 대하여 죽었다"는 문맥에서 다루었습니다. 그가 "하나님에 대하여 살려 함이라"고 한 것은 율법을 떠나서 이루어지는 거룩한 삶을 말합니다. 그렇다면 신자의 거룩한 삶을 위해서 율법을 가이드로 삼아야 한다는 개신교의 전통적인 가르침은 바울의 말에 비추어 수정되어야 한다고 봅니다.

[어떻게 수정되어야 할까요?]

율법을 성화의 가이드로 삼을 것이 아니고, 성령을 성화의 길잡이로 삼아야 합니다. 이 성령 생활에 대해서 바울은 3장에서부터 다루고 있습니다. 여기서는 간략하게 언급하겠습니다.

율법의 규정을 지키는 삶은 거룩하게 보일지 모릅니다. 그러나 성령 안에서 그리스도의 법으로 사는 것이 훨씬 더 나를 거룩하게 하고 하나님을 기쁘게 해 드립니다. 성령의 조명과 인도로 사는 새 언약의 삶은 율법의 의도를 바르게 파악하고 율법의 목적과 한계를 직시합니다.

✻ 예를 들어 십일조를 하는 것은 율법의 명령을 지키는 것입니다. 매달 꼬박꼬박 빼먹지 않고 십일조를 하면 십일조 계명을 지킨다는 안도감과 교인의 의무를 실천한다는 생각에 마음이 가벼울지 모릅니다. 그러나 이런 식의 율법 준수는 그 이상을 넘어가지 못합니다. 십일조를 냈으면 그것으로 끝난 것입니다. 그것이 한계점입니다.

하지만 성령 생활은 십일조의 궁극적인 의도와 목적이 십의 십을 하나님께 전체로 드리는 것임을 압니다. 그래서 모든 면에서 십 분의 십이라는 전적 헌신을 목표로 삶고 실천하려고 합니다. 그래서 십일조의 문자적 한계를 추월하고 나 자신의 삶을 하나님에게 전체적으로 다 드리는 삶으로 나아갑니다. 이것이 기계적인 율법 준수에서 오는 영성의 수준보다 훨씬 더 높습니다.

하나님께서는 온전한 십일조를 드리라고 하셨습니다. 십분의 일을 꼭 채우라는 말이 아닙니다. 1백만원 수입인데 10만 원을 내지 않고 9만 9천 9백 원을 내면 하나님의 것을 백 원은 도둑질하는 것이니까 온전한 십일조가 아니라는 말씀이 아닙니다. 온전한 십일조는 그리스도의 법으로 사는 것입니다. 성령의 가르침에 따라 예수 그리스도의 전적 헌신의 삶을 물질뿐만 아니라 생활 전반에 적용하는 것입니다. 이것이 하나님께서 더 기뻐하시는 경건입니다.

율법은 장차 올 그리스도의 법에 대한 그림자였습니다. 이것은 구약 백성에게 거룩한 삶을 훈련시키고 메시아의 때를 위해 준비하게 하는 과도기에서 주셨던 언약 공동체의 잠정적인 잣대였습니다. 그러나 이제는 모세의 잣대가 아닌, 그리스도의 잣대로 성령의 지도를 받으면서 거룩한 삶을 살아야 한다는 것이 바울의 새로운 가르침입니다.

✻ 고등학교를 졸업했으면 대학으로 진학해야 하는데 계속 재수만 한다면 어떻게 되겠습니까? 혹은 대학에 들어갔는데도 계속해서 고등학생의 수준을 붙잡고 있다면 어떻게 되겠습니까? 자신의 고등학교 신분이 대학생 신분으로 바뀌었다는 것을 알고 높아진 수준으로 살아야 할 것입니다. 만약 신약 교인들이 아직도 율법 학교를 다니고 있다면 속히 그리스도 학교로 옮겨가서 모세가 아닌, 그리스도 밑에서 성령의 인도를 받아야 합니다.

바울은 율법에 죽어야 할 이유가 무엇인지를 밝혔습니다. 율법에 죽는 목적은 하나님과의 관계에서 생동하는 삶을 살기 위함이라고 했습니다. 이것은 율법 아래에 살던 때와 전혀 다른 방식으로 사는 것을 의미합니다.

우리는 생각하기를 한국 사람에게 율법이 주어진 일이 없었는데 내가 언제 율법 아래 있었느냐고 물을지 모릅니다. 물론 우리는 율법을 받고 율법의 통제 속에서 살던 구약의 이스라엘 백성이 아닙니다. 그러나 율법에 준하는 여러 가지 룰(rule)과 행위로 의롭게 되려고 한 것은 매일반입니다.

교인이 되었다고 해서 크게 달라진 것도 아닙니다. 교회 안에서 대부분 여러 형태의 율법적인 룰(rule)이나 제도적이고 관습적인 규칙들에 의해서 교인 생활을 하는 것이 일반 교회의 공통점입니다.

기본적으로 문제가 되는 것은 신약 교인들에게 마치 이스라엘 백성이 된 것처럼 율법을 적용하려고 하는 것입니다. 그래서 교인들은 당연히 그래야 하는 줄로 알고 본의 아니게 율법 생활을 하게 됩니다. 그러니까 신자가 되기 이전이나 신자가 되어 교회에 들어온 이후에도 우리는 모세법이나 혹은 이런저런 형태의 율법에 해당하는 것들의 지배를 직접 간접으로 받아왔다고 보아야 합니다. 우리는 여러 면에서 알게 모르게 율법화되어 있다고 해도 과언이 아닙니다. 우리가 이런 여건에서 교회 생활을 하기 때문에 바울이 말하는 율법의 행위에 대한 가르침이 갈라디아 교인들만이 아니고 우리에게도 해당됩니다.

내가 주 예수를 나의 구주로 믿을 때 나는 율법의 정죄로부터 즉시 무죄 선언을 받습니다. 율법이 더 이상 나를 통제하거나 가두어 둘 권리가 없습니다. 나는 율법의 영역에서 해방되어 그리스도의 나라로 옮겨졌습니다. 나는 율법에 관한 한, 죽은 자입니다. 그러나 내가 율법으로부터 풀려나는 순간에 나는 영적으로 죽은 자들로부터 되살아납니다.

✻ 나사로가 무덤에서 나왔을 때 죽음의 수의가 벗겨진 것과 같습니다. 예수님이 죽은 나사로를 향해 "나사로야 나오라"(요 11:43)고 큰 소리로 불렀습니다. 그때 나사로에게 일어난 첫 번째 일이 무엇이었습니까? 그의 수족과 얼굴을 둘렀던 수의가 벗겨진 것이었습니다. 그 순간부터 나사로는 새 생명으로 풀려나서 생동하며 살았습니다.

우리도 십자가 형벌을 받고 부활하신 주 예수를 믿음으로써 나사로처럼 죽음에서 풀려나서 새 생명으로 살아야 합니다. 예수님의 부르심에 의해서 나사로가 죽음의 무덤에서 나올 수 있었듯이, 우리도 예수님의 부르심에 의해서 새로운 삶을 살게 됩니다.

나는 하나님 앞에서 거룩한 삶을 살기 위해서 모세법이 필요하지 않습니다. 나는 주 예수를 믿고 성령의 인도를 받기 때문에 '하나님께 대하여 살아 있는 자'(롬 6:11)입니다. 나는 하나님께 살아 있기 위해서 율법에 죽었습니다! 이것은 느낌이 아니고 우리가 주 예수를 믿을 때 일어나는 객관적인 사실입니다. 하나님의 약속이기 때문에 우리가 이것을 그대로 받아들이고 그런 줄 알아야 합니다. 그래야 율법으로 다시 돌아가거나 율법적인 신앙생활을 하지 않고 그리스도 안에 있는 새 생명의 자유를 누립니다.

우리 모두 이러한 신약 교인을 위한 새 삶의 원리를 잘 깨닫고 하나님께 살아 있는 성도들이 되어야 하겠습니다.

13.
그리스도 안에 있는 나
갈라디아서 2:20

기독교는 역설의 종교입니다. 예수님은 한 알의 밀알이 땅에 떨어져 죽지 않으면 한 알 그대로 있고 죽으면 많은 열매를 맺는다고 하셨습니다(요 12:24). 이것은 예수님의 십자가 죽음을 예고하신 말씀이었는데 다시 "내가 땅에서 들리면 모든 사람을 내게로 이끌겠노라"(요 12:32)고 하셨습니다.

바울은 자신이 율법에는 죽고 하나님과의 관계에서는 새롭게 산다고 하였습니다(갈 2:19). 죽으면 살리라는 것이 복음 사상입니다. 자아가 죽으면 하나님께 대하여 살게 됩니다. 하나님을 순종하려면 타락한 아담에게 속한 자아가 먼저 죽어야 합니다.

바울은 2:20절에서 자신이 그리스도와 함께 십자가에 못 박혔다고 말합니다. 그래서 그는 죽었습니다. 그럼에도 그는 산다고 말합니다. 모순된 역설입니다. 어떻게 이 일이 가능하겠습니까? 자신은 죽었지만 자기 안에서 그리스도께서 살고 계시기 때문이라고 합니다.

이것은 매우 심오한 진리입니다. 우리가 어떻게 구원을 받고 또 어떻게 새 삶을 사는 것인지를 역설로 드러낸 원리적인 진술입니다. 그래서 많은 설교자들이 이 구절을 놓고 유명한 설교를 하였습니다. 신학자들도 이 구절에 대한 상세한 주석을 해 왔습니다. 본 강해에서는 연합 교리에 대한 기본적인 원리를 설명해 보도록 하겠습니다.

연합 교리

바울은 예수님의 십자가 죽음이 이미 발생한 후에 교인이 되었습니다. 그는 예수님이 갈보리 십자가에 매달렸을 때 현장에 있지도 않았습니다. 그런데 어떻게 자신이 그리스도와 함께 십자가에 못 박혔다고 하는 것일까요? 정상인의 정신으로는 할 수 없는 말입니다. 그러나 바울은 정신 이상자가 아닙니다. 그는 지금 성령의 감동으로 구원의 원리를 진술하고 있습니다.

그는 앞 절에서(19절) 자신이 율법으로 말미암아 율법에 죽었다고 했습니다. 율법의 정죄와 심판을 받았다는 말입니다. 그런데 그가 율법에 죽은 것은 율법이 더 이상 그를 상관할 수 없게 되었다는 뜻입니다. 그는 죽었기 때문에 율법의 법적 효력이 정지되었습니다. 그는 율법의 속박과 통제 아래 있다가 그가 죽었을 때 풀려났습니다.

그런데 그가 죽었다고 해놓고 어떻게 다시 살아났다고 말할 수 있는 것일까요? 바울은 이것을 예수님의 십자가 죽음에 연결시켰습니다. 즉, 자신이 죽은 것은 자기가 독립적으로 처형을 받고 죽은 것이 아니라 자기를 대표하는 예수 그리스도의 대리적 죽음을 통해서 죽었다는 것입니다.

바울은 실제로 갈보리 십자가에 매달린 일이 없었습니다. 그러나 그가 예수님이 하나님께서 메시아로 보내신 하나님의 아들이심을 믿었을 때 그는 예수님의 죽음에 연합되었습니다. 이것은 바울이 느낌으로 알 수 있는 일이 아니었습니다. 그는 자신이 십자가에 달리는 끔찍한 고통을 느낀 것도 아니고 그리스도 안으로 들어가서 십자가에서 실제로 죽는 체험을 한 것도 아닙니다.

그럼 무엇입니까? 바울이 그를 대신하여 십자가 형벌을 받으신 예수님에 의해서 처형을 당하고 하나님의 용서를 받았다는 것을 원리적으로 진술한 것입니다. 이것은 바울이 혼자 그렇게 됐다고 여기는 것이 아니고 하나님께서 그런 원리로 죄인이 율법에 죽고 하나님의 용서를 받도록 하셨다는 것입니다. 그래서 이것은 바울의 개인적인 사상이나 주관적인 느낌이 아니고 하나님께서 예수 그리스도의 죽음을 통해서 우리를 구원하시는 방법입니다. 내 편에서 피 한방울 흘리지 않고 아무런 고통이 없이 처형된 것으로 하나님이 보신다는 것입니다. 하나님의 정죄 아래 있는 죄인이 어떻게 구원을 받습니까? 순전히 그리스도의 대속을 믿음으로써 구원을 거저 받습니다.

다르게 표현하면 우리가 받는 구원은 내 편에서 행하거나 준비하는 것이 아무것도 없고 하나님께서 아들을 보내시고 그에게 우리의 죄를 씌워서 처형하시고 이것을 믿는 사람을 의롭다고 선포하시는 것입니다.

하나님이 죄를 알지도 못하신 이를 우리를 대신하여 죄로 삼으신 것은 우리로 하여금 그 안에서 하나님의 의가 되게 하려 하심이라 (고후 5:21).

이제 우리의 이해를 넓히기 위해서 바울이 다른 서신에서 언급한 연합 교리에 대해서 잠시 소개하겠습니다. 연합 교리는 한마디로 내가 그리스도 안에 있다는 것입니다. 그리스도 안에 있다는 것은 그리스도께서 우리를 대표한다는 뜻입니다. 예를 들어 보겠습니다.

✻ 우리나라 올림픽 선수가 금메달을 따면 온 국민이 함께 우리가 이겼다고 환호성을 지릅니다. 올림픽 선수는 자기 나라를 대표합니다. 그래서 그의 승패가 자기가 대표하는 나라의 승패가 됩니다. 이처럼 예수님은 자기 백성을 대표하기 때문에 십자가에서 사탄을 이겼을 때 그를 믿는 모든 신자들의 승리가 되었습니다. 이것을 대표의 원리라고 합니다. 대표의 원리와 '그리스도 안에서'(in Christ)는 서로 밀착된 개념입니다.

✻ 구약의 사사기 시대부터 이스라엘은 국력이 약해져서 주변 국가로부터 시달림을 당했습니다. 이스라엘을 가장 괴롭힌 족속은 블레셋이었습니다. 사울 왕 시대에 이스라엘과 블레셋은 담판을 내는 전쟁을 하였습니다. 이스라엘 편에서는 다윗 소년을 대표로 뽑았고 블레셋에서는 골리앗 거인을 내세웠습니다. 양편 군사들이 집결되었어도 단 두명의 대표들만 싸워서 승부를 결정하자는 것이었습니다(삼상 17:8~9). 다윗이 골리앗을 돌팔매로 쳐서 넘어뜨렸고 그의 목을 베었습니다. 블레셋 군대는 풍비박산이 되었고 이스라엘 군대는 가만히 앉아서 이긴 셈이었습니다. 다윗의 승리가 이스라엘의 승리로 간주되었습니다. 말을 바꾸면 이스라엘 군대는 '다윗 안에서' 전쟁에 직접 나서지 않고도 이겼습니다.

이처럼 예수님과 연합되면 예수님이 행하신 모든 일들이 우리에게 넘어옵니다. 그래서 바울은 매우 생생하고 사실적인 표현으로 '내가 그리스도와 함께 십자가에 못 박혔다'고 하였습니다. 그는 로마서 6장 4절에서 "그의 죽으심과 연합함으로써 그와 함께 묻혔다"(새번역)고 했습니다. 골로새서 3:1절에서는 "그리스도와 함께 다시 살리심을 받았다"고 하였고, 골로새서 3:3절에서는 "너희 생명이 그리스도와 함께 하나님 안에 감추어졌다"고 했습니다. 그리고 그다음 절에서는 "그리스도께서 나타나실 그때에 너희도 그와 함께 영광 중에 나타나리라"(골 3:4)고 했습니다.

연합 교리의 가장 역설적인 부분의 하나는 그리스도를 믿는 신자는 지금 현재 이 세상에서 살지만 법적인 위치와 신분상으로 보면 이미 하늘나라에서 예수님과 함께 앉아 있다는 것입니다. 이것은 그리스도와 함께 왕권을 누린다는 뜻입니다. 듣기는 좋지만 도대체 실감이 나지 않는 말씀입니다. 그러나 우리는 현재 전혀 다른 신분으로 전혀 다른 영역에서 상상도 하지 못했던 영광스런 자리를 이미 받아 누리기 시작한 자들입니다.

우리가 하늘에 앉히웠다는 말은 오해하지 말아야 합니다. 하늘에 하나님 아버지의 보좌가 있고 그 옆에 예수님의 보좌가 있고 또 그 옆에 우리의 보좌가 있어 총 세 개의 보좌가 있다는 뜻이 아닙니다. 예수님이 하나님 우편 보좌에 좌정해 계신다는 것은 하나님의 왕권을 대표하고 대리하는 분이라는 비유적인 표현입니다. 우리가 예수 안에서 함께 하늘 보좌에 앉히웠다는 것은 예수님과 연합되었기 때문에 예수님의 왕권에 참여하는 영광과 특권을 누린다는 뜻입니다. 예컨대, 남편이 왕이 되면 아내가 여왕이 되는 것과 같습니다.

바울은 우리가 그리스도와 연합된 것을 에베소서에서 가장 포괄적으로 진술하였습니다.

> **긍휼이 풍성하신 하나님이 우리를 사랑하신 그 큰 사랑을 인하여 허물로 죽은 우리를 그리스도와 함께 살리셨고** (너희는 은혜로 구원을 받은 것이라) **또 함께 일으키사 그리스도 예수 안에서 함께 하늘에 앉히시니 이는 그리스도 예수 안에서 우리에게 자비하심으로써 그 은혜의 지극히 풍성함을 오는 여러 세대에 나타내려 하심이라** (엡 2:4~7).

우리가 그리스도 안에 있으면 그의 삶과 죽음에 연합됩니다. 우리는 그리스도 안에서 죄와 율법과 사탄의 다스림에서 해방됩니다. 우리는 그리스도 안에서 죽고 묻히고 다시 살아납니다. 그리고 그리스도와 함께 승천하고 그리스도의 재림 때에 다시 주님과 함께 새롭게 변화된 이 세상으로 돌아올 것입니다. 크리스천의 극치의 자존감이 여기에 걸려 있습니다.

세상 사람들은 돈을 많이 벌고 여러 가지 특권을 누리는 출세를 하면 자존감이 올라갈지 모릅니다. 그러나 크리스천은 '그리스도 안에' 있다는 사실을 믿기 때문에 자존감이 올라가야 합니다. 그 의미를 알면 이것은 너무도 '좋은 소식'(복음)입니다.

'그리스도 안에 있는 나'의 존재를 알면 내가 깊은 침체에 빠져도 헤어날 수 있습니다. 내가 극한적인 어려움을 겪어도 소망을 품을 수 있습니다. '그리스도 안에 있는 나'는 그 누구도 그 무엇도 앗아갈 수 없습니다. 죽든지 살든지 나는 그리스도 안에서 절대적으로 안전합니다. 우리는 그리스도와 함께 못 박히고, 함께 묻히고, 함께 살아나고, 함께 하늘에 앉혔습니다. 이같은 구원의 개념은 기독교에만 있습니다. 우리는 바울에게 감사해야 합니다. 바울이 아니었더라면 기독교는 심오하고 경이로운 연합 교리의 원리를 잘 몰랐을 것입니다.

하나님은 복음의 심원한 교리를 깊이 있게 제시할 수 있는 한 사람을 준비하셨습니다. 그는 원래의 열 두 사도가 아닌 바울이었습니다. 바울은 구약에 정통한 대 학자였고 지적으로 비교할 수 없이 탁월한 사람이었습니다. 그는 예루살렘의 가말리엘이라는 유명한 랍비의 제자였고 유대교의 사상과 관습에 익숙한 히브리인 중의 히브리인이었습니다. 그래서 구약의 배경을 안고 복음을 가장 체계적으로 제시하고 변호할 수 있는 적임자였습니다.

초대교회의 일반 사도들은 복음을 전했지만 칭의 교리나 연합 교리에 대해서 분명하지 않았습니다. 베드로의 오순절 설교에서도 칭의 교리가 나오지 않습니다. 베드로는 오직 주 예수를 믿음으로써 하나님 앞에 의롭게 된다는 것을 알았습니다. 하나님께서 유대인과 이방인을 구별없이 다 받아주신다는 것을 고넬료 사건으로 체험한 사람이었습니다. 그럼에도 그는 초기에는 칭의 교리를 바울처럼 확고한 교리로 다루지 않았습니다. 그는 베드로후서에서 바울의 어떤 글들은 알기 어렵다고 했습니다(벧후 3:16). 칭의 교리를 포함하여 복음의 대요를 교리적으로 깊이 있고 방대하게 다룬 로마서는 다른 사도들이 쓸 수 없는 글이었습니다. 기독교 복음을 교리적인 기초 위에 공고하게 세우는 일은 바울의 소명이었습니다. 하나님께서는 바울에게 특별한 은사를 주시고 깊은 영적 체험과 훈련을 거쳐 신약 성경의 여러 서신들을 집필하게 하셨습니다.

하나님께서 이렇게 준비하신 바울 사도의 글이라면 우리가 잘 배우고 깨달아서 복음의 심대성을 놓고 하나님을 찬양해야 할 것입니다. 바울의 글을 어렵게만 여기고 관심을 갖지 않는다든지, 다 아는 듯이 여기고 더 배울 생각을 하지 않는다든지 하면 하나님이 우리를 위해서, 아니 온 세상을 구원하기 위해서 준비하신 복된 소식을 가볍게 여기는 것입니다. 복음의 말씀을 진지하게 대하지 않는 그런 무관심과 불신실함과 교만한 자세는 성령을 거스리는 일입니다.

그리스도 안에서 새 사람의 삶을 삽니다.

그런즉 이제는 내가 사는 것이 아니요 (20절).

그리스도를 믿기 이전의 나는 더 이상 현재의 내가 아니라는 말입니다. 완전히 새 사람이 되어 산다는 뜻입니다. 그리스도를 믿기 전에는 죄와 사탄과 죽음의 세계에서 살았습니다. 바울은 에베소서에서 이렇게 밝혔습니다.

> 여러분도 전에는 허물과 죄로 죽었던 사람입니다. 그때에 여러분은 허물과 죄 가운데서 이 세상의 풍조를 따라 살고, 공중의 권세를 잡은 통치자, 곧 지금 불순종의 자식들 가운데서 작용하는 영을 따라 살았습니다. 우리도 모두 전에는, 그들 가운데서 육신의 정욕대로 살고, 육신과 마음이 원하는 대로 행했으며, 나머지 사람들과 마찬가지로 날 때부터 진노의 자식이었습니다. (엡 2:1~3, 새번역).

그러나 이제는 과거의 죽음에 속한 삶을 장사지내고 그리스도와 함께 새 생명으로 다시 태어났습니다. 새 생명의 삶은 과거의 삶의 틀을 그대로 두고 개선하거나 보완하는 것이 아닙니다. 새 생명은 신생아로 태어나듯이 완전히 새로운 생명입니다. 물론 아직도 동일한 육체를 지니고 삽니다. 그러나 근본적으로 달라진 삶입니다. 어떻게 달라졌을까요?

- 주인이 바뀌었습니다. 전에는 사탄의 통치와 지배를 받았지만 이제는 예수 그리스도를 주인으로 모시고 그분의 가르침을 따라 삽니다.
- 신분적으로 과거에는 어둠의 왕국에 속했지만 지금은 하나님의 아들의 나라에 속해 있습니다.
- 근본적으로 다른 것은 그리스도의 완전한 믿음과 신실하심을 신뢰하는 믿음으로 사는 것입니다.
- 주 예수와 연합되어 그분의 삶과 죽음과 부활의 모든 혜택을 누리면서 삽니다.

주 예수는 나를 사랑하셔서 나를 위하여 자기 몸을 다 내어주셨습니다. 그분은 나를 위해 인성을 입으셨고 자신을 나의 삶에 일치시키셨습니다. 그분은 인간의 몸으로 내가 겪는 모든 연약함 속에서도 하나님을 끝까지 고난 속에서 죽기까지 순종하셨습니다. 그분은 나를 어둠의 왕국에서 해방시키고 하나님의 나라로 인도하여 영원한 새 생명의 삶을 살도록 하기 위해 십자가로 가셨습니다. 그리고 지금은 하나님 앞에 계십니다. 그분은 나의 대표자입니다. 나를 위해 하나님 앞에서 완전한 믿음으로 기도하십니다. 그분은 나의 죄와 온갖 불의와 부끄러운 행위들을 자신의 피로 덮으시고 아버지 앞에서 나의 허물이 보이지 않도록 감추십니다.

물론 이것은 비유적인 표현입니다. 하늘 아버지께서는 나의 모든 죄와 허물을 보십니다. 그러나 더 이상 나의 죄악과 불순종과 불신실이 정죄의 대상이 되지 않습니다. 나는 하나님의 용서를 받고 그분의 자녀로 회복되었습니다. 하나님께서 나를 받아주시는 것은 내가 완전해서가 아니라, 주 예수의 죄 없는 삶과 그분의 완전한 믿음과 십자가의 대속이 있기 때문입니다. 그러므로 정죄를 당하거나 하나님의 버림을 받을까 봐 두려워할 필요가 없습니다. 크리스천이 되는 것은 나의 실체가 누구인지를 아는 것입니다. 나는 그리스도 안에 있는 사람입니다. 나는 주 예수 그리스도와 연합되었습니다. 나는 그리스도 안에서 완전히 새롭게 지음을 받은 하나님의 작품입니다.

> 그런즉, 누구든지 그리스도 안에 있으면 새로운 피조물이라 이전 것은 지나갔으니 보라 새 것이 되었도다 (고후 5:17).

우리는 그리스도 안에서 우리의 운명이 지닌 실체를 봅니다. 우리는 그리스도 안에서 하나님의 새 창조를 받았습니다. 이것은 언제 일어나는 일일까요? 사후에 그렇게 될까요? 아니면 이미 그렇게 되었다는 뜻일까요? 주 예수를 자신의 구주로 믿는 순간에 새로운 피조물로 다시 태어납니다. 내가 그리스도와 함께 십자가에 못 박혔을 때 나는 새로운 사람으로서 새로운 인종의 머리 되신 예수님께 속한 자가 됩니다.

예수님의 경우를 생각해 보십시오. 예수님이 십자가에 못 박히셨을 때 이 세상과는 끝이 났습니다. 예수님은 다시 살아나셨지만 과거의 나사렛 예수로 되돌아가시지 않았습니다. 예수님은 전혀 새로운 차원의 생명의 세계로 들어가셨습니다. 이처럼 우리도 그리스도와 함께 십자가 처형을 당했을 때 과거의 세상과 결별하였습니다. 우리의 신분과 삶의 영역이 영원히 달라졌습니다. 우리는 죄인의 신분에서 의인의 신분으로 바뀌었고, 사탄과 어둠과 죽음의 영역에서 그리스도의 빛과 생명의 영역으로 옮겨졌습니다. 나는 정죄와 심판에서 벗어나 영생을 누리는 하나님의 자녀가 되었습니다.

예수님은 새 인류의 대표자이십니다. 그래서 나는 예수님의 나라에 속한 백성입니다. 나는 타락한 인류의 후손으로서 죽음의 운명을 안고 살던 과거로부터 출옥하였습니다. 과거에 존재했던 나의 아담적인 삶은 막을 내렸습니다. 나는 절대로 죽지 않는 영원한 생명의 세계로 들어갔습니다. 나는 이미 그리스도 안에서 하늘에 자리를 잡았습니다.

한편, 갈라디아서 2장 20절에서 '내가 그리스도와 함께 십자가에 못 박혔다'는 말과 갈라디아서 5장 24절에서 '그리스도 예수의 사람들은 육체와 함께 그 정욕과 탐심을 십자가에 못 박았다'는 말은 동일한 의미로 해석하지 말아야 합니다. 전자는(갈 2:20) 존재론적인 진술이고, 후자는(갈 5:24) 실존적인 진술입니다. 전자는 신분에 대한 것이고, 후자는 체험에 대한 것입니다.

갈라디아서 2:20절에서 그리스도와 함께 십자가에 못 박혔다는 것은 우리의 존재가 예수님의 존재에 연합되었기 때문에 예수님의 십자가 처형이 내가 받은 것으로 간주된다는 뜻입니다. 그래서 나는 율법의 정죄에서 풀려났고 새 생명의 세계로 들어가게 되었다는 말씀입니다.

그러나 갈라디아서 5:24절은 체험적인 성화의 삶을 가리킵니다. 내가 날마다 십자가를 지고 주 예수를 따르는 것을 말합니다. 이것은 그리스도를 본받는 삶을 위해 날마다 자신을 그리스도께 복종시키며 세상에 속한 것들을 물리치는 것을 가리킵니다. 반면, 갈라디아서 2:20절의 못 박힘은 체험적인 것이 아니고, 구원받은 자로서의 자녀된 신분과 새 삶의 영역이 달라지는 위치상의 변화입니다.

우리에게는 거룩한 삶을 시작하기 전에 먼저 예수님과 함께 믿음으로 십자가에 못 박히는 신분상의 변화가 일어나야 합니다. 그다음 날마다 세상의 정욕과 탐심을 부인하는 거룩한 삶을 위한 성화의 못 박힘이 따라야 합니다. 이것은 반복될 수 있는 영적 체험이며 영적 성장의 과정입니다.

그러나 예수 그리스도 안에서 못 박히는 일은 감정이나 느낌이 아니며 체험으로 알 수 있는 일이 아닙니다. 이것은 반복적인 것도 아니고 성장이 있는 것도 아닙니다. 일회로써 그리스도께서 행하신 십자가의 모든 유익이 나의 것으로 간주되는 것을 믿는 것입니다. 다시 말해서 그리스도에게 일어난 일이 나에게 일어난 일이 된다는 것을 알고 믿는다는 말씀입니다.

연합 교리는 우리가 '그리스도 안에서' 어떻게 하나님의 자녀가 되고 의로운 신분을 갖게 되는지를 깨닫게 하는 매우 중요한 가르침입니다. 그리스도를 자신의 대속주로 믿는 자들은 그분의 죽음과 부활에 연합되고 영원한 새 생명을 받습니다. 연합 교리는 우리의 구원을 이해하는데 큰 도움을 주므로 자주 묵상하며 하나님께 감사해야 하겠습니다.

14.
육체는 무엇인가?
갈라디아서 2:20

> 내가 그리스도와 함께 십자가에 못 박혔나니 그런즉 이제는 내가 사는 것이 아니요 오직 내 안에 그리스도께서 사시는 것이라. 이제 내가 육체 가운데 사는 것은 나를 사랑하사 나를 위하여 자기 자신을 버리신 하나님의 아들을 믿는 믿음 안에서 사는 것이라 (갈 2:20).

바울은 자신이 그리스도와 함께 십자가에 못 박혔다고 했습니다. 그러고 나서 이제는 내가 사는 것이 아니라고 말합니다. 그럼 자기는 처형되어 없어졌다는 말일까요? 그다음 말을 들으면 더 이상합니다. 자기는 살아도 자기 속에 계신 그리스도께서 사시는 것이라고 합니다. 그럼 자신의 삶이 없다는 뜻일까요? 순전히 피동적으로 산다는 말일까요? 방금 십자가에서 자신이 그리스도와 함께 죽었다고 해놓고 또 산다고 합니다. 그리고 자기가 사는 것도 자신의 삶이 아니라는 식으로 말합니다. 그다음에 자신이 육체 가운데 산다고 합니다. 갈수록 더 헷갈립니다. 육체가 육신의 몸을 의미한다면, 몸을 지니고 살지 않는 사람이 어디에 있단 말입니까? 지금까지 그냥 '내가 사는 것은' 하고 말했는데 갑자기 '내가 육체 가운데' 산다고 하기에 도대체 무슨 말인지 종잡을 수가 없습니다.

본 절은 매우 유명한 구절입니다. 그 까닭은 본 절 후반부에서 바울이 예수께서 자기를 사랑하셔서 자기를 위하여 자신을 버리셨다고 했기 때문입니다. 예수 그리스도의 십자가 죽음을 개인적으로 적용한 것이라서 진한 감동을 줍니다. 예수님이 나를 사랑하셔서 나를 위해 자기 자신을 내주셨다고 하니까 주님의 십자가 사랑과 희생이 실감 나게 다가옵니다.

그런데 본 절은 전반부에 중요한 구원 교리가 담겨 있습니다. 구원받은 신자의 새로운 신분이 어떤 것이며, 성도의 삶 속에 그리스도의 내주가 있음을 간명하게 진술하였습니다. 이 부분에 대한 이해가 부족하거나 확실하지 못하면 예수님이 나를 사랑하셔서 십자가로 가셨다는 말씀이 자칫 감상적으로 들리고 또 그런 식으로 십자가를 전반부의 교리적 부분과 별도로 떼어서 자신에게 적용하게 됩니다. 이것은 반쪽 복음입니다. 갈라디아서 2장 20절은 전반 절과 후반 절을 함께 묶어서 순서대로 이해해야 합니다.

그리스도와 함께 죽은 자는 어디로 갔을까요?

"사람을 찾습니다"라는 광고를 보셨을 것입니다. 그런데 나중에 알고 보니 벌써 죽었습니다. 죽은 사람을 여러 해 찾았다면 얼마나 허무한 일이겠습니까? 지금 드리는 말씀은 죽은 나를 찾는 이야기입니다.

예수 그리스도를 믿기 이전에 살았던 내가 십자가에서 예수님과 함께 죽었습니다. 2천 년 전에 나는 유대 나라에 살지도 않았습니다. 그러나 그리스도와의 연합은 시공간을 초월해서 믿음으로 적용됩니다. 내가 주 예수의 십자가가 나를 대신하여 받는 하나님의 대리적 형벌이라는 것을 믿고 하나님께로 돌아오면 그 순간에 나는 주 예수의 십자가 죽음에 연합됩니다.

다시 말해서 예수 그리스도의 십자가 형벌이 내가 받은 것으로 인정됩니다. 형벌을 받는다는 것은 죗값을 치렀다는 뜻입니다. 죄는 죗값을 치르기 전까지는 용서되지 않습니다. 죄의 삯은 사망입니다(롬 6:23). 죽음의 형벌을 받으면 죄책이 사라집니다. 그래서 바울은 2장 19절에서 "내가 율법으로 말미암아 율법에 대하여 죽었다"고 했습니다. 사람이 죽으면 법이 적용될 수 없습니다.

내가 아무리 빚이 많고 중범자라도 죽으면 일체의 채무와 처벌에서 제외됩니다. 그래서 바울은 예수 그리스도의 대리적 형벌로 인해서 내가 율법에 죽었다고 했습니다. 내가 그리스도 안에서 십자가 처형을 받았기 때문에 율법이 나를 어찌할 수 없습니다. 이것은 율법과의 관계에서 죽은 자와 같습니다.

그런데 내가 십자가에 그리스도와 함께 못 박혀 죽은 후에 어떻게 되었습니까? 내가 어디로 갔단 말일까요? 죽었다는 것은 존재의 소멸을 의미합니다. 이것은 너무도 당연합니다. 그런데 실제로는 이해하기 어렵습니다. 내가 죽었지만, 내가 아직도 살아 있다는 것을 부인할 수 없기 때문입니다.

십자가에 달렸던 나는 죽었습니다. 이 나는 누구입니까? 아담 안에 있던 나입니다. 타락한 아담의 후손으로서 죽음과 정죄와 사탄의 영역에 갇혀 있던 자아입니다. 이 타락한 자아는 하나님을 믿지 않고 자기 뜻대로 살던 옛사람입니다. 그러나 그는 십자가에서 처형되었습니다. 그는 이제 존재하지 않습니다.

그럼 나라는 존재는 완전히 소멸된 것일까요? 나는 육체적인 죽음을 당하지 않았습니다. 그래서 내가 죽었다는 것이 실감이 나지 않습니다. 산 사람을 놓고 죽었다고 하니까 이해가 가지 않습니다.

내가 십자가에서 그리스도와 함께 못 박혀 죽었다는 것은 죄와 사탄의 통제 아래 있었던 나의 존재 양식이 사라졌다는 뜻입니다. 그런데 이 사실은 내가 느낌으로 알 수 있는 것이 아닙니다. 이것은 체험이 아니고 한순간에 일어난 이벤트입니다. 주 예수를 믿었을 때, 이미 발생한 사건이지만 내가 의식할 수 없습니다.

내가 한 일이라고는 예수 그리스도의 대속을 믿은 것뿐입니다. 그 순간에 나는 그리스도의 영역으로 들어왔습니다. 그래서 두 가지를 믿어야 합니다. 하나는 내가 그리스와 함께 죽었다는 것이고 다른 하나는 그리스도의 영역으로 들어왔기 때문에 살아났다는 것입니다. 이것은 아담 안에 있던 자아가 처형 이후에 되살아났다는 뜻이 아닙니다. 아담 안에 있던 옛사람은 죽었습니다. 그러나 새로운 자아가 생겼습니다. 이것은 그리스도 안에서 거듭난 자아입니다. 아담 안에서 나는 아담의 죄성을 지니고 살았습니다. 이제는 그리스도 안에서 그리스도의 새 생명을 지니고 삽니다. 그래서 바울은 이것을 내 안에 그리스도께서 사신다고 표현했습니다. 나는 그리스도의 왕국에서 예수님을 주인으로 삼고 그분의 통제 아래에서 삽니다. 나는 그리스도의 신실하심과 그분의 대속을 믿는 믿음으로 죄인이 아닌 의인이 되었기에 죽지 않습니다.

그럼 그리스도와 함께 죽은 나는 어디로 갔을까요? 없어졌습니다. 하나님의 눈에 보이지 않습니다. 율법의 정죄와 사망과 사탄과의 관계에서 나는 더 이상 존재하지 않습니다. 하나님께서는 나를 의로운 자라고 선포하셨습니다. 나의 옛사람은 사라졌습니다. 나는 하나님을 위해 사는 새로운 본성을 가진 자로서 예수 그리스도 안에서 거듭났습니다. 하나님은 과거의 아담적인 나를 문제 삼지 않으십니다. 하나님을 대적하고 어둠의 세계에서 죄와 사탄을 섬기던 과거의 나는 십자가 형벌을 받고 사라졌습니다. 이것은 체험으로 알 수 있는 것이 아니고 믿음으로 받아들여야 합니다.

내가 육체 가운데 사는 것의 의미는 무엇입니까?

바울은 자신이 그리스도와 함께 십자가에 못 박혔다고 하고서 육체 가운데 산다고 말합니다. 이것은 모순처럼 들립니다. 두 개의 인격체가 있다는 것이 아닙니다. 한 인격체의 과거와 현재를 말합니다. 전자는 하나님을 저항하고 자기 뜻대로 사는 아담에 속한 타락한 본성을 가진 죄인입니다. 이 죄인은 율법의 정죄와 죽음과 사탄의 영역에서 살았습니다. 그러나 십자가에서 그리스도와 함께 처형됨으로써 처리되었습니다.

그런데 바울이 육체 가운데서 산다고 한 것은 누구의 육체란 말입니까? 이 육체는 성령으로 거듭난 새 사람입니다. 그럼 바울이라는 또 한 사람의 인간이 생겼다는 말일까요? 아닙니다. 바울은 한 사람입니다. 그러나 바울이 마치 두 사람인 것처럼 들리는 까닭은 구원의 관점에서 자신의 과거와 현재의 상이한 존재 양식을 설명하기 때문입니다.

아담적인 자아는 심판을 받아 죽었습니다. 하나님께서 원하시는 대로 심판을 받고 죽어 장사되었습니다. 그래서 이제부터는 과거의 타락한 자아는 하나님에게 전혀 문제가 되지 않습니다. 그러나 새로운 자아가 나타났습니다. 죽었던 자가 부활 생명을 받았습니다. 구원의 관점에서 볼 때, 이 부활한 자아는 옛사람과 질적으로 차원과 영역이 다른 곳에서 태어난 새 생명입니다.

✻ 한국에서 죽었다가 미국에서 태어난 것과 같습니다. 말도 다르고 대통령도 다르고 문화도 다른 곳에서 국적이 바뀐 것과 같습니다. 국적 이탈 신고를 하면 호적의 이름에 X 표시가 그어집니다. 국적이 이탈되면 그 나라의 입장에서 볼 때 그 사람은 죽은 자나 같습니다.

국적 변경을 한 사람이 다른 나라에 와서 살면 법적인 신분만이 아니고 사회생활에도 큰 변화가 옵니다. 그렇다고 해서 원래 자기 나라의 습관이 다 없어지는 것일까요? 그렇지 않습니다. 한국 사람은 계속해서 김치도 먹고 한국말도 합니다. 마찬가지로 죄인이 의인으로 인정되고 그리스도의 나라에서 산다고 해서 어둠의 세계에서 살던 때의 일들을 전혀 행하지 않고 사는 것은 아닙니다.

논리적으로 보면 그리스도 안으로 옮겨온 새 자아는 과거와 같은 죄악 된 삶을 살지 말아야 합니다. 어둠의 영역에서 빛의 영역으로 옮겨 와서 빛의 자녀가 되었기 때문입니다. 이것은 논리적인 결론이긴 하지만 '육체'가 지닌 현실을 고려하지 않고 구원 공식을 대입식으로 단순화시킨 것입니다. 흑백 논리로 보면 어둠에서 빛으로 나온 사람은 죄를 지을 수 없습니다. 십자가에서 죽은 사람은 다시 죄악 된 삶에 머물 수 없습니다. 그래서 바울이 육체 가운데 산다고 말한 까닭은 당시에 이런 식으로 주장하는 사람들이 있었기 때문이라고 보는 해석도 있습니다.

그러나 본 절의 '육체'라는 말은 갈라디아서 5장 13절 이하에서 다루게 될 "육체의 일"과 관련해서 보는 것이 전체 문맥에 더 맞다고 생각합니다. 바울은 먼저 믿음으로 말미암는 칭의를 설명하였고, 이어서 십자가에 못 박히는 그리스도와의 연합을 언급한 후에, 거듭난 자로서 '육체 가운데 사는' 현재의 실존적 상황을 고백하였습니다. 바울은 여기에서 죄와 싸워야 하는 '죽을 몸'을 지닌 성도로서 어떻게 거룩한 삶을 살 수 있는지를 미리 한 마디로 압축하였습니다. 바울의 요점은 칭의도 믿음으로 받지만, 성화도 믿음으로 받는다는 것입니다. 그가 현재 그리스도인으로서 사는 것은 하나님의 아들의 신실하심을 신뢰하는 믿음 안에서 사는 것 (I live by the faithfulness of the Son of God)이라고 했기 때문입니다.

> **이제 내가 육신 안에 사는 것은 나를 사랑하셔서 나를 위해 자신의 몸을 넘겨주신 하나님의 아들의 신실함 안에서 사는 것입니다** (갈 2:20 하반절, 직역성경).

이제 '육체'의 의미를 조금 더 살피겠습니다. 이 말은 원문에는 '육신' 혹은 '육체'로 번역되는 싸르크스(sarx)라는 단어인데 쓰이는 곳에 따라 다양한 의미로 사용되었습니다.

첫째, 제자들이 겟세마네 동산에서 졸았을 때 예수님은 "마음에는 원이로되 육신이 약하도다"(막 14:38)라고 하셨습니다. 이때의 육신 혹은 육체는 사람의 몸 전체를 가리킵니다.

둘째, 예수님의 성육신을 "말씀이 육신"(요 1:14)이 되었다고 했습니다. 하나님의 아들이 실제 인간이 되셨다는 뜻입니다. 그래서 이때의 '육신'은 보편적인 의미의 인간입니다. 그래서 예수님은 '육신으로는 다윗의 혈통으로 나셨다'(롬 1:3)고 했습니다.

셋째, 문자적으로 인간의 살을 가리킵니다.

> 왕들의 살과 장군들의 살과 장사들의 살과 말들과 그것을 탄 자들의 살과 자유인들이나 종들이나 작은 자나 큰 자나 모든 자의 살을 먹으라 하더라 (계 19:18).

넷째, 인간 본성의 죄악 된 측면을 가리킵니다. 갈라디아서 5장에서 '육체의 기회' 나 '육체의 소욕', 혹은 '육체의 일'(갈 5:13, 17, 19, 24)은 인간의 타락한 측면을 가리킵니다.

바울이 갈라디아서 2:20절에서 육체라는 말을 쓴 것은 몸을 가진 인간의 실존을 가리킵니다. 그러나 타락한 본성을 가진 인간이라는 의미는 아닙니다. 바울은 주 예수를 구주로 믿었을 때 죄와 사탄에 의해서 지배되던 그의 옛 본성은 죽고 없어졌다고 했습니다. 그는 새 사람으로 다시 태어났습니다. 그는 여전히 몸을 가진 인간입니다. 그러나 그의 몸은 죄가 들어오는 통로로 오용될 수 있습니다. 그의 육체에는 땅에 속한 것으로 잡아당기는 옛 본성의 잔재가 남아 있습니다. 거듭난 신자라도 죄를 짓고 싶은 욕망이나 죄의 습관이 붙어 있습니다. 그래서 죄가 자신의 전진기지로 삼는 육체는 구속을 받아야 합니다.

거듭난 신자는 하나님을 사모하고 선을 따르며 사랑의 삶을 살기 원하는 새 본성을 받습니다. 마음에 근본적인 변화가 오고 성령의 내주를 받습니다. 그러나 지상에서 우리가 지니고 사는 몸은 아직도 구속의 날을 기다려야 하는 불완전하고 연약한 육체입니다.

육체는 죄가 침투하는 편리한 통로이기 때문에 육체의 욕망을 일으키고 성령을 거스릅니다. 그러나 이 육체는 타락한 옛 본성이 죽었다가 다시 살아난 것이 아닙니다. 이것은 구원받기 이전의 죄악 된 본성이 아니고(엡 2:3), 거듭난 이후의 새 본성에 아직 붙어 있는 옛사람의 흔적입니다. 바울은 자신이 그리스도의 죽음에 연합되고 그분의 새 생명을 받았지만 여전히 죄와 싸워야 하는 육체의 한 측면이 옛사람의 잔재로 남아 있다는 사실을 잊지 않았습니다.

거듭난 사람은 죄에 완전히 압도되어 헤어나지 못하거나 사탄의 영역에서 전적으로 죄의 지배와 통제를 받았을 때처럼 죄악 된 본성으로 살지 않습니다. 죄에 의해서 지배되던 옛 본성은 없어졌습니다. 그래도 죄의 성향과 습관은 아직 구속받지 못한 몸에 남아서 성령 생활을 방해하고 영적 성장을 가로막을 수 있습니다.

✻ 이것은 옷에 묻은 먼지나 얼룩과 같습니다. 옛사람에게 속한 먼지와 얼룩은 내가 새로 입은 옷의 본질적인 일부가 아닙니다. 이것은 이물질입니다. 이것을 털어버려야 합니다. 그 방법이 무엇일까요?

바울은 그 해결책을 간증의 형태로 제시하였습니다. 그는 자신이 예수 그리스도의 지극한 사랑을 받는 자라는 것을 알았습니다. 그리고 주 예수께서 그 증거로 십자가에 대신 매달리는 참혹한 형벌을 받으셨음을 확신하였습니다. 그래서 그는 예수님의 사랑과 희생을 신뢰하는 믿음을 지니고 육체 가운데서 산다고 했습니다. 이것이 죄의 유혹을 물리치고 육체의 약점을 극복하면서 거룩한 성도의 삶을 사는 길이라고 하였습니다.

본 문맥에서 '육체''를 과거의 아담 안에 있던 자아라고 보지 말아야 합니다. 옛 세상에 속했던 과거의 나는 죽었습니다. 그리스도를 믿는 신자들은 비록 십자가에서 그리스도와 함께 자신의 옛사람이 못 박혔지만, 여전히 마귀의 영향으로 죄의 습관과 악습의 부추김을 받을 수 있는 '육체'를 지니고 삽니다. 그래서 바울은 구속의 날을 기다리는 동안에 이 세상에서 악을 이기면서 사는 방법이 무엇인지를 진술하였습니다.

주님은 하나님의 아들로서 하늘 아버지를 사랑하는 일에 끝까지 신실하셨습니다. 바울은 하나님의 뜻을 따라 자신을 버리신 예수님의 사랑과 희생과 신실하심을 생각하고 그분의 온전한 믿음을 의지하였습니다. 이것이 육체에 침투하는 악습의 잔재들을 누르면서 사는 비결이었습니다. 육체는 죄의 징검다리 역할을 합니다. '육체'는 아담 안에 있던 옛사람 자체가 아니고 나를 아래로 잡아당기는 옛사람의 한 성향입니다. 이것은 우리가 죽을 때까지 그리스도에 대한 믿음으로 이겨나가야 할 성화의 싸움터입니다.

이제 우리에게 시선을 돌려 보십시오.

나는 예수님을 누구로 알고 있습니까? 예수님은 온 세상의 구주이십니다. 예수님은 모든 사람을 위해 십자가로 가셨습니다.

그런데 예수님이 나를 사랑하셔서 십자가로 가셨고 나의 구주가 되셨음을 믿는다면, 나도 바울처럼 '나를 사랑하사 나를 위하여 자기 자신을 버리신 하나님의 아들을 믿는 믿음 안에서' 산다고 고백할 수 있어야 하겠습니다.

15.
내 안에 계신 그리스도
갈라디아서 2:20~21

바울은 자신의 삶이 과거의 바울로서 사는 것이 아니라 자기 안에 계신 그리스도의 삶이라고 했습니다(20절). 주 예수를 믿는 신자가 되면 내가 그리스도 안에 속할 뿐만 아니라 그리스도께서 내 안에 속하십니다(요 14:20). 좀 이상하게 들립니다. 예수님은 이미 승천하셨는데 어떻게 신자의 삶 속에서 사신다는 것일까요? 흔히 나는 누구누구의 사상과 정신으로 산다고 말합니다. 이것은 자신이 존경하는 멘토의 가르침과 삶의 자세로부터 받은 영향으로 산다는 뜻입니다.

그런데 신약 성경에서 예수님이 제자들 안에 계신다는 말씀들을 보면 좀 혼란스럽습니다. 그래서 이 문제를 먼저 정리하도록 하겠습니다. 예수님은 제자들에게 사후에 다시 그들을 찾아오시겠다고 하셨습니다.

> 내가 아버지께 구하겠으니 그가 또 다른 보혜사를 너희에게 주사 영원토록 너희와 함께 있게 하리니 그는 진리의 영이라 세상은 능히 그를 받지 못하나니 이는 그를 보지도 못하고 알지도 못함이라

그러나 너희는 그를 아나니 그는 너희와 함께 거하심이요 또 너희 속에 계시겠음이라 (요 14:16~17).

내가 너희를 고아와 같이 버려두지 아니하고 너희에게로 오리라 (요 14:18).

그 날에는 내가 아버지 안에, 너희가 내 안에, 내가 너희 안에 있는 것을 너희가 알리라 (요 14:20).

볼지어다 내가 세상 끝날까지 너희와 항상 함께 있으리라 (마 28:20).

만일 너희 속에 하나님의 영이 거하시면 너희가 육신에 있지 아니하고 영에 있나니 누구든지 그리스도의 영이 없으면 그리스도의 사람이 아니라 (롬 8:9).

또 그리스도께서 너희 안에 계시면 몸은 죄로 말미암아 죽은 것이나 영은 의로 말미암아 살아 있는 것이니라 (롬 8:10).

너희는 믿음 안에 있는가 너희 자신을 시험하고 너희 자신을 확증하라 예수 그리스도께서 너희 안에 계신 줄을 너희가 스스로 알지 못하느냐 그렇지 않으면 너희는 버림 받은 자니라 (고후 13:5).

하나님이 그들로 하여금 이 비밀의 영광이 이방인 가운데 얼마나 풍성한지를 알게 하려 하심이라 이 비밀은 너희 안에 계신 그리스도시니 곧 영광의 소망이니라 (골 1:27).

여기 보면, 성령 하나님도 우리에게 오시고, 성자 예수님도 우리에게 오십니다. 또 놀랍게도 성부 하나님도 우리에게 오십니다.

> **예수께서 대답하여 이르시되 사람이 나를 사랑하면 내 말을 지키리니 내 아버지께서 그를 사랑하실 것이요 우리가 그에게 가서 거처를 그와 함께 하리라** (요 14:23).

우리는 보통 성령께서 우리 안에 계신다고 믿습니다. 그래서 성령의 내주라는 말을 씁니다. 그런데 사실은 성령 내주만이 아니고, 성자 내주도 있고, 성부 내주도 있습니다. 그럼 성삼위 하나님이 모두 우리 안에 들어오셔서 영원히 떠나지 아니하신다는 말씀일까요?

이것은 삼위일체와 관련된 내용입니다. 이해하기 어려운데 이것이 사실이라면 너무도 좋은 일입니다. 우리와 예수님과의 연합이 삼위 하나님과의 연합으로 확대된다고 생각하면 놀라울 따름입니다. 나라는 존재가 무엇이기에 성부, 성자, 성령께서 내 안에 거처를 정하시고 영원토록 떠나지 않으신다는 것일까요? 교회 공동체에 적용해도 참으로 경이로운 약속이 아닐 수 없습니다.

그런데 과연 어떤 의미에서 성령이 보혜사로서(카운슬러) 우리에게 들어오시고, 예수님도 우리 안에 살아 계신다는 것일까요? 심지어 하늘 아버지께서도 예수님과 함께 우리 안에 거처를 정하신다고 하였습니다.

성령 하나님이 카운슬러로서 우리에게 오셨다고 하는 것은 쉽게 이해가 됩니다. 그러나 성자 예수님은 승천하셨고 지금 하나님 우편 보좌에 좌정해 계시지 않습니까? 예수님은 아직 재림하시지 않았는데 어떻게 우리 안에 들어와 계신다는 것일까요? 또 성부 하나님께서는 당연히 하늘에 계시지 않습니까? 그래서 예수님은 제자들에게 곧 아버지께로 돌아가신다고 하셨고(요 14:28; 17:11, 13) 부활하신 후에 하늘로 승천하셨습니다. 그럼 두 분은 지금 다 하늘에 계신다는 말인데 어떻게 우리 안에 계신다는 것일까요? 좀 혼란스럽습니다.

그런데 그냥 하나님은 영이시고 어디든지 계시니까 우리와 항상 함께 계신다고 하면 본문의 의미가 잡히지 않습니다. 본문에서는 성자 예수님과 성부 하나님이 우리에게 오시는 때가 구분되어 있습니다. 예수님은 십자가와 부활 사건을 넘어서 제자들에게 오신다고 하셨지 처음부터 영으로서 우리와 항상 함께 하신다고 하시지 않았습니다. 이것은 성부나 성령의 경우에도 마찬가지입니다. 성령은 예수님이 지상 사역을 마치고 떠나신 후에 우리에게 오셨고, 성부는 우리가 주님을 사랑하고 그의 말씀을 지킬 때에 예수님과 함께 우리에게 오신다고 하였습니다(요 14:23).

관련 본문을 다시 살펴봅니다.

로마서 8장 9절을 보면 하나님의 영과 그리스도의 영이 동일한 성령을 가리킨 것을 알 수 있습니다. 또한 우리 안에 그리스도의 영이 없으면 그리스도에게 속한 사람이 아니라고 했습니다. 10절에서는 그리스도의 영이 우리 안에 있는 것은 우리 안에 그리스도가 계신 것이라고 했습니다(10절).

이것은 하나님의 영이나 그리스도의 영이나 혹은 그리스도가 우리 안에 계신 것이 모두 상호 교체될 수 있는 동의어로 사용되었다는 증거입니다. 표현은 다 다른데 문맥이 같습니다. 그런데 우리가 혼란을 일으키는 까닭은 삼위일체에 대한 진리를 감안해서 본문을 보지 않기 때문입니다.

성부와 성자와 성신은 각자 독특한 존재 양식을 가지고 있습니다. 그러나 세 분이 모두 동일한 신성과 목적과 의지와 능력을 소유하고 상호 완전한 조화와 질서를 유지합니다. 그래서 세 분은 서로 분리되거나 독자적으로 일하시지 않습니다. 마치 바늘 가는 데 실이 가듯이 어느 한 편이라도 움직이면 다 같이 움직입니다. 성부가 계신 곳에 성자와 성령이 계시고, 성자가 계신 곳에 성부와 성령이 계십니다. 또한 성령이 계신 곳에 성부와 성자가 계십니다. 어느 한쪽도 독립적으로 계획하고 단독으로 행동하지 않습니다.

✽ 예수님은 제자들에게 '내가 너희에게 다시 와서 영원히 함께 있을 것'이라고 하셨습니다. 이 말씀은 자신이 아버지께 청하여 제자들에게 보내실 보혜사 성령을 통해서 자신의 임재를 드러내신다는 뜻이었습니다. 다시 말해서 성령을 통해서 우리를 계속 가르치시고 인도하시며 보호하시면서 우리에게 맡기신 일을 행하게 하신다는 것입니다. 이처럼 하늘 아버지께서도 예수님과 함께 우리에게 오셔서 거처를 정하신다고 하셨습니다. 역시 성부 하나님도 우리에게 오신 성령을 통해서 우리와 함께 계신다는 의미입니다.

✽ 또 다른 예로써 우리 안에 계신 그리스도가 영광의 소망이라고 한 것은(골 1:27) 예수님이 성령을 통해서 자신을 우리에게 드러내시고 그의 임재와 능력을 체험하게 하셔서 하늘의 영광스러운 유업을 받게 하시는 분이라는 뜻입니다. 그래서 성령과

성자와 성부 하나님은 같은 문맥에서 동의어와 상호 교체어로서 사용되었습니다. 이제 다른 궁금한 문제 하나를 더 다루도록 하겠습니다.

사람들은 이렇게 묻습니다.「예수님이 우리 안에 거하신다면 도대체 어디에 머무시는 것일까요? 내 심장입니까? 내 뇌 속입니까?」

예수님의 임재를 우리 몸 안의 어떤 장소에서 찾으려고 하면 아리송해집니다. 예수님은 나의 신체 어느 곳에도 계시지 않습니다. 물론 우리 몸을 지배하고 영향을 주십니다. 우리에게 육체적인 생명력을 공급하십니다. 그러나 우리 안에 예수님이 사신다는 것은 장소적으로 이해할 것이 아니고 관계적으로 이해해야 합니다. 우리는 예수님과의 사귐의 관계 속에서 그분의 임재를 실감합니다.

예수님이 내 안에 계신 목적은 나를 구원하신 후에 다음 단계의 삶으로 인도하기 위한 것입니다. 칭의 구원 이후에 우리는 주님과 교제하면서 주님의 성품과 가치관과 삶의 자세를 닮는 새 생명의 삶을 시작해야 합니다. 이것은 내 힘으로 되지 않습니다. 그래서 성령께서 우리 삶 속으로 들어오셔서 주님이 어떤 분이시며, 우리를 향한 주님의 뜻이 무엇인지를 밝혀주고, 성경 말씀을 깨닫게 하시면서 주님을 따를 수 있는 능력을 주셔야 합니다. 그러기 위해서는 우리의 육체적인 몸이 아닌, 우리 존재의 핵심인 마음속에 들어오셔야 합니다. 그래서 바울은 이렇게 기도했습니다.

> **믿음으로 말미암아 그리스도께서 너희 마음에 계시게 하시옵고 …**
>
> (엡 3:17).

마음은 인격체의 중심입니다. 주님과의 관계를 유지하려면 우리 마음에 변화가 와야 합니다.

> 너희가 아들이므로 하나님이 그 아들의 영을 우리 마음 가운데 보내사 아빠 아버지라 부르게 하셨느니라 (갈 4:6).

우리 인격에 영향을 줄 수 있는 무엇이 있어야만 주님과의 깊은 교제가 가능합니다. 단순히 기도하고 성경 몇 줄 묵상하고 주일날 교회 가는 것이 주님과의 교제의 전부가 아닙니다. 주 예수를 믿는 신자들은 예수 그리스도와 연합됩니다. 신자가 예수님 안으로 들어갑니다. 그래서 바울은 '그리스도 안에서'(in Christ)라는 표현을 자주 사용하였습니다. 그리스도 안에 있으면 그리스도에게 일어나는 일이 과거와 현재와 미래의 시공간을 초월하여 신자에게 적용됩니다. 예수님의 삶과 죽음, 부활과 승천, 그리고 재림 사건까지 모두 공유하게 됩니다. 그리스도 안에서 일어나는 일은 모두 신자에게 일어나는 일입니다.

이 원리를 성경에서는 다른 여러 가지 비유로 설명합니다. 예를 들어 예수님은 머리시고 우리는 그의 지체입니다. 예수님은 신랑이시고 우리는 그의 신부입니다. 예수님은 포도나무시고 우리는 가지입니다.

그런데 연합 교리는 쌍방적입니다. 신자가 그리스도 안에서 연합하여 살 뿐만 아니라 그리스도께서도 각 신자 안에 사십니다. 내주하는 그리스도는 관념이나 메마른 교리적 진술이 되어서는 안 됩니다. 내가 주 예수를 믿으면 예수님이 내 마음속으로 들어오십니다. 이것은 느낌이 아니고 '사실'(fact)입니다.

그리스도가 내 마음에 계신다는 것은 나의 인격체 전체가 그리스도의 생명을 받고 그분의 영향권 아래로 들어갔다는 뜻입니다. 예수님은 외형상의 내가 아니고, 나의 본체인 속사람을 변화시키는 주체로서 내 안에 계십니다(엡 3:16). 그런데 이 사실을 아는 것은 성화의 비밀을 깨닫는 것과 같습니다.

그리스도를 닮는 삶이 성화며 거룩한 삶입니다. 그리스도의 사상과 뜻과 목적과 성품과 그분의 명령에 따라 사는 것이 그리스도인의 신앙생활입니다. 문제는 우리가 예수 그리스도를 믿어 의롭게 되지 못해서가 아닙니다. 칭의는 간단한 믿음으로 단번에 받습니다. 그러나 그다음이 문제입니다. 교회와 개인 성도의 삶이 복음적이지 못하고 그리스도의 사랑의 삶을 잘 실천하지 못하는 주된 이유는 칭의 구원과 그리스도와의 연합에 대한 가르침을 확실하고 분명하게 알지 못하기 때문입니다. 성화 교리의 기초가 약하면 그리스도 안에서의 성장이 더딜 수밖에 없습니다.

우리는 믿음으로 구원을 받습니다. 그러나 여기서 그칠 것이 아니고 그리스도께서 우리 안에 계신다는 사실의 의미가 무엇인지를 알고 자신에게 적용해야 합니다. 내 안에 계신 그리스도는 무한한 자원과 능력을 가지신 분입니다. 예수님은 부활하신 후에 제자들에게 "하늘과 땅의 모든 권세를"(마 28:18) 아버지로부터 받았다고 하셨습니다. 예수님 안에 우리에게 필요한 모든 것이 있습니다.

그런데 이 무한한 자원과 능력을 갖추신 주님이 내 안에 계신다고 생각해 보십시오. 예수님은 제자들에게 세계 선교의 명령을 하시면서 "내가 세상 끝날까지 너희와 항상 함께 있으리라"(마 28:20)고 하셨습니다. 이것은 예수님이 임마누엘의 하나님이심을 가리킵니다. 주의 천사가 요셉에게 나타나서 한 말을 기억해 보십시오.

> 보라 처녀가 잉태하여 아들을 낳을 것이요 그의 이름은 임마누엘이라 하리라 하셨으니 이를 번역한즉 하나님이 우리와 함께 계시다 함이라 (마 1:23).

예수님은 우리 각자와 교회 공동체에 항상 살아 계십니다. 임마누엘의 주님께서 우리를 인도하여 온전한 주의 성전이 되게 하시고 우리를 주의 모습을 닮은 신실한 자녀들로 빚어가십니다. 그렇다면 내가 힘이 약해서 주님을 따라 살 수 없다고 말할 수 없습니다. 우리는 우리 안에 계신 주님의 능력과 신실하심에 의지하여 최선을 다할 때 그리스도인의 삶을 살 수 있도록 디자인된 사람들입니다. 바울의 고백을 들어 보십시오.

> 이를 위하여 나도 내 속에서 능력으로 역사하시는 이의 역사를 따라 힘을 다하여 수고하노라 (골 1:29).

하늘과 땅의 모든 권세를 받으신 주님이 내 속에서 살아서 활동하신다는 사실은 주님을 본받는 사랑의 계명을 지키게 하는 동기부여입니다. 그런데 우리에게 주님을 따르는 새 삶에 확신을 주고 용기를 주는 다른 요인들도 있습니다.

첫째, 예수님의 내주는 영구적입니다.

구약시대에는 예루살렘에 성전이 있었습니다. 성전은 하나님의 임재를 상징하는 곳이었습니다. 그러나 예수님이 오신 이후로는 크리스천으로 구성된 교회가 하나님의 영구적인 거처입니다. 그리고 우리 각 성도의 마음속에 주님이 임재하시면서 자신의 영원한 거처로 삼으십니다. 그래서 더 이상 하나님은 예루살렘의 지리적 성전에 계시지 않습니다. 지리적인 성전은 모두 파괴되었습니다. 이제 예수님의 피로 구속함을 받은 주의 백성이 하나님께서 머무시는 새 성전입니다. 우리는 개별적으로든지 집합적으로든지 하나님의 영구적인 새 성전입니다(고전 3:16~17; 요 4:21; 엡 2:19~22).

예수님은 우리 안으로 들어왔다 나갔다 하시지 않습니다. 이것은 칭의의 선포가 한번 내렸으면 취소되지 않는 것과 같습니다. 내가 좀 잘못했다고 해서 주님이 나를 떠나시지 않습니다. 그래서 아무리 큰 죄를 지어도 주님이 나를 버리시거나 떠나시지 않는다는 것을 생각하고 용기를 낼 수 있습니다. 예수님이 우리의 마음에 일단 들어오시면 우리의 형편이 어떻든지 영구적인 거처로 삼으시고 우리와 함께 계십니다. 그런데 주님의 내주는 추상적인 개념이나 메마른 교리가 되어서는 안 됩니다. 주님의 임재는 체험적으로 알아야 합니다. 주님이 항상 우리와 같이 계신다는 사실이 실질적으로 체험되려면 주님과의 인격적인 교제가 날마다 순종과 사랑과 신뢰 관계로 열려 있어야 합니다.

둘째, 주님이 들어오셔서 거처를 정하시면 우리는 그리스도의 삶을 살 수 있는 무한한 자원과 능력을 받을 수 있습니다.

예수님은 우리의 모든 필요를 충족시키고도 남는 무제한적인 자원의 원천이십니다. 그래서 예수님은 하나님을 위해서 사는 새 삶을 위해 필요한 것들을 주님의 이름으로 구하라고 하셨습니다(요 14:13~14).

셋째, 내 믿음으로 사는 것이 아니고 예수 그리스도의 신실하심을 믿는 믿음으로 삽니다(갈 2:20 하반절).

갈라디아서 2장 20절 후반부는 "하나님의 아들의 믿음(신실하심)을 믿는 믿음으로 산다"고 번역할 수 있습니다. (I live by the faithfulness/faith of the Son of God). 내 힘의 원천은 나 자신 안에 있지 않고 예수님 안에 있습니다. 나의 작은 믿음은 예수님의 완전한 믿음과 흠이 없는 신실하심을 신뢰할 때 능력이 됩니다. 내 믿음으로 사는 것이 아니고 예수님의 믿음과 신실하심을 신뢰하는 새로운 형태의 새 삶을 산다는 뜻입니다. 즉, 과거의 나는 십자가에 못박혀 죽었습니다. 율법의 영역에서 벗어나 새 생명을 받고 그리스도에게 연합되어 그의 신실하심과 부활 생명에 의존해서 산다는 의미에서 "이제는 내가 사는 것이 아니요 오직 내 안에 그리스도께서 사시는 것"이라고 했습니다.

끝으로 구원의 개인적인 측면을 잠시 언급하겠습니다. 우리가 갈라디아서 2장 20절을 읽고 어느 부분에서 가장 큰 은혜를 받습니까? 주님이 나를 사랑하여 나를 위하여 자기 자신을 버리셨다는 대목일 것입니다. 일부 신학자들과 복음주의 설교자들 중에는 우리가 개인 구원에 너무 치중한다고 비판합니다. 물론 자기 영혼만 구원받고 그것이 다라고 여긴다면 극히 자기중심적인 신앙입니다. 물론 복음은 온 세상을 위한 것입니다. 하지만 주님이 나를 사랑하여 나를 위해서 십자가로 가셨다는 사실은 십자가 사랑을 개인적으로 적용할 수 있는 근거를 제공합니다. 바울은 예수님이 자기를 위해서 십자가 희생을 하셨다는 것을 믿고 감사하며 평생을 주님을 위해 섬기다가 자기 목숨까지 바쳤습니다.

여러분은 예수님이 나를 위해서 십자가로 가신 것을 믿으십니까? 나를 그토록 사랑하셨다는 사실을 아십니까? 지금도 동일한 사랑으로 나를 위해 내 안에서 머무신다는 사실을 믿으십니까? 그렇다면 오직 주 예수를 위해서, 성령의 전적 인도를 받으며 살아야 할 것입니다.

바울은 자신이 하나님의 은혜를 폐하지 않는다고 하였습니다(2:21). 십자가 희생으로 나를 구원하셨기에 십자가 이외에 그 어떤 것에 의해서도 살지 않는다는 뜻이었습니다. 그래서 그는 율법으로 의롭게 된 것이 아니라고 했습니다. 만일 우리가 그리스도의 십자가 이외의 것에 의존해서 산다면 예수님의 죽으심은 아무 효력이 없다는 것입니다. 예수님이 우리의 삶에서 헛된 죽음을 치르신 것이 아님이 증명되어야 하겠습니다. 어떻게 해야 합니까? 「Jesus + Nothing」으로 사는 것입니다.

16.
바울이 가르친 복음
갈라디아서 3:1~5

먼저 익숙하시지 않은 분들을 위해서 참고로 본 강해에 나오는 신학용어 세개를 간단히 설명해 드리겠습니다.

1) 영지주의(Gnosticism)

영적인 것과 물질적인 것을 확연하게 구분하여 영적인 지식만이 신령하고 참된 것이라는 주장입니다. 그래서 영지주의자들은 예수님이 몸으로 세상에 오신 구원자이심을 부인하였습니다(요일 4:2). 이들은 자신들만 신령한 지식을 가졌기 때문에 구원을 받은 영적 엘리트들이라고 생각하였습니다. 이들은 하나님과 고차원의 비밀스런 교제를 한다고 내세우며 초대교회의 교인들을 유혹하였습니다.

영지주의는 초대교회에 매우 큰 영향을 끼쳤습니다. 그래서 사도 요한은 요한일서에서 영지주의의 위험과 거짓을 강력하게 경고하였습니다(요일 1:8~10).

2) 바리새즘/바리새인

분리된 자들이라는 의미입니다. 이들은 모세오경의 가장 권위 있는 해석자들이라고 자처하였습니다. 그러나 이들은 모세법에서 언급하지 않은 것들을 자신들의 해석에 따라 첨가하여 지키게 하였습니다. 이것을 "장로들의 전통"이라고 불렀는데(막 7:3) 이들은 극단적인 십일조 관습으로 유명하였습니다. 바리새인들은 자기 텃밭에서 기른 채소도 십일조로 바쳤습니다(마 23:23). 이들은 바리새인이 아닌 집에 초대되어 음식을 먹거나 그들의 가게에서 식품을 사는 것을 거부하였는데 자기들처럼 십일조를 내지 않았을지 모르기 때문이었습니다. 그들에게는 십일조를 철저하게 내는 것이 하나님께 대한 충성의 표시였습니다. 예수님은 이러한 관습들을 정죄하셨습니다. 이들은 유대교에서 가장 큰 영향을 끼쳤는데 AD 200년 경에는 유대교와 바리새인의 가르침이 동일시될 정도였습니다.

3) 유대주의자

크리스천도 율법을 지켜야 한다고 주장하였는데 특별히 할례, 안식일, 음식 규례, 절기 등과 같은 유대교의 전통적 관습을 준수해야 한다고 가르쳤습니다.

바울은 갈라디아 교회에 본 서신을 보내면서 인사말을 마치고 나서 이렇게 첫마디를 했습니다.

"그리스도의 은혜로 너희를 부르신 이를 이같이 속히 떠나 다른 복음을 따르는 것을 내가 이상히 여기노라" (1:6).

그는 이어서 다른 복음은 없다고 하였고 참 복음이 아닌, 가짜 복음을 전하면 비록 천사라도 저주를 받아 마땅하다고 했습니다. 바울은 갈라디아 교인들이 유대주의자들의 유혹을 받아 그가 전한 십자가 복음을 따르지 않고 거짓된 구원 교리에 빠지는 것에 경악하였습니다. 그는 자신이 전한 그리스도의 복음은 하나님의 계시로 받은 것이라고 증언하였고 예루살렘의 사도들도 그의 복음을 인정했다고 했습니다. 그는 율법의 행위로는 아무도 하나님과의 관계가 바르게 될 수 없다고 지적하고 오직 믿음으로 의롭게 된다고 강조했습니다.

이제 바울은 본 항목에서 갈라디아 교인들에게 이 점을 다시 분명하게 밝히기 위해서 그들이 처음 예수 그리스도의 십자가 복음을 받아들였을 때 어떤 일이 있었는지를 묻습니다. 그런데 바울은 이 질문에 앞서 갈라디아 교인들을 어리석은 사람들이라고 했습니다.

어리석도다 갈라디아 사람들아 (3:1).

이 표현에는 바울의 착잡한 심정이 담겨 있습니다. 갈라디아 지역의 교인들이 그가 힘써 전한 복음을 외면하고 거짓 교사들의 말에 넘어가는 것이 너무도 이해할 수 없는 일이었습니다. 오직 은혜로 구원을 받는다고 가르쳤는데 할례로 구원을 보강해야 한다는 유대주의자들의 속임수에 갈라디아 교인들이 홀랑 넘어갔기 때문입니다. 바울은 너무도 황당한 일이라 답답한 심정으로 갈라디아 교인들을 향해 어리석다고 했습니다.

그는 '누가 너희를 꾀더냐' 라고 물었습니다. 이것은 대답을 바라는 질문이 아닙니다. 바울은 그들을 오도한 자들이 유대주의자들임을 잘 알았습니다. 여기서 '꾄다' 는 말은 원문의 의미로 주술이나 사악한 눈길로 사람을 홀리게 한다는 뜻입니다. 갈라디아 교인들이 그런 식으로 정신을 빼앗긴 것이 아니냐는 것입니다. 어떻게 은혜로 그들을 부르신 하나님과 십자가 구원을 그리도 쉽사리 떠날 수 있느냐는 실망스런 힐책입니다.

우리는 본 사건과 관련해서 한두 가지 생각해 볼 일이 있습니다.

첫째, 복음을 반대하거나 부패시키는 어둠의 세력이 세상에 있다는 사실입니다.

복음이 선포된 이후로 수없이 많은 반대와 부패 세력이 교회와 성경의 권위를 공격해 왔습니다. 예수님이 오셔서 복음을 전파하셨을 때 얼마나 많은 반대를 겪으셨는지 상기해 보십시오. 바리새인들과 율법교사들과 예루살렘 성전의 제사장들과 장로들이 예수님을 방해하고 박해하였습니다. 그리고 군중들도 빌라도 총독에게 예수님을 십자가에 못 박으라고 외쳤습니다.

열두 사도들도 모두 순교하였고 바울도 많은 고난을 받은 후에 처형되었습니다. 신약 성경이 완성되기 이전에 이미 교회에 영지주의 이단이 들어왔고 예수님의 성육신을 반대하는 적그리스도들이 활동하였습니다. 바울의 생전에 부활이 이미 일어났다고 가르치는 자들이 있었습니다. 복음의 시초부터 불법의 영이 교회를 교란시켰습니다. 또 앞으로 미혹의 영이 계속 활동할 것이라고 바울이 경고하였습니다.

중세기 동안 교회는 십자가 신앙과 미신 행위가 뒤섞인 혼합종교로 타락하였습니다. 종교 개혁 이후로는 얼마가지 않아 율법주의가 성행하였고 지금까지 바리새즘적인 요소가 복음주의 교회에 남아 있습니다. 19세기와 20세기에는 성경의 권위를 파괴하려는 자유주의 신학이 교계를 휩쓸었습니다. 지금은 교회의 세속화로 물질주의가 십자가 복음을 외면하고 외형적 성장과 개인의 번영에 몰입해 있습니다. 그러는 사이에 갖가지 형태의 이단들이 교인들을 유혹하여 사이비 기독교의 세력을 확장하고 있습니다. 바울이 현대 교회의 모습을 본다면, 아마도 그냥 어리석다고 하지 않고 '어리석고, 또 어리석은 사람들'이라고 한탄할 것 같습니다.

둘째, 복음을 제대로 배우면 이단이나 거짓 가르침에 넘어가지 않는다고 생각하지 말아야 합니다.

물론 바른 복음을 배우고 확신한다면 영적으로 훨씬 더 깨어 있을 것입니다. 그러나 보장할 수 없는 일입니다. 일곱 교회의 하나였던 두아디라 교회는 예수님으로부터 그들의 신실한 믿음 생활에 대해 칭찬을 받았습니다. 그럼에도 그들 중에는 이세벨의 가르침에 넘어간 자들이 있었습니다(계 2:19~20). 그래서 베드로는 "근신하라 깨어라 너희 대적 마귀가 우는 사자 같이 두루 다니며 삼킬 자를 찾나니 너희는 믿음을 굳건하게 하여 그를 대적하라"(벧전 5: 8~9)고 교훈하였습니다.

갈라디아 교인들은 예수 그리스도의 계시를 직접 받은 사도 바울로부터 복음을 전해 들었습니다. 그럼에도 그들은 유대주의자들에게 넘어갔습니다. 어쩌면 그들이 바울에게서 물타지 않은 원색 복음을 듣고 믿었기 때문에 사탄에게 속한 거짓 교사들이 그들을 더 유혹했을 것입니다.

만일 갈라디아 교인들이 흐릿하고 희석된 복음을 들었다면 그렇게 적극적으로 그들을 자기 진영으로 유인하려고 힘쓰지 않았을 것입니다. 흐릿한 복음을 믿는 자들은 우는 사자가 이미 삼킨 자들입니다. 그들에게 별로 신경 쓸 필요가 없습니다. 그러나 복음을 바르게 깨닫고 복음의 진리에 따라 살려고 하는 자들은 사탄의 특별한 타깃입니다. 사탄의 왕국이 그런 성도들에 의해서 세력이 줄어들기 때문입니다. 복음을 바르게 믿는 그리스도의 군사들이 굳건하게 서서 마귀를 대적할수록 사탄의 왕국은 약화되고 그리스도의 왕국은 더 강성해집니다. 그런데 사탄은 어쩌면 휴가까지 가면서 슬슬 교회를 공격하고 있는지 모릅니다. 깨어서 바로 서 있는 교회들이 그리 많지 않기 때문입니다.

우리가 받아야 할 교훈은 이것입니다. 갈라디아 교인들은 오류가 없는 복음을 사도 바울로부터 배웠음에도 거짓된 가르침에 넘어갔습니다. 그렇다면 우리는 얼마나 더 정신을 차려야 하겠습니까? 거짓 가르침에 넘어간 자들은 소수의 개인이 아니고 갈라디아 지역에 있는 여러 교회들이었습니다. 악의 파급은 그냥 두면 무섭게 퍼집니다. 20세기 서구 교회들은 성경의 권위와 그리스도의 신성과 성경의 기적을 믿지 않는 자유주의 신학의 영향으로 큰 피해를 입었습니다. 오늘날의 서구 복음주의 교회는 신학적으로는 많이 회복되었지만 교회들은 빈자리를 채우느라고 고전중입니다. 우리나라 교회는 신학적인 피해보다는 예수 그리스도에 대한 천박한 이해와 물질적이고 개인주의적인 신앙관이 온 교회에 퍼져 있습니다. 우리가 정신을 차리고 복음의 본질부터 다시 짚어나가면서 고쳐나가지 않으면 교회는 자신의 소명을 잃고 계속 세속의 바다에서 표류할 것입니다.

바울은 무엇을 어떻게 가르쳤습니까?

예수 그리스도께서 십자가에 못 박히신 것이 너희 눈 앞에 밝히 보이거늘 누가 너희를 꾀더냐 (3:1).

바울이 전한 내용은 예수 그리스도의 십자가였습니다. 바울은 마치 대형 플랭카드를 눈 앞에 전시하듯이, 그리스도의 십자가를 갈라디아 교인들에게 펼쳐 보였습니다. 그는 십자가의 구원이 어떤 것인지를 가장 분명하고 확실하게 가르쳤습니다. 예수님이 십자가에서 못 박히신 것이 무슨 의미를 가졌고 또 그것이 각 개인에게 어떤 의미를 주며 어떻게 적용되는 것인지를 설명하였습니다.

바울은 누구든지 예수님을 하나님께서 우리 죄를 위한 속죄제물로 삼으신 대속주이심을 믿으면 용서를 받고 의롭게 된다고 가르쳤습니다. 예수님은 십자가에서 우리 죄를 위한 형벌을 다 받으셨기에 우리는 하나님과 바르게 되기 위해서 아무것도 행할 것이 없다고 말했습니다. 그는 우리가 오직 그리스도의 십가가를 믿음으로써 구원을 받기에 은혜 구원이며 하나님의 크신 사랑이라고 가르쳤습니다. 바울은 믿음으로 의롭게 되는 칭의 구원을 선포하였고 구원받은 자는 계속하여 그리스도의 완전한 믿음과 그분의 신실하심을 신뢰하면서 믿음 생활을 해야 한다고 설교하였습니다.

이것은 타종교에서는 들어볼 수 없는 말이었습니다. 인간 종교는 모두 행위 구원을 가르칩니다. 신도가 신을 위해서 공로를 세워야 하고 자기 노력으로 신을 기쁘게 해 주어야 합니다. 그래도 구원을 보장받지 못합니다. 신이 요구하는 것들을 끝없이 지켜야 하기 때문입니다.

구원이 인간의 행위에 달렸다는 것이 이교의 특징입니다. 그러나 기독교는 반대입니다. 우리의 구원은 하나님의 행위에 달렸습니다. 하나님께서 십자가에서 자기 아들을 희생시켰습니다.

순교는 하나님이 그리스도의 십자가를 통해서 먼저 하셨습니다. 기독교가 왜 복음입니까? 왜 '기쁜 소식'이라고 부릅니까? 불완전하고 죄로 가득한 내가 아무 하는 일이 없이 온전한 용서와 완전한 구원을 보장받기 때문입니다. 예수 그리스도의 십자가를 통한 하나님의 구속 행위를 믿으면 누구나 천국에 들어갑니다. 예수님을 하나님의 아들로 믿고 그분을 나의 대속주로 받아들이면 즉시 구원을 받습니다. 피 한방울, 땀 한방울도 흘리지 않고 오직 믿음으로 구원받는 것이 기독교 복음입니다. 바울은 말합니다.

> 그러나 경건하지 못한 사람을 의롭다고 하시는 분을 믿는 사람은, 비록 아무 공로가 없어도 그의 믿음이 의롭다고 인정을 받습니다. 그래서 행한 것이 없어도 하나님께서 의롭다고 여겨 주시는 사람이 받을 복을 다윗도 다음과 같이 말하였습니다.
> 하나님께서 잘못을 용서해 주시고 죄를 덮어 주신 사람은 복이 있다. 주님께서 죄 없다고 인정해 주실 사람은 복이 있다. (롬 4:5~7, 새번역).

세상의 어떤 종교도 이렇게 해서 구원을 거저 받는다고 가르치지 않습니다. 그러나 기독교는 구원이란 하나님만이 인간에게 줄 수 있다고 말합니다. 하나님이 구원을 주시는 방법은 단순히 하나님의 능력이 크시기 때문이 아닙니다. 하나님은 자신이 지으신 이 세상 인간들을 지극히 사랑하십니다. 그래서 자신의 독생자를 대속주로 주셨습니다. 하나님께서 먼저 우리를 위해 세상에 아들을 보내셨습니다. 그 아들이 우리를 대신하여 완전한 순종과 헌신으로 하나님을 섬겼습니다. 그리고 우리를 위해 대속의 죽음을 치르셨습니다. 그러니까 하나님이 죄인들을 먼저 섬긴 것입니다. 하나님이 먼저 희생제물이 되셨기에 우리를 위해 순교하셨다고 말할 수 있습니다. 우리는 그리스도 안에서 피 한방울 흘리지 않고 용서를 받았습니다. 하나님께서는 우리를 그리스도의 대속 때문에 형벌 없는 형벌을 받은 자들로 간주하십니다. 하나님께서는 예수님의 공로를 우리의 것으로 넘기시고 우리를 의롭다고 하십니다. 이것이 우리 앞에 제시된 복음입니다. 그렇다면 이 복음 이외의 거짓된 구원 교리를 따라갈 이유가 없지 않겠습니까? 예수 그리스도면 충분합니다. 「예수 그리스도 + Something」은 복음이 아닙니다.

그런데 우리의 입장은 어떻습니까? 예수 그리스도의 십자가가 눈 앞에 선명합니까? 아니면 혹시 주님의 십자가가 다른 것들로 가려지지는 않았습니까? 복음이 무엇인지 그 의미를 분명히 아십니까? 처음에는 분명했는데 지금은 혹시 불투명하지는 않습니까? 한때는 주님을 사랑하며 순종하는 삶을 살았는데 지금은 차지도 않고 덥지도 않은 상태가 되지는 않았습니까?

우리의 문제는 이중적입니다. 하나는 십자가 복음이 교회 강단에서 나팔소리처럼 분명하고 크게 들리지 않는 것입니다. 또 하나는 십자가 복음을 분명히 들었으면서도 세상 속으로 빠져들어가는 것입니다. 그래서 예수님이 멀어지고 교회도 멀어지고 구원의 소망이 흐려집니다. 그렇다면 어떻게 해야 하겠습니까? 복음으로 다시 돌아가야 합니다. 주님의 이름을 부르며 회개해야 하겠습니다. 주께서는 그런 사람들의 호소에 민감하십니다. "하나님을 가까이하라 그리하면 너희를 가까이하시리라"(약 4:8)고 하셨습니다. 이것은 하나님의 약속입니다. 하나님의 도우심을 믿고 나아가면 회복될 수 있습니다. 유대주의자들의 거짓된 가르침과 율법주의의 사슬에서 풀려날 수 있습니다. 우리 모두 복음을 바르게 깨닫고 복음의 자유와 기쁨을 누리며 주님을 섬겨야 하겠습니다.

17.
무엇으로 성령을 받았는가?
갈라디아서 3:1~5

바울은 본 항목에서 매절마다 질문을 던집니다. 갈라디아 교인들이 율법의 행위로 의롭게 되지 않았다는 것을 반증하기 위해서 그들에게 성령과 관계된 질문을 쏟아놓습니다. 바울은 갈라디아 교인들에게 물었습니다.

> 너희가 성령을 받은 것이 율법의 행위로냐 혹은 듣고 믿음으로냐 (갈 3:2).

바울은 거듭해서 묻습니다.

> 너희에게 성령을 주시고 너희 가운데서 능력을 행하시는 이의 일이 율법의 행위에서냐 혹은 듣고 믿음에서냐 (갈 3:5).

이것은 매우 중요한 질문입니다. 성령을 받은 것이 율법을 행했기 때문인지 아니면 복음을 듣고 믿었기 때문인지를 대답해 보라는 것입니다. 여기서 우리가 주목할 부분은 성령의 등장입니다. 그런데 왜 바울이 칭의 구원과 관련해서 성령 받은 것을 언급했을까요? 지금까지 바울은 사람이 하나님 앞에서 죄가 없는 의인으로 인정되는 것은 율법의 행위가 아닌, 주 예수에 대한 믿음이라고 강조하였습니다. 그래서 갈라디아 교인들이 할례를 받는 것은 불필요할 뿐만 아니라, 믿음으로 거저 받는 십자가의 은혜 구원을 내던지는 일이라고 했습니다. 바울은 2장 끝의 결론으로서 "만일 의롭게 되는 것이 율법으로 말미암으면 그리스도께서 헛되이 죽으셨느니라"(갈 2:21)고 했습니다.

그렇다면 갈라디아 교인들에게 주 예수를 대속주로 믿었느냐고 물으면 되지 않았을까요? 왜 성령을 받은 일이 율법의 행위인지 믿음에 의한 것인지를 따져야 했을까요? 성령은 메시아 시대의 특징입니다. 기름부음을 받은 자 곧, 메시아가 오시면 성령이 부어질 것이라고 선지자들이 예언하였습니다. 그래서 베드로는 오순절 설교에서 요엘 선지자의 말씀을 인용하였습니다.

> **하나님이 말씀하시기를 말세에 내가 내 영을 모든 육체에 부어 주리니 너희의 자녀들은 예언할 것이요 너희의 젊은이들은 환상을 보고 너희의 늙은이들은 꿈을 꾸리라** (행 2:17; 욜 2:28 이하).

에스겔 선지자도 이렇게 예언했습니다.

> **또 내 영을 너희 속에 두고 새 마음을 너희에게 주되 너희 육신에서 굳은 마음을 제거하고 부드러운 마음을 줄 것이며 또 내 신을 너희 속에 두어 너희로 내 율례를 행하게 하리니 너희가 내 규례를 지켜 행할지라** (겔 36: 26~27).

이러한 예언들은 그리스도의 오심과 함께 율법 시대가 아닌 성령 시대가 열린다는 것이었습니다. 메시아가 가져오는 구원은 성령에 의해서 시작되고 성령으로 진행되며 성령으로 성취된다는 것입니다. 구약시대는 율법에 의해서 이스라엘 백성이 그리스도의 오심을 준비하는 기간이었습니다. 그러나 그리스도가 오신 후에는 율법이 바라보던 메시아 시대가 시작되었기 때문에 성도의 삶을 인도하고 주관하는 것은 율법이 아니고 성령입니다.

그런데 일반적으로 우리는 성령에 대한 이해가 깊지 않다고 봅니다. 성령이라고 하면 초자연적인 현상을 연상하기 쉽습니다. 방언이나 예언 혹은 신유의 기적을 떠올립니다. 성령의 열매라는 말도 잘 쓰고 성령의 은사라는 말도 흔히 사용하지만, 구원과 성령과의 관계에 대해서는 분명하지 않거나 혼란을 일으킵니다. 이제 바울이 본문에서 언급한 성령에 관련된 말씀을 살피겠습니다.

첫째, 성령의 비밀 사역이 있습니다. 이것은 개인이 느끼거나 인식할 수 있는 것이 아닙니다. 그래서 비밀 사역이라고 합니다. 죄인은 영적으로 죽은 상태에 있기 때문에 하나님에게 닫혀 있습니다. 그래서 죽은 영혼이 되살아나야 하는데 이 일을 성령께서 하신다는 것입니다. 성령이 사람의 마음을 부드럽게 하여 복음을 받아들이도록 인도합니다.

복음을 전해 보면 이 일을 확인할 수 있습니다. 복음에 대해서 적대적이던 사람이 어느 날 마음이 바뀝니다. 구원받는 일에 관심이 없던 사람이 갑자기 큰 관심을 갖습니다. 전혀 믿을 것 같지 않던 사람이 몇 마디 말만 듣고도 너무 쉽게 예수를 믿습니다. 이것은 성령의 활동입니다. 믿는 사람의 입장에서 보면 자신의 의지로 결정한 일입니다. 그러나 실상은 자신의 인격체 뒤에서 성령이 모르게 활동하며 마음을 움직이신 결과입니다.

바울은 고린도교회에 보낸 서신에서 이렇게 증언하였습니다.

> **내 말과 내 전도함이 설득력 있는 지혜의 말로 하지 아니하고 다만 성령의 나타나심과 능력으로 하여 너희 믿음이 사람의 지혜에 있지 아니하고… 다만 하나님의 능력에 있게 하려 하였노라** (고전 2:4~5).

복음을 전해서 사람이 믿으면 그것은 복음을 받는 사람뿐만 아니라 복음을 전하는 사람도 성령의 인도와 능력을 받았기 때문입니다. 복음을 믿고 주 예수를 영접하는 일은 사람의 힘으로 되는 것이 아니고 성령 하나님의 활동에 의해서 마음이 바뀌기 때문에 가능합니다. 복음을 전하는 일도 자신의 지혜나 말재주로 되는 것이 아니고 성령 하나님의 쓰임을 받기 때문에 효과를 냅니다. 구원하는 믿음은 순전히 성령의 영향으로 생기는 것입니다. 그래서 구원은 하나님이 주시는 은혜의 선물입니다.

둘째, 죄인이 예수 그리스도를 믿으면 즉시 성령의 내주를 받습니다. 성령이 죄인의 마음속에 들어가서 자리를 잡습니다(엡 3:17). 그래서 바울은 말합니다.

> **만일 너희 속에 하나님의 영이 거하시면 너희가 육신에 있지 아니하고 영에 있나니 누구든지 그리스도의 영이 없으면 그리스도의 사람이 아니라** (롬 8:9).

성령은 신자의 삶이 시작되는 순간부터 영원히 신자 안에 살아 계십니다. 그러나 처음으로 신자가 될 때 들어오는 성령은 율법을 지켜서 받는 것이 아닙니다. 바울은 갈라디아 교인들에게 복음을 전할 때 율법을 가르친 것이 아니고, 그리스도의 십자가를 가르쳤습니다. 바울은 고린도전서에서 "내가 너희 중에서 예수 그리스도와 그가 십자가에 못 박히신 것 외에는 아무 것도 알지 아니하기로 작정하였음이라"(고전 2:2)고 했습니다.

갈라디아 교인들은 바울에게서 율법이 없는 복음을 듣고 믿었습니다. 그들은 율법과 상관없이 성령의 내주를 받았습니다. 예수 그리스도를 자신의 구주로 믿었기 때문입니다.

셋째, 바울의 포인트는 성령을 받은 것은 구원의 표시라는 것입니다. 이것은 율법의 행위로 오는 것이 아니기 때문에 갈라디아 교인들이 율법과 상관없이 구원을 받았음을 입증한다는 것입니다. 그렇다면 성령으로 시작한 크리스천 삶을 율법을 지킴으로써 온전히 이루겠다고 하는 것은 전적으로 잘못된 것이라는 말입니다. 주 예수께서 신자의 삶에서 성령을 통해 주권자가 되시고 하나님을 섬기는 삶을 인도하십니다. 그러므로 율법을 신자의 삶에 끌어들이는 것은 믿음으로 받은 구원을 가리는 일입니다.

첫 구원이든지 후속되는 성화의 삶이든지 오직 성령 안에서 이루어져야 합니다. 구원은 믿음으로 받고, 성화는 율법 준수로 이룬다는 것은 그릇된 가르침입니다. 구원을 받는 일도 성령의 일이고, 성도로서 그리스도를 본받는 삶도 성령의 인도에 의한 것이어야 합니다.

율법으로 구원을 받는 것이 아니라는 것은 모두 아는 사실입니다. 그런데 구원을 받은 이후의 성도의 삶은 율법의 계명을 지키는 것이라고 생각하는 분들이 적지 않습니다. 율법은 주 예수를 믿는 새 언약 백성에게는 적합하지 않습니다. 율법은 구약시대의 이스라엘 민족에게 적용되었던 잠정법이었습니다. 율법은 예수님이 오실 때까지만 이스라엘 백성을 지도하고 감독하던 신정시대의 국법으로서 그리스도에 대한 화살표였습니다. 이제 율법으로 나라 전체를 다스리던 때는 지났습니다.

율법은 주로 외형적인 것입니다. 모양새만 갖추면 됩니다. 믿음이 없어도 지킬 수 있습니다. 형식적으로 얼마든지 지키는 척할 수 있습니다. 율법은 그리스도인들에게는 미성년들을 대상으로 하는 낮은 수준의 법입니다. 이스라엘 백성은 영적 미성년이었습니다. 그들은 예수 그리스도의 온전한 구원의 계시를 충분히 받지 못한 시대에 살았습니다. 그래서 그들은 율법의 울타리 안에서 보호를 받으며 그리스도 안에서 살게 될 성년의 때를 기다려야 했습니다. 예수 그리스도를 믿는 신자들은 미성년이 아니고 성년입니다. 그래서 성년에게 적합한 수준의 법으로 살아야 합니다. 이것은 돌판에 새긴 성문법이 아니고 마음에 새겨진 성령의 법입니다. 그래서 바울은 갈라디아 교인들에게 그들이 성령을 받고 사는 성년이라는 사실을 주지시켰습니다.

넷째, 바울이 말하는 성령은 첫 구원 때에 받는 성령의 내주를 말하지 않습니다.

2절에서는 첫 구원의 회심 때에 받는 성령이고, 5절은 회심 후에 일어나는 성령의 활동이라고 보는 분들이 있습니다. 바울이 이 양편의 성령을 다 포함했다는 주장입니다. 그러나 이렇게 보면 회심 때의 성령의 내주가 비체험적인 것이라는 점과 맞지 않습니다. 바울이 비체험적인 성령을 받은 것을 놓고 율법의 행위로 받았느냐 믿음으로 받았느냐고 물었다면 말이 되지 않습니다. 본인이 의식하지 못하는데 무엇으로 받았느냐고 묻는 것은 모순입니다. 바울이 여기서 말하는 성령은 회심 때의 비체험적인 성령을 가리키지 않습니다.

그리스도를 처음 믿을 때 받는 성령은 비의식적인 내주입니다. 그런데 성령의 최초의 내주는 초자연적인 성령의 활동을 동반할 수 있습니다. 예를 들어 베드로는 고넬료 사건을 예루살렘 교회에 보고하면서 이렇게 증언하였습니다.

> **그런즉 하나님이 우리가 주 예수 그리스도를 믿을 때에 주신 것과 같은 선물을 그들에게도 주셨으니 내가 누구이기에 하나님을 능히 막겠느냐 하더라** (행 11:17).

여기서 베드로는 고넬료 집안이 주 예수를 믿을 때 의식할 수 없는 성령의 내주를 받았다고 증언한 것이 아닙니다. 고넬료를 비롯하여 그 집에 모였던 이방인들에게 성령이 부어지는 것을 베드로의 일행이 보았기 때문입니다. 이것은 성령을 체험적으로 받은 것을 가리킵니다. 복음을 들었던 고넬료 집안 식구들은 방언을 하며 하나님을 찬송하였습니다(행 10:44~48). 고넬료 집안 식구들은 주 예수를 믿는 순간에 의식할 수 없는 비체험적인 성령의 내주와 함께, 동시적으로 체험적인 성령을 받았습니다.

바울이 갈라디아 교인들에게 너희가 성령을 받은 것이 율법 행위로서냐 복음을 듣고 믿었기 때문이냐고 물은 것은 체험적인 성령을 가리킵니다. 2절과 5절은 성령 체험에 대한 동일한 내용의 질문입니다. 바울은 비체험적인 성령의 내주를 놓고 갈라디아 교인들이 받은 구원이 오직 주 예수를 믿음으로써 된 일이라는 것을 입증하려는 것이 아니었습니다.

바울은 여기서 회심으로 인도하는 성령의 비밀 사역을 말하는 것도 아니고, 회심 때에 받는 비체험적인 성령의 내주도 가리키지 않습니다. 그는 갈라디아 교인들이 체험적으로 의식하였고 나중에 분명하게 기억할 수 있는 무엇을 말하고 있습니다. 즉, 성령이 갈라디아 교인들에게 부어진 가시적이고 경험적인 것을 말합니다. 믿음으로 말미암는 칭의의 선언을 받는 것은 체험할 수 있는 것이 아닙니다. 그래서 바울은 비체험적인 칭의를 증명하기 위해서, 의식할 수 있고 기억할 수 있는 성령 체험에 호소하였습니다.

개역개정에서는 4절을 "너희가 이같이 많은 괴로움을 헛되이 받았느냐 과연 헛되냐"라고 번역하였습니다. 그러나 새번역에서는 "여러분의 그 많은 체험은 다 허사가 되었다는 말입니까? 참말로 허사였습니까?"라고 옮겼습니다. 개역성경에서 '괴로움을 받았다'라고 번역한 원문은 '에파세태 (epathete)입니다. 이 단어는 실제로 받는 고난이나 박해를 의미할 수 있지만 '체험한다'는 의미도 있습니다. 새번역은 여기서 체험한다는 의미를 택했습니다. 문맥으로 보면 기적과 같은 성령의 초자연적인 능력의 체험을 가리켰다고 봅니다.

초대 교회에서는 주 예수를 믿을 때 성령의 초자연적인 현상이 동반되었고 계속하여 성령의 능력을 체험하는 것이 정상이었습니다. 그래서 바울은 갈라디아 교인들이 회심 때와 그 이후에 계속해서 체험했던 성령의 활동을 상기시키면서 그런 일이 율법의 행위로 된 것이 아닌데 왜 할례와 같은 율법준수를 구원의 조건으로 내거는 유대주의자들의 가르침에 끌려다니느냐고 질책하였습니다.

현대 교회의 경우에는 이상하게도 처음 예수를 믿었을 때의 성령의 내주와 성령의 체험이 동시적으로 일어나는 일이 흔치 않습니다. 그래서 바울이 갈라디아 교인들에게 성령을 받은 체험을 상기시키면서 이것을 칭의 구원과 연결시키는 것을 이해하기가 다소 어려울 수 있습니다. 바울의 논리는 이것입니다. 즉, 성령을 체험적으로 받았다는 것은 성령의 내주가 있다는 뜻이고, 성령의 내주는 회심을 하고 예수를 믿게 되었다는 뜻이라는 것입니다. 그런데 이것은 율법의 행위로 된 일이 아니고 오직 주 예수를 구주로 믿었기 때문에 일어난 일이라는 것입니다.

바울은 "너희가 … 성령으로 시작하였다가 이제는 육체로 마치겠느냐"(3절)라고 했습니다. 여기서 '육체'는 일부 번역에서처럼 인간의 노력을 가리키는 것이 아니고, 할례와 같은 모세법의 범주에 속하는 것을 말합니다. 우리는 거룩한 삶을 위해서 힘써야 합니다. 그러나 율법의 규례를 따르는 것이 아니고 성령의 능력으로 그리스도를 본받아야 합니다. 바울이 지적하는 것은 성령을 받고 성령의 인도에 따라 살다가 모세법으로 돌아가는 것은 어리석은 짓이라는 말입니다.

[교훈]

우리는 성령의 인도와 도우심으로 영적 죽음에서 깨어나 주 예수를 주님으로 믿게 되었습니다. 그때 우리는 성령의 내주를 받았습니다. "성령으로 아니하고는 누구든지 예수를 주시라 할 수 없느니라"(고전 12:3)고 했습니다. 우리가 예수님을 주님이라고 고백하는 것은 성령이 우리 안에 내주하신다는 증거입니다. 우리는 율법에 힘입어 예수님을 주님이라고 고백할 수 없습니다. 우리는 갈라디아 교인들처럼 성령의 내주와 성령 체험을 동시적으로 경험하지는 못했을지 모릅니다. 그러나 돌이켜 보면 우리는 신앙생활 초기부터 성령의 인도를 받아온 것을 깨달을 수 있을 것입니다. 어떤 초자연적인 성령의 나타남은 없었을지 몰라도 누구나 성경 말씀을 깨닫는 일이 있었을 테고, 심령이 그리스도의 사랑으로 채워지는 것을 느꼈을 것입니다. 과거의 악습에서 점차 벗어나기도 하고 그리스도의 모습을 닮아가는 측면이 있음도 확인할 수 있을 것입니다. 이런 체험들은 모두 성령의 사역입니다.

우리는 구원을 받기 위해서 이런저런 규칙이나 의식을 따를 필요가 없습니다. 우리는 세례로 구원받지 않았고 안수로 구원받지 않았습니다. 금식으로 구원받지 않았고 선행으로 구원받지 않았습니다. 부모가 교인이기 때문에 구원받은 것도 아니고 교회에 등록이 되었다고 해서 구원받은 것도 아닙니다. 그런 것들을 구원의 조건으로 내걸면 유대주의자들의 전통을 따르는 것입니다.

우리는 성화의 삶을 위해서도 율법이나 그와 유사한 율법적인 규칙들을 따를 필요가 없습니다. 우리는 칭의도 믿음으로 받지만 성화도 꾸준한 믿음으로 성령의 조명과 인도를 받으면서 이루어갑니다. 우리는 성령에 의존하면서 성령의 능력으로 주를 섬겨야 합니다. 크리스천의 삶은 룰(rule)에 매이는 것이 아닙니다. 율법의 통제를 받으면서 사는 것도 아닙니다. 크리스천의 삶은 성령을 통해서 역사하시는 주 예수의 인격체를 신뢰하는 것입니다.

우리는 오직 주 예수를 구원자로 믿음으로써 구원을 받았고 성령을 받았습니다. 그 이외의 것들을 의지하는 것은 사람의 아이디어와 사람의 능력으로 구원을 이루려고 하는 것입니다. 우리가 율법주의로 돌아가면 성령의 능력을 체험하지 못합니다. 사탄은 항상 교회가 그리스도의 복음에서 탈선하기를 원합니다. 갈라디아 교인들은 이방인들이었습니다. 그런데 그들은 유대인의 종교 문화와 유대교의 율법으로 끌어들이려는 자들에게 귀를 주었습니다. 그래서 어리석은 자들이 되었습니다. 갈라디아 교인들이 처음 구원을 받았을 때 축복의 파도가 밀려왔습니다. 강력한 성령의 부음이 있었습니다. 그리스도의 사랑이 온 교회를 채우고 초자연적인 하나님의 임재와 기적이 일어났습니다. 그러나 그들이 [복음 + 유대주의]에 빠졌을 때 성령의 역사는 과거지사가 되었고, 그들은 율법의 노예로 전락되는 위기를 겪었습니다. 우리는 성령으로 시작하고 육체로 마칠 수 없습니다. 우리 중에 누구도 '어리석도다' 라는 바울의 말을 듣는 분이 한 분도 없어야 하겠습니다.

18.
아브라함의 자손
갈라디아서 3:6~9

바울은 갈라디아서 2장 15절부터 사람이 어떻게 하나님과 바른 관계에 놓일 수 있느냐는 칭의 구원론을 일련의 논증과 설명으로 진술합니다. 지금까지 바울은 자신의 체험과 갈라디아 교인들의 체험을 놓고 칭의는 율법의 준수가 아닌, 믿음으로 받는 것이라고 역설하였습니다. 이제 그는 아브라함이 어떻게 의롭게 되었는지를 예시합니다.

[왜 아브라함을 칭의의 예시로 삼았을까요?]

아브라함은 이스라엘 백성이 가장 존경하는 최고의 조상이기 때문입니다. 그들은 아브라함의 후손이라고 늘 자랑하였습니다. 족보로 따진다면 이스라엘 12지파가 아브라함의 손자인 야곱에게서 나왔습니다(창 29:32~30:24). 예수님은 유대인들에게 "진리를 알지니 진리가 너희를 자유롭게 하리라"(요 8:32)고 하셨습니다. 그때 그들은 "우리가 아브라함의 자손이라 남의 종이 된 적이 없거늘 어찌하여 우리가 자유롭게 되리라 하느냐"(요 8:33)라고 반문하였습니다.

바울이 아브라함의 칭의를 거론하는 것은 유대인들이 아브라함의 자손이라고 자부했기 때문입니다. 그럼, 아브라함은 어떻게 의롭게 되었는지 확인해 보자는 것입니다.

> **아브라함이 하나님을 믿으매 그것을 그에게 의로 정하셨다 함과 같으니라** (갈 3:6).

여기서 '의로 정하셨다'는 말은 의롭게 되는 원리로 삼으셨다는 뜻입니다. 즉, 믿음에 근거해서 의롭다고 여겨 주신다는 말씀입니다. 바울은 조금 전에 갈라디아 교인들에게 그들이 성령을 받고 기적을 체험한 것이 율법을 행하기 때문이었는지 아니면 복음을 듣고 믿었기 때문이었는지 물었습니다(갈 3:2). 그래서 본 절에서 아브라함의 실례를 들면서 칭의는 믿음에 의한 것임을 확인시킵니다. 개역개정보다 새번역으로 읽으면 뜻이 더 분명해집니다.

> **그것은, 아브라함이 하나님을 믿으니, 하나님께서 그것을 의로운 일로 여겨 주셨다는 것과 같습니다**(갈 3:6).

여기서 '의로운 일'이라고 한 것은 '정의'라는 뜻이 아닙니다. 아브라함은 어떤 사회 정의를 위해 거짓과 싸우지 않았습니다. 이 말은 우상을 섬기고 하나님을 대적하던 죄인이 하나님의 구원의 약속을 믿었기 때문에 하나님의 자녀가 되고 정죄를 받지 않은 의인으로 간주되었다는 뜻입니다. 이 구절은 율법 구원이 아닌, 칭의 구원이 하나님 앞에서 의롭다는 인정을 받는 길임을 명증하는 강력한 진술입니다. 유대인들이 가장 존경하는 아브라함도 믿음으로 의롭게 되었다면, 그의 후손이라고 자부하는 유대인들은 마땅히 그의 모범을 따라야 하지 않느냐는 논리입니다. 그래서 7절에서 "그런즉 믿음으로 말미암은 자들은 아브라함의 자손인 줄 알지어다"(갈 3:7)라고 했습니다.

여기서 바울은 유대인들에게 매우 중요한 메시지를 전하고 있습니다. 그는 유대인들이 늘 입에 올리는 '아브라함의 자손'을 새롭게 정의하였습니다. 아브라함의 자손은 육신적인 후손이 아닌, 영적 후손이라는 것입니다.

바꾸어 말하면 율법이 아닌, 예수 그리스도를 믿음으로써 의롭다는 인정을 받기 때문에 누구든지 예수 그리스도를 믿으면 아브라함의 후손이 된다는 말입니다. 이 칭의의 원칙은 이방인에게도 적용됩니다. 그래서 바울은 지금 율법에 의존해서 구원을 받으려고 하는 유대인을 향해서 말할 뿐만 아니라 그들의 가르침을 따르려고 하는 갈라디아 교인들에게도 같은 메시지를 전하고 있습니다. 그는 곧 이어서 하나님께서 진행시키는 전 세계적인 구원 계획이 어떤 원리와 과정으로 진행되고 있는지를 밝힙니다.

또 하나님이 이방을 믿음으로 말미암아 의로 정하실 것을 성경이 미리 알고 먼저 아브라함에게 복음을 전하되 모든 이방인이 너로 말미암아 복을 받으리라 하였느니라 (갈 3:8).

여기서도 '의로 정하셨다'는 말은 6절에서처럼 믿음에 의한 칭의를 가리킵니다. 하나님은 처음부터 믿음으로 의롭게 된다는 원칙을 세우셨습니다. 그런데 이 칭의의 원칙은 유대인이든지 이방인이든지 차별 없이 적용되는 보편적인 원리입니다. 그래서 하나님께서 먼저 아브라함에게 복음을 전하셨다고 했습니다. 이것은 매우 시사적인 표현입니다. 우리는 '복음'이라고 하면 신약시대에 와서 전해진 것으로 압니다. 그렇지 않습니다. 복음은 사실상 아담과 하와가 타락했을 때 에덴 동산에서 선포되었습니다. 하나님께서는 하와를 통해 아담을 타락시켰던 뱀에게 예수 그리스도를 통한 십자가 승리를 예고하셨습니다.

> 내가 너로 여자와 원수가 되게 하고 네 후손도 여자의 후손과 원수가 되게 하리니 여자의 후손은 네 머리를 상하게 할 것이요 너는 그의 발꿈치를 상하게 할 것이니라 (창 3:15).

그다음 장면을 보면, 하나님께서 아담과 하와에게 가죽옷을 지어 입히셨다고 했습니다(창 3:21). 가죽옷은 그 임자가 죽었다는 뜻입니다. 죄를 지어 죄책감과 수치감으로 숨어 있던 인류의 조상에게 하나님께서는 가죽옷의 임자를 희생시키시고 그들의 죄를 가려주는 의의 옷을 입혀 주셨습니다. 이것은 칭의에 대한 그림입니다. 과거의 신학자들은 이것을 '원초 복음'(primitive gospel)이라고 불렀습니다. 바울은 아브라함이 하나님께로부터 받은 메시지가 '복음'이었다고 말합니다. 그럼 아브라함은 어떤 복음을 받았을까요? 구원에 대한 복된 소식이었습니다.

믿음에 의한 칭의 구원이 복음입니다.

아브라함은 믿음으로 하나님과 바른 관계를 맺고 하나님으로부터 죄가 없다는 칭의 구원의 복음을 들었습니다. 창세기 15장 6절에는 아브라함이 여호와를 믿으니 여호와께서 이를 그의 의로 여기셨다고 했습니다. 그럼 아브라함이 여호와를 믿었다고 했는데 무엇을 믿은 것이었을까요? 아브라함이 믿은 것의 내용은 창세기 15장에 나옵니다.

어느 날 환상 중에 하나님의 말씀이 아브라함에게 임하였습니다. 그때 아브라함은 하나님이 그에게 씨를 주시지 않았기 때문에 상속자가 없으니 자기 집에서 기른 엘리에셀이 상속자가 될 것이라고 했습니다. 하나님께서는 아브라함에게 엘리에셀이 아니고, 그의 몸에서 날 자가 상속자가 된다고 하셨습니다. 그리고 그를 이끌고 장막에서 나와 뭇별이 촘촘히 빛나는 밤하늘을 우러러보게 하셨습니다. 그리고 아브라함에게 수많은 뭇별을 셀 수 있겠느냐고 물으시고 그의 자손이 그렇게 많을 것이라고 하셨습니다.

아브라함이 이때 들었던 말씀이 무엇이었습니까? 후손에 대한 약속이었습니다. 그러니까 그가 믿은 것은 하나님의 약속의 말씀이었습니다. 그래서 그는 의롭다는 칭의의 선언을 받았습니다. 더 구체적으로는, 그가 고향 땅을 떠날 때 하나님이 그에게 주셨던 말씀이 실현될 것이라는 약속이었습니다. 그가 고향 땅을 떠날 때 받았던 말씀은 가나안 땅의 유업에 대한 약속을 비롯하여 큰 민족을 이루고 그의 이름이 창대하게 되며 그가 모든 민족의 복의 통로가 된다는 것이었습니다(창 12:1~3). 이러한 약속들은 아브라함의 후손으로 오실 메시아를 통해서 온전히 성취될 것이었습니다. 바울은 갈라디아서 3장 16절에서 이 점을 잘 지적하였습니다.

> **이 약속들은 아브라함과 그 자손에게 말씀하신 것인데 여럿을 가리켜 그 자손들이라 하지 아니하시고 오직 한 사람을 가리켜 네 자손이라 하셨으니 곧 그리스도라** (갈 3:16).

결국 아브라함이 믿은 것은 예수 그리스도가 오실 것이라는 약속의 말씀이었습니다. 아브라함이 어떻게 구원을 받았느냐고 묻는다면 그 대답은 메시아의 오심에 대한 약속의 말씀을 믿었다는 것입니다. 그렇다면 그의 후손인 이스라엘 백성도 믿음으로써 의롭게 되는 구원을 받아야 할 것입니다.

하나님께서는 아브라함도, 이스라엘 백성도, 이방인도 모두 믿음에 의한 칭의 구원을 받도록 계획하셨습니다. 이방인들도 아브라함이 받은 예수 그리스도에 대한 복음을 듣고 믿음으로써 구원을 받도록 의도되었기 때문에 하나님께서 먼저 아브라함에게 율법이 아닌, 복음을 전하셨습니다. 9절이 결론입니다.

그러므로 믿음으로 말미암은 자는 믿음이 있는 아브라함과 함께 복을 받느니라 (갈 3:9).

아브라함은 메시아에 대한 하나님의 약속을 믿고 의롭다는 인정을 받았습니다. 이 복은 이방인들도 동일하게 받을 수 있는데 예수 그리스도를 믿으면 된다는 것입니다. 우리는 어떻게 해서 구원을 받았습니까? 주 예수를 믿고 구원을 받았습니다. 그럼 우리가 받은 구원의 복과 아브라함이 받은 구원의 복에 차이가 있습니까? 없습니다. 왜 그렇습니까? 아브라함도 우리도 똑같이 믿음으로 의롭다는 선언을 받았기 때문입니다. 하나님께서는 아브라함에게도 예수 그리스도의 복음을 전하셨고, 우리에게도 동일한 복음을 전하셨습니다.

아브라함은 어떤 의미에서 믿음의 조상입니까?

우리는 아브라함이 믿음의 조상이라는 말을 잘 씁니다. 어떤 의미에서 아브라함이 믿음의 조상입니까? 흔히 그는 갈바를 알지 못하고 자기 고향과 친척을 떠났기 때문에 그의 믿음을 본받아야 한다고 말합니다.

믿음으로 아브라함은 부르심을 받았을 때에 순종하여 장래의 유업으로 받을 땅에 나아갈새 갈 바를 알지 못하고 나아갔으며 (히 11:8).

이 말씀을 놓고 아브라함이 하나님의 부르심을 받고 갈 바를 모르는 상태에서 순종하여 유업의 땅으로 나아갔다고 강조합니다. 그래서 마치 아브라함이 가졌던 믿음은 모험적이고 무조건적인 것처럼 들립니다. 그러나 이것은 본문을 오해한 것입니다. 아브라함은 물론 구체적으로 자신이 어디에 정착해서 살 것인지 몰랐습니다. 그러나 적어도 아브라함은 자신이 가나안으로 간다는 것을 확실하게 알았습니다. 또 하나님께서는 아브라함에게 "내가 네게 보여 줄 땅으로 가라"(창 12:1)고 하셨는데 그 땅이 하나님께서 약속하신 유업의 땅이라는 것도 알았습니다. 그래서 그는 하란을 떠나 가나안 땅으로 향하였습니다. 그는 가나안 땅에서 방랑생활을 하면서 하나님의 인도를 계속 받았습니다.

창세기 12장 5절을 들어보십시오.

아브람이 그의 아내 사래와 조카 롯과 하란에서 모은 모든 소유와 얻은 사람들을 이끌고 가나안 땅으로 가려고 떠나서 마침내 가나안 땅에 들어갔더라 (창 12:5).

아브라함은 가나안이 목적지라는 것을 처음부터 알았습니다. 아브라함의 믿음은 무작정 상경이 아니었습니다. 믿음은 아무것도 보이지 않는 어둠 속으로 뛰어들어가는 모험이 아닙니다. 하나님이 주신 약속이 반드시 이루어질 것을 확신하는 것이 믿음입니다. 우리는 아브라함이 갈 바를 알지 못하고 길을 떠났다는 것을 낭만적으로 이해하거나 맹목적인 순종을 인위적으로 끌어내기 위한 예시로 삼지 말아야 합니다.

아브라함에 대한 또 다른 오해는 그의 믿음이 매우 좋았기 때문에 믿음의 조상이 되었다고 보는 것입니다. 물론 아브라함은 자신의 독자인 이삭을 제단 위에 바쳤습니다. 그러나 그의 행위가 아무리 숭고했을지라도 성경은 그가 그런 희생으로 의롭게 되었다고 말하지 않습니다. 그럼 어떤 의미에서 아브라함이 믿음의 조상입니까? 그가 모든 믿는 자의 조상이 된 것은 그의 믿음이 훌륭해서라기보다는 그가 의롭다고 인정받은 방식이 두 가지 면에서 두드러지기 때문입니다.

첫째, 아브라함은 믿음으로 의롭게 되었다는 뜻에서 "믿는 모든 자의 조상"(롬 4:11)이 되었습니다.

아브라함이 믿는 자의 조상이 되었다는 말은 그가 다른 사람보다 믿음이 제일 좋았다는 뜻이 아닙니다. 아브라함은 믿음이 있었지만, 하나님을 불신하는 행동도 서슴지 않았습니다. 그는 점차 성숙한 교인으로 살았지만 큰 실수를 의도적으로 저지르기도 했습니다. 잘 아는 스토리지만 그는 애굽의 바로 왕에게 자기 아내인 사라를 여동생이라고 속이고 넘겨주었습니다. 이런 일을 한 번도 아니고 두 번씩 저질렀습니다(창 12:10~20; 20:1~7).

아브라함이 믿음의 조상이라는 말은 아브라함이 받은 칭의 구원이 우리 모두가 받는 구원의 방식과 동일하다는 뜻입니다. 그래서 아브라함의 후손이 아브라함의 믿음을 따라 동일한 원리로 구원을 받기 때문에 아브라함이 모든 신자의 믿음의 조상입니다.

둘째, 아브라함은 칭의 구원의 대표적인 실례입니다.

아브라함이 믿음의 조상이 된 것은 그가 칭의 구원의 첫 번째 실례이기 때문은 아닙니다. 아브라함 이전에도 믿음으로 의롭게 되는 사람들이 적지 않았습니다.

✻ 아담과 하와는 하나님이 마련하신 가죽옷을 입고 살았습니다. 그들은 장차 메시아가 가죽옷의 실체로서 여자의 후손으로 오실 것을 기다렸습니다. 그리고 그분이 그들을 대신하여 자신을 희생제물이 되게 하심으로써 그들을 구원하실 것을 믿었습니다.

✻ 아벨은 믿음으로 하나님께 제사를 올렸습니다(히 11:4).

✻ 에녹은 하나님을 믿고 동행하는 삶을 살다가 죽음을 맛보지 않고 승천하였습니다(히 11:5).

✻ 노아도 믿음으로 하나님의 말씀을 신뢰하여 "믿음을 따르는 의의 상속자"(히 11:7)가 되었습니다.

그럼 아브라함을 유독 믿음의 조상이라고 부르는 까닭이 무엇입니까? 아브라함의 실례가 두드러지기 때문입니다. 하나님께서는 아브라함의 칭의 구원을 드러내기 위해서 매우 인상적인 방법을 사용하셨습니다.

당시의 상황을 보면 이 사건의 분위기를 실감할 수 있습니다. 그때 아브라함은 네 왕의 연합군이 소돔과 고모라 왕을 비롯한

다섯 왕을 쳐부수고 소돔에 거주하던 아브라함의 조카 롯까지 포로로 잡아갔습니다(창 14:9, 12). 아브라함은 이 소식을 듣고 자기 집의 사병대를 이끌고 나가서 롯을 구출했습니다. 그러나 그에게는 큰 고민이 있었습니다. 사막 지대에서는 낙타의 모래밭 발자국이 선명합니다. 그래서 적군이 보복을 하기 위해 아브라함을 추격한다면 꼼짝없이 당할 판이었습니다. 아브라함의 사병대는 삼백 십팔 명에 불과했습니다. 아브라함에게는 상속자가 없었습니다. 연합군의 공격을 받으면 자식이 없이 죽게 될 것입니다. 그때 하나님이 오셔서 하신 말씀은 아브라함에게 큰 격려가 되었을 것입니다.

> **이 후에 여호와의 말씀이 환상 중에 아브람에게 임하여 이르시되 아브람아 두려워하지 말라 나는 네 방패요 너의 지극히 큰 상급이니라** (창 15:1).

아브라함은 장막에서 잠을 이루지 못하고 두려워할 때였습니다. 그때 하나님께서는 하늘에 무수한 별들을 불꽃놀이처럼 펼쳐 놓았습니다. 그리고 아브라함의 손을 이끌고 별빛 찬란한 창공을 바라보게 하셨습니다. 현란한 밤하늘은 하나님의 창조의 능력과 아름다움을 과시하였습니다. 별마다 자신들의 신비를 반짝이며 창조주 하나님의 선하심과 무한하신 능력을 신뢰하라고 속삭이는 듯하였습니다.

창조주 하나님께서 침체와 두려움에 빠져있던 아브라함의 손을 잡고 장막 밖으로 나와서 창공의 별들을 가리키시는 모습을 상상해 보십시오. 얼마나 감동스러운 장면입니까? 얼마나 자상하신 하나님이십니까? 이처럼 매우 드라마틱하고 인상적인 장면이었기에 누구도 잊을 수 없는 일이었습니다. 그래서 아브라함이 받은 칭의가 후세대를 위한 본보기로 사용되었습니다.

아브라함은 하늘의 뭇별처럼 그의 자손이 많아질 것이라는 하나님의 약속을 믿고 의롭다는 인정을 받았습니다. 그가 칭의를 받기 위해서 행한 일이 무엇입니까? 아무것도 없습니다. 단지 예수 그리스도에 대한 하나님의 약속을 그대로 믿었을 뿐입니다. 그래서 아브라함은 칭의 구원을 받은 첫 번째 실례는 아니지만, 칭의를 예시하는 가장 두드러진 좋은 본보기가 되었습니다. 이런 의미에서 아브라함은 모든 믿는 자의 조상입니다.

[교훈]

각자 스스로에게 던져야 할 질문이 있습니다. 나는 아브라함의 자손입니까? 그렇다면 그 근거가 무엇입니까? 세례를 받았기 때문입니까? 교회를 어렸을 때부터 다녔기 때문입니까? 목회자가 되었기 때문입니까? 교회에서 집사나 장로의 직분을 맡았기 때문입니까? 성경을 매일 읽기 때문입니까? 십계명을 지키기 때문입니까? 우리는 오늘 본문에 근거해서만 아브라함의 자손이 될 수 있습니다.

> **그런즉 믿음으로 말미암은 자들은 아브라함의 자손인 줄 알지어다**
>
> (갈 3:7).

여러분은 예수 그리스도를 하나님이 보내신 자신의 대속주로 믿으십니까? 그러면 아브라함의 자손입니다. 아브라함의 자손은 유대인도 있고 유대인이 아닌 사람도 있습니다. 유대인은 아브라함의 육신적 후손이지만 그 자체로서는 아브라함의 영적 자손이 될 수 없습니다. 구원은 육체적인 조상과 아무 상관이 없습니다. 오직 주 예수 그리스도를 믿는 자들만이 의롭다는 인정을 받은 아브라함의 자손입니다. 아브라함은 예수님을 믿었습니다. 아브라함에 대한 예수님의 증언을 들어보십시오.

> 너희 조상 아브라함은 나의 때 볼 것을 즐거워하다가 보고 기뻐하였느니라 (요 8:56).

예수 그리스도의 때는 이미 왔습니다. 지금 우리는 아브라함에게 약속된 복을 받을 수 있습니다. 우리가 아브라함의 영적 자손이라면 아브라함에게 약속된 하나님의 복을 예수 그리스도 안에서 날마다 받으며 하나님을 기뻐하고 즐거워할 수 있습니다. 이러한 아브라함의 복을 함께 누리는 복된 성도들이 되어야 하겠습니다.

19.
율법이 주는 생명
갈라디아서 3:10~12

본 항목은 구원을 받는 것이 믿음으로 되느냐 아니면 율법으로 되느냐는 문제를 놓고 바울이 구약 본문을 인용하면서 설명하는 대목입니다. 3장에서 지금까지 바울이 진술한 내용을 요약한다면 다음과 같습니다.

• 성령을 받은 것은 율법의 행위가 아니고 복음을 듣고 믿었기 때문이다.

• 아브라함은 하나님의 약속을 믿음으로써 의롭다는 인정을 받았다.

• 믿음으로 의롭게 된 자들은 누구나 아브라함의 자손이다.

• 이방인도 복음을 믿으면 아브라함에게 약속된 복을 받는다.

이제 바울은 믿음과 율법의 본질을 보다 더 확명하게 제시하기 위해서 구약의 관련 본문들을 인용합니다.

율법 행위에 근거한 삶은 하나님의 저주 아래 있습니다.

무릇 율법 행위에 속한 자들은 저주 아래에 있나니 …" (갈 3:10).

여기서 '무릇'이라는 개역개정의 번역은 어울리지 않습니다. 원문은 '그러나, 왜냐하면, 한편'이라는 뜻입니다. 우리말로 '무릇'은 '대체로' 혹은 '생각해 보건대'라는 뜻입니다. 본 절은 앞에서 믿음으로 의롭게 되고 아브라함에게 약속된 복을 받는다는 말을 문맥으로 삼고 있습니다. 그래서 율법 행위를 강조하고 이것을 칭의 구원의 바탕으로 삼으려는 유대주의자들의 주장을 반박하기 위해서 시작하는 말입니다. '무릇'은 위의 문맥에 비추어 '그러나', '한편', '왜냐하면' 등으로 이해하는 것이 좋습니다.

그럼 왜 율법 행위에 의존하여 구원을 받으려고 하면 저주를 받을까요? 율법에는 보상과 형벌이 있습니다. 순종하면 복을 받고 불순종하면 벌을 받습니다. 율법을 어기면 하나님의 진노의 대상이 됩니다. 율법에는 하나님이 정하신 형벌이 적혀 있습니다. 그 형벌을 받는 것이 저주를 받는 것입니다. 이 저주를 피하고 복을 받는 방법은 율법을 지키는 것입니다. 그런데 문제가 있습니다. 율법은 수천 가지라서 누구도 다 지킬 수 없습니다. 그래서 율법에 의존해서 구원을 받으려고 하면 모두 실패합니다. 율법은 애당초 구원의 길로 의도된 것이 아니었습니다.

바울은 이 점을 지적하기 위해서 신명기 27:26절을 인용하였습니다. 이 구절의 배경을 살필 필요가 있습니다. 이스라엘 백성이 요단 강을 건너 가나안 땅에 정착하기 전에 그리심 산과 에발 산에서 여섯 지파씩 나누어 하나님이 정하신 복과 저주를 낭독하고 모두 아멘으로 응답하였습니다. 에발 산에서는 여러 죄악들에 대한 저주가 낭독되었는데 맨 마지막 절을 바울이 인용하였습니다.

그런데 바울이 갈라디아서 3:10절에서 신명기 27:26절을 인용할 때 "모든 일을 항상 행하지 아니하는 자는 저주 아래에 있는 자"라고 했는데 신명기 27:26절 본문에는 "모든 일"이라는 표현은 나오지 않습니다. 그러나 신명기 28:15절에는 "모든 명령과 규례를 행하지 아니하면" 모든 저주가 내린다고 하였습니다. 신명기 28:58절에도 "네가 만일 이 책에 기록한 이 율법의 모든 말씀을 지켜 행하지 아니하고 … "(신 28:58) 라고 나옵니다. 그러니까 바울이 신명기 27:26절을 인용하면서 '모든 일'이라고 옮긴 것은 본뜻을 정확하게 옮겼다고 보아야 합니다.

율법 준수는 한 마디로 불가능합니다. 그럼 왜 율법을 주셨느냐는 질문이 나올 수밖에 없습니다. 율법은 이스라엘 백성이 이방민족들보다 훨씬 더 높은 수준에서 살도록 하기 위해서 잠정적으로 주어졌던 신정 시대의 국법이었습니다. 이것은 사회 질서를 유지하고 제사제도를 확립하며 거룩한 백성으로 사는 훈련을 시킴으로써 장차 오실 메시아의 도래를 준비하기 위한 디딤돌이었습니다.

그러니까 율법은 구원을 주기 위해 마련된 법이 아니었습니다. 율법은 어기는 자들을 정죄하고 형벌을 내립니다. 그래서 율법 행위에 의존하여 아브라함에게 약속된 구원을 받으려는 자들은 모두 저주 아래로 들어갑니다.

바울은 11절에서 율법에 근거해서 의롭게 되는 것은 불가능하다고 말하고 또다른 구약 말씀을 인용합니다.

> 또 하나님 앞에서 아무도 율법으로 말미암아 의롭게 되지 못할 것이 분명하니 이는 의인은 믿음으로 살리라 하였음이라 (갈 3:11).

'의인은 믿음으로 살리라'는 말씀은 바울이 로마서 1장 17절에서도 인용했습니다. 종교개혁자였던 마틴 루터가 칭의 구원을 깨닫는 결정적인 말씀이었습니다. 그런데 다음 절을 읽으면 금방 혼란이 생깁니다.

> 율법은 믿음에서 난 것이 아니니 율법을 행하는 자는 그 가운데서 살리라 하였느니라 (갈 3:12).

11절에서는 의인은 믿음으로 산다고 하였는데 12절에서는 율법을 행하는 자도 그것으로 살리라고 했습니다. 그럼 양쪽 다 산다는 말인데 지금까지 바울이 한 말과 맞지 않는 듯합니다. 믿음으로 의롭게 된다고 하였고 율법 행위는 저주 아래 있는 것이라고 하지 않았습니까? 그런데 이제는 율법을 행하는 자는 그 일로 살 것이라고 하니 도대체 무슨 의미일까요?

12절은 이런 뜻입니다. 율법의 본질은 믿음이 아니고 행위라는 것입니다. 칭의는 믿어서 받는 하나님의 선물이지만 율법은 내가 행하는 나의 공로라는 것입니다. 율법의 요구를 따라 사는 것은 신뢰나 신앙의 문제가 아니고 행하는 문제입니다.

믿음은 그리스도라는 인격체를 믿는 것이고 율법은 규정대로 행하는 것입니다. 그래서 율법은 믿음에서 생긴 것이 아니라고 했습니다. 율법의 목적은 구원이 아니고 언약 백성으로서 지켜야 할 규범들을 행하게 하는 것입니다. 이를테면 사회생활을 어떻게 하고 제사와 성전 예배를 어떻게 드리며 도덕 생활과 위생 규칙, 농경법, 죄인에 대한 처벌 등에 대한 규정들을 정해 놓고 시행하게 하는 것입니다. 그렇게 하면 나라가 잘 되고 개인도 복을 받는다는 말입니다. 그러니까 율법을 잘 지켜서 오는 삶을 '그 가운데서 살리라' 고 했는데 이렇게 사는 것은 개인의 영혼 구원이 아니고 이스라엘의 국가적 안녕이었습니다. 그래서 구약에 나오는 복은 주로 지상적이고 물질적이며 국가적입니다.

이것은 율법을 잘 지킬 때에 받는 복으로서 그리심 산에서 선포한 복에 바탕한 것입니다. 즉, 나라가 태평하고 무병 장수하며 자녀들 잘 되고 흉년이 들지 않고 물질적으로 번성한다는 것입니다. 일반적으로 신자들은 이런 복을 좋아하는데 아마도 우리나라 재래종교의 복들과 매우 비슷하기 때문일 것입니다. 그래서 교회에서 가장 많이 인용하는 구절들이 신명기 28장에 나오는 복의 목록 속에 나옵니다.

> 네가 들어와도 복을 받고 나가도 복을 받을 것이니라 (신 28:6).

> 네가 많은 민족에게 꾸어줄지라도 너는 꾸지 아니할 것이요 (신 28:12).

> 여호와께서 너를 머리가 되고 꼬리가 되지 않게 하시며 위에만 있고 아래에 있지 않게 하시리니 … (신 28:13).

이런 구절들을 인용하면서 복 받는다고 하면 다들 아멘으로 응답합니다. 그러나 이러한 복은 율법을 준수하는 것을 조건으로 한 것입니다. 그리심 산에서 복을 선포했지만 율법을 순종하지 않을 경우에 '복이 저주'로 바뀌는 것을 볼 수 있습니다.

> 네가 만일 네 하나님 여호와의 말씀을 순종하지 아니하여 내가 오늘 네게 명령하는 그의 모든 명령과 규례를 지켜 행하지 아니하면 이 모든 저주가 네게 임하며 네게 이를 것이니 (신 28:15).

그래서 저주의 목록에는 복으로 약속된 것들이 뒤집어집니다. 즉, '복이 변하여 화'가 됩니다.

> 네가 들어와도 저주를 받고 나가도 저주를 받으리라(신 28:19).

> 너의 중에 우거하는 이방인은 점점 높아져서 네 위에 뛰어나고 너는 점점 낮아질 것이며 그는 네게 꾸어줄지라도 너는 그에게 꾸어주지 못하리니 그는 머리가 되고 너는 꼬리가 될 것이라 (신 28:43~44).

그런데 바울은 이런 복을 언급하지도 않았고 그런 복이 화가 되는 저주도 언급하지 않았습니다. 믿음으로 말미암는 칭의는 율법의 방식에 따라 오지 않기 때문입니다. 믿음에 의한 칭의는 율법의 복이나 저주의 영역에서 일어나지 않습니다. 그렇기 때문에 그리스도를 신뢰하고 그의 복음을 믿고 사는 신약 성도들에게 율법 준행을 조건으로 한 복을 축복의 구호처럼 남발하는 것은 문맥도 틀리고 적용도 맞지 않습니다.

바울은 12절에서 레위기 18:5절을 인용하였습니다. 아마 율법 준수를 주장하는 자들이 이 구절을 근거본문으로 제시했을지 모릅니다. 율법을 행하는 자가 산다고 하지 않았느냐는 것입니다. 그러므로 할례를 받고 모세 율법을 행하는 것이 축복의 길이라고 가르쳤을 것입니다. 그러나 바울이 레위기 18:5절을 인용한 것은 믿음과 행위가 둘 다 구원의 길이 될 수 없다는 점을 지적하려는 것이었습니다. 율법을 행하면 약속된 복을 받을지라도 그것은 구원이 아니라 이스라엘 공동체의 국가적 안녕과 사회적 질서와 경제적 번영을 위한 길에 불과하다는 것입니다. 따라서 이것은 유대인들에게도 구원의 길이 될 수 없고 이방인들에게는 더구나 해당되지 않습니다. 이방인들에게는 율법 준수에 의한 복이 약속된 적이 없기 때문입니다.

갈라디아서 3:10절에서 인용한 신명기 27:26절은 이스라엘의 공적 삶에 대한 경고입니다. 갈라디아서 3:12절에서 인용된 레위기 18:5절도('율법을 행하는 자는 그 가운데서 살리라') 율법의 순종에서 오는 국가적 차원의 삶을 가리킵니다. 그래서 이 원리는 하나님과의 개인적인 신앙생활에 적용하기에는 부적절합니다.

반면, 갈라디아서 3:11절에서 의인은 믿음으로 살리라고 한 말은 하박국 2:4절의 인용인데 하나님과의 개인적인 관계를 추구하는 것을 가리킵니다. 즉, 하나님의 의가 드러나고 자신이 옳다는 것을 변호하실 하나님을 신뢰하고 기다리는 믿음입니다.

율법은 믿음을 요구하지 않습니다.

십계명의 다섯째 계명에서 언급된 생명은 이스라엘이라는 언약 공동체에만 해당하는 것으로서 그리스도를 믿고 받는 영생이 아니었습니다.

네 부모를 공경하라 그리하면 네 하나님 여호와가 네게 준 땅에서 이방인들에게는 여호와가 주신 가나안 땅이 없었습니다. 그래서 그들에게는 이 계명의 생명이 해당되지 않습니다. 바울은 율법이 이스라엘 공동체에게 언약 국가로서 존재하기 위해 필요하였고 어느 정도 유익하다는 것은 인정하였습니다. 그러나 율법 준수가 '생명'을 준다고 했지만 바울이 관심을 둔 생명은 율법에 의해서 오는 사회적이고 국가적인 단위의 국민 생활의 복지가 아니었습니다. "율법을 행하는 자는 그 가운데서 살리라"(12절)고 했을 때의 생명은 순종의 결과입니다. 그런데 이 순종은 믿음을 조건으로 내걸지 않았습니다. 믿음의 유무와 관계 없이 율법을 순종하기만 하면 살리라고 하였습니다.

율법은 믿음을 요구하지 않습니다. 율법이 요구하는 것은 순종입니다. '믿는다'는 말은 모세 율법의 법조문 자체에서는 나타나지 않습니다. 이스라엘 백성은 시내산에서 모세를 통해 율법을 받았습니다. 그 이후 40년이 지나서 모세가 이스라엘 백성 앞에서 신명기 설교를 할 때까지 믿음에 대한 언급은 몇 군데 되지 않습니다. '믿는다'는 말이 더러 나오는 경우에도 율법을 믿으라는 뜻은 아니었습니다.

> 여호와께서 모세에게 이르시되 내가 빽빽한 구름 가운데서 네게 임함은 내가 너와 말하는 것을 백성들이 듣게 하며 또한 너를 영영히 믿게 하려 함이니라 … (출 19:9).

여기서 믿는 것은 백성으로 하여금 모세의 권위를 인정하게 한다는 뜻입니다.

여호와께서 모세에게 이르시되 이 백성이 어느 때까지 나를 멸시 하겠느냐 내가 그들 중에 많은 이적을 행하였으나 어느 때까지 나를 믿지 않겠느냐 (민 14:11).

여기서는 여호와를 신뢰하고 믿는 것을 말하고 있습니다. 율법을 믿음으로 지키라고 말하는 것이 아닙니다.

이 일에 너희가 너희의 하나님 여호와를 믿지 아니하였도다 (신 1:32).

여기서는 이스라엘 백성이 여호와 하나님께서 출애굽 때와 광야 여행에서 보호하시고 도우신 일을 신뢰하지 않는다는 것입니다. 모두 율법이 아닌, 모세와 여호와를 안 믿는다는 말입니다. 율법의 규례 자체에서는 율법을 지키기 위해서 믿음을 보이라고 하지 않았습니다. 율법은 믿음이 없어도 겉으로 얼마든지 지킬 수 있습니다. 다른 사람들의 눈에 율법을 잘 지키는 경건한 사람으로 비칠 수 있습니다. 바리새인들은 율법을 철저하게 순종하는 사람들로 인정되었습니다. 바울도 주 예수를 믿기 전에는 율법의 의로는 흠이 없다고 했습니다(빌 3:6).

그러나 이러한 율법 준수에서 오는 삶은 영생의 삶이 아닙니다. 그것은 믿음을 필요로 하지 않기 때문입니다. 물론 율법은 언약 공동체의 사회 질서와 종교 및 도덕 수준의 유지에 기여하는 것이 있습니다. 그러나 법령적인 측면의 율법은 개인의 구원이나 성화에 긍정적 기여를 할 수 없습니다. 율법은 믿음이 없이도 외형적인 준수가 가능합니다. 율법은 아브라함이 의롭게 된 믿음과는 아무 상관이 없는 별개의 원칙과 목적을 가진 것입니다.

[율법의 한계성]

율법은 여러 면에서 제한적이었습니다. 구약시대에는 죄의 해결이 율법의 영역에서만 어느 정도 가능하였습니다. 죄의 용서는 의식과 상징으로 처리되었습니다. 그러나 황소와 염소의 피가 죄를 없이 하는 것은 불가능하였습니다(히 10:4). 살인과 같은 중죄는 용서받을 수 없었습니다. 안식일을 어기거나 간음을 해도 용서받지 못하였습니다. 무엇보다도 모세 율법은 경배자의 양심을 깨끗하게 할 수 없었습니다. 율법을 바라보면 죄책감이 생기기 때문입니다. 그래서 히브리서의 저자는 말합니다.

> 율법은 장차 올 좋은 것들의 그림자일 뿐이요, 실체가 아니므로 해마다 반복해서 드리는 똑같은 희생제사로써는 하나님께 나오는 사람들을 완전하게 할 수 없습니다. 만일 완전하게 할 수 있었더라면 제사를 드리는 사람들이 한 번 깨끗하여진 뒤에는 더 이상 죄의식을 가지지 않을 것이고 따라서 제사 드리는 일을 중단하지 않았겠습니까? (히 10:1~2, 새번역).

율법에 의해서 의롭게 될 수 없는 또 다른 이유는 율법은 정죄만 하기 때문입니다(갈 3:10~14). 아브라함에게 약속된 칭의 구원의 복을 가져오는 것은 믿음입니다. 율법은 다 지킬 수도 없으려니와 불순종하는 자들을 모두 정죄합니다. 그래서 율법에 의존하는 신앙생활은 저주 속으로 들어가는 것과 같습니다.

그럼 어떻게 하여야 율법의 저주에서 해방되어 온전한 구원을 받을 수 있을까요?

율법에서 눈을 돌려 십자가에 달리신 주 예수를 바라보아야 합니다. 율법을 지켜서 하나님의 인정을 받고 거룩한 삶을 살려고 하면 자꾸만 자신을 바라보게 됩니다. 내성적으로 내 속만 들여다보면 양심이 불편해집니다. 하나님의 율법을 어겼다는 자책이 일어나기 때문입니다. 이러한 내성적 감찰이 내 신앙생활을 바로잡지 못합니다. 많은 교인이 말씀을 묵상하는 것을 율법에 비추어 자신을 반성하는 것으로 여깁니다. 그런 분들은 신자 생활의 바탕을 율법에 두기 때문에 회개도 율법에 비추어 해야 한다고 생각합니다.

시편 1편에는 "복 있는 사람은 … 오직 여호와의 율법을 즐거워하여 그의 율법을 주야로 묵상하는도다"(시 1:1~2)라고 하였습니다. 이것은 구약시대에 해당하는 말씀입니다. 메시아로 오실 예수님을 바라보며 준 교훈입니다. 예수님이 마지막 말씀으로 오신 신약시대에는 율법이 예수님으로 대치되었습니다. 복 있는 사람은 산상보훈의 말씀을 실천하는 자들입니다. 우리는 모세 율법이 아닌, 예수님을 묵상해야 합니다. 예수님을 신뢰하고 주님의 가르침을 성령의 인도를 받으면서 따를 때에 복 있는 사람이 됩니다.

바울은 율법으로 살라고 가르치지 않았습니다. 그는 믿음으로 살라고 했습니다. 율법은 믿음에서 난 것이 아니라고 했습니다. 그럼 율법을 행하는 자는 그 가운데서 살리라고 했는데 양쪽을 다 택하라는 말이겠습니까? 아닙니다. 믿음과 율법은 전혀 다른 별개의 원칙입니다. 의인은 율법이 아닌 믿음으로 삽니다.

율법은 믿음을 요구하지 않기 때문에 법조문만 보고 따라가는 것입니다. 율법에 순종할 때에는 지상적인 보호와 번영의 복을 제한적으로 받습니다. 그러나 이 약속은 구약시대에 이스라엘 백성에게 준 특정 기간의 잠정적 조치였습니다.

그리스도가 오신 이후부터는 율법 준행의 복을 뛰어넘는 생명이 기다리고 있습니다. 그 생명은 영생입니다. 그리스도의 완전한 삶과 십자가의 대속과 부활 승천에서 솟아나오는 생명이 영생입니다. 믿음으로 의롭게 된 자는 이 영생을 처음부터 받아 누립니다. 이 생명의 삶은 율법이 주는 생명의 삶과 비교할 수 없이 크고 무제한적입니다.

주 예수를 믿음으로써 의롭게 된 성도는 누구나 율법이 따라갈 수 없고 넘어설 수 없는 예수 그리스도의 생명을 맛보며 영생을 누립니다. 그리스도가 주시는 영생은 율법의 정죄와 저주에서 우리를 해방시킵니다. 율법과 믿음은 공존할 수 없습니다. 모세와 예수님을 함께 섬길 수 없습니다. 변화산에서 예수님과 대화했던 모세는 사라졌습니다. 엘리야도 사라지고 "오직 예수만 보이더라"(눅 9:36)고 했습니다.

"율법은 모세를 통하여 받았고, 은혜와 진리는 예수 그리스도로 말미암아 생겨났습니다." (요 1:17, 새번역).

예수님 이외에는 다른 어떤 것도 우리의 구원과 생명의 삶을 위해 개입되지 말아야 합니다. 예수님으로 충분합니다. 「Jesus + Nothing」이 복음입니다. 「Jesus + Extra」는 다른 복음입니다.

20.
저주받은 메시아
갈라디아서 3:13~14

그리스도께서 우리를 위하여 저주를 받은 바 되사 율법의 저주에서 우리를 속량하셨으니 기록된 바 나무에 달린 자마다 저주 아래에 있는 자라 하였음이라 (13절).

예수님은 누구를 위하여 저주를 받았습니까?

이 질문은 불필요하게 들릴지 모릅니다. 그 대답이 너무도 뻔하기 때문입니다. 예수님은 십자가에서 하나님이 내리신 형벌을 받았습니다. 예수님이 세상에 오신 목적은 세상 죄인들을 구원하기 위한 것이었습니다(요 3:16; 요일 2:2). 그런데 질문의 포인트는 예수님이 모든 죄인의 구주로 오셔서 십자가 대속을 이루셨느냐 아니냐가 아닙니다.

본 절에서 말하는 "우리"가 누구를 가리키느냐는 것입니다. '그리스도께서 우리를 위하여 저주를 받은 바' 되었다고 했을 때의 '우리'가 누구입니까? 우리가 곧 우리가 아니냐고 대답할지 모릅니다. 사실 그렇게 보는 분들이 많습니다. 그러나 성경 주석가들은 이 '우리'의 대상을 놓고 두 갈래 해석을 합니다. 한쪽에서는 '우리'는 유대인과 이방인을 다 포함한다고 보고, 다른 쪽에서는 '우리'는 유대인을 가리킨다고 봅니다. 즉, 예수님은 유대인을 위해서 저주를 받았다는 것입니다. 우리를 위하여 저주를 받고 우리를 속량했다고 했을 때의 '우리'는 갈라디아서 2:15절에서 사용한 '우리'와 동일한 방식으로 사용한 것이라는 주장입니다. 갈라디아서 2:15절에서 "우리는 본래 유대인이요 이방 죄인이 아니로되"라고 했을 때의 '우리'가 유대인을 가리킨 것과 같은 용법이라는 것입니다. 이것이 맞는 해석이라고 봅니다.

예수님이 무슨 종류의 저주를 받으셨는지를 생각해 보십시오. '율법의 저주'였습니다. 율법은 유대인들에게 준 것이었습니다. 모든 유대인은 율법의 통제 아래에서 살았습니다. 그들이 율법을 잘 지킬 때에는 약속된 복을 받았습니다. 그러나 율법의 모든 요구를 다 채우면서 살 수는 없었습니다. 율법은 불순종하는 자들을 정죄하고 형벌을 주었습니다. 형벌은 율법이 정한 저주였습니다. 유대인은 율법에 의존해서 사는 한, 하나님을 온전히 섬길 수 없었습니다. 그래서 예수님이 그들을 율법의 저주로부터 해방시켜야 했습니다. 율법을 받지도 않은 이방인들을 율법의 저주로부터 풀어주기 위해 예수님이 대신 저주를 받으셨다고 하면 말이 되지 않습니다.

율법은 유대인들만 저주할 수 있었습니다. 이방인들은 율법 아래 있지 않았으니까 율법으로부터의 저주에서 구속받을 필요가 없었습니다. 물론 유대교의 율법을 받아들인 이방인들은 자신들을 스스로 율법 아래 가두었습니다. 그래서 바울은 갈라디아의 이방인 교인들에게 만약 그들이 할례를 받으면 율법 전체를 지켜야 한다고 했습니다. 이것은 불가능하기에 율법의 저주를 피할 수 없었습니다.

그런데 율법이 없는 이방인도 죄인이기는 마찬가지입니다. 유대인들은 율법을 거슬러 죄를 짓고, 이방인들은 양심을 거슬러 죄를 짓습니다. 그러나 예수님이 유대인들을 먼저 율법의 저주에서 구속해야 하는 것은 율법이 이방인으로 하여금 하나님의 언약 백성으로 들어오는 길을 막았기 때문입니다.

유대인이 율법의 저주에서 벗어나야만 이방인의 구원이 성립됩니다.

예수님이 받으신 십자가 형벌의 저주는 궁극적으로 모든 죄인을 위한 것입니다. 그러나 이방인들이 십자가를 믿고 하나님의 백성으로 들어오기 위해서는 유대인들이 먼저 율법의 저주로부터 풀려나야 했습니다. 이것은 그리스도를 믿는 자들을 유대인과 이방인의 구별이 없이 하나님의 백성으로서 새롭게 창조하는 하나님의 구원 계획과 관계된 것입니다.

하나님께서는 이스라엘 백성을 언약 백성으로 택하시고 그들에게 율법을 주셨습니다. 그들은 율법의 지시에 따라 하나님의 거룩한 백성으로서 살아야 했습니다. 그리고 희생제사 제도를 통해서 이방인들에게 세상에 오실 그리스도에 대한 소망을 갖게 하는 소명을 받았습니다.

너희가 내게 대하여 제사장 나라가 되며 거룩한 백성이 되리라 (출 19:6).

이스라엘은 하나님의 율법을 지킴으로써 이방나라들과 구별되는 거룩한 백성이 되도록 택함 받은 민족이었습니다(벧전 2:5). 또한 이방나라를 위한 제사장 직분을 행함으로써 아브라함에게 주셨던 복이 이방인에게 전달되도록 중보하는 일을 맡았습니다.

> 너희는 지켜 행하라 이것이 여러 민족 앞에서 너희의 지혜요 너희의 지식이라 그들이 이 모든 규례를 듣고 이르기를 이 큰 나라 사람은 과연 지혜와 지식이 있는 백성이로다 하리라 (신 4:6).

이스라엘 백성이 거룩한 백성으로 살면서 이방 나라를 위한 제사장 노릇을 잘하면 이방인들이 관심을 갖고 이스라엘의 하나님을 찾게 될 것이라는 말입니다(참조. 벧전 2:12; 마 5:16). 이스라엘 백성을 택하시고 율법을 주신 것은 이스라엘 민족에게 복이 될 뿐만 아니라 이방 선교의 물꼬를 트는 일이었습니다. 그래서 바울은 복음이 "먼저는 유대인에게요 그리고 헬라인에게로다."(롬 1:16)라고 했습니다. 여기서 헬라인은 모든 이방인을 대표합니다. 그러니까 구원의 역사가 시작되면서 유대인이 우선권을 갖게 되었다는 것입니다. 하나님의 구원의 순서는 먼저 유대인에게 복음이 전해지고 그다음 단계로서 복음이 온 세상에 전달되는 것이었습니다.

하나님에게는 애초에 구원의 청사진이 있었습니다. 그것은 아브라함과 언약을 맺고, 그의 후손으로 형성되는 언약 백성을 통해서 이방인도 하나님의 구원 속으로 들어오게 하려는 것이었습니다.

> 또한 가지 얼마가 꺾이었는데 돌감람나무인 네가 그들 중에 접붙

임이 되어 참감람나무 뿌리의 진액을 함께 받는 자가 되었은즉 (롬 11:17).

그런데 한 가지 문제가 생겼습니다. 유대인들이 자신들이 받은 이방 선교의 사명을 저버린 것입니다. 그들은 이방인들을 멸시하였고 상종하지 않았습니다. 그들은 율법이 선민의 특권이라고 여기면서 율법이 없는 이방인을 할례가 없는 족속이라고 멀리하며 그들에게 복음을 전할 생각을 하지 않았습니다. 이렇게 해서 유대인과 이방인 사이에는 높은 담이 세워졌고 이방인에게 복음이 전파되는 통로가 차단되었습니다.

이것은 하나님께서 이방인을 구원하시기 위해 의도하신 일이 아니었습니다. 그럼 하나님이 의도하신 구원 계획이 어떤 방식으로 성취되었습니까? 유대인이 받았던 소명을 하나님의 아들이신 예수님이 성취하게 하는 것입니다. 예수님은 이방의 빛으로 오셨습니다(사 42:6; 49:6). 그는 유대인과 이방인 사이의 장벽을 십자가로 허물었습니다. 자신의 몸으로 율법의 모든 요구를 다 만족시키는 삶을 사셨고 율법의 형벌을 이스라엘의 참 아들로서 대신 받으셨습니다. 그래서 바울은 에베소서 2:15절에서 "법 조문으로 된 계명의 율법을 폐"하셨다고 했습니다(엡 2:15).

그 결과 유대인은 율법의 속박에서 풀려났습니다. 이제 이방인들도 주 예수를 믿으면 유대교의 율법 전통을 따를 필요가 없습니다. 이런 의미에서 예수님은 유대인과 이방인 사이를 하나의 새 백성으로 연합시키고 화해시키는 평화의 주님이십니다. 바울은 에베소서 2장 11~22절에서 이것을 매우 선명하게 진술하였습니다.

그러므로 생각하라 너희는 그 때에 육체로는 이방인이요 손으로 육체에 행한 할례를 받은 무리라 칭하는 자들로부터 할례를 받지 않은 무리라 칭함을 받는 자들이라 그 때에 너희는 그리스도 밖에 있었고 이스라엘 나라 밖의 사람이라 약속의 언약들에 대하여는 외인이요 세상에서 소망이 없고 하나님도 없는 자이더니 (엡 2:11~12).

예수님은 이스라엘을 율법의 저주로부터 구속하였고 이방인들이 하나님의 백성 안으로 들어올 수 있는 길을 여셨습니다. 이제 예수님이 율법을 폐하셨기 때문에 구원은 누구에게나 열려 있습니다. 율법을 지켜야 언약 백성이 되는 것이 아닙니다. 십계명을 지켜야 구원받는 것도 아닙니다. 오직 주 예수 그리스도의 대속을 믿으면 모든 죄를 용서받고 하나님의 자녀가 됩니다. 유대인으로서 율법을 지키지 않아도 당당한 아브라함의 자손이 되어 아브라함에게 약속된 복을 받습니다.

속량의 의미는 무엇일까요?

율법의 저주에서 우리를 속량하셨으니 (갈 3:13).

속량(贖良)은 구속 혹은 대속(代贖)이라고도 합니다. 몸값(ransom)을 받고 종이나 포로로 잡힌 자를 놓아준다는 뜻입니다.

인자가 온 것은 섬김을 받으려 함이 아니라 도리어 섬기려 하고 자기 목숨을 많은 사람의 대속물(몸값=새번역, ransom)로 주려 함이니라 (막 10:45; 마 20:28).

당시에는 노예가 되었거나 사형 선고를 받은 자는 친척이나 친구의 도움으로 몸값을 치르고 풀려났습니다. 그 절차는 주로 신전에서 행해졌는데 신전 벽에 자유인이 된 것을 새겨서 공적 기록으로 남겼습니다.

구약시대에는 처음 난 가축을 하나님께 바치는 대신에 돈으로 대치할 수 있었습니다. 또한 가축의 공격으로 사람이 죽었을 경우, 가축의 주인은 자신이 받아야 할 죽음을 돈으로 보상해 주는 것을 속량이라고 했습니다.

예수님은 자신의 죽음으로 죄의 노예가 된 죄인들을 위해 몸값을 지불하셨습니다.

> 너희가 알거니와 너희 조상이 물려 준 헛된 행실에서 대속함을 받은 것은 은이나 금 같이 없어질 것으로 된 것이 아니요 오직 흠 없고 점 없는 어린 양 같은 그리스도의 보배로운 피로 된 것이니라 (벧전 1:18~19).

한편, 유대인들은 하나님의 저주를 받고 죽은 자들에 대한 율법의 규정을 심각하게 받아들였습니다.

> 기록된 바 나무에 달린 자마다 저주 아래에 있는 자라 하였음이라 (3:13).

이것은 신명기 21:23절의 인용입니다. 전체 말씀은 다음과 같습니다.

> 사람이 만일 죽을 죄를 범하므로 네가 그를 죽여 나무 위에 달거든 그 시체를 나무 위에 밤새도록 두지 말고 그 날에 장사하여 네 하나님 여호와께서 네게 기업으로 주시는 땅을 더럽히지 말라 나무에 달린 자는 하나님께 저주를 받았음이니라 (신 21:22~23).

구약에서 사형을 시킬 때에는 주로 돌로 쳐서 죽였습니다. 그 다음 시체를 나무에 매달았습니다.

✲ 여호수아가 가나안의 다섯 왕들을 죽인 후 나무에 매달았습니다(수 10:26).

✲ 다윗이 기브온 사람들을 학살한 사울에 대한 보복으로 사울의 일곱 아들들을 나무에 매달았습니다(삼하 21:1, 6~9).

나무에 매달리게 하는 것은 하나님이 배척하셨다는 상징이었습니다. 그러나 나무에 달렸기 때문에 저주를 받은 것이 아닙니다. 이미 처형된 후에 나무에 시체를 매달아서 저주를 받았음을 공개적으로 알렸습니다. 그래서 엄밀하게 보면 십자가 처형과는 차이가 있습니다. 십자가는 처형 이후에 시체를 매다는 것이 아니고 십자가 자체가 형틀이었습니다. 그럼에도 바울은 이것을 그리스도의 십자가에 적용시켰습니다. 신약 때에 와서 십자가는 흔히 그냥 '나무' 라고 불렀습니다(벧전 2:24). 그래서 십자가는 구약시대에 하나님의 가장 큰 저주를 상징하기 위해 나무에 처형된 시체를 걸어두는 관습과 쉽게 연결될 수 있었습니다. 예수님은 하나님의 백성을 율법의 저주에서 속량하기 위해 나무에 대신 달림으로써 저주받은 메시아가 되었습니다.

그렇다면 기독교가 유대인들에게 얼마나 혐오스런 것이었을지를 쉽게 상상할 수 있습니다. 복음 메시지의 핵심은 나무에 매달린 메시아를 구속주로 믿으면 죄의 용서를 받고 의롭게 된다는 것이었습니다. 유대인들에게 이것은 말도 되지 않는 일이었습니다. 베드로는 예루살렘의 유대인 지도자들에게 그들이 나무에 매달아 죽인 예수를 하나님이 살리셨다고 하였습니다(행 5:30; 벧전 2:24; 행 13:29). 유대인들에게 이것은 극도의 신성모독이었습니다. 십자가에 달린 저주받은 메시아는 그들에게 걸림돌이 아닐 수 없었습니다. 하나님의 저주를 받아 나무에 매달린 자가 어떻게 하나님이 보내신 메시아가 될 수 있단 말입니까! 그래서 바울은 고린도전서 1:23절에서 "우리는 십자가에 못박힌 그리스도를 전하니 유대인에게는 거리끼는 것"이라고 했습니다.

하나님의 정죄와 저주를 받은 메시아가 우리의 구원자라는 것이 복음의 핵심입니다. 예수님이 우리 대신 십자가에서 처형되지 않았다면 우리에게는 하나님의 용서를 받고 의롭게 되는 길이 없었을 것입니다. 예수님은 율법을 다 지키시고 하나님께 완전하게 순종하셨음에도 저주를 받고 나무에 매달렸습니다. 하나님께서는 우리를 죄의 속박으로부터 해방시키기 위해서 죄 없는 자기 아들에게 우리의 모든 죄를 씌워 대신 죽게 하셨습니다.

> **하나님이 죄를 알지도 못하신 이를 우리를 대신하여 죄로 삼으신 것은 우리로 하여금 그 안에서 하나님의 의가 되게 하려 하심이라 (고후 5:21).**

율법을 다 지키신 분이 어떻게 율법의 저주를 받을 수 있단 말입니까? 자신에게 죄가 없어야만 다른 죄인들을 대신하여 희생양이 될 수 있기 때문입니다. 예수님은 하나님의 저주를 받아야 할 모든 인류의 죄를 지시고 속죄양이 되어 십자가에 달리셨습니다.

저주받은 그리스도의 십자가에서 우리는 하늘과 땅이 서로 하나로 만나는 것을 목격합니다. 아담의 타락 이후로 하늘과 땅은 갈라져 있었습니다. 죄는 인간을 가시덤불과 엉겅퀴로 채워진 불행한 이 세상에 가두었습니다. 인간은 이 죄 많은 땅에서 태어나서 죄의 삶을 살다가 스러져갑니다. 아담의 후손에게는 하늘은 닫혀 있습니다.

그러나 주 예수께서 하나님의 저주를 받았을 때 죄인들에게 하늘에 계신 거룩하신 하나님께 나아갈 수 있는 길이 열렸습니다.

• 하나님의 한량없는 용서가 처형된 예수님의 피를 타고 흘러내립니다.

• 어찌하여 나를 버리시나이까 라는 예수님의 절규에서, 우리는 하늘 아버지의 놀라운 칭의의 선언을 듣습니다. 예수님은 버리시고 그를 믿는 우리는 의롭다고 선포하십니다.

• 하나님께서는 예수님은 버리시고 우리는 하나님의 자녀로 받아주셨습니다.

• 우리의 죄는 모두 예수님께 넘어가고 흠 없는 예수님의 의가 우리에게 넘어왔습니다.

• 예수님은 정죄를 당하셨지만 우리에게는 정죄가 사라졌습니다.

• 우리는 더 이상 죄의 노예가 아니고 하나님의 저주의 대상도 아닙니다. 우리는 죄와 죽음과 사탄의 통치에서 풀려났습니다. 그리하여 하나님을 '아빠 아버지' 라고 부르게 되었습니다(갈 4:6).

그러나 예수님이 나무에 매달린 사건은 하늘 아버지의 가슴을 찢는 일이었습니다. 예수님은 겟세마네 동산에서 피땀을 흘리시며 "아빠 아버지여 아버지께는 모든 것이 가능하오니 이 잔을 내게서 옮기시옵소서"(막 14:36)라고 호소하셨습니다. 그때 하늘 아버지께서는 고개를 돌리시고 무거운 침묵으로 일관하셨습니다. 사랑하는 아들을 버려두어야 한다는 하늘 아버지의 비장한 뜻은 포기할 수 없는 부성의 본능에 비수를 꽂는 일이었습니다.

예수님이 십자가에서 어찌하여 나를 버리시나이까 라고 부르짖었을 때 예수님의 사지를 뚫었던 십자가의 못들이 하나님의 가슴에 깊이 박혔습니다. 십자가에 아들을 못 박는 망치 소리에 하나님의 심장은 파열되고 있었습니다. 하나님 자신이 예수님께 내리는 저주의 고통을 받고 계셨던 것입니다.

예수님이 받으신 십자가 형벌의 저주는 '하나님이 세상을 이처럼 사랑'하셨다는 지울 수 없는 증거입니다. 이 세상 안에 나도 들어 있습니다. 예수님이 받으신 저주의 형벌은 나를 위한 것이었습니다.

십자가는 율법의 저주를 받는 사건이었습니다. 그래서 율법의 저주에서 이스라엘 백성이 해방되게 하셨습니다. 따라서 율법의 저주가 십자가 죽음으로 처리되었기 때문에 율법은 더 이상 이방인이 언약 백성으로 들어오는 길을 막을 수 없었습니다. 예수님의 죽음으로 율법의 요구가 만족되었기 때문입니다. 과거에는 이방인이 여호와 종교로 개종하려면 할례를 받고 율법을 지켜야 했습니다. 이방인이 언약 백성이 되려면 율법을 준수해야 한다는 조건이 붙었습니다. 그런데 율법은 유대인이든지 이방인이든지 아무도 완전히 지킬 수 없었기에 구원의 길이 될 수 없었습니다. 예수님이 유대인을 위해 율법의 저주를 받으신 것은 일차적으로 유대인들을 율법의 멍에에서 해방시킬 뿐만 아니라 십자가 대속의 혜택을 이방인에게도 주려는 것이었습니다. 이런 의미에서 예수님의 십자가 죽음은 온 인류를 위한 것이었습니다.

예수님의 십자가 대속을 나를 위한 것으로 받아들이면 죄의 용서를 받고 의롭다는 판정을 받습니다. 이제는 유대인이든지 이방인이든지 율법과 상관없이 그리스도의 십자가 대속을 믿으면 누구나 구원을 받습니다.

바울은 갈라디아서 2:20절에서 이렇게 고백하였습니다.

> 이제 내가 육체 가운데 사는 것은 나를 사랑하사 나를 위하여 자기 자신을 버리신 하나님의 아들을 믿는 믿음 안에서 사는 것이라 (갈 2:20).

사도 요한도 요한일서 3:1절에서 외쳤습니다.

> 보라 아버지께서 어떠한 사랑을 우리에게 베푸사 하나님의 자녀라 일컬음을 받게 하셨는가 (요일 3:1).

• 우리는 우리의 모든 죄를 지시고 십자가에서 처형되신 저주받은 메시아를 찬양합니다.

• 우리는 죄 없는 아들에게 인류의 죄를 씌우시고 우리 대신 형벌을 받게 하신 하나님의 사랑을 믿습니다.

• 우리는 주 예수의 십자가 대속을 믿기에 하나님의 자녀가

되었습니다.

• 우리는 율법의 정죄에서 풀려나서 주 예수의 나라에 들어간 것을 믿습니다.

• 우리는 날마다 주 하나님의 구원을 찬양하며 하나님의 자비하심에 고개를 숙입니다.

이러한 하나님의 은혜가 언제나 우리의 심령을 채우고 하나님의 그 크신 구원을 날마다 찬양하며 감사하는 삶이 되기를 기원합니다.

21. 아브라함의 복

갈라디아서 3:14

바울은 그리스도께서 유대인들을 율법의 저주에서 속량하기 위해 십자가에 달리셨다고 했습니다(3:13). 이것은 유대인들을 구원할 뿐만 아니라 이방인들도 하나님의 언약 백성에 들어갈 수 있는 구원의 길을 열기 위한 것이었습니다.

유대인들은 율법 때문에 이방인들과 상종하지 않았습니다. 그들은 하나님의 구원을 이방인들에게 전할 책임이 있음에도 율법을 소유한 특권만 자랑하고 이방인들을 멸시하였습니다. 그들은 이방인도 유대인의 율법을 지키지 않는 한, 언약 백성의 일원이 될 수 없다고 주장하였습니다.

이방인은 비록 여호와 종교로 개종하여도 할례를 받고 유대인처럼 율법의 통제 속에서 살아야 했습니다. 그러나 "율법 책에 기록된 대로 모든 일을 항상 행하지 아니하는 자는 저주 아래에 있는 자"(갈 3:10)였습니다. 그래서 이방인도 할례를 받으면 다른 모든 율법 규정도 지켜야 하기 때문에 율법의 정죄를 받고 저주의 심판을 받아야 했습니다.

그러나 하나님의 구원 계획은 유대인과 이방인 사이의 담을 헐고 그들을 한 백성으로 부르시는 것이었습니다. 그 방법은 예수 그리스도의 대속을 믿음으로써 아브라함의 자손이 되게 하는 것이었습니다. 육신적인 후손이 아브라함의 자손이 아니라 믿음으로 의롭게 된 자들이 아브라함의 참된 자손이 된다는 말입니다(갈 3:6~7).

예수님의 십자가는 이방인들이 율법의 저주 아래 들어가지 않고서 오직 믿음으로 구원을 받을 수 있는 길이었습니다. 예수님은 십자가로 율법을 폐하셨기 때문에 유대인은 더 이상 여호와 하나님을 믿는 이방인에게 율법을 요구할 필요가 없었습니다. 그들은 그리스도를 믿는 믿음으로 다 같은 형제가 되고 가족이 될 수 있었습니다. 바울은 이것을 "그리스도 예수 안에서 아브라함의 복이 이방인에게 미치게"(14절) 하신 것이라고 했습니다.

[그럼 아브라함에게 내리신 복이 구체적으로 어떤 것이었을까요?]

하나님께서 아브라함을 부르시고 복을 약속하시는 내용은 창세기 12장 1~3절에서 대체적으로 진술되었습니다.

신약 성도들은 아브라함을 믿음의 조상이라고 존경합니다. 과연 아브라함은 믿음으로 의롭게 된 가장 두드러진 실례이며 가장 대표적인 모범입니다. 그래서 아브라함에 대한 언급이 신약에서 자주 나옵니다. 그런데 아브라함은 세상 구원을 위한 하나님의 거대한 구원 역사의 배경에서 보아야만 아브라함을 부르신 일이 하나님의 크신 자비와 은혜임을 알 수 있습니다.

하나님께서 아브라함을 부르시는 이야기는 창세기 12장에서 나옵니다. 창세기 1~11장까지는 전체 인류를 대상으로 인간의 타락 이후에 관영하는 죄악상을 서술하고 있습니다. 그다음 창세기 12장에서 죄악으로 가득 찬 온 세상의 문제를 어떻게 해결할 것인지에 대한 구속의 방안이 제시됩니다. 이것이 하나님께서 아브라함과 맺은 언약입니다.

아브라함 이전에는 인류의 3대 반역이 있었습니다.

에덴동산에서 아담과 하와가 하나님의 말씀을 거역하는 첫 번째 반역이 있었습니다. 그다음 노아의 홍수 시대에 온 세상이 하나님을 저버리고 방탕하였습니다. 세 번째 대 반역은 바벨탑 사건입니다.

아담과 하와가 타락한 이후에 하나님께서는 인류에게 장구한 세월 동안 제2의 기회를 주셨습니다. 그러나 대홍수 사건과 바벨탑 사건이 입증하듯이, 인류는 자신들의 문제를 스스로 해결할 수 없었습니다.

창세기 5장에는 아담의 자손에 대한 족보가 나옵니다. 특징은 사람들이 오래 살았다는 것입니다. 요즘은 100세 시대라고 합니다. 그러나 므두셀라는 969세를 살았습니다. 거의 1천 년을 살았으니까 최대 장수자입니다. 그런데 본 족보의 중요한 포인트는 사람들이 그렇게 오래 살았음에도 결국 죽었다는 것입니다. 아담의 계보에는 누가 누구를 낳고 몇 살까지 살다가 '죽었더라'는 말을 후렴처럼 달고 있습니다.

대홍수 이후에 살아남은 노아의 가족에게 새 출발의 기회가 왔습니다. 그러나 인간들은 바벨탑을 쌓으면서 하나님께 도전하였습니다. 그런데 창세기 11장에서 바벨탑 사건이 기록된 후에 일종의 꼬리표로서 아브라함의 부친인 데라의 족보가 나옵니다.

마지막 절은 "데라는 나이가 이백오 세가 되어 하란에서 죽었더라"(창 11:32)는 말로 끝납니다. 인간의 가장 중요한 문제가 전혀 해결되지 않았다는 결론입니다. 인간들은 온갖 방법을 다 시도해 보았지만 누구도 부패한 인간의 마음을 변화시켜 하나님께로 다시 돌아가게 할 수 없었습니다. 대홍수와 같은 무서운 심판을 보고 겪었던 노아와 그의 후손도 부패하기는 매일반이었고 죽음의 문제를 전혀 손댈 수 없었습니다. 바로 이 시점에서 하나님께서 아브라함을 부르셨습니다.

아브라함을 부르신 것은 죄와 죽음의 문제에 대한 하나님의 해결책입니다.

인간의 숙원은 죄가 없는 유토피아의 세계에서 죽지 않고 영생하는 것입니다. 어떤 면에서 이것은 하나님의 숙원이기도 합니다. 하나님께서는 인간이 빠져 있는 죄의 수렁과 죽음의 숙명을 기뻐하시지 않습니다. 하나님은 자기를 순종하는 백성과 영원한 천국에서 함께 영생을 누리기를 원하십니다. 그러나 인간의 죄는 실낙원을 가져왔고 죽음을 몰고 왔습니다. 그러나 인간의 죄와 죽음이 하나님께서 원래부터 계획하셨던 가장 이상적인 유토피아의 꿈을 깨지는 못하였습니다. 하나님께서는 아브라함을 부르시고 새로운 출발을 하게 하셨습니다. 그럼 아브라함은 죄를 짓지 않고 죽지도 않았을까요? 아닙니다. 아브라함도 죄를 짓고 살다가 죽었습니다.

그러나 아브라함 때부터는 죽음에 대한 분위기가 달라집니다. 아브라함은 가나안 땅에 대한 약속을 받았습니다. 그는 죽었지만 그것으로 그친 것이 아닙니다. 그는 약속의 땅에 묻혔습니다. 그의 자손인 이삭과 야곱과 요셉이 모두 가나안에 장사되었습니다.

그럼 다른 것이 무엇입니까? 그냥 죽어서 아무데나 묻히는 것이 아니고 하나님께서 구속의 드라마를 펼치실 약속의 땅인 가나안에 묻혔다는 사실입니다. 이 땅은 장차 메시아가 태어나시고 온 인류의 죄를 지고 갈 곳이었습니다. 이 약속의 땅에서 주 예수께서 부활하시고 제자들에게 온 족속에게 복음을 전하라고 분부하실 것이었습니다. 그래서 믿음의 족장들은 인류의 비극을 한 마디로 집약한 '죽었더라'는 절망의 후렴에 부활 생명의 소망을 달고 구원의 확신 속에서 눈을 감았습니다.

야곱은 이렇게 말했습니다.

> 나는 죽으나 하나님이 너희와 함께 계시사 너희를 인도하여 너희 조상의 땅으로 돌아가게 하시리라 (창 48:21).

요셉도 동일한 확신으로 말했습니다.

> 나는 죽을 것이나 하나님이 당신들을 돌보시고 … 인도하여 … 맹세하신 땅에 이르게 하시리라 (창 50:24).

그냥 내가 '죽는다'가 아닙니다. 나는 죽지만, 그다음에 '그러나'가 따라 나옵니다. 하나님께서 아브라함을 부르신 것은 속절없는 인류의 '죽었더라'에 종지부를 찍지 않고 '그러나'의 부활 생명의 소망으로 이어지게 하려는 것이었습니다. 예수님은 그를 믿는 자는 죽어도 다시 살 것이라고 약속하셨습니다(요 11:25~26).

하나님께서는 아브라함에게 여러 가지 약속을 하셨습니다. 어떤 약속들을 하셨을까요?

아브라함이 받은 복의 첫 번째 약속은 땅을 주신다는 것이었습니다.

아브라함은 "내가 네게 보여줄 땅으로 가라"는 말씀을 받았습니다. 그는 가나안 땅을 약속 받았습니다. 그러나 이 약속은 문자적인 땅의 소유에 제한된 약속이 아니었습니다. 아브라함은 자기 생애 동안에 실제로 가나안 땅을 소유한 것이 없었습니다. 자기 아내를 위한 매장지를 산 것이 전부였습니다. 그러나 그는 땅에 대한 약속의 궁극적인 성취는 하늘에 있는 본향임을 믿고 땅에서는 나그네처럼 살았습니다(히 11:13~16). 젖과 꿀이 흐르는 가나안 땅의 실체는 미래에 완연히 드러날 것이었습니다. 그래서 베드로는 "그의 약속대로 의가 있는 곳인 새 하늘과 새 땅을 바라본다"(벧후 3:13)고 했습니다. 이 땅은 사후에 이 세상을 떠나 들어가는 천국이 아니라 주 예수께서 자기 백성을 데리고 재림하실 갱신된 새 창조의 새 땅입니다. 요한계시록 21장에 나오는 사도 요한의 증언을 들어보십시오.

> 또 내가 새 하늘과 새 땅을 보니 처음 하늘과 처음 땅이 없어졌고 바다도 다시 있지 않더라 또 내가 보매 거룩한 성 새 예루살렘이 하나님께로부터 하늘에서 내려오니 그 준비한 것이 신부가 남편을 위하여 단장한 것 같더라 (계 21:1~2).

아브라함은 이러한 새 땅의 소망을 가졌기 때문에 비록 가나안 땅을 온전히 소유하지 못했어도 미래의 완전한 본향의 세계를 바라보며 꾸준히 하나님을 섬기면서 살았습니다. 우리도 이 세상을 동일한 자세로 살아야 합니다. 이 땅에는 온갖 불의와 부패가 만연합니다. 세상이 정말 갈수록 험악해져서 인류가 멸망의 길로 치닫고 있다는 두려움을 떨치기 어렵습니다. 그러나 이 땅은 아무리 타락했어도 다시 회복되고 갱신될 것입니다. 모든 죄악과 악인들이 사라질 날이 다가오고 있습니다.

새 하늘과 새 땅으로 변화될 세상의 미래는 상상을 초월하는 세계입니다. 하나님의 의가 다스리는 새 땅은 흠 없이 아름답고 완전한 곳입니다. 하나님의 유토피아의 꿈이 실현되는 빛과 진리와 사랑의 나라입니다. 주 예수께서 우리 각자를 친히 인도하시며 온 우주를 함께 다스리게 될 새 땅의 소망을 위해 하나님께서는 일찌기 아브라함을 부르시고 지시하는 땅으로 가라고 하셨습니다.

아브라함은 언젠가 그가 살고 있는 땅을 유업으로 받게 될 것을 믿었습니다. 그런데 아브라함에게 주신 하나님의 약속에는 구체적으로 '땅'에 대한 포괄적인 의미가 드러나지는 않습니다. 그러나 예수님은 "온유한 자는 복이 있나니 그들이 땅을 기업으로 받을 것"(마 5:5)이라고 하셨고 바울도 '땅'의 약속이 내포하고 있는 궁극적인 의미를 현 세상을 상속으로 물려받는 것이라고 밝혔습니다(롬 4:13).

> 아브라함이나 그 자손에게 주신 하나님의 약속, 곧 그들이 이 세상을 물려받을 상속자가 되리라는 것은, 율법으로 말미암은 것이 아니라, 믿음의 의로 말미암은 것입니다. (롬 4:13, 새번역)

아브라함은 땅의 약속이 담고 있는 구속과 회복의 의미를 알았습니다. 그래서 그는 그날이 오기를 아득히 바라보며 이 세상을 믿음으로 살았습니다. 우리는 언젠가 영화롭게 변화될 이 세상에서 주님을 모시고 수많은 믿음의 식구들과 함께 영생을 누리게 될 것입니다. 그날에 하나님께서 아브라함에게 "내가 네게 보여 줄 땅으로 가라"(창 12:1)는 말씀의 진정한 의미가 드러날 것입니다. 아브라함에게 주셨던 땅의 약속은 그의 후손인 우리 각자에게도 주신 것입니다. 아브라함은 우리 믿음의 조상입니다. 우리도 그를 본받아 믿음의 순례를 잘 마치고 영원하고 영광스런 새 땅으로 들어가야 하겠습니다.

아브라함이 받은 복의 두 번째 약속은 큰 민족을 이룬다는 것이었습니다.

어떤 이들은 구원받을 사람은 소수라고 생각합니다. 예수님이 좁은 길로 들어가는 사람은 적다고 하셨다는 것입니다. 자기를 부인하고 자기 십자가를 지며 주 예수를 헌신적으로 따르는 삶을 사는 교인들이 적기 때문에 이런 주장은 설득력이 있어 보입니다. 어떤 사이비 기독교에서는 구원받을 자는 십사만 사천 명이라고 말합니다. 이제 그 숫자가 거의 차서 얼마 안 남았기 때문에 예수님이 곧 재림하신다고 선전합니다. 요한계시록의 숫자를 문자적으로 보면 억지 해석을 붙이기 쉽습니다. 물론 절대 대중이 십자가 복음의 길을 택하지 않습니다. 주 예수의 십자가를 지고 주를 따르는 신실한 성도들이 적은 것이 사실입니다. 좁은 길은 신자들에게 주는 도전입니다. 그렇다고 해서 구원받을 성도의 수효가 문자적으로 십사만 사천이라고 주장하는 것은 하나님의 구원 계획을 전체적으로 보지 않아서 오는 오해입니다. 하나님께서는 아브라함을 처음 부르셨을 때 그로 하여금 큰 민족을 이루게 하실 것이라고 약속하셨습니다. 큰 민족은 큰 나라입니다. 어떤 특정한 종류의 대국을 이루게 하신다는 말씀입니다. 그럼 그 의미가 무엇일까요?

하나님께서는 애초부터 하나님의 백성이 될 대가족을 계획하셨다는 뜻입니다. 소수의 사람들이 아니라 대규모 무리로 구성되는 하나님 나라 백성을 부르시고 구원하시는 것이 하나님의 구원 백서였습니다. 그래서 요한계시록에 보면 만국이 어린 양의 나라에 들어와서 빛 가운데 다니고 땅의 왕들과 사람들이 자기 영광을 가지고 그리스도의 왕국으로 입성한다고 했습니다(계 21:24, 26). 어린 양의 피로써 구속을 받을 자들은 "각 나라와 족속과 백성과 방언에서 아무도 능히 셀 수 없는 큰 무리"(계 8:9; 5:9)입니다. 하나님께서 아브라함을 부르셨을 때 주신 "큰 민족"에 대한 약속은 그대로 성취될 것입니다.

그런데 어떻게 해서 아브라함이 이처럼 큰 민족을 이루게 되는 것일까요? 아브라함은 생전에 자녀들을 두었지만 민족을 이룰 정도는 아니었습니다. 그의 손자인 야곱이 애굽으로 떠날 때 권속이 70여명에 불과했습니다(창 46:27). 그러나 하나님께서는 야곱이 두려워하며 애굽으로 가는 중에 브엘세바에서 환상 중에 그에게 나타나셔서 애굽으로 가는 것을 두려워하지 말라고 하시면서 "내가 거기서 너로 큰 민족을 이루게 하리라"(창 46:3)고 약속하셨습니다.

이스라엘 백성이 4백 년 후에 애굽의 종살이에서 풀려났을 때에는 국가를 이룰 정도로 인구가 대폭 늘었습니다. 그들은 가나안 땅으로 돌아와서 정착하였습니다. 그 후로 우상 숭배를 하다가 북이스라엘은 망하고 남부 유다는 바벨론으로 잡혀갔다가 소수가 귀향하였습니다. 이들은 이스라엘 땅에서 살았지만 소수 민족으로서 땅의 일부만 차지하였고 그리스와 로마의 지배를 받는 식민지 백성으로 겨우 명백을 유지하였습니다. 1948년 영국의 위임 통치의 만료와 함께 자주 국가로서 출발하였지만 현재 이스라엘의 인구는 2021년 기준으로 약 9백 30만입니다. 이 중에서 약 30 퍼센트는 비유대인 민족들입니다. 다른 나라에 비하면 국가로서 큰 민족이라고 할 수 없습니다.

그렇다면 하나님께서 아브라함에게 주셨던 '큰 민족'의 약속은 다른 의미가 있다고 보아야 합니다. 그것은 아브라함의 자손이 육체적인 후손이 아니고 영적 후손이라는 것입니다. 이것은 바울이 갈라디아서에서 아브라함의 자손을 재정의할 때 드러났습니다.

> **아브라함이 하나님을 믿으매 그것을 그에게 의로 정하셨다 함과 같으니라 그런즉 믿음으로 말미암은 자들은 아브라함의 자손인 줄 알지어다** (갈 3:6~7).

예수 그리스도를 구주로 믿는 자들은 유대인이든지 아니든지 모두 아브라함의 자손입니다. 크리스천의 수효는 역사적으로 볼 때 초대교회 때부터 계속 증가해 왔습니다. 현대 교회처럼 교인 수가 줄어드는 시기도 있습니다. 그러나 전체적으로 보면 능히 셀 수 없는 큰 민족입니다. 모든 신자는 이 '큰 민족'에 속한 백성입니다.

하나님께서는 이스라엘 백성이 애굽의 종살이에서 나올 때 가나안에 들어가서 국가로서 정착할 정도의 숫적 번성을 일으키셨습니다. 그러나 이것은 아브라함에게 주셨던 '큰 민족'의 약속이 영적인 차원에서 성취될 것에 대한 상징적 예시였습니다.

하나님이 의도하신 '큰 민족'은 아브라함의 씨인 그리스도를 믿는 신자들이 모여서 이루는 영적 국가입니다. 숫적 번성은 중요한 축복입니다. 오순절 사건에서 두드러지는 현상은 수적 증가입니다(행 2:41). 베드로의 오순절 설교를 듣고 회심한 유대인은 삼천 명이었습니다(행 2:41). 당시에는 날마다 아브라함의 영적 후손이 불어났습니다(행 2:47). 그 후 얼마되지 않아 베드로와 요한이 공회에 잡혀갔을 때 전체 크리스천의 수효는 "남자의 수가 약 오 천이나"(행 4:4) 되었다고 했습니다. 여자들을 합친다면 1만 명은 족히 넘는 숫자였습니다. 당시의 예루살렘 인구를 4만에서 8만정도로 추산합니다. 불려서 10만이라고 해도 열 사람 중에 한 사람이 크리스천이 됐다는 이야기입니다.

아브라함의 후손은 늘어나는 중입니다. 하나님께서는 아브라함에게 "내가 네 자손이 땅의 띠끌 같게 하리니 사람이 땅의 티끌을 능히 셀 수 있을진대 네 자손도 세리라"(창 13:16)고 하셨습니다. 이것은 과장법이라고 볼 수 있지만 반드시 그런 것은 아닐지 모릅니다. 요한계시록에서 사도 요한이 구속받은 신자들을 "능히 셀 수 없는 큰 무리"(계 7:9)라고 했기 때문입니다.

그런데 하나님이 약속하셨다고 해서 자동으로 신자들의 수효가 막 불어나는 것은 아닙니다. 하나님께서 택한 자들을 불러주셔야 하고 성령으로 거듭나서 죽은 영혼이 살아나야 합니다. 그러나 전도는 우리가 해야 합니다. 복음을 설명하고 그리스도를 소개하는 것은 아브라함의 영적 자손인 우리가 받은 소명입니다. 이런 방식으로 아브라함에게 주셨던 '큰 민족'에 대한 하나님의 약속이 이루어지도록 하나님께서 계획하셨습니다. 아브라함에게 '큰 민족'의 약속을 주신 것은 이방인들도 하나님의 백성으로 들어오게 하시려는 구원 계획이 처음부터 하나님의 마음 속에 있었기 때문입니다. 아브라함이 받은 복은 우리에게도 약속된 것입니다. 하나님의 거창하고 위대한 구원 사역이 우리 각자의 삶에서 부분적으로나마 성취되도록 힘쓰며 살아야 하겠습니다.

22.
아브라함의 복과 성령의 약속
갈라디아서 3:14

지난 강해에서 우리는 아브라함의 복에 대한 말씀을 두 가지만 다루었습니다. 첫째는 땅에 대한 약속이었고 둘째는 큰 민족에 대한 약속이었습니다. 이제 나머지 약속들을 다루겠습니다.

아브라함이 받은 복의 세 번째 약속은 큰 이름을 얻는 것입니다.

> 네게 복을 주어 네 이름을 창대하게 하리니 너는 복이 될지라 (창 12:2).

이 약속은 바벨탑 사건과 관련해서 볼 때 의미가 살아납니다. 왜 아브라함이 크게 이름을 떨칠 것이라고 약속하셨을까요? 그가 유명해져서 이름을 날리고 싶다고 특별히 하나님께 부탁하지는 않았을 것입니다.

지금 하나님께서 아브라함에게 복을 내리시고 그를 유명하게 하시겠다는 것은 인간의 능력으로 하나님을 대항하고 지상 왕국을 건설하겠다는 바벨탑의 반역을 배경으로 안고 있습니다. 우리는 창세기 11장에서 기술된 바벨탑 사건과 12장에서 아브라함에게 그의 이름을 창대하게 하신다는 약속 사이의 상관 관계를 주목해야 합니다. "우리 이름을 내자"(창 11:4)는 것이 바벨탑 세대의 슬로건이었습니다.

> 또 말하되 자, 성읍과 탑을 건설하여 그 탑 꼭대기를 하늘에 닿게 하여 우리 이름을 내고 온 지면에 흩어짐을 면하자 하였더니 (창 11:4).

타락한 인간들은 하나님께 돌아가기 위해 회개하자고 한 것이 아니고 자신들이 건설하는 바벨탑으로 하나님의 영역을 침범하고 명성을 날리자고 했습니다. 이같은 도전은 에덴 동산에서 하나님과 같이 되려고 했던 인간의 반역 정신과 근본적으로 다르지 않습니다. 사탄은 하와에게 선악과를 먹으면 죽지 않고 오히려 눈이 밝아져서 하나님과 같이 된다고 유혹하였습니다(창 3:5).

바벨론 제국도 하나님의 보좌를 도전하였습니다.

> 네가 평소에 늘 장담하더니 '내가 가장 높은 하늘로 올라가겠다. 하나님의 별들보다 더 높은 곳에 나의 보좌를 두고, 저 멀리 북쪽 끝에 있는 산 위에, 신들이 모여 있는 그 산 위에 자리잡고 앉겠다 내가 저 구름 위에 올라가서 가장 높으신 분과 같아지겠다' 하더니 그렇게 말하던 네가 스올로 땅 밑 구덩이에서도 맨 밑바닥으로 떨어졌구나 (사 14:13~15, 새번역).

인간의 교만과 불경의 극치는 하나님의 자리를 탐하고 하나님처럼 되려고 하는 것입니다. 하나님은 자신의 형상에 따라 인간을 창조하셨습니다. 인간은 하나님을 대표하는 최고의 피조물이었습니다. 그래서 아담과 하와에게 창조계를 돌보며 다스리는 청지기 직분을 주셨습니다(창 1:28). 하나님의 의도는 인간이 하나님처럼 이름을 떨치게 하는 것이었습니다. 온 세상에서 누구의 이름이 가장 유명하고 창대합니까? 창조주 하나님의 이름입니다.

하나님께서는 인간의 이름도 창대하게 되기를 원하셨습니다. 그러나 인간은 하나님의 주권 아래에서 하나님의 방법대로 세상을 다스리며 이름을 내려고 하지 않았습니다. 자기들의 방식대로 유명해지려고 했습니다. 이것은 하나님께 대한 반역입니다.

이스라엘 백성이 우상 숭배로 부패했을 때 하나님이 예레미야 선지자를 통해 경고하시면서 이렇게 말씀하셨습니다.

> 내가 이스라엘 온 집과 유다 온 집으로 내게 속하게 하여 그들로 내 백성이 되게 하며 내 이름과 명예와 영광이 되게 하려 하였으나 그들이 듣지 아니하였느니라 (렘 13:11).

하나님은 이스라엘 백성이 하나님의 이름과 명예와 영광을 드러내는 대리자가 되기를 원하셨습니다. 아브라함에게 주셨던 약속도 하나님의 이같은 은혜로운 의도를 내포한 것이었습니다. 아브라함으로 대표되는 하나님의 백성은 하나님의 이름과 명예와 영광을 반사하는 소명과 특권을 받은 자들입니다.

한편, 바벨탑 세대가 '우리 이름을 내자'는 슬로건을 걸고 하나님께 도전한 것은 하나님의 이름을 무시하고 하나님의 지시를 받지 않겠다는 뜻이었습니다. 그 결과는 바벨탑의 붕괴였습니다. 이름은 존재의 가치를 결정합니다. 아담이 낙원에서 행한 것은 각 생물에게 이름을 지어 주는 것이었습니다(창 2:19).

하나님이 내리시는 형벌에는 이름을 지워버려 기억되지 않게 하는 것이 포함됩니다. 예로써 이스라엘 백성에게 가나안 족속들의 이름을 쓸어버리라고 하셨습니다(신 7:24). 또한 이스라엘 백성이 죄를 지었을 때 천하에서 그들의 이름을 지워버리시겠다고 위협하셨습니다(신 9:14).

그런데 성도들의 이름은 만세 전부터 생명책에 적혀 있습니다. 그래서 우리도 명예롭고 큰 이름을 받을 수 있습니다. 우리가 그리스도를 따르는 삶에서 승리하면, 예수님이 하늘 아버지 앞에서 우리 이름을 시인하실 것이라고 약속하셨습니다(계 3:5). 하나님께서 자신의 이름을 영화롭게 하시듯이, 예수님은 우리의 이름을 영화롭게 하기를 원하십니다.

이름은 상으로 받는 축복입니다. 경건한 자들은 영구히 기념이 되는 이름을 받습니다(사 56:4~5; 66:22). 요한계시록에 나오는 일곱 교회 중에서 버가모 교회의 충성된 자에게 주는 흰 돌에는 새 이름이 기록되었습니다(계 2:17). 이들은 주의 이름을 굳게 붙잡고 끝까지 신실하여 이기는 자가 되었습니다(계 2:13). 새 이름은 상으로 받는 호평과 인정입니다. 빌라델비아 교회의 신실한 자들에게도 새 이름의 영예가 주어졌습니다.

> **나는 내 하나님의 이름과 … 새 예루살렘의 이름과 또 나의 새 이름을 그 사람의 몸에 써 두겠다** (계 3:12, 새번역).

구속받은 주의 백성의 이마에도 하나님의 보호를 상징하는 주의 이름이 적혀 있을 것입니다(계 22:4).

예수님은 지상 사역을 순종과 희생의 삶으로 마치시고 하늘 아버지께로부터 모든 이름 위에 뛰어난 이름을 상으로 받으셨습니다(빌 2:9; 엡 1:21). 원수들이 멸시하던 예수라는 이름 앞에 만인이 무릎을 꿇게 될 것입니다. 그리고 만인의 입이 그를 주라고 시인할 것입니다(빌 2:5~11).

아브라함은 하나님의 약속의 말씀을 믿고 신실하게 주를 따라 살았습니다. 그래서 어떤 열매를 거두었습니까? 그는 믿음의 조상으로 존경을 받았고, 하나님께서 "나의 벗 아브라함"(사 41:8)이라고 하셨습니다. 그런데 무엇보다도 예수 그리스도께서 아브라함의 자손으로 세상에 오셨습니다.

신약 성경의 첫 권인 마태복음이 어떻게 시작됩니까?

아브라함과 다윗의 자손 예수 그리스도의 계보라 (마 1:1).

아브라함의 이름은 과연 창대하게 되었습니다. 우리도 아브라함에게 주셨던 약속을 받았습니다. 그래서 우리도 아브라함처럼 복음의 소망 속에서 겸손하게 믿음의 길을 걸으면 이름이 알려지고 하나님의 칭찬이 따르게 될 것입니다.

시편 8편에서 다윗은 "여호와 우리 주여, 주의 이름이 온 땅에 어찌 그리 아름다운지요 주의 영광이 하늘을 덮었나이다"(시 8:1)라고 읊었습니다. 그리고 이어서 "사람이 무엇이기에 주께서 그를 생각하시며 인자가 무엇이기에 주께서 그를 돌보시나이까 그를 하나님보다 조금 못하게 하시고 영화와 존귀로 관을 씌우셨나이다"(시 8:4~5)라고 했습니다. 그다음 다윗은 창세기 1장에서 하나님이 인간을 지으시고 그들에게 주셨던 창조계에 대한 청지기 역할을 상기시켰습니다. 그것은 하나님께서 인간에게 만물을 다스리게 하셨다는 것입니다. 그리고 결론으로 다시 "여호와 우리 주여 주의 이름이 온 땅에 어찌 그리 아름다운지요"(시 8:9) 라고 칭송합니다.

포인트는 이것입니다. 주 여호와께서는 자신의 창대한 이름의 영광을 인간과 나누시겠다는 것입니다. 이것은 얼마나 큰 축복입니까? 타락한 인간들은 스스로 이름을 내려다가 모두 실패하였습니다. 아브라함은 자신의 이름을 크게 내기를 원하지도 않았지만 그의 이름이 창대하게 될 것이라는 하나님의 약속을 받았습니다. 이것이 인류에 대한 하나님의 원래의 뜻이었습니다. 이제 이 놀랍고 은혜로운 하나님의 뜻은 구원의 역사가 진행되면서 더욱 밝혀집니다.

하나님께서 아브라함을 부르시고 바벨 세대와 같은 불신과 반항과 자력본의의 교만한 정신을 따라 살지 않게 하셨습니다. 아브라함의 이름이 창대하게 되는 것은 바벨 세대처럼 인간의 힘으로 되는 것이 아니고 하나님의 능력으로 성취될 것이었습니다.

인간들은 방법과 수단을 가리지 않고 이름을 내려고 합니다. 반면, 하나님은 그리스도 안에서 인간들의 이름이 커지기를 원하십니다. 하나님은 아브라함에서부터 이 일을 시작하셨습니다. 그의 이름은 문자대로 '열국의 아버지'라는 뜻입니다. 이름은 구원의 역사에서 중요한 역할을 합니다.

왜 사람들이 유명인사를 좋아합니까? 인간은 이름을 원하는 존재입니다. 인간은 항상 자신의 이름을 의식하며 삽니다. 이름이 없는 것은 존재하지 않는 것과 같습니다. 하나님께서는 아담을 지으시고 곧 이름을 주셨습니다. '아담'은 '사람'이란 뜻입니다. 그리스도 안에 있지 않는 모든 인간들의 이름은 사라질 것입니다. 하늘 명부에 그리스도의 자녀들로 올라간 자들만이 영원히 남습니다.

나는 어떠합니까? 나는 하나님으로부터 이름을 받은 자입니까? 아브라함은 이미 이름을 가지고 있었습니다. 주 예수를 믿으면 누구나 그리스도인이라는 이름이 붙습니다. 그러나 각자가 받을 수 있는 새 이름이 있습니다. 아브라함에게 주신 창대한 이름의 약속은 미래적인 것이었습니다. 아브라함이라는 본래의 이름 위에 엑스트라의 영예와 가치가 주어지는 이름이 있다는 약속입니다. 이 큰 이름의 유업을 받기 위해 아브라함은 주님을 꾸준한 믿음으로 충성되게 따랐습니다. 우리도 같은 자세로 살 때에 우리의 이름이 주께서 의도하신 대로 빛나게 될 것입니다.

아브라함이 받은 복의 네 번째 약속은 복의 통로가 되는 것입니다.

너는 복이 될지라 (창 12:2).

이것은 명령형입니다. 마땅히 그렇게 되어야 한다는 의미도 되지만, 확실한 약속을 강조하는 히브리식 표현입니다. 3절에서는 "땅의 모든 족속이 너로 말미암아 복을 얻을 것이라"고 했습니다. 이것은 굉장한 축복입니다. 만복의 근원은 하나님이십니다. 그러나 주의 백성은 하나님의 축복이 흘러나가는 통로가 되어야 합니다. 그런데 한 가지 주목할 것이 있습니다. 아브라함은 다른 사람에게 복의 통로가 되기 전에 하나님으로부터 개인적인 복을 먼저 받았습니다.

2절에서 "내가 너로 큰 민족을 이루고 네게 복을 주어"라고 했습니다. 아브라함이 받은 개인적인 복은 어떤 것들이었습니까? 자손, 재산, 하나님과의 교제, 장수 등이었습니다. 아브라함에게는 이러한 가시적이고 실체적인 복들이 하나님의 호의와 동행에 대한 증거였습니다. 사실 아브라함 뿐만 아니라 믿음의 족장들이 모두 풍성한 물질과 장수를 누렸습니다. 그러나 이것은 그리스도 안에 있는 영적 풍요를 내다보는 그림자였습니다. 풍요와 장수와 명성의 복은 궁극적으로 그리스도 안에서 영적 풍요와 영생과 착하고 충성된 종의 이름으로 온전히 성취될 것입니다.

본문의 교훈은 개인적으로 받는 복은 흘러나가야 한다는 것입니다. 아브라함은 먼저 개인적인 복을 체험하였기 때문에 "너는 복이 될지라"고 하였습니다. 우리는 개인의 복을 위해 기도할 수 있습니다. 그러나 다른 사람에게 나누어 주기 위해서 복 받기를 원한다면 주께서 기꺼이 주시고 축복하실 것입니다.

[아브라함이 복의 통로가 된 세 가지 측면]

1) 믿음의 모범을 보임으로써 다른 사람들에게 복이 되었습니다. 그는 하나님의 약속을 믿었기 때문에 의롭다는 선언을 받았습니다. 믿음에 의한 칭의 구원은 모든 후손 세대가 따라야 할 구원의 원리입니다. 그래서 아브라함의 믿음을 본받는 자들은 아브라함의 자손이며 하나님의 백성입니다. 아브라함은 죄인이 어떻게 하나님의 구원을 받을 수 있는지를 증시(證示)하는 가장 뚜렷한 실례입니다.

2) 아브라함은 꾸준한 믿음으로 하나님의 약속을 받아 누림으로써 그의 후손들에게 복이 되었습니다. 그는 이삭의 출생을 믿음으로 받았고, 모리아 산에서 이삭을 믿음으로 바쳤습니다. 그는 믿음과 헌신의 모범이 되었습니다. 그는 자신의 여러 실수와 역경에도 불구하고 하나님의 약속을 끝까지 붙잡았습니다. 아브라함의 믿음 생활은 우리의 영적 삶의 좌표가 되는 축복의 통로입니다.

3) 아브라함의 후손으로 예수 그리스도가 태어났기에 만국에 복의 통로가 되었습니다. 아브라함은 하나님의 구원의 드라마에 결정적으로 중요한 약속을 받았습니다. 모든 민족이 그를 통해서 복을 받을 것이라는 약속은 그의 후손으로 오실 예수 그리스도의 구원을 가리킵니다. 예수님의 복음은 만인에게 가장 필요한 복입니다. 하나님께서는 유대인만이 아니고 이방인도 아브라함처럼 믿음으로 의롭다는 인정을 받도록 먼저 아브라함에게 복음을 전하셨습니다(갈 3:8).

아브라함이 받은 복의 다섯 번째 약속은 그가 축복과 저주의 시금석이 된다는 것이었습니다.

> **너를 축복하는 자에게는 내가 복을 내리고 너를 저주하는 자에게는 내가 저주하리니** (창 12:3).

아브라함은 하나님의 구원을 일으키는 일에서 핵심적인 인물로 택함을 받았습니다. 하나님께서는 그를 통해 인간의 노력이나 공로가 아닌, 하나님의 은혜로 죄인이 의롭게 되고 구원을 받는다는 것을 드러내셨습니다. 하나님의 약속을 믿고 의롭다는 선언을 받는 이신칭의(以信稱義)는 모든 사람에게 적용되는 구원의 원리였습니다. 그래서 사람들이 아브라함의 믿음 생활을 긍정적으로 보느냐 부정적으로 보느냐에 따라 축복이 아니면 저주를 받습니다. 아브라함을 통해 일어나는 하나님의 구원 계획을 방해하는 자들은 저주를 받고, 그의 편에 서는 자들은 복을 받습니다.

✽ 그랄 왕 아비멜렉이 사라를 데려간 일로 아브라함과 그의 씨를 위협하자 하나님으로부터 엄중한 경고를 받았습니다(창 20장). 그러나 그랄 왕이 아브라함을 선대했을 때(창 20:14~16) 그와 온 권속이 아브라함의 중보 기도를 통하여 복을 받았습니다(창 20:17~18).

궁극적으로 보면 아브라함의 자손으로 세상에 오시는 예수 그리스도에 대한 나의 자세에 따라 축복과 저주가 내립니다. 그래서 예수님은 "너희를 영접하는 자는 나를 영접하는 것이요 나를 영접하는 자는 나를 보내신 이를 영접하는 것이니라."(마 10:40, 비교. 마 10:41~42)고 하셨습니다.

예수님의 제자들은 예수님의 권위로 복음을 전하는 자들입니다. 그래서 하나님이 그들 편이십니다. 누구든지 예수님의 제자들을 멸시하고 해치는 자들은 하나님을 공격하는 자들입니다. 반대로 예수께 속한 자에게 물 한잔이라도 주는 자는 결코 상을 잃지 않는다고 하였습니다(마 10:42).

아브라함이 받은 복의 여섯 번째 약속은 성령을 받는 것이었습니다.

창세기 12장 본문에서는 아브라함이 받은 복의 목록에 성령은 언급되지 않았습니다. 그러나 아브라함은 그리스도에 대한 하나님의 약속을 믿었을 때 성령을 받았습니다. 칭의 구원은 성령과 별도로 일어나지 않습니다. 칭의와 성령의 약속은 동시적입니다.

갈라디아 3장 14절에서 바울은 아브라함이 받은 복은 이방인에게 성령의 약속을 실현시키는 일이라고 했습니다.

> **이는 그리스도 예수 안에서 아브라함의 복이 이방인에게 미치게 하고 또 우리로 하여금 믿음으로 말미암아 성령의 약속을 받게 하려 함이라** (갈 3:14).

아브라함은 행위가 아닌 믿음으로 의롭게 되었기 때문에 성령으로 거듭난 자였습니다. 행위나 율법은 믿음에서 난 것이 아니기 때문에 성령을 대동하지 않습니다. 칭의 구원을 받은 자들만이 성령을 받습니다. 따라서 아브라함의 복의 목록에 성령이 나오지는 않지만 전제되었다고 보아야 합니다. 그래서 바울은 로마서 8:9절에서 성령의 내주가 없으면 크리스천이 아니라고 했습니다.

> **만일 너희 속에 하나님의 영이 거하시면 너희가 육신에 있지 아니하고 영에 있나니 누구든지 그리스도의 영이 없으면 그리스도의 사람이 아니라** (롬 8:9).

율법을 순종하기보다 예수를 믿는 자들에게 성령이 주어집니다(14절). 크리스천의 삶은 칭의의 선포를 받고 성령으로 시작합니다. 성령은 메시아 시대를 내다본 약속이었습니다. 그래서 아브라함에게 내리신 복에는 성령도 포함된 것이었다고 보아야 합니다. 아브라함은 율법 이전 시대의 사람이었습니다. 그는 시대적으로 보면 신약시대의 성령 강림 이전에 살았지만, 믿음과 성령으로 살았기 때문에 메시아 시대의 성령 생활을 미리 체험한 사람이었습니다. 바울은 아브라함이 받은 복의 목적은 이방인에게도 미치고 믿음으로 "약속하신 성령"(갈 3:14)을 받게 하려는 것이었다고 말합니다. 에스겔 선지자는 율법 시대에 살았지만 율법에 의존하지 않는 성령 시대의 도래를 예언하였습니다.

> **또 새 영을 너희 속에 두고 새 마음을 너희에게 주되 너희 육신에서 굳은 마음을 제거하고 부드러운 마음을 줄 것이며** …(겔 36:26).

하나님께서는 일찌기 인류를 구원하기 위해 한 사람을 택하셨습니다. 그의 이름은 아브라함입니다. 하나님은 아브라함에게 대구원의 청사진을 보여 주셨습니다. 그리고 그에게 복을 내리셨습니다. 아브라함은 자손과 땅과 큰 이름과 열국에 축복의 통로가 된다는 약속을 받았습니다. 그리고 성령의 약속도 함께 받아 율법이 아닌, 성령 시대의 복이 믿음으로 의롭게 될 후세대에게 실현되게 하였습니다.

아브라함이 받은 복은 약속의 형태로 주어졌습니다. 우리도 아브라함처럼 하나님의 약속을 믿으면 복음 사역을 통해 영적 자손을 얻고, 개인적인 복도 받습니다. 그래서 받은 복을 다른 사람에게 나누는 복의 통로가 될 수 있습니다.

우리에게는 믿음으로 차지해야 할 땅이 있습니다. 이 땅은 소명의 땅입니다. 우리 각자에게 하나님의 나라를 진전시키는 일에서 차지하는 역할이 있습니다. 주께서 각자에게 가라고 지시하시는 부름의 땅은 믿음으로 출발하고 신실한 자세로 정복해 나가야 합니다.

우리는 승리의 삶을 대변하는 이름으로 알려질 수 있습니다. 하나님의 나라를 위해 쓸모 있는 자가 될 수 있습니다. 우리는 착하고 충성된 '종'이라는 주님의 칭찬을 들을 수 있습니다. 우리의 이름은 그리스도 안에서 높여질 수 있습니다. 하나님께서는 우리가 이러한 약속들을 상속받기 위해 믿음으로 나아가라고 하십니다. 아브라함에게 주셨던 복은 우리에게도 약속된 것입니다. 이것들은 베드로가 말했듯이 "보배롭고 지극히 큰 약속들"(벧후 1:4) 입니다. 우리도 아브라함처럼 지속적인 믿음과 인내로 산다면 이 모든 약속을 상속받을 수 있습니다. 아브라함의 복이 우리 각자의 삶에서 체험되어야 하겠습니다.

23.
아브라함 언약과 모세 언약
갈라디아서 3:15~18

바울은 3장에서 지금까지 믿음으로 말미암은 칭의를 변증하기 위해 두 가지 실례를 들었습니다. 한 가지는 갈라디아 교인들에게 그들이 언제 성령을 받았느냐고 물었습니다.

> 너희가 성령을 받은 것이 율법의 행위로냐 혹은 듣고 믿음으로냐 (갈 3:2).

그는 다시 물었습니다.

> 너희에게 성령을 주시고 너희 가운데서 능력을 행하시는 이의 일이 율법의 행위에서냐 혹은 듣고 믿음에서냐 (갈 3:5).

바울의 질문은 갈라디아 교인들이 성령을 받았는데 이것은 부인할 수 없는 일이었다는 것입니다. 이방인들이 구원을 받았다는 확실한 증거는 그들의 성령 체험이었습니다. 의롭다는 인정을 받는 칭의 구원과 성령을 받는 것은 매우 밀착된 개념입니다. 바울은 칭의의 약속에 성령의 약속도 포함된 것으로 보았습니다(3:14).

그런데 갈라디아 교인들이 받은 성령은 회심 이전의 성령의 비밀 사역이 아니고 믿고 나서 체험으로 알 수 있고 기억할 수 있는 성령의 활동이었습니다. 그리고 현재도 성령을 받고 있다는 것이 그들 가운데서 일어나는 기적으로 증명되었습니다(3:5). 그렇다면 성령 체험을 갖게 된 것이 율법을 지켰기 때문이냐는 것입니다. 바울이 그들에게 가서 복음을 전했을 때 율법은 언급조차 하지 않았습니다. 바울은 원래부터 이방인들에게 율법을 거론하지 않았습니다. 그는 믿음으로 말미암는 칭의를 설교하고 예수 그리스도의 십자가 구원을 전했습니다. 갈라디아 교인들은 이 복음을 믿고 성령을 받았고 성령을 날마다 체험하고 있었습니다.

바울이 갈라디아 교인들에게 도전하는 것은 율법을 지키는 것은 구원과도 상관없고 하나님의 자녀가 되었음을 증거하는 성령 체험에도 아무 영향을 주지 않는다는 것입니다. 한 마디로 구원은 오직 믿음으로 받는다는 주장입니다.

그다음 실례는 아브라함이 받은 구원입니다. 바울은 아브라함이 어떻게 구원을 받았는지를 증거로 제시하였습니다. 아브라함이 하나님을 믿으매 그것을 그에게 의로 여겨주셨다고 했습니다(3:6). 그런데 이것은 아브라함 개인에게만 해당되는 것이 아니고 이방인도 마찬가지 원리로 믿음에 의한 칭의 구원을 받도록 하나님이 정하셨다고 했습니다.

또 하나님이 이방을 믿음으로 말미암아 의로 정하실 것을 성경이

미리 알고 먼저 아브라함에게 복음을 전하되 모든 이방인이 너로 말미암아 복을 받으리라 하였느니라 (갈 3:8).

여기서 이방인이 율법으로 의롭게 되도록 하셨다고 하지 않았습니다. 이방인도 아브라함처럼 믿음으로 말미암는 칭의 구원을 받도록 하는 것이 하나님의 구원 계획이었습니다. 바울은 본 항목의 끝절에서 이렇게 말했습니다.

이는 그리스도 예수 안에서 아브라함의 복이 이방인에게 미치게 하고 또 우리로 하여금 믿음으로 말미암아 성령의 약속을 받게 하려 함이라 (갈 3:14).

갈라디아 교인들은 믿음으로 칭의 구원을 받았고 또 약속된 성령도 체험하였다는 것입니다. 그래서 이방인들의 구원을 위해서 하나님이 오래 전부터 작정하셨던 칭의 구원과 성령 체험이 그들에게 실제로 일어났으니까 율법으로 돌아가려는 것은 매우 어리석은 일이라는 말입니다. 그래서 바울은 "너희가 이같이 어리석으냐 성령으로 시작하였다가 이제는 육체로 마치겠느냐"(3:3)라고 힐문하였습니다.

이제 잠시 멈추고 생각해 볼 것이 하나 있습니다. 바울이 이 정도로 칭의 구원의 충족성과 구원과 율법의 무관성을 설명했으면 충분하지 않겠습니까? 사실 3장에서 칭의 구원과 율법의 관계를 더 말하지 않아도 2장에서 말한 것만으로도 충분하다고 봅니다. 2장 16절 한 절만 해도 바울이 말하려고 하는 요점이 분명하기 때문입니다.

> 사람이 의롭게 되는 것은 율법의 행위로 말미암음이 아니요 오직 예수 그리스도를 믿음으로 말미암는 줄 알므로 우리도 그리스도 예수를 믿나니 이는 우리가 율법의 행위로써가 아니고 그리스도를 믿음으로써 의롭다 함을 얻으려 함이라 율법의 행위로써는 의롭다 함을 얻을 육체가 없느니라 (갈 2:16).

이렇게 명명백백하게 진술했는데 왜 바울은 다시 3장에서 아브라함 이야기를 길게 끌고 나가는 것일까요? 아마 요즘 이런 식으로 매주 주일 설교를 한다면 다들 일어서 나갈 것입니다. 설교가 너무 길고 한 소리 또 하고 또 하니 지루하다고 하겠지요. 그렇지만 우리는 성경이 우리의 기호에 맞추어 쓰여진 책이 아니고 성령 하나님의 결정으로 작성된 경전임을 기억해야 합니다. 우리에게 필요하기 때문에 현재의 모양대로 성경이 우리에게 전달되었습니다. 늘 인용하는 구절이지만 디모데후서 3:16~17절을 다시 들어 보십시오.

> 모든 성경은 하나님의 감동으로 된 것으로 교훈과 책망과 바르게 함과 의로 교육하기에 유익하니 이는 하나님의 사람으로 온전하게 하며 모든 선한 일을 행할 능력을 갖추게 하려 함이라 (딤후 3:16~17).

구태여 바울의 반복된 메시지를 변호한다면, 바울은 갈라디아 교인들이 율법을 구원의 요소로 끌어넣으려고 시도하는 유대주의자들의 주장에 다시는 넘어가지 않도록 하는 것이 사도의 소명이라고 믿었습니다. 바울이 오늘 본문에서 다시 아브라함의 이야기를 소급해서 거론하는 이유는 율법 언약이 아브라함 언약을 폐기한 것처럼 유대주의자들이 가르쳤기 때문입니다.

"내가 이것을 말하노니 하나님께서 미리 정하신 언약을 사백 삼십 년 후에 생긴 율법이 폐기하지 못하고 그 약속을 헛되게 하지 못하리라"(갈 3:17).

아브라함 언약은 왜 폐기할 수 없을까요?

1. 서로 상이한 목적과 기능을 가졌기 때문입니다.

바울은 두 개의 언약을 대조합니다. 아브라함 언약과 시내 산 언약입니다. 갈라디아서 3:15~18절은 아브라함이 시내 산 율법과 아무 상관이 없이 의롭게 되었다는 것을 강조합니다. 사실상 아브라함 당시에는 성문화된 율법이 없었습니다. 이스라엘 백성에게 시내 산에서 율법이 수여된 때는 아브라함의 때로부터 430년이 지난 후였습니다.

바울의 포인트는 4세기가 지난 후에 추가된 또 하나의 언약이 아브라함 언약을 철회하거나 무효로 하지 못한다는 것입니다. 그 이유는 무엇일까요? 시내 산 언약이 나중에 생겼기 때문이 아닙니다. 아브라함 언약과 시내 산 언약은 서로 상이한 기능과 목적을 가졌기 때문입니다.

아브라함 언약: 하나님께서 아브라함을 부르시고 그에게 구원의 약속을 하셨습니다. 그때 하나님은 아브라함에게 약속만 가지고 오셨습니다. 아브라함은 하나님의 약속의 말씀만 믿고 의롭게 되었습니다.

"아브람이 여호와를 믿으니 여호와께서 이를 그의 공의로 여기시고"(창 15:6).

아브라함은 그때 하나님으로부터 율법을 받지 않았습니다.

그럼 아브라함이 무엇으로 의롭게 되었습니까? 율법이 아닌 하나님의 말씀을 신뢰하는 믿음으로 칭의 구원을 받았습니다. 이것이 아브라함 언약의 핵심입니다. 믿음으로 말미암는 칭의 구원은 하나님께서 모든 인류에게 똑같이 적용하는 구원 원칙입니다.

시내 산 언약: 율법은 모세가 시내 산에서 받았습니다. 시내 산 율법은 이스라엘 백성이 이미 출애굽의 구원을 체험한 이후에 받은 것입니다. 모세가 시내 산에서 전해 준 율법은 이스라엘 백성을 애굽의 속박에서 구원해 주기 위한 것이 아니었습니다. 율법은 구원과 관계된 것이 아니고 국가 단위의 언약 백성의 삶과 관계된 것이었습니다. 이에 비해서 아브라함 언약은 온 인류의 구원 원리를 제시한 것이기 때문에 한 국가의 율법에 의해서 지배되거나 폐기될 수 없었습니다.

18절은 "만일 그 유업이 율법에서 난 것이면 약속에서 난 것이 아니리라"고 했습니다. 유대주의자들은 율법이 영원한 법이라고 믿었습니다. 그래서 모든 것을 율법을 기준으로 생각하고 판단하였습니다.

✲ 요즘 시대에는 각종 영양 보충제가 많습니다. 이것들은 의사의 처방이 없이 슈퍼나 온라인에서 얼마든지 살 수 있습니다. 그런데 사실 대부분은 안 먹어도 건강에 지장이 없다고 합니다. 우리에게 필요한 영양은 음식에서 거의 다 섭취할 수 있기 때문입니다.

유대주의자들은 주 예수를 믿고 받는 구원을 부정하지는 않았지만 율법을 구원을 위한 영양 보충제로 제시하였습니다. 영양제로 건강을 더욱 증진시킨다고 선전하듯이, 더 온전한 구원을 받으려면 율법을 지키라고 했습니다. 이것은 구원의 이중잣대입니다. 처음에는 예수도 믿고 율법도 믿어야 온전한 구원이라고 하고서 점차 율법이 믿음의 자리를 점령하였습니다. 급기야 그들은 "모세의 법대로 할례를 받지 아니하면 능히 구원을 받지 못하리라"(행 15:1, 5)고까지 주장하였습니다. 그들은 마치 아브라함 언약이 시내 산 언약으로 대치되기라도 한 듯이 율법을 구원의 선두에 내세웠습니다. 그래서 바울은 유업이 율법에서 난 것이 아니라고 지적하였습니다.

여기서 말하는 '유업'은 아브라함이 하나님으로부터 받은 약속을 가리킵니다. 아브라함은 영토, 자손, 명성과 함께 복의 통로가 되고 저주와 축복의 시금석이 된다는 약속을 받았습니다. 그리고 가장 중요한 축복은 아브라함의 후손으로 오실 그리스도를 믿고 의롭게 되는 것이었습니다(갈 2:21). 이러한 약속의 실현은 믿음으로 받는 것이지 율법으로 받는 것이 아니었습니다. 율법은 믿음을 바탕으로 삼지 않습니다.

바울은 11절에서 "의인은 믿음으로 살리라"는 하박국 선지자의 말을 인용하였습니다 (합 2:4). 하박국에서 말하는 믿음은 하나님의 구원을 신뢰하고 기다리는 것이었습니다. 율법에서는 이러한 믿음이 요구되지 않았습니다. 그래서 율법은 믿음에서 난 것이 아니라고 했습니다(12절).

믿음과 율법은 공존하면서 동일한 기능과 목적을 성취할 수 없습니다. 영양 보충제로 건강을 지킬 수 있다면, 음식을 씹도록 디자인된 치아가 필요하지 않을 것입니다. 만약 율법으로 구원을 받을 수 있다면, 그리스도의 십자가와 성령의 사역은 필요하지 않았을 것입니다. 그렇지만 율법으로는 아무도 구원받지 못합니다. 누구도 율법을 다 지킬 수 없기 때문입니다. 그래서 한 사람도 율법의 정죄와 저주에서 해방될 수 없습니다(3:10).

바울의 결론은 아브라함의 복은 하나님께서 약속으로 주신 것이지 율법으로 주신 것이 아니라는 것입니다. 하나님의 약속은 믿음의 영역에 있고, 율법은 행함의 영역에 있습니다. 의인은 믿음으로 삽니다. 그리스도를 통한 하나님의 구원의 약속은 믿음으로 받습니다.

아브라함 언약은 자손에 대한 믿음을 전제하기 때문에 믿음이 요구되지 않는 율법이 뒤집지 못합니다.

아브라함 언약에서 가장 중요한 단어는 '씨'라는 말입니다.

> 이 약속들은 아브라함과 그 자손에게 말씀하신 것인데 여럿을 가리켜 그 자손들이라 하지 아니하시고 오직 한 사람을 가리켜 네 자손이라 하셨으니 곧 그리스도라 (갈 3:16).

'자손'은 원문에서 '씨'라는 말로 사용되었는데 창세기 3:15절에 나오는 '여자의 후손'처럼 사뭇 애매한 뉘앙스가 있습니다. 집합적인 의미가 있으면서도 단수로 사용될 수 있기 때문입니다. 그래서 아브라함의 씨라고 하면 여러 가지를 의미할 수 있습니다(참조. 창 12:7; 13:15; 22:17~18; 24:7). 아브라함의 아들인 이삭, 이스라엘 국가, 예수 그리스도, 또는 예수 안에 있는 모든 신자를 가리킵니다(갈 3:29).

바울이 말하려는 것은 아브라함의 씨는 궁극적으로 집단이 아닌 한 인물에게 집중된다는 것입니다. 이 사람은 곧 그리스도라고 했습니다. 그러니까 하나님께서 아브라함에게 약속하신 자손은 마침내 세상에 오실 메시아이신 예수 그리스도에게 귀착된다는 것입니다. 결국 아브라함에게 약속된 참 자손은 구원자로 오시는 예수 그리스도라는 말입니다.

그리스도에 대한 약속은 믿음으로만 받습니다. 그래서 아브라함은 자손을 주신다는 약속을 믿고 기다렸습니다. 그래서 예수님은 믿음으로 의롭게 된 아브라함이 “나의 때 볼 것을 즐거워하다가 보고 기뻐하였느니라”(요 8:56)고 하셨습니다.

그러니까 아브라함에게 주셨던 예수 그리스도에 대한 약속의 말씀을 믿고 하나님을 신뢰하는 자는 구원을 받는다는 것입니다. 이 구원의 원칙은 불변입니다. 전세계적으로 누구에게나 적용되는 것입니다. 다시 말해서 예수 그리스도를 자신의 대속주로 믿고 구원을 받는 것이지 인간의 행위로 하나님의 용서를 받고 하나님과 바른 관계에 놓이는 것이 아니라는 것입니다. 바울은 “율법의 행위로써는 의롭다 함을 얻을 육체가 없느니라”(갈 2:16)고 잘라 말했습니다.

모세 율법이 아브라함 언약을 폐기할 수 없는 또 다른 이유는 하나님이 맹세하셨기 때문입니다.

> 형제들아 내가 사람의 예대로 말하노니 사람의 언약이라도 정한 후에는 아무도 폐하거나 더하거나 하지 못하느니라 (3:15).

언약은 원칙상 깰 수 없습니다. 바울이 염두에 둔 언약은 아브라함 언약입니다. 이 언약은 왜 변경하거나 폐기할 수 없을까요? 언약이기 때문입니다. 언약이 무엇입니까? 하나님의 맹세가 들어간 약속입니다. 약속은 맹세가 들어가기 전에는 변경될 수도 있고 파기될 수도 있습니다. 약속의 단계에서는 제시된 복은 조건적입니다.

아브라함에게 준 축복의 약속들은 창세기 12장에서 확정된 것이 아니고 오퍼된 상태에 있었습니다. 그럼 언제 확정되었습니까? 하나님이 아브라함에게 복을 내리시기로 맹세한 때였습니다. 그때는 아브라함이 이삭을 모리아 산에서 바쳤을 때입니다. 그때 하나님이 맹세하셨습니다.

> 여호와께서 이르시기를 내가 나를 가리켜 맹세하노니 네가 이같이 행하여 네 아들 네 독자도 아끼지 아니하였은즉 내가 네게 큰 복을 주고 네 씨가 크게 번성하여 하늘의 별과 같고 바닷가의 모래와 같게 하리니 네 씨가 그 대적의 성문을 차지하리라 또 네 씨로 말미암아 천하 만민이 복을 받으리니 이는 네가 나의 말을 준행하였음이니라 하셨다 하니라 (창 22:16~18).

이때 비로소 예수 그리스도의 오심이 확정되었습니다. 맹세는 "모든 일의 최후 확정"(히 6:16)입니다. 히브리서에 하나님의 맹세가 지닌 뜻이 잘 묘사되어 있습니다.

> 하나님께서는 그 약속을 상속받는 사람들에게 하나님의 뜻이 변하지 않는다는 것을 더욱 환히 나타내 보이시려고, 맹세로써 보증하여 주셨습니다 … 하나님께서는 약속하시고 맹세하실 때에 거짓말을 하실 수 없습니다 (히 6:17~18, 새번역).

그리스도의 오심이 확정된 것은 그리스도를 믿음으로써 의롭게 되는 칭의 구원이 보장된 것을 의미합니다. 아브라함에게 주셨던 여러 가지 약속들은 이제 하나님을 신뢰하고 끝까지 꾸준한 믿음을 보이는 자들에게 보장된 유업입니다. 그러니 율법이 설 자리가 어디에 있습니까? 하나님께서는 우리의 구원에 관한 한, 오직 믿음으로 의롭게 된다는 대원칙을 처음부터 정하셨고 맹세로써 확정하셨습니다. 그러므로 율법이 아브라함 언약을 결코 폐기할 수 없습니다.

우리는 오직 주 예수 그리스도를 믿음으로써 영원한 구원을 받습니다. 율법에 비추어 자신의 구원 여부를 확인하려고 하지 마십시오. 날마다 자신의 속을 점검하며 율법을 잘 지켜야 하겠다고 다짐하지 마십시오. 하나님 앞에서 자신을 반성하는 것은 좋은 일입니다. 회개도 하고 새로운 각오도 하십시오. 그러나 자신의 구원을 의심하거나 정죄하지 말아야 합니다. 주 예수를 나의 대속주로 믿었으면 하나님과의 관계에서 의롭게 되었습니다. 칭의 구원은 하나님이 자신의 이름과 명예를 걸고 맹세하심으로써 보장된 것입니다. 내가 아무리 부족하고 도덕적으로 실수가 많아도 하나님의 맹세로 영원한 대제사장이 되신 주 예수를 바라보아야 합니다.

> **예수께서는 하나님의 맹세 없이 제사장이 되신 것이 아닙니다. 레위 계통의 사람들은 맹세 없이 제사장이 되었습니다. 그러나 예수께서는 자기에게 말씀하시는 분의 맹세로 제사장이 되신 것입니다. '주님께서 맹세하셨으니 주님은 마음을 바꾸지 않으실 것입니다. 너는 영원히 제사장이다' 하셨습니다**(히 7:20~21, 새번역).

예수님은 하나님의 맹세로 대제사장이 되셨기 때문에 우리를 위해 중보하시는 일에 변함이 없습니다. 예수님이 나를 위해 기도하시는 한, 나는 믿음에서 떨어지지 않습니다. 율법을 바라보면 보장이 없습니다. 하나님의 맹세가 우리의 피난처가 되어야 합니다. 믿음으로 말미암는 구원을 자신의 맹세로써 보장하신 하나님을 기억하십시오. 나의 구원은 전적으로 안전합니다. 하나님의 맹세보다 더 큰 보장은 없습니다.

율법 생활은 구원의 확신을 앗아갑니다. 내성적 자기 감찰병에 걸립니다. 내 속만 들여다 보면서 주여, 주여 하며 탄식합니다. '나는 죄인이로소이다'라고 외치며 내 가슴만 칩니다. 그러나 율법의 정죄에서 풀려났다는 것을 알면 주 예수를 사랑하는 삶을 살 수 있습니다. 주를 사랑하는 삶에는 자유와 평안과 기쁨이 있습니다. 율법을 사랑하는 삶에는 불안이 계속되고 자유와 기쁨은 저격을 당합니다.

바울이 갈라디아 교인들에게 하는 말이 무엇입니까? 아브라함에게 주셨던 믿음에 의한 칭의의 복이 아직도 변함없는 구원의 원리라는 것입니다. 아브라함에게 주셨던 칭의 구원과 그에 따르는 여러 축복들이 폐기된 것이 아니니 율법에 의존하는 유혹을 물리치라는 것입니다.

바울이 강조하는 믿음의 초점은 나의 개인적인 확신이나 헌신이 아닙니다. 하나님의 약속들에 초점을 두는 것이 구원하는 믿음입니다. 아브라함은 하나님의 약속을 붙잡고 살았습니다. 그는 땅을 유업으로 받고 큰 나라가 되는 것과 복의 통로로 쓰임을 받으며 이름이 창대하게 될 것을 믿었습니다. 또한 그가 축복과 저주의 시금석이 되고 모든 족속이 그의 씨를 통해 복을 받는다는 약속을 믿었습니다. 그런데 물질적 번영이나 영토적 확장이나 세계적인 영향을 끼치는 일들은 구원자로 오시는 예수 그리스도의 영적 축복에 집중되었습니다. 바꾸어 말하면 아브라함의 복은 그리스도가 주실 복으로 승화되었습니다. 그는 그리스도의 때가 올 것을 바라보며 믿음으로 살았습니다. 우리도 믿음의 길을 따라 사는 아브라함의 영적 자손이 되어야 하겠습니다.

24.
율법은 왜 필요한가?
갈라디아서 3:19~29

바울은 율법에 대해서 매우 부정적인 진술을 했습니다. 그에 따르면, 율법은 성령을 주지 못하고(3:1~5), 칭의를 가져오지 못합니다(3:6~9). 율법은 저주를 가져오고(3:10~12), 언약과 믿음의 영구성을 철폐하지 못합니다(3:15~18). 유대주의자들이 바울의 부정적인 율법관에 크게 반발했을 것은 쉽게 짐작할 수 있습니다.

바울은 갈라디아서 3장 17절에서 시내산 언약인 율법이 아브라함 언약을 폐기하지 못한다고 했습니다. 율법이 비록 이스라엘 백성에게 주어졌지만 아브라함에게 주셨던 믿음으로 말미암는 구원의 원리는 그대로 유효하다는 말이었습니다. 그렇다면 자연히 율법은 왜 필요하냐는 질문이 나옵니다. 간단하게 말하면 율법은 구원과는 별도의 목적으로 주어진 것이었습니다. 본 강해에서는 율법이 주어진 직접적인 원인과 목적이 무엇인지를 살피도록 하겠습니다.

율법은 범죄하기 때문에 추가되었습니다.

복음이 아브라함 때부터 모세의 율법 시스템이 없이도 효력이 있었다면 왜 율법 제도가 나중에 추가되었을까요? 율법은 아브라함에게 하나님께서 주셨던 복음의 약속 뒤에 붙여진 것이었습니다. 이것은 아브라함 언약이 구원을 받는데 부족한 점이 있어서 율법으로 보완하려는 것이 아니었습니다. 율법이 왜 주어졌는지는 시내 산에서 율법을 받았을 때의 상황을 살피면 됩니다. 출애굽기 20:18~21절을 읽어 보십시오. 20절이 열쇠가 되는 대목입니다.

> 모세가 백성에게 말하였다 … 하나님이 당신들을 시험하시려고 나타나신 것이며, 당신들이 주님을 두려워하여 죄를 짓지 못하게 하시려고 나타나신 것입니다. (출 20:20, 새번역).

율법을 주신 목적은 두려움 때문에 죄를 못 짓게 하려는 것이었습니다. 여기서 중요한 말은 두려워하게 한다는 것입니다. 무슨 뜻일까요? 율법을 주는 것이 왜 두려워하게 하는 것일까요? 이스라엘 백성은 출애굽을 했을 때부터 하나님을 신뢰하지 않고 모세를 대항하며 많은 불평을 하였습니다(행 7:39~41). 광야 세대는 처음부터 끝까지 불순종과 불신으로 점철하였습니다. 이들은 하나님의 언약 백성으로서 가나안 복지를 향해 가던 중이었습니다. 가나안에는 우상 숭배자들과 극도로 부패한 문화를 가진 원주민들이 살고 있었습니다. 이스라엘 백성은 가나안의 부패 문화에 곧 노출될 것이었습니다. 그래서 이들이 이교도들의 부패에 물들지 않도록 법으로 통제할 필요가 있었습니다.

이스라엘 민족은 아브라함 때부터 하나님으로부터 메시아의 약속을 받은 선택된 민족이었습니다. 그래서 그들은 메시아가 나타날 때까지 거룩한 백성으로 살아야 했습니다. 만약 그들이 주변의 이방인 나라들처럼 도덕적 부패와 우상 숭배에 빠져 그들과 섞여버리면 어떻게 되겠습니까? 언약 백성의 독특성이 사라지고 아브라함의 자손으로 오실 약속된 메시아의 길이 막히게 될 것이었습니다.

율법의 수여는 이스라엘 민족이 죄악에 물들지 않게 함으로써 메시아가 아브라함의 자손으로 오는 것을 보호하려는 목적을 가진 것이었습니다. 그래서 율법은 이스라엘 백성의 범죄 때문에 덧붙여 준 것이라고 했습니다. 물론 이스라엘 백성은 출애굽 이전에도 죄를 지었습니다. 그러나 애굽에서는 바로의 엄중한 통제 아래 있던 노예들이었습니다. 그래서 노예 공동체로서의 질서를 유지해야 했습니다. 그런데 일단 해방되어 광야에서 자유민으로 살게 되자 무질서하고 반항적이며 범죄 행위가 늘어났습니다. 더구나 우상 숭배자들로 가득 찬 가나안 땅으로 들어가서 국가 단위의 언약 공동체로서 정착해야 하는 상황에서 강력한 법의 통제는 불가피한 조치였습니다. 이스라엘 백성은 극도로 부패한 가나안 족속과 같은 심한 죄에 빠질 가능성이 매우 높았습니다. 율법은 악한 자들을 위한 것입니다. 하나님의 약속을 신뢰하고 믿음으로 사는 아브라함 가족에게는 율법이 필요하지 않았지만, 이스라엘 국가는 율법이 필요하였습니다.

율법은 일종의 괄호와 같습니다. 율법은 모세 시대부터 그리스도의 오심 사이에 이스라엘 백성을 도덕적으로 통제하는 간주

곡에 해당합니다. 그런데 모든 법이 그렇지만, 율법도 범죄를 억제하는 기능이 있습니다. 법이 있다고 해서 범죄가 없어지지는 않습니다. 그러나 법은 형벌의 위협을 사용하여 범죄를 어느 정도 억제시킵니다. 히브리서 저자는 "천사들을 통하여 하신 말씀이 효력을 내어, 모든 범행과 불순종하는 행위가 공정한 갚음을 받았다"(히 2:2)라고 했습니다.

법이 있으면 범행은 범법 행위가 되기 때문에 법의 제재를 받습니다. 이스라엘 백성은 시내 산에서 율법을 받았을 때 심히 두려워하였습니다. 율법이 가진 형벌의 위협과 범죄자에게 준엄한 심판을 내리시는 하나님의 임재가 매우 무서웠기 때문입니다.

율법은 형벌의 두려움을 통해서 죄를 억제하였습니다. 예를 들어, 우상 숭배의 죄가 있으면 처형되었습니다. 기혼자 사이의 간음도 사형이었습니다. 안식일을 어겨도 사형이었고 자식이 부모를 거역해도 처형되었습니다. 이스라엘은 우상 숭배가 치유될 때까지 이방 나라에 포로로 잡혀간 적도 있었습니다(신 30장). 율법은 이스라엘 국가의 도덕 수준을 유지하는 효과가 있었습니다. 물론 제한적이었고 결국은 실패했습니다. 그렇지만, 이스라엘은 극심한 죄악에 빠져서 멸망되어야 했던 가나안 족속들과는 달리, 언약 백성의 정체성을 힘겹게나마 유지하며 여러 세기 동안 존속되었습니다.

율법은 잠정적으로 주어졌습니다.

율법은 이스라엘 역사의 한 시점에서 들어왔습니다. 시내 산에서 율법의 공포가 있었고 이스라엘 공동체 전체에 적용되었습니다. 그런데 율법은 그리스도의 오심을 바라보았습니다. 율법은 시작한 때가 있고 마치는 때가 있습니다. 율법이 바라보았던 그리스도가 오시면 율법의 임무는 끝납니다. 그래서 율법은 약속하신 자손인 그리스도가 오시기까지 있을 것이라고 했습니다(19절). 율법의 효력은 아브라함 언약처럼 영구적인 것이 아닙니다. 율법은 잠정법이기 때문에 일정 기간이 지나면 효력이 소멸됩니다. 율법은 영구적으로 집행되도록 의도된 것이 아니었습니다.

> 율법은 영구적으로 효력을 발생하도록 의도되지 않았다. 이제 약속된 메시아가 오셨기 때문에 그를 믿는 자들은 하나님의 아들들이다 (ESV notes Gal. 3:19~4:7).

물론 더 이상 사용하지 않는 옛날 법도 참고할 가치는 있습니다. 그러나 원칙적으로 원래 의도된 구약시대의 잠정법의 범위를 넘어서 율법을 신약시대에 새삼스럽게 도입할 필요는 없습니다.

[바울이 말하는 '율법' 혹은 '율법의 행위'는 어디까지일까요?]

율법의 특정 부분입니까? 예를 들면 의식법이나 민사법만 잠정적이란 말일까요? 아니면 모세 율법 전체입니까? 십계명을 포함한 도덕법까지 다 통털어서 잠정적이었다는 뜻일까요?

일반적으로, 모세 율법은 제사에 관한 의식법이나 고대 이스라엘 국가에만 적용된 민법은 폐지되었지만, 도덕법은 여전히 유효하여 신약 교인들에게 적용된다고 말합니다. 그러나 바울은 그렇게 말하지 않았습니다. 바울은 칭의 구원이나 성화를 위해서 모세 율법이 들어설 자리가 없다는 것을 거듭 강조하였습니다. 그는 "율법의 행위로써는 의롭다 함을 얻을 육체가 없느니라"(갈 2:16)고 분명하게 선을 그었고 "믿음으로 말미암아 성령의 약속을 받는다"(3:14)고 했습니다. 아브라함은 율법이 제정되기 이전의 사람이었습니다. 그래도 그는 의롭게 되었고 경건하게 살았습니다. 아브라함은 모세 율법의 도덕적 측면을 지키는 자들의 모델이 아니고 율법이 없이 의롭게 된 자들의 모델로서 소개되었습니다(갈 3:6, 17~18).

> 여기서 바울이 '율법'이라고 한 것은 의식적인 측면만이 아니고 율법 전체를 염두에 둔 것이었다.(NICNT, Galatians, p.114).

최근에 유행하는 새관점 학파의 '율법 행위'에 대한 해석은 그것이 모세 율법 전체를 말하는 것이 아니고 유대인의 특징을 나타내는 안식일, 음식규정, 정결 예식, 할례 등을 가리킨다는 것입니다. 바울이 반대한 것은 율법 준수 자체가 아니고 율법의 특정한 부분을 놓고 이방인들과의 교제를 차단하는 율법주의였다는 주장입니다.

그러나 바울은 모세 율법을 말할 때에 일정 부분을 떼어서 다루지 않았습니다. 바울은 갈라디아서에서 율법을 전체적으로 취급하였습니다. 그는 먼저 자신이 유대교에 있을 때의 종교 생활과 조상들의 전통에 대해 간증하였습니다(1:13~14). 그다음, 할례와 음식 규례(2:3, 12)와 베드로의 식탁 교제의 잘못을 지적하였습니다(2:11~14). 칭의 구원에서 언급된 율법도 모세법 전체와 관련된 것이었습니다(2:15~5:12). 바울은 '율법'을 두 가지 형태로 보는 이중적 용법을 사용하지 않았습니다. 예를 들어 갈라디아서 3:17절의 율법은 모세를 통해서 이스라엘 백성에게 준 율법 전체를 가리킴이 분명합니다.

한편, 갈라디아서에서 주로 다룬 것은 할례, 음식 규례, 조상들의 전통 등입니다. 그래서 십계명을 거론하지 않았음을 내세워 바울이 말하는 율법은 의식법에 해당한다고 주장하기도 합니다. 이것은 갈라디아 교회가 당면한 특수한 상황 때문이었습니다. 바울은 십계명만 빼고 의식법을 의도적으로 다룬 것이 아니었습니다. 할례가 갈라디아 교회와 유대주의자들 사이의 주된 이슈였기에 십계명은 구태여 다룰 필요가 없었습니다. 바울이 여기서 십계명을 논의하지 않았다는 것을 놓고 율법의 도덕적 측면들은 신약 교회에 적용해야 한다고 보는 것은 무리한 주장입니다. 바울은 성령 생활을 위해 십계명을 포함한 율법 전체가 제쳐졌다는 것을 나중에 소개하였습니다. 그는 로마서에서 십계명을 직접 언급하면서 사랑은 율법의 완성이라고 지적하였습니다(롬 13:8~10).

바울은 율법 전체가 성령 안에서의 새 삶에 의해서 간접적으로 성취될 것을 알았습니다. 그래서 그는 크리스천 삶을 십계명에 직접 호소할 필요가 없었습니다. 예수 그리스도의 사랑의 계명이 모든 새 언약 백성의 새로운 형태의 기준이기 때문입니다(5:13~6:10). 그는 성령 안에서 행하면 모세법에서 해방된다고 가르쳤습니다. 그렇다면 왜 우리는 율법의 도덕법들을 끌어와서 신약 성도의 삶을 통제하려고 합니까? 예수 그리스도의 사랑의 계명과 약속된 성령이 부족하기 때문입니까?

모세 율법은 십계명이라도 "그리스도의 법"(갈 6:2)에 비하면 수준이 낮습니다. 그리스도의 법은 "최고의 법"(약 2:8)입니다. 낮은 수준의 법이 높은 수준의 법을 보완하거나 대치할 수 없습니다. 낮은 수준의 법은 높은 수준의 법과 동행해서도 안 됩니다.

율법은 예수 그리스도의 오심으로 잠정법으로서의 자신의 역할을 마쳤기 때문에 물러서야 합니다.

율법은 "약속하신 자손이 오시기까지 있을 것이라"(갈 3:19)고 했습니다. 그 이후부터는 하나님의 참 이스라엘, 곧 유대인 신자와 이들에게 합류된 이방인 신자들은 모세 율법 아래로 들어갈 필요가 없습니다. 우리는 율법의 이러한 잠정적 특성을 확지해야만 율법에서 해방되어 그리스도의 법으로 살 수 있습니다.

그런데 갈라디아서 3:19절을 오해하면 지금까지 바울이 강조하는 초점이 사라집니다. 바울은 율법에 의존해서 신앙생활을 해서는 안 된다고 말했습니다. 신앙생활을 잘 하려면 율법을 묵상하라고 하지 않았습니다. 물론 시편 1편에서는 율법을 주야로 묵상하는 것이 복 있는 사람이라고 했습니다. 그러나 새 언약 시대에는 율법이 아닌 예수님을 묵상해야 합니다. 현대인의 성경은 갈라디아서 3:19절을 이렇게 번역하였습니다.

> **그것은 약속된 분이 오실 때까지 죄가 무엇인지를 깨닫게 하기 위한 것입니다.** (갈 3:19, 현대인의 성경).

이것은 갈라디아서보다 훨씬 뒤에 쓰여진 로마서 3:20절의 "율법으로는 죄를 깨달음이니라"(롬 3:20)는 아이디어를 끌어다가 적용시킨 잘못된 풀이 번역입니다. 우리가 갈라디아서를 볼 때에는 먼저 그 자체의 문맥과 흐름에 따라 저자의 뜻을 살펴야 합니다. 바울은 범죄 때문에 율법을 잠정적인 조치로 주었다고 말했지, 죄를 깨닫게 하기 위해서 율법을 주었다고 말하지 않았습니다. 죄를 깨닫게 하는 것이 율법의 목적이라면 잠정법이 되지 말아야 합니다. 율법이 항상 있어야 죄를 항상 깨닫는다면 율법은 영원법이 되어야 할 것입니다. 죄를 깨닫게 하기 위해서 율법이 주어졌다는 말은 율법이 죄책을 강화시키기 위해서 주어졌다는 말과 같습니다. 환언하면 얼마나 죄책이 큰지를 보여주기 위해서라는 주장입니다.

그러나 이것은 로마서 3:20절의 의미를 오해한 것입니다. "죄를 깨닫게 한다"는 말은 죄책을 강화시킨다는 의미가 아니고, 율법을 지킬 수 없기 때문에 죄의 능력을 크게 인식한다는 뜻입니다. 이 구절은 로마서 7장의 곤고한 사람에 대한 서언에 해당합니다. 율법은 죄책을 일으켜서 십자가를 바라보게 하려고 주어진 것이 아닙니다. 그런 아이디어가 유행하지만, 사실이 아니라는 것은 경험으로도 쉽게 확인할 수 있습니다.

✻ 예수님을 못 박은 자들은 율법에 정통한 자들이었습니다. 그들은 무리를 충동하고 빌라도를 통해서 예수를 처형시키려고 하였습니다. 그러나 그들은 빌라도의 법정에는 발을 들여놓지 않았습니다. 빌라도가 이방인이기 때문에 법정에 들어갔다가 무의식적으로 무엇에 잘못 닿거나 하여 부정하게 될 것을 염려했습니다. 그들은 유월절에 부정을 탈까 봐 극히 조심하면서도 죄 없는 예수를 죽이려고 공작하였습니다.

율법은 죄를 확신케 하지 못합니다. 율법은 신약 성도들의 새 삶을 위한 가이드도 아니고 표준도 아닙니다. 스데반을 죽인 유대 지도자들도 살인하지 말라는 계명을 잘 알고 있었지만 아무 소용이 없었습니다.

율법은 죄의 능력이 얼마나 큰 지를 확신하게 합니다. 그러나 이것이 곧 죄의 확신은 아닙니다. 율법은 죄를 깨닫게 하고 죄인을 회개시키지 못합니다. 이것은 성령의 일입니다(요 16:8). 율법을 날마다 암기하고 묵상하여도 죄를 전혀 느끼지 않을 수 있습니다. 유대인들은 율법과 함께 살았지만 자신들이 죄인이라는 것을 확신하지 못하였습니다. 유대인들은 아브라함의 자손이기 때문에 죄에 종노릇하지 않는다고 생각하였습니다. 그러나 예수님은 그들이 죄를 짓기 때문에 죄의 종이라고 하셨습니다(요 8:32–34). 그들은 아브라함의 자손으로서 모세 율법을 믿고 자랑했지만 율법으로 죄를 확신하고 예수께로 나아가지 않았습니다. 국법이 있다고 해서 반드시 국민이 죄책감을 느끼는 것이 아닙니다. 살인죄에 대한 엄격한 법이 있어도 사람을 죽여 놓고 죄책감을 느끼지 않을 수 있습니다. 오직 성령만이 우리의 죄악됨을 확신시키고 예수께로 인도합니다.

우리는 나 자신의 삶을 살펴보고 내가 과연 율법의 수준으로 살려고 하는지 그리스도의 법의 수준으로 살려고 하는지를 점검해 보아야 합니다. 교회 일도 마찬가지입니다. 교회가 어떤 쪽의 수준을 받아들여야 하겠습니까? 율법의 수준입니까? 예수님의 수준입니까? 율법에 근원한 교회 전통이나 율법주의적인 교회 규정들은 모두 폐기되어야 합니다.

일반적으로 갈라디아서에서 바울이 얼마나 강력하게 모세 시스템 전체를 배격한다는 사실을 잘 인식하지 않습니다. 적어도 모세법의 도덕적 측면만이라도 신약 교인들에게 적용되도록 살려두어야 한다는 것은 율법의 잠정성을 액면대로 받아들이지 않는 것입니다. 그리고 모세의 도덕법으로 새 언약 백성을 통제하려는 것은 약속된 성령에 의한 새 삶의 원리를 충분히 수용하지 않는 소치입니다(갈 3:2~5, 14). 율법은 하나님의 백성이 죄를 범하기 때문에 형벌의 두려움을 통해서 완력으로 거룩한 삶을 요구하는 임시적인 방편이었습니다.

✻ 공사중이라는 표시가 있는 곳에는 임시 통행로가 있습니다. 그러나 공사가 끝나면 임시 통행을 위해 만든 간이 시설은 철거됩니다. 율법을 비계(scaffolding)에 비유하기도 합니다. 비계는 높은 건물을 지을 때 일꾼들이 건물 곁에서 디디고 서도록 종횡으로 받침대를 엮어서 걸쳐 놓는 설치물입니다. 그런데 공사가 끝나면 어떻게 합니까? 모두 해체합니다. 율법의 기능도 이와 같습니다.

율법은 아브라함 언약에 비해 열등합니다.

율법은 "천사들을 통하여 한 중보자의 손으로 베푸신 것"(19절)이라고 했습니다. 율법이 천사들을 통해서 제정되었다는 것은 유대교와 초기 기독교에서 잘 알려진 일이었습니다(신 33:2; 행 7:38, 53; 히 2:2). 유대인들은 천사들을 크게 존중했기에 율법이 천사들을 통해서 제정되었다는 것은 율법의 영광을 돋보이게 하였습니다. "한 중보자"는 모세를 가리킵니다.

바울은 여기서 율법의 영광을 드러내려는 것이 아니고 율법의 열등성을 강조하고 있습니다. 율법은 여러 단계를 거쳐서 제정되고 전달되었다는 것입니다. 즉, 하나님⇒천사⇒모세⇒백성의 순서를 밟았습니다. 아브라함 언약은 하나님께서 아브라함에게 직접 주셨습니다. 그러나 율법은 천사와 모세라는 중보자들을 통해서 제정되고 이스라엘 백성에게 전달되었습니다.

하나님께서는 모세 시대를 열기 위해서 천사들을 보내셨지만, 복음 시대를 위해서는 아브라함에게 직접 복음을 전하셨고 약속하신 대로 예수님을 보내셨습니다(갈 3:8; 4:4).

한편, 바울은 율법의 열등성을 진술하는 과정에서 "그 중보자는 한 편만 위한 자가 아니나 하나님은 한 분이시니라"(20절)고 했습니다. 이 구절은 앞뒤 연결이 잘 안 되어서 이해하기 어렵습니다. 해석이 분분하지만, 율법이 하나님에게서 직접 오지 않았다는 말을 강조한 듯합니다. 중보자인 모세는 천사들을 통해서 율법을 받아 백성에게 선포하였습니다. 모세는 하나님과 이스라엘 사이의 매개적인 인물에 불과합니다. 그래서 그에게는 독립적인 권위가 없었습니다. 그러나 복음의 경우에는, 예수님이 중보자이십니다. 예수님은 천사들이나 모세와 같은 중보자가 아닌, 구주로서 독립적인 권위를 가지신 분입니다. 그는 오직 한 분이신 하나님으로부터 직접 백성에게 보냄을 받고 복음의 주체로서 섬겼습니다. 그래서 율법은 그리스도의 복음에 비해서 열등하다는 19절의 강조점이 다시 반복되었다고 할 수 있습니다.

본 절은 한 새로운 백성을 창출하는 것이 하나님의 구원 계획이라는 문맥에서도 이해될 수 있습니다. 모세 율법은 이스라엘과 이방인을 구별하지만 아브라함이 받은 약속은 민족적인 제한을 받지 않는 범세계적인 새 공동체라는 것입니다(엡 3:15). 여기에는 유대인과 이방인이 다 포함됩니다. 그런데 이 일을 누가 감당하게 됩니까? 모세입니까? 예수님입니까? 모세는 유대인과 이방인을 하나로 연합시키는 중보자가 아닙니다. 그는 이스라엘 백성을 위한 중보자였습니다. 그래서 아브라함의 자손으로 오신 예수님이 아브라함이 받았던 구원의 약속을 성취하는 분입니다.

그는 유대인과 이방인을 하나로 묶어 한 새 백성이 되게 하는 유일한 "새 언약의 중보자"(히 12:24)이십니다. 그래서 20절의 진술에는 하나님은 한 분 하나님이시기에 그의 백성도 유일한 참 중보자이신 그리스도 안에서 범세계적인 차원의 단일 백성이라는 점을 시사한 것으로 볼 수 있습니다(갈 3:27).

우리가 성경을 읽으면 율법이라는 말을 피할 수 없습니다. 교회에서도 율법을 자주 언급합니다. 그런데 율법을 단순히 하나님의 계명이라고 여기면 이것을 지켜야 할 룰(rule)로 당연시합니다. 그래서 교회 생활을 마치 율법을 준수하는 것으로 간주합니다. '율법'하면 십계명을 떠올리고 로마서 7장 12절을 연상합니다.

이로 보건대 율법은 거룩하고 계명도 거룩하고 의로우며 선하도다 (롬 7:12).

이런 말씀에 눌려서 율법에 대해서 달리 생각할 수 없게 됩니다. 그런데 우리가 성경을 전체적으로 이해하지 않고 한두 구절에 매이거나 아무런 확인이 없이 그냥 교회가 늘 해 오던 방식대로 따라가면 예수님의 말씀처럼 하나님도 성경도 크게 오해하게 됩니다(마 12:24; 막 12:27).

오늘 우리가 살펴본 본문 하나만 잘 읽어보아도 율법에 대한 우리의 기존 이해가 매우 잘못된 측면이 있다는 것을 알 수 있습니다. 이것은 중요한 일입니다. 우리를 율법 생활에서 해방시키고 그리스도의 법으로 사는 자유를 갖게 하기 때문입니다. 율법은 범죄 때문에 아브라함의 약속과 별도로 나중에 추가되었습니다. 율법은 죄를 억제하는 기능이 있습니다. 그러나 율법은 잠정적인 조치였기에 그리스도가 오셨을 때 거두어졌습니다. 율법보다 더 높은 수준의 가르침과 성령의 인도가 있기 때문입니다.

율법은 복음보다 수준이 낮습니다. 율법은 복음을 폐지할 수 없고, 오히려 복음이 율법을 폐지합니다. 그래서 우리는 율법이 아닌, 복음의 수준으로 살아야 합니다. 우리의 신앙생활에서 율법에 해당하는 것들을 거두어내고 오직 그리스도의 온전한 가르침과 성령의 인도에 따라 사는 참 아브라함의 자손이 되어야 하겠습니다.

25. 율법과 복음은 반대인가?

갈라디아서 3:21~25

바울이 지금까지 율법에 대해서 진술한 것을 보면, 율법이 마치 하나님께서 아브라함에게 주셨던 구원의 약속들을 방해하고 반대하는 것처럼 들립니다. 그래서 바울은 율법과 믿음으로 말미암는 구원의 약속 사이의 관계를 해명할 필요가 있었습니다.

바울의 율법관은 일치성이 있습니까?

그러면 율법이 하나님의 약속들과 반대되는 것이냐 (21절).

사람들은 반대 개념으로 말하면 극단적으로 받아들이는 경향이 있습니다. 바울은 지금까지 율법으로 의롭게 될 수 없다고 하였습니다. 율법은 누구도 다 지킬 수 없습니다. 특별히 십계명의 마지막 계명은 탐심에 대한 것입니다. 이것은 마음을 포함하기 때문에 준수가 거의 불가능합니다. 그래서 율법은 모든 사람을 저주 아래 가둔다고 하였습니다. 율법은 약속된 성령을 받게 하지도 않습니다. 바울은 율법으로 의롭게 되지 못하는 것이 분명하다고 하면서 "의인은 믿음으로 살리라"는 하박국 선지자의 말을 인용하였습니다(합 2:4; 갈 3:11). 그랬더니 어떤 반응이 나왔습니까? 율법은 필요없다는 말이냐, 율법은 복음과 반대되는 것이란 말이냐 라는 비판이 나왔습니다. 바울의 대답은 "결코 그럴 수 없다"는 것이었습니다. 그 이유를 진술하면서 바울은 율법의 목적과 기능을 새롭게 접근합니다.

만일 능히 살게 하는 율법을 주셨더라면 의가 반드시 율법으로 말미암았으리라 (21절).

이 말의 포인트는 양면적입니다. 우선 율법은 하나님이 인정하시는 구원의 의를 위한 것이 아니라는 것입니다. 또 다른 포인트는 만약 율법이 칭의 구원의 수단이었다면 아브라함에게 믿음으로 말미암는 칭의의 약속을 먼저 주시지 않았을 것이라는 것입니다. 바꾸어 말하면, 율법은 구원의 관점에서 보면, 믿음의 영역에 있지 않다는 것입니다. 믿음은 율법과는 달리 하박국 선지자의 말처럼, 하나님을 신뢰하면서 구원의 약속을 기다리는 것이기 때문입니다.

그래서 바울은 율법의 역할은 하나님의 약속을 신뢰하는 믿음을 반대하는 것이냐는 질문에 단호하게 아니라고 했습니다. 그럼 율법은 복음의 약속을 위하는 것이냐는 또 다른 질문이 일어납니다. 사람들은 이것이냐 저것이냐고 묻습니다. 그래야 분명하다고 봅니다. 이것도 아니고 저것도 아닌 것은 아무것도 아니라고 생각합니다. 아니라고 해놓고 다시 말을 바꾸면 신용을 잃습니다. 우리가 바울과 유대주의자들 사이의 논쟁을 흑백 논리로 보면 혼란하게 되고 바울의 본의를 의심하기 쉽습니다. 그래서 신학자들 가운데서 바울을 못 마땅하게 여기는 분들이 적지 않습니다.

그들의 비판에 의하면 바울은 예수님의 단순한 복음을 복잡한 신학으로 변조시켰습니다. 또한 바울은 율법 무용론자가 되었다가, 다시 율법 유용론자로 입장을 바꾸었다고 비난합니다. 우리가 그의 말을 액면대로 보면 앞뒤가 잘 맞지도 않고 일관성이 없이 이랬다저랬다 하는 것 같습니다. 예를 들어 율법은 아브라함의 약속과 결코 반대되지 않는다고 해놓고, 곧 이어서 율법으로는 하나님의 의에 이를 수 없다고 말합니다. 또 다음 절들에서는 율법은 우리를 믿음으로 말미암는 의를 얻게 하는 통로인 것처럼 말합니다(22, 24절). 이쯤되면 헷갈리지 않을 수 없습니다.

그럼 어떻게 바울의 말을 이해해야 할까요? 바울은 율법의 목적과 기능을 두 가지 측면에서 다루었습니다. 율법의 부정적인 측면과 긍정적인 측면을 구원의 관점에서 바라본 것입니다. 그래서 그가 율법의 부정적인 측면을 말할 때에는 믿음에 의한 하나님의 약속과 배치되는 것처럼 들리고, 또 긍정적인 측면에서 말할 때에는 율법이 하나님의 칭의의 약속을 돕는 것처럼 들립니다.

바울은 지금까지 율법의 부정적인 면들을 강조하였습니다. 율법을 통해서는 절대로 하나님 앞에서 의롭다는 선언을 받을 수 없다는 것을 반복하여 언급하였습니다. 그러나 이제부터는 율법이 하나님의 약속과 반대되는 것이 아니라는 것을 설명합니다. 율법은 비록 구원의 방도로 의도된 것은 아니지만, 구원에 이르는 과정에서 중요한 역할을 한다는 것입니다.

율법이 없는 이방인도 율법의 정죄와 심판을 받습니까?

그러나 성경이 모든 것을 죄 아래 가두었으니 이는 예수 그리스도를 믿음으로 말미암는 약속을 믿는 자들에게 주려 함이라 (22절).

지금까지 바울은 율법이 유대인들에게만 주어졌다고 말했습니다. 로마서 3:19절에도 비슷한 내용의 말씀이 나옵니다.

우리가 알거니와 무릇 율법이 말하는 바는 율법 아래에 있는 자들에게 말하는 것이니 이는 모든 입을 막고 온 세상으로 하나님의 심판 아래에 있게 하려 함이라 (롬 3:19).

이 구절에서 보듯이 '율법 아래에 있는 자들'은 유대인을 가리킵니다. '모든 입', '온 세상'은 갈라디아서 3:22절의 '모든 것'과 동의어입니다. 그래서 '모든 것'은 '모든 인류' 혹은 '온 세상'을 가리킵니다(참조. NIV. Gal. 3:22 The whole world is a prisoner of sin).

그럼 왜 '모든 것'을 죄 아래 가두었다고 했을까요? 이스라엘이 율법에 의해서 정죄되고 하나님의 심판 아래 놓이는 것은 당연합니다. 그들은 하나님의 언약 백성으로서 율법을 받았습니다. 그러나 제대로 지킬 수 없었습니다. 그렇지만 이방인은 율법 아래 있지 않는데 왜 그들도 죄 아래 수감되고 하나님의 심판 아래 있다고 말했을까요?

이방인에게는 율법이 없지만, 하나님의 심판 아래 놓인 것은 마찬가지입니다. 그들은 양심으로 옳고 선한 것을 구별할 수 있기 때문에 죄를 핑계할 수 없습니다(롬 3:15). 그들은 이스라엘보다 훨씬 더 부도덕하고 하나님이 가장 싫어하시는 우상 숭배자들이었습니다. 그래서 율법을 가졌고, 그들보다 상대적으로 덜 부패한 이스라엘 백성이 정죄를 받는다면, 이방인들은 더 말할 것도 없다는 것입니다. 이런 의미에서 '모든 것'을, 곧 모든 인류를 죄 아래 가두었다고 했습니다.

3:22절의 '성경'은 구약 성경 전체를 말하는 것이 아니고, 모세 율법을 가리킵니다. 바울은 10절에서 누구든지 율법 책에 기록된 대로 모든 일을 행하지 아니하는 자는 저주 아래 있는 자라는 신명기 27:26절을 인용했습니다. 저주 아래 있는 것이나 죄 아래 가둔 것이나 유사한 의미입니다. 그런데 22절은 오해하기 쉽습니다. 마치 감옥에 비유된 율법이 믿음으로 말미암는 구원에 이르는 통로처럼 들립니다. 24절은 더 그런 식으로 번역되었습니다.

율법은 죄인을 그리스도께로 인도할까요?

> 율법이 우리를 그리스도께로 인도하는 초등교사가 되어 우리로 하여금 믿음으로 말미암아 의롭다 함을 얻게 하려 함이라 (갈 3:24, 개역개정).

이 구절 때문에 역사적으로 많은 오해가 있었고 지금도 율법이 그리스도께로 인도하는 역할을 한다고 믿는 분들이 적지 않습니다. '인도한다'는 말은 에이스(eis)라는 헬라어 전치사의 의역입니다. 문자적으로 '안으로'(into)라는 뜻입니다. 그러나 에이스(eis)는 '… 때까지'(up to/until)라는 뜻도 있습니다. 그래서 성경에 따라서 두 종류의 번역으로 나누어집니다. '그리스도께로 인도한다'고 번역한 성경들도 있고(to lead us to Christ=NASB, GNB, 개역개정, 새성경, 킹제임스, 현대인의 성경) '그리스도 때까지' 또는 '그리스도께서 오실 때까지'(until Christ/until Christ came=NRSV, ESV, NET, NIV, 공동번역, 새번역, 직역성경)라고 번역한 성경들도 있습니다. 이 후자의 번역이 문맥에 맞다고 봅니다.

▶ '그리스도께로 인도한다' 고 옮긴 번역

율법이 우리를 그리스도께로 인도하는 초등교사가 되어 우리로 하여금 믿음으로 말미암아 의롭다 함을 얻게 하려 함이라 (갈 3:24, 개역개정).

그리하여 율법이 우리를 그리스도에게로 인도하는 교사가 되었으니, 이는 우리로 하여금 믿음으로 말미암아 의롭게 되게 하려 함이라 (갈 3:24, 새 성경).

그리하여 율법이 우리를 그리스도에게로 인도하는 선생이 되었으니 이는 우리를 믿음으로 의롭게 하려 함이라 (갈 3:24, 킹제임스).

그래서 율법은 우리를 그리스도에게로 인도하는 가정교사 구실을 하여 우리가 믿음으로 의롭다는 인정을 받도록 하였습니다. (갈 3:24, 현대인의 성경).

▶ '그리스도께서 오실 때까지' 로 옮긴 번역

그래서 율법은 그리스도께서 오실 때까지 우리에게 개인교사 역할을 하였습니다. 그것은 우리로 하여금 믿음으로 의롭다고 하심을 받게 하시려고 한 것입니다. (갈 3:24, 새번역.).

그래서 토라는 마쉬아흐께서 오실 때까지 우리의 가정교사였습니다. 그러나 마쉬아흐께서 오셔서 우리는 신실함으로 의로워졌습니다. (갈 3:24, 직역성경).

So then, the law was our guardian until Christ came, in order that we might be justified by faith. (Gal 3:24, ESV).

So then, the law was our guardian until Christ came, in order that we might be justified by faith. (Gal. 3:24, NIV).

바울은 지금까지 율법이 아닌, 믿음으로 의롭게 된다고 가르쳤습니다. 율법의 역할은 이스라엘 백성을 형벌의 위협으로 통제하는 것이었습니다. 율법은 그리스도를 바라보는 화살표와 같았습니다. 화살표는 표시에 지나지 않습니다. 어디로 가야 한다는 방향 표식입니다. 그러나 목적지에 데리고 갈 수는 없습니다. 율법은 그런 능력이 없기 때문에 구원의 의가 율법에서 난 것이 아니라고 하였고, 의인은 율법 준수가 아닌 믿음으로 산다고 했습니다. 율법은 무엇이 죄라는 것을 확정하기 때문에 내가 죄를 짓고나서 죄가 아니라고 말할 수 없습니다. 그럼에도 율법은 내 손을 잡고 그리스도께로 인도하지 못합니다. 율법은 그리스도를 구주로 신뢰하는 믿음을 주지 않습니다. 그래서 바울은 3장 12절에서 "율법은 믿음에서 난 것이 아니니" 라고 했습니다.

바울은 아브라함이 받은 복에는 성령의 약속이 포함되었다고 했습니다. 믿음으로 칭의 구원을 받는 자는 약속된 성령을 받습니다(갈 3:14). 율법은 성령을 줄 수 없습니다. 오직 성령만이 죄인을 거듭나게 하고 그리스도 안으로 데리고 들어갑니다(갈 3:27; 고전 12:13). 그래서 율법이 '그리스도께로 인도한다'는 번역은 잘못이라고 생각합니다. 이것은 문법적으로 가능한 번역이지만 지금까지의 바울의 가르침과 모순됩니다.

참고. NIV는 종전에는 to lead us to Christ라고 했는데 개정판에는 until Christ came 이라고 고쳤습니다. 개역개정도 고쳐야 한다고 봅니다. 새번역과 직역성경 및 공동번역에서는 "그리스도께로 인도한다"는 말을 빼고 바르게 옮겼습니다.

[교도관으로서의 율법]

바울은 율법을 감옥에서 죄수를 지키는 교도관에 비유하였습니다. 율법의 역할은 죄인을 그리스도께로 인도하는 것이 아니고, 그리스도가 오실 때까지 죄인을 모두 가두어 놓는 것입니다(갈 3:22~23). 그 목적은 율법이 범죄자들에게 부과하는 엄격한 형벌의 위협으로 이스라엘 백성이 주변 국가들처럼 극도로 부패한 우상 숭배자들이 되지 않게 하려는 것이었습니다. 이것은 앞으로 아브라함의 후손으로 오실 약속된 메시아의 도래를 보호하기 위한 조치였습니다. 이런 점에서 율법은 매우 선한 역할을 하였습니다.

사실상 율법은 거룩하신 하나님이 내려주신 것이었습니다. 율법의 근원은 사탄이 아니고 하나님이십니다. 율법이 모세 시대에 주어진 것은 하나님의 구원 계획의 일부였습니다. 그러나 율법은 복음의 본체에 포함된 일부가 아닙니다. 율법은 복음의 꼬리표에 해당합니다. 율법은 구원 자체를 위해서는 무익할 뿐이었습니다. 율법은 구원에 꼭 필요한 것들을 줄 수 없었습니다.

• 율법은 생명을 주지 못합니다.

• 율법은 나를 죄인으로 정죄하지만 율법을 지킬 수 있는 능력은 주지 않습니다.

• 율법은 하나님에 대한 사랑을 일으키지도 않습니다. 율법은 하나님을 사랑하지 않고도 외형적으로나마 상당 부분을 준수할 수 있기 때문입니다.

• 율법은 기쁨과 활기에 차서 하나님의 뜻을 받들어 살게 하지도 못합니다.

• 율법은 누구도 다 지킬 수 없기에 하나님의 진노를 일으킵니다(롬 4:15).

• 율법은 거듭나게도 하지 않습니다.

• 율법은 성령도 주지 못합니다.

율법은 임시 방편으로 주신 것이었습니다. 우리가 율법에 죽어야 하는 이유는 그것이 악하거나 하나님이 인정하시지 않아서가 아니라, 구원을 주도록 의도된 것이 아니기 때문입니다. 율법은 유대인을 감옥에 가두고 한 사람도 못 빠져나가게 하였습니다. 그것이 율법의 역할입니다. 그런데 이런 역할 자체가 구원으로 인도하지는 않습니다.

흔히 이런 식으로 말합니다.

「율법에 비추어 보면 자신이 죄인임을 깨닫습니다. 율법을 지켜보려고 하지만 자신의 능력으로 불가능합니다. 그래서 그리스도를 바라보게 됩니다.」

이런 가르침은 수정되어야 합니다. 율법을 철저하게 지켰던 바리새인들이 예수님을 어떻게 대했는지를 생각해 보십시오. 그들은 율법 준수를 한다고 자랑했지만, 예수님이 약속된 메시아이심을 알아보지도 못하였고 인정하지도 않았습니다. 그들은 예수님을 방해하고 배척했습니다. 율법은 그들을 예수께로 인도하지 않았습니다.

율법이 있다고 해서 죄책을 깊이 느끼고 새 사람이 되는 것도 아닙니다. 죄의 확신은 율법이 아닌, 성령의 활동에 의한 것입니다. 바리새인들은 위선자들이었습니다. 바울은 "율법을 자랑하는 네가 율법을 범함으로 하나님을 욕되게 하느냐"(롬 2:23)라고 힐문하였습니다. 사실상 바울 자신도 회심하기 전에는 철저한 바리새인이었는데 살기가 등등하였고 예수님을 배척하였습니다. 율법이 그를 예수께로 인도한 것이 아니고 예수님 자신이 그에게 나타나셨습니다.

율법은 죄인을 하나님께로 데리고 가기보다는 하나님과 멀어지게 합니다. 율법에 매인 사람들은 하나님께 가까이 나가는 것을 두려워합니다. 하나님이 이스라엘 백성에게 율법을 주셨을 때 그들이 보인 반응을 상기해 보십시오. 백성이 하나님의 임재를 크게 두려워하며 그들에게 직접 말씀하시지 않게 해 달라고 모세에게 간청하였습니다. 백성은 시내 산에서 멀리 떨어져 있었습니다(출 20:18~21). 율법은 하나님과 그의 백성 사이에 거리를 생기게 하였습니다. 율법은 이스라엘 백성으로 하여금 하나님과의 밀착을 싫어하고 공포에 떨게 하였습니다. 율법이 죄인을 그리스도께로 인도하는 것이 아닙니다.

[율법과 전도]

율법이 그리스도께로 인도하는 안내자라면, 이방인들에게 전도할 때에 먼저 율법을 가르쳐야 한다는 말이 됩니다. 초대교회에서 그런 식으로 이방인에게 율법을 먼저 가르치고 율법 준수가 불가능하다는 것을 깨닫게 한 후에 비로소 십자가 복음을 전하지 않았습니다. 바울은 이방인에게 율법을 소개한 것이 아니고, 예수 그리스도를 직접 소개하였습니다. 그리스도를 바라보게 하고 믿게 하는 것은 성령의 일이지 율법의 일이 아닙니다. 문자는 죽이고 영은 살린다고 했습니다(고후 3:6). 율법을 먼저 내세우는 것은 신약에 나오는 복음 전파의 순서가 아닙니다.

하나님이 주신 율법마저도 죄인을 구원할 수 없습니다. 이것이 바울의 강조점입니다. 율법으로는 하나님의 언약 백성이라도 감옥에서 빠져나올 수 없습니다. 그렇다면 누가 무엇으로 구원될 수 있단 말입니까? 바울의 결론은 지금까지 해 온 말의 반복입니다. 율법의 행위로는 아무도 구원받지 못하고 오직 예수 그리스도를 믿음으로써 의롭게 된다는 것입니다.

그런 경우라면, 율법이 믿음으로 받는 구원의 약속과 배치되는 것이 아니냐는 질문을 다시 일으킵니다. 율법은 성격과 목적이 다른 영역에 속합니다. 율법은 이스라엘 백성을 감금시킴으로써 나라가 극도로 부패하여 하나님의 심판을 받고 완전히 없어지는 지경에까지는 이르지 않게 하였습니다. 감옥에서도 물론 죄를 지을 수 있습니다. 그러나 일단 자유가 제한되고 엄격한 통제 속에 갇히면 바깥에서 하던 것과 같은 죄를 마음대로 지을 수 없습니다.

율법은 가시적이고 공적인 죄를 정의함으로써 죄를 억제하는 일을 합니다. 교도관의 역할을 맡은 율법은 규칙을 어기면 죄수에게 벌을 내립니다. 이스라엘 백성은 여러 면에서 타락했지만 율법은 교도관의 매가 무섭기 때문에 백성이 범하는 죄의 속도를 늦추었습니다. 그래서 마침내 예수 그리스도가 오실 때까지 언약 백성의 정체성을 가까스로나마 유지할 수 있었습니다. 예수님 당시까지 성전 예배가 계속되었습니다. 율법은 특히 의식법의 경우, 레위기에서 보듯이, 모두 예수 그리스도에 대한 예시이며 그림자였습니다. 도덕법도 불완전하지만 예수님이 오셔서 세우실 하나님 나라의 윤리에 대한 낮은 레벨의 화살표였습니다.

이런 의미에서 율법도 아브라함 언약처럼, 그리스도의 오심을 내다보는 것이었습니다. 율법은 구원의 약속과는 다른 영역에서 상이한 목적을 가지고 작용하였습니다. 그러나 율법은 그리스도의 오심에 초점을 둔 법으로서 그리스도를 바라보았기 때문에 아브라함의 약속과 방향이 같았습니다. 그래서 바울은 "율법이 하나님의 약속과 반대되는 것이냐 결코 그럴 수 없느니라"(갈 3:21)라고 했습니다. 3:18절과 21절은 서로 배치되지 않는다는 말씀입니다.

율법은 약속을 대항하지 않습니다(3:21). 율법은 믿음에 의한 은혜 구원을 제쳐놓기 위해서 주어진 것이 아닙니다. 율법은 아브라함의 약속을 받은 자들이 언약 백성으로서 살 수 있도록 하기 위해서 주어졌습니다. 율법은 이스라엘을 보존하는 일에서 전적으로 선하였습니다. 율법은 그리스도가 오시기 전까지 이스라엘 백성을 울타리에 가두고 유대인의 왕으로 오실 메시아의 길을 터놓는 일에 기여하였습니다. 이것은 매우 영적인 역할이었습니다. 그럼에도 율법은 구원의 의를 제공하지 못합니다.

[페다고그로서의 율법]

바울은 율법의 특성과 역할을 처음에는 교도관(jailer)으로 예시하였고 이제는 페다고그(pedagogue)로 예시합니다.

그래서 율법은, 그리스도께서 오실 때까지 우리에게 개인교사 역할을 하였습니다. 그것은, 우리로 하여금 믿음으로 의롭다고 하심을 받게 하시려고 한 것입니다. (갈 3:24, 새번역).

'개인교사'는 개역성경에서는 '몽학선생'이라는 어려운 단어를 사용했었는데 개역개정에는 '초등교사'라고 했습니다. 다른 번역에서는 후견인(공동번역), 교사, 가정교사 등으로 나옵니다. 영어로는 guardian, custodian, schoolmaster, tutor, disciplinarian 등입니다. 정확하게 원문의 의미를 드러낼 수 있는 단어가 없습니다. 풍습이 다른 시대의 제도에서 나온 말이기 때문입니다. 그래서 '페다고고스'(paidagogos)라는 헬라어 원문에서 유래된 페다고그(pedagogue)를 그대로 사용한 번역도 있습니다. 페다고고스(Paidagogos)는 미성년 아들을 노예가 맡아서 주로 학교에 데려다주고 오는 일을 하였고 잘못하면 벌도 주었습니다. 아이의 품성과 도덕을 지도하고 빗나가지 않도록 훈육하는 일을 맡았습니다.

23절과 24절의 '우리'는 2:15절에서처럼 '유대인'을 가리킵니다. 율법은 '페다고그'처럼 유대인을 가두고 처신을 체크하는 일을 하였습니다. 그러나 일정 기간에만 유효한 법이었습니다. "계시될 믿음의 때까지 갇혔느니라"(23절)고 했습니다. 믿음의 때는 예수 그리스도가 오셔서 죄인들이 그를 대속주로 믿고 칭의 구원을 받는 때를 가리킵니다. 다시 말해서 예수님이 믿음의 대상이 되는 때입니다. 그런데 이제 예수 그리스도께서 세상에 오셨습니다. 그러므로 유대인은 더 이상 율법의 감독과 통제를 받을 필요가 없게 되었습니다. 오직 믿음으로 주 예수를 영접하고 살면 되기 때문입니다. 그리스도의 신실하신 믿음을 신뢰하고 살면 율법의 통제에서 해방됩니다. 그래서 바울의 결론은 "믿음이 온 후로는 우리가 초등교사 아래에 있지 않다"(25)는 것이었습니다.

바울이 갈라디아 교인들에게 지적하려는 것은 이제 유대인들도 주 예수를 믿고 율법의 전횡 아래에서 살지 않게 되었다는 것입니다. 그렇다면 이미 주 예수의 새로운 통치 속으로 들어간 갈라디아 교인들이, 유대인들마저도 풀려난 율법의 속박으로 들어가겠다는 것은 어리석은 일이라는 것입니다. 바울의 결론은 3장 1절의 말씀을 반향합니다.

> **어리석도다 갈라디아 사람들아 예수 그리스도께서 십자가에 못 박히신 것이 너희 눈 앞에 밝히 보이거늘 누가 너희를 꾀더냐** (갈 3:1).

우리에게는 갈라디아 교인들과 같은 어리석은 일이 없는지 각자 살펴보아야 하겠습니다. 갈라디아 교인들처럼 복음을 듣고 오직 주 예수를 자신의 대속주로 믿고 잘 살았는데, 점차 여러 가지 비복음적인 전통과 형식과 룰(rule)에 매이는 교회 생활로 바뀐 것은 없습니까? 현대판 유대주의는 교회의 제도나 조직 안에도 침투해 있습니다. 율법이 교회 전통으로 굳어지거나 율법화된 것들이 적지 않습니다. 전도에서도 율법이 먼저 고개를 들고 나올 수 있습니다. 기독교 가정에서도 율법이나 율법주의가 집안 분위기일 수 있습니다. [복음 + 율법]의 꾀임에 넘어가지 않도록 합시다. 주님의 복음에는 어떤 보조품도 없어야 합니다. 우리 모두 순수한 복음의 길을 따라 살기를 기원합니다.

26.
새 창조와 새 가족
갈라디아서 3:26 ~29

본 항목은 칭의 구원의 클라이막스입니다. 율법이 아닌, 믿음으로 의롭게 되는 것이 어떤 결과를 가져오는지를 결론적으로 제시합니다.

하나님의 아들들이 됩니다.

> 너희가 다 믿음으로 말미암아 그리스도 예수 안에서 하나님의 아들이 되었으니 (갈 3:26).

율법 아래 있었을 때와 그리스도 안에 들어왔을 때의 신분상의 차이를 말합니다. 율법 아래 있었을 때에는 감옥에 갇힌 죄수와 같았고, 엄격한 훈육 교사(pedagogue) 아래 있는 것과 같았습니다.

그러나 주 예수를 대속주로 믿은 후로는 하나님의 아들이 되었습니다. '아들'이 되었다는 말은 당시의 풍습을 반영하는 말입니다. '아들들'로 번역된 헬라어는(휘이오이) 1세기 당시 로마에서 양자가 될 때 사용한 법률 용어였습니다. 노예라도 양자가 되면 양부모의 재산을 상속받을 자격이 있었습니다. 양자는 자유민으로서의 신분과 특권을 누렸습니다(갈 4:5 ~7; 롬 8:14 ~16, 23). 개역개정은 로마서 8:23절을 '양자될 것' 으로 의역하였고 새번역은 '자녀로 삼아 주실 것' 이라고 직역하였습니다.

'아들들' 은 그리스도를 주님으로 믿는 자들은 남녀노소를 막론하고 하나님의 가족에 입양되었다는 의미입니다. 이것은 아브라함에게 주셨던 언약의 축복들이 이제 그리스도 안에서 실현되었음을 말합니다.

아브라함이 받은 언약의 축복에는 열국이 그로 말미암아 복을 받는다는 것이 포함되었습니다. 이것은 아브라함의 후손으로 오실 메시아를 믿게 될 크리스천들을 가리킵니다. 이제 크리스천들은 주 예수를 믿고 하나님의 자녀가 되었습니다. 그럼 잠시 아브라함으로부터 전개되는 구원의 역사가 어떻게 현재 우리가 하나님의 자녀로 입양되어 유대인과 이방인의 구별이 없이 한 지체로서 하나님을 섬기게 되었는지를 살피겠습니다.

하나님은 처음에 아브라함이라는 개인을 부르셨습니다. 아브라함을 부르시고 언약을 맺으신 하나님의 의중에는 한 새로운 가족을 만드시려는 계획이 있었습니다. 아브라함의 후손으로 12지파가 나왔고 이들이 이스라엘이 되었습니다. 하나님은 애굽에서 종살이하던 이스라엘 백성을 구출하시고 시내 산에서 언약을 맺었습니다. 이들은 민족적인 단위로 출애굽의 구원을 체험하였고 여호와 하나님으로부터 율법을 받았습니다. 이러한 독특한 구원의 체험과 택함 받은 민족으로서의 특권을 지닌 이스라엘은 하나님을 이방 나라에 소개하는 제사장 나라의 소명을 받았습니다. 즉, 그들을 통해서 하나님의 구원이 온 세상에 전달되는 영적 통로가 되도록 부름을 받았습니다(출 19:6).

이 목적 성취를 위해 그들은 '거룩한 나라'가 되어야 했습니다(신 4:39~40). 유감스럽게도 이스라엘은 거룩한 백성으로서 이방의 빛이 되는 선교 사명을 받들지 못하고 거듭 실패하였습니다(암 2:6~16; 3:2; 9:7; 3:1 ~2). 이스라엘은 다른 나라들이 받지 못했던 하나님의 계시와 구원을 받았습니다. 그런데 그들을 택하고 부르신 목적은 다른 나라들도 그들이 받은 구원을 받게 하려는 것이었습니다. 이스라엘의 선택은 하나님의 편애가 아니고 온 세상을 하나님의 가족으로 불러모으기 위한 선교적 차원의 전략이었습니다.

그럼 이스라엘의 실패가 아브라함에게 주셨던 '네 씨로 말미암아 천하 만민이 복을 받을 것'(창 12:3; 22:18)이라는 약속을 취소시킨 것일까요? 그렇지 않습니다. 아브라함이 하나님의 약속을 끝까지 신뢰하고 믿었을 때 하나님께서는 아브라함의 후손으로 그리스도가 오실 것을 맹세하셨습니다. 하나님의 맹세는 불변입니다. 그래서 2천 년 전에 예수 그리스도가 유대 땅에 오셨습니다. 그는 이스라엘을 대표하는 메시아로서 이스라엘에 대한 하나님의 원래의 목적과 역할을 대신할 분이었습니다. 즉, 예수 그리스도를 믿는 자들을 모두 불러모아 한 새로운 가족으로 출발하게 하는 것입니다. 그 방법은 그리스도와의 연합입니다. "예수 안에서"(26절) 연합된 지체로서 하나님의 아들들이 되는 것입니다(27절).

이렇게 하여 아브라함 한 사람으로 시작된 하나님의 구원의 역사는 다수의 이스라엘 백성을 거쳐 다시 예수 그리스도라는 한 사람에게 집중되었습니다. 예수님은 참 이스라엘을 대표하는 하나님의 아들로서 오셨습니다. 믿음으로 그에게 연합된 자들은 국적이나 성별을 넘어 모두 동일한 한 몸이 됩니다. 예수님은 열방의 백성을 위한 하나님의 구원의 목표를 달성하시는 분입니다. 그래서 이스라엘의 메시아로 오신 예수님은 세상의 구주이십니다.

이제 갈라디아서 3:16절을 소급해 보겠습니다.

> **이 약속들은 아브라함과 그 자손에게 말씀하신 것인데 여럿을 가리켜 그 자손들이라 하지 아니하시고 오직 한 사람을 가리켜 네 자손이라 하셨으니 곧 그리스도라** (갈 3:16).

하나님께서는 원래 아브라함에게 자손을 주신다고 약속하셨는데 그 자손이 이삭에서 이스라엘 백성으로 퍼졌다가 다시 '한 사람' 인 예수 그리스도에게 귀착되었다고 했습니다. 그다음 하나님은 한 분이시라고 했습니다(갈 3:20). 유일하신 하나님은 직접 하나님이 보내신 유일한 중보자인 예수 그리스도를 통해서 그에게 속한 새 백성을 창출하신다는 것입니다.

이것은 아브라함에게 주셨던 자손에 대한 청사진이 그리스도 안에서 새 언약 백성으로 형성되는 것을 가리킵니다. 그래서 예수님은 유대인들에게 "너희 조상 아브라함은 나의 때 볼 것을 즐거워하다가 보고 기뻐하였느니라"(요 8:56)고 하셨습니다. 이 일은 율법의 중개자였던 모세가 아닌, 새 인류의 머리가 되시는 예수 그리스도에 의해서 성취되었습니다.

> **너희는 유대인이나 헬라인이나 종이나 자유인이나 남자나 여자나**

다 그리스도 예수 안에서 하나이니라 (갈 3:28).

이 말씀은 예수 그리스도의 구속 사역을 통해 신분과 인종과 성별의 차이가 없는 하나님의 한 새 가족이 드디어 창출되었음을 가리킵니다.

타락한 인류는 사랑으로 연합되기보다는 다툼으로 갈라집니다. 이 세상에는 약육강식의 원리가 지배합니다. 전쟁과 불의가 그치지 않는 인류의 현실은 절망적입니다. 악인들로 가득 찬 지구의 종말이 가까워오고 있습니다. 그런데 성경은 한 줄기 소망의 빛이 태양처럼 강력하게 비치고 있다고 선언합니다. 그 빛은 예수님입니다. 예수님은 2천 년 전에 유대 땅에 오셔서 인류의 운명을 바꾸어 놓는 대구원의 막을 여셨습니다. 주님은 그의 십자가 아래로 세상 죄인들을 부르고 계십니다. 지금도 그의 대속의 피를 믿는 자들은 십자가의 용서와 부활 생명을 받습니다. 그들은 주 예수의 의의 옷을 입은 하나님의 새 가족입니다. 타락한 인류는 예수 그리스도를 통해 형성되는 하나님의 새 창조의 가족 안으로 들어오라는 초대를 받았습니다. 여기에는 잘 나고 못 난 사람이 없고 부유하고 가난한 자가 없습니다. 불의와 증오가 사라지고 평등과 평화가 깃든 곳입니다. 인종과 문화의 벽을 넘어 모두 같은 하나님을 모시며 지고한 행복을 누리는 연합된 새 가족입니다. 이것이 인류의 참된 소망입니다.

누가 이 세상에서 가장 행복할까요? 예수 그리스도 안에서 하나님의 새 가족이 된 사람입니다. 누가 이 세상에서 가장 불행할까요? 예수 그리스도의 십자가 복음을 믿지 않기 때문에 하나님의 새 가족이 되지 못한 사람입니다. 행복하기를 원치 않는 사람이 누가 있겠습니까? 그런데 영원한 행복의 문이 열려 있어도 들어가지 않는 사람들이 너무도 많습니다. 예수 그리스도가 유일한 행복의 문입니다. 이 문에는 초대장이 붙어 있습니다.

"누구든지 원하는 자는 들어와서 하나님이 주시는 영생을 받으라. 하나님의 새 가족이 되어 인류의 모든 불행으로부터 벗어나라."

이 문은 아직도 열려 있습니다. 그러나 조만간 닫히게 될 것입니다. 이 문은 두 가지 방법으로 닫힙니다. 하나는 나의 목숨이 끊어지는 것입니다. 다른 하나는 예수님이 세상에 다시 오시는 것입니다. 어떤 쪽이 먼저 일어나든지 그때에는 이 구원의 문이 영원히 닫히고 모든 인간은 그리스도의 심판대 앞에 서게 될 것입니다.

세례를 받는 것은 상징적인 물세례 의식이 아닙니다.

누구든지 그리스도와 합하기 위하여 세례를 받은 자는 그리스도로 옷 입었느니라 (갈 3:27).

세례라고 하면 금방 물세례를 연상합니다. 여기서는 물세례를 가리키지 않습니다(참조. 엡 4:15; 골 2:12). 우선, 세례라는 말을 물세례와 같은 전문적인 의미로 보지 말아야 합니다. 세례 혹은 침례로 번역된 헬라어는 일반 용어였습니다. 그래서 물과 상관없이 여러 상황에서 사용될 수 있었습니다. 기본 의미는 집어넣거나 담근다는 뜻입니다. 27절에서 세례를 받는다는 것은 물세례 의식이 아니고 그리스도와 연합되었다는 뜻입니다. 하나님께서 아브라함에게 주셨던 한 새로운 백성에 대한 약속이 어떻게 하나님의 참 아들이신 그리스도를 통해서 형성되는지를 설명하기 위해 '세례' 라는 말이 사용되었습니다.

이것은 누가 누구에게 세례를 주는지를 생각해 보면 됩니다. 세례를 주는 자가 누구입니까? 목사입니까? 예수님을 믿기 때문에 목사가 세례를 주면 그것이 예수님과의 연합을 가져올까요? 그렇지 않습니다. 여기서 말하는 세례를 주는 자는 목사가 아니고 성령입니다. 성령께서 주 예수를 믿는 신자들을 그리스도 안으로 넣어주는 것을 가리킵니다. 성령이 물세례라는 의식을 통해서 예수님 안으로 우리를 집어넣는 것이 아닙니다.

> 우리가 유대인이나 헬라인이나 종이나 자유인이나 다 한 성령으로 세례를 받아 한 몸이 되었고 또 다 한 성령을 마시게 하셨느니라 (고전 12:13).

이 구절은 갈라디아서 3:27절의 세례 의미를 이해하는데 도움이 됩니다. 여기서 말하는 세례도 물세례가 아니고 성령이 그리스도의 몸 안으로 넣어주는 연합 교리에 대한 것입니다. 물세례는 우리를 그리스도 안으로 넣어주지 않습니다. 물세례는 주 예수를 자신의 구주로 믿고 그리스도의 부활 생명으로 살게 되었다는 것을 상징하는 의식입니다. 이 자체는 그리스도와의 연합을 가져오지 않습니다. 물세례는 교회 연합을 가져오지도 않습니다. 성령만이 우리를 그리스도와 그의 몸인 교회 안으로 집어넣습니다. 이것은 성령의 독특하고 유일한 사역입니다. 그래서 아무도 흉내를 내거나 방해할 수 없는 성령의 능력입니다. 성령은 죄의 왕국에 있던 우리를 그리스도의 왕국으로 옮깁니다. 사탄의 지배를 받던 나를 그리스도의 다스림을 받는 곳으로 전입시킵니다.

성령에 의해서 그리스도와 연합되는 자는 그리스도로 옷 입었다고 했습니다(27절). 이것은 삶의 영역과 소속의 변화가 생긴 것을 하나의 비유로 설명한 것입니다. '옷 입었다'는 표현은 당시의 로마 풍습의 배경을 가진 말입니다.

✱ 로마 사회에 성년 의식이라는 것이 있었습니다. 아이가 자라서 성년이 되면 특별한 옷을 입히고 가족으로서의 신분과 권리가 확보되었다는 것을 공적으로 인정하는 의식을 행하였습니다.

갈라디아 교인들은 율법의 옷을 벗었습니다. 다 자랐기 때문에 어린아이 때의 율법의 옷을 벗고 그리스도의 의의 옷을 입게 되었다는 것을 이렇게 비추어 말한 것입니다. 그리스도의 옷을 입은 것은 하나님 앞에서 온전한 하늘 가족으로서 그리스도께 속했다는 것을 전적으로 인정받는다는 의미입니다.

우리도 마찬가지입니다. 우리는 유대인이 아닙니다. 그래서 율법의 옷을 입고 보호자의 통제를 받고 살지 않았습니다. 갈라디아 교인들은 이방인이었습니다. 그럼에도 그들은 스스로 율법 아래로 들어갔기 때문에 유대인과 같이 율법의 옷을 입고 산 셈이었습니다. 우리는 율법이 없어도 율법에 준하는 여러 가지 행위 규범의 전통적 가치관에 따라 살았습니다. 더욱 교인이 된 후에는 교회에 깊이 자리잡은 율법의 영향 아래에서 신앙생활을 해온 셈입니다. 또한 구약 성경이 신약 성경과 같이 한 권으로 묶여 있기 때문에 구약의 가르침을 구원사적인 관점에서 구분하여 보지 않는 경향이 있습니다.

구약은 신약의 배경입니다. 신약시대를 향하는 화살표였습니다. 구약은 메시아가 오실 때까지 하나님께서 어떻게 구원을 준비하시고 자기 백성을 인도하셨는지를 기록한 경전입니다. 이제 구주가 구약의 예언과 약속대로 세상에 오셨습니다. 그래서 이스라엘 백성에게 주셨던 한시적(限時的)인 율법은 자신의 임무를 마쳤습니다. 이런 의미에서 갈라디아 교회에게 준 바울의 가르침이 우리에게도 적용됩니다. 즉, 율법의 옷을 벗은 그리스도인이라는 것입니다. 그리스도의 의의 옷을 입은 성년이니까 어릴 적에 입었던 율법의 옷을 완전히 벗어버리고 다시 걸쳐서는 안 된다는 것입니다.

어떤 신자들은 아직도 구약시대의 율법에 매여 삽니다. 그들은 그리스도를 믿은 이후에도 여전히 율법의 훈육교사 밑에 있으면서 통제된 삶을 삽니다. 그리고 그것이 마치 크리스천의 마땅한 삶인 듯이 여깁니다. 이것은 아브라함에게 주셨던 약속들을 즐기지 못하는 모순된 삶입니다. 그들은 크리스천 삶이란 십계명을 지키고 십일조를 내며 교회 활동에 열심히 참여하는 것으로 압니다. 그러면서도 구원의 확신이 없는 경우가 많습니다. 믿음으로 의롭게 되었다는 것을 입으로만 외우고 종교 행위를 구원의 좌표로 삼기 때문입니다. 우리는 주 예수를 믿었을 때 하나님의 자녀로 입양되었습니다. 이것은 그리스도의 의의 옷을 입은 성인이 되었다는 뜻입니다.

갈라디아 교인들은 유대주의자들의 꾀임에 속아서 오직 주 예수의 복음으로 살면서 받았던 첫 시기의 축복들을 상당히 잃었습니다. 그들은 그리스도 안에 있는 성령의 자유 대신에 율법의 속박을 받았습니다. 그들에게는 구원의 확신이 없었고 하나님과 가까운 교제를 누릴 수 없었습니다. 어떻게 해야 이런 비정상적인 신앙생활을 새 생명의 기쁨과 구원의 확신으로 바꿀 수 있겠습니까? 거듭난 신자라면 예수 그리스도 안에서 하나님의 유업을 받을 아들 딸이 되었음을 확신해야 합니다. 나 자신의 의나 율법의 의가 아닌, 예수 그리스도의 의의 옷을 입은 성년이라는 사실을 숙지하고 어린아이 때의 일을 버려야 합니다.

✲ 대학에 합격했는데 초등학교로 되돌아간다면 어떻게 되겠습니까?

✲ 모든 것이 풍성한 부잣집으로 입양이 됐는데 자기를 학대하던 옛집으로 돌아간다면 얼마나 어리석은 일이겠습니까?

주 예수를 구원자로 믿고 거듭난 신자라면 그리스도의 대학에 입학하였습니다. 그래서 초등학교 수준의 율법으로 살지 말아야 합니다. 신자는 사랑과 새 생명이 넘치는 하나님의 새 가족이 되었습니다. 그래서 율법에 눌려 살던 과거의 신앙생활을 접어야 합니다.

주 예수를 믿는다고 하면서 주님이 주시는 자유와 기쁨과 평강을 누리지 못하고 사는 분들이 적지 않습니다. "다 그리스도 안에서 하나"(갈 3:28)라고 하신 말씀을 읽고 배웠을 텐데도 실제로는 하나되지 못하고 수십 쪽으로 갈라지고 불화와 질시 속에서 불편하게 교회 생활을 하는 경우도 많습니다.

교회는 계급사회도 아니고 높은 사람, 낮은 사람이 구별된 곳도 아닙니다. 오직 주 예수만이 우리의 머리시며 나머지는 동일한 형제 자매들입니다. 하나님께서는 죄에 빠진 인류를 구출하기 위해 한 새로운 가족 공동체를 만드실 계획을 가지시고 아브라함에게 이를 미리 알리셨습니다. 이제 우리는 그 약속이 그리스도의 구속 사역으로 성취된 때에 살고 있습니다. 그렇다면 이 복을 누릴 줄 알아야 하겠습니다. 우리는 이 복음의 말씀에 따라 유년 시절의 낮은 수준의 신앙 생활에서 벗어나야 합니다.

우리는 하나님의 구원 계획에 따라 새 창조의 새 하늘 가족으로 입양된 사실을 확신해야 합니다. 우리는 예수 그리스도의 의로 옷입는 순간에 성인이 됩니다. 하나님께서 아담과 하와를 지으셨을 때 어린아기가 아닌 성인을 창조하셨듯이, 그리스도 안에서 우리를 성인으로 새롭게 창조하시고 하나님의 새 가족이 되게 하셨습니다. 이 새 창조의 새 가족에는 "유대인이나 헬라인이나 종이나 자유인이나 남자나 여자나 다 그리스도 예수 안에서 하나"(갈 3:28)입니다.

왜 바울은 이렇게 말했을까요? 율법 아래에서는 차별이 있었기 때문입니다. 예를 들어, 레위 지파만 제사장이 될 수 있었습니다. 이방인들은 예루살렘의 성전 예배에 참석하여도 이방인의 뜰을 넘어갈 수 없었습니다.

그리스도 안에서 하나라는 말은 남녀의 특징이 없고 인종이나 문화의 차이가 없다는 말이 아닙니다. 우리는 사회적 배경과 역할이 다르고 개인의 능력과 은사가 틀립니다. 그럼에도 우리는 그리스도 안에서의 영적 신분이 동등하다는 점에서 하나입니다. 우리는 차등이나 순위가 없이 하늘 아버지께 나아갈 수 있는 하나님의 자녀들입니다. 우리는 모두 성령을 받았다는 점에서도 하나입니다. 그리스도를 믿는 자들에게 성령이 임했을 때 유대인과 이방인 사이의 모든 차별이 사라졌습니다. 자유, 평등, 평화는 인류의 보편적인 정치 모토입니다. 하지만 세상은 여전히 자유가 없고 평등하지 않으며 평화가 없습니다. 오직 주 예수 그리스도 안에서만 영원한 자유와 평등과 평화가 있습니다.

27.
유업을 이을 자
갈라디아서 3:29

너희가 그리스도의 것이면 곧 아브라함의 자손이요 약속대로 유업을 이을 자니라 (갈 3:29).

본 절은 칭의 구원의 핵심을 다룬 항목의 마지막 절입니다. 칭의 구원의 가르침 끝에 유업이 언급된 것은 매우 시사적입니다. '유업'은 앞으로 바울이 계속해서 다루게 될 중요한 주제입니다(갈 4:7, 30; 5:21).

칭의는 예수 그리스도를 하나님께서 보내신 구속주로 믿을 때 의롭다는 선언을 받는 것을 말합니다. 칭의 선언을 받은 사람은 주 예수께 속한 자입니다. 그는 믿음으로 말미암아 하나님과의 관계에서 의롭게 되었습니다. 우리는 동일한 믿음의 원리로 칭의의 모범이 된 아브라함의 자손입니다(갈 3:7). 칭의 구원을 받은 사람은 하나님께서 아브라함에게 약속하신 유업을 상속받을 수 있는 자녀입니다.

그런데 칭의의 논의를 한 후에 결론의 꼬리표로서 유업이 붙은 까닭이 무엇일까요? 먼저 자녀가 되지 않으면 상속자가 될 수 없듯이, 하나님의 자녀가 되어야만 하나님이 약속하신 유업을 상속받습니다. 그래서 칭의는 유업을 받는 출발점입니다.

아브라함이 받은 유업은 무엇입니까?

유업은 하나님께서 의롭다고 선언하시는 자들에게 약속하시는 복들입니다. 아브라함의 자손은 아브라함이 받은 유업을 상속받는 신분을 가진 사람들입니다(참조. 시 105:11). 그럼 구체적으로 아브라함이 받은 유업은 어떤 것들이었습니까? 아브라함은 풍성한 유업의 약속을 받았습니다.

1) 그의 유업은 무엇보다도 땅이었습니다.

내가 네게 보여 줄 땅으로 가라 (창 12:1)

2) 그의 유업은 수적 증가와 국가를 포함합니다.

내가 너로 큰 민족을 이루고 (창 12:2)

3) 그의 유업은 개인적인 축복을 포함합니다.

네게 복을 주어(창 12:2)

4) 그의 유업은 명예로운 이름을 포함합니다.

네 이름을 창대하게 하리니(창 12:2)

5) 그의 유업은 다른 사람들의 복의 통로가 되는 것을 포함합니다.

너는 복이 될지라’ (창 12:2)

6) 그의 유업은 다른 사람의 복과 저주를 결정하는 것을 포함합니다. 사람들이 아브라함과 갖는 관계의 성격에 따라 하나님이 그들에게 내리시는 복과 저주가 결정됩니다

너를 축복하는 자에게는 복을 내리고 너를 저주하는 자에게는 내

가 저주하리니 (창 12:3)

7) 그의 유업은 그를 통해서 오는 복의 범위가 세계적이고 국제적일 것을 포함합니다

땅의 모든 족속이 너로 말미암아 복을 얻을 것이라. (창 12:3)

아브라함의 유업의 복이 우리에게 어떻게 적용될까요?

• 우리는 땅을 상속받습니다.

예수님은 산상설교에서 "온유한 자는 복이 있나니 그들이 땅을 기업으로 받을 것"(마 5:5, inherit the earth=ESV)이라고 하셨습니다. 이 땅은 주님이 왕으로 다스리는 하나님의 나라입니다. 하나님의 나라는 주님이 통치하는 천국입니다. 이 천국은 예수님의 초림과 함께 도착하였고 현재 주 예수를 믿는 신자들의 삶에서 체험되고 있으며 주의 재림 때에 온전히 성취될 것입니다. 하나님 나라의 다스림은 여러 측면에서 체험될 수 있습니다.

✻ 주님을 순종과 믿음으로 따를 때 주님의 임재를 체험합니다.

✻ 주님의 주권을 존중하고 그분 앞에서 겸손할 때 심령에 안식이 옵니다.

✻ 심령이 온유한 자는 하나님의 능력이 자신의 삶에서 드러나는 것을 체험합니다.

하나님의 통치는 각 신자의 삶에서 더 드러나야 합니다. 그러기 위해서 날마다 주님을 꾸준히 신뢰하는 믿음과 인내로 하나님 나라를 받아 누려야 합니다. 우리는 궁극적으로 하나님의 다스림이 완전하게 드러날 새 하늘과 새 땅을 유업으로 받게 될 것입니다.

땅을 유업으로 받는다는 약속은 아브라함에게는 일차적으로 가나안 땅을 받는 것으로 성취되었습니다(창 17:8). 그러나 이 유업의 땅은 계시의 말씀이 더 명료해지면서 하나님의 의가 깃들여 있는 새 하늘과 새 땅으로 드러납니다(벧후 3:13). 하나님의 구원이 완성되는 때에는 온 세상이 갱신될 것입니다. 이사야 선지자는 일찌기 새 하늘과 새 땅에 대해 예언하였습니다.

> 보라 내가 새 하늘과 새 땅을 창조하나니 이전 것은 기억되거나 마음에 생각나지 아니할 것이라 (사 65:17).

요한계시록 21:5절에서 "내가 만물을 새롭게 하노라"는 말씀은 이 새 창조에 대한 종결적인 선언입니다. 하나님께서는 인간의 타락 이후로 계속해서 새 창조에 속하는 그리스도의 왕국을 세워나가셨습니다. 지금도 새 하늘과 새 땅의 창조가 진행 중입니다. 온 우주가 새롭게 되는 대 갱신은 그리스도의 재림으로 절정에 이를 것입니다. 바울은 로마서 4:13절에서 아브라함과 그 후손이 물려받는 상속은 온 세상이라고 하였습니다.

> 아브라함이나 그 후손에게 세상의 상속자가 되리라고 하신 언약은 율법으로 말미암은 것이 아니요 오직 믿음의 의로 말미암은 것이니라 (롬 4:13).

그런데 아브라함의 유업에 관한 창세기 본문에는 '세상'이 언급되지 않았습니다. 그럼에도 바울은 아브라함에게 준 많은 약속이 '세상'을 준 것으로 보았습니다. 이 '세상' 은 물론 현재의 타락한 세상이 아니고, 만물이 십자가의 피로써 완전한 화평과 조화를 이루고 하늘과 땅이 서로 맞닿는 최종적인 새 창조의 세상입니다(골 1:20). 아브라함에게 하나님께서 "내가 네게 보여 줄 땅으로 가라"(창 12:1)고 하신 약속은 이러한 새롭고 경이로운 온 우주를 상속받는다는 의미를 내포한 것이었습니다. 그렇다면 우리는 이 새 땅의 약속을 끝까지 믿으며 날마다 주 예수의 다스림을 받는 삶을 통해 땅의 유업을 소유하는 복을 누리기 시작해야 합니다.

• 우리는 수적 증가를 하게 될 것입니다.

아브라함의 후손은 큰 민족이 된다고 하였습니다. 신자들의 수효는 복음이 전파되기 시작한 때로부터 증가하고 있습니다. 우리는 하나님이 우리에게 주신 선교의 소명을 이행할 때 크리스천의 수적 증가를 체험하게 됩니다.

> **이 일 후에 내가 보니 각 나라와 족속과 백성과 방언에서 아무도 능히 셀 수 없는 큰 무리가 나와 흰 옷을 입고 손에 종려 가지를 들고 보좌 앞과 어린 양 앞에 서서 큰 소리로 외쳐 이르되 구원하심이 보좌에 앉으신 우리 하나님과 어린 양에게 있도다 하니** (계 7:9~10).

아브라함에게 주셨던 큰 민족의 약속은 우리 각자가 복음의 증인이 됨으로써 실현될 것입니다. 복음을 전하는 일은 모든 신자들이 받은 소명입니다(마 28:19).

숫적 번성은 중요한 축복입니다. 오순절 사건은 수적 증가를 가져왔습니다. 다락방에 모였던 120명의 제자들이 오순절에 갑자기 삼천 명으로 불어났습니다(행 2:41). 그다음 베드로가 솔로몬 행각에서 설교했을 때 오천 명이 믿었습니다. 여자들까지 포함시키면 1만 명이 훨씬 넘었을 것입니다. 그런데 '날마다' 새 신자들이 늘어났다고 했습니다.

> **하나님을 찬미하며 또 온 백성에게 칭송을 받으니 주께서 구원 받는 사람을 날마다 더하게 하시니라** (행 2:47).

그래서 예루살렘 당국자들이 사도들을 감금하고 예수를 전하지 못하게 한 것은 그들의 입장에서 보면 당연한 일이었습니다. 여호와께서는 일찍이 아브라함에게 그의 후손이 땅의 티끌 같을 것이라고 하셨습니다(창 13:16). 사도 요한은 환상으로 아무도 셀 수 없는 무리가 하나님 아버지와 어린 양을 찬양하는 것을 보았다고 증언하였습니다(계 7:9).

아브라함의 영적 후손이 늘어나는 것은 하나님의 약속이었습니다. 그래서 모든 신자가 복음으로 사람을 낚는 어부가 되어야 합니다. 아브라함의 영적 자녀들이 전 세계적으로 불어나고 있습니다. 이 번성의 축복은 약속이면서도 우리가 참여해서 실현시켜야 하는 책임 사항입니다. 영적 자손의 증가는 하나님의 뜻이기 때문입니다(벧후 3:9). 한 사람이라도 복음을 더 듣고 구원을 받아 약속하신 유업을 누리며 하나님을 찬양해야 합니다. 그런데 전도는 아무 준비 없이 즉흥적으로 하기보다 평소에 복음에 대해 잘 준비된 내용을 제시하도록 힘써야 합니다. 베드로는 "너희 속에 있는 소망에 관한 이유를 묻는 자에게는 대답할 것을 항상 준비"(벧전 3:15)하라고 했습니다.

• 우리는 개인적인 복을 받습니다.

아브라함은 족장이었고 재산가였습니다. 그는 여러 번의 위기에서 하나님의 보호를 받았습니다. 그는 가정 생활과 사회 생활에서 어려움을 겪었지만 그때마다 하나님의 돌보심을 체험하였습니다. 그는 하나님의 이름에 해가 되는 큰 실수도 하였지만, 모리아 산에서 이삭을 바치는 믿음의 정상에 올랐습니다. 아브라함이 받은 복은 궁극적으로 그리스도에게 속한 백성이 받는 영적 축복을 예시합니다. 그러나 물질적인 공급이 무시된 것은 아닙니다(빌 4:6, 19). 예수님은 일용할 양식을 위해 하나님께 기도하라고 하셨고 "먼저 그의 나라와 그의 의를 구"하면 우리에게 필요한 것들을 더하여 주신다고 약속하셨습니다(마 6:33).

하나님께서는 아브라함에게 "네게 복을 주어 네 이름을 창대하게"(창 12:2) 하실 것이라고 축복하셨습니다. 아브라함은 장수, 재산, 화평, 수확, 자손 번성의 복을 약속받았습니다. 아브라함에게는 이러한 가시적이고 실체적인 복들이 하나님의 호의와 동행에 대한 증거였습니다.

그럼 우리에게는 어떻게 적용될까요? 물질적인 측면보다는 영적인 복을 더 누려야 합니다. 우리는 이 세상의 회복과 갱신을 위한 하나님의 계획에 들어가 있습니다. 우리는 세상에서 빛과 진리의 증인이 될 뿐만 아니라, 하나님의 나라를 위해 기여할 수 있는 영적 특권을 행사해야 합니다. 우리는 그리스도의 마음을 이해하고 하나님의 뜻을 분별할 수 있는 위치에 있습니다(고전 2:16). 우리에게는 그리스도 안에서 세상이 줄 수 없는 영적 평안과 기쁨을 누리는 복을 받습니다.

물질적인 측면의 복은 구약시대에 많이 강조되었습니다. 그러나 오순절 이후부터는 물질적인 복은 뒷켠으로 물러서게 됩니다. 그 까닭이 무엇일까요? 구약에서는 하나님의 백성은 지상적이고, 정치적인 국가였습니다. 그래서 그들이 하나님의 복을 받는다는 것을 물질적인 측면에서 다루었습니다. 즉, 하나님을 잘 섬기면 나라가 태평하고, 농사가 잘되며, 질병과 자연 재앙으로부터 보호된다는 것이었습니다. 그런데 구약에서마저 물질적인 복은 보편적인 약속이었지 예외 없이 다 적용되는 것은 아니었습니다. 이스라엘의 족장들은 모두 거부(巨富)였습니다. 그러나 욥기에서 보듯이 갑자기 부자가 하루 아침에 망할 수 있었습니다. 사실상 이스라엘 백성이 다 동일한 부를 누린 것도 아닙니다. 그들 중에는 가난한 사람도 있었고 재난을 당하거나 장수하지 못하는 경우도 있었습니다.

그러다가 신약에 오면 강조점이 바뀝니다. 하나님의 복은 지상적인 물질적 부요가 아니고 하늘에 속한 신령한 영적 부요입니다(엡 1:3). 물론 물질적인 복이 무시되거나 제외된 것은 아닙니다. 하나님이 신약 교회에 약속하신 복에는 물질도 포함되었습니다. 바울은 빌립보 성도들을 위해 이렇게 기도했습니다.

> **나의 하나님이 그리스도 예수 안에서 영광 가운데 그 풍성한 대로 너희 모든 쓸 것을 채우시리라**(빌 4:19).

하나님께서는 우리를 영적 자녀로 부르셨습니다. 그러나 우리가 이 세상에 사는 한, 물질적 필요가 있다는 것을 잘 아십니다. 그런데도 우리는 물질보다는 영적 풍요의 체험에 더 관심을 가져야 합니다. 오늘날 교회가 타락한 이유의 하나는 영적 축복보다는 물질적 축복에 마음을 빼앗겼기 때문입니다. 흔히 구약에서 약속된 물질적 번영을 신약시대에 그대로 대입하여 강조하는 것을 봅니다. 그러나 구약의 물질적 풍요에 대한 약속과 실례들은 "그리스도 안에 있는 하늘에 속한 모든 신령한 복"(엡 1:3)을 바라본 것이었습니다.

• 우리는 명예로운 이름을 받습니다.

아담은 각 생물의 이름을 지었고 자기 아내를 '여자'라고 불렀습니다(창 2:20, 23). 이름은 존재의 가치를 부여합니다. 이름이 있는 것은 하나님 나라에서 자신의 위치와 역할이 있음을 의미합니다.

성경의 한 주제는 이름이 유명해지는 것입니다. 이름을 날리고 싶은 것은 인류가 원래부터 가졌던 욕망이었습니다. 예를 들어 가인은 성을 건설하고 자신의 이름이 자기 아들의 이름을 통해 영구히 잊혀지지 않도록 하였습니다(창 4:17). 그 후에 바벨탑 세대는 높은 탑을 건축하고 "우리 이름을 내자"(창 11:4)고 하였습니다. 그러나 그들이 남긴 이름이라곤 '바벨' 즉 '혼란'이라는 이름뿐이었습니다(창 11:9).

인간들은 이기적인 목적과 방법으로 이름을 내려고 합니다. 반면, 하나님은 은혜로운 구원을 통해서 죄인들이 새 이름을 받고 유명해지기를 원하십니다. 하나님은 아브라함으로부터 이 일을 시작하셨습니다. 그의 이름은 '아브람'이었지만 '아브라함'으로 바뀌면서 많은 민족의 아버지로 승격되었습니다. 그의 이름은 문자대로 거창한 이름이었다. "열국의 아버지"(창 17:5, 개역성경)로 불렸기 때문입니다.

이제 후로는 네 이름을 아브람이라 하지 아니하고 아브라함이라 하리니 이는 내가 너를 여러 민족의 아버지가 되게 함이니라 내가

너로 심히 번성하게 하리니 내가 네게서 민족들이 나게 하며 왕들이 네게로부터 나오리라 (창 17:5~6).

아브람은 '존귀한 아버지'라는 뜻이고 '아브라함'은 '여러 민족의 아버지'라는 뜻입니다. 아브라함은 단순히 존귀한 존재에 그치지 않고, 그에게서 많은 민족과 왕들이 나오는 창대한 이름을 가진 사람입니다. '여러 민족'은 원래 하나님이 에덴동산에서 주셨던 생육과 번성의 복을 상기시키고, '왕'들은 세상을 보살피고 다스리는 하나님의 대리적 왕권을 연상시킵니다(창 1:28). 이러한 축복은 인류의 타락으로 오염되었습니다. 그러나 아브라함의 후손을 통해 새 창조의 세계로 회복되고 갱신될 것입니다.

아브라함은 가나안에 들어와서 여호와의 제단을 쌓고 여호와의 이름을 불렀습니다(창 13:4). 경건한 하나님의 백성은 언제나 주의 이름을 부릅니다. 주님의 이름을 위해 고난을 견디며 진리의 말씀을 따라 삽니다(창 4:26; 계 2:3, 12). 주님은 그들을 향해 착하고 충성된 종이라고 하시고 잘하였다고 칭찬하십시다. 이보다 더 큰 영광과 명예가 없습니다. 그들은 아브라함처럼 하나님의 축복과 칭찬을 반영하는 새 이름을 받습니다(창 17:5; 계 2:17). 그러나 불경한 자들은 명예로운 이름을 받을 수 없습니다.

너희의 이름은 내가 택한 백성이 저주할 거리로 남을 것이다. 내 주 하나님께서 너희를 죽게 하실 것이다. 그러나 주님께서 주님의 종들은 다른 이름으로 부르실 것이다 (사 65:15, 새번역).

저주 거리가 되는 이름은 하나님의 심판입니다. 하나님의 백성은 새 예루살렘에서 각기 주님을 신실하게 섬긴 데 대한 새 이름을 받고 명성을 떨칠 것입니다.

우리의 모범은 예수님입니다. 예수님은 자신의 순종으로 모든 이름보다 뛰어난 이름을 받으셨습니다(빌 2:5~11). 마지막 심판의 날이 오면 사람들이 멸시하던 예수라는 이름 앞에 만인이 무릎을 꿇게 될 것입니다. 그리고 좋든 싫든, 원하든 원하지 않든, 만인의 입이 예수를 주라고 시인할 것입니다(빌 2:5~11). 그날에는 온 우주가 예수 그리스도의 왕권과 주권 앞에 완전히 압도되어 그의 주되심을 부인할 수 없게 될 것입니다.

이름과 관련해서 우리에게 큰 위로가 되는 것이 있습니다. 모든 성도의 이름은 하나님의 선택으로 만세 전부터 생명책에 적혀 있습니다. 우리가 주 예수를 믿고 거듭나면 아브라함의 복을 받는 동일한 위치에 놓이게 됩니다. 우리도 명예롭고 큰 이름을 받을 수 있습니다. 아브람은 '존귀한 아버지'라는 뜻이었습니다. 그 자체로서 귀한 이름입니다. 그러나 그는 '아브라함'이라는 새 이름을 받았습니다. 이것은 '열국의 아버지'라는 더 크고 명예로운 이름이었습니다. 우리가 주 예수를 위해서 끝까지 충성하면 주님이 하늘 아버지 앞에서 우리의 이름을 더 높이시고 영화롭게 하실 것입니다. 이름을 받는 것은 존대를 받는 것을 의미합니다.

> 이기는 자는 이와 같이 흰 옷을 입을 것이요 내가 그 이름을 생명책에서 결코 지우지 아니하고 그 이름을 내 아버지 앞과 그의 천사들 앞에서 시인하리라 (계 3:5).

하나님과 천사들이 내 이름을 인정해 줄 것을 상상해 보십시오. 얼마나 영광스런 일입니까! 그런데 아브라함이 받은 창대한 이름의 복은 그가 받은 유업의 일부였습니다. 따라서 이 이름의 유업은 아브라함의 후손에게도 준 것입니다. 그런데 우리가 기억해야 할 것이 있습니다. 유업은 가만히 앉아서 그냥 받는 것이 아닙니다. 유업은 꾸준한 믿음으로 주를 따르는 신실한 삶에 대한 하늘의 보상입니다. 유업으로 받는 이름은 '이기는 자' 에게 주는 상입니다. 경건한 자들은 영구히 기념이 되는 이름을 받는다고 하였습니다(삼하 7:9; 사 56:4~5; 66:22). 꾸준한 믿음을 보이는 신자들에게도 '이름' 이 주어집니다(계 2:17; 3:12; 22:4).

그런데 우리가 받는 새 이름의 유업은 하나님의 명예와 영광에 직결되었음을 기억해야 합니다. 내가 유명해지는 것은 곧 나의 구주 하나님의 위대하심을 드러내는 일입니다.

> 내가 이스라엘 온 집과 유다 온 집으로 내게 속하게 하여 그들로 내 백성이 되게 하며 내 이름과 명예와 영광이 되게 하려 하였으나 그들이 듣지 아니하였느니라 (렘 13:11).

주 예수를 믿는 자들은 '그리스도인' 이라는 이름을 갖습니다. 그러나 '이기는 자' 에게 주는 엑스트라의 영예가 새겨진 새 이름이 있습니다. 엑스트라의 영예와 가치가 붙은 상으로서의 창대한 이름이 우리 각자가 추구해야 할 유업입니다.

무명용사의 무덤이라는 것이 있습니다. 그런데 결국은 모든 사람이 다 무명인사들이 됩니다. 내 이름이 아무리 유명하여도 덧없는 세월과 함께 묘비에서 지워지고 기록에서 퇴색되고 역사에서 잊혀집니다. 그리스도에게 속하지 않은 모든 사람의 이름이 마침내 사라질 것입니다.

하나님이 내리시는 형벌의 하나는 이름을 지우고 기억되지 않게 하는 것입니다. 예로써 가나안 족속들의 이름을 쓸어버리라고 하셨고(신 7:24), 이스라엘 백성이 죄를 지었을 때 천하에서 그 이름을 지워버리시겠다고 위협하셨습니다(신 9:14). 하늘 명부에 그리스도의 자녀로 올라간 자들만이 영원히 남습니다. 그런데 상으로 받는 새 이름을 가진 자들은 신실한 삶이 끝난 이후에 자신에게 돌아올 보상을 받고 하늘의 별처럼 빛나게 될 것입니다(단 12:3, 13).

28. 유업은 어떻게 소유하는가?

갈라디아서 3:29

지난 강해에서 다룬 아브라함의 유업은 땅과 수적 증가와 개인적인 축복과 명예로운 이름이었습니다. 이번에 다룰 내용은 아브라함이 복의 통로가 되는 것과, 아브라함을 대하는 사람들의 자세는 그들의 복과 저주를 결정하는 기준이 된다는 것, 그리고 유업의 범위가 세계적이라는 것입니다. 이러한 유업의 복들이 우리에게 어떻게 적용되는지를 생각해 본 다음에, 유업의 소유 방법에 대해서 알아보도록 하겠습니다.

• 우리는 복의 통로가 됩니다.

아브라함은 다른 사람들에게 하나님의 구원이 전달되는 통로로 쓰임을 받았습니다.

> 또 하나님이 이방을 믿음으로 말미암아 의로 정하실 것을 성경이 미리 알고 먼저 아브라함에게 복음을 전하되 모든 이방인이 너로 말미암아 복을 받으리라 하였느니라 (갈 8:8).

아브라함이 어떻게 복의 통로가 되었습니까? 먼저 자신이 복음을 듣고 그다음 복음의 증인이 되었습니다. 복의 통로가 되려면, 먼저 복음을 듣고 믿어야 합니다. 아브라함은 어디를 가든지 여호와 하나님을 믿는 사람으로 알려졌습니다. 그가 비록 때때로 이방인들 앞에서 하나님의 이름을 가리는 실수를 범하기도 했지만 평생을 하나님을 저버리지 않고 살았습니다.

그럼 우리는 어떻게 복의 통로가 될 수 있을까요? 목회자가 되고 선교사가 되어야만 복의 통로가 되는 것이 아닙니다. 우리는 다른 사람에게 구원을 설명해 줌으로써 복의 통로가 됩니다. 아브라함이 받은 칭의 구원의 원리를 알려 주면 됩니다. 성령께서 우리의 증언을 사용하셔서 불신자가 주 예수를 믿게 하십니다. 그런데 입으로만 그리스도의 구원을 설명하는 것에 그치지 말고 선한 행실로 복음이 우리의 삶을 변화시켰다는 것을 보여 주어야 합니다.

현재 우리나라 교회에 대한 사회의 평판은 기독교가 전래된 이후로 가장 부정적입니다. 그 까닭이 무엇입니까? 교회와 교인들의 행실이 본이 되지 못하기 때문입니다. 이것은 전도의 길을 막는 가장 큰 장애물입니다. 예수님의 얼굴에 흙탕물을 끼얹는 악행은 불신 사회가 아니고, 그리스도의 몸인 교회가 저지릅니다. 베드로는 전도와 관련해서 "선한 양심을 가지라"(벧전 3:16)고 하였습니다. 선행이 없으면 선한 양심을 가질 수 없습니다. 그리스도의 복음을 따르지 않아도 선한 양심을 가질 수 없습니다. "선을 행함으로 고난 받는 것이 하나님의 뜻"(벧전 3:17)입니다. 그런데 주 예수의 이름을 위해 받는 고난이 없는데 어떻게 선한 양심으로 세상을 향해 복음을 믿으라고 외칠 수 있겠습니까? 우리에게 과연 선한 양심이 있는지 깊이 반성해 보아야 하겠습니다.

아브라함은 그의 후손으로 오신 예수님이 복음을 전하시고 십자가에서 대속의 죽음을 치르셨을 때 온 세상을 위한 복의 통로가 된 셈이었습니다. 그가 십자가에 달린 것이 아닙니다. 아브라함은 대속주가 아닙니다. 그러나 그는 믿음으로 의롭게 되는 구원의 원리를 실증하였고 예수님이 세상 죄를 지고가는 하나님의 어린 양으로서 오시는 길을 예비하였습니다. 그는 믿음의 조상이 되었습니다. 그는 믿음으로 의롭게 된 자의 대표적인 모델이기에 복의 통로가 되었습니다.

우리도 그리스도의 복음을 전하는 일에 참여하고 하나님의 다스림을 받는 삶을 산다면 복의 통로가 됩니다. 주님은 우리가 하나님 나라를 위해 유용한 복의 통로가 되도록 우리와 함께 하시며 여러모로 도우시겠다고 약속하셨습니다(마 28:20).

하나님께서는 아브라함에게. "너는 복이 될지라"(2절)고 하셨습니다. 이것은 명령이면서도 확실한 약속을 강조하는 히브리식 표현입니다. 하나님께서 명령하시고 약속하시는 것은 믿음으로 응답해야 합니다. 복의 통로가 되는 것은 하나님께서 정하신 유업의 복입니다. 그러나 이것은 믿음과 인내로 추구하지 않으면 소용이 없습니다. 아브라함이 어떻게 유업의 통로가 되었는지 상기해 보십시오.

그는 안일하게 가만히 있으면서 하나님의 약속이 저절로 실현될 것을 바라지 않았습니다. 그는 이삭의 출생을 약속받은 후에 여러 해 동안 많은 시련을 겪었습니다. 드디어 이삭이 출생했을 때에는 여종이었던 하갈이 낳은 이스마엘과의 갈등 때문에 하갈과 이스마엘을 내쫓아야 했습니다. 그 후에는 모리아 산에서 이삭을 번제로 바쳐야 하는 무서운 시험을 받았습니다. 그때 아브라함은 하나님께서 능히 이삭을 죽은 자들 가운데서 다시 살리실 수 있다고 생각하고 믿음으로 외아들을 바쳤습니다(히 11:17, 19). 아브라함이 포기하지 않는 불굴의 믿음으로 하나님을 신뢰했을 때, 그는 이삭을 낳았고 야곱을 거쳐 이스라엘 국가가 형성되는 길을 열었습니다. 그리고 마침내 약속된 예수 그리스도가 아브라함의 자손으로 이스라엘에서 태어났습니다. 이렇게 하여 아브라함은 하나님의 구원의 축복이 모든 민족에게로 흘러나가는 통로가 되었습니다.

우리도 아브라함처럼 실수와 연약함에도 불구하고 하나님을 끝까지 붙들고, 받은 약속을 시련 속에서 참고 기다린다면 복의 통로가 될 수 있습니다. 아브라함은 여러 해 동안 하나님의 약속이 성취되지 않았음에도 꿋꿋한 믿음으로 하나님의 약속을 놓지 않았습니다. 그는 믿음으로 의롭게 되는 구원의 원리를 실증했을 뿐만 아니라, 꾸준한 믿음으로 하나님의 유업의 약속을 받는 모범이 되었습니다. 그는 하나님의 구원의 드라마에 중대한 역할을 감당하였습니다.

우리 각자에게도 하나님의 나라를 진전시키는 일에서 감당해야 할 역할이 있습니다. 유업의 약속을 향해 힘써 달리는 자들에게 주님은 능력을 주시고 유업의 복을 차지하게 하십시다. 우리는 아브라함의 자녀들입니다. 그래서 다른 사람들을 위한 복의 통로가 되어야 합니다. 하나님의 복음과 그리스도의 나라를 위해서 내가 할 수 있는 일이 무엇인지를 먼저 알아야 합니다. 그러나 하나님께서 나에게 그런 유업의 복을 주시고 받기를 원하신다는 사실에 관심이 없으면 복의 통로가 될 수 없습니다. 하나님께서는 우리에게 말씀하십니다.

「복이 되어라. 믿음의 사람이 되어라. 지연과 시험과 위험과 좌절 속에서 하나님을 끝까지 신뢰하라. 침체와 낙담과 마귀의 방해 속에서 하나님의 약속을 믿으라. 아브라함이 받은 약속들은 너에게도 준 것이다. 너는 과연 복이 될 것이다.」

• 우리를 대하는 다른 사람의 태도는 그들의 복과 저주를 결정하는 시금석입니다.

하나님께서는 아브라함에게 "너를 축복하는 자에게는 복을 내리고 너를 저주하는 자에게는 내가 저주하리니"(창 12:3)라고 하셨습니다. 이것은 아브라함이 하나님의 구원 계획을 진행시키는데 결정적인 출발점이 되기 때문입니다. 그래서 아브라함을 대하는 사람들의 태도에 따라 복과 저주가 갈라집니다. 아브라함을 호의적으로 대하고 그의 하나님을 존중하는 자들은 복을 받지만 반대로 아브라함을 무시하거나 적대하는 자들은 저주를 받습니다. 하나님께서는 아브라함의 후손을 통해서 구속주이신 메시아가 오도록 예정하셨습니다. 그래서 아브라함을 반대하거나 방해하는 자들은 하나님의 구원의 뜻을 밀어내는 것이기 때문에 저주를 받습니다.

예수님도 그의 제자들에게 비슷한 말씀을 하셨습니다.

> 너희를 영접하는 자는 나를 영접하는 것이요 나를 영접하는 자는 나를 보내신 이를 영접하는 것이니라. 선지자의 이름으로 선지자를 영접하는 자는 선지자의 상을 받을 것이요 의인의 이름으로 의인을 영접하는 자는 의인의 상을 받을 것이요 (마 10:41~42).

아브라함의 경우처럼, 예수님의 제자들도 하나님의 구원 계획을 세상에서 진행시키는 데 중요한 역할을 합니다. 그들은 하나님 나라를 대표하는 전권 대사와 같습니다. 그래서 하나님이 그들을 신뢰하고 보호합니다. 그들은 하나님의 권위를 입고 복음을 전하기 때문에 그들을 공격하는 자들은 하나님을 공격하는 자들입니다. 반대로 하나님의 전권 대사들을 축복하는 자들은 복을 받습니다. 선지자나 의인을 맞아들이는 사람은 선지자와 의인이 받을 상을 나누게 됩니다. 그래서 아브라함을 영접하는 자는 아브라함의 상을 받고 그를 배척하는 자는 저주를 받는다고 하였습니다.

✻ 아브라함은 그랄 지역으로 장막을 옮겨 산 적이 있었습니다. 그때 아브라함이 자기 아내인 사라를 누이라고 했기 때문에 그랄 왕 아비멜렉이 사라를 그의 처소로 데려갔습니다. 이것은 매우 심각한 사건이었습니다. 사라가 아비멜렉과 동침한다면 아브라함에게 주셨던 씨에 대한 약속이 어떻게 되겠습니까? 그래서 하나님께서 개입하셨습니다. 아비멜렉에게 꿈에 나타나셔서 사라에게 남편이 있다고 알리시고 사라를 범하지 말고 곧 풀어주지 않으면 죽을 것이라고 위협하셨습니다. 아비멜렉은 사라를 놓아주고 아브라함을 후대하였습니다. 그때 아브라함이 아비멜렉과 그의 권속을 위해 중보 기도를 올렸습니다. 덕분에 아비멜렉의 집안에 닫혔던 모든 태가 열리는 복을 받았습니다(창 20장). 그래서 시편 105:15절에서 "나의 기름 부은 자를 손대지 말며 나의 선지자들을 해하지 말라" (시105: 15)고 하였습니다.

그런데 이런 말씀은 오용되기도 합니다. 일반적으로 목회자들을 하나님의 기름 부음을 받은 종이라고 합니다. 그러나 목사라는 타이틀 자체가 이 같은 특권을 누리고 하나님의 보호를 받게 하는 것은 아닙니다. 성도들이 목회자를 섭섭하게 하는 일들을 놓고 이 본문을 들이대면 기가 죽습니다. 그러나 이것은 의도적인 오용입니다. 목회자든지 일반 성도들이든지 중요한 것은 그들이 과연 하나님의 종으로서 합당한 일을 하는가 하는 것입니다. 종의 일이란 주인이 시키는 일체의 봉사와 섬김을 포함합니다. 자신이 받은 소명에 충실하지도 않으면서 단지 목사라는 명칭만 가지고 기름 부음을 받았다고 내세우지 말아야 합니다.

본 시편에서 말하는 '기름 부은 자'는 복수라야 맞습니다. '기름 부은 자들'이 되어야 합니다. 영어 성경에는 'anointed ones'로 나옵니다(시 105:15; 대상 16:22). 하나님께서는 아브라함과 그의 후손을 '나의 기름 부음을 받은 자들'이라고 하셨습니다. 우리도 아브라함의 후손입니다. 그래서 아브라함의 믿음을 따라 주 예수를 믿는 모든 신자는 성령의 기름 부음을 받은 하나님의 자녀들이며 종들입니다. 그래서 요한일서 2:20절에서 "너희는 거룩하신 자에게서 기름 부음을 받고 모든 것을 아느니라"(요일 2:20)고 했습니다.

구약시대에는 제사장에게 기름을 부었습니다. 그런데 신약시대에는 주 예수를 믿는 신자들이 기름 부음을 받습니다. 베드로는 "너희는…왕 같은 제사장들"(벧전 2:9)이라고 했습니다. 모든 성도가 제사장들입니다. 그래서 기름 부음을 받았습니다. 특정한 직분을 가졌다고 해서 기름 부음을 받은 하나님의 종이 아닙니다. 우리는 자신의 직책을 놓고 하나님의 귀한 종이라고 생각하지 말아야 합니다. 더구나 본문의 의미도 아닌 말씀을 인용하면서 다른 성도를 위협하지 말아야 합니다. 우리는 모두 하나님의 기름 부음을 받은 아브라함의 후손이므로 서로 존중하면서 우리에게 주신 유업의 약속을 얻기 위해 협력해야 합니다.

• 우리는 열국에 영향을 준다는 유업의 약속을 받았습니다.

하나님께서는 아브라함에게 "땅의 모든 족속이 너로 말미암아 복을 얻을 것이라."(창 12:3)고 하셨습니다. 그의 유업이 가져오는 복의 범위가 세계적이고 국제적이라는 말씀입니다. 하나님께서는 이스라엘 백성이 하나님의 종으로서 온 세상에 구원을 알리는 "이방의 빛"(사 42:6; 49:6)이 되는 사명을 주셨습니다. 그들이 이 귀한 사명을 저버렸을 때 예수 그리스도께서 세상의 빛으로 오셨습니다. 그는 하나님의 고난 받는 종으로 오셔서 십자가 복음을 전하셨습니다. 이제 주 예수를 믿는 우리가 성령의 능력으로 복음을 전하는 세상의 빛과 소금입니다(마 5:13~16). 구원의 축복이 모든 나라에 미치는 것이 하나님의 한결같은 뜻입니다.

여호와께 감사하고 그의 이름을 불러 아뢰며 그가 하는 일을 만민 중에 알게 할지어다 (시 105:1).

하나님께서는 인류의 타락이 가져온 온갖 불행과 저주로부터 죄인들을 구원하기 위해 아브라함을 통해서 구주를 세상에 보내실 계획을 세우셨습니다. 아브라함에게 제시된 약속들은 궁극적으로 구원자로 오실 아브라함의 씨인 예수 그리스도에 의해서 성취됩니다. 아브라함은 이 약속을 믿고 고향을 떠나 하나님이 지시하는 유업의 땅으로 갔습니다(창 12:4). 아브라함이 가졌던 믿음대로 하나님의 약속을 믿는 자들은 누구나 구원을 받습니다. 그뿐만 아니라 열국에 긍정적인 영향을 줄 수 있습니다.

우리는 위대한 정치가나 세계적인 명성을 가진 자가 아닐지라도 하나님의 나라를 위해서 예수님이 우리에게 주신 세상의 빛과 소금의 역할을 할 수 있습니다. 빛은 아무리 작아도 어둠을 밝힙니다. 작은 반딧불이 캄캄한 밤에 길잡이가 됩니다. 소금은 부패를 막습니다. 소량의 소금이 음식맛을 바꾸어 놓습니다. 예수님은 산상설교에서 제자들에게 세상에 진리와 거룩의 빛을 비추고 선한 행실을 보임으로써 사람들이 하나님께 영광을 돌리게 하라고 분부하셨습니다(마 5:15~16). 이것이 복 있는 사람의 삶입니다. 복음의 빛이 강력하게 비칠수록 부패한 세상이 정화되고 교회가 굳건해집니다.

로마제국이 어떻게 기독교를 국교로 삼게 되었습니까? 기독교를 박해하던 로마제국이 복음을 들었을 뿐만 아니라 기독교인들의 선한 행실을 보았기 때문입니다. 유럽이 어떻게 기독교 국가가 되었습니까? 복음을 통해 하나님의 사랑을 깨달은 기독교인들이 사회에 끼치는 선한 영향을 보았기 때문입니다. 십자가 복음의 작은 반딧불이 여기저기에서 비취고 성도의 선행들이 두루 퍼졌을 때 억압적이던 세속 국가의 권력주의와 특권층의 부패가 물러났습니다. 그 결과 인권과 평등과 자유가 보장되는 기독교 사상에 뿌리를 둔 보다 건전하고 바람직한 국법과 제도들이 생겼습니다.

복음의 빛이 비취는 곳에서는 개인과 사회와 국가에 좋은 영향이 옵니다. 때로는 박해와 반대가 있어도 빛의 생명력은 막지 못합니다. 물론 빛이 어둠에 비쳐도 어둠이 깨닫지 못하기도 합니다(요 1:5). 악한 세상이 빛을 한동안 차단시킬 수 있습니다. 그러나 그들은 심판을 받고 생명의 원천에서 완전히 떨어져 나갈 것입니다. 진리의 참 빛은 죽지 않습니다. 참 빛은 창조주 하나님이시기 때문입니다(요 1:9~10). 복음은 타락한 세상을 밝히는 등불이며, 온 세상을 새롭게 하는 진리의 횃불입니다.

우리는 세상에 참 빛이신 예수 그리스도의 복음을 전하라는 소명을 받았습니다. 그래서 어둠에 속한 것을 버리고 참 빛 안에 머물러야 합니다. 참 빛은 우리의 선행을 통해 더욱 빛나게 되고 세상 사람들에게 존경과 인정을 받게 할 것입니다. 하나님께서는 그의 자녀들이 세상으로부터 칭찬을 들을 때에 영광을 받으십니다.

오늘날 우리 교회의 현실은 하나님이 영광을 받으시는 때가 아니고 욕을 당하시는 때입니다. 너무도 많은 교회와 교인들이 욕먹을 짓을 하기 때문에 하나님의 이름에 먹칠을 하고 복음의 빛이 가려집니다. 이것은 나 개인이 직접 관련된 죄악이 아닐지라도 한 사람의 교인으로서 공동체적인 책임 의식을 품고 하나님 앞에서 회개해야 할 일입니다. 의인은 다른 형제 자매의 죄를 놓고 회개하는 사람입니다. 다니엘은 경건한 사람이었지만 조국의 죄를 탄식하며 마치 자신의 죄인 듯이 하나님께 자비와 용서를 빌었습니다(단 9:3~20; 참조. 히 13:17). 자비하신 하나님은 우리의 많은 죄악을 용서하시고 참 빛을 다시 세상에 비추게 하실 수 있습니다. 우리는 참 빛이 결코 사라지거나 꺼지지 않음을 믿어야 합니다. 나 한 사람부터 작은 반딧불이 되기를 원한다고 주님께 아뢰고 새 생명의 삶을 계속해 나가야 합니다. 이것이 실추된 교회의 이름을 다시 세우고 훼손된 하나님의 이름을 영광의 자리에 복귀시키는 길입니다.

유업의 조상인 아브라함의 모델

하나님은 아브라함을 불러 구원의 길을 보여 주셨습니다. 아브라함이 하나님의 구원의 약속을 믿었을 때 그는 의롭다는 인정을 받았습니다(창 15:6). 그는 원래 우상을 섬겼던 이교도였지만 이제는 여호와 하나님을 믿고 하나님과의 관계가 바르게 되었습니다. 그는 죄인이었지만 이제는 하나님의 눈에 의인으로 인정되었습니다. 아브라함은 구원을 받기 위해서 아무것도 행한 것이 없었습니다. 그는 복음의 약속을 믿었을 뿐입니다(갈 3:8). 그는 단순히 하나님이 보내실 구원자이신 예수 그리스도를 믿었습니다(요 8:56).

그런데 하나님께서는 아브라함에게 구원의 약속만이 아니고 유업의 약속도 주셨습니다. 첫 구원은 일회의 단순한 믿음으로 받습니다. 반면, 유업의 복은 꾸준한 믿음과 인내로 받습니다. 히브리서 6:12절에서 "믿음과 오래 참음으로 말미암아 약속들을 기업으로 받는 자들을 본받는 자"가 되라고 했습니다.

아브라함은 구원을 받는 방법만 아니고 구원 이후에 받는 유업의 방법에서도 우리의 모델입니다. 그는 믿음의 조상일뿐만 아니라 유업의 조상이기도 합니다. 우리도 그의 길을 따라가면 구원도 받고 유업도 받습니다. 아브라함이 어떻게 유업의 복을 받았습니까? 여러 가지 인생의 변수와 시련에도 불구하고 하나님을 끝까지 신뢰하며 약속을 믿고 기다렸습니다. 그 결과 그는 유업의 땅에 도착하였고, 많은 믿음의 후손을 두었으며 영예로운 이름을 얻었습니다. 그는 복의 통로가 되었습니다. 그를 통해 드러나는 하나님의 구원의 복은 전세계적입니다.

이러한 유업의 약속은 우리도 받았습니다. 우리는 믿음으로 구원을 받은 아브라함의 영적 후손이기 때문입니다. 우리 각자에게 하나님이 주시는 역할과 소명이 있습니다. 우리는 단순히 구원만 받은 것이 아닙니다. 은혜에 풍성하신 하나님은 유업의 복을 주시는 일에서도 풍성하십니다. 다만 유업의 복은 우리가 힘써 획득해야 합니다. 구원을 받았으면 다 되지 않았느냐고 말하지 말아야 합니다. 우리에게는 이 세상에서 할 일이 있습니다. 그래서 히브리서의 저자는 "각 사람이 동일한 부지런함을 나타내어 끝까지 소망의 풍성함에 이르러 게으르지 아니하고"(히 6:11) 믿음과 인내로 유업의 약속을 받아 누려야 한다고 했습니다. 믿음으로 받는 첫 구원은 유업을 향해 가는 첫걸음입니다. 아브라함이 믿음으로 구원받은 후에 무엇을 하였습니까? 가나안 땅을 향해 나아갔습니다. 가나안은 그가 약속받은 유업의 땅이었습니다.

그런데 유업은 받을 수도 있지만 잃을 수도 있습니다. 예를 들어, 하나님께서 이스라엘 백성에게 가나안 땅을 유업으로 주셨습니다. 그들은 여호수아 때에 믿음과 인내로 싸워서 가나안을 정복하였습니다. 그 목적은 그들이 우상 숭배를 하지 않고 하나님의 율례를 지키며 살게 하기 위한 것이었습니다(시 105:44~45). 그러나 그들이 우상 숭배와 불순종으로 하나님의 뜻을 따르지 않았을 때 바벨론으로 쫓겨났습니다. 하지만 그들이 회개했을 때 유업의 땅으로 복귀되었습니다.

유업은 믿음과 인내로 소유해야 합니다. 유업은 불순종과 무관심으로 상실될 수 있습니다. 우리는 어쩌면 하나님이 주시기를 원하는 많은 유업의 복을 놓치면서 살았는지도 모릅니다. 그 원인은 하나님께서 아브라함에게 첫 구원 이후에 유업의 복을 약속하셨다는 사실을 주목하지 않고 구원받은 것으로 안심했기 때문일 수 있습니다. 혹은 알고서도 무관심했기 때문일지도 모릅니다. 그렇다면 지금부터라도 우리는 하나님이 후히 주기를 원하시는 유업의 상을 위해 꾸준히 하나님을 신뢰하며 이 세상에서 하나님이 주시는 소명을 잘 감당하도록 힘써야 하겠습니다.

그런데 유업에 대한 오해가 많습니다. Timothy Keller는 그의 갈라디아서 강해에서 이렇게 말했습니다.

> 하나님의 인정과 상은 우리가 받은 용서만큼이나 확실하고 보장된 것이다. 우리의 유업은 획득해야 할 상이 아니고, 그리스도가 주시는 선물이다 (Timothy Keller, Galatians pp. 98, 99).

이 말은 부분적으로만 옳습니다. 유업의 상은 용서처럼 그리스도를 믿기만 하면 보장되는 것이 아닙니다. 출애굽 세대를 생각해 보십시오. 그들은 가나안을 유업의 땅으로 약속받았지만 실제로 들어간 사람은 갈렙과 여호수아 두 사람 뿐이었습니다. 유업은 힘써 차지해야 합니다.

그런데 유업이 그리스도의 선물이라는 말은 맞습니다. 상 자체가 하나님께서 신실한 자녀에게 주시는 엑스트라의 은혜이기 때문입니다. 그러나 유업은 자녀이기 때문에 자동으로 받는 것이 아니고 믿음과 인내를 거쳐야 합니다. 바울도 "하나님이 위에서 부르신 부름의 상을 위하여 달려가노라"(빌 3:14)고 하였습니다.

아브라함처럼, 우리에게도 하나님을 위해서 달려가고 힘써 차지해야 할 땅이 있습니다. 우리도 아브라함처럼 개인적인 유업의 복을 받고 복의 통로가 될 수 있습니다. 우리도 신실한 그리스도인의 삶을 대변하는 영예로운 이름으로 알려질 수 있습니다. 우리는 하나님께 쓸모 있는 자가 될 수 있습니다.

> **그러므로 누구든지 이런 것에서 자기를 깨끗하게 하면 귀히 쓰는 그릇이 되어 거룩하고 주인의 쓰심에 합당하며 모든 선한 일에 준비함이 되리라** (딤후 2:21).

이것은 하나님께서 우리 각자에게 주시는 소명이며 조건부로 주시는 유업의 약속입니다. 우리는 각자 받은 소명의 영역에서 우리가 비치는 작은 선행의 반딧불로 국제적인 영향을 줄 수 있습니다.

구원은 유업을 위해 전진하는 삶으로 이어지도록 의도된 것입니다. 이것은 "주인의 즐거움에 참여"(마 25:21, 23)하는 일입니다. 주님은 우리가 유업을 차지하는 것을 보시면 기뻐하십니다. 하나님이 아브라함 때부터 약속하신 은혜의 유업에 관심이 없거나 무시하고 살면 "악하고 게으른 종"(마 25:26)이라는 꾸중을 듣습니다. 우리 모두가 주님의 기쁨에 참여하는 유업 신앙으로 살아야 하겠습니다.

29.
종과 아들과 아빠 아버지
갈라디아서 4:1~7

본문에는 종과 아들과 아빠가 나옵니다. 바울은 이들 사이의 관계를 당시의 풍습에 비추어 율법 아래 있을 때와 예수님이 오신 이후의 성령 아래 있을 때의 차이로 설명합니다. 1절에 나오는 '유업을 이을 자'는 상속권을 가진 주인의 아들입니다. 그러나 종과 다름이 없다고 했습니다. 상속자의 나이가 어려서 보호를 받아야 하기 때문입니다.

당시의 로마 관습에 의하면 재산을 상속받을 아들은 아버지가 정하는 일정 기간 동안 관리인의 보호 감독을 받았습니다. 그래서 주인의 통제를 받는 종과 다르지 않았습니다. 아들은 재산 상속권이 있어도 나이가 어리고 미숙하기 때문에 아버지의 재산을 독립적으로 관리할 수 없었습니다. 바울이 아들을 종에다 비유하는 이유는 율법 시대의 이스라엘 백성이 어떤 형편에 있었는지를 예시하기 위해서였습니다.

율법 아래에 있던 이스라엘은 종과 다름이 없었습니다.

모세 율법의 통제를 받았던 이스라엘 백성은 마치 보호자나 관리인 아래 있던 로마 시대의 '유업을 이을 자'처럼, 스스로 아버지의 재산을 관리할 수 없었습니다. 영적 미성년이었기 때문입니다. 그래서 율법이 하라는 대로 행해야 했습니다. 율법은 수많은 규정들로 이스라엘 백성을 강력하게 규제하였습니다. 이방인과의 접촉을 막았고, 범법 행위에 대한 엄중한 처벌이 시행되었습니다. 우상 숭배나 간음, 부모 불순종, 안식일 어기기, 살인 등은 사형을 받았습니다. 율법은 이스라엘 공동체를 형벌과 저주에 대한 위협으로 두려움에 차게 하였습니다. 율법에는 순종에 대한 축복도 약속되었지만, 하나님은 여전히 두려운 존재였습니다.

율법은 하나님과의 거리를 좁혀주지 못하였습니다. 시내 산에서 율법이 선포되었을 때 백성은 하나님께 가까이 나아가지 못하고 두려워서 벌벌 떨었습니다(출 20:18, 19; 24:1; 히 12:18 ~21). 그런데 예수님이 오셨을 때에는 시내 산에 강림하시지 않았습니다. 예수님은 천둥과 번개 속에서 말씀하시지 않았습니다. 예수님은 갈릴리 호수의 평화로운 언덕산에서 산상설교를 하셨습니다. 무리는 예수님을 가까이에서 보며 말씀을 들었습니다. 아무도 무서워서 도망하는 자가 없었습니다. 모두 예수님의 말씀을 달게 들으며 그를 따랐습니다.

율법은 어린 시절의 이스라엘 백성에게 회초리와 같았습니다. 하나님께서는 물론 자기 백성의 불순종을 오래 참으셨지만 죗값은 치르게 하셨습니다. 회초리를 든 아버지는 언제나 무섭게 느껴집니다. 그러나 이제는 모든 죄인이 그리스도의 피로써 하나님께 가까이 나아갈 수 있습니다. 우리는 율법을 지키면 더 경건하게 되고 하나님과 밀착된 교제를 할 수 있다고 생각할지 모릅니다. 그렇지 않습니다. 율법은 하나님과의 거리를 더 멀어지게 합니다. 우리를 하나님께로 가까이 가게 하는 것은 그리스도의 속죄의 보혈입니다(엡 2:13, 18). 그래서 예수님은 십자가에서 처형되심으로써 법조문으로 된 계명의 율법을 폐하셨다고 했습니다(엡 3:15).

지금도 하나님을 무섭게 보고 두려움 속에서 신앙생활을 하는 신자들이 있습니다. 하나님께서 자신의 죄나 불순종을 노려보시고 벌하시지 않을까 전전긍긍합니다. 하나님을 애굽에서 이스라엘 백성을 강제 노동으로 엄하게 부렸던 감독관처럼 여긴다면, 아직도 모세 율법의 지배를 받는 영적 어린아이입니다. 우리가 영적으로 어리다면 하나님과 가까운 교제를 누릴 수 없습니다. 아버지는 어린 자녀에게 깊은 이야기를 하지 않습니다. 법적 상속자라도 어린 아들에게는 재산을 관리할 자유를 주지 않습니다. 이것이 율법 시대의 이스라엘이 처한 형편이었습니다.

율법 아래 있던 이스라엘은 세상의 초등학문에 머물렀습니다.

'세상의 초등학문'은 무슨 의미일까요? 이 말은 원래 알파벳, 우주의 기본 요소, 악령의 영향을 받는 세속 종교, 일반 학문의 기초 원리 등을 가리켰습니다. 바울은 이 용어를 빌려 이스라엘 백성에게 율법이 세상의 초등 교육에 해당하는 기초적인 수준이었다고 말합니다. 즉, 율법 아래로 들어가는 것은 세상에 속한 유치한 단계의 수준으로 내려가는 것이라는 말입니다. 바꾸어 말하면, 율법의 종노릇을 자청하는 것이라는 지적입니다. 이것은 하나님을 반대로 섬기는 것입니다. 바울의 포인트는 유대인들도 주 예수를 믿으면 율법의 종살이에서 해방된다는 것이었습니다. 그런데 율법을 받지도 않은 이방인들이 그리스도의 구원을 받은 후에 율법 아래로 들어가는 것은 모순이라는 말입니다. 우리는 이것이 역순으로 하나님을 섬기는 것이라는 데에 동의할 것입니다.

그럼 우리는 세상의 초등학문에 해당하는 것들로부터 완전히 벗어났을까요? 만일 우리가 율법을 지켜야 한다고 잘못 배웠다면, 유대주의자들의 가르침에 넘어간 것입니다. 율법 시대에 준 초보 단계의 종교적 규정들에 매이지 마십시오. 이렇게 저렇게 하면 복을 받는다는 축복 공식을 따르지 마십시오. 교회 잘 섬기고, 목사 대접 잘하고, 십일조 떼어먹지 않으면 복 받는다는 말을 믿지 마십시오. 이런 가르침은 목회자들이 율법과 성령 시대를 오해했거나 그릇된 동기로 강조하는 말입니다.

우리가 세상의 초등학문 아래 있으면 평생을 종살이를 하면서 신앙생활을 하게 됩니다. 그리스도 안에 있는 자는 종이 아니고, 하나님의 장성한 아들 딸들입니다. 갈라디아 교인들은 그리스도를 믿었을 때 성년이 되었음에도 율법으로 돌아가는 어리석은 짓을 하였습니다. 그래서 바울은 다음 말씀에서 어떻게 영적 미성년자가 율법의 종 노릇에서 해방되어 장성한 아들로 바뀌는지를 설명합니다.

하나님께서 자기 아들을 세상에 보내셨습니다.

대부분의 학자들은 갈라디아서 4:4~5절은 초대교회의 신앙고백문의 하나였는데 바울이 인용했다고 봅니다. 하나님의 구원의 수단과 과정과 목적을 매우 간명하게 담은 글입니다.

때가 차매 하나님이 그 아들을 보내사 여자에게서 나게 하시고 율법 아래에 나게 하신 것은 율법 아래에 있는 자들을 속량하시고 우리로 아들의 명분을 얻게 하려 하심이라 (갈 4:4-5)

첫째, 하나님께서는 "때가 차매"(4절) 자기 아들을 보내셨습니다. 이때란 어느 때를 가리킬까요? 구원의 역사가 진행되는 과정에서 구약에서부터 예언된 구주가 세상에 오시는 때가 드디어 왔다는 뜻입니다. 그리스도의 오심은 율법의 때를 닫고, 성령의 때를 여는 새 시대의 시작입니다. 이때는 그리스도의 완전한 삶과 십자가 대속, 부활과 승천, 재림과 새 하늘과 새 땅으로 이어지는 대 구원의 출발점입니다.

그런데 왜 2천 년 전에 예수님을 메시아로 보내셨을까요?

하나님께서 예수님을 좀 더 일찍 보내셨다면 더 좋지 않았을까요? 더 많은 사람이 복음을 듣고 구원을 받을 수 있었을 테니까요. 이것은 우리의 주관적 견해일 뿐입니다. 구태여 '때'에 대한 답을 찾는다면, 복음 전파에 유리했던 당시의 상황을 열거할 수 있습니다.

✻ 로마 제국에서 헬라어가 널리 통용되었습니다. 그래서 복음을 헬라어로 어디서나 전할 수 있었습니다.

✻ 로마제국이 군사도로로 만든 직선 도로들이(Roman Road) 곳곳에 연결되어 여행이 편리하였습니다.

✻ 로마제국의 법은 고대 세계에서 가장 공평하여 약자가 보호를 받을 수 있었습니다.

✻ 이방 종교의 잡신들에 싫증을 낸 많은 사람이 참 종교를

찾는 영적 분위기가 형성되어 있었습니다.

그런데 이런 상황적 제시만으로는 왜 예수님이 1세기에 오셨는지를 충분히 설명하지 못합니다. 복음 전파에 유리한 여건이었다면 21세기가 더 나았을 것이라고 말할 수 있습니다. 교통이나 커뮤니케이션의 발달은 1세기와 비교가 되지 않습니다. 이슬람 국가와 일부 공산국가를 제외한 대부분의 나라에서는 종교의 자유가 보장되어 자유롭게 복음을 전할 수 있습니다.

왜 2천 년 전에 예수님이 오셔야 했는지는 하나님의 주권적인 일정표에 따른 것이므로 그 까닭을 다 알 수 없습니다. 한 가지 분명한 것은 2천 년 전부터라도 복음이 전파되었기 때문에 구원받는 사람들이 지금까지 많이 늘어났다는 사실입니다.

우리에게 주는 또 다른 교훈이 있습니다. 예수님의 초림이 예언대로 성취된 것은 예수님의 재림에 대한 보장입니다. 하나님은 이 타락한 세상을 구출하고 새롭게 만들기 위해 끊임없이 주권적으로 섭리해 오셨습니다. 하나님은 마침내 온 세상을 의가 다스리는 새 하늘과 새 땅으로 바꾸시고 구원을 완성시킬 것입니다.

둘째, 하나님이 그의 아들을 보내시고 여자에게서 태어나게 하셨습니다(4절).

이 '아들'은 하늘에 속한 분입니다. 그의 근원은 하늘입니다. 그는 하늘에서 땅으로 내려온 신성을 가지신 성자 하나님이십니다. 여자에게서 태어났다는 말은 좀 이상하게 들립니다. 모든 인간은 여자의 몸에서 태어납니다. 구주 예수님은 마리아의 몸에서 태어났습니다. 이것은 예수님의 인성을 가리킵니다. 그는 우리와 조금도 다르지 않은 인간으로 세상에 오셨습니다.

셋째, 하나님은 예수님이 율법 아래에 태어나게 하셨습니다(4절).

예수님은 유대인으로 출생하였기에 율법을 지켰습니다. 그가 율법을 완전하게 지켜야만 다른 죄인들을 위한 완전한 대표자가 될 자격이 있습니다. 그가 하나님의 아들이기 때문에 우리의 대속주가 자동으로 되는 것이 아닙니다. 그는 인간의 몸으로 고난을 겪으며 순종을 배워야 했고(히 5:8) 율법을 지킴으로써 죄 없고 흠 없는 희생제물이 되어야 했습니다. 그는 다른 모든 죄인들을 대신하여 그들의 죄를 덮어쓰고 율법의 정죄를 받고 십자가에서 처형되었습니다(고후 5:21).

예수님은 우리의 완전한 대리자로서 우리 대신 하나님의 율법을 모두 지키셨고 또한 우리를 위하여 율법의 형벌을 받으셨습니다. 그래서 우리가 예수님을 나의 주님으로 믿으면 그의 완전한 의가 우리에게로 넘어옵니다. 이것이 칭의 구원입니다. 그래서 하나님께서는 자신의 거룩하신 아들을 율법 아래 태어나게 하셨습니다.

예수님은 두 가지 목적을 위해 세상에 오셨습니다(5절).

첫째, 율법 아래에 있는 자들을 속량하기 위해서였습니다. 속량은 노예를 사서 해방시킨다는 뜻입니다. 죄에는 죗값이 붙어 있습니다. 죄의 삯은 죽음입니다(롬 6:23). 예수님은 우리를 대신하여 십자가에서 율법의 저주를 받고 처형되심으로써 우리를 속량하셨습니다(갈 3:13).

예수님이 오셨을 때 하나님의 백성은 모세법에서 구출되었습니다. 예수님이 오시기 이전에는 하나님의 백성은 율법에서 구원의 그림자와 상징들을 보았을 뿐입니다. 더구나 율법은 형벌의 두려움을 주고 속죄 제사를 반복시켰기 때문에 구원의 확신을 줄 수 없었습니다. 그러나 예수님이 오셔서 모든 희생 제사를 십자가 대속으로 단번에 종식시키고 하나님의 영원한 용서를 확보하셨습니다. 그래서 찰스 스펄전은 그리스도와 함께 있는 하루가 모세와 같이 있는 반 세기보다 낫다고 하였습니다.

율법은 우리를 속박합니다. 인간의 행위를 규정들로 통제하고 이것저것을 차별하고 구별합니다. 예를 들어, 유다 지파만 이스라엘의 왕이 될 수 있고 제사장은 레위 지파라야 합니다. 일반 남자에 비해서 노예나 여자에 대한 규정이 달랐습니다. 랍비는 여자로 태어나지 않은 것을 감사한다고 기도하였습니다.

율법 아래 있으면 음식도 가려 먹어야 하고 옷도 구별해서 입어야 합니다. 안식일을 비롯하여 여러 종류의 절기를 지켜야 합니다. 어기면 형벌을 받습니다. 모세 율법은 아무도 질 수 없는 짐입니다(행 15:10). 예수님은 우리를 율법의 무거운 짐으로부터 해방시켰습니다. 우리는 더 이상 율법의 종이 아닙니다. 하나님의 아들이신 예수님이 우리 대신 율법의 종이 되셨기 때문입니다.

그렇다면 왜 우리가 율법 아래로 들어가야 하겠습니까? 우리는 율법이나 세상의 초등학문에 묶여 살던 유치한 미성년기에서 벗어났습니다. 우리는 주 예수를 믿는 순간에 성령 안에서 주님의 가르침으로 사는 영적 성년기의 생활을 시작한 사람들입니다.

둘째, 아들의 자격을 얻게 하려는 것이었습니다. 새번역에는 5, 6 ,7절에 나오는 '아들' 을 '자녀' 라고 번역하였습니다. 현대 사회는 성 차별주의를 정죄합니다. 그래서 성경을 읽으면 '딸' 은 없고 '아들' 만 나오거나, 여자는 숫자에 넣지 않고 남자수만 따지기 때문에 하나님을 성 차별주의자로 오해할 수 있습니다. 그러나 바울은 갈라디아서 3장 28절에서 "남자나 여자나 다 그리스도 예수 안에서 하나" 라고 했습니다. 고대 사회에서 남녀 차별을 제일 먼저 폐지한 종교는 기독교입니다. 이것은 여자를 낮추던 당시 문화에서 보면 혁명적인 일이었습니다. 현대 사회의 남녀평등 사상도 기독교에서 나온 것입니다.

그런데 '아들' 이라는 말을 '자녀' 로 바꾸면 바울이 본문에서 강조하려는 의미를 놓치게 됩니다. 예수님이 오신 목적은 "율법 아래에 있는 자들을 속량" (5절)하기 위해서였습니다. 속량에는 남자만 포함되는 것이 아닙니다. 그런데 바울은 '우리로 아들의 명분' 을 얻게 하는 것도 예수님이 오신 목적이라고 했습니다.

왜 여기서는 '아들' 만 나올까요? 남녀 차별을 해서가 아닙니다. 고대 사회에서는 '아들' 만 유업을 받을 수 있었기 때문에 이 용어를 사용했을 뿐입니다. 그런데 당시의 로마 문화에서는 더러 종을 양자로 삼고 법적 상속자의 자격을 주었습니다. 종이 입양되면 친자식과 다름없는 법적 아들의 신분을 보장받았습니다. 그래서 바울은 이러한 풍습에 비추어, 세상의 초등학문의 종 노릇을 하던 자들이 하나님의 유업을 받을 자격이 있는 '아들' 로 입양이 되었다고 하였습니다. 우리가 '하나님의 자녀' 라고 말할 때에는 이러한 '아들' 의 상속권을 염두에 두어야 합니다. 물론, 하나님의 자녀는 아들이든지 딸이든지, 하나님의 유업을 이을 자로서 양자가 된 사람들입니다.

개역개정의 '명분' (5절)이라는 말은 신분에 어울리는 도리나 구실이라는 뜻이기 때문에 적합한 단어가 아닙니다. '자격' 혹은 '권리'라고 옮겨야 더 정확합니다. 예수님이 세상에 오신 목적의 하나는 죄의 종이 된 인류를 구속하여 하나님의 유업을 이을 상속자가 되게 하려는 것이었습니다. 이것은 매우 놀라운 은혜입니다. 예수님은 우리를 십자가의 피로써 구속하셨을 뿐만 아니라, 하나님의 아들이 되는 양자의 신분과 권리를 주어 유업을 받게 하십니다.

우리는 칭의 구원만으로 만족하다고 생각할 것입니다. 주 예수를 믿고 구원을 받았는데 더 이상 바랄 것이 무엇이겠습니까? 그러나 하나님은 은혜에 풍성하십니다. 우리가 구하거나 생각하는 것 이상으로 더욱 넘치게 주기를 원하십니다(엡 4:20).

[구원 + No more]가 아니고, [구원 + Much more]입니다.

속량과 입양의 비유를 이해하면, 하나님께서 예수님을 통해 행하신 구원의 의미를 깊이 헤아릴 수 있습니다. 우리는 연약하여 잘 넘어지고 내세울 것도 별로 없을지 모릅니다. 하지만, 하나님께서는 그리스도를 주님으로 믿는 우리를 하나님의 양자가 되게 하고 그리스도와 함께 유업을 공유하도록 계획하셨습니다. 유업은 구원의 목표입니다. 우리는 유업을 받기 위해서 거저 주는 구원을 받았습니다. 아이가 태어나면 가족의 일원이 됩니다. 양자가 되어도 다른 형제들과 동일한 신분과 자격이 있습니다. 그래서 가족의 축복과 소유를 상속받는 것과 같습니다. 우리 중에 자존감이 약한 분이 계시다면, 내가 하나님의 자녀로 입양되어 그리스도 안에서 함께 유업을 받을 자임을 기억하고 힘내시기 바랍니다(7절).

우리는 '그 아들'의 영을 받았습니다(6절).

하나님께서는 양자가 된 하나님의 자녀들에게 성령을 보내시고 그들의 마음속에 내주하게 하십니다. 그리고 하나님을 "아빠 아버지"라고 부르짖게 하십니다. 부르짖는다는 말은 그냥 아버지라고 부르는 것이 아니고 깊은 감정을 드러내는 강한 표현입니다. 먼저 성령께서 우리 속에서 하늘 아버지가 우리의 '아빠'라고 외치십니다. 그래서 우리는 두려움 없이 하나님의 자녀임을 확신하고(참조. 롬 8:16) 그분을 간절한 마음으로 친밀하게 '아빠'라고 부릅니다.

종의 영을 받은 자들은 주인을 '아빠'라고 부를 수 없습니다(롬 8:15). '아빠'는 아람어인데 신기하게도 우리나라 말과 발음과 뜻이 매우 유사합니다. 그래서 전에는 우리말 성경에서 '아바 아버지'라고 번역했는데 요즘은 대부분 '아빠 아버지'라고 번역합니다.

성령은 우리가 하나님의 자녀라는 구원의 확신을 줄 뿐만 아니라 기도 생활에서 담대하게 하나님께 나아가게 합니다(롬 8:26). 성령은 아버지께서 얼마나 우리를 사랑하시는지를 체험적으로 깊이 깨닫게 합니다. 예수님이 하나님의 사랑을 십자가 희생으로 객관적으로 입증하셨다면, 성령은 우리 마음속에 계시면서 하나님의 한량없는 구원의 사랑을 주관적이고 개인적으로 경험하게 합니다.

바울은 말합니다.

너희는 다시 무서워하는 종의 영을 받지 아니하고 양자의 영을 받

았으므로 우리가 아빠 아버지라고 부르짖느니라 (롬 8:15).

이러한 깊은 차원의 성령 체험은 구약 성도들은 거의 알지 못했습니다. 그들은 율법 아래에 있었기 때문입니다. 이제 신약 성도는 성령이 주어진 이후에 삽니다. 그래서 영적 미성년자였던 구약시대의 성도에 비하면 장성한 영적 어른과 같습니다. 구약시대에는 제사와 상징으로 구원을 설명하고 그리스도의 오심을 바라보게 했습니다. 하나님께서는 이들이 율법의 울타리에 갇혀 살도록 하셨는데 때가 되어 그리스도가 오셔서 단번에 그들을 구출할 것이었습니다.

하나님의 아들로서 유업을 이을 자는 어릴 때에는 종에게 순종해야 합니다. 종이 주인의 아이를 다루고 관리합니다. 그러나 아이가 자라서 성인이 되면 종을 지배하게 됩니다. 이스라엘은 모세법 아래에 있었을 때에는 아이와 같았습니다. 그러나 이것은 그리스도가 오실 때가지의 임시적인 조치였습니다. 하나님은 모든 주의 백성이 성년이 되도록 계획하셨습니다.

[언제 성인이 될까요?]

그리스도가 오시고 성령이 부어질 때입니다. 예수님이 십자가에서 운명하셨을 때 성전 베일이 위에서 아래로 찢어졌습니다. 이것은 지성소로 들어오라는 하나님의 초대입니다. 우리는 이제 지성소에 있습니다. 우리는 시내 산에 있지 않습니다. 우리는 이스라엘 백성이 시내 산에서 율법을 받았을 때 너무도 두려워서 하나님께 가까이 나갈 수 없었던 것처럼, 멀리 서서 하나님을 섬기지 않습니다. 전에는 율법의 베일과 세상의 초등학문과 갖가지 죄로 하나님의 존전에 감히 나갈 수 없었습니다. 희생제물의 피를 가지고 나갔던 이스라엘 백성도 성전 바깥에 있었습니다. 대제사장도 일 년에 단 한 번 지성소에 들어가서 속죄 제단에 피를 뿌리고 백성의 죄를 상징적으로 용서받았습니다. 이들은 예수님이 때가 되어 세상에 오시기 전에는 하나님을 아빠라고 부를 수 없었습니다. 이런 의미에서 그들은 하나님의 온전하고 장성한 자녀가 아니었습니다. 이제 우리는 예수님의 대속적 죽음과 성령의 부음으로 하나님의 유업을 이을 온전한 자녀가 된 것을 확신할 수 있습니다.

문제는 현재도 많은 교인이 율법 아래 있는 듯이 살고 있는 것입니다. 대부분의 신자가 하나님의 양자라기보다는 종으로 삽니다. 하나님을 친밀하게 아빠 아버지라고 부르지 못하고 두려워만 합니다. 이것이 갈라디아교회의 문제였습니다. 우리는 하나님의 자녀로 입양된 성인입니다. 성년이 되었다면 율법에서 해방되어 성령 아래로 들어간 것입니다. 우리는 더 이상 율법이나 세상의 초등학문에 해당하는 유치하고 낮은 레벨의 룰(rule)에 따라 신앙생활을 하지 말아야 합니다. 우리는 그런 것들로부터 졸업했습니다. 예수님이 오셔서 우리를 속량해 주셨고 성령을 주셨기 때문입니다.

그리스도의 피를 믿고 구원을 받은 자들은 하나님의 유업을 받을 수 있는 위치에 놓여 있습니다. [속량+유업]이 신약 성도에게 주신 하나님의 넘치는 은혜입니다. 그런데 유업은 하나님의 아들의 피를 계속해서 확신하고 '아빠 아버지'께 부르짖으며 나아갈 때에 받습니다. 우리를 죄와 율법과 사망과 사탄의 마수에서 구원하신 하나님께서 넘치는 유업의 복들까지 약속하셨습니다. 우리는 주 예수를 대속주로 믿는 순간부터 하나님의 유업을 상속받을 자격을 받습니다. 십자가 속량에 이어 유업의 복까지 더 얹어 주시는 하나님은 더욱 풍성한 은혜를 넘치게 부어주시는 much more의 하나님이십니다. 우리 모두 각자에게 약속하신 유업의 상을 위해 힘써 달려야 하겠습니다.

30.
하나님이 아시는 자들
갈라디아서 4:8 ~11

이제 바울은 갈라디아 교인들에게 3장 1~5절에서 그들이 성령을 받은 것이 율법을 지켜서였는지 아니면 복음을 믿었기 때문인지를 따졌듯이, 이번에도 같은 방식으로 직접적으로 갈라디아 교인들에게 질책조로 도전합니다. 그들은 하나님의 장성한 아들인데 왜 율법이나 세상의 초등학문으로 돌아가느냐는 것입니다. 그것은 모순이며 다시 종살이를 자원하는 것이라고 했습니다.

갈라디아 교인들의 과거 상태는 하나님에 대한 무지와 종노릇이었습니다.

> 그러나 너희가 그 때에는 하나님을 알지 못하여 본질상 하나님이 아닌 자들에게 종 노릇 하였더니(갈 4:8).

바울은 갈라디아 교인들이 본질상 신이 아닌 것들에게 종노릇하였다고 회상케 합니다. 그들은 과거에는 인간이 만들어낸 인조 신들을 섬겼습니다. 바울은 모든 종교가 같은 하나님에게로 가는 길이라거나 어떤 종교를 믿어도 무방하다고 말하지 않았습니다.

타종교에 대한 성경의 입장은 분명합니다. 한 마디로 타종교의 소위 신들이라고 하는 존재는 실체가 없는 "본질상 하나님이 아닌"(8절), 우상이라는 것입니다. 우상신들은 참 하나님에 대한 계시를 주지 못합니다. 세상에 많은 종교가 있고 신들이 있다고 하지만, 온 우주를 지으신 창조주를 대신할 수 없습니다. 그들은 인류를 죄에서 구원하는 대속주가 아닙니다. 이슬람교에는 알라신이 창조주라고 믿습니다. 그러나 알라신은 인류를 죄로부터 구원할 수 있는 대속주가 아닙니다. 알라신을 비롯하여 다른 모든 신들은 인류 역사의 현장에 들어와서 예수님처럼 죄를 지고 간 적이 없습니다.

바울은 '너희가 그때에는 하나님을 알지 못하였다'고 했습니다. 세상 종교에는 하나님에 대한 인격적인 지식이 없습니다. 따라서 경배자들이 하나님을 개인적으로 친밀하게 알고 교제할 수 없습니다. 그들의 신은 역사를 통제할 능력도 없고 세상 죄를 해결할 수 있는 근본적인 대책도 없습니다. 그들의 신은 인간의 종교 사상과 사탄의 영향으로 제작된 위조품입니다.

[타종교에는 진리가 전혀 없는 것일까요?]

어떤 종교에도 모든 인간이 동의할 수 있는 도덕성이 부분적으로나마 포함되어 있습니다. 자기 모친을 살해하는 것이 옳다고 가르치는 종교는 없습니다. 그러나 양심이나 일반 종교의 도덕성은 아무도 죄에 빠진 부패한 인간을 구원하지 못합니다. 그런 것들은 정죄에는 충분하지만 구원에는 충분하지 않습니다.

세상 종교는 경배자들을 종으로 삼습니다. 타종교는 인간이 창안한 종교 사상입니다. 그 뒤에는 사탄과 악령의 세력이 인간을 영적 어둠에 가두고 참 하나님으로부터 오는 구원의 진리를 막으려고 활동합니다. 참 하나님은 성경이 계시한 창조와 구원의 하나님 한분밖에 없습니다.

> 비록 하늘에나 땅에나 신이라 불리는 자가 있어 많은 신과 많은 주가 있으나 그러나 우리에게는 한 하나님 곧 아버지가 계시니 만물이 그에게서 났고 한 주 예수 그리스도께서 계시니 만물이 그로 말미암고 우리도 그로 말미암아 있느니라 (고전 8:5~6).

> 무릇 이방인이 제사하는 것은 귀신에게 하는 것이요 하나님께 제사하는 것이 아니니 나는 너희가 귀신과 교제하는 자가 되기를 원하지 아니하노라 (고전 10:20).

갈라디아 교인들의 현재 상태는 하나님을 알고 있는 것입니다.

> 이제는 너희가 하나님을 알 뿐 아니라 더욱이 하나님이 아신 바 되었거늘 어찌하여 다시 약하고 천박한 초등학문으로 돌아가서 다시 그들에게 종 노릇 하려 하느냐 (갈 4:9).

이것은 갈라디아 교인들이 바울의 선교 메시지를 듣고 하나님을 믿은 것을 가리킵니다(2:16; 3:2, 5~9). 또한 "하나님의 아신 바 되었다"는 말은 택함을 받고 부름을 받았다는 뜻입니다(1:6, 15; 5:8; 살전 1:4). 내가 믿은 것 같지만 사실은 내가 믿기 이전에 하나님의 주권적인 선택과 부르심이 있었습니다. 이것은 하나님이 은혜로 부르셔서 믿게 되었다는 것을 지적하는 말입니다.

'안다'는 단어는 주로 '사랑으로 택한다'는 뜻입니다. "주께서 자기 백성을 아신다"(딤후 2:19)고 하였습니다. 물론 하나님은 모든 사람을 아십니다. 그러나 자기 백성을 아시는 것은 전지전능하신 하나님의 보편적인 지식이 아니고, 하나님께서 자신의 사랑과 은혜로 이끄시는 자들과의 관계를 가리킵니다. 하나님이 주권적으로 사랑하는 자를 이끌지 않으면 누구도 주 예수 그리스도를 믿을 수 없습니다. 갈라디아 교인들은 하나님을 알게 되었는데 이는 하나님이 먼저 그들을 자기 백성으로 아셨기 때문입니다. 하나님은 그들을 죄로부터 해방시켰고 주님의 가르침에 따라 성령 안에서 사는 새 생명의 능력을 주셨습니다.

우리는 예수 그리스도를 앎으로써 하나님을 알게 됩니다. 예수님은 하나님께로 가는 구원과 진리의 길이 되기 위해 하나님의 아들로 세상에 오셨습니다. 그 방법은 길이요 진리요 생명이신 하나님의 아들이 모든 죄인을 하나님께로 인도하기 위해 십자가 대속의 희생이 된 것입니다(요 14:6).

그리스도께서는 단번에 죄를 위하여 죽으사 의인으로서 불의한 자를 대신하셨으니 이는 우리를 하나님 앞으로 인도하려 하심이라 (벧전 3:18).

바울은 갈라디아 교인들의 과거의 "그때"(8절)과 현재의 "이제"(9절)를 대조하고 그들의 현 상태를 직시하게 합니다. 그들이 과거에 누구를 섬겼습니까? 초등학문을 섬겼습니다. 9절의 초등학문은 3절에서 이미 언급한 '세상의 초등학문'과 같은 말입니다. 다만, 문맥과 적용이 다소 다를 뿐입니다. 3절에서는 초등학문이 주로 율법을 가리켰습니다. 그러나 9절의 초등학문은 율법

을 비롯하여 그리스도 이외의 이방 신이나 악령의 지배를 받는 것들을 신뢰하는 것을 포함합니다. 374

바울은 "어찌하여 다시 약하고 천박한 초등학문으로 돌아가서 다시 그들에게 종 노릇 하려 하느냐"(9절)고 꾸짖었습니다. "다시"라는 말을 주목하십시오. 전에 그런 일을 행했기 때문에 '다시' 라는 말을 썼습니다. 언제 그들이 초등학문을 섬겼습니까?

갈라디아 교인들은 과거에 이교도들이었습니다. 그들은 세상과 자신들의 운명을 좌우한다는 악한 영들에게 종노릇을 하였습니다. 그러다가 복음을 믿게 되었습니다. 그런데 유대주의자들의 거짓된 가르침에 넘어가서 율법 아래로 자청해서 들어갔기 때문에 "다시" 종 노릇을 한다고 했습니다. "약하다"는 것은 구원해 줄 능력이 없다는 뜻입니다. '천박'하다는 것은 유치한 수준을 가리킵니다. 이것이 초등학문의 실체입니다. 그런데 얼마나 많은 사람이 속고 있는지 모릅니다.

갈라디아 교인들은 유대인의 절기를 지켰습니다. 그들은 "날과 절기와 해"(10절)를 지켰습니다. 할례만이 아니고 유대인들에게 요구되었던 율법의 절기까지 지키기 시작한 것은 바울에게는 너무도 큰 충격이었습니다. 그래서 그는 "내가 너희를 위하여 수고한 것이 헛될까 두려워하노라"(11절)고 했습니다.

복음을 믿고 하나님의 자녀가 되면, 일체의 초등학문으로부터 해방된 것입니다. 그리스도를 믿고 의롭다는 선언을 받은 자들은 율법의 종살이에서 풀려났습니다. 그런데 왜 과거의 종노릇을 다시 하려고 할까요? 종은 스스로 결정할 일이 없습니다. 시키는 대로 행하면 됩니다. 의식과 규범으로 짜여진 세속 종교는 이런 의미에서 편리합니다. 의식에 참여하거나 어떤 종교적인 의무를 행하면 할 일을 했다고 보기 때문에 다음 기회가 올 때까지 안심할 수 있습니다. 그러나 이것은 종의 자세입니다.

하나님의 장성한 자녀는 그리스도 안에서 자유를 누립니다. 율법이나 종교적 관습에서 해방되어 자율적으로 하나님을 섬깁니다. 주님의 가르침과 성령의 조명을 받으면서 자신이 어떻게 주님을 섬기며 살아야 하는지를 스스로 판단합니다. 이것은 어린아이나 종이 누릴 수 없는 특권입니다. 그럼에도 "약하고 천박한 초등학문"(9절)과 율법의 종살이를 하는 사람들이 허다합니다.

✻ 고도의 우주 과학 문명을 자랑하는 선진국에서 별점(horoscope)을 믿는 사람들이 부지기수입니다. 우주선을 보내는 시대에 천체 현상을 놓고 인간의 운세를 점치는 미신을 믿는 것은 역설적인 무지입니다. 악령의 지배를 받으면 상식도 과학도 막지 못합니다.

✻ 교회는 중세기 때부터 여러 종류의 축제와 절기를 지켜왔습니다. 지금도 교회는 이런 날들을 꼭 지켜야 하는 것으로 알고 준수합니다. 성탄절, 종려주일(Palm Sunday), 부활절, 추수감사절, 신년 감사 예배, 송구영신 예배 등등입니다. 교단에 따라 훨씬 더 많은 날들을 지키기도 합니다.

✻ 새벽예배가 없으면 그런 교회도 교회냐고 묻는 분들이 있습니다. 크리스마스나 부활절을 지키지 않는다면 어떻게 될까요? 아마 이단 교회가 아닌지 의심할 것입니다. 그런데 이런 절기들을 지키라고 신약 성경에서 명령한 한 적이 없습니다.

어떤 날을 정해서 그리스도의 오심을 기념하거나 주님의 부활을 찬양하는 것 자체가 나쁘다고 할 수 없습니다. 이런 날들은 기념이나 교육적인 목적으로 지킨다고 해서 크게 해 될 것이 없을 것입니다. 바울은 "어떤 날을 더 존중히 여기는 사람도 주님을 위하여 그렇게 하는 것"(롬 14:6)이니 그런 문제로 형제를 비판하지 말라고 했습니다(롬 14:10; 골 2:16). 그러나 반드시 지켜야 한다고 생각한다면, 초등학문이나 율법의 종으로 돌아가는 셈입니다.

의식이나 사람이 정한 종교적 전통을 중시하면 하나님과의 관계가 외적 행위로 대치되기 쉽습니다. 교회는 이런 절기들을 지나치게 강조하거나 요구하지 말아야 합니다. 더구나 이런 관습적인 절기를 지키는 것이 하나님 앞에서 더 경건한 행위라거나 혹은 의롭게 되는 일로 본다면 현대판 유대주의입니다. 이런 가르침은 지키지 못하는 자들에게 두려움과 죄책감을 일으킵니다. 기독교 경건은 절기나 성일을 지키는 문제가 아닙니다. 성경이 지우지 않는 짐을 지우거나 죄책감을 일으키게 하는 것은 복음이 아닙니다.

갈라디아 교인들을 유혹했던 유대주의는 우리에게도 문제가 됩니다. 현대 교회에서 할례를 받거나 장막절이나 유월절이나 혹은 초승달 축제와 같은 구약시대의 유대인 절기를 지키라고 가르치지는 않습니다. 그래서 우리는 "날과 달과 절기와 해"(10절)를 지키지 않는다고 말할지 모릅니다. 그러나 규정이나 의식의 종류는 같지 않아도 믿음으로 말미암는 칭의 구원에 엑스트라 요소를 덧붙이려는 것은 지금도 마찬가지 현상입니다.

신앙생활은 관습적인 금기 사항이나 종교 행사 위주로 짜여지기 쉽습니다. 그러다 보면 자신이 받은 구원마저도 어떤 종교적 행위들에 의해서 확보되는 것처럼 생각하게 됩니다. 우리는 말로는 은혜 구원을 내세우지만, 은연 중에 이것을 해야 하고 저것을 해야 한다는 압력을 받고 삽니다. 신앙생활의 필수 항목으로 제시하는 것들은 구원받은 사실을 입증하는 증거물로 사용됩니다. 그러나 구원의 열매를 율법적으로 요구하면, 아무도 구원의 확신을 가질 수 없습니다. 자신의 열매를 구원의 잣대로 삼으면 내성적 감찰과 율법적인 경건주의에 빠지게 됩니다.

바울이 갈라디아 교인들에 대해서 염려하는 것은 그들에게 선한 열매가 없어서도 아니고, 열매의 필요성을 부정해서도 아닙니다. 그가 두려워한 것은 갈라디아 교인들이 구원의 바탕과 근거가 되는 믿음으로 말미암는 칭의로 만족하지 않고, 유대주의자의 행위 구원으로 돌아가는 것이었습니다. 유대주의자들은 예수 그리스도의 대속을 믿는 것만으로는 하나님을 온전히 기쁘게 해 드릴 수 없다고 하면서, 유대교의 절기들을 지키라고 요구하였습니다. 이것은 은혜 구원을 믿는다고 하면서 뒷문으로 종교적 행위를 구원의 필수 요항으로 들여오는 짓입니다.

[어떻게 해야 초등학문으로 돌아가는 위험을 막을 수 있을까요?]

바울이 갈라디아 교인들에게 어떤 방법을 사용했는지를 살펴보면 도움이 됩니다. 바울은 2장 하반부에서 죄인이 하나님의 눈에 의롭게 되는 칭의 구원을 진술하였습니다(2:15~21). 그다음 3장에서 믿음으로 의롭게 되는 원리를 율법과 관련해서 논증하였습니다. 이제 바울은 본 논증을 마무리하면서 율법과 초등학문으로 되돌아가려는 갈라디아 교인들에게 그들의 영적 역사를 상기시켰습니다.

우리는 복음을 듣고 회심했을 때 하나님이 보이신 큰 자비를 잊지 말아야 합니다. 갈라디아 교인들은 그들의 삶에 일어난 큰 변화를 기억할 수 있었습니다(3:9). 그들은 십자가 복음을 통해 하나님의 사랑을 깨달았고, 성령을 체험했으며, 하나님을 인격적으로 알게 되었습니다(갈 3:1 ~5; 4:9). 바울은 그들이 받은 이러한 구원을 상기시켰습니다. 우리는 어떻게 해서 구원을 받았는지를 먼저 확지하지 않으면 구원을 확신하지 못합니다. 구원의 확신이 없으면 이것을 하고 저것을 하라는 초등학문의 유혹을 받습니다. 우리는 율법이나 종교 행위를 통해서 구원받지 않았습니다. 우리는 그리스도를 믿음으로써 하나님의 자녀로 입양된 성인입니다. 그러므로 율법 아래 있던 어린아이 때의 일들을 버려야 합니다. "약하고 천박한 초등학문"은 우리를 다시 종으로 삼으려고 합니다.

율법주의적인 종교는 성일을 좋아하고 규정들을 잔뜩 만들어 경배자를 통제합니다. 우리는 율법의 목록이나 사람이 만든 종교적 관습들을 경건의 표식으로 삼지 말아야 합니다. 우리는 주 예수의 구원을 오직 믿음으로 받았을 때, 율법이나 이에 준하는 초등학문으로부터 해방되었습니다. 우리는 성령 아래로 들어가서 그리스도가 주는 자유를 배우며 즐겨야 합니다.

우리는 하나님을 작업장의 무서운 감독으로 여기며 두려워하지 말아야 합니다. 하나님을 내가 규정을 어겼는지를 항상 노려보고 벌을 주려는 분으로 여기지 마십시오. 우리는 아들의 영을 받았으므로 하나님을 아빠 아버지라고 부를 수 있어야 합니다. 주 예수의 십자가 대속으로 우리를 구원하신 하나님의 사랑을 기억하십시오. 하나님께서는 우리가 주 예수의 보혈을 의지하고 그를 '아빠' 라고 부르기를 날마다 기다리십니다. 우리가 은혜 구원을 정말 이해했다면, 오직 주 예수의 가르침을 따르며 하나님을 아빠 아버지라고 부를 것입니다. 그래야 "내가 너희를 위하여 수고한 것이 헛될까 두려워하노라" (11절)는 말을 듣지 않게 될 것입니다. 주께서 우리 각자를 향해 '내가 너를 위해 수고한 것이 과연 헛되지 않다' 고 하시면서 기뻐하시도록 율법의 불필요한 멍에를 벗고 그리스도 안에 있는 자유를 누리며 살아야 하겠습니다.

31.
그리스도의 형상을 이루기까지
갈라디아서 4:12~20

갈라디아서의 두 번째 주 항목이 시작됩니다. 첫 단원에서는 개인적인 이야기로 호소하기 시작합니다. 지금까지 믿음으로 의롭게 되는 문제를 여러 측면에서 진술하고 논증하다가 이제 자신과 갈라디아 교인들 사이의 개인적인 관계로 방향전환을 합니다.

본 항목을 읽으면 금방 바울의 어조가 사뭇 달라진 것을 알 수 있습니다. 바울은 갈라디아 교회들에게 과거에 자기와 가졌던 관계를 회상시킵니다. 그때 갈라디아 성도들은 바울을 무척 존경하고 사랑하였습니다. 그런데 이제는 정반대가 되었습니다. 바울을 의심하고 비난하기 시작했습니다. 이것은 바울을 크게 당황하게 하였습니다. 그런데 바울은 개인적인 감정으로 자신이 받은 상처를 놓고 따지는 것이 아닙니다. 바울은 갈라디아 교회들이 냉담해진 원인을 유대주의자들의 농간으로 보았습니다. 바울의 주된 관심은 개인적인 관계 개선에 앞서 갈라디아 교인들에게 그리스도의 형상이 새겨지도록 다시 수고하는 것이었습니다.

바울은 먼저 갈라디아 교인들의 호의와 사랑을 언급하였습니다.

> 너희를 시험하는 것이 내 육체에 있으되 이것을 너희가 업신여기지도 아니하며 버리지도 아니하고 오직 나를 하나님의 천사와 같이 또는 그리스도 예수와 같이 영접하였도다. (14절).

사람들 사이에서 상처를 주고받는 일은 흔히 일어납니다. 특히 매우 좋은 사이에서 받은 상처는 깊고 오래갑니다. 우리는 자신이 받은 상처를 마음에 담아두고 상대방을 원망합니다. 그래서 절친했던 친구가 원수가 되기도 합니다. 그런 관계는 회복되기 어렵습니다. 그러나 불가능한 것은 아닙니다. 갈라디아 교인들은 바울을 원수처럼 여겼습니다(16절). 바울은 당황했지만 찬찬히 문제를 해결하려고 힘썼습니다. 그가 제일 먼저 지적한 말은 당신들이 어떻게 나를 그렇게 배반할 수 있느냐가 아니었습니다. 사람들은 상처를 받으면 상대방에게 자신이 얼마나 잘해 주었는데 이럴 수가 있느냐고 섭섭해합니다. 바울은 그렇지 않았습니다. 그는 갈라디아 교인들이 그에게 해롭게 하지 않았다고 먼저 말했습니다(12절). 그리고 구체적으로 어떤 일이 있었는지를 상기시켰습니다.

바울은 당시에 심각한 건강문제가 있었습니다. 그가 어떤 질병을 앓았는지 정확하게 알 수 없습니다. 바울은 갈라디아 교인들이 할 수만 있었다면 그들의 눈이라도 빼어 주었을 것이라고 했습니다(15절). 그래서 바울이 혐오감을 일으키는 심한 안질을 앓았다고 보기도 합니다. 그러나 이 말은 사랑에 대한 일종의 관용어일지도 모릅니다.

너희가 업신여기지도 아니하며 버리지도 아니하고' (14절).

여기서 '버린다'는 말은 원문에서 원래 침을 뱉는다는 뜻이었습니다. 당시 사람들은 중병에 걸려 보기가 흉한 병자들을 보면 경계하고 침을 뱉었습니다. 고대 사회에서는 질병을 주로 악령의 활동으로 보았으므로 중증 환자를 보면 침을 뱉으면서 피하였습니다.

바울은 자신의 흉한 질병에도 불구하고 갈라디아 교인들이 그를 천사와 예수님을 대하듯이 환영했다고 했습니다. 바울은 갈라디아 교인들이 그를 지금은 원수로 대하지만, 그들이 그에게 베풀었던 친절과 헌신을 잊지 않고 감사하였습니다. 이것이 어그러진 관계 회복을 위한 첫걸음입니다. 나에게 상처를 준 상대방을 원망하기보다 내가 받았던 과거의 은혜를 기억하면 우선 나 자신부터 치유되기 시작합니다. 상대방의 친절을 생각하면 용서가 쉬워집니다.

바울이 몹쓸 질병에 걸렸을 때 멸시를 받지 않고 대환영을 받았다는 사실은 하나님의 은혜입니다. 최악의 상태에 빠졌을 때, 최선의 열매를 거두게 하는 것은 하나님의 능력이며 자비입니다. 바울은 보기에 혐오스러운 질병에 걸렸지만 계속 복음을 전하였습니다. 그랬더니 많은 갈라디아 사람들이 예수를 믿었습니다(4:13~14). 바울은 질병에 걸렸기 때문에 갈라디아에 머물러야 했습니다. 그러나 갈라디아 지방에서 복음을 전파할 기회를 얻었고 교회들이 개척되었습니다.

내가 처음에 육체의 약함으로 말미암아 너희에게 복음을 전한 것을 너희가 아는 바라 (13절).

하나님은 우리에게 일어난 화를 복으로 바뀌게 하시는 분입니다. 바울은 그때의 은혜를 생각하면서 비록 현재는 육체적인 질병은 없어도 갈라디아 교회들과의 틀어진 관계가 하나님의 치유로 바로 잡힐 수 있다고 믿었을 것입니다.

나에게 상처를 입힌 사람 때문에 마음이 불편하지는 않습니까? 상대방에게서 받은 친절을 기억해 보고 감사해 보십시오. 오늘의 상처가 덜 아프게 느껴질 것입니다. 역경에서 하나님의 은혜로 도움과 사랑을 받은 적이 있습니까? 하나님께서 또 다른 위기에서 화가 복이 되게 하실 것을 믿으십시오. 현재의 어려운 상황을 대하는 나의 자세에 긍정적인 변화가 일어나기 시작할 것입니다.

갈라디아 교인들은 보기 흉한 바울을 천사와 예수님처럼 대했을 때는 자신들이 사랑으로 가득 찬 성도들이라고 믿었을 것입니다. 그런데 그들의 사랑은 한결같지 않았습니다. 사랑이 증오로 변하고 적대감으로 변질하였습니다. 그들은 그처럼 존경하고 사랑했던 바울 사도를 의심하고 무시하였습니다. 바울은 이제 그들의 스승이 아니고 원수였습니다. 나는 한순간 어쩌면 오랫동안 천사처럼 살 수 있을지 모릅니다. 그러나 어떤 일이 생기면 나는 천사의 옷을 벗고 감춘 본색을 드러냅니다. 나는 나의 사랑을 믿을 수 없습니다. 우리의 사랑과 증오는 백지 한 장 차이라고 해도 과언이 아닙니다. 그리스도 안에 항상 머물지 않으면 나는 언제나 변심할 수 있는 존재입니다.

왜 하나님은 바울의 질병을 치유하시지 않았을까요?

바울은 불편한 몸으로 복음을 전하였습니다. 그가 만약 건강한 몸이었다면 더 많이 전도할 수 있었을 것 같지 않습니까? 그렇다면 왜 하나님께서 바울을 치유하시지 않았을까요? 바울은 기적으로 많은 사람의 질병을 치유했습니다. 그러나 자신의 병은 하나님이 고쳐주시지 않았습니다. 그런데도 바울은 낫지 않은 상태에서 맡은 일을 잘 감당하였습니다. 그는 육체의 가시를 몸에 지니고 살았습니다. 그는 하나님에게서 들은 말씀이 있었습니다. 하나님께서는 "내 능력이 약한 데서 온전하여짐"(고후 12:9)이라고 하셨습니다. 바울은 "이는 그리스도의 능력이 내게 머물게 하려 함이라"(고후 12:9)고 했습니다. 이것은 육체의 가시에 대한 바울의 해석입니다. 즉, 육체의 가시가 빠지지 않은 것은 놀라운 하나님의 은혜를 체험하기 위한 것이라는 말입니다. 그가 병으로 약해졌을 때 하나님의 능력이 더 크게 드러났다는 것입니다. 그래서 그는 자신의 연약함이 오히려 자랑거리가 됐다고 했습니다. 약한 때에 강하게 되도록 하신다면, 나의 약함은 하나님의 능력을 과시하는 발판입니다.

우리는 질병의 치유를 위해 기도할 수 있습니다. 그러나 질병이 낫지 않는 데에는 하나님의 별다른 선한 목적이 있을 수 있습니다. 치유는 전적으로 하나님의 주권적인 뜻에 달린 문제입니다. 내가 기도하여 다른 사람의 병이 나을지 몰라도 나의 질병은 안 나을 수 있습니다.

✻ 데이빗 왓슨(David Watson) 목사는 70~80년대 잉글랜드 복음주의 교회에 큰 영향을 끼쳤던 카리스마 운동의 지도자였는데 암에 걸렸습니다. 미국의 유명한 치유사역 목회자들이 와서 안수했지만 낫지 못하고 비교적 젊은 나이에 소천하였습니다. 그

때의 안수 팀의 한 목회자도 캘리포니아에서 치유 사역으로 유명했지만 얼마 후 자신도 암에 걸려 죽었습니다. 소천하기 전에 인터뷰 진행자가 하나님이 당신을 통해 치유 기적이 많이 일어나게 하셨는데 왜 당신은 낫지 않느냐고 물었습니다. 그의 대답은 모르겠다는 것이었습니다.

우리는 하나님의 은혜가 언제나 충분하다는 것을 기억할 필요가 있습니다. 주께서 나를 낫게 하시지 않는다면, 그대로 받아들여야 합니다. 중요한 것은 주님이 나의 연약함 속에서 크게 역사하실 것을 믿고 주를 끝까지 신뢰하며 내게 맡기신 일을 위해 힘쓰는 자세를 가져야 합니다. 그것이 순종하는 믿음 생활입니다.

바울은 갈라디아 교인들에 대해서 악감이 없다고 강조하였습니다.

> 너희가 나를 해롭게 하지 아니하였느니라 (4:12).

갈라디아 교인들은 바울을 의심하고 비난하였지만 바울은 그들에게 악감을 품지 않았습니다. 그는 그들이 거룩한 삶을 살려고 하는 것을 알았습니다. 그들이 바울을 미워한다고 해서 그들의 좋은 의도까지 다 나쁘다고 하지 않았습니다. 상대방이 나를 나쁘게 말해도 나는 상대편의 좋은 점은 인정해야 합니다. 우리는 옳고 그른 것에 대한 분별력이 있어야 하고 사람을 공평하게 대해야 합니다. 이것이 성숙한 사람의 특징입니다.

바울은 그들이 거룩한 삶을 위해 율법이 필요하다는 유대주의자들의 말에 넘어갔기 때문에 이것은 막아야 한다고 보았습니다. 그래서 그들에게 그래서는 안 된다고 하였더니 그들은 바울을 원수처럼 대하였습니다.

그런즉 내가 너희에게 참된 말을 하므로 원수가 되었느냐 (16절).

성숙하지 않은 자들에게 참말을 하는 것은 위험부담이 있습니다. 그러나 복음의 진리는 그냥 묻어둘 수 없습니다. 바울은 크리스천이 유대인처럼 살아야 한다는 가르침의 오류를 지적하지 않을 수 없었습니다. 그리고 유대주의자들의 불순한 동기까지 들추어냈습니다.

그들이 너희에게 대하여 열심내는 것은 좋은 뜻이 아니요 오직 너희를 이간시켜 너희로 그들에게 대하여 열심을 내게 하려 함이라 (17절).

나를 사랑하는 것처럼 적극적으로 돕고 친절하게 대하는 사람들이 있습니다. 그러나 동기가 불순한 경우가 없지 않습니다. 많은 사람이 이단이나 사이비 기독교에 넘어가는 이유의 하나는 불순한 동기를 가지고 접근하는 사람들의 실체를 분별하지 못하기 때문입니다. 특히 어린 신자들은 교리적인 확신이 약하고 성경을 잘 모르기 때문에 악한 세력들의 집요하고 간교한 가르침에 노출되어 있습니다. 교회를 오래 다녔지만 복음을 잘 깨닫지 못한 경우에도 마찬가지입니다. 교회 안에서도, 이단이나 불순한 세력은 아닐지라도 자기편으로 끌어넣기 위해서 교인들 사이를 이간시키려고 하는 일이 일어납니다.

내가 전도한 사람은 나의 자녀입니까? (4:19).

바울은 갈라디아 교인들을 "나의 자녀들"(19절)이라고 불렀습니다(참조. 고전 4:14, 17; 고후 6:13). 그가 전도해서 얻은 회심자들에게는 자기가 아버지라고 했습니다(고전 4:15). 또는 유모라고 한 적도 있습니다(살전 2:7). 그러나 우리는 이런 말을 단순히 직접 전도를 했거나 혹은 자신의 영향으로 교인이 되었다고 해서 사용하는 일을 조심해야 합니다. 자기를 높이기 쉽고 상대방에게 빚진 자의 부담을 주는 일이기 때문입니다. 피전도인이 회심을 하고 자기에게 복음을 전해 준 사람에게 감사하는 것은 별개의 상황입니다.

나 스스로 누구누구를 지칭하면서 나의 자녀라거나 자신이 그의 영적 아버지라고 말하는 것은 바울의 표현을 자신에게 적용하는 것이므로 삼가는 것이 좋습니다. 내가 정말 바울처럼 말할 자격이 있는지 자문해 보아야 합니다. 바울이 "나의 자녀들아"라고 했을 때는 깊은 사랑이 담긴 간곡한 부름이었습니다. 바울은 그들이 자기가 전한 그리스도의 복음을 밀어내고 거짓 교사들의 가르침을 따랐음을 심히 고통스럽게 여기며 그들이 돌아오도록 다시 산고의 고통을 감내하겠다고 말하였습니다. 바울이 그들에게 어떤 역경과 고난을 겪으면서 복음을 전했는지를 상기해 보십시오. 그런 표현을 쓰기 전에 나에게 바울 사도의 시련과 헌신과 사랑이 있는지 먼저 자신을 살펴야 합니다. 또한 바울은 예수 그리스도의 복음을 이방인들에게 전하기 위해서 특별히 부름을 받은 사도라는 사실을 기억해야 합니다. 그는 갈라디아 교인들을 사도의 권위와 소명에 근거해서 '나의 자녀들'이라고 불렀습니다.

단순히 십자가 복음을 믿고 구원받도록 인도하는 것이 전도의 목표가 아닙니다. 복음을 전했는데 곁길로 들어서면 이를 돌이키게 해야 하고, 그리스도의 사상과 복음의 가르침이 몸에 새겨지도록 힘쓰는 데까지 가는 것이 진정한 전도입니다. 양육에 관심이 있어야 합니다. 진정한 크리스천의 모습이 드러나도록 도와야 합니다. 그런데 양육 프로그램이라는 명목으로 다른 사람의 삶을 간섭하고 지배하려는 태도는 옳지 않습니다. 피전도인을 자기 사람으로 만들려고 하지 말아야 합니다. 오직 겸비와 사랑으로 대하고 상대방의 인격을 존중해야 합니다. 그것이 자녀를 기르고 유모가 되며 아버지 노릇을 하는 기본 자세입니다.

갈라디아 교인들은 구원의 복음을 듣고 의롭게 되었습니다. 그다음 단계로 그리스도를 닮는 성숙한 크리스천의 삶이 드러나야 했습니다. 그런데 칭의 구원의 바탕까지 흔드는 유대교의 율법 행위가 그들을 지배하기 시작하였습니다. 할례를 받는 것이 옳다는 유대주의자들의 말에 마음이 쏠렸고 그들의 종교력에 따른 절기를 지켰습니다. 이것은 영적 탈선이었습니다. 바울은 이들의 어처구니없는 변심을 깊이 우려하며 간절하게 '나의 자녀들아' 라고 불렀습니다.

윌리암 헨드릭슨 주석가는 본문이 고린도전서 13장의 가장 좋은 실제적 적용이라고 논평하였습니다. 갈라디아 교인들이 바울을 크게 실망하게 했지만 바울은 그들에게 끝까지 신실하였습니다. 바울은 큰 상처를 받았음에도 그들에게 악감을 품지 않았습니다. 사랑은 오래 참고 친절하며 모든 것을 소망합니다(고전 13: 4~7).

유연하지 못하고 경직된 것은 율법주의와 행위주의의 특징입니다. 이런 사상에 물든 자들은 자신이 표준입니다. 자기 의에 빠져서 다른 사람도 자기처럼 되기를 원합니다. 바울이 말하는 것은 그런 뜻이 아니었습니다. 바울은 양심이 깨끗하였고 복음에 따라 일치된 삶을 살았습니다(12절). 그에게는 그리스도의 모습이 역력하였습니다. 우리가 복음의 진리에 동의한다면 서로 흠이 있어도 큰 문제가 아닙니다. 복음 안에서 용서받지 못할 죄가 없고 화해하지 못할 일이 없기 때문입니다.

바울은 그리스도의 형상이 갈라디아 교인들에게 새겨지기를 원했습니다(19절).

유대주의자들이 갈라디아 교인들을 자기들 편으로 이끌려고 열심을 내었다면, 바울 역시 갈라디아 교인들을 자기편으로 이끌려고 열심을 내었다고 말할 수 있습니다. 그럼 다른 것이 무엇입니까? 유대주의자들은 「복음 + 할례」 교리로 열심을 내었고, 바울은 「복음 + Nothing」의 교리로 열심을 내었습니다. 유대주의자들은 자기들의 유익을 위해 갈라디아 교인들을 거짓되고 변질한 "다른 복음"(갈 1:7)으로 유혹하였습니다. 그러나 바울은 진리의 복음으로 오직 예수 그리스도의 형상이 갈라디아 교인들에게 새겨지기를 원할 따름이었습니다. 일찍이 세례 요한은 나는 망하고 그리스도는 흥해야 한다는 유명한 말을 남겼습니다. 바울의 관심은 자신이 아니고 오직 주 예수 그리스도의 형상이었습니다.

거짓 목회자들도 교인들에게 변화가 일어나기를 원합니다. 그러나 그들은 그리스도의 형상이 아닌 자기들의 형상이 새겨지기를 원합니다. 일부 지도자들은 교인들을 자기 사람으로 만들려고 하고 자신의 통제를 받도록 조정합니다. 이러한 이기적인 불순한 목적을 위해 그들은 열심을 냅니다. 열심은 그 자체로서는 좋은 것입니다. 그러나 그릇된 동기와 목적으로 사용되는 열심은 복음의 핵심에서 멀어지게 합니다. 불순한 동기와 이기적인 목적을 가진 자들은 교회를 분열시키고(고전 1:10~17), 개인숭배와 타락한 교리에 빠지게 합니다. 이들은 영적 악성코드입니다. 바울은 자기 제자들을 만들기 위해 열심을 내지 않았습니다. 회심자들에 대한 그의 유일한 관심은 예수 그리스도의 제자가 되게 하고 그리스도의 형상이 그들 속에 새겨지는 것이었습니다. 이것은 모든 목회자의 목표라야 합니다.

바울은 그리스의 형상이 이루어지기까지라고 하였지 바울의 형상이 이루어지기까지 해산하는 수고를 한다고 말하지 않았습니다. 바울은 갈라디아 교인들이 오직 예수님으로 가득 채워지기를 원했습니다. 그리스도의 형상을 닮는 것은 그리스도의 인격과 성품과 사상과 십자가 구원이 주는 자유로 채워지는 것입니다. 그리스도의 복음을 전적으로 믿고 그분에게 헌신하는 것입니다. 그분의 뜻에 따라 자기 십자가를 지고 하나님 나라 백성으로 사는 것입니다. 그리스도로 채워지면 나의 구원이나 성화를 위해 다른 것이 필요하지 않습니다. 하나님을 잘 섬기기 위해서 유대주의의 관습이나 할례나 기타 어떤 종교적 전통도 필요하지 않습니다.

바울은 예수 그리스도께서 우리를 위해 율법의 저주가 되셨다고 했습니다(3:13). 율법의 저주에서 우리를 속량하셨다면 다시 율법의 멍에를 짊어질 필요가 없습니다. 갈라디아 교인들은 이 점이 분명하지 않았습니다. 그래서 바울은 그들을 위해 해산하는 수고를 한다고 하였습니다.

출생한 아기를 다시 낳을 수는 없습니다. 그러나 마치 다시 낳는 듯이 처음부터 산모의 고통을 달게 받겠다는 것입니다. 이것은 우리에게 커다란 도전이 됩니다. 특히 사역자들에게는 자신을 돌아보게 하는 말씀입니다. 목사나 교사나 선교사의 직분을 가졌다면 이러한 바울의 열정과 희생 앞에 고개를 숙이지 않을 수 없을 것입니다. 바울은 "참된 말"(4:16)로 갈라디아 교인들을 가르쳤지만, 어리석은 그들은 (3:1, 3) 주 예수만 믿고 받은 구원을 다른 복음으로 희석하려고 하였습니다. 바울의 반응이 무엇입니까? 그들을 어리석은 사람들이라고 하면서도 그들을 위해 해산하는 수고를 아끼지 않겠다고 하였습니다. 그들을 보고 배신자니 바보들이니 혹은 복음을 처음부터 믿지 않은 자들이니 하면서 욕하거나 포기하지 않았습니다.

그는 갈라디아 교인들이 성령을 받은 것을 알았습니다. 그들이 참 복음을 전하는 바울을 천사처럼 대한 것도 알았습니다. 우리는 전도를 받고 교인이 되었다가 곁길로 빠지는 사람들에 대해 쉽게 정죄하지 말아야 합니다. 한 번 믿고 구원받았으면 실족해도 회복될 수 있습니다. 그들에게 필요한 것은 다시 구원을 받는 것이 아니고 다시 복음을 듣는 것입니다. 예수 그리스도 이외에 다른 복음이 없다는 것을 확신하는 것입니다. 교회 지도자들에게 필요한 것은 바울이 말하는 해산하는 수고입니다. 누가 이 일을 감당할 수 있겠습니까? 예수님입니다. 누구보다도 예수님이 해산하는 수고를 원하십니다. 주님이 원하시는 일이므로 주님으로부터 힘을 얻어야 합니다.

바울은 우리의 모범입니다. 해산하는 수고는 생명을 낳습니다. 이것은 가장 귀한 일입니다. 우리 각자도 모두 주님의 해산하는 수고의 덕분으로 거듭났습니다. 그렇다면 우리 자신도 다른 사람을 위한 해산의 수고에 동참하여 기도와 물질과 사랑의 관심을 보여야 합니다. 이것이 주께서 기뻐 받으시는 영적 제사입니다.

오직 선을 행함과 서로 나누어 주기를 잊지 말라 하나님은 이같은 제사를 기뻐하시느니라 (히 13:16).

바울은 개인적인 접촉을 소원하였습니다.

내가 이제라도 너희와 함께 있어 내 언성을 높이려 함은 너희에 대하여 의혹이 있음이라 (4:20).

'높인다'는 번역은 오해하기 쉽습니다. 언성을 높인다고 하면 화가 났거나 싸운다는 의미가 됩니다. 다른 번역을 참조하십시오.

이제라도 내가 여러분을 만나 어조를 부드럽게 바꾸어서 말할 수 있으면 좋겠습니다. (4:20, 새번역)

지금도 나는 여러분과 함께 있고 싶고 내 어조를 바꾸기를 원하니 (4:20, 직역성경).

바울의 뜻은 얼굴을 맞대고 이야기하고 싶다는 것입니다. 이런 문제를 편지로 쓰는 것은 쉽지 않습니다. 만나서 허심탄회하게 말하는 것이 오해를 막고 참뜻을 전달할 수 있습니다. 편지는 한 번 쓴 내용을 다시 수정하거나 재 진술할 수 없지만, 만나서 대화하면 질문도 받고 오해도 풀 수 있고 충분히 설명할 수 있습니다. '만나서 애기하자'고 할 때는 충분한 시간을 가지고 서로 말하자는 뜻이듯이, 바울도 갈라디아 교인들을 만나서 유대주의자들의 문제를 다루고 싶었습니다.

바울은 갈라디아 교인들에게 자기와 같이 되라고 했습니다.

> 형제들아 내가 너희와 같이 되었은즉 너희도 나와 같이 되기를 구하노라. (12절).

바울은 이방인들인 갈라디아 교인들의 생활 습관을 놓고 왈가왈부하지 않았습니다. 오히려 복음에 배치되지 않는 일이라면 그들의 습관을 따랐습니다. 이것은 복음을 양보하거나 타협하는 것이 아니었습니다. 소소한 문제를 놓고 시비를 따지는 것은 율법주의의 특징입니다.

바울은 갈라디아에서 선교할 때 이방인들의 방식을 수용했습니다. 그래서 내가 너희와 같이 되었다고 했습니다. 그는 유대인이었지만 유대인의 음식 규례에 매이지 않고 이방인들의 음식을 함께 먹었습니다. 바울은 자유인이었습니다. 그는 율법의 제재를 받지 않고 살았습니다. 그는 그리스도를 믿었기에 모세법에서 해방되었습니다. 그는 거룩한 삶을 위한 것이라고 내세우는 유대주의자들의 여러 가지 전통적 규례에 묶이지 않고 성령 안에서 예수님의 가르침대로 살았습니다. 그래서 그는 갈라디아 교인들도 그렇게 살라고 하면서 자기와 같이 되라고 했습니다. 자신이 잘나서가 아니라 자기가 누리는 그리스도 안에 있는 구원의 자유를 품으라는 말이었습니다.

거룩의 이름으로 여러 규정에 매이면 항상 불안하고 긴장하게 됩니다. 율법주의는 영적 침체를 일으키고 자기 의에 빠지며 다른 사람을 정죄하는 악습을 낳습니다. 바울은 참 거룩은 그리스도 안에 있는 자유이며 성령의 능력으로 사랑의 법을 실천하는 삶이라고 가르쳤습니다. 율법 아래의 속박으로 들어가지 않는 길은 성령의 인도를 받는 것입니다(갈 5:18).

바울은 성령 생활을 했기 때문에 구원의 확신과 구원의 기쁨을 즐기고 있었습니다. 그래서 사랑의 삶이 가능하였고 모든 사람을 향한 복음의 열정이 있었습니다. 그래서 그는 '나와 같이 되라' 고 말할 수 있었습니다. 우리가 이 점에서 바울을 닮는다면, 율법적인 신앙생활에서 벗어나 훨씬 더 자유롭고 기쁨에 찬 생동하는 삶을 살 수 있을 것입니다. 우리는 주 예수께서 우리를 위해 율법의 저주가 되고 십자가 대속으로 우리 죄를 모두 용서하시며 하나님의 거룩한 자녀가 되게 하신 은혜를 율법으로 대치하려거나 보강하려는 일체의 시도를 중단해야 합니다. 우리는 끝까지 주 예수의 신실하심을 믿고 그분 이외에 아무것도 필요하지 않다는 [예수 + Nothing]의 교리를 우리의 표어로 삼아야 하겠습니다.

32.
종의 멍에를 메지 말라
갈라디아서 4:21~5:1

> 내게 말하라 율법 아래 있고자 하는 자들아 율법을 듣지 못하였느냐 (갈 4:21).

바울이 왜 이렇게 도전했을까요? 갈라디아 교인들이 율법으로 돌아가려고 했기 때문입니다. 언제 이런 일이 일어났을까요? 칭의 구원을 받은 이후였습니다.

> 사람이 의롭게 되는 것은 율법의 행위로 말미암음이 아니요 오직 예수 그리스도를 믿음으로 말미암는 줄 알므로 우리도 그리스도 예수를 믿나니 이는 우리가 율법의 행위로써가 아니고 그리스도를 믿음으로써 의롭다 함을 얻으려 함이라 율법의 행위로써는 의롭다 함을 얻을 육체가 없느니라 (갈 2:16).

> 너희가 이같이 어리석으냐 성령으로 시작하였다가 이제는 육체로 마치겠느냐 (갈 3:3; 참조. 롬 8:9).

> 이제는 너희가 하나님을 알 뿐아니라 더욱이 하나님이 아신 바 되었거늘 어찌하여 다시 약하고 천박한 초등학문으로 돌아가서 다시 그들에게 종 노릇 하려 하느냐 너희가 날과 달과 절기와 해를 삼가 지키니 내가 너희를 위하여 수고한 것이 헛될까 두려워하노라 (갈 4:9~11).

이 말씀들을 정리하면, 갈라디아 교인들은 예수 그리스도를 믿고 의롭게 되었으며, 성령을 받고, 하나님을 주님으로 섬기는 개인적인 관계를 맺은 사람들입니다. 그런데 왜 율법 아래로 들어가려고 하느냐는 힐책입니다.

그런데 율법 아래로 들어가면 왜 안 될까요? 지금도 교회에서 일반적으로 율법을 지켜야 한다고 가르치지 않습니까? 예를 들어, 십계명 강조하고 교회 행사로 절기 지키는 것 강조하고 십일조 강조하고 주일 성수 강조하지 않습니까? 이런 것들이 무엇입니까? 율법 계명을 지켜야 한다는 것이 아닙니까? 크리스천 삶의 축이 계명 준수를 굴대로 삼고 돌아가지 않습니까? 그렇다면 왜 바울은 그런 율법을 지키려는 갈라디아 교인들을 나무랍니까?

바울은 그들에게 율법을 듣지 못하였느냐고 물었습니다. 물론 그들이 율법을 들었습니다. 그런데 누구에게서 들었습니까? 갈라디아 지방을 다니면서 이방인 크리스천들에게 율법 준수를 해야 한다고 가르치는 유대주의자들에게서 들었습니다. 그럼 유대주의자들이 율법 전문가들이니까 그들에게서 율법을 잘 배웠을 텐데 왜 문제가 될까요?

바울의 주장은 갈라디아 교인들이 율법을 들었지만, 복음을 있는 그대로 받아들이지 않는 유대주의자들로부터 잘못된 가르침을 받았다는 것입니다. 또한 갈라디아 교인들이 율법을 잘 생각해 보지 않고 무조건 수용했다는 것입니다. 그들은 율법이 항상 정죄를 한다는 사실을 알고 십자가를 계속 바라보아야 했습니다. 그들은 율법이 바라보았던 그리스도에게 초점을 잡지 않았습니다. 그들은 믿음의 길을 끝까지 붙들고 살지 않았습니다. 유대주의자들은 「믿음+율법」을 가르쳤습니다. 오직 믿음만이라야 칭의 구원을 받습니다. 그런데 믿음에 엑스트라가 붙으면 그 믿음은 믿음의 구실을 하지 못합니다. 믿음에 이물질이 붙으면 그 믿음은 부패합니다.

갈라디아 교인들은 율법의 법조항에 매달려서 이것을 하고 저것을 하지 말아야 한다는 행위 규범에 따라 크리스천 삶을 살려고 했습니다. 그래서 바울이 지적하는 것은 믿음의 길은 모세법의 규정이 아닌 모세오경에 나오는 창세기의 스토리 안에서 찾아야 한다는 것이었습니다. 창세기도 모세오경에 포함되지만 아브라함 스토리에는 율법 조항이 나오지 않습니다. 아마 바울이 아브라함 스토리를 들고 나온 까닭은 유대주의자들이 아브라함 스토리를 바르게 보지 못하고 갈라디아 교인들에게 이런 식으로 설득시키려고 했기 때문일 것입니다.

「당신들은 바울에게서 복음을 들었지만, 바울은 유대교의 계명을 무시하는 사람이오. 당신들은 이제 예수를 믿게 되었으니 이제부터 모세 율법의 도덕법을 지켜야 해요. 믿음으로 의롭게 되었다고 해서 구원이 다 끝난 것이 아니랍니다. 하나님이 주신 계명을 지켜야 해요. 하나님의 백성된 표시로서 유대교의 의식에 따라 할례를 받으세요. 그래야 아브라함의 자손이 되고 언약 백성 안으로 들어올 수 있어요. 하나님이 아브라함과 그 후손에게만 언약을 맺으셨다는 사실을 아셔야 해요. 예수만 믿어서는 아브라함의 자손이 될 수 없답니다. 아브라함의 자손이라야 온전한 구원을 받고 약속된 유업의 복을 받아요.」

이런 이유 때문에 바울은 누가 과연 아브라함의 자손이며 아브라함의 자손이 되기 위해서 무엇을 해야 하는지를 여러 번 강조했을 것으로 보입니다(갈 3:6~7, 29). 또 유대주의자들의 주장을 맞받아서 유업을 받는 자는 여종의 아들이 아니고 믿음으로 의롭게 된 약속의 아들이라고 지적했을 것입니다(30절). 이런 이유에서 바울은 당신들이 정말 율법을 잘 생각해 보았느냐고 물었던 것 같습니다. 그의 포인트는 유대주의자처럼 율법 조항에 따라 살려고 하는 자들은 그 율법이 정말 말하는 것이 무엇인지를 제대로 보지 못했다는 것입니다. 사실 그들이 의존하는 율법이 그들의 모순을 입증한다는 것입니다. 그래서 바울이 아브라함의 예시를 말한 배경은 이런 것입니다.

아브라함에게는 자식이 없었습니다. 그런데 하나님께서 아들을 낳을 것이라고 약속하셨습니다(창 12:7). 그 후로 십 년 세월이 지났는데도 그의 아내인 사라에게는 아들이 생기지 않았습니다. 그러자 자기 집에 들어온 애굽 사람인 하갈이라는 여종을 통해서 이스마엘을 낳았습니다. 그 후에 사라도 임신하였고 이삭을 낳았습니다. 바울은 이 사건을 사람이 어떻게 구원을 받는지에 대한 원리로 사용하였습니다.

아브라함에게 두 아내가 있었습니다. 하갈은 첩이고 사라는 본처입니다. 하갈이 낳은 아들은 이스마엘인데 육체를 따라 났습니다. 육체란 여기서 성령이나 하나님의 약속과 반대되는 개념입니다. 육체는 신체란 의미가 아니고 인간의 힘에 의한 성취욕이나 죄와 관련된 욕망을 가리킵니다. 그래서 아브라함이 아들을 주실 것이라는 하나님의 약속을 기다리지 않고 인간적인 편법으로 이스마엘을 나았다는 뜻입니다.

하갈의 본거지는 시내 산입니다. 시내 산은 모세가 율법을 받은 곳입니다. 그래서 하갈은 율법을 대표합니다. 그리고 시내 산은 다시 예루살렘과 직결됩니다. 예루살렘은 율법의 기초 위에 세워진 유대교의 본부입니다. 그래서 유대교의 센터로서 유대인들을 모두 율법 아래 가두고 종노릇을 시키는 곳입니다.

반면, 사라는 위에 있는 예루살렘입니다. 하늘의 예루살렘은 약속을 따라 태어나는 자들의 어머니입니다. 사라가 낳은 아들은 이삭입니다. 이삭은 하나님의 약속에 따라 태어났습니다. 그는 인간적인 방법이 아닌, 하나님의 기적으로 태어났습니다. 그래서 성령을 따라 난 자입니다.

바울은 여기서 육체를 따라서 난 자와 성령을 따라서 난 자를 구분하고 대조시킵니다. 육체를 따라 난 이스마엘과 성령을 따라 난 이삭, 곧 약속을 따라 난 이삭은 공존할 수 없습니다. 그 이유는 양편의 소속과 신분이 본질적으로 다르기 때문입니다. 이스마엘은 종이 낳은 자식입니다. 그래서 그 어머니와 함께 종노릇을 합니다. 그의 어머니는 시내 산에 본거지를 두고 있습니다. 예루살렘은 시내 산 율법의 멍에를 지고 종살이하는 이스마엘의 후예들이 모인 곳입니다.

반면, 이삭은 하늘의 예루살렘에 속한 자유인입니다. 그는 하나님의 약속을 받은 사라에게서 났습니다. 그래서 그도 사라처럼 자유민으로서 삽니다. 그런데 이스마엘과 이삭은 함께 살 수 없습니다. 노예와 자유민이 공존할 수 있는 땅은 없습니다. 하갈과 이스마엘은 율법을 대표하고 사라와 이삭은 약속을 대표합니다. 시내 산과 "지금 있는 예루살렘"(25절)은 율법의 종살이를 대변하고, "위에 있는 예루살렘"(26절)은 하나님의 약속과 자유를 대변합니다.

> 잉태하지 못한 자여 즐거워하라 산고를 모르는 자여 소리 질러 외치라 이는 홀로 사는 자의 자녀가 남편 있는 자의 자녀보다 많음이라 (갈 4:27).

이 구절은 이사야 54장 1절의 인용입니다. 이사야는 이스라엘 백성이 바벨론 포로가 되었지만 하나님의 백성이 끊어진 것은 아니라고 했습니다. 하나님은 그들을 다시 기적적으로 회복시키시고 자녀가 없는 곳에서 많은 자녀가 나오게 할 것이라고 했습니다. 그 중에는 이방인들도 포함됩니다.

28절을 보십시오. "형제들아 너희는 이삭과 같이 약속의 자녀라"

이삭이 하나님의 초자연적인 기적으로 태어났듯이 이방인들이 그리스도를 믿고 기적적으로 거듭나서 '위에 있는 예루살렘'에 속하게 된다는 것입니다. 그들은 자유민이며 약속의 자녀들입니다. 그들은 성령으로 거듭난 아브라함의 참 자손입니다.

이스라엘은 불임 여성과 같았습니다. 그들은 이방에 빛이 되지 못하였고 오히려 이방나라에 잡혀갔습니다. 그러나 하나님의 놀라운 자비와 능력으로 포로에서 풀려나 귀국하였습니다. 이것은 앞으로 그리스도를 통하여 하나님께로 돌아올 약속의 자녀들이 매우 많을 것에 대한 예언적 예시였습니다.

새 언약 아래에서 그리스도를 믿는 하나님의 백성은 "위에 있는 예루살렘" 가족입니다. 이 가족의 특징은 자유민이라는 것입니다. 육체가 아닌 성령을 따라 난 자들입니다(29절). 이들은 율법의 굴레에서 벗어나지 못하고 종살이하는 땅에 있는 예루살렘이 아닌, 하늘에 있는 예루살렘의 자유를 누립니다.

반면, 율법주의자와 성전 중심의 권위적인 종교 지도자는 잘나가는 사람들입니다. 이들은 불임이 아닙니다. 그래서 자녀가 많습니다. 그러나 하늘의 예루살렘에 속한 영적 자녀들을 낳지 못합니다. 하나님께서는 불임 여성처럼 무시를 당하는 소외된 약자들을 소생시키고 부패한 종교 시스템과 외형주의 경건으로부터 해방시킵니다.

그런데 역설적인 현실이 있습니다. "종의 아들이 자유 있는 여자의 아들"(30절)을 박해합니다. 이것은 아브라함 가족에서 일어났던 일을 상기시킵니다. 사라는 자유민으로서 아브라함의 본처였으며 이삭을 낳았습니다. 그런데 종이었던 하갈이 낳은 이스마엘이 사라가 낳은 이삭을 놀리며 괴롭혔습니다(창 21:9). 그래서 사라가 이렇게 말했습니다.

> **이 여종과 그 아들을 내쫓으라 이 종의 아들은 내 아들 이삭과 함께 기업을 얻지 못하리라** (창 21:10).

그때 하나님께서 아브라함에게 사라의 말대로 하갈과 이스마엘을 내쫓으라고 하셨습니다(창 21:12). 그 이유는 이삭에게서 나는 자라야 하나님께서 아브라함에게 약속하신 '씨'가 되기 때문입니다(창 21:12). 이것은 매우 중요한 말씀입니다. 하나님께서 일찍이 아브라함에게 말씀하셨습니다.

> 네 아내 사라가 네게 아들을 낳으리니 너는 그 이름을 이삭이라 하라 내가 그와 내 언약을 세우리니 그의 후손에게 영원한 언약이 되리라 (창 18:19).

아브라함의 후손은 이삭을 통해서 이어지고 마침내 예수 그리스도로 연결될 것이었습니다. 그래서 하나님께서 맺은 영원한 언약은 그리스도를 통한 전 세계적인 구원을 내다본 것입니다. 그러니까 이제는 그리스도를 믿는 자들이 하나님과 영원한 언약 관계에 들어가서 구원을 받고 아브라함의 후손이 됩니다. 바울이 강조하려는 것은 그리스도를 믿고 구원을 받은 갈라디아 교인들은 “여종의 자녀가 아니요 자유 있는 여자의 자녀”(31절)라는 것입니다.

반면, 유대주의자들은 이스마엘입니다. 그들은 율법의 종노릇을 하는 자들입니다. 그래서 한 집에서 여종의 자녀와 함께 살 수 없다는 것입니다. 말을 바꾸면 갈라디아 교인들은 유대주의자들을 내쫓아야 한다는 것입니다.

여종의 자녀는 율법에 매인 자들입니다. 이들은 자기 노력과 자기 생각으로 하나님의 약속을 이루고 복을 받으려고 하는 자들입니다. 이들은 율법의 행위로 의롭다 함을 받으려고 시도하는 자들입니다. 하나님께서는 이들과 영원한 언약을 맺지 않았습니다. 이들은 하나님께서 약속하신 유업의 복을 얻지 못합니다. 유업은 종이 아닌 참 아들이 받습니다(4:7).

[율법의 종과 그리스도의 종]

우리는 율법의 속박과 그리스도 안에 있는 자유를 대조시킨 본문의 요점들을 숙지하며 교훈을 받고 현재의 신앙생활에 잘 적용해야 합니다.

첫째, 육체를 따라 난 이스마엘이 성령을 따라 난 이삭을 박해했듯이, 오늘날의 교회에서도 율법에 매여 사는 종의 자녀들이 약속을 따라 사는 자유민의 자녀들을 율법으로 얽매고 박해합니다. 율법주의자들은 갈라디아 교인들처럼 모세가 아닌, 예수 그리스도를 믿고 구원을 받은 하늘의 예루살렘에 속한 신자들도 율법을 지켜야 한다고 강조합니다. 율법적 전통은 신자 생활에서 그리스도 안에 있는 자유를 빼앗습니다. 율법은 구원의 확신도 주지 못하고 하나님의 뜻에 따른 거룩한 삶을 살 수 있는 능력도 주지 않습니다.

둘째, 구원은 전적으로 주 예수 그리스도를 대속주로 신뢰하는 믿음으로 받습니다. 바울은 지금까지 「예수 + Nothing」의 교리를 역설하였습니다. 본 항목에서 우리가 받는 교훈의 하나는 가장 종교적이고 가장 도덕적이며 성경을 잘 안다고 자처하는 자들이 구원에서 제외된다는 것입니다. 그들은 하나님을 잘 섬기고 구원을 확실하게 받는 방법을 주장했지만 「십자가+율법=온전한 구원」이라는 등식으로 복음을 자기들의 입맛에 맞도록 변조시켰습니다. 그래서 바울은 첫 장에서 "다른 복음"은 없다고 하였고, 다른 복음을 전하면 저주를 받는다고 했습니다(1:7~9).

셋째, 바울은 갈라디아 교인들에게 여종의 아들과 한 집에서 공존할 수 없다고 잘라서 말했습니다. 이것은 원래 하나님께서 아브라함에게 주셨던 명령이었습니다. 아브라함은 하갈과 이스마엘을 집에서 내쫓았습니다. 바울이 마지막 절에서 결론적으로 한 말은 "다시는 종의 멍에를 메지 말라"(5:1)는 것이었습니다. 갈라디아 교인들은 주 예수를 믿었을 때 어둠과 죽음과 사탄의 영역에서 풀려났습니다. 이들은 율법과 상관없이 구원을 받았습니다. 그들은 한동안 자신들의 자유민으로서의 신분을 잊고 유대주의자들에게 현혹되었습니다. 그래서 바울은 다시는 그들이 지우는 멍에를 메지 말라고 했습니다.

우리는 어떻습니까? 그리스도께서 주신 자유를 누리고 삽니까? 아니면 스스로 율법 아래로 들어가서 살려고 합니까? 대부분 율법이라고 하면 당연히 지켜야 하는 것으로 압니다. 적어도 십계명을 지켜야 하고, 교회에서 정기적으로 시행하는 절기 행사에 참여해야 한다고 봅니다. 십일조, 직분, 새벽기도, 주일 성수, 목회자 권위, 선교, 교회 건축 등등에 관한 교회의 여러 규정들이 신자들을 묶어두고 종살이를 시킵니다. 이런 식의 섬김 자체가 반드시 나쁘다는 말이 아닙니다. 교회에 기도도 있어야 하고 주일에 모여야 하고 헌금도 해야 합니다.

그런데 그런 규정에 지배되는 종교 활동을 신뢰하거나 크리스천 삶의 규범으로 삼는 것이 문제입니다. 그렇게 해야 복을 받고 주님을 기쁘게 해 드린다고 생각하는 것은 새 언약 시대의 역행입니다. 이렇게 되면 갈라디아 교인들의 오류를 답습하는 셈입니다. 그들은 십자가 구원을 받았음에도 율법 아래로 들어가려고 했습니다. 왜 그랬을까요? 십자가 구원이 전적으로 충분하지 않다는 유대주의자들의 속임수에 넘어갔기 때문입니다. 그래서 그들은 율법을 의지하여 이미 받은 구원을 보강하려고 했습니다. 이것은 그리스도를 전적으로 신뢰하지 않는다는 증거입니다.

어떤이들은 율법이 나쁜 것이 아니고 율법의 오용이 문제라고 봅니다. 바울이 반대하는 것은 율법 자체가 아니라 율법적이 되는 것이라는 주장입니다. 그러나 바울은 율법적인 것만이 아니고 율법 전체의 유효성을 부정하였습니다.

「하갈 ⇒ 이스마엘 ⇒ 시내 산 ⇒ 지상의 예루살렘」

이것은 율법과 종살이를 가리킵니다. 하나님께서는 이것을 내쫓으라고 했습니다. 바울은 이 명령을 율법 아래로 들어가려는 갈라디아 교인들에게 그대로 반복해서 전하였습니다.

「사라 ⇒ 이삭 ⇒ 하늘의 예루살렘」

이것은 하나님의 약속과 성령과 자유를 가리킵니다.

이 두 구조는 양립될 수 없습니다. 우리는 율법에 속한 일체의 규정을 버려야 합니다. 그래야 칭의 구원이 살아납니다. 율법에 젖은 신앙생활은 그리스도 안에 있는 자유를 얽매고 성령 안에서 자라지 못하게 합니다. 하나님을 자기 의와 자기 열심으로 섬기려고 합니다. 아브라함이 육체를 따라 이스마엘을 낳았듯이, 성령의 열매가 아닌 육체의 열매만 거둡니다. 율법을 따라 사는 삶은 피곤합니다. 우리는 주 예수께서 율법의 모든 요구를 십자가에서 충족시키고 우리가 받아야 할 율법의 형벌을 다 받으셨음을 잊지 말아야 합니다. 우리에게 자유를 주시려고 주님이 십자가로 가셨습니다. 우리에게 성령 생활의 온전한 새 삶을 위해서 무덤에서 다시 살아나셨습니다. 주님은 승천하신 후에 성령을 보내셨습니다. 그래서 우리는 십자가 구원의 새언약 아래에서 성령의 인도로 주님을 섬겨야 합니다.

율법 시대는 지나갔습니다. 율법은 우리에게 자유를 주지 못합니다. 내가 율법을 다 지킬 수 없기 때문입니다. 그래서 늘 죄책감에 눌려 살고 하나님을 노엽게 한다는 두려움에 사로잡힙니다. 나는 예수를 잘 믿을 수 없다는 패배감에 빠집니다. 결국 열심을 좀 내다가 시들해져서 타성적인 신앙생활로 안주합니다. 그런 신자는 하나님이 아브라함에게 약속하신 유업의 상을 받지 못합니다.

하나님께서는 우리가 율법의 종살이에서 해방되고 그리스도 안에 있는 충만한 유업을 누리며 기쁨과 자유와 확신으로 하나님을 섬기도록 하려고 십자가 구원을 받게 하셨습니다. 그렇다면 이 복을 누려야 하겠습니다. 다시는 종의 멍에를 메고 힘들게 살지 말아야 합니다. 우리는 율법의 종이 아니고 "그리스도의 종"(1:10)입니다. 율법으로 오염된 신앙생활을 정리하고 오직 주 예수만 믿고 성령을 따라 살면 하나님이 기뻐하시는 하늘에 속한 자녀가 됩니다.

우리는 거듭난 후에는 악의 영역에서 벗어나서 그리스도의 왕국으로 들어갔습니다. 그렇다면 육체의 소욕에 사로잡히는 일이 없어야 하지 않겠습니까? 바울은 이 문제를 교리적으로 설명합니다. 성령과 육체 사이에 줄다리기가 벌어진다는 것입니다. 이 둘 사이는 적대 관계입니다. 우리를 가운데 놓고 서로 자기 앞으로 당깁니다(참조. 골로새서 강해, 교회의 장래는 어두운가? 이중수 지음 401~408쪽).

⇨ 성령은 하나님의 선한 뜻에 대한 순종과 그리스도의 고결한 성품을 따르는 쪽으로 우리를 당깁니다.

⇨ 육체는 도덕적 죄와 세속 사상과 부패한 옛 자아의 행습을 따르도록 우리를 당깁니다.

그럼 어떤 쪽이 이길까요? 내가 굴복하는 쪽이 이깁니다. 내가 육체에 머리를 굽히면 육체가 우위를 차지하고, 내가 성령에 머리를 숙이면 성령이 내 삶에서 의를 이루고 육체는 억제를 당합니다(롬 6:16).

> **너희 자신을 종으로 내주어 누구에게 순종하든지 그 순종함을 받는 자의 종이 되는 줄을 너희가 알지 못하느냐 혹은 죄의 종으로 사망에 이르고 혹은 순종의 종으로 의에 이르느니라** (롬 6:16).

이것은 원리적이고 교리적인 진술입니다. 우리는 신앙생활에 갈등이 생기면 성경의 방법을 따라가야 합니다. 바울은 갈라디아 교인들의 영적 문제의 해결 방안을 교리적으로 제시했습니다. 성경의 가르침은 단순한 도덕적 권면이 아니고 교리에 바탕한 교훈입니다. 물론 윤리적인 권면을 하지만, 언제나 교리가 전제된 실제적인 적용입니다. 우리가 신앙적 갈등으로 고민한다면 어떻게 해야 하겠습니까? 교리적으로 생각하면서 자신을 설득시켜야 합니다.

• 먼저 자신이 어디에서 구원을 받았는지를 상기하십시오.

구원받기 전에 우리가 어디에 있었습니까? 어둠의 세계에서 살았습니다. 내가 도덕적으로 크게 타락한 생활은 하지 않았을지 모릅니다. 그러나 나는 아담의 후손으로서 정죄를 받고 사탄의 영역에 붙잡혀 있었습니다. 아무도 나를 구출할 수 없었습니다. 내가 구원을 받은 것은 순전히 하나님의 은혜입니다. 나는 이제 예수 그리스도의 빛의 왕국에서 삽니다. 나는 주님을 나의 구주로 모시고 하나님을 아버지라고 부릅니다.

• 나는 성경이 나 자신에 대해서 말해주는 것을 믿어야 합니다. 즉, 내 속에 성령과 육체의 갈등이 있다는 것입니다. 성령과 육체는 서로 적대 관계임을 인식해야 합니다. 이것은 내 속에 전쟁이 있다는 뜻입니다. 내가 복음을 믿고 교인이 되기 전에는, 경험하지 못했던 심한 갈등과 유혹이 있습니다. 불신자들에게는 그런 차원의 갈등이 없습니다. 불신자는 신자처럼 하나님을 기쁘게 해 드리기 위해서 자신이 하고 싶은 것을 포기하거나 하나님의 가르침대로 살려고 하지 않습니다. 그들에게는 신앙적 갈등이 없습니다. 그들은 어둠의 왕국에서 살기에 비록 양심의 가책을 받을지라도, 하나님에게 죄를 지었다고는 생각하지 않습니다. 하나님을 믿지 않을 뿐더러 성령을 받지도 못했으니까요. 그러나 신자는 죄 중에 빠져 있으면서 마음 편하게 살 수 없습니다. 성령의 내주가 있기 때문입니다. 사탄은 내가 거룩한 삶의 문제로 투쟁과 갈등 속에서 고민하고 힘들어하면 의심을 불어넣습니다.

「넌 하나님의 자녀가 아니야 그래서 이런 갈등을 겪고 있어.」

그러나 나는 이렇게 반박해야 합니다.

「나는 그리스도를 믿고 거듭났다. 그래서 성령과 육체 사이에서 갈등한다. 나는 하나님 나라 안에 들어와 있다. 내가 영적 갈등을 하는 것은 구원을 받았다는 증거이다. 믿음으로 구원받은 하나님의 자녀를 하나님께서 절대로 정죄하시지 않는다.」

나의 신앙생활에 갈등과 투쟁이 있으면 격려를 받을 수 있는 좋은 징조입니다. 바울은 본문에서 그런 자는 구원을 못 받았다고 말하려는 것이 아닙니다. 오히려 거듭났으니 이길 수 있는 길이 있다는 것을 알리며 격려하려는 것이 목적입니다. 나는 마귀의 왕국에서 구출되어 하나님의 왕국에 들어와 있습니다. 그럼에도 나에게 갈등이 있는 것은 내가 성령을 받았음을 반증합니다.

• 죄로 인한 갈등이나 신앙적 회의가 생길 때는 내 속에 계신 성령의 음성을 들을 것인지 아니면 아직도 내 속에 남아 있는 옛 삶의 성향을 따를 것인지를 먼저 생각해 보아야 합니다.

내가 만약 육체의 소욕에 끌리면 나의 새로운 신분에 맞지 않음을 인정하고 즉시 하나님께 용서를 빌어야 합니다. 그리고 육체의 소욕을 따르면, 하나님 나라의 유업을 받지 못한다는 경고의 말씀을 기억하고 크나큰 영적 손실을 미리 막아야 합니다(갈 5:21).

• 그다음, 성경의 긍정적인 가르침에 주목해야 합니다. 성령을 따라 행하면 육체의 욕심을 이루지 않는다고 하였습니다. 우리는 자주 넘어지는 자신의 실체를 알되 성령으로 이길 수 있다는 확신으로 꾸준히 재도전해야 합니다. 내가 하나님과 좋은 관계를 유지할 때도 육이 틈새로 끼어들고 나의 약점을 공격하므로 늘 경계해야 합니다.

때때로 우리는 방심하거나 옛 습관이 정리되지 않아서 육이 들어오는 것을 알면서도 허용합니다. 그런데 기억해야 할 것이 있습니다. 나는 연약하여 넘어지고 실수하기도 하지만, 육의 완전한 통제를 받거나 어둠의 왕국에 속한 자로 정죄되지 않습니다. 왜 그럴까요? 그리스도의 영으로 거듭났기 때문입니다. 나는 옛사람에 속한 죄성의 통제 속에 더는 갇혀 있지 않습니다. 나는 성령에 이끌릴 때도 있고, 육체에 이끌릴 때도 있습니다. 성령도 육체도 나를 강제적으로 끌어갈 수 없습니다. 나는 불신자와는 달리 성령 안에서 선택의 자유를 행사할 수 있기 때문입니다.

크리스천이 되기 이전에 나는 육체의 지배 아래 살았습니다. 나는 사탄의 왕국에 갇힌 자였습니다. 그래서 자유가 없었습니다. 나는 악에 기울어져 있었고, 악의 마수에서 풀려날 수 없어 죄를 섬겼습니다. 그러나 예수님이 나의 죗값을 치르고 나를 해방시킨 이후부터는 나의 존재 양식에 근본적인 변화가 왔습니다. 나는 악을 버리고 선을 택할 자유를 얻었습니다. 나는 사탄을 섬기지 않고 예수 그리스도를 나의 주님으로 섬기고 사랑할 수 있는 자유의 땅으로 옮겨졌습니다.

나는 타락한 본성에 따라 살 필요가 없게 되었습니다. 그리스도 안에서 거듭난 새로운 본성이 있기 때문입니다. 새 본성은 하나님을 사랑하고 하나님의 진리의 말씀에 따라 살려고 하는 욕망을 일으킵니다. 나는 그리스도의 성품을 닮고 의로운 삶을 살기 위해 성령의 인도를 받을 수 있는 그리스도의 왕국으로 들어왔습니다.

그런데도 나는 여전히 육에 이끌릴 수 있습니다. 우리의 영적 위치와 신분은 근본적으로 바뀌었지만, 옛사람의 근성이 아직 우리 몸 안에 남아 있습니다. 그래서 종종 과거의 습관대로 죄에 끌려가는 자신을 봅니다. 이것은 우리의 새로운 신분에 비추어 볼 때 모순입니다. 그래서 바울은 성령을 따라 행하라고 말합니다. 성령을 따라 행하면 육체의 소욕을 이기면서 승리하는 그리스도인의 삶을 살게 된다는 것입니다.

우리에게 격려가 되는 것은 주 예수를 믿는 자들은 어둠의 왕국에서 빛의 왕국으로 옮겼기 때문에 비록 실존적으로 보면, 성령과 육체 사이를 오간다 할지라도 육의 전적인 통제를 받지 않는다는 사실입니다.

우리가 기억해야 하는 것은 성령의 내주가 있다고 해서 금방 사람이 몰라보게 변화되지 않는다는 사실입니다. 회심이 죄악 된 본성의 습성들을 하루아침에 모두 제거시키지 않습니다. 우리는 아직도 구속되지 못한 몸과 죄악 된 세상에서 삽니다. 그래서 우리 안에서 일어나는 성령과 육체 사이의 싸움에서 완전히 벗어나지 못합니다. 영적 싸움은 계속될 것입니다. 그러나 우리가 성령의 지배를 받고 그분의 음성을 따라 산다면 육체의 소욕이 우리를 이기지 못합니다. 우리는 성령을 완벽하게 따를 수 없습니다. 그렇다고 해서 육체의 소욕에 완전히 끌려다니지도 않습니다. 우리는 그리스도의 왕국 시민입니다. 아무도 우리를 주 예수의 나라에서 빼앗아가지 못합니다.

그러나 육체의 소욕에 끌리면 우리의 영원한 구원은 변함이 없어도, 성령과의 관계는 그만큼 소원해집니다. 성령의 인도를 따르지 않으면, 내게 복음의 진리를 깨닫게 하고 예수님의 십자가 승리를 체험하게 할 자가 없습니다. 성령을 따라 사는 것은 나의 선택이며 책임입니다.

33.
그리스도인의 자유
갈라디아서 5:1

그리스도께서 우리를 자유롭게 하려고 자유를 주셨으니 그러므로 굳건하게 서서 다시는 종의 멍에를 메지 말라 (5:1).

바울이 갈라디아서에서 율법이 구원과 무관할 뿐만 아니라 새 언약 백성의 삶을 주관해서는 안 된다는 것을 누누히 강조했습니다. 그런데도 우리는 그저 막연하게 율법의 행위로 구원받지 못한다는 말에 고개를 끄덕이는 정도가 아닐까 싶습니다. 그러나 바울은 이보다 훨씬 더 단호하게 구원과 율법은 공생할 수 없다고 잘라서 말합니다. 그래서 그는 종의 자녀인 이스마엘과 약속의 자녀인 이삭을 예로 들면서 이들이 함께 살 수 없으니 여종인 하갈과 함께 이스마엘을 내쫓아야 한다는 말씀을 인용하였습니다. 이것은 단순히 율법의 행위로서 의롭게 될 자가 없다는 정도의 원론적인 이야기가 아닙니다. 예수님을 믿고 구원을 받았으면 율법 생활은 완전히 사라져야 한다는 것입니다.

율법에 순종하는 도덕적이고 관례적인 종교 행위들은 있어야 하지 않느냐고 반문할지 모릅니다. 중요한 질문은 이런 행위들이 있어야 하느냐 없어야 하느냐가 아니라, 구원과 무슨 상관이 있느냐는 것입니다. 만일 상관이 있다고 한다면, 바울이 부정하는 유대주의자들의 가르침을 따르는 것입니다.

유대주의자들은 예수를 믿지 않아도 유대교의 종교 행위를 따르면 구원받는다고 말하지 않았습니다. 이들은 예수 그리스도의 대속을 인정하면서도 언약 백성의 상징적 의식인 할례를 받지 않으면 구원이 무효라는 식으로 주장했습니다(행 15:1). 말을 바꾸면 믿음으로 받은 구원은 율법의 행위로 온전해져야 한다는 주장이었습니다.

어떻게 온전해집니까? 그들에 의하면, 율법의 계명을 지키는 것은 언약 백성의 의무이며 하나님이 약속하신 유업의 복을 받는 길입니다. 이들은 이방인들이 할례를 받으면 아브라함에게 속한 언약 백성이 되므로 모세법을 순종해야 한다고 요구하였습니다.

그들의 구원 등식은 다음과 같습니다.

「아브라함⇒이삭⇒야곱⇒이스라엘 12지파⇒시내 산 율법⇒약속의 땅 가나안⇒예루살렘 성전」

이들은 예수 그리스도를 통한 구원을 일차적으로 부인하지는 않았지만 이방인 개종자들을 모두 유대교에 묶어두려고 했습니다. 예수님은 유대인이었고 아브라함의 후손으로 오신 구원자이기 때문에 그를 믿는 이방인이라면 당연히 예수님이 소속된 유대교의 전통에 따라 할례를 받아야 한다는 것이었습니다. 할례를 받는 것은 언약 백성으로서 모세법 전체에 자신을 맡긴다는 서약이었습니다(갈 5:3).

바울은 이러한 유대주의자들의 가르침에 적극 반대하였습니다. 그의 주장은 율법은 아무도 구원하지 못한다는 것이었습니다. 율법으로 의롭게 함을 받을 자가 없을 뿐만 아니라 율법은 죄인을 정죄하고 속박한다는 것입니다. 바울은 율법의 통제를 '종의 멍에'라고 불렀습니다. 율법은 종살이를 시키는 것이지 자유를 주지 않습니다. 율법은 규정에 매이게 합니다. 율법 아래 있으면 성령의 자유를 누리지 못합니다.

[교회 안의 율법주의]

오늘날 우리들의 교회에서 주 예수 이외의 어떤 것으로도 구원받는다고 말하지는 않습니다. 어떤 교회에서도 구원은 주 예수를 믿음으로써 받는다고 말할 것입니다. 소위 말하는 이신칭의(以信稱義)의 구원입니다. 즉, 율법의 행위가 아닌 주 예수를 구원자로 믿음으로써 의롭다함을 받는다는 뜻입니다. 그런데 그다음이 문제입니다. 칭의 구원을 받은 후에는 어떻게 됩니까? 행위를 강조합니다. 이 행위가 어떤 행위입니까? 원칙적으로 말한다면 성품과 선행에 대한 것입니다. 그런데 실제로 보면 그리스도의 성품을 닮고 세상에서 복음의 가치관으로 올바르고 정직하며 의로운 삶을 사는 일보다는 교회 활동에 집중된 종교 행위가 더 강조됩니다. 물론 예배도 있어야 하고 친교도 필요합니다. 여러 종류의 교회 활동도 필요합니다. 하지만 이러한 활동들이 율법화된다면 복음과 모순됩니다.

바울이 갈라디아 교회들의 정상적인 종교 활동 자체를 나무란 것은 아닙니다. 그는 그들이 할례를 받으려고 하고 모세법의 절기 준수를 했다고 지적하며 그들에게 복음을 전한 자신의 수고가 헛될까 두렵다고 했습니다(갈 4:10; 5:2). 종교 활동이나 의식으로 이미 받은 구원을 보충하려거나 거룩한 삶을 위해서 율법에 의존하는 것이라면 새 언약에 배치됩니다. 새 언약 백성이 옛 언약으로 돌아가는 것은 모순입니다.

예배를 드려도 모세법에 따른 예배가 있고, 그리스도 법에 따른 예배가 있습니다. 설교라는 이름은 같아도 율법으로 돌아간 메시지가 있고, 새 언약에 기초한 강해가 있습니다. 같은 돈으로 헌금을 해도 율법에 따른 십일조 헌금이 있고, 성령의 인도와 신약의 가르침에 따른 자원 헌금이 있습니다. 같은 선행이라도 자기 의를 드러내기 위한 위선이 있고, 자기를 숨기는 겸비한 선행이 있습니다. 세례를 받아도 외형적인 의식이 있고, 성령에 의해서 주 예수 안으로 잠기는 세례가 있습니다. 같은 성도라도 모세법 아래에서 신앙생활하시는 분도 있고 예수님의 가르침 아래에서 신앙생활하시는 분도 있습니다. 행위 구원을 부정한다고 말하면서도, 아직도 율법 행위가 새 언약 백성의 신앙생활이라고 믿는 분들이 많습니다.

바울이 만약 우리나라 교회들을 둘러본다면, 갈라디아 교회에 한 말을 그대로 반복할 교회들이 적지 않을 것입니다. 물론 지금 우리에게 유대주의자들이 와서 율법준수를 가르치지는 않습니다. 그러나 현대교회에서는 상당수의 설교자와 신학자들이 유대주의에 속하는 율법적 신앙생활을 신약 교회의 정상적인 모습인 것처럼 가르칩니다.

우리 모두에게 하나님을 기쁘게 해 드리고 싶은 열망이 있습니다. 거듭난 신자라면 하나님이 원하시는 거룩한 백성이 되기를 원합니다. 그러나 그 방법은 반드시 신약 성경의 가르침을 따라야 합니다. 아브라함이 다급해지자 약속된 아들을 얻으려고 여종과 동침하여 이스마엘을 낳았습니다. 유대주의자들은 하갈입니다. 하갈과 동침하면 종의 아들을 낳습니다.

현대판 유대주의자들은 모세 율법에 근거하거나 혹은 사람이 만든 규정들을 놓고 우리에게 이것을 행하고 저것을 행하지 말라고 가르칩니다. 그러나 그런 수칙은 복음의 원칙이 아니고 모세의 규칙입니다. 그것들은 교권과 교회 조직 안에 사람을 넣고 통제하기 위해서 만든 규정들입니다.

모세의 가르침은 믿음의 길이 아니고 믿음으로 나아가게 하는 임시 표지판이었습니다. 이제 우리는 그리스도를 믿는 새 언약 백성이 되었습니다. 그러므로 표지판이 필요한 것이 아니라, 표지판이 가리킨 목적지에 가서 그곳에 머무는 것입니다.

아브라함은 믿음으로 구원을 받았지만 자기 힘으로 아들을 보려고 했을 때 믿음의 영역을 떠나고 말았습니다. 그 결과는 비극이었습니다. 그의 믿음 생활에는 큰 구멍이 뚫렸고 가정에는 파탄의 위기가 왔습니다. 그는 하갈과 동침했을 때 그의 구원이 더 온전해지지도 않았고, 더 거룩해지지도 않았습니다. 오히려 정반대였습니다. 그는 하나님의 자비로 다시 회복되었지만 개인적으로 커다란 고통을 겪어야 했습니다.

예수님과 언약을 맺은 우리는 새 언약 백성입니다. 우리는 모세의 가르침이 아닌, 예수님의 가르침으로 살되, 내 능력이 아닌 성령의 능력으로 살아야 합니다. 율법으로 내가 받은 구원을 보강하려거나 확실하게 하려고 하면 반드시 실패합니다. 바울은 갈라디아 교인들에게 물었습니다.

> **너희에게 성령을 주시고 너희 가운데서 능력을 행하시는 이의 일이 율법의 행위에서냐 혹은 듣고 믿음에서냐** (갈 3:5).

아브라함처럼 우리도 육적이고 정로가 아닌, 편법을 쓰려는 위험이 있습니다. 그러나 우리는 신약 성경이 가르치는 참 자유를 사용해야 합니다. 주님은 십자가로 구속한 우리에게 많은 자유를 주십니다. 대부분의 경우에 건전한 상식과 지혜로 판단하도록 자유를 줍니다. 우리는 성령 안에서 예수님의 가르침을 따라 행할 자유를 받았습니다. 각 신자마다 행위의 레벨이 다를 수 있습니다. 그러나 방향과 목표가 같고 삶의 방식과 가치관이 같습니다. 이것을 각자 개인적으로 적용하는데 차이가 있을 뿐입니다. 바울은 말합니다.

> **그런즉 너희가 어떻게 행할지를 자세히 주의하여 지혜 없는 자 같이 하지 말고 오직 지혜 있는 자 같이 하여 세월을 아끼라 때가 악하니라 그러므로 어리석은 자가 되지 말고 오직 주의 뜻이 무엇인가 이해하라** (엡 5:15~17).

바울은 신약 성도의 삶을 위해서 율법으로 돌아가라고 하지 않았습니다. 신약 성경은 우리가 성령 안에서 예수님의 가르침을 따라 하나님의 뜻을 이해하고 복음의 가치관을 익히면서 자라야 한다고 말합니다. 우리는 아브라함처럼 육적이 될 때도 있고 세속적 가치관의 잔재를 털어버리지 못하여 실족하기도 합니다. 우리는 성숙해지는 과정에서 시행착오를 일으키고 비복음적인 가르침과 교회 전통에 따른 그릇된 행위를 합니다. 그러나 중요한 것은 율법으로 돌아가는 것이 아니고 그리스도께로 돌아오는 것입니다.

[성령의 인도와 가르침을 받으려면 어떻게 해야 할까요?]

주님의 말씀과 성령으로부터 돌이켜 인간적이고 모세적인 규례를 지키는 것을 하나님께 대한 순종으로 여기거나 복 받는 길로 생각한다면 육체를 따르는 것입니다. 성령으로부터 돌이키는 것은 성령의 인도와 가르침에 귀를 기울이지 않는 것입니다.

우리는 성령을 다 믿습니다. 그러면서도 성령 아래로 들어가지 않는 것이 문제입니다. 모세가 아닌, 성령의 다스림을 받으려면 성경을 알아야 합니다. 성경 말씀을 기억나게 하고 이를 바르게 적용하도록 돕는 일은 성령의 사역입니다. 성령은 지금 우리에게 와 계십니다. 그런데 만일 우리가 성령께서 주님의 말씀을 통해 우리를 가르치시는 일에 관심이 없다면 어떻게 복음을 깨달을 수 있겠습니까? 율법과 은혜의 차이를 어떻게 구별할 수 있겠습니까? 갈라디아서의 가르침이 오늘날 우리교회의 현실에 적용되어야 한다는 것을 어떻게 알 수 있겠습니까?

제가 과거에 임시목회를 하던 곳에 교회 생활에 매우 신실하고 헌신적인 어떤 집사님이 계셨습니다. 그분의 고백이 자기는 성경을 한 번도 읽어 본 적이 없다고 했습니다. 성경에 전혀 관심이 없으면서도 집사되고 장로되고 교회 생활에 충성할 수 있습니다. 그러나 성경 말씀을 깨닫기 위해 힘쓰고 올바른 가르침을 받아야 율법 아래로 들어가는 종살이에서 해방됩니다.

교회생활은 신실했지만 알고보니 하나님이 싫어하시는 율법생활이었다면 얼마나 불행한 일이겠습니까? 왜 우리가 성경공부를 하고 강해 설교를 해야 합니까? 성령의 인도를 받기 위한 것입니다. 무엇이 하나님의 뜻이며, 어떤 것이 하나님께서 정하신 복음의 길인지를 알아야 하지 않겠습니까? 성경 말씀에 무지하면 유대주의자들의 꾀임과 주장에 넘어가서 종살이를 하게 됩니다. 무엇이 기독교 사상을 대변하는 교리인지를 알아야 하고, 어떻게 사는 것이 하나님께서 원하시는 신앙생활인지를 깨달아야 율법의 종살이에서 해방되고 그리스도께서 주시는 자유를 누릴 수 있습니다. 바울은 그리스도께서 우리에게 자유를 주시려고 종의 멍에에서 해방시켰으니까 다시는 종노릇을 하지 말라고 권면하였습니다(갈 5:1).

우리 각자는 과연 종의 멍에를 지고 살고 있지 않는지 살펴보아야 하겠습니다. 그런 부분이 있다면 교회적으로나 개인적으로 끊어 버리고 주 예수의 멍에를 메도록 합시다. 주님의 멍에는 쉽고 가볍다고 하였습니다. 내가 지킬 수도 없고, 내 구원이 더 확실해지지도 않는 율법의 멍에에서 돌아서도록 합시다. 나의 성화를 돕지도 않고, 죄책감만 일으키는 율법과 인간이 만든 제도나 전통적인 규정에 매여 교회생활을 하지 않아야 하겠습니다.

대체로 우리나라 교회에서는 율법에 해당하는 크고 작은 짐들을 많이 지웁니다. 그런 요구사항에 순응하는 것을 하나님께 대한 순종이라고 말하고 복 받는 길이라고 가르칩니다. 성화의 노하우는 주로 율법주의로 돌아가는 것을 의미합니다. 예를 들어, 십계명을 잘 지켜야 거룩해진다는 것입니다. 그러나 율법은 자유을 주지 않습니다. '종의 멍에'는 많은 신자의 등을 휘게 하고 절름거리게 합니다.

✲ 예루살렘 회의에서 바리새파 신자들이 말했습니다.

이방인에게 할례를 행하고 모세의 율법을 지키라 명하는 것이 마땅하다 하니라 (행 15:5).

이때 베드로가 어떻게 변론하였습니까?

그런데 지금 너희가 어찌하여 하나님을 시험하여 우리 조상과 우리도 능히 메지 못하던 멍에를 제자들의 목에 두려느냐 그러나 우리는 그들이 우리와 동일하게 주 예수의 은혜로 구원받는 줄을 믿노라 (행 15:10-11).

바울은 예수님이 우리에게 율법으로부터의 자유를 주셨다고 하였고 베드로도 모세 율법을 제자들의 목에 매지 말아야 한다고 했습니다. 그럼 어떻게 자유를 체험할 수 있습니까? 무엇보다도 하나님께서 우리를 전적으로 받아주셨다는 것을 아는 것입니다. 우리는 자신을 보면 하나님 앞에 설 자신이 없습니다. 그러나 하나님이 나를 보실 때에는 내가 입고 있는 예수님의 의를 보시기 때문에 나를 전적으로 받아 주십니다. 예수님은 우리 대신 아버지의 요구를 충분히 만족시켰습니다.

기독교는 율법의 수준에 맞추어 살려고 노력하는 것이 아닙니다. 예수님이 이미 율법의 모든 요구를 자신의 흠 없는 삶과 대속의 죽음으로 성취하셨습니다. 기독교는 이 사실을 믿는 것으로 출발합니다. 그리고 완전한 그리스도의 삶을 내것으로 물려받고, 완성된 십자가 구원이 주는 용서와, 이미 의롭다는 선언을 받은 새로운 신분으로 믿음 생활을 시작합니다. 이런 의미에서 기독교는 완성품으로 시작합니다. 이미 완성된 그리스도의 십자가 구원을 믿음으로 받고 이를 삶에서 체현시켜 나가는 것이 거룩한 삶의 방식입니다.

✲ 마치 태아처럼 인간으로 만들어지는 것이 아니고, 이미

다 만들어진 아기가 온전한 인간으로 태어나는 것과 같습니다. 그다음에 더 자라고 성숙하면서 자신의 가능성과 목적을 실현하며 삽니다. 신자는 이미 하나님의 자녀가 된 신분으로 출발합니다.

✻ 가령 여기 오렌지가 있습니다. 내가 선물로 받은 것입니다. 나는 이 오렌지가 나를 위해 마련된 선물임을 믿고 받았습니다. 이 오렌지는 아무 흠이 없습니다. 내가 이 오렌지를 더 오렌지답게 만들 수 없습니다. 완성품이기 때문입니다. 그런데 나는 이 오렌지를 먹어야 합니다. 그래서 껍질을 벗겨 먹을 때, 그 맛을 알고 먹는 재미를 느낍니다. 그리고 물론 오렌지를 준 사람에게 감사하게 됩니다.

우리의 구원은 십자가로 완성되었습니다. 믿음으로 받으면 내것이 됩니다. 그러나 계속해서 주님을 신뢰하며 구원의 삶을 살 때 구원의 의미가 피어나고 하나님께 대한 감사가 넘치게 됩니다.

✻ 공장에서 막 출고한 자동차는 내가 기름을 붓고 닦고 조인다고 해서 더 나은 자동차가 되지 않습니다. 이미 다 온전하게 만들어졌기 때문입니다. 그런데 내가 시동을 걸고 달려보아야 새 차가 좋다는 것을 압니다. 구원은 내가 운전을 하듯이 날마다 이용할 때 그 가치와 편리함을 체험합니다. 이것이 체험적 신앙입니다.

갈라디아 교인들은 유대주의자들의 농간으로 이미 받은 온전한 구원을 율법 행위로 개선하고 더 확실하게 하려고 시도하였습니다. 그들이 정말 해야 할 일은 사랑으로 믿음 생활을 하는 것이었습니다. 그런데 그들은 속임을 당하였기 때문에 이미 믿음으로 아브라함의 자손이 되었음에도 율법의 행위로 아브라함의 자손이 되고 약속된 유업을 받는 줄로 알았습니다. 그래서 바울은 5장 2절에서 이런 일은 아무 유익이 없다고 하였습니다.

우리는 물론 죄인입니다. 거듭난 이후에도 크고 작은 죄들을 짓습니다. 그럴지라도 하나님 앞에 서 있는 우리의 입지(立地)에는 문제가 되지 않습니다. 하나님께서는 우리의 행위 때문이 아니고, 우리가 그리스도 안에 있기 때문에 우리를 용서하시고 계속 사랑하십니다.

예수님은 우리를 위해 정죄를 당하고 모든 형벌을 받으셨습니다. 하지만 하나님께서는 우리를 의롭게 하기 위해서 죄 없는 예수님을 다시 살리셨습니다(롬 4:25). 이제 하나님은 우리를 위해 십자가를 지신 의로우신 자기 아들을 더 이상 정죄하시지 않습니다. 그래서 하나님께서는 우리도 정죄하시지 않습니다. 우리는 담대하게 하나님께 나아갈 수 있습니다. 하나님이 우리를 받아주신 것은 율법이 아닌 은혜로 된 일입니다. 그러므로 율법주의로 돌아가고픈 유혹을 받을 때마다 하나님이 나를 그리스도 안에서 완전히 받아 주셨다는 사실을 확신하고 마음을 놓아야 합니다.

여러분은 그리스도의 속죄의 피를 믿기 때문에 하나님이 나를 받아주셨다는 사실을 확신하십니까? 그러면 안심하시고 주님의 성령으로 살기 시작하십시오. 모든 것을 주님의 말씀에 비추어 보고 성령께 의존하며 하나님을 기쁘시게 하는 일이 무엇인지 생각하고 새 생명의 삶을 사십시오. 이 자유를 아무도 방해하거나 훔쳐가지 못하게 해야 합니다. 자유는 누림으로써 지켜야 합니다.

크리스천은 율법주의를 제거시켜야 합니다. 신자는 선행이나 율법 준수로 구원받지 않았습니다. 신자의 삶은 모세 율법 아래에서는 자라지 않습니다. 신자의 성숙과 유업은 그리스도를 따르며 성령 안에서 행함으로써 옵니다.

우리는 자유를 빼앗기지 않도록 지키기도 해야 하지만 계속해서 누릴 줄도 알아야 합니다. 어떻게 자유를 누려야 할까요? 율법의 죄책과 속박으로부터 해방되었다는 사실을 늘 감사하고 하나님을 항상 찬양하는 것입니다. 죄가 다스리는 어둠의 세계에서 구출된 자유를 즐거워하는 것입니다. 신자는 율법에 죽었습니다. 다시는 율법이 나를 정죄하지 못합니다(갈 2:19). 사탄이 나를 자기 것이라고 주장할 권리가 없습니다. 사탄은 십자가에서 패하였습니다. 나는 하나님의 사랑과 능력 안에서 승리할 수 있는 위치로 옮겨졌습니다. 그래서 이제부터 종의 자녀가 아닌, 의의 자녀로서 하나님 나라를 위해 밝고 담대한 자세로 살아야 하겠습니다. 이것이 그리스도 안에서 자유를 체험하는 것입니다.

그리스도께서 우리를 자유롭게 하려고 자유를 주셨으니 그러므로 굳건하게 서서 다시는 종의 멍에를 메지 말라 (갈 5:1).

34.
은혜에서 떨어진 자
갈라디아서 5:2~4

바울은 갈라디아 교인들이 유대주의자들의 그릇된 가르침에 넘어가서 할례를 받으려는 것을 적극 반대하였습니다. 그런데 왜 그렇게 반대했을까요? 오직 주 예수만 믿고 의롭게 되는 칭의 구원을 뒤집는 일이기 때문이었습니다. 할례는 이스라엘 백성이 율법을 지킬 것을 약속하는 하나님과의 언약을 상징하는 의식이었습니다. 그래서 할례를 받는 순간에 율법의 지배 아래로 들어가게 됩니다. 따라서 이방인이 할례를 받는 것은 앞으로 유대인처럼 율법을 지키면서 살겠다는 것을 의미하였습니다. 바울은 할례를 받음으로써 오는 매우 심각한 문제를 지적하였습니다. 즉, 할례를 받으면 율법 전체를 지켜야 한다는 것입니다.

바울은 이 말을 하면서 "다시 증언한다"(3절)고 했습니다. 바울은 전에도 갈라디아 교인들에게 할례의 무용성을 역설했습니다. 아이들에게는 한 번 말해서 되지 않습니다. 그래서 반복해야 합니다. 율법으로 돌아가는 자들은 어린아이와 같습니다. 그래서 바울은 다시 말한다고 했습니다. 바울은 그들이 유대주의자들의 꾐에 넘어가서 온 교회가 율법의 속박을 받기 전에 여러 번 반복해서 설명하고 설득해야 했습니다. 오늘의 본문을 포함한 갈라디아서 5장 2~12절은 바울이 갈라디아 교인들에게 모세 율법으로 돌아가는 일을 단념하라는 마지막 호소입니다.

할례를 받으면 그리스도께서 주시는 유익이 사라집니다.

보라 나 바울은 너희에게 말하노니 너희가 만일 할례를 받으면 그리스도께서 너희에게 아무 유익이 없으리라 (2절).

'보라'고 하는 것은 주의를 환기시키는 의도적인 강조입니다. 매우 중요한 말이니 잘 들으라는 뜻입니다. 이스라엘 백성에게 할례는 하나님의 언약 백성이 됐다는 멤버십의 표시였습니다. 그런데 크리스천은 새 이스라엘의 멤버십을 받습니다. 무엇으로 받습니까? 주 예수를 믿음으로써 받습니다. 율법 준수를 조건부로 받는 것도 아니고 이스라엘 백성으로 태어나야 받는 것도 아닙니다. 이것이 옛 언약과 새 언약의 차이입니다.

그런데 크리스천이 할례를 받으면 은혜 구원이 무색해집니다. 할례는 율법 행위를 강조하기 때문에 은혜를 강조하는 새 언약과 모순됩니다. 새 언약 백성은 예수님에게 소속되기 때문에 그분의 영역 안으로 들어온 사람들입니다. 그들은 그리스도 안에서 복을 받고 새 소망으로 하나님을 섬깁니다. 그러나 할례를 받는 것은 자신을 그리스도의 은혜의 영역에서 스스로 밀어내어 율법의 영역으로 들어가는 것입니다. 그래서 바울은 할례를 받으면 그리스도께서 그들에게 아무 유익이 없다고 했습니다. 은혜 구원의 원리를 명심하고 은혜 안에 머무는 삶이라야 주님이 주시는 복을 받습니다. 율법 행위로 복을 받으려고 시도하지 말아야 합니다. 새 언약 백성은 은혜 아래로 들어갔으니까 율법 시대에 속한 원리로 신앙생활을 하는 것은 모순입니다.

그리스도께서 우리에게 주시는 유익은 어떤 것입니까?

첫째, 하나님의 뜻을 아는 일에서 자라게 하십니다. 율법을 통해서도 물론 하나님의 선한 뜻을 알 수 있습니다. 예로써 살인하지 말라고 하신 분이 살인을 좋아하시는 분이 아님을 알 수 있습니다. 거짓 증언하지 말라고 하신 분이 거짓 증언을 하시지 않습니다. 그래서 우리도 살인이나 거짓 증언을 하지 말아야 합니다. 그런데 예수님은 우리가 율법으로 알 수 있는 하나님의 뜻과 성품을 훨씬 깊은 차원에서 알려 주십니다. 율법은 법조항으로 짜여 있습니다. 규정대로 지키면 됩니다. 살인하지 말라는 계명은 사람을 죽이지 않으면 됩니다. 그 이상도 그 이하도 아닙니다. 그러나 예수님의 가르침은 실제로 사람을 죽이지 않았어도 미워했다면 벌써 마음으로 살인한 것으로 봅니다. 율법은 거의 마음을 다루지 않는데 예수님은 마음의 죄도 포함시킵니다.

모세도 몸과 마음과 정성을 다하여 주 하나님을 섬기라고 했습니다(신 6:5). 그러나 이것은 율법으로 정한 조항이 아닙니다. 이것은 모세의 신명기 설교에서 율법의 궁극적인 의도를 마음의 영역에 적용시킨 것입니다. 율법의 내면화는 새 언약 시대를 바라본 이상이었습니다. 그래서 바울은 로마서 2장에서 이렇게 말했습니다.

> …겉모양으로 살갗에 할례를 받았다고 해서 할례가 아닙니다. …
> 율법의 조문을 따라서 받는 할례가 아니라 성령으로 마음에 받는

할례가 참 할례입니다. 이런 사람은 사람에게서가 아니라, 하나님 에게서 칭찬을 받습니다. (롬 2:28~29, 새번역).

율법은 마음을 주지 않고 얼마든지 지킬 수 있습니다. 마음에 없는 기도나 마음이 내키지 않는 안식일 준수나 헌물이나 성전 참석 등은 형식적으로 흉내만 낼 수 있습니다. 율법은 그런 경배자를 놓고 율법을 범했다고 정죄하지 않습니다.

둘째, 예수님은 우리의 마음을 다스리시고 주님의 임재와 돌보심을 체험하게 하십니다.

예수님은 율법의 영역이 아닌 마음을 다루셨습니다. 음욕을 품으면 마음에 간음한 자라고 하였습니다(마 5:27~28). 이런 수준의 새 삶은 마음 자체가 근본적으로 변해야 합니다. 그런데 마음이 어떻게 바뀔 수 있습니까? 스스로의 힘으로는 작심삼일에 불과합니다. 우리는 새 본성을 받아야 합니다. 이것은 율법으로 되지 않습니다. 오직 주 예수의 성령으로만 거듭나고 새 마음을 받습니다.

율법은 이스라엘이 어렸을 때 준 계명이었습니다. 그러나 그리스도를 믿고 성령을 받아 성인이 된 크리스천은 율법의 수준에 머물 수 없습니다. 마음으로까지 죄를 짓지 않도록 가르치고 능력을 주시는 분은 예수님입니다. 새 언약 백성의 새 삶은 율법이나 교회 전통을 따르는 것이 아니고 예수님의 가르침과 성령의 능력으로 사는 것입니다. 이런 새 삶의 유익은 율법 준수로 받을 수 없습니다.

예수님은 우리 마음을 다스리십니다. 우리의 인격체 속에 들어오셔서 우리의 생각과 심령을 지배하십니다. 고통받을 때 위로가 되시고, 염려가 있을 때 평안을 주십니다. 우울할 때 기쁨을 주시고 힘이 없을 때 능력을 주셔서 새 소망으로 하나님을 바라보며 살게 하십니다. 이런 차원의 삶은 율법이 주지 못합니다.

예수님은 성령과 성경 말씀과 또는 초자연적인 계시로 우리가 중요한 결정을 해야 할 때나 어떻게 할지 모르는 상황에서 갈 길을 보여 주시고 환경을 섭리하십니다. 예수님은 우리가 주의 이름을 부를 때마다 "내가 세상 끝날까지 너희와 항상 함께 있으리라"(마 28:20)는 약속을 기억나게 하십니다. 율법은 우리에게 이런 보장을 할 수 없습니다.

이제 지금까지의 바울의 논지와 그 배경을 잠시 살피겠습니다.

유대주의의 선동자들이 예루살렘에서 와서 갈라디아 교회를 다니며 바울의 가르침을 버리고 율법을 수용하라고 설득하였습니다. 유대주의자들이 갈라디아 교인들에게 우선적으로 행하라고 한 것은 할례였습니다. 그러나 그들이 할례를 받는다면 바울의 가르침으로부터 이탈하는 교리적 역행이 될 것이었습니다. 그래서 바울은 갈라디아 교인들에게 복음의 핵심인 칭의교리를 재진술하였습니다(2:15~21).

• 바울은 그들이 성령을 받은 것은 율법 행위로 온 것이 아니었음을 상기시키고 율법이 아닌 믿음으로 의롭게 된 자가 아브라함의 자손이며 유업을 이을 자라고 하였습니다.

• 예수님이 우리 대신 율법의 저주가 되어 십자가 형벌을 받으시고 우리를 속량하셨다고 하였습니다.

• 율법은 성령의 약속으로 오는 새 언약의 복음을 대치하거

나 무효화할 수 없다고 하면서 율법의 잠정적 역할을 지적하였습니다(3:1~4:7).

• 4장 8절부터 갈라디아 교인들의 교리적 탈선의 위험을 염려하며 그들이 은혜 아래 있었을 때 바울을 헌신적으로 사랑한 것을 상기시켰습니다.

• 하갈과 사라의 스토리를 비유로 들면서 유대주의자들의 율법주의를 떠날 것을 호소하였습니다(4:8~11; 4:12~20; 4:21~5:1).

바울이 이렇게 반복해서 여러 각도에서 설득하려는 까닭이 어디에 있을까요? 한 번 잘못 배우면 고치기가 쉽지 않습니다. 일단 자신의 신앙으로 자리가 잡히면 여간해서 잘 고쳐지지 않습니다. 사람들은 일반적으로 말해서 원칙적으로 생각하지 않고 어떤 행위나 결정이 가져올 영향을 잘 고려하지 않습니다. 갈라디아 교인들은 할례받는 것이 무엇이 그리 나쁘냐고 생각했을 것입니다. 이방인도 할례를 받으면 이스라엘의 언약 백성이 되었다는 확실한 증거가 된다는데 무엇이 문제냐고 반문했을 것입니다. 더구나 받은 구원이 더 온전해진다고 하는데 나쁠 것이 무엇이냐고 했을 것입니다.

그래서 바울은 할례가 원칙적으로 은혜 구원과 배치된다는 것을 지적하고 그것이 함유하는 의미가 무엇인지를 명백하게 밝혔습니다. 즉, 할례를 받으면 율법 전체를 지킬 의무를 가진다는 것이었습니다. 그래도 할례를 받겠느냐는 도전이었습니다. 누가 율법 전체를 지킬 수 있습니까? 못 지키면 어떻게 되는지 모르느냐는 것입니다. 바울은 이미 3장 10절에서 말했습니다.

무릇 율법 행위에 속한 자들은 저주 아래에 있나니 기록된 바 누구

든지 율법 책에 기록된 대로 모든 일을 항상 행하지 아니하는 자는 저주 아래에 있는 자라 하였음이라 (갈 3:10; 신 27:26).

할례를 받으면 구원을 잃는 것일까요?

율법 안에서 의롭다 함을 얻으려 하는 너희는 그리스도에게서 끊어지고 은혜에서 떨어진 자로다 (갈 5:4).

바울은 이제 결론적으로 율법의 무익성을 가장 강력한 말로 표현했습니다. 이 말씀은 액면대로 본다면 율법에 의존하면 구원을 상실한다는 말처럼 들립니다. 이렇게 되면 구원받을 사람은 극소수가 아닐까 염려스럽습니다. 물론 구원받을 자가 적다고 해서 본문을 문자적으로 해석하지 말아야 한다는 의미가 아닙니다. 본 구절은 구원을 받느냐 못받느냐를 가르치려는 목적으로 쓴 것이 아닙니다. 바울은 여기서 구원론 강해를 하는 것이 아니고, 구원받은 신자가 율법으로 돌아갈 때에 영적 삶에 미치는 심각한 악영향을 경고하는 것입니다.

그리스도로부터 끊어지고 은혜에서 떨어진다는 말은 5장 2절에서 할례를 받으면 그리스도께서 너희에게 아무 유익이 없다는 말과 동일한 문맥입니다. 율법에 의존해서 자기 의를 이루려고 하는 것이나 할례를 받으려는 것은 동일한 개념입니다. 그런데 예수님이 자기 백성에게 유익이 되지 않거나 그리스도와 그분의 은혜에서 단절되는 것은 하나님이 그들을 포기하거나 그들이 받은 구원이 상실된다는 뜻이 아닙니다. 이것은 율법에 의존하는 신자 생활은 그리스도의 은혜가 다스리는 영역을 벗어나기 때문에 그리스도로부터 뒷걸음질치는 영적 퇴보라는 것입니다. 이런 의미에서 율법주의는 영적 생명을 메마르게 합니다.

신자들이 거룩한 신앙생활을 위해서, 혹은 하나님을 기쁘게 해 드리려고 율법을 따른다면 성령을 근심케 하는 일입니다. 우리는 오직 성령 안에서 예수님만 모시고 살아야 하기 때문입니다. 예수님 이외의 것들에 의존하면 우상 신앙이 됩니다. 돈도 우상이 되고 자녀도 우상이 되고 명예도 우상이 될 수 있습니다. 하나님이 주셨던 율법마저도 은혜의 통로를 막고 그리스도의 라이벌이 될 수 있습니다. 예수님은 우리가 두 주인을 섬길 수 없다고 하셨습니다.

갈라디아 교인들은 구원을 잃지 않았습니다. 그러나 그들은 잃은 것들이 있었습니다. 그들은 그리스도께서 주시는 자유를 잃었습니다. 그들이 율법의 손을 잡으려고 했을 때 은혜는 물러나고 율법의 속박이 그들을 기다리고 있었습니다. 율법의 손에는 쇠사슬이 쥐어 있습니다. 누구든지 율법과 악수를 하면 끊기 힘든 사슬에 묶입니다. 그 순간부터 신자는 처음에 오직 믿음으로 주 예수를 믿었을 때처럼 하나님께서 자신을 예수의 피로써 씻기시고 의로운 자녀로 받아주셨다는 기쁨과 확신을 잃습니다. 하나님 앞에서 그릇된 방식으로 경건해지고 의로워지려고 시도하면 성령의 능력이 줄어들고 내 노력으로 하나님의 일을 이루려고 애쓰게 됩니다.

한번 의롭다는 선언을 받으면 어떤 일이 있어도 구원을 잃지 않습니다. 그러나 율법의 그물에 걸리면 자기 의에 빠지거나 위선적인 교인이 됩니다. 거룩해지려고 힘쓰지만 내심으로 하나님의 심판을 두려워합니다. 하나님이 자신을 전적으로 받아주셨다는 구원의 확신이 없으므로 안식하지 못합니다. 그리고 성령의 음성에 둔감해지고 은혜의 보좌 앞으로 나아가 하나님을 아빠 아버지라 부르는 친밀한 사귐을 갖지 못합니다. 율법에 의존하려던 갈라디아 교인들은 새 생명의 활기를 잃었고 영적으로 자라지 못하였습니다. 이런 의미에서 그들에게는 그리스도가 아무 유익이 없었고 그리스도에게서 끊어졌으며 은혜에서 떨어졌습니다.

> **갈라디아 교인들은 율법의 존중으로 구원을 받았다는 그릇된 내성적 가르침을 받았다. 그러나 바울은 그렇게 생각하면 그들이 그리스도에게서 끊어졌다고 말하였다. 이것은 그들이 구원을 상실했다는 뜻이 아니다. 그들이 은혜의 공급에서 끊어져서 율법적이 되고 율법적 경건에 쏠렸다는 의미이다.** (R.T. Kendall).

하나님께서는 우리가 율법의 유혹에 쏠렸다고 해서 우리를 단념하거나 그의 나라에서 추방하시지 않습니다. 율법을 따르는 삶은 주님으로부터 시선을 떼고 자기 의로 예수님이 이미 다 이루신 구원을 보강해 보려고 합니다. 이것은 부질없는 짓입니다. 우리는 주님이 우리를 의롭게 하신 것 이상으로 자신을 의롭게 할 수도 없거니와 그런 시도를 하지도 말아야 합니다. 그리스도의 완전한 십자가 희생 위에는 아무것도 올려놓지 말아야 합니다. 현대판 유대주의 교사들은 이런 식으로 유혹합니다.

「당신은 그리스도를 믿는 것만으로는 온전한 크리스천이 되지 않습니다. 충만한 구원을 받으려면 수준 있는 삶을 살아야 합니다. 의롭다는 선언을 받았으면 실제로 의롭다는 것을 보이세요. 그 방법은 율법을 지키는 것입니다.」

이런 설득을 하면서 여러 가지 규칙을 정합니다.

「새벽 기도에 열심히 참석하세요. 하루 적어도 30분 이상은 꼭 기도하셔야 합니다. 매일 성경 한 장씩 빼먹지 말고 베껴 쓰세요. 십일조는 돈이기 때문에 시험 들기 쉽습니다. 절대로 거르지 말고 매달 챙겨서 드리면 하나님이 반드시 여러 배로 갚아 주실 줄로 믿습니다. 교회 활동에 충성하세요. 주님은 교회의 머리시잖아요. 주님이 세우신 목사님의 말씀을 잘 듣고 순종하는 것은 주님의 뜻이예요. 집사 이상 되신 분들은 일년에 한 번 이상 선교지 순방을 하거나 해외 선교 헌금을 내도록 하세요. 모이기를 폐하지 말라고 했으니 주일 예배만 참석하지 말고 교회에서 하는 여러 모임에 부지런히 나와서 봉사하세요. 교회에서 하는 프로그램은 하나님께 영광 돌리는 일입니다. 너희 구원을 이루라고 하셨으니까 내 구원을 위해 열심히 일하셔야 합니다. 그래야만 구원받았다는 증거가 됩니다.」

율법주의자들은 우리가 크리스천인지 아닌지를 결정하는 잣대로 율법을 끌어들입니다. 역사적으로 일부 청도교들이 거룩한 삶을 강조한 나머지 율법적 경건에 빠졌습니다. 우리나라 교회도 이들의 영향을 받아서 율법적 경건주의가 퍼져 있습니다. 자기 의로 십자가 구원에 손을 보려고 하면 바리새즘과 율법주의의 덫에 걸립니다. 짐 패커(Jim Packer)의 말처럼 일부 청교도들은 하나님보다 경건을 더 사랑하였습니다. 그러나 이것은 그리스도의 은혜와 성령의 임재로부터 스스로를 차단하는 일입니다. 십자가와 유업의 소망을 거룩한 삶의 동기부여로 삼기보다 율법과 교회 규정으로 신자의 삶을 다스리려고 하면 복음 생활이 건강해질 수 없습니다. 성도의 삶이 율법적으로 요구되는 분위기에서는 신앙

생활은 생동력을 잃고 성령은 근심하십니다. 우리는 갈라디아 434
교회의 오류에서 벗어나 그리스도께서 주신 자유를 누리는 은혜의 영역에 머물면서 오직 십자가 복음의 승리를 체험하며 살아야 하겠습니다.

35.
사랑으로 드러나는 믿음
갈라디아서 5:5~6

바울은 오늘 본문의 앞 항목에서 갈라디아 교인들이 유대주의자들의 거짓된 가르침을 듣고 할례를 받으려고 했을 때 이렇게 말했습니다.

> **율법 안에서 의롭다 함을 얻으려 하는 너희는 그리스도에게서 끊어지고 은혜에서 떨어진 자로다** (갈 5:4).

이 말은 구원을 상실한다는 뜻이 아닙니다. 구원받은 신자라도 율법으로 살려고 하면, 예수님이 십자가 대속으로 확보하신 율법으로부터의 자유와 약속된 유업의 복을 누리지 못한다는 의미입니다. 크리스천은 구원을 받고 율법의 속박에서 벗어나 은혜의 영역으로 들어온 사람입니다. 그래서 거듭난 신자는 새 언약 백성에게 제시된 새로운 방식으로 살아야 합니다. 바울은 이 새 방식의 신자 생활이 어떤 것인지를 5절과 6절에서 언급하였습니다.

성령으로 믿음을 따라 '의의 소망' 을 기다려야 합니다(5절).

그리스도로부터 끊어지지 않고 은혜에서 떨어지지 않으려면 어떻게 해야 할까요? 성령과 믿음과 소망을 품어야 합니다. 그런데 이렇게 말하면 추상적으로 들립니다. 교회에서 늘 하는 말이 성령이고 믿음이고 소망이지 않습니까? 이런 용어들은 기독교 신앙의 핵심 단어들이지만 생각없이 습관적으로 사용되기 때문에 그 뜻이 모호해져서 추상 명사가 되었다고 해도 과언이 아닙니다.

우선 본 절에 대한 일반적인 해석을 소개합니다.

✲ 크리스천은 죽어서 주님과 함께 있을 때 온전히 의롭게 된다.'

✲ 크리스천은 예수님의 재림 때 온전한 의를 받는다.

✲ 마지막 심판 때 신자가 의롭다는 선언을 하나님으로부터 받을 것을 소망한다.

새번역은 이런 해석에 따른 의미로 옮겼습니다.

그러나 우리는 성령을 힘입어서, 믿음으로 의롭다고 하심을 받을 소망을 간절히 기다리고 있습니다 (갈 5:5).

그런데 이러한 해석들의 요점은 대동소이합니다. 신자는 이 세상에서 완전한 의를 이루지 못하기 때문에 칭의 선언을 받았을지라도 실제로 완전히 의롭게 되는 것은 예수님의 재림 때나 사후에 실현된다는 것입니다. 이렇게 보는 것은 문제가 있습니다. 바울이 여기서 말하는 것은 미래에 성화가 완성될 것이라는 기대를 하고 살라는 뜻이 아닙니다. 바울은 지금까지 갈라디아 교인들이 믿음으로 의롭게 되고 성령을 받은 후에 거룩한 삶을 위해 율법에 의존하는 것이 모순이라고 지적하였습니다. 그는 갈라디아 교인들에게 옛 언약 백성의 징표인 할례를 받으면 그리스도가 그들에게 아무 유익이 없다고 했습니다. 그는 현재 이 땅에서 그리스도로부터 유익을 받아야 한다고 하였지, 미래에 있을 종말론적 칭의의 선포나 온전한 성화를 말하지 않았습니다. 다시 말해서 바울은 할례를 받지 말고 마지막 심판 때에 온전히 의로워질 날을 기다리면서 살라는 의미에서 "의의 소망"을 기다린다고 하지 않았습니다. 우리가 마지막 날에 온전히 의롭게 된다는 소망을 가지고 살면 율법에 의존하지 않게 된다는 말이 아닙니다.

그럼 무슨 의미일까요? 물론 '의의 소망'(5:5)을 기다린다는 말에서 '소망'에 강조점을 두면 신자들이 그리스도의 심판대 앞에 설 때 받을 종말론적 변호가 모세법이 아닌, 성령에 의해서 있을 것을 의미합니다. 그러나 '의'에 강조점을 두고 이 말을 도덕적인 의라고 이해하면, 경건한 삶은 율법이 아니고 성령에 의해서 온다는 의미가 됩니다. 이렇게 두 가지 해석이 가능합니다. 그러나 바울의 강조점은 미래의 종말론적 변호에 있기보다는 현재의 거룩한 삶이라고 보는 것이 전체 문맥에 더 어울립니다.

할례는 사랑의 삶을 이루지 못합니다(6절).

바울은 할례를 받으면 그리스도가 아무 유익이 없다고 하였고(2절) 이어서 율법의 의를 의존하면 그리스도에게서 끊어지고 은혜에서 떨어진 자라고 했습니다(4절). 이 두 말은 내용상 같은 의미입니다. 율법의 영역으로 들어가면 그리스도의 은혜의 영역에서 벗어나므로 영적 생명이 말라버린다는 것입니다. 바울이 여기서 지적하는 것은 사후나 예수님의 재림 때에 있게 될 성화의 완성이 아니고 현재 그리스도의 유익을 누리면서 사는 것입니다. 그런데 그 방법은 율법이 아니라 은혜라는 것입니다.

율법은 형벌을 준다고 위협하고 정죄합니다. 은혜는 용서와 구원의 확신을 줍니다. 율법은 외부적인 규칙들로 우리를 속박하지만 은혜는 내주하는 성령을 통해서 예수님을 섬길 자유를 줍니다.

바울은 현재 이 세상에서 신자의 삶을 사는데 필요한 것이 무엇인지를 역설하는 것이지, 구원의 상실이나 장차 오게 될 성도의 성화를 논하는 것이 아닙니다. 만일 그렇다면 본문에서 언급된 성령, 믿음, 의의 소망, 사랑이 모두 미래를 향한 것이 됩니다. 이것은 문맥에 맞지 않습니다. 바울이 문제로 삼는 것은 현재 갈라디아 교인들이 거룩한 신자의 삶을 율법으로 성취하려는 것이었습니다. 율법은 한 가지를 지키면 만 가지를 다 지켜야 합니다. 한 가지라도 지키지 못하면 율법 전체를 어긴 것으로 보기 때문입니다(갈 3:10). 율법은 내가 좋아하거나 필요하다고 생각하는 것만 골라서 지킬 수 없습니다. 이것이 유대주의자들과 갈라디아 교인들의 문제였습니다. 그들은 특별히 할례와 절기를 중시하였습니다(4:10).

유대주의자들은 갈라디아 지역의 이방인 교인들을 유대교의 전통 속으로 끌어들이려고 했습니다. 그러나 그들은 율법을 전체적으로 제시했다기보다는 안식일, 할례, 절기, 음식 규례 등과 같은 유대교의 전통 의식과 민족적인 측면의 율법에 중점을 두었습니다. 율법을 중시하는 자들은 율법의 도덕성과 의식에 치중하는 경향이 있습니다. 우리나라 교회의 경우에도 율법적인 것들은 대체로 도덕적 규례나 의식이 아니면 교회 전통으로 내려오는 것들입니다.

어떤 특정한 부분의 율법을 잘 지키는 것을 마치 하나님을 잘 순종하는 것으로 여길 수 있습니다. 바리새인들은 율법을 좋아하여 거룩한 삶의 절대적인 지침으로 삼았습니다. 그러나 그들은 자신들의 기호와 입장에 따라 율법을 취사선택하였습니다. 그들은 안식일을 엄수하고 십일조를 철저하게 냈지만 정의와 긍휼과 믿음은 버렸습니다(마 23:23). 그들은 예수님을 박해하였고 그를 살해하려는 공모를 하면서도 자신들이 율법을 어긴다는 사실을 깨닫지 못하였습니다.

우리는 율법의 순종으로 의로운 삶을 살 수 없습니다. 율법 전체를 지킬 수도 없거니와 율법이 거룩한 삶을 위한 능력도 공급하지 않습니다. 기껏해야 율법의 몇 가지 조항을 외면적으로 지키면서 거룩하다고 생각하거나 하나님을 바르게 믿는다고 여긴다면 착각입니다. 새 언약 백성에게는 새길이 있습니다.

그럼 그 새길이 무엇입니까? 성령과 믿음과 소망과 사랑의 길입니다. 바울은 신약 성도의 새길을 말하면서 율법은 한마디도 포함시키지 않았습니다. 왜 그랬을까요? 율법은 처음부터 신약 성도의 삶을 지배하거나 인도하도록 의도된 것이 아니었기 때문입니다. 바울은 율법이 구약 백성에게는 잠정적으로 보호자 역할을 했지만, 예수님의 오심으로 율법은 뒤로 물러서고 약속된 성령이 오셨다고 했습니다.

예수님이 오신 때부터는 유대 민족의 율법 공동체를 벗어난 세계적인 믿음 공동체가 형성되었습니다. 그래서 율법은 전세계적인 새 언약 백성에게 보호자 역할을 할 필요가 없게 되었습니다. 새 언약 백성을 다스리며 거룩의 길로 나아가도록 인도하는 것은 율법이 아니고 성령이기 때문입니다. 그래서 새 언약 백성의 삶을 위해서 율법을 의지하는 것은 하나님의 구원 계획을 따르지 않는 영적 탈선이며 모순입니다.

이제는 율법의 통제에서 해방되어 성령의 통제를 받습니다. 성령은 예수님의 재림 때나 사후에 내리지 않습니다. 성령은 예수님의 승천 이후에 신약 교회에 강림하였습니다. 바울은 갈라디아 교인들에게 율법이 아닌 성령이 그들의 신앙생활의 지침이 되어야 한다는 뜻에서 "성령으로" 믿음의 길을 따라 의의 소망을 가져야 한다고 가르쳤습니다(4절). 성령은 율법이 말하지 않거나 알려줄 수 없는 것들까지도 알려주고 지도합니다. 그래서 율법생활의 수준을 상회하는 실제적이고 구체적인 안내를 받을 수 있습니다. 이런 것은 나중에 받는 것이 아니고 현재 이 땅에 살면서 받아 누리는 것입니다.

그다음 믿음을 따라 의의 소망을 기다린다고 했습니다. 여기서 무슨 믿음을 말하는 것일까요? 율법 시대에는 믿음이 없어도 율법의 요구를 부분적으로마나 만족시킬 수 있었습니다. 율법은 외형적인 것이었고 사람의 마음을 다루지 않았습니다. 원래 법이란 마음을 드려다보고 판단하지 못합니다. 그러나 새 언약 백성은 형식이나 외면적인 것으로 하나님을 섬길 수 없습니다. 마음에서 우러나는 믿음이 있어야 주님을 기쁘게 해 드릴 수 있습니다. 그런데 중요한 질문은 누구의 믿음이냐는 것입니다. 물론 믿음을 행사하는 주체는 나 자신입니다. 그러나 믿음의 원천은 내가 아니고 예수님입니다.

바울은 "이제 내가 육체 가운데 사는 것은 나를 사랑하사 나를 위하여 자기 자신을 버리신 하나님의 아들을 믿는 믿음 안에서 사는 것이라"(갈 2:20)고 했습니다. 이 구절에 나오는 '하나님의 아들을 믿는 믿음'이라는 대목은 '하나님의 아들의 믿음', 혹은 하나님의 아들의 신실하심' 이라고 번역할 수 있습니다.

직역성경은 "하나님의 아들의 신실함 안에서"라고 옮겼습니다. 예수님을 믿는 믿음이라고 하면 내가 가진 믿음을 가리키지만, 예수님의 믿음 혹은 예수님의 신실하심을 믿는다고 하면 변하기 쉬운 내 믿음이나 보장할 수 없는 나의 신실함이 아니고, 예수님의 완전한 믿음과 변치 않는 신실함을 가리킵니다. 바울이 말하려는 것은 온전하지 못한 나의 믿음이 아니고, 그리스도 안에서 믿음으로 의롭게 된 신자가 그리스도의 신실하심에 의존해서 적극적인 사랑의 행위를 하는 것입니다(참조. 15장 '내 안에 계신 그리스도'). 그래서 성화의 길을 향해 새 마음과 새 뜻으로 사랑의 삶을 사는 것이 할례를 받는 일에 비교될 수 없다는 것입니다.

본 절(6절)에서 우리는 5절에 나온 의의 소망을 기다리는 것이 마지막 심판대에서의 칭의의 종결적인 선포나 성화의 완성이 아님을 확인할 수 있습니다. "사랑으로써 역사하는 믿음"(6절)은 언제 있는 일입니까? 미래에 실천할 일이 아니고 현재 행해야 하는 일입니다. 바울이 여기서 주장하는 것은 먼 장래에 있을 칭의의 확정이나 거룩의 완성이 아니고, 성령 안에서의 새 생명이 율법 준수에 의존하지 않는다는 것입니다.

갈라디아 교인들은 처음에는 성령 안에서 믿음으로 사랑의 삶을 살았습니다. 그들은 할 수만 있었다면 바울을 위해 자기들의 눈이라도 빼어 주었을 것입니다. 그러나 이제는 전혀 다른 입장이 되었습니다. 바울은 그들에게 원수가 되다시피 하였습니다(4:16). 그래서 바울은 물었습니다.

너희가 달음질을 잘 하더니 누가 너희를 막아 진리를 순종하지 못하게 하더냐 (7절)

바울은 본 서신의 서두에서부터 갈라디아 교인들의 탈선에 매우 놀랐다고 했습니다.

그리스도의 은혜로 너희를 부르신 이를 이같이 속히 떠나 다른 복음을 따르는 것을 내가 이상하게 여기노라 (1:6).

바울은 갈라디아 교인들이 유대주의자들의 유혹을 받아 율법으로 돌아가려고 시도하는 단계가 아니고 이미 일어나기 시작한 일에 대해서 말합니다. 갈라디아 교인들은 바울의 선교로 우상을 버리고 기독교로 개종하였습니다. 그들은 초기에는 복음의 가르침에 따라 신앙생활을 잘했습니다. 그럼에도 사이비 기독교 교사들의 가르침에 넘어가기 시작했다는 것은 매우 놀라운 일입니다.

아무리 훌륭한 신학자나 설교자라도 바울을 따라갈 사람은 없습니다. 바울은 대사도였습니다. 갈라디아 교인들은 바울이 인정하듯이 복음의 정로를 잘 달렸습니다. 그러던 사람들이 다른 복음을 따랐다는 것은 우리에게 주는 경고입니다. 우리는 복음을 정확하게 배우고 믿었어도 간교한 악의 유혹에 솔깃하여 마음을 빼앗길 수 있습니다. 사도 바울에게서 배워도 이런 일이 일어난다면 누구도 안심할 수 없습니다. 우리는 악의 세력이 십자가 복음을 오염시키려고 성경을 사용한다는 것을 잊지 말아야 합니다. 유대주의자들은 구약 성경을 내세웠습니다. 당시에는 신약 성경이 완성되지 않았을 때였습니다. 구약이 하나님께서 주신 경전이라는 사실에 근거해서 모세 율법을 지켜야 한다는 말은 설득력이 있어 보였을 것입니다. 그러나 유대주의자들은 지나간 시대의 율법을 새 언약 백성에게 덧입혀 복음의 빛이 가려지게 하였습니다. 「복음+율법」은 그들의 슬로건이었습니다. 그러나 바울은 「복음+성령」만이 참 복음이라고 외쳤습니다.

[복음의 본질을 희석시키고 왜곡하려고 하는 유혹을 받을 때 어떻게 대처해야 할까요?]

바울이 말하는 참 복음으로 돌아가는 것입니다. 오직 주 예수만 믿고 그분만을 위해 사는 것입니다. 그러기 위해서 바울은 성령과 믿음과 의의 소망과 사랑을 내세웠습니다. 이것은 새 언약 백성의 삶의 기본 틀입니다. 이것은 예수 그리스도를 축으로 삼고 돌아가는 바퀴와 같습니다. 성령은 예수님이 보내신 영이십니다. 믿음도 예수님의 믿음에 의존하는 것입니다. 내 믿음으로 주 예수를 섬기는 것이 아니라 예수님의 신실하신 믿음을 신뢰하는 것입니다. 의의 소망은 먼 장래에 있을 칭의의 선언이나 완전한 성화가 아닙니다. 이것은 율법의 행위가 아닌, 예수님을 의존하는 믿음으로 성령의 통제를 받으면서 일궈내는 현 세상에서의 신자의 거룩한 삶의 열망입니다. 그러니까 오직 주 예수님만 신뢰하고 성령의 인도와 가르침에 복종하여 신자의 삶에 거룩함이 나타날 것을 기대하며 산다는 뜻입니다.

'소망'이라는 말 때문에 예수님의 재림 때나 사후에 온전한 구원을 받는 것을 바란다는 의미로 보기 쉽습니다. '소망'을 종말론적인 미래의 의미로만 강조하면 날마다 이루워야 할 의로운 삶의 현재성이 살아나지 않습니다. 바울은 미래가 아닌 현재의 삶을 말합니다. 그래서 5장 16절 이하에서 지상에서의 성령 생활에 대해 자세하게 진술하였습니다.

그런데 신자의 거룩한 삶은 십자가 사랑에 바탕한 것입니다. 중요한 것은 할례를 받고 안 받는 것이 아니고 예수님의 사랑의 삶을 본받아 율법의 수준을 넘어가는 경건입니다. 바울이 여기서 강조하는 새 삶의 원리는 예수님의 신실하신 믿음을 따르는 것입니다. 그래서 모든 일에서 꾸준하게 주님을 신뢰하는 것입니다. 그러면 성령의 친밀한 인도를 받고 하나님의 선한 뜻이 무엇인지 깨닫게 됩니다. 그래서 주 예수의 성품을 닮고 십자가 사랑의 동기부여를 받아 참다운 믿음 생활을 한다는 것입니다. 이것이 그리스도로부터 받는 영적 유익입니다.

그러나 율법으로 기울면 하나님께서 원하시는 거룩한 삶을 위한 성령의 능력을 받지 못하고 주님과의 친밀한 교제를 놓칩니다. 십자가와 성령을 통한 하나님의 새 창조의 효과가 우리의 삶에서 생생하게 드러나려면 예수님 이외의 것들을 의지하지 말아야 합니다. 다른 출처에서 유익을 아무리 받아도 예수님으로부터 유익을 받지 못한다면 무슨 소용이겠습니까?

우리는 갈라디아 교인들의 경우처럼 복음과 진리의 달음질을 못하도록 막는 것들이 무엇인지 잘 살펴보아야 하겠습니다. 주님과 그분의 사랑의 삶을 향해 계속해서 달리며 성령의 인도에 순종하고 꾸준한 믿음으로 일체의 그릇된 유대주의적인 율법 생활에서 속히 벗어나야 하겠습니다.

36.
효력 없는 할례
갈라디아서 5:6~12

사람들은 의식을 좋아합니다. 행사에 따르는 의식은 나름대로의 의미를 주고 엔터테인먼트의 요소가 있습니다. 예를 들어 각종 기념일과 축제에는 행렬이나 특별 연주, 불꽃놀이 등이 들어갑니다. 종교인들에게도 의식은 매우 중요합니다. 의식이 없는 종교는 없습니다. 종교란 추상적인 개념이기 때문에 상징과 의식이 필요합니다. 할례는 이스라엘 백성이 8일째 되는 아기를 하나님께 바치는 의식입니다.

의식은 그 자체를 중시하고 집착하면 본래의 상징적 뜻을 잃습니다.

바울이 할례를 거듭 언급하는 까닭은 유대주의자들이 할례의 본뜻을 생각하지 않고 할례 의식에 치우쳤기 때문입니다. 더구나 그들은 할례가 구원에 필수적인 의식이라고 우겼습니다. 그래서 바울은 할례가 구원과 상관이 없다는 것을 누누히 강조하였습니다.

유대주의자들이 할례를 주장했듯이, 신약 교회에서도 세례를 구원의 필수 의식으로 보는 분들이 있습니다. 그들은 세례를 받아야 구원받는다고까지 말합니다. 그러나 세례는 할례를 대치한 것도 아니고 세례 의식을 반드시 거쳐야 구원을 받는 것도 아닙니다. 할례는 이스라엘 백성과 개종자들에게만 시행했지만 세례는 주 예수를 믿는 자는 다 받을 수 있습니다. 할례는 이스라엘 백성으로 태어나면 자동으로 받지만, 세례는 그리스도를 믿고 거듭나야만 받을 수 있습니다.

그런데 구원은 세례 의식에 달린 것이 아니고 그리스도를 구속주로 신뢰하는 믿음에 달렸습니다. 세례는 그리스도를 믿은 사람이 공적으로 자신의 구원을 상징적으로 드러내는 의식입니다. 신약에서는 할례를 세례에 평행시키거나 할례가 세례나 침례로 대치된 것으로 보지 않았습니다. 신약은 손으로 하는 율법시대의 형식적 할례를 육체를 신뢰하지 않는 마음의 할례와 대조시켰습니다(롬 2:25~29; 빌 3:3; 골 2:11).

바울은 할례를 받든지 말든지 중요하지 않다고 했습니다. 사실 할례를 받으면 은혜에서 떨어진다고 했는데 이것은 할례 의식 자체보다 그것이 대변하고 상징하는 의미 때문이었습니다. 바울의 요점은 할례란 구약시대의 언약 백성을 상징하는 것으로서 예수님의 새 언약을 기다리는 의식이었다는 것입니다. 그럼 새 언약의 주체이신 예수님이 오신 후로는 어떻게 되는 것일까요? 실체가 왔으니 상징은 사라져야 합니다. 신약시대에는 성령으로 거듭난 자들이 하나님의 가족이 됩니다. 유대인이든지 이방인이든지 오직 믿음으로 의롭게 됩니다. 그래서 율법에 속하는 할례는 필요하지 않습니다.

모세가 율법으로 가르친 희생제사, 성막, 절기, 할례 등은 그리스도 안에서의 궁극적인 성취를 바라보는 상징이며 의식이었습니다. 그리스도는 이제 이러한 율법이 바라본 것들을 자신의 흠 없는 삶과 십자가 대속의 죽음으로 성취하셨습니다. 모세법은 효력이 끝났습니다. 그래서 바울은 할례가 무가치하며 신약 성도에게 아무런 유익이 없다고 했습니다. 할례가 구원에 보태는 것도 없고 거룩한 삶을 살게 하는 것도 아니라고 했습니다. 할례의 기능은 예수님을 바라보게 하는 것이었기 때문입니다.

이런 말을 들으면 할례 문제는 우리와 상관이 없다고 볼지 모릅니다. 그러나 상관이 있습니다. 할례를 받지 않아도 의식에 치중하거나 구원과 연결시켜 행하는 일체의 종교 활동은 율법의 울타리 속에 자신을 가두는 일입니다. 상징적인 의미는 제쳐두고 의식 자체를 중시한다면 할례당이 됩니다. 우리는 모세 율법의 성격을 가진 여러 종류의 금지 사항이나 수칙을 교회의 전통으로 삼을 수 있습니다. 개인의 신앙생활이 이러한 규정에 매여 있다면 그리스도가 주시는 자유를 스스로 박탈하는 것입니다.

작은 분량의 누룩이 반죽 전체에 퍼집니다.

송사리 한 마리가 온 강물을 흐린다는 말이 있습니다. 바울은 유대주의자들의 악영향을 누룩에 비유하였습니다(9절). 모세의 누룩은 온 교회를 율법주의로 부풀리게 합니다. 신자들은 쉽사리 구원과 상관없는 것들을 중시하고 형식적인 것에 치우치는 경향이 있습니다. 여러 규칙에 붙잡히고 세상적인 사고방식으로 교회 생활을 하는 경우가 적지 않습니다. 말은 믿음 생활이라고 하지만 정작 믿음이 드러나야 할 때에는 편법으로 일을 처리하고, 순종을 강조하면서도 구원의 진리를 따르지 않는 불순종의 삶을 서슴없이 삽니다. 교회 일이든지, 개인 일이든지, 성경의 가르침을 따르기보다는 세상에서 하는 대로 예사로 법을 어기고 속입니다. 부패한 세속 문화의 누룩이 교회 안으로 들어왔기 때문입니다. 우리나라의 재계, 법조계 기타 사회의 유력한 인물들로서 부패에 연루된 자들의 상당수가 교회와 관련된 사람들입니다.

우리는 처음에 주 예수를 믿었을 때 새길을 따라 살려고 했을 것입니다. 그때는 하나님을 기쁘게 해 드리는 삶을 살려고 노력했을 줄 압니다. 경건한 삶이 좋았고 구원의 기쁨이 있었습니다. 그러나 누룩이 들어오면서 부풀린 빵 맛에 마음이 흐려지기 시작하였습니다. 바울은 갈라디아 교인들에게 물었습니다.

너희가 달음질을 잘 하더니 누가 너희를 막아 진리를 순종하지 못하게 하더냐 (7절).

우리도 같은 질문을 받아야 할지 모릅니다. 우리는 복음의 진리 안에서 잘 달리고 있습니까? 누룩을 걷어내지 않으면 교회도 개인도 순수성을 잃습니다. 누룩에 감염되면 예수 믿는 것이 짐이 되고 귀찮습니다. 구원의 기쁨과 감사와 확신이 없으면 누룩의 침투를 막지 못합니다. 누룩에 해당하는 부도덕과 그릇된 구원 교리도 경계해야 하지만, 구원의 확신이 줄어드는 일도 경계해야 합니다. 누룩의 부패를 방지하기 위해서 우리는 무엇보다도 하나님께서 우리를 오직 주 예수에 대한 믿음만으로 받아주신 사실을 확신해야 합니다. 우리는 주님 앞에서 언제나 이렇게 말할 수 있어야 합니다.

「주님, 저는 주님 앞에서 저의 의를 내세우지 않습니다. 저의 의는 넝마와 같습니다(사 64:6). 저는 예수님이 나를 위해 죽으셨고 나의 죄를 다 지고 가셨음을 믿습니다. 저는 그리스도의 완전한 의를 입고 여기 서 있습니다. 저는 하나님께서 예수 그리스도로 말미암아 저를 자녀로 받아주셨다는 사실을 알기에 담대히 주님 앞에 서 있습니다. 주님이 저를 절대로 버리시지 않을 것을 확신하고 감사합니다.」

바울은 갈라디아 교인들이 회복될 것을 믿었습니다.

> 나는 너희가 아무 다른 마음을 품지 아니할 줄을 주 안에서 확신하노라(10절).

바울은 갈라디아 교인들이 주 예수를 믿고 구원받은 것을 알았습니다. 그들이 비록 유대주의자들의 속임수에 넘어가서 누룩의 영향을 받았지만 구원을 잃거나 완전히 탈선하여 구제할 수 없는 지경에 이르지 않을 것을 확신하였습니다. 바울은 믿음으로 한번 받은 은혜 구원이 영원하다는 것을 믿었습니다. 이것은 우리에게 얼마나 큰 위로가 되는지 모릅니다. 유대주의자들의 거짓에 넘어가서 유대인의 절기를 지키며 유대인처럼 살려고 할례까지 받으려고 했던 갈라디아 교인들도 회복될 수 있었습니다. 그렇다면 우리도 얼마든지 회복될 수 있습니다. 우리가 어떤 종류의 누룩에 감염되었든지 주님의 말씀에 귀를 기울이면 용서를 받고 다시 구원의 기쁨과 확신을 회복할 것입니다.

거짓 교사들은 심판을 받습니다(10절).

예수님의 온전한 은혜 구원에 이물질을 추가하려는 것은 심각한 죄를 짓는 것입니다. 그래서 바울은 "너희를 요동하게 하는 자는 누구든지 심판을 받으리라"(10절)고 경고하였습니다. 교회 안에는 거짓된 가르침이 누룩처럼 여기저기 퍼져 있습니다. 우리는 쉽게 성경을 가르치는 교사가 되려고 하지 말아야 합니다. 성경을 가르치는 일은 귀하지만 하나의 유혹이 될 수 있습니다. 그래서 야고보의 경고를 마음에 담아둘 필요가 있습니다.

> 내 형제들아 너희는 선생된 우리가 더 큰 심판을 받을 줄 알고 선생이 많이 되지 말라 (약 3:1).

당시에는 궂은일이 싫어서 입만 가지고 대접받으면서 선생이 되고 싶어 하는 자들이 많았습니다. 그러나 잘 가르치면 상을 받지만 복음에서 빗나가는 가르침으로 나쁜 영향을 주면 엄한 심판을 받습니다. 아무리 신학적으로 유명하고 교회에 영향력이 커도 복음을 바르게 취급하지 않고 손질을 하면 심판을 피할 수 없습니다.

복음을 바르게 전하면 반대에 부딪힙니다.

바울은 자신이 할례를 받으라고 가르쳤다면 박해를 받지 않았을 것이라고 했습니다(11절). 우리 생각에는 복음을 전하면 좋은 소식이니까 사람들이 환영할 것으로 봅니다. 그러나 사실은 그렇지 않은 경우가 대부분입니다. 내 죄를 용서하고 영생을 주기 위해 하나님께서 예수님을 구주로 보내신 것을 믿으면 구원받는다고 말하면서, 나에게는 자랑할 것이 아무것도 없다고 하면 대체로 어이없어 합니다. 자기를 죽이고 주 예수만을 주인으로 겸손히 섬겨야 하고 하나님의 뜻을 따라 살아야 한다고 말해도 싫어합니다.

반면, 대중 기독교를 전하면 반응이 좋습니다. 교회 나오면 복 받고, 일이 잘 풀리고, 마음도 편하고, 비즈니스에 도움이 되며, 여러 가지 유리한 일들이 있다고 하면 고개를 끄덕입니다. 그러나 죄를 회개하라고 하고 속이지 말고 살아야 하고 예수 믿으면 손해 보는 일이 많다고 하면 흥미를 잃습니다. 더구나 주 예수를 대속주로 믿지 않으면 지옥의 심판을 받는다고 하면 안색이 달라집니다.

그럼 신자들은 어떤 반응을 보일까요? 자신이 드러나는 일이나 자기 의가 되는 일들이 믿음 생활에 방해가 될 수 있으니 하지 말라고 하면 반대합니다. 성경 말씀에 비추어 교회나 개별 신자의 삶에 잘못된 부분이 많다고 말해도 싫어합니다. 자신이 전통적으로 해오던 종교 활동에 비성경적인 부분이 있다고 지적하면 자존심이 상합니다. 복음의 진리는 언제나 듣는 자의 마음과 생각을 비춰줍니다.

바울의 대적자들은 율법에 대한 바울의 비판을 소화할 수 없었습니다. 그들은 우월감과 자기 의에 빠진 전통적인 유대교 신자들이었습니다. 그래서 말을 돌려 바울을 중상하였습니다. 즉, 바울이 속으로는 그들의 가르침에 동의하지만 할례가 박해를 가져올 것이기에 율법을 전하지 않는다고 하였습니다. 유대주의자들의 이런 비난은 말이 되지 않았습니다. 그들은 할례를 전하면서 박해를 받지 않았습니다. 그들이 갈라디아 교인들에게 할례를 전했지만 박해를 받았다는 증거가 없습니다. 오히려 갈라디아 교인들이 그들을 환영하였습니다. 그렇다면 바울도 할례를 전한다고 해서 박해받을 일이 없지 않겠습니까?

바울은 사실 할례가 복음에 대한 편견을 제거시킨다면 받을 수도 있는 문제로 보았습니다. 예를 들어 유대인들이 유대인 모친을 가진 디모데가 할례받지 않은 이유로 바울을 반대한 적이 있었습니다. 그때, 바울은 복음 전파를 위해서 양보하고 디모데에게 할례를 주었습니다(행 16:1~3). 그러나 할례가 구원의 원칙에 걸림돌이 되었을 때는 적극 반대하였습니다. 그래서 헬라인이었던 디도에게 유대주의자들이 할례를 억지로 받게 하려고 시도했을 때는 이를 막았습니다(갈 2:3~4).

바울이 박해를 받은 까닭은 할례를 전하기 때문이 아니고 그리스도의 십자가를 전했기 때문이었습니다. 유대교는 당시에 하나의 공인된 종교로 인정을 받았습니다. 그래서 로마 당국으로부터 박해를 받지 않았지만 기독교는 박해를 받았습니다. 바울이 유대인들로부터 박해를 받은 까닭도 순전히 예수 그리스도를 믿음으로 구원을 받는다고 전하고 할례의 무용성을 역설했기 때문이었습니다.

우리는 예수 그리스도의 구원이 온전한 구원임을 확신해야 합니다. 우리가 구원을 받은 것은 하나님의 전적인 은혜입니다. 아무 한 일이 없이 오직 주 예수를 믿음으로써 하나님의 자녀로 받아졌기 때문입니다. 우리는 믿음으로 아브라함의 자손이 되었습니다. 십자가 구원에는 아무것도 보태거나 뺄 것이 없습니다. 우리는 오직 주 예수를 믿는 일에만 꾸준해야 합니다. 이렇게 하면 예수를 잘 믿는 것이고 저렇게 하면 복을 받는다는 이야기들에 넘어가지 마십시오. 유대주의자들은 갈라디아 교인들이 받은 구원이 부족하기라도 한듯이, 자신들의 유대교 전통과 사상을 주입하려고 했습니다.

예수님은 어떤 다른 것과도 병존시킬 수 없습니다. 예수님이 유일하신 구주이시기 때문입니다. 예수님만 신뢰하고 그분의 십자가 대속의 피와 성령을 믿으면 신자들의 삶은 사랑의 삶으로 변화되고 성장한다는 것이 바울의 가르침입니다. 우리 모두 바울이 주는 권면과 교훈을 실천하며 현대판 유대주의자들의 말에 넘어가지 말아야 하겠습니다.

37.

사랑으로 인도되는 자유

갈라디아서 5:13~15

형제들아 너희가 자유를 위하여 부르심을 받았으나 그러나 그 자유로 육체의 기회를 삼지 말고 오직 사랑으로 서로 종 노릇 하라 온 율법은 네 이웃 사랑하기를 네 자신 같이 하라 하신 말씀에서 이루어졌나니 만일 서로 물고 먹으면 피차 멸망할까 조심하라 (13-15절).

갈라디아서 5장 13절부터 6장 10절까지는 중요한 새 항목입니다. 율법에 대한 핵심적인 내용이 담겨 있습니다. 그래서 여러 번에 나누어 다루게 될 것입니다. 그럼 왜 바울은 여기서 새로운 접근을 하는 것일까요? 바울은 갈라디아 교인들이 율법으로부터 자유하기를 원했습니다. 유대주의자들은 성도의 새 삶은 율법으로 돌아가는 것이라고 가르쳤습니다. 그래서 바울은 거룩한 삶은 율법 준수가 아닌 성령을 따라 행하는 것임을 설명할 필요가 있었습니다. 그가 강조하는 것은 다음 세 가지로 나눌 수 있습니다.

- 새 삶의 방식은 사랑으로 서로 종노릇을 하는 삶이다

(5:13~15).

• 새 삶은 성령의 인도로 이루어진다(5:16~25).

• 새 삶은 율법의 짐을 지는 것이 아니고, 서로서로의 짐을 나누는 것이다(5:26~6:10).

바울은 갈라디아서에서 율법 행위에 의존하는 새 언약 백성의 일체의 삶의 방식을 거부하였습니다. 그리스도인은 주 예수를 구주로 믿음으로써 하나님 눈에 의롭게 되었기 때문입니다. 그러므로 옛 언약 시대의 율법으로 돌아가는 것은 은혜 복음을 거스르는 일이라는 것입니다. 그런데 우리는 바울이 얼마나 강력하게 율법주의를 배격했는지를 잘 인식하지 못합니다. 그래서 개인의 신앙생활이나 교회 운영을 갈라디아서의 가르침대로 하지 않는 경우가 많습니다. 대부분 거의 무의식적으로 율법적이거나 율법주의 전통을 따르는 방식으로 신앙생활을 한다고 해도 과언이 아닙니다.

그럼 과연 바울은 어느 정도로 율법주의를 배척하였을까요? 그 자신이 율법에 대하여 죽었다고 하였고, 칭의 교리에 근거해서 신약 교인들에게 율법의 유용성을 부정하였습니다.

사람이 의롭게 되는 것은 율법의 행위로 말미암음이 아니요 오직 예수 그리스도를 믿음으로 말미암는 줄 알므로 우리도 그리스도 예수를 믿나니 이는 우리가 율법의 행위로써가 아니고 그리스도를 믿음으로서 의롭다 함을 얻으려 함이라 율법의 행위로써는 의롭다 함을 얻을 육체가 없느니라 (갈 2:16).

내가 율법으로 말미암아 율법에 대하여 죽었나니 이는 하나님에 대하여 살려 함이라 (갈 2:19).

바울은 이제 5장 12절에서 이렇게까지 말하였습니다.

너희를 어지럽게 하는 자들은 스스로 베어 버리기를 원하노라

이 말은 매우 무례하게 들립니다. 할례를 받아야 한다고 주장하며 갈라디아 교인들을 오도하는 유대주의자들을 향한 극단적인 발언입니다. 바울은 1장 초두에서부터 복음을 변질시키고 각색하는 '다른 복음'을 전하는 자들에게 저주가 내린다고 했습니다(1:6~9). 바울은 십자가 복음 이외에 다른 것을 추가하는 일을 용인할 수 없었습니다. 5장 12절에서도 바울은 강한 어조로 이미 할례를 받은 유대주의자들에게 할례가 그렇게 중요하다면 차라리 생식기 자체를 완전히 제거해 버리라는 식의 거친 언사를 서슴지 않았습니다.

율법에 대한 바울의 입장이 이런 것이라면, 우리가 어떤 반응을 보여야 하겠습니까? 율법과의 관계에서 바울의 입장을 그대로 따라야 할 것입니다. 바울은 율법의 유효성을 들고 나오는 유대주의 선동자들이 교회에서 아주 사라지기를 원하였습니다. 바울이 유대주의자들에게 "스스로 베어 버리기를 원하노라"고 한 말은 신명기 23장 1절의 말씀을 염두에 둔 것입니다.

고환이 상한 자나 음경이 잘린 자는 여호와의 총회에 들어오지 못하리라 (신 23:1).

바울의 말은 새 언약 백성은 율법주의를 완전히 잘라버려야 한다는 것이었습니다. 그런데 이렇게 말하면 반법주의자(反法主義者)나 반율법주의자로 몰립니다. 바울은 로마서에서도 "그런

즉 우리가 무슨 말을 하리요 은혜를 더하게 하려고 죄에 거하겠느냐"(롬 6:1)라고 했습니다. 왜 이런 말을 했을까요? 그의 은혜 구원의 가르침을 들은 자들이 말하기를 율법 행위가 아닌 믿음으로 구원받는다면, 마음대로 살아도 되지 않느냐고 반문했기 때문입니다. 갈라디아서 2장에서도 유사한 말이 나옵니다.

> **만일 우리가 그리스도 안에서 의롭게 되려 하다가 죄인으로 드러나면 그리스도께서 죄를 짓게 하는 자냐 결코 그럴 수 없느니라** (2:17).

복음을 있는 그대로 가르치면 거룩한 삶을 내던지는 반법주의라는 비판을 받기 마련입니다. 종교개혁 때에도 칭의 구원 교리를 가톨릭 측에서 반법주의라고 반대하였고 방종을 조장한다고 비판했습니다.

바울은 이러한 도덕적 방종주의를 가르친다는 비난에 대해 답변할 필요성이 있었습니다. 그는 율법으로부터의 자유가 방종주의가 아니며, 오히려 율법을 성취한다는 점을 지적해야 했습니다. 그는 새로운 삶의 방식은 사랑의 삶이며(5:13~15) 새 삶은 성령의 인도를 받는다는 것을 진술하였습니다(5:16~25).

은혜 구원이 도덕적 방종의 길을 연다는 것은 칭의 구원에 대한 논리적 반박입니다. 그러나 이 논리는 맞지 않습니다. 은혜 구원은 사랑의 법을 내세우기 때문입니다. 예수님의 대속을 믿는 신자는 비록 율법으로부터는 자유롭지만, 마음대로 사는 것이 아니고 사랑의 원리로 삽니다. 그런데 우리의 문제는 율법주의에 대한 바울의 급진적인 가르침에 대한 인식이 불충분할 뿐만 아니라 율법 방식을 따르지 않는 신앙생활에 익숙하지 않은 것입니다. 그래서 구원은 은혜로 받는다고 믿으면서도 삶은 율법을 따르는 이중적 표준을 갖게 됩니다.

바울의 대답은 믿음에 의한 은혜 구원이 죄를 더 짓게 하는 것이 아니라고 하였습니다(롬 6:2~4). 그러니까 이제 바울은 율법을 버리면 무엇으로 사느냐는 질문에 대한 대답으로 율법이 없는 거룩한 삶의 길이 무엇인지를 제시합니다.

바울은 우리가 자유의 삶을 위해 부르심을 받았다고 지적합니다.

형제들아 너희가 자유를 위하여 부르심을 입었으나 (13절).

자유는 모든 사람이 원합니다. 그런데 무엇으로부터의 자유입니까? 속박과 억압에서 풀려나는 자유일 것입니다. 그런데 가장 큰 자유는 죄로부터의 자유입니다. 죄는 죽음으로 인도합니다. 죄는 인간을 가장 불행하게 만듭니다. 죄는 창조주 하나님의 심판을 부르고 모든 선한 것으로부터 단절을 일으킵니다. 복음은 죄인을 죄의 속박과 죽음과 심판으로부터 해방시킵니다. 갈라디아 교인들의 처지에서 보면, 복음의 자유는 모세 율법의 절기로부터의 자유이며(갈 4:10) 할례로 표현된 민족주의적인 유대주의의 속박으로부터의 자유입니다.

우리가 누려야 할 자유는 어떤 것입니까? 무엇보다도 죄책으로부터의 자유입니다. 하나님께서 주 예수를 대속주로 믿는 모든 자에게 의롭다는 선언을 하시고 자녀로 삼아주셨습니다. 신자는 어둠의 왕국을 다스리는 사탄의 지배로부터 해방되었습니다. 우리는 율법에 죽고 하나님을 위해 사는 자유를 얻었습니다.

주 예수를 믿으면 제도나 전통 중심의 신앙생활에서 자유하게 됩니다. 신약 성도는 율법이 아닌 은혜 아래 있는 자유를 즐기면서 의의 나라에서 유업의 상을 받기 위해 힘쓰며 주님을 따라 삽니다. 복음은 그리스도의 십자가 대속으로 구원을 확신케 하고 깨끗한 양심으로 하나님을 기쁨과 감사함으로 섬기게 합니다.

이러한 자유를 위해 하나님께서 각 성도를 부르셨습니다. 하나님이 부르셨기에 고귀한 목적이 있습니다. 성도는 율법이 아닌 예수님의 가르침과 성령의 인도에 따라 하나님께 순종하며 하나님나라를 위해 무엇인가 기여하며 살라는 소명을 받았습니다.

자유는 방종의 구실이 될 수 없습니다.

미국의 한 흉악범이 감옥에서 풀려났습니다. 기자가 다시 이전과 같은 범죄를 저지르겠느냐고 물었습니다. 대뜸 한다는 소리가 "미국은 자유 국가요. 원하는 것은 무엇이라도 할 수 있소"라고 했습니다. 누구도 이 말에 동의하지 않을 것입니다. 자유는 책임과 분리될 수 없습니다. 자유는 성인이 누리는 특권입니다. 율법 아래 있을 때에는 어린아이와 같아서 자유에 따르는 책임을 감당하지 못합니다. 그러나 그리스도 아래 있으면 영적 성인입니다. 영적 성인은 그리스도가 주시는 자유를 본인의 책임하에 선택하고 누릴 수 있는 위치에 있습니다. 자유는 책임을 수반하기 때문에 방종으로 오용되어서는 안 됩니다(5:13). 내 마음대로 하는 것은 자유가 아니고, 자유의 유린입니다.

그럼 어떻게 해야 자유의 오용을 막을 수 있을까요? 우리는 법이 없으면 방종하게 된다고 믿습니다. 법 없는 나라는 없습니다. 어떤 공동체에도 규정이 있습니다. 세상 법은 질서 유지와 공평을 위해서 반드시 필요합니다. 그러나 하나님의 나라에서는 율법에 해당하는 법으로 질서가 유지되고 공평한 사회가 유지되지 않습니다. 그럼에도 하나님 나라에도 율법이 있어야 한다고 믿는 분들이 적지 않습니다. Timothy Keller는 갈라디아서 강해에서 말합니다.

> 크리스천은 하나님으로부터 공로를 인정받기 위한 수단으로서의 율법에서는 해방되었다. 그러나 우리는 하나님을 기쁘게 해 드리는 수단으로서의 율법으로부터는 해방되지 않았다. 오히려 율법 준수의 의무가 더 증가하였다. 왜냐하면 율법은 하나님의 본성과 마음의 표현이기 때문이다. 그래서 우리는 하나님을 기쁘게 해 드리고 그분을 본받기 위해 배나 더 율법을 사용해야 한다.(Timothy Keller, Galatians for You p.143).

이 말은 전형적인 복음주의 율법관입니다. 그러나 거룩한 삶을 위해서 율법에 초점을 두는 것은 갈라디아서의 강조점이 아닙니다. 바울은 율법이 아닌, 성령에 집중하라고 하였습니다. 율법이 하나님의 성품의 표현이기 때문에 율법을 지켜야 한다는 것도 전통적으로 해 오는 말입니다. 물론 율법에서 드러난 하나님의 성품과 뜻을 존중해야 합니다. 그러나 율법은 하나님의 구원의 목표가 아니고 화살표입니다. 율법은 이스라엘 백성에게 준 잠정법이었기 때문에 영원법처럼 다루어서는 안 됩니다. 만약 율법의 유효성이 영원하다면, 산상보훈이나 '그리스도의 법'(갈 6:2)이 필요하지 않았을 것입니다. 우리는 율법의 준수로 하나님을 기쁘게 해 드릴 것이 아니라, 율법이 바라보았던 목표인 예수 그리스도를 통해 더 밝고 더 온전하게 계시된 하나님의 성품과 뜻을 배우고 성령의 인도로 하나님을 섬겨야 합니다. 신약 성도의 신앙생활은 법이 아닌, 예수 그리스도의 인격체를 믿고 따르는 것입니다. 우리는 율법이 그리스도로 대치되고, 성령 시대의 도래와 함께 자신의 역할을 마쳤다는 점을 유의해야 합니다. Timothy Keller의 말을 하나 더 인용합니다.

> **복음은 당신이 원하는 대로 살도록 당신을 해방시키지 않았다. 그러나 만약 당신이 진정으로 예수님이 누구시며 당신을 위해서 무엇을 하셨는지를 복음을 통해 이해한다면, 당신은 이렇게 물을 것이다. 내가 그분을 위해서 어떻게 살아야 할까? 그 대답은 율법에서 표현된 하나님의 뜻을 보라는 것이다. 복음은 우리를 율법을 위해, 율법으로부터 해방시켰다. 이것은 우리가 과거에 이기적인 동기로 사랑이 없이 행하던 율법 순종을 제거시키고 사랑으로 율법을 순종하도록 동기부여를 한다.**(Timothy Keller, Galatians for You p.144).

이것은 구원은 믿음으로 받지만 거룩한 성도의 삶은 율법으로 살아야 한다는 말입니다. 그러니까 율법의 의식법은 지킬 필요가 없지만 성화를 위해서 율법의 도덕법은 아직도 유효하다는 입장입니다. 그러나 율법의 도덕 수준이 신약 성도의 수준이 아닌 것은 산상 설교에서 분명합니다. 예수님은 모세의 계명이나 전통적인 도덕율을 자신의 계명과 권위로 대치하셨습니다. 그래서 "나는 너희에게 이르노니"(마 5:22, 28, 32, 34, 39, 44)라고 하시면서 새 계명을 주셨습니다.

"그리스도의 법"(갈 6:2)은 모세 율법이나 기타 어떤 도덕 규범의 수준보다 훨씬 더 높습니다. 그렇다면 어떻게 그리스도의 법을 지킬 수 있겠습니까? 율법 준수의 수준으로는 불가능합니다.

그러나 성령 안에서 행하는 사랑이 있다면 가능하다는 것이 바울의 주장입니다. 그래서 바울은 “오직 사랑으로 서로 종 노릇 하라”(13절)고 했습니다. 물론 율법에서도 이웃 사랑을 명하였습니다(레 19:18). 그러나 이웃이 누구입니까? 이스라엘 동족이었습니다. 레위기 19장 18절에서 동포와 네 이웃은 상호교체적으로 사용되었습니다.

> **원수를 갚지 말며 동포를 원망하지 말며 네 이웃 사랑하기를 네 자신과 같이 사랑하라. 나는 여호와니라.** (레 19:18).

그런데 이웃 사랑의 표준이 무엇입니까? 이스라엘 백성에게는 율법이 모든 것의 표준이었습니다. 그래서 이웃 사랑은 율법의 범위에서 시행되어야 했습니다. 그러나 새 언약에서는 이웃 사랑의 대상을 비유대인까지 포함시켰습니다. 이웃 사랑의 표준은 율법이 아니고 예수님입니다. 예수님이 사랑의 절대 모델이며 원천입니다. 그래서 예수님은 제자들에게 자신을 사랑의 표준으로 삼으라고 하셨습니다.

> **새 계명을 너희에게 주노니 서로 사랑하라 내가 너희를 사랑한 것 같이 너희도 서로 사랑하라** (요 13:34).

> **내 계명은 곧 내가 너희를 사랑한 것 같이 너희도 서로 사랑하라 하는 이것이니라** (요 15:12).

옛 언약 시대에는 예수님의 사랑을 알지 못하였습니다. 십자가 사건 이전이었기 때문입니다. 그러나 신약 성도들은 예수님의 성육신과 십자가 대속을 통해 "하나님은 사랑이심"(요일 4:8)을 깊은 차원에서 이해합니다(빌 2:5~11). 그래서 바울은 복음을 위한 자신의 불굴의 삶이 "그리스도의 사랑이 우리를 강권"(고후 5:14)하기 때문이라고 했습니다. 율법에서 말한 사랑의 궁극적인 목표는 그리스도의 사랑 안에서 완성되고 십자가 사랑의 삶으로 승화됩니다.

새 삶의 원리는 율법이 아닌 성령의 지배를 받는 사랑의 삶입니다.

율법에 의존하지 말아야 한다고 말하면, 성도의 거룩한 삶을 제쳐놓는 것이 아니냐는 의문을 일으킵니다. 그러나 하나님 나라의 윤리는 율법에 의존하거나 율법을 표준으로 삼지 않고서도 율법의 수준을 넘어갑니다. 성령 안에서 행하는 사랑이 율법이 요구한 수준을 만족시키고 더 나아가기 때문입니다.

모세법은 사랑이 개입되지 않아도 지킬 수 있습니다. 법은 성격상 규범적인 것입니다. 일정한 규범을 지키고 어기지 않으면 됩니다. 사랑이 있어야 법을 지킬 수 있는 것이 아닙니다.

✲ 내가 강도나 살인을 하지 않는 것은 이웃을 특별히 사랑해서가 아니고 법을 어기면 형벌을 받기 때문입니다. 세금을 내는 것도 특별히 나라를 사랑해서라기보다는 안 내면 벌금을 물기 때문입니다. 법은 형벌의 위협을 통해서 운용하도록 의도된 것입니다. 모세법도 사랑이 없이 지킬 수 있습니다. 안식일을 지켜야 하는 것은, 어기면 사형이었기 때문입니다. 안식일을 사랑으로 지키라고 했다면 효과가 없었을 것입니다. 법은 외형적인 것이므로 내면적인 것을 표준으로 삼을 수 없습니다. 그래서 사랑이 없다고 해서 유죄라고 판정할 수 없습니다. 그러나 신약 교인

들이 하나님을 섬기는 것은 이런 수준이 아니라는 것입니다.

율법은 처음부터 바라보는 것이 있었습니다. 그것은 하나님 나라의 이상이었습니다. 더 구체적으로는 예수님입니다. 예수님이 목표였습니다. 예수님이 오셔서 시작하는 메시아 시대의 새 하늘과 새 땅의 윤리가 율법이 사모하던 것이었습니다. 어떻게 율법의 이상이 실현될 수 있습니까? 구약시대의 표준을 넘어서야 합니다. 율법의 표준을 넘고 율법의 이상에 이르려면 사랑이 있어야 합니다. 사랑은 율법의 완성이라고 했습니다.

사랑은 율법이 지향하는 모든 것을 성취합니다. 말을 바꾸면, 율법은 율법주의가 없이 성취될 수 있습니다(갈 5:14). 바울이 온 율법은 이웃 사랑으로 성취된다고 한 말은 율법을 지켜야 한다는 뜻이 아닙니다. 율법의 목표가 사랑의 삶으로 달성된다는 의미입니다. 사랑하면 거짓 증언하지 않고 살인하지 않습니다. 사랑하면 물고 뜯지 않습니다.

그러나 율법은 사랑하게 하지 않습니다. 율법은 경건 생활의 능력도 주지 않습니다. 왜 갈라디아 교인들이 서로 물고 삼켰습니까?(15절). 율법적이 되었기 때문입니다. 그들의 삶이 십자가 사랑에서 벗어나 율법을 신뢰했기 때문입니다. 크리스천의 새 삶은 성령 안에서 사랑으로 행하는 것입니다. 우리는 그리스도의 십자가 사랑을 바라보고 오직 주님을 찬양하며 그분의 사랑의 삶을 본받아야 합니다.

그런데 한 가지 유념할 것이 있습니다. 바울이 말하는 사랑의 삶은 휴머니즘적인 사랑이 아닙니다. 이 사랑은 그리스도의 십자가 사랑에 뿌리를 둔 것입니다. 하나님께서 자기 외아들을 세상에 보내어 대속의 형벌을 받게 하신 것은 복음의 진리에 근거한 사랑입니다. 물론 그리스도를 믿지 않는 불신자 중에서도 이웃을 사랑하는 박애주의자들도 있고 친절하고 희생적인 사랑의 삶을 사는 분들도 있습니다. 그러나 인간의 사랑은 형태는 같아 보일지 몰라도 성경이 말하는 사랑과 본질적인 차이가 있습니다. 크리스천의 사랑은 하나님께서 예수 그리스도의 십자가 대속을 통해 죄인들을 용서하고 의롭다고 하시는 크나큰 은혜를 체험한 사랑입니다. 이것은 성령으로 거듭난 새 생명의 사랑이기에 근원이 천상적이며 그리스도의 모범을 따르는 것입니다(참조. 요일 4:8-12). 그리스도의 속죄 사역을 통해 드러난 하나님의 사랑을 알고 믿는 것이 사랑의 참된 동기부여입니다.

> **하나님의 사랑이 우리에게 이렇게 나타난 바 되었으니 하나님이 자기의 독생자를 세상에 보내심은 그로 말미암아 우리를 살리려 하심이라 사랑은 여기 있으니 우리가 하나님을 사랑한 것이 아니요 하나님이 우리를 사랑하사 우리 죄를 속하기 위하여 화목 제물로 그 아들을 보내셨음이라 사랑하는 자들아 하나님이 이같이 우리를 사랑하셨은즉 우리도 서로 사랑하는 것이 마땅하도다** (요일 4:9~11).

우리가 성령의 인도를 받으며 십자가 사랑을 실천하면, 모세법 아래 있지 않고서도 율법을 성취합니다. 율법의 도덕성이 의롭지 못해서 무시해도 좋다는 말이 아닙니다. 모세법은 예수님에 대한 화살표입니다. 그러나 우리는 목표물 안으로 들어가야 합니다. 화살표에 자신을 묶어두지 말고 화살이 꽂히는 과녁 속으로 들어가야 합니다. 율법을 존중하되, 율법 아래로 들어가서 율법의 지배를 받지 않는 것이 새 언약 백성의 특징입니다.

그런데 율법이 요구하는 것은 내가 의도적으로 율법을 신앙생활의 좌표로 삼지 않아도, 그리스도의 사랑을 실천하면 자연히 성취됩니다. 말을 바꾸면 새 언약 백성은 의도적으로 율법을 지키려고 해서 지킨다기보다는 사랑의 실천을 통해 율법을 간접적으로 지키게 되고 율법의 상한선을 넘어갑니다.

우리는 성령 아래 있으면 율법의 규정에 매이지 않고서도 더 높은 수준의 거룩을 유지할 수 있습니다. 그리스도의 사랑을 깨닫고 십자가 복음을 있는 그대로 받아들이면 새로운 피조물의 변화를 체험합니다. '그리스도의 법'은 성령 안에서 행하는 것입니다. 그래서 바울은 로마서에서 "육신을 따르지 않고 그 영을 따라 행하는 우리에게 율법의 요구가 이루어지게 하려 하심이니라"(롬 8:4)고 했습니다.

초대 교회에 언제 성령이 내렸습니까? 유월절 이후 50일째인 오순절에 내렸습니다. 오순절은 율법수여를 기념하는 때였습니다. 그러나 하나님은 교회에 새 율법을 주시지 않고 성령을 주셨습니다. 예수님의 죽으심은 유월절의 성취였습니다. 예수님은 우리를 십자가로 대속하시고 승천하신 후 성령을 보내셨습니다. 우리는 신약 성도들이 어떻게 살아야 하는지에 대한 성경의 가르침에 주목해야 합니다. 전통이나 잘못된 율법관에 따라 습관적으로 살아서는 안 됩니다. 신약 성도의 새로운 삶은 율법의 조문이 아닌, 성령의 인도와 사랑이 핵심이라는 것을 항상 기억하며 살아야 합니다. 모세적인 종교주의나 율법적인 의는 우리가 따라야 할 길이 아닙니다.

우리에게 필요한 것은 예수님을 신뢰하고 본받는 꾸준한 믿음입니다. 오직 예수님만 바라보고 그분 안에 머물면 사랑의 삶이 가능합니다. 그리스도의 사랑이 넘치면 예수 믿는 신앙생활 이 행복하고 기쁩니다. 그러나 율법의 울타리를 치고 살면 불안 하고 안정감이 없습니다. 율법을 어기고 산다는 죄책감에 눌려 살기 때문이다. 신약 성도는 그리스도의 십자가 사랑으로 구원 을 받았을 뿐만 아니라 그리스도의 사랑을 본받아 거룩한 성도의 삶을 살도록 의도된 새 언약 백성입니다.

38. 율법은 경건생활의 길잡이인가?

갈라디아서 5:16

내가 이르노니 너희는 성령을 따라 행하라 그리하면 육체의 욕심을 이루지 아니하리라 (5:16).

바울은 지금까지 율법으로부터의 자유를 여러 측면으로 역설하였습니다. 그는 2장 15절에서 5장 12절까지 약 세 장에 걸쳐 칭의 구원을 강조하고 율법에 의한 행위 구원을 반대하였습니다.

• 그리스도의 십자가로 인해서 자신이 율법에 대하여 죽고 하나님의 아들을 신뢰하는 믿음으로 산다고 했습니다(2:19~20).

• 갈라디아 교인들에게 그들이 성령을 받은 것이 율법의 행위가 아닌 복음을 듣고 그리스도를 믿었기 때문이었음을 상기시켰습니다(3:2, 5, 14).

• 유대주의자들의 그릇된 가르침처럼, 할례를 받아야 아브라함의 자손이 되는 것이 아니라 믿음으로 아브라함의 자손이 된다고 했습니다(3:6~7).

• 이방인이 아브라함에게 약속된 복을 받으려면 유대주의자

들처럼 율법을 지켜서 되는 것이 아니라 복음을 믿고 오직 그리스도를 신뢰해야 한다고 했습니다(3:8~9, 14).

그리스도의 사랑과 율법의 성취

바울은 두 개의 언약을 대조하며 아브라함에게 약속으로 주신 복음 언약이 430년 후에 율법으로 주신 모세 언약 이후에도 여전히 유효하다고 했습니다. 복음이 먼저 있었다는 것입니다. 아브라함에게 주신 언약에서 하나님은 씨를 약속하시고 그 씨를 통해서 만인이 복을 받는다고 하셨습니다. 이 씨는 예수 그리스도입니다. 그러므로 나중에 온 둘째 언약이 아브라함에게 주셨던 첫째 언약을 폐기시키지 않는다는 것입니다(3:16~17). 아브라함은 그리스도를 통한 구원의 약속만 받았습니다. 그러나 그는 이 약속을 믿었기에 의롭다는 인정을 받았습니다. 믿음에 의한 칭의 구원의 원칙은 지금도 변함이 없습니다.

바울은 갈라디아 교인들에게 매우 개인적인 사건도 상기시켰습니다. 그는 "너희의 복이 지금 어디 있느냐"(갈 4:15)라고 물었습니다. 그들이 단순히 예수님만 믿었을 때는 기쁨과 사랑이 가득했습니다. 그들은 바울에게 할 수만 있었다면 눈이라도 빼어 주었을 것입니다. 그러나 율법을 내세우는 유대주의자들의 가르침에 넘어가자 그들에게는 구원의 기쁨과 감격이 사라지고 사랑이 식었습니다.

바울은 아브라함과 하갈의 예를 들었습니다. 아브라함은 본처인 사라를 통해서 아들을 갖지 못하자 첩인 하갈을 통해 자식을 보았습니다. 그런데 하나님께서는 사라가 아브라함에게 하갈과 그 아들인 이스마엘을 내쫓으라고 한 요구를 들으라고 하셨습니다(창 21:10, 12).

바울은 이 사건을 유대주의자들과 갈라디아 교인들에게 적용하였습니다. 아브라함이 약속을 기다리지 못하고 편법으로 자식을 얻기 위해 육체로 돌아갔듯이, 갈라디아 교인들도 하나님으로부터 복을 속히 받기 위해 율법으로 돌아갔다는 것입니다. 그래서 사라가 하갈과 이스마엘을 내쫓으라고 했듯이, 율법을 내던지라는 것입니다. 바울의 요점은 율법주의를 내쫓고 육체로 돌아가는 삶을 살지 말라는 것입니다. 구원이든지 성화든지 모세법에 의존하여 이루려고 하지 말라는 것입니다. 주 예수를 믿을 때 율법이나 이에 준하는 일체의 규례들로부터 해방되었는데 왜 다시 세상의 초등학문으로 돌아가려고 하느냐는 것입니다. 바울은 갈라디아 교인들에게 '여러분은 자유인입니다' 라고 외쳤습니다.

이 시점에서 무슨 자유를 말하느냐는 질문이 생깁니다. 바울의 반대파들은 이렇게 도전하였습니다.

「율법으로부터 자유했다면 법이 필요없다는 말인가? 마음대로 살아도 된다는 말인가? 은혜 아래 있다는 것은 부도덕과 방종으로 가는 길이 아닌가?」(갈 2:17).

우리는 법에 익숙합니다. 어떤 조직체에도 법이 있습니다. 사회도 국가도 법이 없이는 돌아갈 수 없습니다. 법은 질서 유지에 필수적입니다. 그래서 법으로부터 해방되었다고 하면 당장 법없이 어떻게 세상 질서가 잡히겠느냐고 묻습니다. 율법은 구약시대의 이스라엘의 국법이었고 종교생활의 지침이었습니다. 만일 율법을 지킬 필요가 없다면 신자들의 도덕 생활은 어떻게 된단 말일까요? 유대주의자들은 바울의 칭의 구원이 무책임한 반법주의라고 비난했습니다.

흔히 말하듯이 믿기만 하면 무엇합니까? 거룩한 삶이 있어야 하지 않습니까? 그래서 바울이 어떻게 대답했습니까? "너희는 성령을 따라 행하라"(16절)고 했습니다. 이것이 바울이 율법 대신 제시하는 거룩한 삶의 열쇠였습니다. 율법을 준수하여 의로운 삶을 살려고 하지 말고, 성령이 신자의 삶 속에서 의를 드러내게 해야 한다는 것이었습니다.

이것은 구약 성도와 신약 성도의 삶을 구분짓는 분수령입니다. 구약시대에는 율법이 언약 백성의 길잡이였습니다. 그러나 구약에서는 율법 시대가 지나고 메시아 시대가 올 것을 고대하였습니다. 율법은 메시아가 올 때까지 한시적(限時的)으로 준 조치였기 때문입니다. 율법은 원래부터 영구적인 것이 아니었습니다. 물론 율법은 하나님이 주신 것이지만, 예수님이 오시면 성령에 의해 추월되고 대치되도록 디자인된 잠정법이었습니다.

그런데 바울이 성령을 따라 행하라고 한 것은 율법과 반대되는 일을 행하라는 말이 아닙니다. 율법은 하나님에게서 왔기 때문에 거룩하다고 했습니다(롬 7:12). 그러나 새 언약 신자는 율법 아래로 들어가서 살지 않습니다. 율법에서 해방되어 나왔습니다. 그렇지만 율법에서 해방되었다고 해서 율법보다 낮은 수준으로 살아도 된다는 말이 아닙니다. 오히려 정 반대입니다. 크리스천은 율법의 거룩성을 존중합니다. 율법에는 하나님의 뜻이 적혀 있습니다. 우리는 율법에서 여러 가지 교훈을 얻을 수 있습니다. 그렇지만 율법이 정한 수준에 따라 살지 않습니다. 율법의 요구는 신약 수준에 비해서 상대적으로 낮기 때문입니다.

예를 들어, 십계명에는 도둑질하지 말라고 했습니다. 그러나 신약에서는 도둑질하지 않는 것으로 그치지 않습니다. 오히려 열심히 일해서 가난한 자를 돕고 선한 일을 하라고 요구합니다 (엡 4:28). 그러니까 율법의 수준을 넘어간다는 말입니다. 율법을 무시하는 것이 아니고, 율법의 요구를 넘어가는 높은 수준의 거룩한 삶을 산다는 것입니다. 이것이 신약 성도가 율법을 성취하는 방식입니다. 이웃을 사랑하면 율법을 완성합니다. 율법이 바라보았던 목표에 이르기 때문입니다. 그래서 바울은 사랑이 율법의 성취라고 했습니다. 그런데 율법에 나오는 '이웃'은 이스라엘 공동체의 일원들입니다.

예를 들어, 레위기에 보면 이웃에게 재산을 팔고 살 때에 속이지 말라고 했는데 그 이웃은 형제라고 했습니다. 그들은 이방인을 보고 형제라고 부르지 않았습니다. 율법에서 이웃은 이스라엘 동족을 가리킵니다.

> **네 이웃에게 팔든지 네 이웃의 손에서 사거든 너희 각 사람은 그의 형제를 속이지 말라** (레 25:14).

또 다른 예로써 유명한 레위기 19장 18절을 들 수 있습니다.

> **원수를 갚지 말며 동포를 원망하지 말며 네 이웃 사랑하기를 네 자신과 같이 사랑하라 나는 여호와니라** (레 19:18).

여기서 동포와 이웃은 동의어입니다. 동포는 이스라엘 공동체 멤버이고 이웃도 이스라엘 백성입니다. 바로 윗 절에서는 이들을 "네 형제"(레 19:17)라고 하였고 "이웃"이라고 했습니다.

너는 네 형제를 마음으로 미워하지 말며 네 이웃을 반드시 견책하라 그러면 네가 그에 대하여 죄를 담당하지 아니하리라 (레 19:17).

그런데 바울이 갈라디아 교인들에게 이웃 사랑이 율법의 성취라고 했을 때는 레위기 19장 18절의 인용이었지만, 이웃의 대상과 범위는 이스라엘 공동체를 넘어가는 것이었습니다. 예수님은 선한 사마리아인의 스토리에서 '네 이웃'의 정의를 새롭게 내리셨습니다. 이웃은 인종과 문화를 초월합니다. 사마리아인은 유대인들이 멸시했지만 그가 선한 이웃이 되었습니다. 그가 자선을 베푼 이웃은 강도맞은 사람이었습니다. 강도는 누구나 당할 수 있습니다. 인종이나 문화나 종교나 연령에 상관하지 않습니다. 도움을 받아야 할 자는 누구든지 나의 이웃입니다. 내게 도움을 준 자는 나의 이웃이 되어준 사람입니다.

새 언약 백성에게 예수님이 요구하시는 것은 국경을 넘는 이웃 사랑입니다. 율법에서도 원수를 갚지 말라고 했지만 대상이 이스라엘 동족이었습니다. 그러나 예수님이 원수를 사랑하고 박해자를 위해 기도하라고 하신 것은 율법이 정한 수준과 범위를 넘어서는 것이었습니다(마 5:43~48; 눅 6:27~28, 35~36). 하나님께서는 은혜를 모르는 자와 악한 자에게도 인자하시므로 사람을 가리지 말고 자비로운 자가 되라고 하셨습니다. 이것이 신약 교인들이 따라야 할 "그리스도의 법"(갈 6:2)입니다.

구약시대의 이스라엘 백성은 성령 안에서 그리스도의 법으로 사는 새 언약의 혜택을 누리지 못하였습니다. 그들은 새 언약 시대를 향해 나아가는 구원 역사의 과도기에 속하였습니다. 그래서 그들의 영적 수준은 높은 편이 아니었습니다. 예를 들어 용서의 횟수도 제한적이었습니다. 하나님께서는 "이스라엘이 지은 서너 가지 죄를 내가 용서하지 않겠다"(암 2:6)고 하셨습니다(비교. 욥 33:29, 30; 암 1:3). 유대교는 이러한 구약시대의 표준을 끌어다가 용서를 세 번까지로 정하였습니다. 베드로는 예수님께 "형제가 내게 죄를 범하면 몇 번이나 용서하여 주리이까 일곱 번까지 하오리이까"(마 18:21) 라고 물었습니다. 베드로는 유대교의 수준을 넘어 일곱 번까지 용서의 횟수를 늘렸지만, 예수님은 일곱 번의 일흔 번이라도 용서하라고 하셨습니다. '그리스도의 법'은 모세 율법이나 유대교의 수준을 넘어서고도 남습니다.

그럼, 모세 율법이 아닌 그리스도의 법으로 살면 율법은 어떻게 될까요?

율법이 온전히 성취됩니다. 어떤 의미에서 성취됩니까? 율법이 목표로 지향했던 것들이 그리스도의 법에 의해서 달성되고 더 나아가 하나님 나라의 이상이 실현됩니다. 예수님은 제자들에게 "너희는 먼저 하나님의 나라와 하나님의 의를 구하여라"(마 6:33, 새번역)라고 명하셨습니다. 율법의 의가 아닌 그리스도의 의를 구하는 것이 신약 성도의 삶의 방식입니다. 그리스도의 법을 따르면 율법의 수준을 지키려고 의도하지 않아도 자연히 달성됩니다. 내가 교회 공동체에 속하지 않은 원수를 사랑한다고 칩시다. 그러면 네 이웃을 사랑하라는 율법의 계명을 지키고도 남습니다. 율법이 말하는 '네 이웃'은 이스라엘 공동체의 백성에 제한되었기 때문입니다. 내 앞에 강도 맞은 자가 죽어가고 있다면, 그의 신분이나 국적이나 종교에 상관없이 도와야 합니다. 그러면 나는 "네 이웃 사랑하기를 네 자신 같이 하라"(갈 5:14; 레 19:18)는 율법의 수준을 만족시키고도 남습니다. 내가 베푸는 선행의 대상이 내가 속한 믿음의 공동체에 제한되지 않고 차별 없이 적용될 때 나는 율법으로부터 자유를 누립니다.

그럼 어떻게 해야 이런 수준의 삶을 살 수 있을까요?

신약 교인들은 율법을 이루는 방법이 간접적입니다. 즉, 예수 그리스도를 묵상하고 그분의 가르침에 전적으로 의존하여 사랑을 실천하면 율법의 요구를 만족시키고 율법의 목표를 달성합니다. 그리고 더 나아가 그리스도의 왕국에 속한 '최고의 법'(약 2:8, the royal law)으로 살게 됩니다. 신약 교인은 율법의 통제를 받거나 율법 아래로 들어가서 종살이를 하지 않습니다. 그러나 그리스도의 십자가 사랑을 본받아 이웃에게 선을 행하며 하나님의 온전한 뜻을 따르면 율법의 표준을 넘어갑니다. 이것이 성령 생활입니다. 이런 의미에서 사랑은 율법의 완성이며 율법을 간접적인 방법으로 성취하는 셈입니다(롬 13:10).

성령 생활은 메시아 시대의 특징입니다. 구약 백성은 성령의 내주를 받거나 성령의 인도에 따라 구원의 깊이와 하나님의 사랑을 충분히 깨닫고 실천할 수 있는 처지가 아니었습니다. 그들은 구속사의 진행 과정에서 영적 유아기를 지나고 있었습니다. 그들은 거듭하여 하나님이 주시는 테스트에 실패하였고 우상 숭배자들이 되었습니다. 그럼에도 하나님께서는 자기 백성에게 새 마음과 새 영을 주셔서 하나님의 말씀을 순종하게 될 날이 올 것이라고 약속하셨습니다(겔 36:25~27). 성령의 약속은 오순절에 성취되었습니다(행 2:1~21). 이제 주 예수를 구주로 믿는 신자들에게 성령이 오셔서 내주하십니다. 그래서 우리로 하여금 그리스도의 법을 따르게 하시고, 복음을 깊이 깨닫게 하시며, 하나님 나라의 "의와 평강과 희락"(롬 14:17)을 체험하게 하십니다.

바울의 반대파들은 율법으로부터 해방되었다는 바울의 가르침을 반법주의와 방종을 조장하는 위험한 교리라고 비난하였습니다. 그러나 그들은 율법으로부터의 해방이 사실은 율법을 성취하는 길임을 깨닫지 못하였습니다. 율법의 속박에서 해방되어 그리스도의 나라로 들어가면 율법에 매이지 않고도 율법을 성취하는 자유를 누립니다.

그런데 종교개혁 때에도 가톨릭 측에서는 개신교가 반법주의의 몰도덕한 삶을 조장한다고 비난하였습니다. 이에 대한 종교개혁자들의 변호는 개신교는 방종을 조장하는 것이 아니라 율법의 도덕성을 인정하고 신앙생활의 가이드로 삼는다는 것이었습니다. 구원은 오직 믿음으로만 받지만 구원받은 성도는 율법의 도덕적 명령을 따른다는 말이었습니다.

문제는 이것이 발전하여 도덕주의와 율법주의가 된 것입니다. 특히 17세기 영미 청교도들에 의해서 이러한 전통이 강화되었습니다. 이들은 율법의 영원성을 강조하면서 하나님의 완전한 뜻의 반영이라고 주장하였습니다. 그들은 십계명을 늘려서 각 계명에서 금지되거나 요구된 죄들의 목록을 만들었습니다. 청교도들의 의도는 신앙생활을 위한 법적 가이드라인을 만드는 것이었습니다. 그래서 무엇을 하면 안 되고, 무엇을 해야 한다는 여러 규정들이 교회 안에 잔뜩 들어오게 되었습니다. 청교도들은 매우 경건한 사람들이었습니다. 그런데 특히 후기 청교도들은 경건생활에 지나치게 집중하여 갈수록 율법주의로 기울어졌습니다.

바리새인들은 안식일 계명에 아무일도 하지 말라는 것을 놓고 '아무일'이 무엇인지를 목록으로 제시하여 지키게 하였습니다. 그들은 하나님보다 안식일을 더 중시하였습니다. 이런 종교적 성향은 지금도 우리나라 교회에 영향을 끼치고 있습니다.

바울은 물론 거룩한 성도의 삶을 강조하였습니다. 그러나 그는 율법에서 해방되어 성령의 인도를 받으면 율법의 요구가 자연스럽게 성취된다고 가르쳤습니다.

> **그러므로 내 형제들아 너희도 그리스도의 몸으로 말미암아 율법에 대하여 죽임을 당하였으니 이는 다른 이 곧 죽은 자 가운데서 살아나신 이에게 가서 우리가 하나님을 위하여 열매를 맺게 하려 함이라** (롬 7:4).

> **육신을 따르지 않고 그 영을 따라 행하는 우리에게 율법의 요구가 이루어지게 하려 하심이니라.** (롬 8:4).

바울은 우리가 거룩한 삶을 살기 위해서 율법으로부터 해방되어야 한다고 말합니다. 바울은 여기서 율법에서 해방된 것은 방종이나 무법자가 되려는 것이 아니고 오히려 거룩한 삶을 살기 위한 것이라고 변호합니다. 율법에 죽은 목적이 무엇이라고 했습니까? "우리가 하나님을 위하여 열매를 맺게 하려 함이라"(롬 7:4)고 했습니다.

오순절의 성령 강림을 믿으면서 율법으로 돌아가려는 것은 모순입니다. 율법은 성화를 가져오지 않습니다. 율법은 구원의 확신을 주지 못합니다. 율법을 아무리 엄격하게 지켜도 큰 열매를 맺지 못합니다. 당분간 하나님을 기쁘게 섬겼다는 안도감은 줄지 몰라도 오래 가지 않습니다. 얼마가지 않아 자신이 계명을 어겼다는 자책에 빠질 것이기 때문입니다. 율법을 굴대로 삼는 신앙생활은 조만간 영적 침체에 빠지게 하므로 영적 성장에 도움이 되지 않습니다.

하나님을 위해서 큰 일을 한 분들은 성령 안에서 행하며 예수님과 밀착된 사귐을 가졌습니다. 그들은 율법주의로 하나님을 섬기지 않았습니다. 그들은 하나님께 사랑으로 응답하였고 실패를 해도 성령의 도우심으로 하늘 아버지의 영광을 위해서 열매를 맺을 수 있다는 확신으로 살았습니다. 그들은 율법 준수로 자신의 자녀됨을 증명하려고 애쓰지 않았기에 자기 의에 빠지거나 긴장 속에서 전전긍긍하며 살지 않았습니다. 그들은 성령의 인도와 조명으로 어떻게 율법에서 해방되어 그리스도의 왕국 백성이 되었는지를 깨닫고 구원을 확신하였습니다. 그래서 하늘 아버지의 크나큰 사랑에 감복되어 하나님을 기쁘게 섬기는 삶의 승리와 자유를 즐겼습니다. 새 언약 백성의 경건은 율법 아래에 있음으로써 오지 않습니다. 성도의 거룩한 삶은 율법의 정죄와 죄책으로부터 해방되어 성령의 내주와 인도에 순종함으로써 이루어집니다. 하나님이 원하시는 온전한 영적 열매는 율법이 아닌 성령을 따라 행하는 것입니다.

39. 성령의 인도와 율법의 성취
갈라디아서 5:16

내가 이르노니 너희는 성령을 따라 행하라 그리하면 육체의 욕심을 이루지 아니하리라 (갈 5:16).

신앙생활에서 가장 큰 문제가 되는 것은 육체의 욕심을 채우면서 사는 것입니다. 이 문제가 해결되지 않으면 신자라도 불신자와 마찬가지라는 비난을 피할 수 없습니다. 육체의 욕심은 거듭나지 못한 타락한 인간의 특징입니다. 그래서 바울은 로마서 1장에서 하나님을 믿지 않는 인간의 욕정을 열거하였습니다. 예를 들면, 불의, 탐욕, 악의, 시기, 살의, 분쟁, 불효, 시기, 증상, 오만, 무정, 무자비 등등입니다(롬 1:29~31). 바울은 갈라디아서에서도 이와 유사하거나 동일한 죄악들을 육체의 일이라고 하면서 음행, 분쟁, 시기, 분냄, 분열, 이단, 방탕, 파당, 술취함 등을 예시하였습니다(갈 5:19~21).

이런 죄악들은 모두 하나님의 심판의 대상입니다(롬 1:32). 신자라도 불신자들이 물마시듯 짓는 죄를 지을 수 있습니다. 신자라면 이런 죄들을 피해야 정상입니다. 신자는 어둠의 왕국에서 빛의 왕국으로 옮겨졌기 때문입니다.

육체의 욕망을 제어하려면 율법을 지켜야 합니까?

바울이 어떻게 해야 육체의 욕망을 채우는 일을 그칠 수 있다고 했습니까? 율법을 따라 행하라고 하지 않았습니다. 바울의 해결책은 성령을 따라 행하라는 것입니다. 왜 율법이 아니고 성령일까요? 율법은 구약시대에 이스라엘 백성의 삶을 통제하였습니다. 그런데 아브라함의 후손은 새 언약 시대에 와서 새롭게 정의되었습니다. 즉, 이스라엘이라는 특정 국가의 국민이 아니고, 전세계적인 믿음의 백성으로 확대되었습니다. 예수 그리스도를 주님으로 믿는 자는 모두 아브라함의 후손입니다. 이것이 원래 아브라함의 후손이라는 말이 의도한 본뜻이었습니다.

> **너희가 그리스도의 것이면 곧 아브라함의 자손이요 약속대로 유업을 이을 자니라** (갈 3:29).

만약 우리가 아브라함의 후손을 재정의된 신약 개념으로 이해하지 않으면 이스라엘 백성에게 시행됐던 율법이 전세계의 그리스도인에게 적용되어야 한다고 생각하게 됩니다. 유대주의자들은 갈라디아 교인들이 유대인 메시아를 믿게 됐으니까 유대인의 언약 공동체에 들어와야 한다고 보았습니다. 그런데 이스라엘과 맺은 하나님의 언약은 율법 준수를 전제하였습니다. 따라서 이방인 교인들도 유대인처럼 할례를 받고 유대인처럼 살아야 한다고 주장했습니다. 바울이 어떻게 대응하였습니까? 갈라디아 교인들에게 율법이 아닌, 성령을 따라 살라고 했습니다. 신약 백성은 예수님이 승천하신 이후로 성령 아래에서 살기 때문입니다.

하나님의 구원 계획에는 단계가 있습니다. 하나님은 처음에는 아브라함 한 사람을 부르셨습니다. 아브라함을 구원하신 방법은 율법이 아니고 믿음이었습니다. 아브라함을 부르셨을 당시에는 율법이 있지도 않았습니다. 율법은 아브라함 시대 이후 430년이 지나서 하나님께서 시내산에 모였던 출애굽 세대에게 주셨습니다. 이것은 메시아가 그들에게 오실 때까지 잠정적으로 이스라엘 백성에게만 적용되는 제사장 중심의 신정법(神政法)이었습니다.

율법은 일종의 괄호 역할을 하였습니다. 그래서 예수 그리스도가 이스라엘과 이방인의 구원자로서 오신 이후부터는 모세 율법은 그리스도의 법으로 완성되었기에 괄호가 제거된 셈입니다. 신약 성도는 유대인이든지 이방인이든지 모두 한 성령으로 세례를 받고 성령의 인도를 받으면서 살도록 하나님께서 정하셨습니다. 그러나 믿음으로 구원받는 것은 구약시대나 신약시대나 마찬가지입니다. 구약시대의 율법도 그리스도의 십자가 대속을 바라보았기 때문에 이를 믿는 자들은 모두 구원을 받았습니다.

성령의 인도는 율법이 없이 율법을 성취하게 합니다.

• 성령을 따라 행하는 것은 율법으로부터의 자유를 의미합니다.

율법은 그리스도께서 오실 때까지 엄격한 훈육교사 역할을 하였습니다(갈 3:24). 그러나 그리스도가 오신 이후부터는 율법은 더 이상 하나님의 백성을 붙잡아 둘 수 없었습니다. 율법은 이스라엘 백성이 영적으로 미성년이었을 때 필요한 법이었습니다. 그래서 신약 백성은 율법이 아닌, 그리스도의 권위와 가르침 아래에서 살게 되었습니다. 이것은 율법이 가리키던 목표에 닿은 것이기 때문에 율법이 성취된 셈입니다.

• 율법 성취의 또 다른 의미는 율법의 요구가 사랑으로 충족되는 것입니다.

신약 교인은 율법의 규정을 따라 살지 않도록 그리스도 안에 있는 자유를 위해 부름을 받았습니다. 하나님께서는 새 언약 백성을 어린 아이들처럼 다루시지 않습니다. 성인은 자신이 알아서 일을 결정하고 처리합니다. 그래서 율법이 주지 않는 자유가 있습니다. 그러나 이 자유는 책임을 동반합니다. 자유는 육체를 위한 기회로 오용하지 않아야 진정한 자유입니다(갈 5:13).

그런데 성령은 율법에 적혀 있지 않거나 율법이 감당할 수 없는 것들까지도 가능하게 합니다. 또한 성령은 인격적으로 친밀하게 인도합니다. 이런 일은 문자로 된 율법이 전혀 할 수 없는 영역입니다. 예를 들어, 성령은 특별한 인도가 필요할 때에는 초자연적으로 섭리할 수 있습니다. 성경에 나온 몇 가지 실례를 소개합니다.

✽ 다윗이 나단 선지자에게 성전 건축의 뜻을 비쳤을 때, 나단 선지자는 그에게 "마음에 있는 모든 것을 행"(삼하 7:3)하라고 하였습니다. 율법 시대에도 하나님께서는 이런 자유를 주셨습니다. 그런데 성전 건축은 다윗의 몫이 아니었습니다. 그날 밤 하나님께서는 나단 선지자에게 나타나셔서 다윗의 왕권에 대한 특별한 계시를 하셨습니다. 다윗의 왕권은 그의 후손으로 오실 분

에 의해서 영원할 것이라는 것이었습니다(삼하 7:12). 그리고 성전 건축은 다윗의 몫이 아니고, 그의 아들인 솔로몬의 소명이라고 알렸습니다(왕상 5:5).

이처럼 하나님께서 우리에게 특별한 가이드를 주실 필요가 있을 때는 초자연적인 방법을 사용하십니다. 이것은 율법이 할 수 없습니다. 율법은 초자연적인 것이 아니고 문자로 된 법령집이기 때문입니다.

✲ 요나단은 무기를 든 병사에게 블레셋을 치러 가자고 했습니다.

> 주님께서 도와 주시면 승리를 거둘 수도 있다. 주님께서 허락하시는 승리는 군대의 수가 많고 적음에 달려 있지 않다 (삼상 14:6, 새번역).

하나님께서 요나단에게 그렇게 하라는 직접적인 계시나 명령을 하시지 않았지만 요나단은 자신의 믿음의 확신에 따라 나섰고 승리를 거두었습니다.

✲ 모세의 부모는 히브리인의 아기를 다 죽이라는 바로의 명령을 불복하다가 더 이상 숨길 수 없자 아기를 바구니에 담고 나일 강물에 띄워 보냈습니다. 그들은 믿음의 확신에 따라 행하였습니다. 이것은 나중에 성령에 의한 하나님의 섭리였음이 드러났습니다. 이처럼 구약시대에도 율법이 아닌 믿음의 확신으로 하나님의 뜻을 성취한 자들이 있었습니다.

✲ 바울은 바나바에게 1차 선교 여행지의 교회들을 다시 방문하자고 제안했습니다. 그때 바울은 천사가 간밤에 나타나서 그런 지시를 내렸다거나 혹은 '주께서 내게 말씀하시되' 라는 식으로 말하지 않았습니다. 물론 하나님께서는 그런 식의 계시나 명령을 주시기도 합니다. 그러나 그것은 예외적인 경우입니다. 만일 하나님께서 매번 그런 식으로 지시하신다면 자유나 책임의 여지가 없게 될 것입니다.

✲ 바울은 소아시아 선교에서 처음에는 북쪽 비두니아로 가려고 했습니다. 그때 성령께서 그를 막으셨습니다(행 16:7). 그래서 드로아로 갔지만 다음 행선지를 정할 수 없었습니다. 이럴 때 무슨 율법으로 가이드를 삼아야 하겠습니까? 율법은 이런 상황에서 구체적인 지시를 하거나 안내를 하지 못합니다. 바울이 어떻게 선교지의 방향을 정했습니까? 드로아에서 마게도냐 사람이 그를 건너오라고 부르는 환상을 보고 인도를 받았습니다(행 16:8~10). 이것은 성령의 직접적인 인도입니다. 성령은 우리가 이렇게도 저렇게도 할 수 없는 상황에서 초자연적 인도를 하실 수 있습니다.

✲ 누가는 누가복음 서두에서 복음서를 집필하려고 붓을 든 사람들이 많았다고 하였습니다. 그는 자기도 자세하게 리서치를 하고서 복음서를 쓰는 것이 좋은 아이디어 같아서 누가복음을 쓰게 되었다고 밝혔습니다. 물론 성령께서 누가에게 영감을 주시고 복음서를 집필하도록 도우신 것은 사실이지만, 누가는 자신이 복음서를 쓸 때 상식적으로 해야 할 리서치나 기타 준비 작업에서 많은 자유를 누렸음을 알 수 있습니다. 누가는 복음서를

쓰기 위해서 율법책에서 영감을 받은 것이 아니고, 자신이 당연히 해야 할 리서치 작업을 하면서 성령의 감동을 받았습니다.

하나님께서는 새 언약 백성에게 많은 자유를 주십니다. 그래서 시행착오를 거치면서도 하나님의 뜻을 깨닫게 하시고 성령의 소리에 민감하게 하셔서 거룩한 성도의 삶을 살게 하십니다.

우리는 왜 하나님께서 우리를 이런 방식으로 살게 하시는지를 기억하면서 살아야 합니다. 율법이 아닌 성령의 인도를 받게 하시는 까닭은 우리를 어린아이로 취급하시지 않겠다는 뜻입니다. 구약의 언약 백성은 율법 아래에서 살아야 했습니다. 어린아이들이었기 때문입니다. 그러나 그리스도가 오신 후로는 새 언약 백성은 성령을 받은 자들이기에 성년 취급을 받습니다. 그래서 하나님께서는 문자로 우리를 통제하시지 않고 성령으로 이끌어 주십니다. 성령으로 하나님의 말씀을 깨닫게 하시고 그리스도의 사랑을 익혀 삶에 적용하게 하십니다. 이것이 새 언약 백성의 생활 방식입니다. 율법에 대한 순종이 아니라 십자가 사랑을 적용하는 순종입니다. 이렇게 함으로써 새 언약 백성은 율법을 성취하고 율법의 한계선을 넘어갑니다.

율법책을 펴놓고 모세의 음성을 들어서가 아닙니다. 그리스도를 묵상하며 성령의 음성을 듣기 때문에 율법의 요구를 채우고도 남습니다. 그러니까 결과적으로 보면, 율법을 의도적으로 지키려고 하지 않아도 율법의 요구를 웃돌게 된다는 말씀입니다. 율법서가 없이 율법을 지키는 자가 되는 셈입니다. 말을 바꾸면, 율법을 의식하지 않고서 율법을 간접적으로 준수하는 셈입니다. 율법에 의존하지 말아야 율법의 수준을 벗어납니다. 율법에 죽어야 성령 안에서 하나님을 위해 살게 됩니다. 그래서 바울은 로마서 8장 4절에서 말합니다.

> 육신을 따르지 않고 그 영을 따라 행하는 우리에게 율법의 요구가 이루어지게 하려 하심이니라 (롬 8:4).

우리는 모세 율법이 아니더라도, 율법의 범주에 속하는 비복음적인 교회 전통이나 여러 가지 율법적인 행위나 율법적 경건주의에서 탈피해야 합니다. 그렇게 하려면 율법을 염두에 둘 것이 아니고, 예수님이 누구이신지를 깊이 생각하면서(히 3:1) 그분의 뜻과 모범에 집중해야 합니다.

우리가 율법을 뒤로 제쳐두면, 죄에 빠질 것이라고 염려할지 모릅니다. 이것은 예수님보다 모세 율법을 더 신뢰하는 것입니다. 우리는 모세와 결혼하지 않았습니다. 우리의 남편은 예수님입니다. 율법은 나를 인격적으로 사랑하거나, 나를 죄로부터 보호해 주지 않습니다. 율법은 어느 정도 나를 억제하고 법의 테두리 안에 가두어 두는 역할을 하지만, 죄책에서 해방시키지 못합니다. 나는 성령으로 살 때에만 죄의 용서를 체험하고 예수님의 사랑을 본받을 수 있습니다. 우리는 율법에 집중하면 할수록 자기 의에 빠지거나 영적 침체를 겪습니다. 율법은 나에게 율법을 지킬 수 있는 능력이나 충분한 동기부여를 하지 않습니다. 형벌은 있어도 격려는 없고, 약속은 있어도 성취의 보장이 없는 것이 율법입니다.

율법의 수준에서는 만족한 성도의 삶을 살 수 없습니다. 그러나 예수님에게 집중하면 사랑의 능력이 생깁니다. 그래서 율법을 지키려고 의도한 것이 아니지만, 율법의 요구가 사랑의 원리에 의해 충족된 것을 발견합니다. 사랑은 모든 율법을 다 지키고도 남는 능력이 있습니다. 성령의 인도를 받으며 사랑의 법을 실천하면, 율법의 요구를 상회하게 됩니다.

> **크리스천은 토라**(Torah, 모세오경) **아래 있지 않고서 토라를 성취한다. 율법을 성취하는 것은 단순히 율법을 지키는 것 이상이다. 그것은 모세 율법을 능가하는 레벨로 사는 것이다.**(Michael Eaton, No Condemnation, p.180).

우리는 노력한다고 해서 율법의 요구를 만족시킬 수 없습니다. 그런 시도는 로마서 7장 24절의 고백처럼 "오호라 나는 곤고한 사람이로다" 라는 고백를 마시게 합니다.

경건의 비밀은 성령생활입니다. 크리스천의 삶은 율법에 죽고, 성령으로 다시 살아난 새 생명입니다. 이 성령의 체험은 그리스도를 믿는 모든 신자에게 약속된 것입니다. 그래서 흔히 "약속된 성령" 이라고 부릅니다(눅 24:49; 행 1:4; 2:33; 갈 3:14; 엡 1:13). 우리는 그리스도와 함께 십자가에 못 박혔습니다. 우리는 그리스도와 함께 죽은 자 가운데서 살아났습니다. 우리는 그리스도의 나라에 들어가서 성령으로 하나님을 섬기고 성령의 열매를 맺습니다. 바울은 로마서 7장 6절에서 "우리가 영의 새로운 것으로 섬길 것이요 율법 조문의 묵은 것으로 아니할지니라" 고 했습니다.

그런데 성령의 인도를 받는다고 해서 율법을 무시한다는 뜻은 아닙니다. 크리스천은 율법 시대의 영역과 수준을 넘어선다는 의미에서 율법 아래 살지 않습니다. 크리스천은 율법의 지배를 받고 살지 않습니다. 그래서 율법으로부터 자유한다고 말할 수 있습니다. 그러나 율법에 담긴 하나님의 뜻이나 선한 의도를 외면하는 것은 아닙니다. 오히려 신약시대의 교인들은 율법의 의도와 수준을 상회하는 예수 그리스도의 권위와 모본을 따라 성령으로 행하기 때문에 율법의 요구를 만족시키고도 남습니다.

그래서 신약 교인은 율법을 비의도적으로 성취하는 셈입니다. 율법의 통제를 받지 않으면서, 율법이 원하는 일을 자연스럽게 행하고 더 나아갑니다. 그리스도를 믿는 신자는 율법에 의존해서 육체의 욕심을 다스리는 것이 아니라, 성령에 의존하는 새 생명의 능력으로 하나님의 뜻을 따라 삽니다. 율법으로 살려고 하면 항상 실패합니다. 그러나 성령을 따라 살면 새 힘을 얻고 보다 높은 경건의 수준에 이를 수 있습니다.

성령은 십자가로 구속한 새 언약 백성을 예수님의 뜻으로 인도합니다. 그래서 이것을 "그리스도의 법"(갈 6:2)이라고 부릅니다. 그런데 '그리스도의 법'은 사랑의 원리로 지키는 것입니다. 야고보는 이것을 이웃 사랑이 핵심이라는 뜻에서 "최고의 법"(약 2:8)이라고도 불렀습니다.

율법은 사랑을 통해 성취됩니다.

바울은 "온 율법은 네 이웃 사랑하기를 네 자신 같이 하라 하신 한 말씀에서 이루어졌다"(갈 5:14; 롬 13:9)라고 갈파했습니다. 예를 들어, 십계명에는 살인하지 말라, 거짓 증거하지 말라, 도둑질하지 말라, 이웃의 것을 탐하지 말라 등의 명령이 있습니다. 그러나 신약 교인들의 거룩한 삶은 한 마디로 이웃 사랑의 원리로 모두 다 해결될 수 있습니다. 이웃을 사랑하면 남을 죽이지도 않고, 훔치지도 않으며, 거짓말을 하지도 않습니다. 사랑이 있으면 남을 해치지 않을뿐더러 오히려 더 적극적으로 남을 위해 섬깁니다.

예를 들어, 구약의 레위지파는 가나안에서 땅을 분배받지 못하였으므로 각 지파들이 자기들이 받은 유업에서 일부 성읍과 목초지를 내어 주었습니다(레 21:3). 그 원칙은 많이 받은 자는 많이 떼어주고 적게 받은 자는 적게 떼어주는 것이었습니다(민 35:8). 이것은 공평한 나눔입니다. 그러나 율법으로 정한 기계적인 원칙이었습니다. 반면 신약의 분배 원칙은 수입의 분량에 비례하는 것이 아니고 자원하여 각 개인이 정한 액수의 물질을 후하게 나누는 것입니다. 인색하거나 의무감에서 억지로 하는 것이 아니고 이웃을 위해 넘치는 사랑을 표현하는 것이므로 율법의 수준을 상회합니다(고후 8:2~5; 9:7).

사랑은 율법의 요구 사항을 추월합니다. 율법은 도둑질하지 말라고 합니다. 그래서 훔치지 않으면 율법의 요구를 충족시킨 것입니다. 그러나 신약의 가르침은 도둑질을 하지 않는 것으로 그치지 말고 한 걸음 더 나아가 자기 손으로 수고하여 가난한 자들을 구제하라고 말합니다(엡 4:28). 이것은 무엇을 시사합니까? 사랑의 원리로 살면 율법의 한계선을 넘어간다는 것입니다. 사랑의 원리로 작용하는 성령의 인도를 받으면 모세법의 한계를 추월합니다.

그래서 바울은 크리스천의 거룩한 삶을 위한 길잡이로서 율법을 제시하지 않았습니다. 이웃을 내 몸처럼 사랑하고 내가 받고 싶은 대로 남을 대접하라는 황금률이 있는데 이보다 수준이 낮은 구약시대의 율법을 복귀시킬 필요가 어디에 있겠습니까? 더구나 성령은 모든 방면에서 탁월한 인도자가 되어 주님의 뜻을 보여 주시며, 우리 속에 내재하시면서 거룩한 삶을 살 수 있는

능력을 주십니다. 그러니까 그런 능력이 없는 율법을 바울이 내 490
세울 필요가 없는 것은 당연한 일이었습니다.

신약 성도의 거룩한 삶은 율법으로 정의되는 것이 아니고, 자유와 사랑 속에서 성령의 인도를 받으며 책임을 지는 성년의 삶을 사는 것입니다. 우리 모두 성령의 능력으로 새 생명의 삶을 살아야 하겠습니다.

40.
성화의 절대 모델
갈라디아서 5:16

내가 이르노니 너희는 성령을 따라 행하라 그리하면 육체의 욕심을 이루지 아니하리라 (갈 5:16).

바울은 본 항목에서 신자의 새 삶은 성령의 인도로 된다고 말합니다(갈 5:16~25). 바울의 반대파들은 믿음으로 말미암는 구원은 거룩한 삶에 대한 동기부여를 차단하고 방종으로 가게 한다고 비난하였습니다. 예수 그리스도를 구주로 믿으면 영원한 구원을 받는다고 가르치면 늘 나오는 질문이 있습니다. 즉, 구원을 받았으니까 그 다음부터는 구태여 거룩한 삶을 살려고 애쓸 필요가 없지 않느냐는 것입니다. 이에 대한 대답으로 준 것이 성령을 따라 행하라는 것입니다.

자유는 얼마든지 오용될 수 있습니다. 그래서 믿음으로 일단 천국이 보장되었으니까 어떻게 살아도 좋지 않으냐고 생각합니다. 바울은 이런 그릇된 생각에 대해 "자유로 육체의 기회를 삼지 말고 오직 사랑으로 종 노릇 하라"(13절)고 했습니다. 자유를 오용하지 않고 육체의 욕심을 이루지 않는 길은 성령의 인도를 받고 사는 것이라는 말입니다. 다시 말해서 성령 생활이 그리스도 안에서 받은 새 삶의 방식이라는 것입니다.

그런데 성령 생활은 추상적인 것이 아니고 구체적인 사랑의 삶입니다. 성령은 사랑의 길로 인도합니다. 율법에 치우친 삶은 갈라디아 교회에서 보듯이 물고 뜯고 삼키는 분위기입니다. 우리나라 교회가 모이면 싸우고 갈라지는 까닭이 무엇입니까? 교회 생활이 대체로 율법적이고 성령 안에서 사랑으로 행하지 않으며 그리스도 안에 있는 자유를 육체의 기회로 삼기 때문입니다.

율법은 대체로 부정적이고 복음은 긍정적입니다.

십계명 중에서 아홉 계명이 모두 부정적인 진술입니다. 율법은 주로 하지 말라는 금지 사항을 다룹니다. 어떤 선을 그어놓고 더 이상 넘어가지 못하게 합니다. 일정 지역에 울타리를 둘러치고 못 나가게 합니다. 율법은 자발적인 동기부여를 하기보다는 억제하고 위협합니다.

그러나 복음은 율법과 대조해서 보면 긍정적입니다. 복음은 율법처럼 국가적인 차원에서 금지 사항을 제시하거나 형벌과 제재를 가하지 않습니다. 통제가 목적이 아니기 때문입니다. 복음은 선행을 격려하고 사랑의 삶이 주는 자유를 누리게 합니다. 세상 국가에서는 법의 부정적 측면이 자유를 보호하는 데 필요합니다. 그러나 교회는 하나님의 거저 주는 구원의 은혜와 성령의 인도에 의한 사랑의 삶으로 자유를 누리게 합니다.

물론 복음에도 부정적인 측면이 전혀 없는 것이 아닙니다. 하나님께서는 사랑하는 자에게 매를 아끼지 않습니다. 그러나 징계는 우리의 영적 유익을 위한 것입니다(히 12:10). 징계의 방법은 율법처럼 기계적이고 냉정하지 않습니다. 하나님의 회초리에는 자비의 꼬리표가 달려 있습니다. 그래서 우리 죄의 분량에 비하면 징계는 가벼운 것이며 영구적이지 않습니다. 복음의 분위기는 모세 율법과 같은 부정적 분위기가 아닙니다. 그래서 새 언약 교회는 사랑과 용서가 느껴지는 분위기라야 하고 징계가 있어도 가족으로서의 이해와 배려가 포함되어야 합니다.

복음은 율법처럼 징벌에 초점을 두는 엄격하고 경직된 분위기가 아닙니다. 우리는 하나님을 세상 법정의 재판관이나 엄격한 감시원으로 대하지 말아야 합니다. 하나님께서는 우리가 성령 안에서 십자가 사랑과 부활 생명으로 하나님을 기쁘게 해 드리는 거룩한 삶을 살도록 계획하셨습니다. 그래서 바울은 로마서 12:1절에서 율법의 계명으로 거룩한 삶을 권면한다고 하지 않고 "내가 하나님의 모든 자비하심으로 너희를 권한다"(롬 12:1)라고 하였습니다. 예수 그리스도의 십자가 사랑에서 드러난 하나님의 자비하심에 마음이 닿은 자는 하나님의 선한 뜻에 따라 살아야 하겠다는 강한 동기부여를 받습니다.

율법으로는 구원도 받지 못하고 양심도 깨끗해질 수 없습니다. 죄를 확신시키고 용서를 체험하게 하는 것은 율법이 아니고 십자가 보혈을 통한 성령의 사역입니다. 유대인 지도자들은 율법에 정통했지만 자신들이 죄인이라는 것은 깨닫지 못하였습니다. 그들은 예수님을 죽이기로 공모하였고 실제로 죄 없는 의인을 죽였습니다(행 3:14~15). 율법은 살인하지 말라고 했지만 율법학자들은 살인자가 되고도 하나님을 기쁘게 해 드렸다고 생각했습니다.

율법의 가장 큰 약점은 사랑을 일으키지 못하는 것입니다. 율법 중심의 교회는 분란이 많고 구원의 확신이나 기쁨이 넘치지 않습니다. 갈라디아 교회는 율법으로 돌아갔기 때문에 서로 물고 뜯었습니다. 율법에 가까이 갈수록 회의에 빠지거나, 구원의 확신이 줄어들거나, 자기 의에 젖어 다른 사람을 정죄하는 습관이 붙습니다. 이것은 새 언약 백성의 삶의 자세가 아닙니다. 만약 율법이 새 생명을 줄 수 있었다면 그리스도의 사랑의 법이 필요하지 않았을 것입니다. 율법이 신약 성도를 인도하는 길잡이였다면, 성령이 교회에 강림할 필요가 없었을 것입니다. 어떤 법도 생명을 주지 못합니다. 그러나 성령은 새 생명을 주고 그리스도 안에서 생동하게 합니다.

성화는 나의 협력을 요구합니다.

거룩한 삶은 자동이 아닙니다. 나의 소속과 신분이 주 예수를 믿을 때 악의 왕국에서 의의 왕국으로 옮겨졌다고 해서 내가 하루아침에 죄로부터 완전히 벗어나는 것은 아닙니다. 우리는 주 예수를 나의 대속주로 믿고 주의 백성이 되었을 때 죄의 정죄로부터 해방되었습니다. 그래서 죄를 지어도 영원한 정죄를 받고 지옥으로 가지 않습니다. 그럼 죄를 지어도 좋다는 말일까요? 아닙니다. 은혜 구원을 받았다는 것은 죄를 계속 짓거나 더 지어도 되는 특수한 신분이 되었다는 뜻이 아닙니다. 그것은 새로운 삶의 방식으로 살게 되었다는 뜻입니다.

새로운 방식이란 무엇입니까? 육체의 욕심을 이루며 살지 않는다는 것입니다. 이것은 거듭나기 이전의 삶의 모습이 아닙니다. 이제 주 예수의 속죄로 죄의 속박에서 풀려난 자유인이 되었으므로 성령을 따라 행하는 새로운 형태의 삶이 나의 신분과 위치에 걸맞습니다.

중요한 것은 사탄의 나라에서 종살이하던 내가 그리스도의 왕국으로 옮겨졌으므로 성령을 따라 마음을 다하여 자발적으로 예수님을 왕으로 섬겨야 한다는 것입니다. 이 점에서 우리는 성령의 지시와 인도에 협력해야 합니다. 이렇게 하고 사는 것이 그리스도께 순종하는 것이며 그분을 왕으로 모시는 것입니다.

우리에게는 그리스도를 순종하거나 불순종할 자유가 있습니다. 하나님께서 나의 의지와 뜻을 강제로 꺾지 않으십니다. 우리는 하나님의 주권적인 인도를 강제적인 것으로 이해하지 말아야 합니다. 하나님은 여러 가지 방법으로 자녀들을 인도하십니다. 조용하게 차근차근 설득도 하시고 혹은 환경을 통해 귀에 울리도록 큰소리로 말씀하기도 하십니다. 때로는 가는 길에 자갈이나 가시덤불을 놓고 막기도 하십니다. 목자가 양을 칠 때 온순히 인도하기도 하지만, 말을 듣지 않는 못된 양들을 지팡이로 꾹꾹 찌르는 것과 같습니다. 그래도 여전히 고집을 부리면 벌을 내리기도 하십니다. 그러나 주님은 강제로 우리의 순종을 받아내시지 않습니다. 주님은 자유인이 된 우리를 존중하십니다. 예수님이야말로 진정한 의미에서 최대의 인권 옹호자이십니다.

그런데 내가 육을 따라 행하면 어떻게 될까요? 구원을 잃지는 않습니다. 그러나 내가 육에 이끌리면 많은 복을 잃습니다. 내가 육체의 길을 택할 때 나는 죄악의 열매를 맺습니다. 이것은 하나님과 나 사이의 관계에 큰 손실을 초래합니다.

• 무엇보다도 하나님과 나 사이가 서먹해집니다. 내가 육체

를 따라 행하면 하나님이 두려워집니다. 그래서 하나님을 만나기를 꺼립니다. 기도하지 않게 되고, 성경을 보지 않게 됩니다. 교회 생활이 불편해집니다. 형식적인 교인으로 살게 됩니다.

• 육체의 욕구를 만족시킬 때마다 나는 성령을 근심케 합니다. 자녀가 나쁜 길로 가면 부모가 슬퍼하듯이, 성령도 우리의 탈선을 보시고 슬퍼하십니다. 세상에서 성령처럼 민감한 분이 없습니다. 성령은 우리 안에 항상 계십니다. 성령은 주무시거나 졸지 않으십니다. 성령은 항상 깨어서 우리에게 일어나는 모든 일을 세밀하게 느끼시는 분입니다. 이 세상에서 나에 대해서 가장 깊은 관심을 가진 사람이 누구겠습니까? 나의 부모나 자식이나 배우자나 형제나 애인일까요? 그들보다 무한히 크고 깊은 관심을 가진 분이 계십니다. 곧 내 안에 계신 성령 하나님이십니다.

그런데 우리는 성령 하나님에 대해서 너무 관심이 없는지 모릅니다. 삼위일체 교리를 믿는다고 하면서도 성령님에 대해서는 대체로 무관심하고 거의 무감각한 듯합니다. 그렇다면 그런 나의 모습을 보시고 성령께서 슬퍼하시고 근심하신다는 말씀이 무슨 의미인지를 잘 생각해 보아야 하겠습니다.

• 성령님이 나로 인해서 근심하시고 염려하시게 되면 하늘 아버지께서 매우 언짢아하시고 주님의 구원이 주는 기쁨과 확신에 부정적인 영향을 끼칩니다. 십자가 구원에 대한 감격이 줄어들고 신앙생활에 활기가 사라집니다. 결국, 성령을 따라 살지 않으면, 성삼위 하나님이 모두 나로 인해서 근심하시고 슬퍼하신다는 말이 됩니다. 이것은 매우 심각한 문제입니다.

• 우리가 만약 성령에 대해서 무관심하다면 성화는 이루어질 수 없습니다. 성화는 경건 생활이라고도 표현하지만 더 쉽게는 성도의 새 삶입니다. 성도의 새 삶은 그리스도의 부활 생명을 받은 자가 그리스도의 영에 따라 하나님의 선한 뜻을 따르면서 사는 것입니다.

그런데 이 새 삶이 어떻게 이루어지는가 하는 것이 바울의 요점입니다. 그에 의하면 성화의 핵심은 성령을 따라 행하는 것입니다. 그렇게 살면 육체의 욕심을 이루지 않는다고 했습니다. 성령을 따라 행하는 것이 수천 가지의 율법 조항을 지키는 것보다 낫다는 말입니다. 성령을 따라 행하면 사실상 율법의 많은 조항이 의도하고 지향했던 것들을 간접적으로 쉽게 거의 무의식적으로 성취합니다. 성령 안에서 사랑의 삶을 산다면, 십계명을 조항대로 다 지키려고 애쓰지 않아도 자연히 지키는 셈이 됩니다. 그렇다면 성도의 새 삶은 율법으로 사는 것이 아님이 분명합니다. 율법 생활이 아닌, 성령 생활이라야 새 언약 백성의 거룩한 삶이 바라보는 목표에 이를 수 있습니다.

성화의 절대 모델은 예수님입니다.

예수님은 새 이스라엘의 머리로서 세상에 오셨습니다. 율법 아래 있던 이스라엘 백성은 모두 실패하였습니다. 그들은 우상 숭배자들이 되었고 하나님을 항상 불순종하다가 나라가 망하는 지경에 이르렀습니다. 이제 예수님이 새 이스라엘의 대표자가 되셨습니다. 예수님은 이스라엘 백성이 율법 아래에서 이룰 수 없었던 하나님의 선한 뜻을 성령을 따라 행하심으로써 하나님의 사랑하는 참 아들이 되셨습니다.

우리가 성령을 따라 행하는 것이 무엇인지를 알려면 예수님을 바라보면 됩니다. 예수님이 어떻게 사셨는지를 생각해 보면 성령 생활이 어떤 것인지를 배울 수 있습니다. 그래서 우리는 예수님에게 초점을 둔 복음서로 돌아가서 예수님을 묵상해야 합니다. 예수님의 생애에 대한 이해가 깊을수록 예수님을 더욱 닮아가게 됩니다.

예수님 당시의 유대인은 어릴 때부터 모세 오경을 배웠습니다. 그때는 구약 성경이 흔하지 않았기 때문에 많은 부분을 외우게 하였습니다. 그러나 모세 율법을 달달 외우고 순종하는 것보다 예수님의 산상보훈 한 절을 외우고 실천하는 것이 더 낫습니다. 예수님은 하나님의 아들로서 오셔서 율법 아래 있던 이스라엘 백성에게 "내가 진실로 진실로 너희에게 이르노니"라고 하시면서 그의 말씀을 순종하라고 가르치셨습니다. 예수님은 자신의 권위를 모세 율법 위에 두시고 제자들에게 '나는 너희에게 이렇게 말한다'라고 선포하셨습니다. 예수님은 하나님의 마지막 말씀입니다. 우리는 이제 새 언약 시대에 삽니다. 그래서 예수님의 말씀을 순종해야 합니다. 그러기 위해서는 반드시 예수님의 영이신 성령의 인도와 지시를 받아야 합니다. 예수님 자신이 그렇게 사셨습니다. 그 결과가 무엇이었습니까? 하늘 아버지의 구원의 뜻을 이루셨습니다. 그리고 하나님 우편 보좌에 앉으셨습니다. 모든 이름보다 뛰어난 이름을 받으셨습니다(빌 2:9).

우리가 예수님의 십자가 희생을 믿고 하나님의 자녀가 되고 의롭다는 판정을 받았다면 이제부터는 의로운 삶을 살아야 합니다. 우리는 신분상으로 의롭습니다. 그러나 실제로 우리의 의로운 신분에 걸맞는 거룩한 성도의 삶을 이 세상에서 최선껏 살지 않으면 성령을 슬프게 하고 근심케 한다는 사실을 명심해야 합니다.

우리가 어떻게 육체의 소욕을 죽일 수 있겠습니까? 예수님처럼 성령을 따라 행하면 됩니다. 성령 생활은 어떻게 하는 것입니까? 예수님이 어떻게 사셨는지를 보면 됩니다. 나의 삶이 과연 성령을 따라 사는 것인지를 곰곰이 반성해 보면서 하나님의 도우심을 구하는 시간이 되기를 빕니다.

41.
육체와 성령의 줄다리기
갈라디아서 5:17

육체의 소욕은 성령을 거스르고 성령은 육체를 거스르나니 이 둘이 서로 대적함으로 너희가 원하는 것을 하지 못하게 하려 함이니라 (갈 5:17).

우리는 모두 인간으로 태어났습니다. 그런데 인간은 자신을 잘 알 수 없습니다. 자연인은 자신이 어디에서 왔는지 모릅니다. 그리고 사후에 어디로 가는지도 모릅니다. 사실 사후에 가는 곳이 있는지 없는지조차도 알 수 없습니다. 인간은 왜 자신이 세상에 존재하는지도 모릅니다. 그런데 더 모르는 것이 있습니다. 자신의 내부에서 일어나는 일에 대해서 자신도 모르는 것이 많습니다. 자신의 감정과 생각과 욕구가 항상 서로 부딪치고 갈등합니다. 스스로 모순된 일을 하고 전혀 나답지 않은 모습을 드러내기도 합니다. 나는 경우에 따라 선한 모습도 되고 악한 모습도 됩니다. 이런 인간들이 모여 사는 세상이다 보니 별 일들이 다 일어나고 온갖 불행한 일들이 생깁니다. 인간들은 보다 나은 세상을 만들기 위해서 여러모로 시도하지만 타락한 세상을 근본적으로 고칠 수 없습니다.

인간은 만물의 영장으로서 다른 동식물을 지배하고 고도의 문화를 일으킵니다. 우주선을 타고 별들을 탐사합니다. 그런데 달에 발을 디뎠던 우주 비행사의 가정이 파탄에 이르고 컴퓨터를 개발한 천재적 두뇌를 가진 자가 자살을 합니다. 인간은 자신을 통제할 능력이 없습니다.

인간은 모순된 존재로서 살고 죽습니다. 아무리 높은 수준의 교육을 받고 지식을 쌓아도 자기 마음 하나 다스리지 못합니다. 왜 그럴까요? 성경에 의하면 자기를 지으신 창조주 하나님의 선한 뜻을 떠나서 살기 때문입니다.

인간은 타락하였습니다. 인간은 죄를 안 짓고 살 수 없습니다. 이것은 누구도 부인할 수 없습니다. 인류의 조상인 아담과 하와는 하나님의 말씀을 순종하지 않았습니다. 그들은 사탄의 유혹을 받고 하나님의 선한 뜻을 의심하였습니다. 그들은 범죄하여 죄인이 되었고 그들의 후손인 인류는 죄에 오염되었습니다. 타락한 인간 속에는 악의 세력이 자리잡고 있습니다.

[어떤 해결책이 있을까요?]

복음이 해결책입니다. 예수 그리스도의 십자가 대속을 믿고 하나님께로 돌아가면 구원을 받습니다. 죄의 용서를 받고 하나님 나라의 새 백성이 됩니다. 그래서 사탄이 아닌 하나님을 섬기게 됩니다. 그런데 주 예수를 믿으면 한 가지 놀라운 일이 생깁니다. 주 예수의 영이 신자 속으로 들어옵니다. 이것을 성령의 내주라고 말합니다. 이것은 예수님이 승천하시기 전에 제자들에게 약속하신 말씀이었고 구약시대부터 예언된 일이었습니다(렘

31:33; 겔 36:26~27).

> 내가 아버지께 구하겠으니 그가 또 다른 보혜사를 너희에게 주사 영원토록 너희와 함께 있게 하리니 그는 진리의 영이라 … 그는 너희와 함께 거하심이요 또 너희 속에 계시겠음이라 (요 14:16~17).

> 그의 성령을 우리에게 주시므로 우리가 그 안에 거하고 그가 우리 안에 거하시는 줄을 아느니라 (요일 4:13).

> 누구든지 예수를 하나님의 아들이라 시인하면 하나님이 그의 안에 거하시고 그도 하나님 안에 거하시느니라 (요일 4:15).

[성령의 내주는 왜 있는 것일까요?]

• 성령은 진리의 영이십니다(요 14:17). 그래서 우리 눈을 열어 성경을 깨닫게 하십니다(요 14:26; 16:13).

• 성령은 우리가 주님과 연합되었음을 확신시키고(요 14:20) 여러 상황에서 필요한 도움을 주십니다(요 14:15~17).

• 성령은 그리스도의 증인이십니다 (요 15:26)

• 성령은 죄와 의와 심판에 대한 고발자이십니다(요 16:4~11).

참고로, 죄를 확신시키는 것은 율법이 아니고 성령의 사역입니다. 예수님은 "죄에 대하여라 함은 그들이 나를 믿지 아니함이요"(요 16:9)라고 하셨습니다. 예수님을 구주로 믿지 않는 것이 죄요 그런 사람이 죄인이라는 말씀입니다. 이것이 죄에 대한 예수님의 정의입니다. 그런데 이 말씀은 성령 사역의 문맥에서 풀어주신 말씀이었습니다(요 16:8). 즉, 죄를 깨닫게 하고 자신이 죄인이므로 하나님의 심판의 대상이라는 것을 확신시키는 것은 성령의 역할이라는 것입니다. 율법이 이런 일을 하지 못합니다. 성령이 죄를 확신시키고 십자가로 인도하십니다.

예수님은 성령을 보혜사(保惠師, 헬. 파라클레토스)라고 하셨는데(요 14:16) 조력자(요 14:15~17, Helper), 위로자(Comforter), 변호인(Advocate) 등으로 번역됩니다. 1세기 때 파라클레토스(보혜사)라고 하면 법정에서 무엇을 말해야 하고, 무엇을 알아야 하는지에 대한 조언을 하고 상담해 주는 사람을 가리켰습니다. 성령께서 신자들에게 이런 사역을 하신다는 것입니다. 그래서 바울은 우리가 성령을 따라 행해야 한다고 가르쳤습니다. 그런데 문제가 하나 있습니다. 신자는 성령을 받았고 불신자는 성령을 받지 못하였습니다. 그러나 신자는 성령을 받았음에도 육체의 소욕과 갈등 관계에 있습니다. 그 해결책은 바울이 지적한대로 성령을 따라 행하면 육체의 욕심을 이루지 않는다는 것입니다.

육체란 무엇입니까?

육체라는 말은 일반적인 의미인 몸 이상의 뜻으로 성경에서 자주 사용되었습니다. 문맥에 따라 신체, 인간의 연약성, 인간의 죄악 된 측면 등의 의미를 갖지만, 본 절의 육체는 타락한 인격체의 습관이나 성향을 말합니다. 육체의 소욕이라고 하면 죄를 짓고 싶은 죄악된 욕망입니다. 육체 혹은 육은 헬라어로 싸르크스(Sarx)인데 영어로는 보통 sinful nature(NIV, Gal. 5:17) 혹은 the desires of the flesh(ESV)로 번역합니다. 그런데 어떤 의미로 사용하느냐에 따라서 본문 해석에 큰 차이가 생깁니다.

예를 들어, 육체를 죄성을 가리킨다고 보고, 죄성을 인간의 죄악 된 본성으로 간주한다면, 17절의 육체의 소욕이 성령을 거스른다는 말은 모순입니다. 죄악 된 본성이라는 의미의 죄성은 거듭난 신자들에게는 해당되지 않기 때문입니다. 이 죄성은 구원받기 이전의 과거의 나를 지배했던 본성이었습니다. 그러나 이제는 성령으로 거듭났기 때문에 죄를 섬기려 하기보다는 하나님을 섬기려고 하는 새 본성을 가지고 있습니다. 그래서 거듭난 이후에도 과거의 죄성을 그대로 지닌 채 사는 것이 아닙니다. 흔히 죄성이 있기 때문에 신자라도 죄를 짓지 않고 살 수가 없다고 말합니다. 이것은 죄를 짓는 것에 대한 변명이 되어서는 안 됩니다.

모든 인간은 아담의 후손으로서 죄에 오염된 상태로 태어납니다. 아담에게 속한 자는 모두 어둠의 세계에서 삽니다. 자연인은 죄악 된 본성의 지배를 받습니다. 그래서 죄를 짓지 않을 수 없는 상태에서 스스로 벗어나지 못합니다. 그들은 죄와 정죄와 사망의 그늘에 놓여 있습니다. 그러나 자연인으로서의 아담의 후손과 초자연적으로 거듭난 예수 그리스도의 자녀는 구별해야 합니다.

거듭난 신자는 새로운 본성을 가졌기 때문에 타락한 본성의 지배를 받지 않습니다. 그러나 여전히 육적 욕심의 유혹을 받고 과거의 죄악 된 악습으로 돌아가고픈 충동을 느낄 수 있습니다. 이것이 주 예수를 믿고 거듭난 성도의 갈등 요인입니다. 예수를 믿고 살게 되었음에도 자꾸 죄를 짓고 싶은 마음이 생기고 여전히 죄를 짓는 자신을 보고 실망합니다. 교회를 다녀도 죄의 문제가 쉽게 수그러지지 않습니다. 경건하게 살다가도 기회가 오면 곧잘 넘어지고 오랜 신앙생활 후에도 어이없이 죄에 빠지는 일이 생깁니다. 그래서 예수를 잘 믿다가도 나 같은 사람은 교인 생활을 할 수가 없다는 패배감에 사로잡히기도 합니다.

우리는 거듭난 후에는 악의 영역에서 벗어나서 그리스도의 왕국으로 들어갔습니다. 그렇다면 육체의 소욕에 사로잡히는 일이 없어야 하지 않겠습니까? 바울은 이 문제를 교리적으로 설명합니다. 성령과 육체 사이에 줄다리기가 벌어진다는 것입니다. 이 둘 사이는 적대 관계입니다. 우리를 가운데 놓고 서로 자기 앞으로 당깁니다(참조. 골로새서 강해, 교회의 장래는 어두운가? 이중수 지음 401~408쪽).

⇨ 성령은 하나님의 선한 뜻에 대한 순종과 그리스도의 고결한 성품을 따르는 쪽으로 우리를 당깁니다.

⇨ 육체는 도덕적 죄와 세속 사상과 부패한 옛 자아의 행습을 따르도록 우리를 당깁니다.

그럼 어떤 쪽이 이길까요? 내가 굴복하는 쪽이 이깁니다. 내가 육체에 머리를 굽히면 육체가 우위를 차지하고, 내가 성령에 머리를 숙이면 성령이 내 삶에서 의를 이루고 육체는 억제를 당합니다(롬 6:16).

> **너희 자신을 종으로 내주어 누구에게 순종하든지 그 순종함을 받는 자의 종이 되는 줄을 너희가 알지 못하느냐 혹은 죄의 종으로 사망에 이르고 혹은 순종의 종으로 의에 이르느니라**(롬 6:16).

이것은 원리적이고 교리적인 진술입니다. 우리는 신앙생활에 갈등이 생기면 성경의 방법을 따라가야 합니다. 바울은 갈라디아 교인들의 영적 문제의 해결 방안을 교리적으로 제시했습니다. 성경의 가르침은 단순한 도덕적 권면이 아니고 교리에 바탕한 교훈입니다. 물론 윤리적인 권면을 하지만, 언제나 교리가 전제된 실제적인 적용입니다. 우리가 신앙적 갈등으로 고민한다면 어떻게 해야 하겠습니까? 교리적으로 생각하면서 자신을 설득시켜야 합니다.

• 먼저 자신이 어디에서 구원을 받았는지를 상기하십시오. 구원받기 전에 우리가 어디에 있었습니까? 어둠의 세계에서 살았습니다. 내가 도덕적으로 크게 타락한 생활은 하지 않았을지 모릅니다. 그러나 나는 아담의 후손으로서 정죄를 받고 사탄의 영역에 붙잡혀 있었습니다. 아무도 나를 구출할 수 없었습니다. 내가 구원을 받은 것은 순전히 하나님의 은혜입니다. 나는 이제 예수 그리스도의 빛의 왕국에서 삽니다. 나는 주님을 나의 구주로 모시고 하나님을 아버지라고 부릅니다.

• 나는 성경이 나 자신에 대해서 말해주는 것을 믿어야 합니다. 즉, 내 속에 성령과 육체의 갈등이 있다는 것입니다. 성령과 육체는 서로 적대 관계임을 인식해야 합니다. 이것은 내 속에 전쟁이 있다는 뜻입니다. 내가 복음을 믿고 교인이 되기 전에는, 경험하지 못했던 심한 갈등과 유혹이 있습니다. 불신자들에게는 그런 차원의 갈등이 없습니다. 불신자는 신자처럼 하나님을 기쁘게 해 드리기 위해서 자신이 하고 싶은 것을 포기하거나 하나님의 가르침대로 살려고 하지 않습니다. 그들에게는 신앙적 갈등이 없습니다. 그들은 어둠의 왕국에서 살기에 비록 양심의 가

책을 받을지라도, 하나님에게 죄를 지었다고는 생각하지 않습니다. 하나님을 믿지 않을 뿐더러 성령을 받지도 못했으니까요. 그러나 신자는 죄 중에 빠져 있으면서 마음 편하게 살 수 없습니다. 성령의 내주가 있기 때문입니다. 사탄은 내가 거룩한 삶의 문제로 투쟁과 갈등 속에서 고민하고 힘들어하면 의심을 불어넣습니다.

「넌 하나님의 자녀가 아니야 그래서 이런 갈등을 겪고 있어.」

그러나 나는 이렇게 반박해야 합니다.

「나는 그리스도를 믿고 거듭났다. 그래서 성령과 육체 사이에서 갈등한다. 나는 하나님 나라 안에 들어와 있다. 내가 영적 갈등을 하는 것은 구원을 받았다는 증거이다. 믿음으로 구원받은 하나님의 자녀를 하나님께서 절대로 정죄하시지 않는다.」

나의 신앙생활에 갈등과 투쟁이 있으면 격려를 받을 수 있는 좋은 징조입니다. 바울은 본문에서 그런 자는 구원을 못 받았다고 말하려는 것이 아닙니다. 오히려 거듭났으니 이길 수 있는 길이 있다는 것을 알리며 격려하려는 것이 목적입니다. 나는 마귀의 왕국에서 구출되어 하나님의 왕국에 들어와 있습니다. 그럼에도 나에게 갈등이 있는 것은 내가 성령을 받았음을 반증합니다.

• 죄로 인한 갈등이나 신앙적 회의가 생길 때는 내 속에 계신 성령의 음성을 들을 것인지 아니면 아직도 내 속에 남아 있는 옛 삶의 성향을 따를 것인지를 먼저 생각해 보아야 합니다.

내가 만약 육체의 소욕에 끌리면 나의 새로운 신분에 맞지 않음을 인정하고 즉시 하나님께 용서를 빌어야 합니다. 그리고 육체의 소욕을 따르면, 하나님 나라의 유업을 받지 못한다는 경고의 말씀을 기억하고 크나큰 영적 손실을 미리 막아야 합니다(갈 5:21).

• 그다음, 성경의 긍정적인 가르침에 주목해야 합니다. 성령을 따라 행하면 육체의 욕심을 이루지 않는다고 하였습니다. 우리는 자주 넘어지는 자신의 실체를 알되 성령으로 이길 수 있다는 확신으로 꾸준히 재도전해야 합니다. 내가 하나님과 좋은 관계를 유지할 때도 육이 틈새로 끼어들고 나의 약점을 공격하므로 늘 경계해야 합니다.

때때로 우리는 방심하거나 옛 습관이 정리되지 않아서 육이 들어오는 것을 알면서도 허용합니다. 그런데 기억해야 할 것이 있습니다. 나는 연약하여 넘어지고 실수하기도 하지만, 육의 완전한 통제를 받거나 어둠의 왕국에 속한 자로 정죄되지 않습니다. 왜 그럴까요? 그리스도의 영으로 거듭났기 때문입니다. 나는 옛사람에 속한 죄성의 통제 속에 더는 갇혀 있지 않습니다. 나는 성령에 이끌릴 때도 있고, 육체에 이끌릴 때도 있습니다. 성령도 육체도 나를 강제적으로 끌어갈 수 없습니다. 나는 불신자와는 달리 성령 안에서 선택의 자유를 행사할 수 있기 때문입니다.

크리스천이 되기 이전에 나는 육체의 지배 아래 살았습니다. 나는 사탄의 왕국에 갇힌 자였습니다. 그래서 자유가 없었습니다. 나는 악에 기울어져 있었고, 악의 마수에서 풀려날 수 없어 죄를 섬겼습니다. 그러나 예수님이 나의 죗값을 치르고 나를 해방시킨 이후부터는 나의 존재 양식에 근본적인 변화가 왔습니다. 나는 악을 버리고 선을 택할 자유를 얻었습니다. 나는 사탄을 섬기지 않고 예수 그리스도를 나의 주님으로 섬기고 사랑할 수 있는 자유의 땅으로 옮겨졌습니다.

나는 타락한 본성에 따라 살 필요가 없게 되었습니다. 그리스도 안에서 거듭난 새로운 본성이 있기 때문입니다. 새 본성은 하나님을 사랑하고 하나님의 진리의 말씀에 따라 살려고 하는 욕망을 일으킵니다. 나는 그리스도의 성품을 닮고 의로운 삶을 살기 위해 성령의 인도를 받을 수 있는 그리스도의 왕국으로 들어왔습니다.

그런데도 나는 여전히 육에 이끌릴 수 있습니다. 우리의 영적 위치와 신분은 근본적으로 바뀌었지만, 옛사람의 근성이 아직 우리 몸 안에 남아 있습니다. 그래서 종종 과거의 습관대로 죄에 끌려가는 자신을 봅니다. 이것은 우리의 새로운 신분에 비추어 볼 때 모순입니다. 그래서 바울은 성령을 따라 행하라고 말합니다. 성령을 따라 행하면 육체의 소욕을 이기면서 승리하는 그리스도인의 삶을 살게 된다는 것입니다.

우리에게 격려가 되는 것은 주 예수를 믿는 자들은 어둠의 왕국에서 빛의 왕국으로 옮겼기 때문에 비록 실존적으로 보면, 성령과 육체 사이를 오간다 할지라도 육의 전적인 통제를 받지 않는다는 사실입니다.

우리가 기억해야 하는 것은 성령의 내주가 있다고 해서 금방 사람이 몰라보게 변화되지 않는다는 사실입니다. 회심이 죄악된 본성의 습성들을 하루아침에 모두 제거시키지 않습니다. 우리는 아직도 구속되지 못한 몸과 죄악 된 세상에서 삽니다. 그래서 우리 안에서 일어나는 성령과 육체 사이의 싸움에서 완전히 벗어나지 못합니다. 영적 싸움은 계속될 것입니다. 그러나 우리가 성령의 지배를 받고 그분의 음성을 따라 산다면 육체의 소욕이 우리를 이기지 못합니다. 우리는 성령을 완벽하게 따를 수 없습니다. 그렇다고 해서 육체의 소욕에 완전히 끌려다니지도 않습니다. 우리는 그리스도의 왕국 시민입니다. 아무도 우리를 주 예수의 나라에서 빼앗아가지 못합니다.

그러나 육체의 소욕에 끌리면 우리의 영원한 구원은 변함이 없어도, 성령과의 관계는 그만큼 소원해집니다. 성령의 인도를 따르지 않으면, 내게 복음의 진리를 깨닫게 하고 예수님의 십자가 승리를 체험하게 할 자가 없습니다. 성령을 따라 사는 것은 나의 선택이며 책임입니다. 우리가 진정으로 원하는 것이 무엇입니까? 예수님입니까 아니면 육체의 소욕입니까? 성령의 음성입니까 사탄의 음성입니까? 어둠에 속했던 옛 자아의 모습입니까 빛에 속한 새 사람의 모습입니까? 우리 모두 성령을 따라 행하는 복된 성도들이 되어야 하겠습니다.

42.
성령은 어떻게 율법을 성취하는가?
갈라디아서 5:18

너희가 만일 성령의 인도하시는 바가 되면 율법 아래에 있지 아니하리라 (18절).

바울은 5장 14절에서 "온 율법은 네 이웃 사랑하기를 네 자신같이 하라"(5:14)는 말씀 안에서 다 이루어진다고 했습니다. 그다음 성령을 따라 행하라고 했습니다. 이웃 사랑과 성령의 인도를 율법의 성취를 위한 해결 방안으로 제시한 것입니다. 이것은 구약시대에 율법 조문에 묶여 문자적으로 지켜야 했던 것과는 매우 다른 방법입니다. 율법을 사랑으로 지킨다는 아이디어는 율법에 내재된 것이 아닙니다. 율법은 사랑이 없어도 지킬 수 있습니다. 율법 준수는 규정에 따른 행위입니다. 규정에 없는 것은 행할 의무도 없고 위법도 아닙니다. 그러나 율법이 바라본 이상적인 목표가 있었습니다. 그것은 율법이 요구하는 것을 사랑으로 온전하게 성취하는 것이었습니다.

왜 율법의 성취가 율법의 목표였을까요? 율법은 구약시대에 온전히 성취될 수 없었기 때문입니다. 율법은 준수를 요구하고 위법 행위에 대한 형벌을 내립니다. 그러나 율법을 잘 지킬 수 있는 사랑의 능력은 줄 수 없었습니다. 그럼 지키지도 못할 율법을 주어서 무슨 소용이 있다는 것일까요?

율법의 목적과 기능

율법은 이스라엘 주변 국가들의 법에 비하면 매우 수준이 높았습니다. 그래서 이스라엘 백성과 유대인들을 확연하게 구분짓는 잣대였습니다. 율법은 이스라엘 백성을 이방국가들의 부패와 우상 숭배에서 보호하는 역할을 하였습니다. 율법은 이방나라의 우상 숭배로 여호와 하나님의 계시가 오염되지 않도록 하는 목적이 있었습니다. 예를 들면, 하나님의 성품과 능력과 구원의 진리 등이 이교 사상으로 혼합되는 것을 막는 방파제 역할을 하였습니다. 율법은 신정국가로서의 이스라엘 공동체에 질서를 유지하고 더 나아가 메시아의 도래를 준비하는 일을 맡았습니다. 그런데 율법은 인위적이고 제한적이며 시공간을 초월할 수 없는 약점이 있었습니다. 율법은 죄를 억제하는 기능이 있었지만 한계가 있었습니다.

율법은 영원하지 않습니다. 시내 산에서 하나님이 이스라엘 백성에게 주셨던 율법은 일회적이었습니다. 율법은 구속사의 특정 기간 동안만 임시적으로 유효하도록 의도된 법이었습니다. 율법은 광범위한 부분을 커버했지만 자세한 부분이나 시대적인 이슈들은 포함시킬 수 없었습니다. 율법은 특정 상황에서 필요한 구체적인 당면 문제들에 대한 직접적인 길잡이가 될 수 없습니다. 예를 들어, 바울이 소아시아 선교에서 길이 막혔을 때 누구의 인도를 받았습니까? 그는 율법서에 선교 매뉴얼이 있는지

찾아보지 않았습니다. 그는 율법의 안내를 받지 않았습니다. 그는 성령의 인도를 받고 마게도냐로 건너갔습니다(행 16:6 ~10).

우리가 만일 율법을 범세계적인 규범으로 적용시키려거나 영구적인 원칙으로 삼으려고 하면 무리가 생깁니다.

✻ 유전자 변형이나 성전환수술이나 인공유산 등과 같은 생명 윤리에 대한 현대 사회의 여러 복잡 미묘한 이슈들은 고대 이스라엘 국가에게 주었던 율법이 다룰 수 없습니다. 당시에는 그런 문제들이 존재하지도 않았기 때문입니다.

율법은 잠정적인 법으로서 이스라엘 국가가 구원의 역사를 형성하는 과정에서 일정 기간 유효한 지침이었습니다. 그러나 율법의 목표와 방향은 구속사적인 관점에서 메시아를 바라보는 것이었습니다. 그래서 구약 선지자들은 율법이 성취될 날이 온다고 예언하였습니다.

율법을 받았던 모세 자신이 말하기를 하나님께서 이스라엘 백성 중에서 "나와 같은 선지자"(신 18:15) 한 분을 일으키신다고 하였고 그분의 말을 복종하라고 했습니다. 예수님은 이스라엘 백성을 다스리고 인도하는 제2의 모세로서 세상에 오신 분입니다. 예레미야 선지자는 새 언약에 대해 예언하였습니다.

> 그러나 그 날 후에 내가 이스라엘 집과 맺을 언약은 이러하니 곧 내가 나의 법을 그들의 속에 두며 그들의 마음에 기록하여 나는 그들의 하나님이 되고 그들은 내 백성이 될 것이라 여호와의 말씀이니라 (렘 31:33).

에스겔 선지자도 하나님께서 자기 백성을 정결하게 하시고 율법을 준행하게 하실 것이라고 하였습니다.

> 또 새 영을 너희 속에 두고 새 마음을 너희에게 주되 너희 육신에서 굳은 마음을 제거하고 부드러운 마음을 줄 것이며 또 내 신을 너희 속에 두어 너희로 내 율례를 행하게 하리니 너희가 내 규례를 지켜 행할지라(겔 36:26 ~27).

> 내가 그들에게 한 마음을 주고 그 속에 새 영을 주며 그 몸에서 돌 같은 마음을 제거하고 살처럼 부드러운 마음을 주어 내 율례를 따르며 내 규례를 지켜 행하게 하리니 그들은 내 백성이 되고 나는 그들의 하나님이 되리라 (겔 11:19).

새 언약의 특징은 율법을 지키는 일이 백성에게 달린 것이 아니고 하나님께 달렸다는 것입니다. 옛 언약에서는 율법을 마음에 새겨야 할 주체는 백성이었습니다.

> 오늘 내가 네게 명하는 이 말씀을 너는 마음에 새기고 (신 6:6).

그러나 새 언약에서는 하나님이 그의 법을 자기 백성의 마음 속에 기록하신다고 했습니다.

> 곧 내가 나의 법을 그들의 속에 두며 그들의 마음에 기록하여 (렘 31:33).

그런데 새 언약이 언제 누구에 의해서 맺어졌습니까? 예수님이 마지막 성찬 때에 제자들과 맺었습니다.

저녁 먹은 후에 잔도 그와 같이 하여 이르시되 이 잔은 내 피로 세우는 새 언약이니 곧 너희를 위하여 붓는 것이라 (눅 22:20).

그러니까 구약 선지자들이 예언했던 새 언약이 예수님에 의해서 성취된 것입니다. 이 새 언약이 옛 언약과 크게 다른 점은 하나님의 법이 돌판이 아닌, 성도의 마음속에 새겨진다는 것입니다. 이것은 무슨 뜻일까요? 구약 백성의 마음은 돌과 같이 굳은 마음이었습니다. 그러나 새 언약 시대에는 하나님의 새 영이 들어와서 돌 같은 마음을 부드럽게 하고 하나님을 사랑하려는 새 마음을 준다는 것입니다. 이 새 마음은 옛 언약 시대의 이스라엘 백성처럼 하나님과의 언약을 깨고 배반하는 굳은 마음이 아닙니다. 새 마음은 하나님의 법이 항상 마음 속에 있어 하나님의 뜻에 민감하고 강요나 간섭이 없이도 잘 기억하고 행한다는 말입니다.

구약 계명의 목적은 언약 공동체가 사랑으로 연합되고 자라는 것이었습니다. 그러나 사랑의 공동체는 율법이 바라본 이상적인 메시아 왕국에서 온전하게 형성될 것이었습니다. 율법 아래에서는 돌 같은 마음이 부드러워질 수 없었습니다. 율법은 변화되지 않은 굳은 마음으로도 외면적인 순종이 가능했습니다. 율법은 죄인의 마음 속에 사랑하려는 욕망을 일으키는 것이 아니라, 사랑하지 않는 자들에 대한 형벌을 규정하였습니다. 반면, 그리스도의 사랑의 나라에서는 율법이 목표하는 것이 크리스천의 마음속에 적혀 있습니다. 회심과 함께 새 생명을 창출하는 새 본성을 받기 때문에 율법이 의도했던 사랑의 목표가 달성됩니다.

여기서 강조하는 것은 율법 준수와 성령과의 관계입니다. 하나님의 법은 마음에 담긴 법이 되었습니다. 굳은 마음 대신에 부드러운 마음이 된 것은 반항과 불순종으로 치닫던 악한 마음에 큰 변화가 왔음을 시사합니다. 이 변화의 원동력은 사랑입니다. 이 사랑이 어디에서 왔습니까? 부드러워진 마음에서 나왔습니다. 그런데 누가 완악한 마음을 녹여서 사랑의 마음으로 바꾸었습니까? 하나님의 영이십니다. 성령께서 예수님의 성찬이 상징하는 새 언약의 의미를 우리 마음에 적용하여 하나님과 이웃에 대한 사랑이 일어나게 하십니다. 예수님은 새 언약을 선포하신 후에 십자가로 가셨습니다. 그의 대속의 희생을 믿는 자들에게 성령께서 예수님의 부활 생명을 불어넣고, 하나님의 사랑을 깨닫게 하여 하나님을 섬기도록 인도하십니다. 이것이 거룩한 삶을 사는 크리스천 라이프의 원리입니다.

그런데 여기서 중요한 것은 새 언약 백성이 율법을 지켜야 하느냐 안 지켜야 하느냐가 아닙니다. 율법을 어떻게 지키느냐가 이슈입니다. 율법의 법조문을 내가 내 마음에 붙들어 매고 나의 결단과 노력으로 지켜야 하는가 아니면 내 마음속에 들어오신 성령의 능력으로 그리스도의 십자가 사랑을 본받아 이웃 사랑을 실천하는가 하는 것입니다.

성도의 거룩한 삶은 율법이 아닌 성령의 다스림을 받아야 합니다.

바울은 갈라디아 교인들에게 육체의 욕심을 이루지 않기 위해서 율법을 따라 행하라고 하지 않고, 성령을 따라 행하라고 했습니다(5:16). 이것은 유대주의자들의 가르침과 정반대입니다. 유대주의자들은 구원은 예수 그리스도를 믿음으로써 받는다고 하면서 동시에 율법을 지켜야 참 언약 백성이 된다고 했습니다. 그래서 갈라디아 교인들에게 할례를 받으라고 했습니다. 그들 중에 실제로 할례를 받은 자들이 있었는지 혹은 받은 자들이 있었다면 얼마나 참여했는지 확실하지 않습니다. 그러나 그들이 유대인의 절기를 지킨 것을 보면(4:10) 유대교의 의식을 수용하는 쪽으로 기울어졌던 것 같습니다. 그래서 바울은 이러한 율법 준수가 구원을 온전하게 하거나 거룩한 백성이 되게 하는 것이 아니라고 반대하였습니다. 그가 제시한 대안이 무엇입니까? 율법이 아니고 성령입니다.

바울은 성령의 인도를 받으면 율법 아래 있지 않다고 했습니다(5:18). 바울은 성령의 인도가 두 가지 일을 성취한다고 말합니다.

• 하나는 육체의 욕심을 이루지 않게 하는 것입니다.
• 다른 하나는 율법의 지배를 받지 않게 하는 것입니다.

이것이 십자가 구원을 받은 신자들에게 주는 새 삶의 원리입니다. 오직 성령 안에서 사랑으로 서로 종노릇을 하는 이웃 사랑의 실천이 육체의 욕심을 누르는 거룩한 성도의 삶이라는 것입니다.

그럼 율법 생활을 하면 이웃 사랑을 실천할 수 없는 것일까요? 이웃 사랑은 율법의 소원이었습니다. 율법은 아무리 잘 지키려고 해도 마음에서 우러나는 사랑을 일으키지 않습니다. 율법은 나를 거룩하게 하기보다는 죄의식을 강화하고 율법의 수준에 미칠 수 없다는 좌절감에 눌리게 합니다. 율법을 따라 행하면 육체의 욕심을 제어하고 하나님과 이웃을 더욱 사랑하는 경건한 삶을 살 것 같지만, 실제는 그렇지 않습니다. 율법 준수는 이스라엘 백성에게 국가적이고 공동체적인 차원에서 어느 정도 거룩한 삶을 형성하고 사회 질서를 가져왔습니다. 물론 바알 숭배로 국가가 극도로 부패한 기간도 있었지만, 상당 기간 성전 예배가 지속되었습니다.

그러나 이것은 영구적인 것이 아니었고 결국은 실패로 끝났습니다. 율법을 국가의 윤리 강령과 여호와 종교의 근간으로 삼았던 언약 백성은 우상 숭배자들이 되었고 사회는 부패와 불의로 물들었습니다. 물론 율법 자체가 나빴기 때문이 아닙니다. 율법은 그리스도가 오실 때까지 잠정적이고 제한적인 질서를 유지하며 제사 제도를 통해 여호와 종교를 후세대에 전수하는 역할을 맡았습니다. 그러나 이스라엘 백성은 육체의 욕심에 끌려 우상을 섬겼고 불경한 사회를 만들었습니다.

바울이 성령을 따라 행하라고 하기 전에 갈라디아 교인들에게 한 말을 주목하십시오.

"만일 서로 물고 먹으면 피차 멸망할까 조심하라" (5:15).

율법을 경건 생활의 굴대로 삼는 신앙생활은 자칫 자기 의에 빠지게 합니다. 그래서 자기보다 수준이 낮다고 생각되는 사람들을 내려다보는 경향이 있습니다. 이런 고자세는 사랑을 밀어내고 다툼을 일으킵니다. 갈라디아 교인들은 유대주의자들의 가르침에 따라 율법 생활을 하기 시작하였습니다. 그 결과가 무엇입니까? 서로 물고 뜯는 것이었습니다. 사랑은커녕 이웃을 증오하게 되었습니다. 율법을 강조하면 위선자가 되기 쉽습니다. 율법의 약점은 마음을 주지 않고 겉으로 지킬 수 있는 것입니다. 외모로 보고 판단하지 말라는 말은 율법 준수와 관련해서도 새겨야 할 교훈입니다. 예수님 당시에 율법을 잘 알고 잘 지켰다고 자부했던 제사장들이나 율법교사들이나 바리새인들은 경건의 모양은 있어도 경건한 삶의 특징이 되어야 할 사랑은 없었습니다(딤후 3:5). 그들은 예수님을 증오하였고 자기 의에 빠져 다른 사람들을 정죄하였습니다. 그들은 악한 마음으로 살면서 매우 거룩한 척하는 위선자들이었습니다

바울은 갈라디아 교인들에게 서로 상처를 주는 악행에서 벗어나는 길은, 율법을 더욱 잘 지키는 것이 아니라 성령을 따라 행하는 것이라고 했습니다. 율법은 갈라디아 교회들의 문제를 해결할 수 없었습니다. 율법은 마음에서 나오는 육체의 욕심을 통제할 능력이 없었습니다. 율법이 할 수 있는 일은 범죄에 대한 형벌의 위협으로 죄를 어느 정도 억제하는 것이었습니다. 이것은 세상 법도 마찬가지입니다. 그래서 율법은 그리스도가 오셔서 하나님의 백성에게 사랑의 삶을 살 수 있는 능력을 주실 때를 기다려야 했습니다. 그렇다면 갈라디아 교인들은 율법에 의지하는 신앙생활에서 벗어나야 했습니다. 그 이유는 그들이 율법을 완성시킨 그리스도를 믿고 구원을 받았기 때문입니다.

예수님이 어떻게 율법을 이루셨습니까?

예수님이 모세 율법을 철저하고 흠 없이 지켰습니까? 예수님은 인간으로 세상에 오셨습니다. 우리와 성정이 같으신 분이었습니다. 그래서 죄를 지을 수 있는 가능성이 있었습니다. 그러나 죄가 없으신 분으로 사셨습니다. 어떻게 해서 죄를 짓지 않고 사셨을까요? 매사에 성령의 인도를 받으면서 하나님의 뜻을 따랐기 때문에 하나님께서 기뻐하시는 아들이라는 인정을 받았습니

다. 우리도 마찬가지 원리로 살아야 합니다. 성령의 인도를 받으면 율법 아래 있지 않게 된다고 했습니다. 율법 아래 있다는 말은 한마디로 율법이 주인이라는 말입니다. 율법이 주인이면 율법의 지배를 받습니다. 율법은 지키지 못하는 자들을 정죄합니다. 그래서 바울은 "율법 책에 기록된 대로 모든 일을 항상 행하지 아니하는 자는 저주 아래에 있는 자"(3:10)라는 신명기 말씀을 상기시켰습니다(신 27:26). 그런데 새 언약 백성은 누구를 주인으로 모시고 누구 아래 들어가야 합니까? 두말할 나위 없이 예수 그리스도를 주인으로 모시고 그분 아래로 들어가야 합니다. 그분 아래 들어간다는 것은 모세법이 아닌, 그리스도의 법으로 산다는 뜻입니다(갈 6:2).

그럼 그리스도의 법은 어떻게 지킬 수 있을까요?

율법처럼 조문이나 룰(rule)로 지키는 것이 아닙니다. 그럼 무엇으로 지킵니까? 그리스도의 영으로 지킵니다. 그리스도의 법이기에 그리스도의 영으로만 지킬 수 있습니다. 곧 성령의 인도와 가르침을 받으면서 하나님의 뜻을 성취하는 것이 새 언약 백성의 새 삶의 방식입니다.

우리는 율법의 지시를 따라 살려고 하면 결국 실패합니다. 그러나 성령의 지시를 따르면 성공합니다. 우리는 그리스도에게 속한 경건한 백성으로서 새 언약 시대의 원리에 따라 살 때에 하나님의 위대한 구원의 역사에 동승하여 주를 기쁘게 해 드릴 수 있습니다. 우리는 율법 아래에서 살 필요도 없고 그래서도 안 됩니다. 성령의 인도를 받는 새 언약 시대는 하나님의 큰 뜻이 성취되는 때입니다. 하나님은 신약 성도인 우리를 그리스도의 형상을 닮은 자로서 새롭게 지어가시려는 귀한 뜻을 가지셨습니다. 우리를 성령 아래 두시고 제사장 나라가 되며 이웃 사랑을 통해 하나님 나라의 온전한 의가 드러나도록 계획하셨습니다. 우리로 하여금 성령의 음성을 듣게 하시고 복음을 더욱 깨달게 하시며 그리스도의 부활 생명의 능력을 체험하면서 살도록 의도하셨습니다. 이러한 하나님의 고결한 큰 뜻이 성령을 따라 사는 우리를 통해서 펼쳐지도록 하는 것이 메시아 시대의 이상입니다.

우리나라 교회는 그리스도의 은혜와 성령을 믿으면서도 아직도 율법 아래 있는 경우가 적지 않습니다. 그러나 율법을 잘 지키려면 역설적이지만 율법의 멍에에서 벗어나야 합니다(행 15:10). 우리는 성령의 인도로 그리스도의 성품을 닮는 사랑의 삶을 실천함으로써 율법의 요구를 만족시키고 "그리스도의 법"(갈 6:2)을 성취합니다.

43.
율법 아래 있지 않는 것은 무엇인가?
갈라디아서 5:18

너희가 만일 성령의 인도하시는 바가 되면 율법 아래 있지 아니하리라 (갈 5:18).

바울은 갈라디아 교회에게 새 언약 백성은 율법의 통제를 받거나 지킬 필요가 없다고 말했습니다. 유대주의자들은 갈라디아 교인들에게 모세 율법은 여전히 유효하다고 하면서 언약 백성의 표징인 할례를 받아야 구원이 온전해진다고 주장했습니다. 갈라디아 교인들은 유대교의 절기까지 지켰습니다(갈 4:10). 바울은 율법 전체가 메시아의 도래를 바라보는 잠정적인 시스템이었음을 강조하고 율법은 그리스도의 오심으로 그 유효성이 끝났다고 역설하였습니다. 그는 율법은 구원을 받는 방편도 아니고 신자를 거룩하게 하지도 않는다고 말했습니다. 할례나 절기 준수처럼 율법을 한 가지라도 지키기 시작하면, 율법 전체를 지켜야 하고 또 다 지키지 못하기 때문에 율법의 정죄를 받는다고 했습니다. 그래서 그리스도 안에서 받은 율법으로부터의 자유를 누리고 율법의 멍에를 메지 말라고 했습니다(갈 5:1~4).

그럼 바울의 대안이 무엇이었습니까?

그리스도 안에서는 할례나 무할례나 효력이 없으되 사랑으로써 역사하는 믿음뿐이니라 (갈 5:6).

예수 그리스도를 주로 믿는 새 언약 백성은 율법에 매인 삶이 아니고 사랑의 삶을 사는 자들이라는 말입니다. 바울은 또 말하기를 새 언약 백성은 성령의 인도를 받으면서 산다고 했습니다. 다르게 표현하면, 성령의 인도를 받는 사랑의 삶이 크리스천의 생활 방식이라는 것입니다. 크리스천은 구원을 받기 위해서 율법을 지키지 않습니다. 거룩한 삶을 위해서 율법을 표준으로 삼지도 않습니다. 크리스천은 성령의 음성을 듣고 사랑으로 행하는 자들입니다.

율법 아래 있지 않다는 것은 무슨 뜻일까요?

첫째, 모세 시스템 아래 있지 않다는 것입니다.

할례를 받거나 안식일을 지키거나 돼지 고기를 먹지 않거나 혹은 유대인 절기를 지키는 것이 아닙니다. 모세 율법이 내 삶의 굴대가 아니고 표준이 아니라는 것입니다. 기독교 신자는 모세 율법의 영역에서 살지 않습니다. 율법은 구약시대의 이스라엘 백성에게 주었던 잠정법이었습니다. 우리는 유대인도 아니고 구약시대에 살지도 않습니다. 예수님은 당시의 유대인들에게 율법은 예수님에 의해서 성취되었다고 하셨습니다. 성취되었으면 더 이상 구속력이 없습니다. 예수님은 모세법을 자신의 권위와 가르침으로 대치하셨습니다. 말을 바꾸면 예수님이 모든 신약 교인의 절대적 권위이며 표준입니다. 그래서 바울은 율법이 아닌 "그리스도의 법"(갈 6:2)을 성취하라고 했습니다. 이것은 우리가 예수님 아래로 들어가는 것을 말합니다. 예수님의 권위에 복종하고 예수님의 가르침을 실천하는 것입니다. 예수님은 내가 너희에게 말한다고 하셨습니다. 예수님은 모세를 인용하시지도 않았고, 모세의 권위를 입고 제자들을 가르치시지도 않았습니다. 예수님은 하나님의 아들로서 자신의 권위를 모세의 권위 위에 두셨습니다.

마태복음 28장 20절에서 내가 너희에게 분부한 모든 것을 가르쳐 지키게 하라고 하셨습니다. 사도들은 예수님의 가르침을 세상에 전하였습니다. 그들은 유대인들이었지만, 모세 율법을 전하지 않았습니다. 마태복음이 어떻게 끝납니까? 제자들을 부활하신 주 예수 그리스도의 권위 아래에 두고 끝납니다. 예수님은 내가 세상 끝날까지 너희와 함께 하리라고 하셨습니다. 예수님의 인격체 아래로 제자들을 부르시고 소명을 주셨습니다. 모세 율법과 같은 종교 시스템이나 행위에 대한 법규를 제시하시지 않았습니다. 율법 아래 있지 않다는 것은 율법을 떠나 예수님 아래로 들어간다는 의미입니다.

그런데 문제는 우리가 모세법과 얼마나 가깝게 사는지 잘 인식하지 못한다는 사실입니다. 그래서 신약 교인들은 모세법이 아닌, 예수님 아래 있다는 것을 믿으면서도 자신의 신앙생활이 율법의 통제를 받거나 율법적인 성격을 가진 사실을 그리 심각하게 생각해 보지 않는 경향이 있습니다. 왜 그럴까요? 처음에 교회 생활을 할 때 구약시대의 언약 백성과 신약시대의 언약 백성이 어떻게 다르다는 것을 분명하게 배우지 못하기 때문입니다.

구원의 역사가 율법 시대를 지나서 성령 시대로 옮겨졌다는 것도 확실하게 알지 못합니다. 말로는 들었을지라도 그 의미가 희미하고 어떻게 자신의 삶에 적용되어야 하는지를 잘 모릅니다. 일반적으로 신자 생활의 동력이 그리스도의 사랑이라는 것을 잘 배우지 못하기 때문에 율법 생활을 계속하게 됩니다.

초신자는 교회에 들어와서 다른 사람이 하는 대로 흉내를 냅니다. 교회마다 자체적인 전통이 있고 관습이 있습니다. 그래서 신앙생활이 교회 전통과 관습에 맞추어집니다. 문제는 교회가 아직도 모세 율법을 신앙의 중요한 요소로 여기는 것입니다. 대체로 모세 율법 중에서 의식법은 예수님이 십자가로 성취하셨고, 시민법은 당시의 이스라엘 국법이었기에 현대 국가의 신약 백성에게는 해당하지 않는다고 봅니다. 그러나 도덕법은 영원하기 때문에 신약 교인들에게도 적용된다고 말합니다. 그래서 십계명은 아직도 유효하므로 모든 신자가 지켜야 한다고 가르칩니다.

이런 식의 가르침은 옳은 것일까요? 율법은 의식법이든, 시민법이든 혹은 도덕법까지도 예수님이 모두 성취하시지 않았습니까? 율법을 이런 식으로 분류하여 그 유효성을 구분하는 것은 바울의 가르침이 아닙니다. 신약 성경에서 율법의 도덕법에 해당하는 부분들을 골라서 신자생활의 수칙으로 삼아야 한다고 가르친 곳이 없습니다. 예수님은 오히려 모세법 대신에 자신의 말씀을 지키라고 하셨습니다. 그런데도 일반적으로 교인들은 교회의 율법적 관습과 모세의 도덕법의 통제를 받습니다. 이것은 교회가 교인들에게 율법에 속한 도덕법을 경건 생활의 지침으로 삼기 때문입니다. 그렇게 되면 교인들은 구약 백성도 아니고 유대인도 아니면서 모세 율법 아래로 스스로 들어가는 셈입니다. 이것이 갈라디아 교회들의 잘못이었고 우리 자신들을 포함한 많은 이방인 교인들의 그릇된 율법주의입니다. 그래서 바울은 이런 신자들을 향해 "율법 아래에 있고자 하는 자들"(갈 4:21)이라고 했습니다.

예수님은 모세 율법의 요구를 충족시키고 완전히 성취하셨을 뿐만 아니라 모세 율법보다 더 높고 이상적인 수준의 '그리스도의 법'을 주셨습니다. 태양 빛이 밝은데 왜 촛불을 켜고 살아야 하겠습니까? 우리는 성령의 인도와 그리스도의 사랑의 법을 따라 살 때, 율법 아래로 들어가지 않습니다.

둘째, 율법 아래 있는 것은 온전한 구원을 위해 율법 행위에 의존하는 것입니다.

신약 교인은 예수 그리스도를 믿음으로써 구원을 받는다고 배웁니다. 그런데도 율법을 지켜야 구원이 확보되는 것처럼 오해합니다. 구원받았다는 증거로써 율법 행위가 받쳐주어야 한다는 것입니다. 갈라디아 교인들이 유대주의자들의 그러한 가르침에 넘어가서 할례나 절기 등을 지키려고 했듯이, 일반적으로 말해서 현대 교회도 율법에 근거한 유사한 행위를 준수사항으로 내세웁니다. 이것은 율법 아래에서 예수님을 섬기고 구원받은 자로 인정을 받으려는 것이므로 바울의 가르침에 역행합니다. 우리는 율법으로 의롭게 되지 않았습니다. 칭의의 선언은 일회로 종료됩니다. 십계명이나 기타 여러 가지 전통적인 관습을 따른다고 해서 더 의롭게 되는 것이 아닙니다. 율법의 행위가 있다고 해서 칭의 구원이 더 보강되지 않습니다. 주 예수를 대속주로 믿고 의롭다는 하늘 법정의 판정을 받았으면 세상의 어떤 것도 이를 취소하거나 변경하지 못합니다. 율법도 칭의에 관한 한, 보태줄 것이 아무것도 없습니다. 구원은 오직 믿음으로 받습니다.

셋째, 율법 아래 있지 않는 것은 율법을 성화의 방편으로 삼지 않는다는 뜻입니다.

율법은 십자가를 가리켰습니다. 율법은 경건한 성도의 삶을 바라보았습니다. 율법은 예수님이 출범시킬 하나님 나라의 이상적인 모습을 희미하게 그렸습니다. 그러나 율법은 거룩한 삶을 살 수 있는 능력은 줄 수 없었습니다. 율법 아래 들어가 있는 한, 구원을 확신하거나 죄를 이기거나 죄책감으로부터 해방될 수 없습니다. 율법은 죄인을 동정하지 않습니다. 우리는 예수님 아래 있을 때에만 하나님이 의도하신 수준의 경건한 삶을 살 수 있습니다. 예수님은 메마른 법규가 아니고 인격체이십니다. 예수님은 책을 쓰신 적이 없습니다. 예수님은 법전도 아니고 성경책도 아닙니다. 우리는 성경이 하나님의 말씀이라고 믿습니다. 하나님께서는 성경을 사용하여 우리에게 말씀하십니다. 그렇지만 성경책 자체는 인격체가 아닙니다. 우리는 예수님이라는 인격체 아래 있습니다. 예수님은 인격체이시기 때문에 내가 죄를 지을 때 경고도 하시고, 깨닫게도 하시며, 타이르며 오래 참으십니다. 그리고 때로는 징계도 하십니다. 그러나 언제나 나의 연약함을 동정하시고 회개하면 다시 일으켜 세우십니다. 예수님은 사랑의 끈으로 우리를 이끌어주십니다. 율법은 이런 인격체로서의 기능이 없습니다. 율법은 조문으로 된 법규입니다. 율법의 관심은 법에 저촉되느냐 않느냐에 있습니다. 그래서 형벌을 적용합니다. 율법은 거룩하신 하나님의 성품을 반영하지만 사랑으로 나를 이끌거나 나의 결점을 덮어주거나 나 대신 벌을 받지 못합니다.

율법은 구원의 길도 아니고 성화의 방편도 아닙니다. 그래서 우리는 율법의 자리에 그리스도의 법을 세우고 예수님 아래 들어가 살아야 합니다. 구원도 성화도 법조문이나 의식으로 되는 것이 아니고, 예수님의 인격체 아래 들어갈 때에 이루어집니다.

대체로 율법이 구원의 방편이 아니라는 것은 알지만, 율법이 성화의 방편이 아니라는 말에는 쉽게 동의하지 않습니다. 그러나 법이나 종교 시스템으로 성도의 거룩한 삶이 달성되지 않습니다. 예수님의 인격체에 의해서 성화가 이루어집니다. 예수님의 인격체와 함께 오는 것은 율법이 아니고 성령입니다. 그래서 우리가 성령의 인도를 받으면, 자연히 율법 아래 있지 않게 됩니다.

율법을 어떻게 성취할 수 있다고 했습니까? 바울은 갈라디아서 5장 14절에서 레위기 19장 18절을 인용하면서 "온 율법은 네 이웃 사랑하기를 네 자신 같이 하라 하신 한 말씀에서 이루어졌다"고 했습니다. 이것은 매우 중요한 지적입니다. 율법에서도 이웃 사랑을 율법 성취의 원칙으로 내세웠습니다. 그러나 율법에서 말한 이웃 사랑은 민족 공동체에 제한된 작은 사랑이었습니다. 그래도 이것은 인류의 죄를 위해 십자가로 가시는 예수 그리스도의 비제한적인 지고한 사랑에 대한 하나의 작은 불빛이었습니다. 성령은 율법의 수준을 넘어가는 사랑의 원리를 우리에게 적용시켜 우리로 하여금 그리스도를 닮게 하고 율법의 수준을 웃돌게 합니다.

우리는 이런 질문을 던질 수 있습니다.

「성령생활이 사랑의 원리로 사는 것이라면 율법도 같은 말을 하지 않았는가? 레위기 19장 18절에서 원수를 갚지 말고 동포를 원망하지 말며 이웃 사랑하기를 나 자신과 같이 사랑하라고 했는데 무엇이 다른가?」

그런데 율법에서 말한 원수나 이웃이 누구입니까? 이스라엘 동포 형제들입니다(레 25:14, 17). 같은 이스라엘 백성끼리 원수가 되었다면 보복하지 말고 같은 동포끼리 원망하지 말아야 한다는 것입니다. 그런데 예수님은 어떻게 가르치셨습니까? 선한 사마리아인이 되라고 하셨습니다. 내 이웃의 한계가 없습니다. 국적, 문화, 종교를 초월합니다. 예수님의 이웃 사랑의 수준은 율법과 크게 차이가 납니다. 율법에서 말하는 이웃 사랑은 이스라엘 공동체가 대상이었습니다. 그러나 예수님의 이웃 사랑의 대상은 타민족의 원수들도 포함됩니다. 새 언약 백성의 사랑의 표준은 예수님입니다. 예수님이 우리를 사랑하신 것 같이 이웃을 사랑하는 것입니다. 예수님은 이것을 새 계명이라고 하셨습니다.

새 계명을 너희에게 주노니 서로 사랑하라 내가 너희를 사랑한 것 같이 너희도 서로 사랑하라 (요 13:34).

이것은 단순한 이웃 사랑이 아닙니다. 이 세상에서 나올 수 없는 사랑입니다. 율법에서도 나올 수 없는 사랑입니다. 이것은 예수님의 초월적 사랑입니다. 하나님이 예수님을 사랑하시고 예수님이 그 사랑을 우리에게 베푸시는 사랑입니다(요 14:31; 15:9; 16:27). 이것은 율법의 수준을 무한대로 넘어갑니다. 누가 이런 사랑을 할 수 있겠습니까? 오직 성령의 인도와 능력으로만 가능합니다. 이 사랑은 율법 아래 들어간 삶에서는 불가능합니다.

율법은 의식적으로 지키려고 해서 지켜서는 안 됩니다. 율법을 가장 잘 지키는 방법이 있습니다. 무엇일까요? 율법은 이웃 사랑으로 성취됩니다. 그런데 율법에서 말한 이웃 사랑은 예수님이 타락한 세상을 위해 자신을 대속물로 내어주는 지고한 사랑에 대한 하나의 작은 게시판이었습니다. 그러므로 율법을 성취하려면 의도적으로 율법 준수를 크리스천 삶의 모토로 삼거나 안내자로 의존할 것이 아니라 예수님을 따라 가면 됩니다. 예수님의 큰 사랑에 머물면 율법의 작은 사랑은 자연히 포함되고 추월됩니다. 그러니까 율법을 크리스천 삶의 좌표로 삼고 이를 지키려고 의식적인 노력을 할 필요가 없다는 말씀입니다. 율법은 그리스도의 말씀과 모범에 따라 성령의 인도를 받고 순종하면 비의도적이면서 자연스럽게 율법의 상한선에 이르고 율법의 요구가 충족됩니다.

> 의도적으로 성령 안에서 행하는 크리스천은 토라를 우발적으로 성취한다.
>
> The Christian who walks in the Spirit deliberately fulfils the Torah accidentally (Michael Eaton, No Condemnation, p.182).

율법은 그리스도의 큰 사랑을 성령의 능력으로 실천하는 자들에 의해서 자신이 지향하던 화살의 과녁인 그리스도에게 닿습니다. 그래서 그리스도 안에 머물면 율법은 거의 우발적으로 성취되고 그리스도의 법에 의해서 추월됩니다. 이렇게 해서 율법의 역할이 끝나고 율법의 수준을 넘어가는 십자가의 무제한적인 이웃 사랑이 하나님 나라의 삶의 원리가 됩니다.

우리는 율법 아래 있지 않으면서, 율법이 지적하는 모든 것을 성취하도록 인도하는 주의 영을 받았습니다. 우리는 율법을 신앙생활의 좌표로 삼고 이에 집중하지 않으면서도, 율법을 성취해야 합니다. 우리는 예수님을 우리의 유일무이한 주님으로 믿고 성령의 인도와 사랑의 원리를 매사에 적용하며 살 때에 율법을 성취하고 율법의 수준을 넘어가는 산상보훈의 차원으로 들어갑니다.

율법은 성취의 때를 바라보았습니다. 구약 선지자들은 그 날이 올 것이라고 예언하였습니다. 예수님은 산상설교에서 율법을 파괴하려 온 것이 아니고 율법을 성취하기 위해 오셨다고 하셨습니다. 말을 바꾸면 율법이 가리키는 곳으로 주의 백성을 인도하신다는 것입니다. 율법이 가리킨 대상은 하나님의 아들이신 예수 그리스도입니다. 그래서 예수님이 하나님 나라의 본체로서 오셨을 때 율법은 자신의 목표에 닿았고 원하던 것이 성취되었습니다. 예수님에 의해서 율법이 바라보았던 이상이 실현되었기 때문입니다.

그럼 율법이 성취되었다면, 신약 백성은 누구의 계명 아래에도 있지 않다는 말일까요? 그렇지 않습니다. 율법이 신약 백성에게 이것저것을 명령하지 않더라도 예수님이 제자들에게 명령하십니다. 다른 것이 있다면 예수님의 명령은 율법보다 더 높은 수준입니다. 예를 들면, 율법은 살인하지 말라고 했지만, 예수님은 형제에게 화를 내고 욕해도 지옥 불에 들어간다고 하셨습니다(마 5:21~22). 율법에는 간음하지 말라고 명령했지만, 예수님은 음욕을 마음으로 품어도 이미 간음했다고 하셨습니다(마 6:27~28).

신약 백성은 모세법 아래 있지 않습니다. 그러나 무법한 것도 아니고 죄에 대해 자유로운 것도 아닙니다. 우리는 모세 율법보다 훨씬 더 높은 수준인 그리스도의 법 아래에서 그분의 명령을 받습니다. 그리스도의 계명은 모세법의 수준으로는 지킬 수 없습니다. 오직 성령의 인도와 십자가에서 솟아나는 사랑의 능력으로만 준수할 수 있습니다. 주 예수께서 세우신 하나님의 나라는 율법 아래에서 사는 수준을 벗어나서 성령으로 산상보훈의 삶을 사는 새 언약 백성으로 채워진 곳입니다.

예수님은 제자들에게 '나를 따르라' 고 하셨고, '내가 너희에게 말한다' 고 하셨습니다. 모세를 따르라고 하시지 않았고, 모세의 말을 가르치라고 하시지 않았습니다. 예수님은 "내가 너희에게 분부한 모든 것을 지키게 하라"(마 28:20)고 하셨습니다. 이것이 복음입니다. 이 복된 소식이 우리의 신앙생활을 밝게 비추는 큰 빛이 되어야 하겠습니다.

44.
잠정법으로서의 율법은 폐지되었는가?
갈라디아서 5:18

우리는 율법이 이스라엘 국가에 준 잠정법이었다는 것을 지금까지 여러 번 설명하였습니다. 갈라디아서 3장 19절에서 율법은 약속하신 자손이 오시기까지 있을 것이라고 밝혔습니다. 그렇다면 예수님이 2천 년 전에 오셨으니까 율법의 잠정 시한이 벌써 끝났습니다. 그래서 그 이후로 율법은 더 이상 유효하지 않다는 말이 됩니다. 그럼 율법은 폐기된 것일까요? 그렇다고 대답해야 할 것 같지 않습니까?

교회에서는 율법을 지켜야 한다고 가르칩니다. 유명하신 복음주의 신학자들과 강해자들이 율법의 유효성을 주장합니다. 이해를 돕기 위해서 관련 성구들을 살피겠습니다.

> **법조문으로 된 계명의 율법을 폐하셨으니 이는 이 둘로 자기 안에서 한 새 사람을 지어 화평하게 하시고** (엡 2:15)

✻ 존 스토트 목사님이 에베소서 강해에서 이 구절을 언급한 내용을 요약해서 소개해 드립니다.

• 계명과 법령의 율법을 자기 육체로 폐하셨다는 것은 의식법의 폐지이다.

• 에베소서 2:15절은 유대인과 이방인 사이의 구별이 되는 할례, 희생제사, 음식 규례, 제의적 정결과 부정에 관한 규정들을 가리킨다. 이것은 골로새서의 먹고 마시는 문제, 절기, 월삭, 안식일들에 대한 병행구절과 같다(골 2:11, 16~21). 예수님은 이러한 규례들은 자신의 십자가 죽음으로 폐하셨다. 십자가는 구약의 모형과 그림자로서의 제사 제도를 온전케 했기 때문이다.

• 그러나 예수님은 행위의 표준이 되는 도덕법은 결코 폐하지 않으셨다. 도덕법은 아직도 유효하며 그의 추종자들에게 구속력을 갖는다. 물론 예수님은 이것을 구원의 방편으로는 삼지 않으셨다.

한 마디로 율법의 의식법은 폐지됐지만, 도덕법은 폐지되지 않았다는 말입니다. 과연 그러한지는 조금 후에 다루겠습니다.

✲ NIV Study Bible Notes(엡 2:15).

"마태복음 5장 17절과 로마서 3장 31절은 구약 율법에 표현된 도덕 수준이 그리스도의 오심으로 변화되지 않았다고 가르친다. 그런데 에베소서 2:15절에서 "법조문으로 된 계명의 율법을 폐하셨다"(엡 2:15)고 한 것은 아마 유대인과 의식상 부정한 이방인을 구별하는 특정한 계명과 규례가 폐지됐다는 말일 것이다. (비교. 골 2:13~14)."

여기서도 율법의 도덕법은 여전히 유효하다는 주장입니다. 그런데 로마서 3:31절에서도 "우리가 믿음으로 말미암아 율법을 파기하느냐 그럴 수 없느니라 도리어 굳게 세우느니라"고 했기 때문에 율법의 도덕 수준이 신약 성도들에게 그대로 적용된다고 봅니다. 그러나 '굳게 세운다'는 말의 의미는 다시 살펴보아야 합니다.

✲ ESV Study Bible notes(롬 3:31).

"그런즉 우리가 믿음으로 말미암아 율법을 파기하느냐 그럴 수 없느니라 도리어 율법을 굳게 세우느니라"

"바울이 '우리가 율법을 세운다'고 말했을 때 그는 또한 율법의 영구적인 도덕성을 확증하였다."

이것이 종교 개혁의 전통을 따르는 대부분의 복음주의자들의 입장입니다. 그런데 이 견해에 동의할 수 없는 이유가 있습니다. 간략하게 요점만 몇 가지 제시하겠습니다.

◐ 율법은 시한부 잠정 조치였습니다.

율법은 이스라엘 백성이 시내 산에 모였을 때 받았습니다. 그들이 가나안 땅으로 들어가서 국가의 면모를 갖추고 언약 공동체로서 살게 될 날을 바라보면서 준 것이었습니다. 이스라엘 공동체는 신정국가였습니다. 모든 것이 여호와 하나님의 뜻에 따라 진행되도록 시민 생활과 종교활동이 법으로 명시되었습니다. 그러나 이러한 법규들은 영구적인 것이 아니었습니다. 원래부터 온 세계의 하나님 백성을 다스리는 영원 보편적인 법으로 의도되지 않았습니다. 오직 이스라엘 백성에게만 부과했던 것으로서 분명한 목표가 있었습니다. 그럼 그 목표가 달성된다면 어떻게 되겠습니까?

✻ 달리기를 하는데 결승점에 닿았다면 끝입니다. 선수가 결승점에 몸이 닿았는데도 상관하지 않고 계속해서 달리지 않습니다. 달리기의 목표는 결승점입니다.

율법의 결승점은 예수님이었습니다. 율법은 예수님이 오실 때까지만 이스라엘 백성을 다스리는 역할을 맡았습니다.

그럼 왜 예수님이 오실 때까지만 율법이 유효하다고 했을까요? 예수님이 율법을 성취하실 것이기 때문입니다. 율법은 성취의 운명을 지닌 법이었습니다. 일반법은 지켜졌다고 해서 효력이 중단되거나 없어지지 않습니다. 그러나 모세 율법은 다 지켜지면 중지됩니다. 율법은 정죄를 하고 형벌을 주었습니다. 율법을 깨는 자에게는 불순종에 대한 저주가 내렸습니다. 율법은 아무도 다 지킬 수가 없었으므로 율법의 정죄로부터 풀려날 수 없었습니다. 예수님이 오신 것은 율법의 요구를 자신의 완전한 순종으로 만족시키고, 죄인들을 율법의 정죄에서 해방시키기 위함이었습니다. 율법의 목표는 그리스도 안에서 달성되었습니다. 그렇다면 율법은 더 이상 달릴 필요가 없습니다. 바통이 예수님에게 넘어갔습니다. 이제부터는 예수님이 자기 백성을 이끌고 더 높은 목표를 향해 달립니다. 이것이 구원의 역사에서 새 언약 백성을 위한 새길입니다.

첫 단계에서 하나님은 아브라함을 부르셨고 그가 믿음으로 구원받게 하셨습니다. 그다음 그의 후손이 출애굽한 후에 메시아의 오심을 바라보면서 하나님을 섬기는 훈련을 받았습니다. 하나님께서는 모세 율법으로 이스라엘 백성을 다스렸습니다. 그러다가 예수님이 오신 이후부터는 주 예수를 믿는 신자들은 유대인이든지 이방인이든지 율법이 아닌, 성령의 인도로 하나님을 섬기게 하셨습니다. 율법시대는 지났습니다. 예수님이 오심으로써 율법은 도덕법을 포함하여 예수님의 가르침과 권위로 대치되었습니다.

◐ 바울은 반법주의자입니까?

바울이 율법에 대해서 말하는 것을 들으면 율법을 무용지물로 보거나 폐기 처분하는 것 같은 인상을 줍니다. 적어도 그의 반대파들은 그를 반법주의자라고 비난하였습니다. 그는 할례를 받으면 그리스도가 아무 유익이 없다고 하였고(갈 5:2) 유대교의 절기 준수는 은혜 구원에 대한 역행이라고 한탄하였습니다(갈 4:10~11). 그런데 그는 믿음으로 구원을 받는다고 해서 율법을 폐지할 수 없다고 하였습니다.

> **그런즉 우리가 믿음으로 말미암아 율법을 파기하느냐 그럴 수 없느니라 도리어 율법을 굳게 세우느니라**(롬 3:31).

이 말을 잘못 들으면 크게 오해합니다. 바울이 이 말을 한 까닭은 그의 율법관에 반대하는 자들이 그를 반법주의로 몰았기 때문입니다. 그런데 바울 편에 선 우리도 그를 오해할 수 있습니다. 사실 이 구절을 디밀면서 바울이 율법의 유효성을 역설했다고 주장합니다. 여기서 율법을 '세운다'(establish, uphold)는 의미가 무엇인지 파악하는 것이 중요합니다. 그럼 바울은 어떻게 율법을 세웠다는 말일까요?

• 이스라엘이 이방인 못지 않게 정죄 아래 있다고 선언함으로써 율법을 세웠습니다(롬 2:1~29).

율법을 자랑하는 네가 율법을 범함으로 하나님을 욕되게 하느냐 (롬 2:22).

율법은 죄의 능력을 크게 인식하도록 의도된 것이었습니다(롬 3:20). 그래서 율법이 어겨질 때마다 율법의 의도가 드러난다는 것을 인정한다는 의미에서 율법을 세운다고 했습니다.

• 바울은 자신이 전하는 복음이 죄인들을 일깨우기 때문에 율법이 바라던 일을 비준하는 셈이라는 의미에서 율법을 세운다고 했습니다.

• 바울은 성령을 따라 사는 생활이 율법이 지향했던 것을 가장 효과적으로 성취한다고 주장함으로써 율법을 세운다고 했습니다.

육신을 따르지 않고 그 영을 따라 행하는 우리에게 율법의 요구가 이루어지게 하려 하심이니라 (롬 8:4).

• 바울은 사랑이 율법의 완성이라고 했습니다(롬 13:10). 이웃 사랑의 계명이 율법의 요구를 다 채운다고 주장함으로써 율법을 세운다고 하였습니다. 이것이 로마서 13장 8~10절의 요점입니다. 여기서 그는 남을 사랑하는 자는 율법을 다 이루었다고 하였고, 사랑은 이웃에게 악을 행하지 않기 때문에 사랑이 율법을 성취한다고 말했습니다.

그러니까 '율법을 세운다'는 말은 율법이 아직도 신약 교인들에게 유효하다거나 준수 의무가 있다는 뜻이 아닙니다. 바울은 그를 반법주의로 모는 반대파들을 염두에 두고 자신은 율법을 파괴하는 자가 아니고 율법을 세우는 자라고 말했습니다. 그래서 그는 율법의 목적과 의도를 충분히 인정한다는 것을 전제하였습니다. 그런데 중요한 것은 율법을 어떻게 지키느냐는 것입니다. 그는 율법을 지키지 않는다는 것이 아니고, 율법 준수 방법이 바리새인들이나 율법주의자들과 전혀 다르다는 것이었습니다. 그럼 다른 점이 무엇입니까? 그가 혼자 생각해 낸 것이 아니고 예수님의 방법과 가르침을 따른 것이었습니다.

예수님도 보면 율법을 어기시는 것 같았습니다. 예를 들어 안식일에 병자들을 고쳤습니다. 바리새인들과 율법주의자들의 눈으로 보면, 예수님이 분명 안식일을 범하였습니다(마 12:10, 14). 그러나 예수님은 자신이 안식일의 주인이라고 하셨고(마 12:8), 사랑이 모세 율법이 의도한 안식일의 참뜻을 드러낸다고 지적하셨습니다.

> **그들에게 이르시되 안식일에 선을 행하는 것과 악을 행하는 것, 생명을 구하는 것과 죽이는 것, 어느 것이 옳으냐 하시니 그들이 잠잠하거늘** (막 3:4; 비교. 마 12:11; 눅 6:1~5).

바울이 주장하는 것은 율법준수가 여러 조항이나 명령을 문자적으로 지켜서 될 일이 아니라는 것입니다. 율법을 가장 잘 지키는 방법은 사랑의 계명을 따르는 것인데 이것은 예수님의 삶에서 입증되었다는 것입니다. 율법이 바라고 지향했던 것들은 사랑으로 성취됩니다(롬 13:8~10). 사랑이 있는 곳에는 율법이 세워집니다. 십자가 사랑의 복음이 전파될 때 율법이 세워집니다. 이런 의미에서 바울은 자신이 반법주의자가 아니라고 변호하였습니다. 바울 자신이 또한 사랑의 삶을 살았기 때문에 그는 율법을 무너뜨리는 자가 아니고 세우는 자였습니다. 우리도 이와 같은 방식으로 율법을 세워야 합니다. 신약 성도는 율법을 사랑의 삶으로 세우고 완성하는 자들입니다.

◐ 예수님은 율법을 성취하셨습니다.

예수님은 자신이 율법을 폐지하기 위해서 오시지 않았다고 하셨습니다.

> **내가 율법이나 선지자를 폐하러 온 줄로 생각하지 말라 폐하러 온 것이 아니요 완전하게 하려 함이라** (마 5:17).

흔히 마태복음 5장 17~20절을 근거 본문으로 제시하면서 도덕법은 복음서에서도 계속된다고 해석합니다. 즉 신약 교인들에게도 구약 율법의 도덕법은 적용되고 구속력이 있다고 봅니다. 그런데 본문에서 예수님은 도덕법뿐만 아니라 구약 성경 전체에 대한 선언을 하시기 때문에 예수님이 성취하기 위해 오신 것은 예수님에 대한 구약 전체의 내용입니다. 율법과 선지자는 구약 전체를 가리킵니다.

그럼 무엇을 성취하셨을까요? 우선 폐하지 않는다는 말은 율법이 신약시대에도 그대로 계속된다는 의미가 아닙니다. 완전하게 한다는 말도 오해하기 쉽습니다. 마치 율법이 불완전한 곳이 있어서 수정이나 보완을 해서 지키게 한다는 말처럼 들립니다.

그래서 완전하게 한다기보다는 '이룬다' 혹은 '성취한다'는 말로 바꾸어 이해하는 것이 나을 듯합니다. 영어로는 대개 fulfil이라고 합니다.

[그럼 율법을 성취한다는 의미는 무엇일까요?]

• 율법이 구속력을 가지고 계속 적용된다는 뜻이 아닙니다. 만약 율법이 계속 유효하다면, 산상보훈을 위시해서 신약의 많은 권면은 필요하지 않았을 것입니다.

• 보충하거나 수정하거나 확대한다는 뜻이 아닙니다. 율법은 그 자체로서 부족함이 없는 구약시대의 잠정법이었습니다. 율법은 '그리스도의 법'으로 성취하고 그 이상의 수준으로 넘어감으로써 성취되어야 합니다.

예수님이 율법을 대하신 것을 보면 율법의 수준을 넘어갑니다. 단순히 율법을 문자적으로 지키신 것이 아니고, 율법의 요구를 자신의 삶으로 충족시키고 율법이 가진 한계성을 초월하셨습니다. 예수님은 율법을 바리새인들처럼 자신의 노력으로 지키시지 않았습니다. 예수님은 성령의 인도와 사랑으로 율법을 지키시고 율법의 상한선을 넘어가셨습니다. 이것이 하나님 나라의 윤리에 맞는 새 언약 시대의 방식입니다. 그래서 예수님은 율법을 재해석하거나 어떤 부분을 철회시키거나 혹은 새로운 계명으로 바꾸셨습니다. 이것은 율법을 업그레이드 시켜서 지키시려는 것이 아니고 자신의 표준으로 율법이 원래 의도하고 바라보았던 이상이 온전히 실현되게 하신 것이었습니다. 신약교인은 율법을 의식적으로 지키려는 것이 아니라 성령생활을 통해 율법이 요구하는 것을 만족시키고 그 이상의 레벨로 올라갑니다. 그래서 신약 교인은 율법을 간접적으로 성취하는 셈입니다.

✻ 마태복음 5장 33~37절에서 예수님은 여호와의 이름으로 맹세하는 것을 금하시고 도무지 맹세하지 말라고 하셨습니다. 그러니까 성취한다는 말의 의미는 과거처럼 연속된다는 뜻이 아닙니다.

✻ 마태복음 5장 31절에서 율법에서 허락한 이혼증서는 더 이상 허용될 수 없다고 하셨습니다.

✻ 마태복음 5장 22, 28, 32, 34 ,39, 44절을 보십시오. 예수님은 모세의 권위 위에 자신의 권위를 올려놓으시고 율법의 수준보다 더 높은 예수님의 수준으로 살 것을 명하셨습니다.

✻ 간음의 경우에는 음욕까지 포함시켰고, 살인에는 형제에게 화를 내거나 욕하는 것까지 포함시켰습니다. 이것은 율법의 수준이 아닙니다. 율법은 이런 차원을 법으로 제정할 수 없었습니다. 예수님은 율법을 지키셨지만 율법의 수준에 머무신 것이 아니고, 하나님 나라의 윤리가 빛나는 산상보훈의 차원을 적용하셨습니다. 예수님은 이렇게 하여 율법을 완성하고 율법의 한계점을 넘어가셨습니다.

✻ 마태복음 5장 44절에서 원수를 위해 기도하라고 하심으로써 율법을 성취하셨습니다. 율법에서는 이런 기도를 가르치지 않았습니다. 그러나 원수를 사랑하는 것은 메시아 시대의 새 삶의 방식이었기에 율법이 바라보던 이상이었습니다.

그래서 우리는 예수님의 생애에서 율법이 어떤 방식으로 성취되었는지를 주목해야 합니다. 그리고 성경을 읽을 때 예수님을 생각해야 합니다. 예를 들면, 동물 희생에 대해 읽으면, 예수님이 우리의 완전한 번제라는 것을 깨달아야 합니다. 살인에 대한 예수님의 가르침을 읽을 때는 우리 자신들에게 '그럼 물론이지' 하고서 우리가 어떻게 형제에게 욕도 하지 않는 수준에 이를 수 있을지를 생각해 보아야 합니다. 또한 사랑의 계명에 비추어 율법의 수준을 초월함으로써 율법의 요구를 채우고 산상보훈의 더 높은 경지에 이르도록 힘써야 합니다.

이제 본 강해의 제목인 '잠정법으로서의 율법은 폐지되었는가?' 라는 질문으로 되돌아갑니다. 이 질문에 어떻게 대답해야 하겠습니까? 율법이 잠정법이라면 당연히 일정 기간이 지나고 조건충족이 되면 끝나는 것으로 보아야 하지 않습니까? 율법은 예수님의 도래를 바라보았습니다. 그때까지만 유효한 이스라엘의 국법이었습니다. 이것은 신정국가의 질서 유지를 위해서 옛 언약 백성에게 임시로 주었던 잠정법이었습니다.

우리는 새 언약 백성입니다. 옛 언약에 속한 율법이 새 언약 백성에게 넘어와서 구속력을 갖지 않습니다. 우리는 율법의 목표였던 예수님이 오신 이후에 사는 신약 성도들입니다. 그래서 율법의 도덕법까지도 우리에게는 새 삶의 좌표가 될 수 없습니다. 예수님이 우리의 절대적 권위이며 성령이 우리의 인도자입니다. 우리는 율법의 수준을 넘어가는 그리스도의 법으로 살아야 합니다.

그런데 신약은 율법의 도덕성을 무시하거나 폐기 처분하지 않습니다. 신약은 율법을 존중합니다. 그러나 율법 아래 들어가서 율법을 지키는 것이 아닙니다. 신약 성도는 성령 안에서 예수님의 가르침을 따라 사랑의 계명으로 삽니다. 그러면 거의 우발적으로 율법의 요구가 채워지고 율법의 수준을 넘어가는 것을 알 수 있습니다. 이것이 신약 교인들이 율법을 지키는 방법입니다. 신약 교인의 목표는 모세가 아니고 예수님입니다. 그래서 율법에 머물 수 없습니다. 예수님은 율법이 바라보았던 것들을 성취하셨습니다. 율법이 바라본 하나님 나라의 이상은 원칙적으로 예수님 안에서 이루어졌습니다. 율법은 잠정법이었기에 새 언약 시대의 표준이 될 수 없습니다. 이런 의미에서 율법은 폐지되었습니다.

그러나 율법 시대가 아니라고 해서 율법의 도덕성이 무시되거나 율법의 수준 이하로 살아도 된다는 말이 아닙니다. 율법은 더 높은 수준의 삶을 바라보았습니다. 이제 율법의 지향점이 예수님임이 드러났습니다. 그래서 율법의 다스림 아래로 들어갈 필요가 없습니다. 율법에 묶여 있으면 신앙생활에 진보가 없습니다. 율법의 한계를 벗어나지 못하기 때문입니다. 우리 모두 율법과 그리스도의 법이 어떻게 다르다는 것을 직시하고, 율법 아래가 아닌, 그리스도 아래로 들어가서 그분의 말씀과 그분이 주시는 성령의 능력으로 하나님을 섬겨야 하겠습니다.

45. 율법보다 높은 곳으로 가라

갈라디아서 5:16~18

신약 교인이 율법 아래에서 살아야 하느냐는 질문은 율법의 유효성과 관계된 물음입니다. 우리는 지난 시간에 율법은 잠정법이었기 때문에 예수님이 오신 이후로는 더 이상 구속력이 없다고 했습니다.

그럼 왜 예수님이 오신 이후부터는 율법의 효력이 발생하지 않는 것일까요? 이 대답을 하려면 구속의 단계를 이해해야 합니다. 하나님께서는 이스라엘 백성을 부르시고 그들의 하나님이 되시겠다고 언약을 맺으셨습니다. 이스라엘 편에서는 여호와 하나님을 믿고 순종하기로 약속하였습니다. 하나님은 그들에게 율법을 주시고 언약 공동체의 삶을 위한 지침이 되게 하셨습니다. 그런데 하나님께서는 그들에게 율법과 선지자를 통해 출애굽의 구원보다 더 크고 온전한 구원으로 실현될 제2의 출애굽이 있을 것이라고 예고하셨습니다.

첫 출애굽은 모세의 영도하에 일어났지만, 제2의 출애굽은 하나님이 보내실 메시아가 맡을 것이었습니다. 이때의 구원은 이스라엘 백성만이 아니고 전 세계에서 모여드는 하나님의 백성이 포함됩니다. 그런데 이 메시아 시대가 오면 이스라엘을 통제했던 율법은 물러나고 예수 그리스도 자신이 새 백성의 법이 되고 그들을 영원한 하나님의 나라로 인도하실 것이었습니다.

다시 말해서, 모세법은 그리스도의 법으로 대치되고, 젖과 꿀이 흐르는 가나안 땅은 예수 그리스도의 구원 사역에 의해 새 하늘과 새 땅으로 바뀔 것이었습니다. 이러한 변화는 하나님의 구원 계획에 들어있는 2단계 과정입니다. 첫 출애굽의 의도와 목표는 제2의 출애굽에 의해 달성되고 완성됩니다. 우리는 이러한 완성 단계의 새 시대에서 사는 신약 교인들입니다. 이제 조금 구체적으로 모세 율법 시대와 그리스도의 새 언약 시대가 지닌 특징을 구약의 여호수아와 신약의 여호수아이신 예수님과 비교해 보겠습니다.

새 언약 백성은 모세 율법 아래 있지 않습니다.

> 그러므로 너희는 크게 힘써 모세의 율법책에 기록된 것을 다 지켜 행하라 그것을 떠나 우로나 좌로나 치우치지 말라 (수 23:6).

이 말은 여호수아의 고별 메시지에 들어 있습니다. 여호수아는 율법을 준수하라고 이스라엘 백성에게 당부하였습니다. 그럼 이 명령을 오늘날 신약 교인들에게도 적용해야 할까요? 아닙니다. 그 이유는 예수님이 오신 이후로는 모세 율법은 신약 교인들을 지배하고 인도하는 안내자가 아니기 때문입니다. 율법은 비록 하나님이 주신 것이지만, 신약시대에는 예수님의 말씀과 동등한 권위를 갖지 않습니다. 율법은 그리스도의 의를 가리키는 표시판이었습니다. 예수님이 오신 이후로는 하나님의 백성은 모세 시스템 아래 있지 않습니다.

우리는 유대인도 아니고 구약시대에 살지도 않습니다. 율법 시대는 거두어졌습니다. 우리는 율법 아래로 들어간 이스라엘 백성이 아니고, 예수님의 권위 아래로 들어간 새 언약 백성입니다(마 5:21, 28, 32, 34, 39, 44). 그 목적은 성령의 도우심으로 모세 율법의 요구를 성취하고 더 높은 수준의 삶으로 나아가기 위한 것입니다. 모세의 율법책에 기록된 것을 다 지키라는 말씀은 원칙적으로 하나님의 말씀을 순종하라는 것이므로 옳습니다. 그러나 율법은 자신의 역할을 마친 때가 있었습니다. 율법은 그리스도께서 오실 때까지만 유효하였습니다. 구약의 여호수아의 명령은 신약의 여호수아이신 예수님의 명령을 바라본 것이었습니다.

> **그러면 율법의 용도는 무엇입니까? 율법은 약속을 받으신 그 후손이 오실 때까지 범죄들 때문에 덧붙여 주신 것입니다.** (갈 3:19, 새번역).

그런데 율법으로 살지 않는다고 해서 율법이 지향했던 의나 선한 의도에 죽은 것은 아닙니다. 신약 교인들이 모세 율법 아래 사는 것이 아니라고 말한다고 해서 모세 율법과 아무런 상관도 없거나 모세 율법에서 아무것도 배울 것이 없다는 말은 아닙니다.

예를 들어, 바울은 디모데에게 곡식을 밟아 떠는 소에게 망을 씌우지 말라는 신명기 25장 4절을 인용하면서 사역자에 대한 대우 문제에 적용하였습니다(딤전 5:18). 이것은 예수님의 누가복음 10장 7절의 말씀을 반향합니다(비교. 행 20:34). 고린도전서에서도 유사한 맥락에서 율법을 인용하였습니다(고전 9:8~10).

일꾼이 삯을 받는 것이 마땅하다고 했는데 이것도 민수기 18장 31절에 근거한 것입니다(참고. 대하 15:7). 또한 장로에 대한 고발은 두 세 증인이 있을 때만 받으라는 지시도 신명기 19장 15절의 가르침입니다(딤전 5:19).

그런데 율법이 신약에서 재적용된 사례는 율법의 일반 원칙이 신약의 원리와 겹칠 수 있기 때문입니다. 그럴지라도 율법의 일반 원칙은 신약의 성령 생활에 의해 추월되고 더 높은 수준으로 성취되어야 합니다. 율법에 대한 신약의 가르침은 율법 폐기론이나 무용론이 아닙니다. 신약의 관심은 우리가 율법을 어떻게 성취하느냐는 것입니다. 즉, 우리가 성령의 조명과 인도를 받고 예수님의 가르침을 따라 사랑으로 행하면 율법이 바라보았던 의의 목표에 당도한다는 것입니다. 율법이 목표로 삼았던 의의 수준이 성령을 따라 행함으로써 성취된다는 것이 신약의 율법 성취론입니다. 율법은 그냥 제쳐둔다고 해서 없어지는 것이 아니고 성취를 통해 구속력과 효력을 잃습니다.

> **그것은, 육신을 따라 살지 않고 성령을 따라 사는 우리가 율법이 요구하는 바를 이루게 하시려는 것입니다** (롬 8:4, 새번역).

성령 안에서 그리스도의 법에 순종하면, 율법의 수준을 상회하고 율법이 닿을 수 없는 경지로 들어갑니다. 바꿔 말하면, 예수님이 자신의 성령으로 인도하시는 새 생명과 십자가 사랑의 삶으로 들어가는 것입니다. 그래서 신약 성도는 율법 아래에서 종노릇하지 않고 그리스도 안에서 자유를 누립니다. 그런데 이것은 원칙적인 이야기입니다. 실제로 율법 아래에서 종노릇하는 교인들이 상당수라고 봅니다. 신약 교인들은 율법의 통제와 수준을 넘어 그리스도 안에 있는 자유를 누릴 때에 진정한 의미의 새 언약 백성이 됩니다.

율법의 정신으로 충분할까요?

율법의 유효성을 논의할 때 '율법의 정신'이라는 말을 잘 씁니다. 율법에는 신약 교인들에게 적합하지 않은 이스라엘 국가의 형법이나 의식법이 있지만 율법의 정신을 잘 살펴보고 적용해야 한다고 말합니다. 물론 도덕법은 그대로 지켜야 한다고 주장합니다. 그러나 '율법의 정신'이라는 말보다는 '율법의 의도'라고 하는 것이 더 낫다고 생각합니다. '율법의 정신'이라고 하면 마치 율법이 영원한 것처럼 들립니다. 율법은 그 자체로서 본유적(本有的)이고 영구적인 의를 담고 있지 않습니다. 만일 그렇다면 구태여 예수님이 오셔서 하나님 나라의 의를 보여 주실 필요가 없었을 것입니다. 율법은 처음부터 보다 높고 완전한 그리스도의 법에 의해서 대치되도록 고안된 임시 방편의 잠정법이었습니다. 물론 율법은 하나님이 주셨고 선한 목적을 가지고 있었습니다(롬 7:12). 그렇지만 율법은 영적 유아기를 지나는 이스라엘 백성을 위한 것이었기에 수준이 그리 높지 않았습니다.

✲ 일부다처제가 묵인되었습니다.

✲ 이혼법에서는 여자를 다소 보호했지만 이혼증서를 써주는 정도의 배려에서 그쳤습니다.

✲ 도피성 제도는 실수에 의한 비의도적인 살인자를 보호했지만 성 밖으로 나오는 가해자에게는 피해자 가족의 보복이 허

용되었습니다. 이것은 당시의 개인 보복의 시대적 관습을 수용한 것이므로 이상적이지 않습니다. 예수님의 개인 윤리의 지침은 개인 보복이 아니고 화평을 위해 힘쓰며 하나님의 공의에 맡기는 것입니다. 그리고 악을 선으로 이기기 위해 원수를 사랑하는 수준으로 올라가는 것입니다(마 5:39; 롬 12:19-21).

우리는 모세 율법을 존중하되 지나치게 신성시하거나 신약교회에 그대로 대입시키는 일을 경계해야 합니다. 율법은 시대적인 제한을 받았으며 이스라엘 공동체의 문맥에서 주어진 임시규정이기 때문입니다. 율법에서 어떤 원칙을 찾는다고 하여도 구체적으로 적용할 수 없는 상황은 얼마든지 있습니다. 예를 들어, 부모 공경의 계명에서 아무리 묵상을 해도 자신이 처한 여러 상황에서 적절한 인도를 받지 못하는 경우가 허다합니다. 당사자의 뜻을 무시한 부모에 의한 중매결혼이나 자녀의 결혼 반대, 고부갈등 등은 단순히 부모를 공경하라는 계명으로 해결될 수 없습니다.

그리스도인의 경건에는 분명한 내용이 있습니다. 그러나 그 내용이 율법에서는 충분하게 진술되거나 정의되지 않았습니다. 아무리 계명을 묵상해도 그것은 하나의 일반적인 가이드 라인의 원칙이지 구체적인 수천 개의 여러 상황에서 하나님의 뜻을 정확하게 보여주지는 않습니다. 율법의 정신을 찾는다는 것은 율법의 원칙을 찾아내는 것이지 세부적인 인간의 삶 속에서 구체적으로 어떻게 해야 하는지에 대한 적용 안내를 받는 것은 아닙니다.

율법은 우리가 특별히 주의해야 할 영역을 다룹니다. 그러나 복잡한 상황 속에서 적용할 수 있는 정확한 지침은 아닙니다. 그럼에도 율법의 깊은 의도는 사랑과 자비였습니다. 그렇지만 율법의 이러한 선한 목표와 의도는 성령으로 거듭난 마음에 새겨질 때만 달성되고 피어납니다. 구약 선지자들은 이런 때가 올 것을 소망하였습니다. 즉, 돌판이 아닌 마음의 심비(心碑)에 율법의 의도와 목표가 새겨질 새 시대를 대망하였습니다. 그때가 언제입니까? 메시아 시대입니다. 메시아 시대는 유연성이 없는 문자로 된 모세법으로 하나님을 섬기는 것이 아니고, 구체적인 상황에서 지혜를 주며 실행 능력을 공급하는 성령으로 사는 시대입니다.

예수님은 어떻게 율법을 성취하셨습니까?

예수님은 율법을 총체적으로 성취하셨습니다.

♣ 의식법과 도덕법을 지켰습니다. 할례를 받으셨고 절기를 지켰으며 남의 것을 탐하지 않고 거짓말이나 간음을 하지 않았으며 부모를 순종하였고 우상 숭배를 하지 않았습니다. 예수님은 십계명을 다 지켰습니다.

♣ 자신에 대한 율법과 선지자들의 예언을 성취하셨습니다.

예수님은 미가 선지자의 예언대로 유다 지파로서 베들레헴에서 태어나셨으며(미 5:2; 마 2:6) 여자의 후손으로서 뱀의 머리를 상하게 하실 것이라는 예언을 십자가로 성취하셨습니다(창 3:15; 계 12:9; 20:2). 죄에 대한 형벌을 남김없이 받으셨고 부활하심으로써 사탄이 닿을 수 없는 새 생명의 영역으로 들어가셨습니다.

♣ 예수님은 아담과 하와에게 주셨던 생육과 번성과 피조물의 청지기직을 새로운 인류 공동체의 머리인 마지막 아담(둘째 아

담)으로서 신실하게 이행하셨습니다(창 1:28).

♣ 예수님은 아브라함에게 약속된 그의 씨로 말미암아 땅 위의 모든 족속이 복을 받을 것이라는 예언을 성취하셨습니다(창 22:18; 행 3:25).

♣ 예수님은 모세를 통해 예언된 제2의 모세가 되셨습니다.

네 하나님 여호와께서 너희 가운데 네 형제 중에서 너를 위하여 나와 같은 선지자 하나를 일으키시리니 너희는 그의 말을 들으라 (신 18:15,18).

베드로는 이 모세의 예언을 솔로몬 행각에서 설교할 때 인용하면서 예수님에게 적용하였습니다(행 3:22, 26). 모세는 시내 산에서 율법을 선포했는데 예수님은 모세와 같은 선지자로 오셔서 갈릴리 언덕산에서 산상보훈을 선포하셨습니다.

♣ 예수님은 제2의 다윗으로서 영원한 왕국을 세우실 것이라는 나단 선지자의 예언을 성취하셨습니다.

네 수한이 차서 네 조상들과 함께 누울 때에 내가 네 몸에서 날 네 씨를 네 뒤에 세워 그의 나라를 견고하게 하리라(삼하 7:12; 행 13:22).

주께서 이르시되 나는 내가 택한 자와 언약을 맺으며 내 종 다윗에게 맹세하기를 내가 네 자손을 영원히 견고히 하며 네 왕위를 대대에 세우리라 하셨나이다 (시 89:3~4).

예수님은 복음을 선포하셨고 자신의 권위와 진리로 하나님 나라를 세우셨습니다. 그가 출범시킨 하나님 나라는 영원합니다. 이 나라는 현재 진행중이며 재림 때 새 하늘과 새 땅으로 완성될 것입니다.

시편에는 왕에 대한 언급이 많습니다. 이 왕은 세상 왕들의 공격을 받지만 시온에 자리를 잡고 온 세상의 통치권을 확립합니다(시 2편). 이 왕은 곧 예수 그리스도입니다.

♣ 예수님은 멜기세덱의 서열을 따라 영원한 대제사장이 되셨습니다(창 14:18~20; 시 110:4; 히 4:15; 5:6, 10).

예수님은 왕 중의 왕이며, 선지자 중의 선지자며 제사장 중의 제사장이 되시기 위해 하나님의 보내심을 받고 율법과 선지자의 예언을 성취하셨습니다.

♣ 예수님은 잠언의 주제인 지혜의 주인공이십니다. 그는 가장 지혜로운 분입니다.

♣ 예수님은 구약 절기가 상징하는 것들을 성취하셨습니다. 예수님은 안식일의 주인이시며, 희년이 상징하는 자유와 회복의 주인이십니다. 그는 유월절 양으로서 십자가로 가셨고, 오순절에 성령을 보내셨으며(행 2:1~4; 3:33), 속죄일이 상징하는 죄의 용서를 주기 위해 자신의 피로 대속하셨습니다.

♣ 예수님은 이사야 선지자가 예언한 고난의 종으로서 많은 박해를 받으셨고 십자가 죽임을 당하였습니다(사 53장; 행 3:18; 막 8:31; 9:31; 10:33; 눅 22:15).

♣ 예수님은 다니엘 선지자가 예언한 인자로서 하나님으로부터 하늘과 땅의 권세를 받으셨습니다(단 7:13~14; 마 28:18).

♣ 예수님은 다윗의 예언대로 썩음을 당하지 않고 부활하셨습니다(행 2:25~32; 시 16:8~11).

예수님은 율법을 완전하게 성취하셨습니다. 단순히 십자가 죽음만이 아니고 총체적인 성취를 하셨습니다. 예수님의 완전무결한 율법 성취는 그분에 대한 확신을 공고하게 하며 그분 안에서 율법이 우리에게 어떻게 적용되는지를 알게 합니다.

우리는 어떻게 율법을 성취합니까?

우리는 그리스도에 대한 신뢰와 성령으로 율법을 성취하며 율법이 지향했던 목표에 이릅니다.

✻ 주 예수께서 모세 율법과 선지자들의 예언을 모두 성취하시고 율법의 계명들을 완전하게 지키셨다는 사실을 믿고 그분을 나의 대속주로 영접하면 메시아 시대의 특징인 성령을 받습니다. 그때부터 나는 율법이 요구하는 계명들을 준수하게 됩니다. 준수할 뿐만 아니라 율법의 참뜻을 예수님의 가르침과 모범에 비추어 온전히 드러내는 성령 생활을 합니다.

✻ 예수님을 구속주로 믿으면, 구약의 희생 제도와 성전 의식이 모두 그리스도를 통해 나에게 성취된 것으로 적용됩니다. 예수님이 나 대신 속죄양이 되셨기 때문입니다.

✲ 예수 그리스도에게 나아가서 내 짐을 내려놓고 용서를 받으면, 안식년과 희년과 안식일에 대한 율법이 성취됩니다. 예수님이 안식년과 희년의 주인이시기 때문에 그분의 안식을 누림으로써 안식에 관한 율법을 성취합니다.

✲ 그리스도의 영으로 충만해서 십자가 사랑을 실천하면 십계명을 지킬 뿐만 아니라 율법에서 요구하지 않은 것들까지 지키는 수준의 성령 생활을 하게 됩니다.

그럼 조금 더 구체적으로 신약 성도가 십계명의 수준을 어떻게 상회하는지를 예시하겠습니다. 십계명은 신약 성도의 거룩한 삶의 희미한 그림이었습니다. 이제 그리스도의 교훈과 성령 생활에 의해 신약 성도는 십계명이 바라보았던 이상을 성취시킵니다.

첫째 계명: "너는 나 외에는 다른 신들을 네게 두지 말라"(출 20:3).

이 명령은 주로 외형적인 금지 사항이었습니다. 그러나 신약 성도는 단순히 다른 신들을 섬기지 않는 것보다 훨씬 더 적극적으로 그리스도 예수 안에서 우리를 구속하신 하나님만 신뢰하며 그분의 가르침을 따릅니다. 성령께서는 우리를 죄와 사망의 정죄로부터 구원할 수 있는 다른 어떤 신도 존재하지 않는다는 사실을 확신시킵니다.

유일신 경배는 신약에서는 단순히 여호와 하나님 이외에 다른 신이 없다는 신앙고백에 머물 수 없습니다. 예수님은 "이 백성이 입술로는 나를 공경하되 마음은 내게서 멀도다"(막 7:6)라는 이사야 선지자의 말을 인용하셨습니다. 하나님을 몸과 마음으로 사랑하는 것이 제 1 계명을 성취하는 신약 성도의 경건입니다.

둘째 계명: "너를 위하여 새긴 우상을 만들지 말고…그것들을 섬기지 말라…"(출 20:4~6).

하나님을 경배하는 방식으로서 신상이나 피조물의 형상을 사용하지 못하게 금했습니다. 신약 성도는 형상화한 신상들이 살아 계신 하나님을 대표할 수 없음을 압니다. 또한 탐심도 우상 숭배이며(골 3:5; 엡 5:5), 그리스도의 성육신과 하나님의 아들 되심을 부인하는 가르침을 따르는 것도 우상 숭배임을 압니다(요일 5:21). 이것은 분명 율법의 외형적 수준을 넘어가는 것입니다. 신약 성도는 하나님의 라이벌이 될 수 있는 일체의 우상을 배격하고 오직 주 예수님만 섬김으로써 제 2 계명을 성취합니다.

셋째 계명: "너는 네 하나님 여호와의 이름을 망령되게 부르지 말라"(출 20:7).

하나님의 이름은 하나님의 절대적인 권위와 능력과 성품을 대변하기 때문에 보호되어야 합니다. 하나님의 이름을 오용하여 거짓으로 맹세하거나 저주하거나 혹은 악한 동기에서 위협용으로 사용하는 것은 범죄 행위입니다. 신약 성도는 이런 식으로 하나님의 이름을 오용하지 않습니다. 오히려 선한 일을 위해 예수님의 이름을 영화롭게 하고 하나님을 찬양합니다. 예수님은 하나님의 이름을 내거는 일체의 맹세도 금하셨습니다(마 5:33-37).

넷째 계명: "안식일을 기억하여 거룩하게 지키라"(출 20:8~11).

신약 성도는 이스라엘 백성처럼 안식일 준수를 예배 이외에는 아무일도 하지 않고 율법의 규정에 따라 문자적으로 지키지 않습니다. 우리는 예수님이 안식일의 주인이시며 믿음으로 그에게 속한 자는 죄와 죽음의 심판에서 해방된 새 창조의 안식에 들어간다는 것을 압니다. 예수님은 안식일에 많은 병자를 고치셨습니다. 신약 성도는 주의 날에 자비와 사랑을 베푸는 적극적인 봉사 활동을 통해 안식일을 거룩하게 지키라는 제 4 계명을 성취합니다.

다섯째 계명: "네 부모를 공경하라 그리하면 네 하나님 여호와가 네게 준 땅에서 네 생명이 길리라"(출 20:12).

이스라엘 백성은 부모를 공경하면 가나안 땅에서 안전하게 살 것이라는 약속을 받았습니다. 부모 공경은 신약에서도 언급되었습니다(골 3:20; 엡 6:1~3). 그럼 신약 성도는 다섯째 계명을 그대로 지켜야 한다는 말일까요? 그렇지 않습니다. 율법은 신약 성도의 삶의 표준이 아닙니다. 그러나 신약 교인은 율법의 의도와 목표를 성령 안에서 온전히 드러내고 더 나아가는 수준으로 살아야 합니다. 고대 이스라엘 사회는 가문과 가족 공동체로 구성되었습니다. 그래서 토지나 결혼, 계대 결혼, 유산법, 율법의 집행 등이 가문과 가족 공동체의 유익을 보호하도록 짜여졌습니다. 부모 순종은 이러한 사회적 구조의 질서 유지를 위해 매우 중요한 요소였습니다. 그래서 부모를 거역하는 자는 돌로 쳐서 죽이라고 하였습니다(신 21:18~21). 한편, 부모 순종은 가나안 땅에서의 복지와 안녕을 보장받았습니다.

그런데 이것은 신약 교인들에게 구약시대의 율법이 그대로 옮겨져서 적용된다는 뜻은 아닙니다. 십계명이 신약의 가르침에서 일반 원칙으로 더러 겹치는 경우가 있지만 이것은 같은 영역을 다루면서 중복되는 편의상의 언급이지 십계명의 권위와 유효성에 직접 호소하는 것이 아닙니다. 바울은 율법의 어떤 구체적인 교훈을 신약 성도에게 그대로 대입시킨 것이 아니라 율법이 바라보았던 예수님의 온전한 가르침과 모범으로 율법의 목표가 달성되게 하였습니다. 그러므로 십계명의 인용이 그 자체로서 신약 교인들에게 구속력이 있다고 볼 수 없습니다. 신약의 의도는 구약 율법이 그리스도의 법에 의해서 추월된다는 것입니다.

바울은 에베소서의 대등절에서 부모 공경에 이어 십계명에 나오지 않는 부모의 책임에 대해서도 언급하였습니다. "또 아비들아 너희 자녀를 노엽게 하지 말고 오직 주의 교훈과 훈계로 양육하라"(엡 6:4). 이것은 분명 다섯째 계명의 한계를 넘어가는 더 높은 수준입니다. 부모는 공경을 받아야 하지만 부모로서의 자식에 대한 책임을 져야 한다는 것입니다. 부모 순종에 대한 장수의 복은 이제는 하나님 나라에서의 안녕과 복지이며 유업으로 받는 땅도 가나안의 영토적인 땅이 아니고 그리스도 안에서 믿음과 인내로 상속받는 유업입니다. 자녀 교육도 모세 율법이 아닌 "주의 교훈과 훈계"(엡 6:4)로 하기 때문에 율법의 수준을 넘어갑니다.

율법은 신약시대에 그대로 적용될 수 없습니다. 부모 존경을 하지 않는 자녀를 돌로 쳐서 죽일 수 없습니다. 신약 성도는 이 계명이 주어졌던 이스라엘의 사회 구조 속에서 살지 않습니다. 장수의 복을 누리기 위해서 가나안을 정복해야 하는 것도 아닙니다. 신약 성도는 예수님의 권위와 성령의 인도 아래에서 부모를 공경하고 자녀를 양육함으로써 제 5 계명을 성취하고 더 높은 수준의 삶으로 나아갑니다.

여섯 째 계명: "살인하지 말라."

율법은 마음을 다룰 수 없습니다. 그러나 예수님의 가르침은 마음을 포함합니다(막 7:18~23). 예수님은 형제를 보고 노하거나 악심을 품고 욕을 해도 살인에 해당하는 심판을 받는다고 하셨습니다. 한편, 예수님은 부정적인 계명을 긍정적인 사랑의 계명으로 바꾸셨습니다. 예수님은 신약 성도들에게 원수도 사랑하고 박해하는 자들을 위해 기도하라고 하셨습니다(마 5:43~48). 죽이고 싶은 원수도 사랑의 대상으로 삼고 박해자를 위해 기도하는 것은 살인 금지의 계명이 닿을 수 없는 차원의 수준입니다.

일곱째 계명: "간음하지 말라."

율법은 간음 행위에 음욕을 포함시킬 수 없었습니다. 마음에서 일어나는 일을 범법 행위로 간주할 수 없기 때문입니다. 그러나 예수님은 여자를 보고 음욕을 품어도 이미 마음에 간음했다고 하심으로써 죄는 외면적인 행위로만 성립되는 것이 아님을 밝히셨습니다(마 5:27~28). 신약 성도는 마음의 죄까지도 다스림으로써 제 7 계명을 높은 레벨에서 성취합니다.

여덟째 계명: "도둑질하지 말라."

율법은 외형적입니다. 도둑질 행위를 하지 않으면 율법의 요구를 충족시킨 것입니다. 그 이상 나갈 것이 없습니다. 그러나 신약에서는 단순히 도둑질하지 않을 뿐만 아니라 내 손으로 벌어서 가난한 자를 돕습니다(엡 4:28). 이것은 율법의 요구를 넘어가는 수준입니다.

아홉째 계명: "네 이웃에 대하여 거짓 증거하지 말라."

여기서의 이웃은 이스라엘 공동체 멤버입니다. 그러나 새 언약 백성은 국적과 인종을 떠나 누구에게도 거짓말을 하거나 속이지 않음으로써 제 9 계명을 성취하고도 남습니다(엡 4:25).

열번째 계명: "네 이웃의 집을 탐내지 말라."

예수님은 선한 사마리아인의 비유에서 보듯이, 도움이 필요한 모든 종류의 사람들이 사랑의 대상인 나의 이웃이라고 하셨습니다. 그리스도의 법에서는 내 이웃의 범위는 무제한적이며 인종과 성별과 국경을 초월합니다. 한편, 이웃의 소유를 탐내지 말라고 한 것은 율법이 마음의 죄를 포함하는 신약시대의 가르침과 성령 시대를 내다보고 있었다는 증거입니다. 그래서 열번 째 계명은 율법이 바라본 최종선입니다.

십계명의 요구는 새 언약 시대의 그리스도의 법에 의해서 성취됩니다. 그리스도의 법은 하나님의 사랑을 핵심으로 삼기 때문에 십계명의 수준을 상회합니다. 십자가 사랑이 있으면 이웃에게 해를 입히지 않습니다. 십자가 사랑은 오직 주 하나님만 섬기고 성령 안에서 사랑과 거룩함과 순종의 삶을 살게 합니다. 이것은 구약 선지자들을 통해 미리 예고된 것으로서 그리스도의 오심으로 우리에게 열려진 메시아 시대의 은혜입니다.

> 그러나 그 날 후에 내가 이스라엘 집과 맺을 언약은 이러하니 곧 내가 나의 법을 그들의 속에 두며 그들의 마음에 기록하여 나는 그들의 하나님이 되고 그들은 내 백성이 될 것이라 여호와의 말씀이니라 (렘 31:33).

또 새 영을 너희 속에 두고 새 마음을 너희에게 주되 너희 육신에서 굳은 마음을 제거하고 부드러운 마음을 줄 것이며 또 내 신을 너희 속에 두어 너희로 내 율례를 행하게 하리니 너희가 내 규례를 지켜 행할지라 (겔 36:26~27).

주 예수를 대속주로 믿으면 성령께서 우리를 율법이 아닌, 그리스도의 법으로 살게 하십니다(고전 12:13; 롬 8:9). 내가 성령의 내주를 받고 그분 아래로 들어가면, 율법의 선한 의도를 일일이 읽어보지 않아도 내 마음속에 쓰였으므로 무엇이 하나님을 기쁘게 해 드리는지를 쉽게 알 수 있습니다. 예를 들어, 무엇이 육체의 일인지를 신자들은 율법으로 확인할 필요가 없습니다. "육체의 일은 분명"(갈 5:19)하다고 했습니다. 이것이 구약 선지자들이 바라보았던 새 언약 시대의 축복이었습니다.

물론 하나님의 뜻을 완전하게 알고 완전하게 순종하는 일은 주 예수의 재림을 기다려야 합니다. 그러나 우리는 구약의 율법 시대와 질적으로 다른 수준에서 새 언약의 약속이 실현되고 체험되는 신약시대에 살고 있습니다.

그렇다면 우리는 구약시대의 신자들보다 얼마나 더 거룩한 삶을 살아야 하겠습니까? 성령 생활의 표준은 율법보다 훨씬 높습니다. 그러나 심비(心碑)에 새겨진 하나님의 말씀은 너무도 가까이 있습니다. 우리는 아브라함이 받았던 계시보다 더 분명한 계시를 받았습니다. 심지어 모세나 여호수아나 다윗보다 더 충만한 하나님의 말씀을 가지고 있습니다.

그런데 주님은 "많이 맡은 자에게는 많이 달라 할 것이니라"(눅 12:48)고 하셨습니다. 우리는 더 큰 특권과 함께 더 큰 책임을 맡았습니다. 새 언약의 뼈대가 되는 사랑의 삶은 주 예수님의 가르침과 성령의 능력이 아니면 불가능합니다. 그래서 우리는 예수님이 율법을 어떻게 성취하셨으며 성령으로 어떻게 하나님을 섬기셨는지를 잘 살펴보아야 합니다. 그래서 주님의 성령 생활의 모본을 우리 자신에게 적용하여 우리도 율법을 상회하는 하나님 나라의 새 삶으로 더욱 나아가야 하겠습니다.

46.
육체의 일은 분명하다
갈라디아서 5:19~21

그래서 율법은, 그리스도께서 오실 때까지, 우리에게 개인교사 역할을 하였습니다. 그것은, 우리로 하여금 믿음으로 의롭다고 하심을 받게 하시려고 한 것입니다. (갈 4:24, 새번역).

갈라디아서에서 두 가지 대표적인 주제를 뽑는다면 칭의와 성화입니다. 바울 서신에서는 대체로 교리와 적용이 앞 뒤 순위로 진술됩니다. 본 서신의 전반부가 할례 문제를 율법과 칭의 구원에 비추어 다루었다면, 후반부는 구원받은 성도의 거룩한 삶을 율법이 아닌, 예수님의 주 되심과 성령 생활의 문맥에서 다루었습니다.

율법 아래에서는 성도의 경건한 삶을 제대로 살 수 없습니다. 물론 우리가 법을 지키면 일단은 안심이 됩니다. 내라는 세금을 제 때에 내면 벌금을 물지 않습니다. 내가 법을 준수하는 한, 안전합니다. 속도 제한을 지키면 가슴이 두근거리지 않습니다. 그러나 과속하면 긴장이 되고 경찰차의 불이 번쩍거리면 아이쿠 걸렸구나 하는 불안감이 일어납니다. 법은 형벌의 두려움을 무기로 사용합니다. 법은 자유를 주지 않습니다. 마음대로 알아서 다니라고 하면 도로가 위험하고 무질서할 것입니다. 인간은 자유를 육체의 기회로 삼습니다(5:13). 그래서 법이 필요합니다. 법이 없으면 만들어야 합니다. 그런데 신약 성도는 모세 율법으로 사는 것이 아니라고 하면, 그럼 법 없이 어떻게 살라는 말이냐고 묻습니다. 우리는 법에 너무도 익숙해서 법 없는 삶을 상상하기 어렵습니다.

우리가 모세법 아래에서 살지 않는다고 칩시다. 그럼 어떻게 살게 될까요? 나 자신이 스스로 만드는 법이 생깁니다. 우리는 경건생활을 위해서 하나님을 잘 섬기려고 마음먹습니다. 그래서 이것을 하고 저것을 하지 않겠다고 작심합니다. 그런데 내가 만든 작은 규칙들도 잘 지키지 못합니다. 그래서 작심삼일이라는 말이 생겼을 것입니다.

예수님은 그를 믿는 유대인들에게(요 8:31) "진리를 알지니 진리가 너희를 자유케 하리라"(요 8:32)고 하셨습니다. 곁에서 이 말씀을 듣던 불신 유대인들이 화를 냈습니다. 자유를 준다고 하니까 대뜸 자기들이 아브라함의 자손이고 종이 된 적이 없다고 항의했습니다. 이것은 틀린 말이었습니다. 유대인들이 아브라함의 육신적 후손이지만, 당시에 그들은 로마 식민지 백성으로서 종노릇을 하고 있었습니다. 그러나 주님은 이 사실을 문제삼지 않으시고 누구든지 죄를 지으면 죄의 종이라고 하셨습니다(요 8:34).

우리는 자신에게 여러 종류의 규정을 만들지만 효력이 없습니다. 법적 규정은 나에게 지킬 수 있는 능력을 주지 않습니다. 우리가 십계명을 달달 외워도 지킬 수 없습니다. 지식이 중요한 것이 아니고 능력이 있어야 합니다. 예를 들어, 바울은 갈라디아 교인들이 교만하고(6:1,3), 선한 일에 꾸준하지 않고, 인내가 부족하다고 지적했습니다(6:9~10). 이것은 갈라디아 교인들이 유대주의자들의 가르침을 따라 모세 율법을 지키려고 했지만, 거룩한 삶에 효력이 없었음을 시사합니다. 율법에 집착했던 갈라디아 교인들에게는 역설적으로 사랑이 없었습니다. 그들은 서로 물고 뜯었습니다(5:15). 이것은 모세법에 의존한다고 해서 사랑이 보장되지 않는다는 한 증거입니다. 사랑이 없으면 거룩한 성도의 삶은 이뤄질 수 없습니다.

율법에 죽어야 한다고 말하면, 율법이 없으면 무엇이 죄라는 것을 어떻게 알 수 있느냐고 묻습니다. 바울이 가르친 율법은 반율법주의처럼 들립니다. 반율법주의는 곧 무질서와 무법주의를 연상시킵니다. 물론 바울은 그런 의미로 말하지 않았습니다. 그러나 그는 율법이 육체의 일을 막아줄 수 없다고 했습니다. 따라서 거룩한 성도의 삶을 위해 할례를 받거나 절기를 지키거나 하는 율법 준수는 아무 유익이 없다고 했습니다(5:2).

유대주의자들은 모세주의(Mosaism)가 육체를 억제할 것이라고 믿었습니다. 그러나 바울은 여러 가지 죄의 목록을 열거했습니다. 곧 음행, 더러운 것, 호색, 우상 숭배, 주술, 원수 맺는 것, 분쟁, 시기와 분냄, 당 짓는 것, 분열, 이단, 투기, 술 취함, 방탕함 등등입니다. 이런 것들이 죄라는 것을 모를 사람은 없습니다. 이런 것들이 과연 죄인지 아닌지 몰라서 율법책을 뒤져보아야 하는 것이 아닙니다. 사실상 본문에 열거된 죄들은 모세법에서 대부분 취급하지 않았습니다. 예를 들어 질투하거나 화를 내거나 술 취한다고 형벌하는 조항이 없습니다. 그래서 이런 죄들은 모세법을 보아도 도움이 되지 않습니다.

바울은 육체의 일은 분명하다고 했습니다(갈 5:19). 이런 죄들은 불신자들도 나쁘다는 것을 압니다. 그런데 성령을 받은 신자들은 일반 양심의 수준을 넘어서 이런 죄들이 육체의 일이라는 것을 즉각적으로 압니다. 율법이 신자 생활에서 제쳐진다고 해서 죄를 구별할 수 없는 것이 아닙니다. 일반적으로 율법을 통해서 죄를 깨닫게 된다고 말합니다. 그 근거 구절로 로마서 3장 20절과 갈라디아서 3장 24절을 인용합니다.

> 그러므로 율법의 행위로 그의 앞에 의롭다 하심을 얻을 육체가 없나니 율법으로는 죄를 깨달음이니라 (롬 3:20).

> 이같이 율법이 우리를 그리스도께로 인도하는 초등교사가 되어 우리로 하여금 믿음으로 말미암아 의롭다 함을 얻게 하려 함이라 (갈 3:24).

갈라디아서 3장 24절에 대한 해석은 해당 본문을 다룰 때 설명드렸습니다. 여기서는 새번역과 직역성경을 소개하고 율법의 역할이 죄인을 십자가로 데리고 가는 것이 아님을 다시 확인시키는 정도로 그치겠습니다.

> 그래서 율법은, 그리스도께서 오실 때까지, 우리에게 개인교사 역할을 하였습니다. 그것은, 우리로 하여금 믿음으로 의롭다고 하심을 받게 하시려고 한 것입니다.(갈 4:24, 새번역).

직역성경에서도 율법은 메시아가 오실 때까지 우리의 가정교사였다고 직역하였습니다.

개역개정에서 율법을 '그리스도께로 인도하는 초등교사' 라고 한 부분은 '그리스도께서 오실 때까지' 개인교사 역할을 했다는 의미로 보는 것이 좋습니다.

개역개정은 로마서 3장 20절에서 율법으로는 죄를 깨닫는다고 했는데 새번역에서는 '율법으로는 죄를 인식할 뿐' 이라고 했고, 직역성경에는 '토라로는 죄의 지식을 가질 뿐' 이라고 했습니다. 둘 다 미흡한 감이 있습니다. 이 구절은 율법이 무엇이 죄라는 것을 깨닫게 하거나 죄를 식별한다는 의미가 아닙니다. 바울은 죄는 분명하다고 했습니다. 성령을 가진 신자들에게는 죄는 너무도 분명합니다. 율법이 없어도 알 수 있는 것이 죄입니다. 본 구절은 율법으로 우리가 죄를 구별하거나 깨달아서 그리스도께로 인도된다는 의미가 아니고, 우리 삶에 율법이 들어오면 죄의 능력을 훨씬 더 깊이 인식하게 된다는 뜻입니다.

이는 계명으로 말미암아 죄로 심히 죄 되게 하려 함이라 (롬 7:13).

바울이 율법으로 죄를 깨닫게 된다고 한 것은 로마서 7장에서 죄의 능력에 눌려 '오호라 나는 곤고한 자로다' 라고 절규하는 한탄의 전주(前奏)입니다(롬 7:22~23).

흔히 갈라디아서 3장 24절을 설명할 때 옛 번역에 근거해서 율법은 죄가 무엇이라는 것을 보여주고 죄인이 율법을 지킬 수 없음을 깨닫게 하여 십자가 앞으로 나아가게 한다고 말합니다.

그러나 율법은 그런 역할을 하지 않습니다. 십자가를 갈망케 하는 것은 율법이 아니고 성령입니다. 유대인들은 율법을 잘 알았지만 예수님을 배척하였고 십자가를 멸시하였습니다. 율법은 예수님이 오실 때까지 잠정적으로 이스라엘 국가를 보존하는 역할을 했지만 예수님에 대한 믿음을 주거나 거룩한 삶을 위한 능력을 줄 수 없었습니다.

율법에 대한 또 하나의 오해는 하나님께서 율법을 온 세상 사람들에게 주셨다는 것입니다. 그래서 십계명을 모든 인류가 지켜야 한다고 봅니다. 이것은 성경이 의도한 율법 적용의 범위를 벗어나는 것입니다. 하나님께서는 이방민족에게 율법으로 자신을 계시하시거나 구원의 길을 보이시지 않았습니다. 그래서 이방나라들을 심판하실 때에 율법을 어겼기 때문이라고 하시지 않았습니다.

✲ 아모스서에서 언급된 6개국의 이방 나라들에 대한 심판에서 율법에 대한 불순종을 지적하지 않았습니다(암 1:3~2:3). 이러한 이방 나라들은 율법을 불순종해서 정죄를 받은 것이 아니고, 양심을 거스리는 죄들로 정죄를 받았습니다. 이들은 이스라엘처럼 성문 율법을 소유하지 않았지만, 자신들이 죄를 짓고 있다는 것을 알았습니다. 율법이 없는 이방인들이 어떻게 죄를 짓습니까? 그들은 양심의 소리에 거슬러 죄를 짓습니다. 이방인들도 양심으로 무엇이 죄라는 것을 안다면, 성령을 가진 새 언약 백성에게 육체의 일이 분명할 것은 말할 나위도 없습니다.

물론 율법은 죄를 정의하고 그에 대한 형벌을 정합니다. 그러나 반드시 율법을 알아야 죄가 무엇인지 알 수 있는 것은 아닙니다. 사실상 죄를 법으로 정의하면 무리가 옵니다. 그래서 개정판이 나와야 하고 시대에 적합한 새 법이 생기기도 합니다. 국가의 근간이 되는 헌법도 개헌의 필요성이 있는 것과 같습니다. 율법은 세상의 모든 법이 그렇듯이, 모든 시대를 점철하는 완전무결한 영원법이 아닙니다. 그런 의도로 제정된 법이 아니기 때문입니다. 가령 율법 시대에는 종은 주인의 소유였습니다. 그래서 남자 주인이 여종을 첩으로 두고 동침해도 위법이 아니었습니다. 노예 제도나 일부다처제가 당시에는 묵인되었습니다. 도피성 제도에서 보듯이, 가해자가 성밖으로 나왔을 때에는 피해자의 가족이 보복해도 허용되었습니다.

죄의 정의는 무엇이 죄라는 것을 알리기 위한 것이기 보다는 형벌을 위한 것입니다. 우리는 살인이 죄라는 것을 몰라서 율법책을 뒤져보아야 할 필요가 없습니다. 거짓 증언이 옳은 것인지 나쁜 것인지를 판단할 수 없어서 율법 조항을 찾을 필요가 없습니다. 바울은 "육체의 일은 분명"하다고 했습니다(19절).

육체에 속한 여러 행실들이 나쁘다는 것은 율법 조항을 보지 않아도 안다는 것입니다. 희미하게 알거나 짐작하는 것이 아니고 분명하다고 했습니다. 바울은 갈라디아 교인들에게 육체에 속하는 여러 종류의 죄악들을 이미 전에도 경고했었다고 상기시킵니다. 그런데 그때 바울이 율법을 대면서 음행, 우상 숭배, 분쟁, 방탕함 등이 죄라고 지적하지 않았습니다. 바울은 율법을 근거로 그런 죄악들을 정의하고 경계하는 것이 아닙니다. 너무도 분명한 것을 놓고 율법을 운운할 필요가 없기 때문입니다.

신약 성도들에게는 예민한 양심이 있습니다. 그리고 성령의 소리에 민감한 영성이 있습니다. 신자는 율법에 의존하지 않고

서도 하나님의 선한 뜻을 분별할 수 있습니다. 율법이 죄인을 십자가로 데리고 가는 것이 아니라 성령께서 죄인을 십자가로 인도합니다. 율법은 더러운 양심을 씻지 못합니다. 오직 십자가의 피가 양심을 씻기고 용서를 제공합니다. 율법은 생명을 주지 못합니다. 문자는 죽이고 성령은 생명을 줍니다. 율법은 사랑을 주지 못하고 죄를 안 지을 수 있는 능력도 주지 못합니다. 이것이 율법의 한계점이고 약점입니다. 그래서 율법으로는 거룩한 성도의 삶이 불가능합니다. 나쁘다는 것을 충분히 알고도 계속 죄를 짓습니다. 그래서 모두 죄의 종이 됩니다. 율법의 지식이 나를 해방시키지 못합니다. 육체를 억제하는 것은 율법이 아니고 성령입니다. 오직 성령만이 우리를 주 예수의 모습으로 변화시키는 능력을 주고, 복음을 깨닫게 하며, 하나님을 기쁘게 하는 사랑과 헌신의 삶을 살도록 인도합니다.

그런데 여기서 우리는 한 가지 심각한 질문을 던져볼 필요가 있습니다. 바울이 육체의 일에 속하는 여러 죄악들을 지적했는데 거듭난 신자들이 이런 죄를 지을 수 있다는 말일까요? "이런 일을 하는 자들은 하나님의 나라를 유업으로 받지 못할 것이요"(5:21)라고 하지 않았습니까? 성령으로 거듭난 신자가 어떻게 우상 숭배를 하며 주술에 빠질 수 있겠습니까? 대답은 간단합니다. 만약 바울이 그렇게 생각하지 않았다면 이런 죄들을 언급할 필요가 없었을 것입니다. 우리는 자신의 경험에서도 이런 죄들을 신자가 지을 수 있다는 것을 압니다. 우리는 어쩌면 이 목록 중에서 우상 숭배나 주술이나 방탕함은 좀 예외라고 생각할지 모릅니다. 그러나 그런 죄도 신자가 지을 수 있습니다. 크리스천 알콜 중독자도 있고 성중독자도 있습니다. 마약하는 교인도 있고 한 두번이라도 무당과 접촉하는 교인들도 있습니다.

✻ 고린도교회에는 이방인도 행하지 않는 음행이 있었습니다(고전 5:1~5).

✻ 베드로는 예수님을 모른다고 세 번씩 부인하였습니다.

✻ 요한계시록에 나오는 버가모 교회에는 발람의 교훈을 지키는 자들이 있었습니다. 발람은 발락을 시켜 이스라엘 백성이 우상의 제물을 먹게 하였습니다(계 2:14). 그들은 또 니골라 이단의 교훈도 지켰습니다(계 2:15).

✻ 두아디라 교회에는 이세벨 여선지자를 받아들여 행음하게 하고 우상의 제물을 먹게 하였습니다(계 2:20).

육체에 속하는 죄들의 목록을 보면 스캔들을 일으키는 죄들과 보통 죄들이 섞여 있습니다. 그런데 율법주의자들은 사람들이 입에 오르내리기를 좋아하는 스캔들을 붙들고 늘어집니다. 집사라고 하면서 목사라고 하면서 장로라고 하면서 어떻게 그런 죄를 지을 수 있느냐고 도전합니다. 그들은 세상이 말하는 큰 죄들에만 눈을 크게 뜨고 시기, 다툼, 화내기, 교만 등에는 관심이 없습니다. 아마 자신들이 늘 그런 죄를 짓기 때문인지도 모릅니다. 바리새인들은 예수님의 인기를 시기하였고 제사장들은 예수님이 성전의 상거래를 금지시켰을 때 수입이 준다고 화를 냈습니다.

그러나 정말 영적이라면 보통 그냥 넘어가는 작은 죄에도 신경을 써야 합니다. 갈라디아 교회는 율법적이었습니다. 그래서 큰 죄만 따지고 나머지는 넘어갔습니다. 그들에게는 분열이 있었지만 이를 해결하지 않았습니다. 그들은 온유하지 못하고 사나웠습니다(6:1). 서로 물고 뜯으면서(5:15) 큰 죄만 따졌습니다.

그러나 성령으로 행하는 신자들은 큰 죄만 아니고 작은 죄들에도 동일하게 신경을 써야 합니다. 사실 큰 죄와 작은 죄는 주로 세상 사람들의 일반적인 분류입니다. 바울은 크고 작은 죄들을 한 목록에 담았습니다.

육체의 죄는 죄악된 본성의 잔여물입니다. 성령의 인도를 받고 능력을 받으면 모세법에 매달릴 필요가 없습니다. 성령은 율법보다 훨씬 강하고 완전합니다. 우리의 신앙생활이 성령에 의해 지배되고 인도된다면 율법의 영역에서 그리스도의 법이 다스리는 사랑의 나라로 옮겨와서 살고 있다는 증거입니다. 성령에 가까울수록 육체의 일은 더욱 선명합니다. 우리는 죄에 더욱 민감하게 되고 성령님과의 직접적인 교제 속에서 율법으로부터 해방된 자유인으로서 하나님을 섬기는 안전과 기쁨과 확신을 갖게 됩니다.

그렇다면 각자 자문해 보아야 합니다. 나는 성령님을 얼마나 깊이 사모합니까? 육체의 일이 선명한 만큼이나 성령으로 행하는 일이 선명하게 내 삶에서 드러나고 있습니까? 주께서 우리 모두에게 육체의 일들이 사라지고 성령의 임재가 분명하게 체험되도록 은혜를 내리시기를 기원합니다.

47.
하나님 나라의 상속
갈라디아서 5:19~21

육체의 일은 분명하니 곧 음행과 더러운 것과 호색과 우상 숭배와 주술과 원수 맺는 것과 분쟁과 시기와 분냄과 당짓는 것과 분열함과 이단과 투기와 술 취함과 방탕함과 또 그와 같은 것들이라 전에 너희에게 경계한 것 같이 경계하노니 이런 일을 하는 자들은 하나님의 나라를 유업으로 받지 못할 것이요 (갈 5:19~21).

바울의 포인트는 성령의 인도를 따라 행하면 이런 죄들로부터 떠나 거룩한 성도의 삶을 살 수 있다는 것입니다. 동시에 바울이 경고하는 말씀이 있습니다. "이런 일을 하는 자들은 하나님의 나라를 유업으로 받지 못할 것이요"(21절 하반)라고 했습니다. 여기서 바울은 '하나님의 나라'와 '유업'이라는 어휘를 사용하였습니다. 이것은 새 언약 백성과 관련된 핵심 단어입니다. 그 뜻을 바르게 파악하고 않고에 따라 구원론 교리가 달라질 수 있습니다. 가령 하나님의 나라를 천국으로 보고, 유업을 받는 것을 천국에 들어가는 것으로 본다면, 육체의 일을 하는 자들은 구원받지 못한다는 뜻이 됩니다. 과연 그럴까요?

본 단원의 해석은 구원의 영원성과 유업의 의미에 걸려 있습니다. 본문은 구원과 관련해서 자주 인용됩니다. 에베소서와 고린도전서에도 평행 구절이 있습니다.

> 너희도 정녕 이것을 알거니와 음행하는 자나 더러운 자나 탐하는 자 곧 우상 숭배자는 다 그리스도와 하나님의 나라에서 기업을 얻지 못하리니 (엡 5:5).

> 불의한 사람들은 하나님 나라를 상속받지 못하리라는 것을 알지 못합니까? 착각하지 마십시오. 음행을 하는 사람들이나, 우상을 숭배하는 사람들이나, 간음을 하는 사람들이나, 여성 노릇을 하는 사람들이나, 동성애를 하는 사람들이나, 도둑질하는 사람들이나, 탐욕을 부리는 사람들이나, 술취하는 사람들이나, 남을 중상하는 사람들이나, 남의 것을 약탈하는 사람들은, 하나님 나라를 상속받지 못할 것입니다. (고전 6:9 ~10, 새번역)

바울은 지금까지 육체의 일을 거론한 후에 그런 짓을 하는 자는 하나님 나라에서 유업을 얻지 못한다고 경고합니다. 이것은 바울이 주는 첫 번째 경고가 아니었습니다. 그는 "전에 너희에게 경계"(21절) 했다면서 다시 반복하여 말한 것으로 보아 매우 심각한 일임이 틀림없습니다. 그런데 하나님 나라를 유업으로 받지 못한다는 것이 무엇을 의미하는 것일까요? 구원을 못 받는다는 말로 들립니다. 혹은 천국에 못 들어간다는 의미로 볼 수도 있습니다. 아니면 다른 어떤 의미가 있는 것일까요?

대부분의 복음주의자들은 '하나님의 나라'를 천국이나 구원으로 봅니다. 그래서 유업을 얻지 못한다는 말을 미래의 영원한 천국에 들어가지 못한다는 의미로 해석합니다. 다만, 이런 죄들은 한두 번 짓는 것이 아니고 지속적이고 습관적으로 저지르는 것이라고 말합니다. 그런 사람들은 처음부터 구원을 받은 적이 없거나, 받았더라도 구원을 잃기 때문에 영원 천국에 못 들어간다고 봅니다.

> 신분과 행위는 그들의 정체성 정의에 있어서 서로 분리될 수 없는 동전의 양면과 같은 것이다. 만일 어떤 사람이 구원을 얻었다고 하면서 지속적으로 육체를 따라 행하고 성령을 좇아 순종하기를 거부한다면 우리는 그가 참 아브라함의 후손이요 선택받은 하나님의 백성인지를 의심해야 한다(살전 1:3 ~4; 살후 2:13 ~14). (복음과 율법, 이한수)

> 그런 행위들을 지속적으로 행하는 것은 그들이 성령 안에서 새 생명을 진정으로 경험하지 않았다는 증거이다. (Freedom in faith, H.D. McDonald, p.136).

> 그런 욕정의 노예들은 하나님의 자녀로 진정으로 거듭나지 않았다는 증거이다. 그런 자들은 하나님 나라를 유업으로 결코 받을 수 없다. (Tyndale, Galatians, Alan Cole, p. 217).

> 바울의 포인트는 성령의 은혜들을 그들의 삶에서 드러내지 않는 자들은 하나님의 영원한 왕국에 참여하지 못한다는 것이다. (The Reformation Study Bible, Gal. 5:21).

> 바울은 빈번하지 않은 회개한 탈선에 대한 것을 말하기보다는 습

관적인 행습을 가리킨다. 그런 죄악 된 본성에 투쟁이 없이 계속해서 빠지는 사람은 하나님의 아들이 그들을 구속하지 않았으며 성령이 그들을 새롭게 하지 않았다는 것을 보이는 것이다. (Galatians for you. Timothy Keller, p. 149 ~150).

바울은 이것을 하나님 나라라는 용어로 말한다. 그가 염두에 둔 것은 미래의 왕국이다. (Galatians, Leon Morris).

그런 행동을 고집하는 사람들은, 불행하게도 그들이 그리스도인이란 이름을 지니고 있다 하더라도 영원한 생명에서 제외된 자들임을 스스로 보여 주고 있다. … 그들의 생활 태도가 그들로 하여금 하나님 나라에 들어가지 못하게 한다. (Eph. 5:5, F.F. Bruce, NICT).

바울이 '왕국'이라고 한 의미는 하나님의 마지막 왕국이다. 즉, 영원한 하나님의 통치가 있는 곳으로서 천국을 가리킨다. 그런 짓들을 하는 자들은 헬라어 동사가 시사하듯이 가끔 있는 탈선이 아니고 습관적인 행동이다. 바울은 때때로 이런 죄들을 자신들의 건전한 판단에 거슬러서 행하는 신자들에 대해서 말하는 것이 아니다. 그는 삶이 죄로 채워진 사람들, 곧 마음과 영혼이 부도덕과 우상숭배와 마술과 질투로 찌든 사람들이다. (Galatians, p. 231 ~232, Philip Ryken).

하나님의 통치 혹은 다스림의 본질은 도덕적이다. 하나님의 본성에 역행하는 행위들을 지속하는 자들은(비교. 고전 6:9절 이하), 그들이 그리스도를 통한 하나님의 통치를 받아들이지 않았다는 증거이다. 그래서 현재와 미래의 왕국과 축복들로부터 제외된다. 현재적인 왕국과 미래적인 왕국은 분명히 연결된 것이기 때문이다. (Galatians, p. 261 ~261, Ronald Fung).

이런 일을 하는 자들 즉, 굳이 그와 같은 죄를 짓지 않아도 둔감하여 뉘우치지 못하고 죄 가운데 사는 자들에게는 하나님 나라에 들어가는 문이 막힌다. 그 나라는 여기서 종말론적인 의미로 이해되어야 한다. 이 심판에 대해서는 의심의 여지가 없다. 그들은 하나님의 나라를 유업으로 받지 못할 것이다. (헤르만 리델보스. 갈라디아, 191쪽).

이런 일을 하는 자들은 원문상 현재분사로서 그런 일들을 삶의 한 패턴으로서 늘 행하는 자들을 가리킨다. 외적 행위는 그들의 내적인 영적 신분을 드러낸다. 즉, 그들은 하나님으로부터 거듭나지 않았다. 그들은 성령의 내주가 없다. 그들은 하나님의 참 자녀들이 아니다. (ESV Study Bible).

육체에 탐닉하는 유혹을 받은 자들 곧, 자신의 욕구를 만족시키기 위해 사는 자들에게는 하나님의 뜻이 이루어지는 하나님의 왕국에 설 자리가 없다는 것을 상기 받았다. (Galatians, 5:21, NIV Zondervan Study Bible).

그러므로 바울은 목자의 자애로운 심정으로 오래된 악한 행실에 계속 빠져 있는 자들은 그 모든 영광과 함께 새 하늘과 새 땅을 상속할 수 없으리라(3:18)는 경고를 던진다. (헨드릭슨 성경 주석 305쪽).

우리가 믿음에 있는지 어떻게 알 수 있는가? 믿음 생활이 끊이지 않고 인내하며 끝까지 확고하게 서 있을 때만 알 수 있다. (Anthony A. Hoekema, Saved by grace, p. 255).

이것들은 의심의 여지가 없이 천국문을 닫게 하는 죄들이다 (매튜 헨리)

이런 그릇된 생활 방식에 자신을 맡기는 자는 우상 숭배자이므로 하나님의 나라를 유업으로 받을 수 없다. … 그들은 천국이 아닌 지옥을 유업으로 받을 수밖에 없다. (John Stott, God's New Society, Eph. 5:5).

우리는 끝까지 믿음과 거룩한 삶으로 견딜 때만 그리스도 안에 있는 구원의 안전을 확신할 수 있다 (John Murray, Redemption Accomplished and Applied, p. 193).

이러한 주장들의 증거 본문으로 흔히 마가복음 13:13절이나 마태복음 24:13절을 내세웁니다.

또 너희가 내 이름으로 말미암아 모든 사람에게 미움을 받을 것이나 끝까지 견디는 자는 구원을 받으리라 (막 13:13; 마 24:13).

이 말씀은 우리의 구원이 지속적인 선행을 통해서 받는 조건부 구원임을 가르치는 것이 아닙니다. 이 말씀은 예수님이 예루살렘 멸망에 대해 예언을 하시면서 주셨습니다. 성도는 박해 때에도 꾸준히 하나님을 신뢰하고 흔들리지 않으면 하나님께 영광을 돌리게 된다는 격려입니다. '구원' 은 이런 의미로 사용될 때에는 마지막 단계의 상을 가리킵니다. 예수님은 십자가에 죽기까지 순종하시고 끝까지 믿음을 지키셨기 때문에 지극히 높은 이름을 받으시고 하나님 우편 보좌에 앉으셨습니다(빌 2:6~11; 히 1:3~4).

[반론 제기]

위에서 인용한 글들은 모두 전통적인 복음주의 해석입니다. 몇 가지 대목으로 나누어서 코멘트하겠습니다.

첫째, 본문 해석에서 중요한 부분은 하나님 나라와 유업을 어떤 의미로 보느냐는 것입니다. 일반적으로 본문의 하나님 나라는 사후 천국으로 보고, 유업을 못 받는 것은 천국에 못 들어가는 것으로 봅니다. 그런데 하나님 나라는 사후 천국만 의미하지 않습니다. 원칙적으로 하나님 나라는 예수님이 오셨을 때 시작되었습니다. 그래서 거듭난 사람이 주 예수를 믿고 그분을 왕으로 모실 때 그리스도의 왕국에 들어갑니다. 이것은 현재 이 땅에서 일어나는 일입니다. 이렇게 보면 본 절에서 언급된 유업을 받는 것은 미래 천국에 들어간다는 의미가 될 수 없습니다.

둘째, 육체의 일에 해당하는 행위들은 구원받은 신자들에게는 예외적이고 일시적인 탈선이라고 봅니다. 이것은 옳은 관찰일까요? 신자들은 이런 죄에 물들어 살 수 없다고 보는 근거가 무엇입니까? 신자의 구원받은 신분과 도덕적 행위는 연결된 고리라고 보는 것은 원칙적으로 옳지만, 기계적인 대입이 되어서는 안 됩니다. 흔히 동전의 안팎이라는 표현을 쓰지만, 구원과 성화의 관계는 밀착되었을지라도 고착되었거나 불가피한 것은 아닙니다. 성화는 구원 이후에 자동으로 오지 않습니다. 거룩한 삶은 많은 시행착오와 뒷걸음질과 모순된 삶의 과정을 거쳐 가기 때문입니다. 신자라도 탈선은 일시적인 경우가 아니고 장기적일 수 있습니다. '돌아온 탕자'는 단기 휴가를 간 것이 아니라 장기 탈선을 하였습니다.

셋째, 에베소서의 대등절에는 "너희가 전에는 어둠이더니 이제는 주 안에서 빛이라 빛의 자녀들처럼 행하라"(엡 5:8)고 했습니다. 이 말씀에 근거해서 신자는 과거에 육체의 일을 행했을지라도 거듭난 후에는 그런 죄와 절연했으며 반드시 그래야 한다고 주장하기도 합니다. 그렇다면 현재는 그런 죄에 빠지지 말아야 할 것입니다. 교인이라면 그런 죄를 다 청산했기 때문입니다. 그럼 왜 바울은 이런 육체의 죄악들을 열거했을까요? 거듭나기 이전에 행했던 육체의 일들을 다시 행할 수 있는 가능성이 있기 때문입니다. 이런 죄들은 교인들도 범할 수 있습니다. 그럼 그런 교인은 천국에 못 들어간단 말일까요?

넷째, 일부 복음주의 주석가들은 교인이라도 이런 육체의 죄악에 빠질 수 있음을 인정합니다. 그런데 문제는 누구에게나 해당하는 죄가 있어서 "이런 일을 하는 자들"이라는 표현이 현재형으로 나온다는 점을 강조하여 항상 짓는 지속적인 죄를 가리킨다고 봅니다. 그러니까 한두 번 짓고 회개하는 죄면 천국문은 닫히지 않는다는 말입니다. 애매한 해석입니다. 한두 번은 괜찮고 열 번 스무 번은 안 되나요? 꾸준히 어떤 죄를 짓다가 회개한 후에 또다시 같은 죄를 반복하면 안 될까요? 습관성 중독에 빠진 경우는 어떨까요? 음란한 상상, 알코올 중독, 성추행, 가학행위, 언어폭력, 질투와 시기 등의 버릇이 지속된다면, 지옥에 갈까요? 심리상담과 기타 필요한 치료를 받고도 잘 고쳐지지 않는 중독성 습성이 죄로 드러난다면 구원을 못 받았거나 거듭난 적이 없다는 증거일까요?

육체에 속한 죄를 짓는 횟수를 인위적으로 정하는 것은 무리한 일입니다. 그들의 입장은 어떤 죄를 지속해서 지으면 천국 유업을 못 받는다는 것인데 한 가지 종류의 죄라도 습관이 된 죄는 천국 입장이 거절된다는 말일까요? 바울의 목록에는 누구나 걸릴 수 있는 죄들이 포함되어 있습니다. 예를 들어 우상 숭배입니다. 우상 숭배는 신약에 와서 탐심으로 재적용되었습니다. "탐하는 자 곧 우상 숭배자"(엡 5:5)라고 했습니다. 바울은 골로새서에서도 탐심이 우상 숭배라고 했는데(골 3:5) 탐심은 평생을 갈 수 있습니다. 흔히 Money, Sex, Power가 가장 큰 탐심의 대상이라고 봅니다. 행동으로 옮기지 않았을 뿐이지 마음으로 짓는 여러 종류의 죄도 평생을 갈 수 있습니다. 요한일서에는 영지주의 이단 교리도 우상이라고 경고하였습니다(요일 5:21). 그릇된 가르침은 장기간 신자의 삶을 지배할 수 있습니다.

하나님 나라를 유업으로 받지 못하는 목록에는 '분냄'도 포함되었습니다. 화를 내보지 않은 사람은 드물 것입니다. 모세는 세상에서 가장 온유한 사람이었습니다(민 12:3). 그런데 그는 평생 분노 조절이 잘 안 되었습니다. 그는 40세 때에 애굽인이 이스라엘 사람을 학대하는 것을 보고 격분하여 살해하였습니다. 그 후 사십 년이 지나서 십계명을 시내 산에서 내려 던져 깨뜨렸습니다. 그 후 또 사십 년이 지난 후에 모세는 백성에게 화를 내며 물이 나오라고 반석을 두 번 쳤다가 가나안으로 못 들어간다는 징계를 받았습니다(민 20:10 ~12). 그럼 모세도 천국에 못 들어갔을까요? 그는 변화산에 나타나 예수님과 대화했습니다. 예수님이 십자가 대속에 대한 대화를 주고받으셨을 때 천국에 들어가지 못한 모세의 말을 들으셨겠습니까? (막 9:4).

✻ 바울은 빌립보서에서 유오디아와 순두게에게 "주 안에서 같은 마음을 품으라"(빌 4:2)고 권면했습니다. 왜 이런 권면이 필요했을까요? 두 여성도가 서로 사이가 나빴기 때문입니다. 사이가 나쁘면 악감을 품고 분쟁을 일으키며 서로 미워하고 싸웁니다. 유오디아와 순두게의 나쁜 관계는 하루 이틀의 일이 아니었습니다. 교회에 악영향을 미칠 만큼 장기간에 걸친 불화가 아니었다면 바울이 공식 서한에서 그들의 이름까지 대면서 한마음을 품으라고 권면하지 않았을 것입니다. 그럼 그들이 그러한 상태로 죽었다면 천국에 못 들어갔을까요? 바울은 그들의 이름이 생명책에 기록되어 있다고 했습니다(빌 4:3). 그렇다면 그들의 관계가 나쁘다고 해서 천국이 취소되거나 구원을 잃는 것은 아닐 것입니다.

✻ 사실상 바울 자신도 1차 선교 여행 때 도중 하차했던 마가를 2차 선교지로 다시 데리고 가는 문제로 바나바와 심한 말을 주고받으며 싸우다가 결국 서로 헤어지고 말았습니다(행 15:36~41). 그런데 누가 그들을 정죄하며 천국에 들어가지 못했다고 말할 수 있겠습니까?

✻ 롯은 아브라함을 떠나 소돔으로 이주하였습니다. 소돔은 너무도 부패하여 고모라와 함께 하나님께서 불로써 멸망시켰습

니다. 롯은 천사들이 그와 가족의 손을 이끌고 나올 때까지 소돔을 포기하지 못하였습니다(창 19:16). 그는 딸들이 부도덕한 소돔 문화에 노출된 것을 알고서도 죄악의 도시에 눌러앉아 떠날 생각을 하지 않았습니다. 그는 악한 소돔 사람들이 그를 방문한 천사들을 욕보이려고 했을 때 자기 딸들을 대신 내어주겠다고 했습니다(창 19:4-8). 롯은 흔히 물욕과 부도덕한 가치관을 가진 세속인의 대명사로 쓰입니다. 그는 구원을 받은 사람이었을까요? 우리가 그를 어떻게 생각하든지 성경의 평가는 우리를 매우 놀라게 합니다.

> **무법한 자들의 음란한 행실로 말미암아 고통당하는 의로운 롯을 건지셨으며, 이는 이 의인이 그들 중에 거하여 날마다 저 불법한 행실을 보고 들음으로 그 의로운 심령이 상함이라.** (벧후 2:7-8).

만일 이 말씀이 성경에 없었다면 아무도 롯이 구원받은 거듭난 신자라고 믿지 못했을 것입니다. 그런데 그가 소돔에서 구출된 후 두 딸과 동침한 사건을 보면 구원받은 신자라고 믿기 어렵습니다(창 19:30~38). 놀랍게도 베드로는 롯이 의로운 심령을 가진 자였고 소돔의 음란한 행실들로 인해 날마다 고통을 받았다고 증언합니다. 거듭난 교인이라도 바닥까지 내려갈 수 있습니다. 롯처럼 평생을 악의 소굴에서 살 수 있습니다. 그러나 거듭난 신자는 비록 불신자처럼 처신하여도 죄를 지으면 양심이 편치 못하고 그리스도의 주되심을 부인하지 않습니다. 사람의 눈으로 보면 매우 세속적이고 육적인 사람도 의로운 심령을 가진 신자일 수 있습니다. 그래서 우리는 함부로 다른 사람의 구원 여부를 판단하지 말아야 합니다. 탕자처럼 가출하여 방탕을 일삼던 자도 아버지께로 돌아왔습니다. 롯에 대한 언급 다음에 "주께서 경건한 자는 시험에서 건지실 줄 아신다'(벧후 2:9)는 대목을 주목하십시오. 그리스도의 피로 구속된 거듭난 신자는 절대 망하지 않습니다. 주님은 악의 구렁텅이에서 고통받는 의로운 심령을 구출하는 지혜와 능력을 갖추신 분입니다.

✻ 조지 휫필드(George Whitefield)와 존 웨슬리(John Wesley)는 18세기 잉글랜드 부흥 운동의 주역들이었는데 서로 크게 논쟁하며 오랫동안 심히 다투었습니다.

✻ 하월 하리스(Howell Harris)와 다니엘 로란드(Daniel Rowland)도 존경받는 18세기 웨일스 부흥 운동의 지도자들이었지만 격렬하게 다투었습니다. 그래서 그의 추종자들 사이에 분쟁이 일어났고 부흥 운동에 적지 않은 손상을 입혔습니다.

갈라디아서 5:20절에는 "원수맺음과 다툼과 시기와 분냄과 분쟁과 분열과 파당과 질투"(새번역) 등은 하나님의 나라를 상속받지 못할 것이라고 했습니다. 그럼 이 훌륭한 인물들이 그처럼 위대한 사역에 쓰임을 받고도 서로 화를 내며 싸웠기 때문에 사후 천국에 못 들어갔을까요?

✻ 우리나라 사람들은 일반적으로 말해서 서구 기독교 사회에 비하면 거짓말을 잘하고 준법정신이 약한 편입니다. 평생을 소득세를 속이면서 살다가 은퇴할 수 있습니다. 그럼 천국에 못 들어갈까요?

제가 식품 알레르기 때문에 미국에서 낚시를 배웠습니다. 생선은 대체로 소금만 약간 뿌려서 먹으면 괜찮기 때문입니다. 그런데 미국에는 생선 크기에 대한 규정이 있습니다. 너무 커도 안 되고 너무 작아도 안 됩니다. 또 잡으면 안 되는 생선도 있습니다. 대부분의 생선이 하루에 잡을 수 있는 수량에 제한이 있습니다. 그런데 낚시터에서 놀랄 때가 많습니다. 낚시꾼들이 대개 줄자를 가지고 다니고 의심스러우면 재어 봅니다. 사이즈가 안 맞으면 미련 없이 놓아 줍니다. 자기가 잡은 생선이 아닌데도 자를 가지고 와서 재어줍니다.

경찰 검사원이 어쩌다 한 번씩 돌아다닙니다. 그러나 검사원이 오든지 않든지 매우 법을 잘 지키는 편입니다. 그런데 우리나라 낚시꾼들은 법을 어기는 것이 하도 익숙하다 보니 웬만하면 다 가져갑니다. 어떤 한국 분이 잡은 생선이 사이즈가 미달인데도 해변의 쓰레기통에 감추어 두었답니다. 그런 식으로 늘 잡다가 어느 날 검사원에게 걸려서 큰 벌금을 물었습니다. 귀가할 때 쓰레기통에 감추어 두었던 생선 뭉치를 꺼내서 차에 싣다가 발각이 됐는데 검사원이 멀리서 망원경으로 다 보고 있었답니다. 낚시는 보통 평생 취미인데 이런 식으로 계속 속였다면, 교인의 경우 천국에 못 가는 것일까요? 위의 주장으로는 그렇습니다. 여러분은 어떻게 생각하십니까?

[그럼 본문을 어떻게 이해 해야 할까요?]

본문에서 말하는 하나님 나라는 사후 천국이 아닙니다. 바울은 내세의 일을 말하는 것이 아니고 현세에서 체험하는 하나님 나라를 염두에 두고 있습니다. 유업으로 받지 못한다는 말도 미래의 천국에 들어가는 것을 말하는 것이 아니라 현재 이 세상에서 누리는 복을 가리킵니다. 이것이 핵심 포인트입니다. 그 이유는 다음과 같습니다.

▶ 우리가 하나님 나라에 들어가는 것을 하나님의 다스림을 받는 것으로 본다면, 육체의 일은 하나님의 다스림에서 오는 유업의 복을 체험하는 것을 막는다는 뜻이 됩니다. 이것은 사후가 아니고 현세의 삶에서 신자들이 경험하는 일입니다. 유업은 천국이 아닙니다. 바울은 본문에서 구원론을 거론하는 것이 아니고 성화론을 말하고 있습니다. 즉, 육체의 일은 거룩한 삶을 방해하고 하나님의 다스림을 받는 복을 밀어낸다는 것입니다. 유업을 받는다는 표현은 대부분의 경우 상을 받는 것을 말합니다. 다시 말해서, '유업'이라는 용어는 구원론 술어가 아니고 상급 술어입니다. 그래서 바울은 골로새서 3장 24절에서 '유업의 상'이라고 표현하였습니다. 유업과 상은 동의어입니다.

▶ 갈라디아서 6장 8절에서 '자기의 육체를 위하여 심는 자는 육체로부터 썩어질 것을 거두고 성령을 위하여 심는 자는 성령으로부터 영생을 거두리라"고 했습니다. 이 말씀에서 우리는 하나님의 나라를 유업으로 받는다는 의미가 미래에 들어가는 천국을 가리키지 않는다는 것을 확인할 수 있습니다. 우리는 '영생'이라고 하면 금방 내세 영생을 떠올립니다. 그러나 '영생'은 하나님의 생명이 우리에게 들어오는 것을 말합니다. 사후에 영원히 하나님과 함께 사는 것이기보다는 현세에서 하나님 나라의 통치를 받으면서 주 예수의 부활 생명을 누리는 것입니다. 육체에 심으면 호색과 우상 숭배와 분열과 분쟁과 같은 부패를 거두지만, 성령에 심으면 성령의 열매를 거두는데 이것을 영생을 거둔다고 하였습니다. 육체의 열매나 성령의 열매는 천국이 아닌, 이 세상에 살면서 거두는 것입니다. 그래서 바울이 말하는 하나님 나라의 유업은 성도들이 지상 생활에서 받는 복을 가리킵니다.

바꾸어 말하면 육체의 일은 습관적이든지 아니든지 현 세상에서 누려야 할 하나님 나라의 복을 못 받게 한다는 것입니다. 즉, 육체의 일과 대조해서 22~23절에서 열거되는 성령의 열매인 사랑과 희락과 화평과 오래 참음과 자비와 양선과 충성과 온유와 절제 등의 수확을 거두지 못하기 때문에 하나님 나라의 축복에서 밀려난다는 말입니다.

육체의 죄에 빠진 신자는 이러한 하나님 나라가 주는 성화의 체험에 방해를 받습니다. 이러한 체험은 사후 천국에서 갖는 것이 아니고 현 세상에서 경험하는 것입니다. 육체의 일은 유업을 잃게 합니다. 유업의 상은 현세에서도 받고 내세에서도 받습니다. 그러나 바울이 본문에서 말하는 하나님 나라의 유업은 그리스도의 심판대에서 결정될 최종적인 평가가 아니고 현 세상에서 신자가 받거나 혹은 상실할 수 있는 체험적인 유업입니다. 이 본문을 종말론적으로 보지 말고, 현재의 크리스천 삶에서 체험되는 것으로 이해해야 바울이 지금까지 말해온 성도의 실제적인 삶의 문맥에 맞습니다.

성경에서 경고만 나오면 대뜸 구원에 대한 위협으로 보는 것이 복음주의 전통입니다. 예를 들어, 히브리서 12장 14절에서 "모든 사람과 더불어 화평함과 거룩함을 따르라 이것이 없으면 주를 보지 못하리라"(히 12:14)라고 했습니다. 일반적으로 천국에 못 들어가는 경고로 봅니다. 여기서 거룩함뿐만 아니라 화평함도 주를 볼 수 있는 조건으로 포함했습니다. 신자들이 모든 사람과 다 화평한 관계에 있습니까? 빌립보 교회의 유오디아와 순두게처럼(빌 4:2) 사이가 나쁘고 미워하고 연합하지 못하는 경우가 얼마나 많습니까? 죽을 때까지 용서 못 하는 일도 있을 수 있고 회개하지 못하는 죄들도 있습니다. 그런 사람들은 모두 천국에 못 들어간단 말일까요? 본 절은 구원 상실에 대한 경고가 아니고 현재 이 땅에서 주님의 얼굴을 보는 친밀한 교제를 가리킵니다 (비교. 마 5:9).

존 웨슬리는 늦은 나이에 어떤 과부와 결혼했는데 주위 사람들이 다 말렸습니다. 그의 아내는 웨슬리의 사역을 이해하지 못하였고 웨슬리는 복음 전파를 위해 전국을 돌아다녔으므로 가정 일에 충실할 수 없었습니다. 그녀는 질투심이 강하여 여성도들이 웨슬리를 따르는 것을 용인하지 못하였고 웨슬리를 공적으로 모욕하며 함부로 대하였습니다. 그녀는 여러 번 집을 나갔다가 웨슬리의 노년에 다시 집을 나간 후 돌아오지 않았습니다. 본인이 런던에 살았을 때 웨슬리 채플을 자주 방문하였습니다. 웨슬리의 서재 한구석에 기도대가 있었는데 무릎 꿇는 부분이 깊이 패여 있었습니다. 웨슬리는 세계가 자신의 교구라고 하였습니다. 그는 복음 선교와 여러 자선 사업을 위해 기도할 일이 많았습니다. 그런데 그의 기도대가 그처럼 깊이 패인 까닭의 하나는 아마도 그가 아내 문제로 고심하며 주께 탄원하느라고 장시간 기도대를 떠나지 않았기 때문일 것입니다. 웨슬리는 결혼 후 첫 4년을 제외하면 나머지 평생을 그의 아내와 화목하지 못했습니다. 그럼 그가 주를 보지 못했다는 말일까요? 그가 과연 천국에 못 들어갔을까요? 상상도 할 수 없는 일입니다.

죄를 습관적으로 지으면 천국에 못 들어간다거나 아예 거듭난 성도가 아니라고 속단하지 말아야 합니다. 갈라디아서 5:19~21절의 목록에는 우리가 보통 짓는 죄들도 있습니다. 예로써 탐욕, 싸움, 질투, 분노, 이기심, 분열, 당파심, 시기심 등입니다. 이런 죄는 매우 훌륭한 지도자들에게서도 발견할 수 있습니다. 칼빈은 노년에 자신이 평생을 분노 문제에서 패배했다고 고백하였습니다.

> 나는 인내심이 없고 성질이 나빴다. 이것은 나의 본성의 일부였다. 나는 이것을 창피스럽게 여긴다. 용서를 바란다.(T.H.L. Parker, John Calvin, Lion 1975, p.181)

그럼 칼빈이 평생 습관이 된 분노로 인해서 천국에 못 들어갔을까요? 사실상 18세기 칼빈주의와 알미니안 주의자들 사이에는 끝없는 분쟁이 있었습니다. 그럼 그들은 아무도 천국에 못 들어갔단 말일까요? 루터는 말이 거칠고 욕스러워서 그를 존경하던 사람들을 자주 당황케 하였습니다.

존 녹스는 입이 사나웠습니다. 가톨릭교도들에 대한 그의 악담은 매몰스러웠습니다. 그는 스코틀랜드의 메리 여왕과 그 모친인 섭정 왕후를 '로마의 창녀들'이라고 악칭하였고, 섭정 왕후가 수종으로 다리가 붓자 천벌을 받아 발이 썩는 것이라고 저주하였습니다. 그럼 존 녹스가 천국에 못 들어갔을까요?

우리 자신은 어떻습니까? 평생 노력하지만 제대로 이기지 못하는 죄의 습관이 아직도 따라다니지는 않습니까? 존경받는 교인 중에도 시기심과 이기심에 젖어 살거나 부정한 방법으로 치부하며 교만하고 뒤에서 나쁜 짓을 행하는 경우도 있습니다. 그렇다고 그런 분들이 다 천국에 못 들어간다고 보아야 할까요?

우리가 명심해야 할 것은 본문의 목록에 나온 죄들 가운데서 보편적인 죄들이라도 일단 허용하면 자신의 삶에서 하나님 나라의 흐름이 차단된다는 것입니다. 예를 들어 분노가 있거나 분쟁에 빠지만 악감이 생기고 기도가 막힙니다. 그래서 바울은 "불의한 자가 하나님의 나라를 유업으로 받지 못할 줄을 알지 못하느냐" (고전 6:9~10)라고 하였습니다.

우리가 현세에서 신자로서 살 때 육체의 일에 탐닉하면 하나님의 임재와 능력과 친밀함을 체험하지 못합니다. 이 해석을 뒷받침하는 것은 갈라디아서 5~6장 전체에서 바울이 성도의 현재적 삶을 다루고 있다는 사실입니다. 그는 갈라디아 교인들에게 할례를 받아서는 안 된다는 것과 그리스도가 주신 자유를 육체의 기회로 삼지 말고 사랑으로 서로 종노릇 하라고 권면했습니다. 그렇지 않으면 서로 물고 뜯는 일이 생기고, 잘난 체하고 서로 분노를 일으키며 질투하고 낙심하는 결과가 온다는 것입니다(갈 5:15, 26; 6:9). 그래서 그는 성령을 따라 행하면 육체의 욕심을 이루지 않는다고 가르쳤습니다. 모두 현재의 신자생활에 대한 것입니다. 갈라디아서 5장 21절은 갈라디아서 5장과 6장 전체에서 나오는 현재적인 신앙생활을 다룬 것입니다. 바울은 먼 미래에 받을 하나님 나라의 유업에 대해서 말하는 것이 아닙니다. 그는 죄의 결과가 현재의 삶에서 즉시 영향을 준다는 것을 염두에 두고 "이런 일을 행하는 자들은 하나님의 나라를 유업으로 받지 못할 것이요" 라고 말했습니다.

천국과 유업은 다른 것입니다. 유업을 받는 것은 천국을 사후에 상속받는 것이 아니고 지상에서 하나님 나라 안에 머물면서 받는 복들을 가리킵니다. 에베소서 5:5절을 직역하면 이 측면이 선명하게 살아납니다.

이런 자는 마쉬아흐 (메시아)와 하나님 왕국 안에서 유업을 가지지 못할 것입니다.(엡 5:5, 직역성경).

또 다른 예를 들어 보겠습니다. 갈라디아 교회가 할례를 받고 유대인 절기를 지키려고 했을 때 어떤 결과가 왔습니까? 서로 더 사랑하게 되고 더 거룩하게 되었습니까? 그들이 율법에 의존하였을 때 교회에 분열이 왔고 다툼이 생겼습니다. 그들은 즉시 하나님 나라의 유업을 받지 못하는 것을 체험하였습니다. 그들에게는 성령 안에 있는 기쁨이 사라졌고 마음에 평안함이 없었으며 「예수+Extra」의 "다른 복음"(1:6~9)에 현혹되었습니다. 그들은 바울의 칭찬을 듣지 못하였고 바울의 자랑이 될 수 없었습니다. 하나님은 그들을 잘했다고 인정하시지 않았습니다. 음행과 우상 숭배, 적대감, 다툼, 시기, 분쟁 등의 죄가 있으면 즉시 하나님 나라에 대한 우리의 체험이 손상을 입습니다. 현 세상에 신자가 체험할 수 있는 하나님의 나라는 의와 화평과 성령 안에서의 기쁨입니다(롬 14:7). 모두 현재 시제입니다. 우리가 육체의 죄에 빠지면 이러한 왕국의 체험적 축복을 현세에서 상으로 받지 못합니다. 이것이 "하나님의 왕국 안에서 유업을 가지지 못할 것"(엡 5:5, 직역성경)이라는 의미입니다.

전통적인 복음주의 해석에 따르면, 하나님 나라를 유업으로 받지 못한다는 말은 육체의 죄에 빠지는 사람들에게는 천국문이 닫힌다는 것을 의미합니다. 이것은 구원이 행위에 의해 결정된다는 말이 됩니다. 구원은 오직 주 예수를 믿음으로써 받는다고 가르쳤는데 이제 와서 행위 구원을 내세우게 됐으니 문제가 된 것입니다. 그래서 이러한 모순을 피하고자 내거는 구호가 동전의 양면 원리입니다. 동전이 온전하려면 양면이 있어야 합니다. 한쪽은 표시가 있는데 다른 쪽은 비어 있다면 가짜라는 것입니다. 즉, 구원을 받았다고 하면서 거룩한 행위가 없으면 가짜 신자라는 말입니다. 성도의 신분과 거룩한 삶은 매치가 되어야 한다는 주장입니다.

그런데 이렇게 주장하면 또 다른 문제가 생깁니다. 바울이 열거한 육체의 일에 하나라도 걸리지 않을 신자가 없습니다. 이런 옛사람에 속한 행실들은 거듭난 신자라고 해서 무관한 것이 아니라는 것은 우리 각자의 경험이 증명합니다. 그리고 이런 죄들을 신자들이 짓지 않는다면 바울이 그런 육체의 일들을 경고할 필요가 없었을 것입니다.

그래서 짜낸 아이디어가 "이런 일을 하는 자들"(21절)이라는 말의 동사가 현재형이기 때문에 죄를 거듭해서 줄기차게 짓는 사람을 가리킨다고 말합니다. 그러니까 죄를 습관적으로 짓는 자는 사후 천국에 못 들어간다는 것입니다. 그래도 주 예수를 믿으면 구원을 받는다고 했는데 은혜 구원을 살리려면 이런 습관성 죄인들은 애당초 거듭난 적이 없다고 판단해 버리는 것입니다. 알미니안주의자들은 본문을 구원을 받았더라도 행위가 따르지 않으면 구원을 잃는다는 뜻이라고 봅니다. 칼빈주의나 알미니안주의 해석이 행위를 구원 여부의 잣대로 삼는 것은 마찬가지입니다. 본문을 구원론으로 해석하는 한, 이러한 무리한 결론은 피할 수 없습니다.

바울의 시제가 현재형이라고 해서 반복적인 죄를 의미하는 것으로 보기보다는 유업의 현재적 체험에 비추어 이해하는 것이 더 낫습니다. 즉, 누구든지 현재 이 시점에서 부도덕하거나, 부정하거나, 탐욕적이거나, 우상 숭배를 하면 현재 이 시점에서 하나님과 그리스도의 나라에 속하는 복을 상속받을 몫이 없다는 것입니다.

우리는 구원받은 성도가 거룩한 삶을 살아야 한다는 것에 전적으로 동의합니다. 거듭났다고 하면서 전혀 달라진 것이 없다면 말이 되지 않습니다. 복음을 믿지 않으면서 그냥 교회에만 다니는 사람과 성령으로 거듭난 신자는 전혀 다른 영역에 속합니다. 전자는 불신자며 후자는 구원받은 성도입니다. 바울은 디도서 2장 14절에서 우리가 선한 일을 열심히 하는 주의 백성이 되도록 예수님이 우리를 대신 속량하셨다고 하였습니다(딛 2:14). 속량의 목적은 선한 주의 백성이 되는 것이지 육체의 일에 탐닉하는 것이 아닙니다. 그런데 성경에서 말하는 동전의 안팎은 기계로 찍어낸 것이 아닙니다. 구원 이후의 성도의 삶에는 많은 변수가 있고 시행착오가 있습니다. 어떤 죄는 평생을 갑니다. 그러나 그런 죄를 지어도 결국 믿음으로 천국에 들어가니까 상관없다는 말이 아닙니다. 육체의 죄에 빠지면 하나님 나라의 유업을 잃습니다. 언제 어디서 어떤 방식으로 잃게 될까요? 천국문 앞에서 입장 거절을 당하는 것이 아니고 이 세상에 살면서 하나님이 주시는 온갖 선한 유업의 상들을 놓칩니다.

- ✻ 성령의 열매를 즐기지 못합니다.
- ✻ 하나님의 임재가 느껴지지 않습니다.
- ✻ 하나님의 동행에 대한 확신이 없습니다.
- ✻ 성령의 인도에 둔감하고 영적으로 무감각해집니다.
- ✻ 말씀이 가슴에 절실하지 않습니다.
- ✻ 기도가 막힙니다.

✽ 첫사랑이 식습니다.
✽ 구원의 기쁨과 평안함이 없습니다.
✽ 용서하는 일이 힘들고 악감이 쌓입니다.
✽ 구원의 확신이 줄어들거나 사라집니다.
✽ 양심이 깨끗하지 않습니다.

말을 바꾸면 그리스도의 생명이 내 삶에서 생동하지 않습니다. 내가 성령을 위해 심는 것이 없기에 영생을 현세에서 체험하지 못하는 불행한 교인이 됩니다. 현재 이 땅에서 우리가 어떻게 사는지는 중요한 문제입니다. 우리가 뿌리는 대로 거둡니다. 내가 주 예수를 나의 대속주로 믿었다면 하나님 나라 안에 있는 나의 신분은 안전합니다. 그러나 육체의 일에 뿌리는 신자는 하나님 나라의 체험적인 축복을 현세에서 상실합니다. 그리고 그리스도의 심판대에서 착하고 충성스러운 종이라는 주님의 평가를 못 받게 됩니다. 이것을 바울은 불을 통과하는 구원이라고 했습니다(고전 3:15). 우리가 육체의 죄들을 저항하는 데 실패하면 무서운 결과가 옵니다. 즉, 구원을 받고도 유업을 잃을 수 있습니다. 그러나 성령의 인도와 가르침을 따라 행하면 이 세상에서 하나님 나라의 유업을 체험하고 그리스도의 심판대에서 착하고 충성스러운 종이라는 주님의 칭찬을 받을 것입니다. 그렇다면 어떤 쪽을 택하시겠습니까?

칭의 구원은 거저 받는 선물이라고 하고서 돌아서서 하는 말이 당신은 구원을 유지하기 위해서 혹은 구원을 받았다는 것을 증명하기 위해서 반드시 선을 행해야 한다고 말할 수 없다. 육체의 일을 행하는 것은 분명 비극이다. 이것은 무엇을 의미하는가? 삶의 목적을 전혀 발견하지 못하는 것이다. 예수님과 영원히 가질 수 있는 가까운 관계를 잃는 것이다. 우리의 최대의 갈망인 창조주 하나님을 기쁘게 해 드리는 것을 성취하지 못하는 것이다. 그렇지만 이것은 하나님 나라에서 쫓겨나는 것을 의미하지 않는다. (David Anderson, Bewitched: The rise of neo-Galatianism, p. 204).

48.
성령의 열매
갈라디아서 5:22~23

바울은 5장 19절부터 21절까지 먼저 육체의 일은 분명하다고 하고서 여러 가지 죄의 목록을 언급하였습니다. 이제 육체의 일들과 대조해서 성령의 열매를 언급합니다. 제일 먼저 사랑이 나오고 이어서 희락과 화평과 오래 참음과 자비와 양성과 충성과 온유와 절제라고 했습니다. 그리고 육체의 일에 대한 목록에서처럼, 성령의 열매도 다 열거하지 않고 이같은 것들이라고 덧붙였습니다. 대표적인 것들만 대충 지적한 것입니다. 육체의 일에는 도덕적인 죄들과 종교적인 죄들을 포함해서 인간 관계에서 비롯되는 죄들이 나옵니다. 성령의 열매는 주로 성품에 대한 것들입니다. 물론 인간 관계와 겹치는 열매들도 있고 사상적인 것들도 포함됩니다.

성령의 열매는 성령과 관계된 것입니다.

사랑, 인내, 화평, 희락 등은 바울이 로마서에서 성령 안에 있는 것으로 지적하였습니다.

인내는 연단을, 연단은 소망을 이루는 줄 앎이로다 소망이 우리를 부끄럽게 하지 아니함은 우리에게 주신 성령으로 말미암아 하나님의 사랑이 우리 마음에 부은 바 됨이니 (롬 5:4~5).

하나님의 나라는 먹는 것과 마시는 것이 아니요 오직 성령 안에 있는 의와 평강과 희락이라 (롬 14:17).

그런데 바울은 고린도전서 13장에서 인내, 양선, 온유, 희락 등의 덕성을 사랑의 속성으로 언급하였습니다(고전 13:4~7). 이렇게 볼 때 성령의 열매는 성령 안에서 맺어지고, 사랑은 다른 열매를 아우르는 출발점이라 할 수 있습니다. 바울은 골로새서에서 사랑은 모든 덕성을 "온전하게 매는 띠"(골 3:14)라고 했습니다.

그런데 이런 열매들은 적어도 대부분 같은 이름으로 다른 문화권의 윤리 교훈에 실려 있습니다. 그렇다면 어떻게 구별할 수 있을까요? 가령 불신자라도 친절하고 온유하며 사랑이 많은 사람이 있습니다. 그들은 성령을 받지 않았음에도 크리스천들보다 더 나은 인격과 인품을 가진 경우도 적지 않습니다. 물론 겉으로는 쉽게 구별할 수 없습니다. 예를 들어, 우리는 사람의 마음을 꿰뚫을 수 없기에 욕정을 진정한 사랑으로 알고 속을 수 있습니다. 자선 행위도 불순한 동기와 그릇된 목적을 가진 경우가 있습니다.

✲ 미국의 어떤 주에 매우 유명한 자선가가 있어 존경을 받았습니다. 그는 각종 행사에 참여하여 큰돈을 희사하였고 지역 공동체를 위해 많은 도움을 주었다고 해서 표창도 여러 번 받았습니다. 그런데 알고 보니 마약 거래상이었습니다.

물론 세상에는 순수한 마음으로 남을 돕고 자신의 유익을 챙기지 않는 희생적인 사람들도 있습니다. 그러나 아무리 도덕적이고 양심적으로 산다 해도 성령으로 거듭나지 않으면 성경에 계시된 하나님을 사랑하지 않습니다. 그들은 하나님의 선한 뜻을 밀어내고 인간의 머리에서 나온 사상을 따릅니다. 예수님 당시에도 종교적이고 도덕적인 사람들이 많았습니다. 그러나 그들은 예수님을 따르지 않고 인간이 만들어낸 부패한 종교를 따랐습니다. 그들은 자기 의에 빠졌고 시기와 교만과 위선의 삶을 살았습니다. 이들은 경건한 듯했어도 성령의 열매를 맺지 않았습니다. 성령의 열매는 무엇보다도 하나님의 사랑을 알고 그 고결한 사랑을 드러냅니다. 주 예수를 대속주로 믿고 사랑하지 않는 자들은 모두 거짓 신을 섬기거나 육체의 욕심을 따르며 인본주의 사상으로 삽니다. 그들은 아무리 선한 일을 행해도 하나님의 눈에는 심판을 받아야 할 죄인들입니다. "죄에 대하여라 함은 그들이 나를 믿지 아니함이요"(요 16:9).

성령의 열매는 두드러진 특징이 있습니다.

첫째, 열매의 근원이 그리스도이며 성령을 통해서 전달됩니다. 예를 들어, 피차 용서하라고 했습니다. 우리의 용서는 자신의 근원에 바탕을 둔 것이 아닙니다. 용서의 이유와 모범은 그리스도입니다.

> 누가 누구에게 불만이 있거든 서로 용납하여 피차 용서하되 주께서 너희를 용서하신 것 같이 너희도 그리하고 (골 3:13).

우리는 예수님이 우리 죄를 용서하셨기 때문에 다른 사람을 용서해야 합니다. 내가 어질고 너그럽기 때문이 아니라, 예수님의 모범을 따라서 살아야 하기에 용서를 베푸는 것입니다.

베드로는 "악에서 떠나 선을 행하고 화평을 구하며 그것을 따르라"(벧전 3:11; 시 34:14)고 권면하였습니다. 예수님은 산상보훈에서 화평하게 하는 자는 하나님의 자녀가 된 특징을 드러내는 것이라고 하셨습니다(마 5:9). 하나님께서는 화평 중에 우리를 부르셨다고 했습니다(고전 7:15; 골 3:15). 바울은 "그리스도의 평강이 너희 마음을 주장하게 하라"(골 3:15)고 했습니다. 그리스도는 평화의 왕이십니다.

> 이는 한 아기가 우리에게 났고 한 아들을 우리에게 주신 바 되었는데 그의 어깨에는 정사를 메었고 그의 이름은 기묘자라, 모사라, 전능하신 하나님이라, 영존하시는 아버지라, 평강의 왕이라 할 것임이니라 (사 9:6).

우리 자신의 마음에서 나오는 평강이 아니고 "그리스도의 평강"이 우리 마음을 지배하는 원천입니다. 우리가 사랑하는 것도 마찬가지입니다. 내가 사랑이 많아서 사랑하는 것이 아닙니다. 하나님이 먼저 십자가 사랑을 우리에게 부어주셨기 때문에 그리스도의 사랑을 본받는 것입니다.

> 하나님의 사랑이 우리에게 이렇게 나타난 바 되었으니 하나님이 자기의 독생자를 세상에 보내심은 그로 말미암아 우리를 살리려 하심이라 사랑은 여기 있으니 우리가 하나님을 사랑한 것이 아니요 하나님이 우리를 사랑하사 우리 죄를 속하기 위하여 화목 제물

로 그 아들을 보내셨음이라 사랑하는 자들아 하나님이 이같이 우리를 사랑하셨은즉 우리도 서로 사랑하는 것이 마땅하도다 (요일 4:9~11).

소망이 우리를 부끄럽게 하지 아니함은 우리에게 주신 성령으로 말미암아 하나님의 사랑이 우리 마음에 부은 바 됨이니 (롬 5:5).

성령의 열매는 모두 예수님이 원천입니다. 우리의 자원으로는 성령의 열매를 맺지 못합니다. 만약 우리가 스스로의 능력으로 이같은 열매를 맺으려고 하면 겉모양은 같아 보일지라도 온전한 열매가 아닙니다. 동기와 목적과 원천이 그리스도의 완전한 성품에 근원을 둔 것이 아니기 때문입니다. 우리가 가진 것은 모두 죄에 물들어 있습니다. 물론 이 세상에서는 누구도 완전할 수 없습니다. 그러나 성령의 도우심과 인도를 따를 때는 그리스도의 사랑을 알게 되고(엡 3:18), 그리스도의 인내를 닮으며(살후 3:5), 그리스도의 성품과 사랑이 우리를 지배합니다(고후 5:14).

둘째, 그리스도를 믿고 거듭나야 성령의 열매를 맺습니다. 거듭나지 않으면 성령이 우리 안에 들어오지 않습니다. 성령의 내주를 받는 하나님의 자녀에게 그리스도의 부활 생명이 들어갑니다. 옛 자아에 속한 아담적인 것들은 모두 죄에 오염되었습니다. 또한 그리스도에게 속하지 않으면 죄의 능력을 꺾지 못합니다. 그러나 그리스도의 십자가는 죄의 형벌을 우리 대신 감당하였습니다. 우리는 그리스도의 십자가 죽음으로 처형되었습니다. 아담 안에 있던 죄인은 이제 죽고 죄의 능력이 깨어졌습니다(창 3:1~7; 롬 6:1~14). 그래서 우리는 그리스도의 사랑이 우리를 지배하는 새 삶을 살 수 있게 되었습니다(고후 5:14~15).

거듭나야만 자신을 위해서 살지 않고 그리스도를 위하여 살게 됩니다. 그때부터 그리스도가 우리의 주인이시며 모든 선한 것의 원천이 되어 그분으로부터 성령을 통하여 각종 선한 열매를 맺을 수 있습니다. 결코 나의 자원으로 되는 것이 아닙니다. 주 예수를 믿고 그분으로부터 능력을 받아 그분의 성품을 보고 배워야 합니다. 그러면 점차 우리의 모습이 그리스도를 닮아가게 되고 그분에게 속한 열매를 거두게 될 것입니다. 물론 열매는 시간이 걸립니다. 그러나 우리가 주님의 사랑을 알고 성령의 인도를 받는다면 "그리스도의 장성한 분량이 충만한 데까지 이른다"(엡 4:13)고 하였습니다.

> 오직 사랑 안에서 참된 것을 하여 범사에 그에게까지 자랄지라 그는 머리니 곧 그리스도라 (엡 4:15).

> 각 지체가 그 맡은 분량대로 활동함을 따라 몸이 자라나며 사랑 안에서 몸이 건설됩니다. (엡 4:16, 새번역).

성령의 열매는 사랑이 출발점입니다. 사랑에서 출발하여 다른 여러 열매가 달립니다. 그런데 누구의 사랑입니까? 하나님은 사랑의 원천이십니다.

> 사랑하는 자들아 우리가 서로 사랑하자 사랑은 하나님께 속한 것이니 사랑하는 자마다 하나님으로부터 나서 하나님을 알고 사랑하지 아니하는 자는 하나님을 알지 못하나니 이는 하나님은 사랑이심이라 (요일 4:7).

우리의 사랑은 믿을 수 없습니다. 우리의 자원은 항상 부족합니다. 오직 주님의 사랑만이 완전하고 부족함이 없습니다. 하나님은 사랑이시기 때문입니다. 그래서 우리는 그리스도의 사랑을 항상 배우고 그 사랑 안에서 계속 성령의 열매를 맺으며 자라가야 합니다.

율법으로는 성령의 열매를 거두지 못합니다.

이 같은 것을 금지할 법이 없느니라 (5:23).

이 번역은 무슨 뜻인지 금방 알 수 없습니닥. 부정문으로 강조하는 어법이지만 어떤 법도 이런 것들을 금지할 수 없다는 말인데 바울이 지금까지 해 온 말들의 문맥에서 이해해야 합니다. 바울은 유대주의자들의 율법주의를 반대하였습니다. 그는 갈라디아 교인들이 율법으로 크리스천 삶을 살려고 하는 것을 매우 어리석은 일로 보았습니다.

어리석도다 갈라디아 사람들아 예수 그리스도께서 십자가에 못 박히신 것이 너희 눈 앞에 밝히 보이거늘 누가 너희를 꾀더냐 내가 너희에게서 다만 이것을 알려 하노니 너희가 성령을 받은 것이 율법의 행위로냐 혹은 듣고 믿음으로냐 너희가 이같이 어리석으냐 성령으로 시작하였다가 이제는 육체로 마치겠느냐 (갈 3:1~3).

바울은 갈라디아 교인들의 율법 생활을 반대하면서 성령 생활을 상기시켰습니다. 그는 그들이 할례를 비롯하여 유대인 절기를 지키는 것을 놓고 초등학문으로 돌아가서 그런 것들에 종노릇을 한다고 했습니다. 바울은 이제 성령의 인도를 받으면 율법 아래 들어가서 종노릇을 하지 않는다고 말합니다(5:18). 그리고 육체의 일을 벗어버리는 길은 성령으로 사는 것이라면서(5:16) 성령의 열매가 참경건의 표식이라고 하였습니다.

말을 바꾸면, 율법으로는 이같은 성령의 열매를 맺지 못한다는 것입니다. 사실상 모세법에는 기쁨이나 화평에 대한 구체적인 가르침이 없습니다. 이웃 사랑에 대한 명령은 있어도 동족 사랑의 한계에 머뭅니다(레 19:18). 따라서 자신을 모세법 아래 두고 신자의 새 삶을 살려는 것은 비현실적이고 무익하다는 것입니다. 다시 말해서 성령의 방법이 훨씬 낫다는 것입니다. 이것을 강조하는 말이 23절 하반절입니다. "이같은 것을 금지할 법이 없느니라" (5:23).

여기서 '법'이란 말은 원문에서 노모스(nomos)인데 관사가 없기 때문에 특정한 법이 아닌 일반법으로 볼 수 있습니다. 그러나 바울은 갈라디아서 전체에서 모세법을 염두에 두고 있습니다. 그래서 직역성경에서는 모세오경을 가리키는 '토라'라는 말로 번역했습니다.

"이런 것들에 맞서는 토라는 없습니다."

그럼 무슨 뜻이 됩니까? 리델보스라는 신학자는 이렇게 말했습니다.

> 이러한 것들은 성령의 열매이다. 바울의 말은 궁극적으로 율법이 성령으로 행하는 자들을 반대하지 않는다는 것이다. 원칙적으로 그들은 율법을 성취하기 때문이다. (Galations, Ridderbos p.208).

이 말은 로마서 8장 4절과 일치합니다.

육신을 따르지 않고 그 영을 따라 행하는 우리에게 율법의 요구가 이루어지게 하려 하심이니라 (롬 8:4).

바꾸어 말하면, 율법은 비록 그리스도를 바라보게 하지만, 성령의 열매를 생산하지 못한다는 것입니다. 율법은 성령의 열매를 보고 즐거워할지라도 그러한 열매를 맺을 수 있는 능력은 주지 못합니다. 또는 율법이 자기 방식으로 성령의 열매를 맺기 위해 성령에 맞서는 대타가 될 수 없다는 것입니다.

이것은 바울이 유대인들의 주장을 반박하는 말입니다. 유대주의자들은 율법을 신성시하였고 영원하다고 믿었습니다. 그래서 율법으로 성화가 된다고 보았기 때문에 율법으로 육체의 일을 억제하고 선을 행할 수 있다고 주장하였습니다. 바울의 말은 그렇지 않다는 것입니다.

육체의 일은 율법서를 보지 않아도 자명하다고 했습니다. 보통 육체의 일이라고 하면 성적인 죄를 떠올립니다. 그러나 바울은 시기, 분열, 파당, 다툼, 질투 등도 유업을 받지 못하는 죄로 열거했습니다.

그런데 성령 안에 있는 신자는 이런 것들이 죄라는 것을 몰라서 율법서를 읽고 확인할 필요가 없습니다. 사실, 질투, 분노, 파당 등의 죄들은 모세 율법에서 언급하지도 않았습니다. 신자는 성령 아래 더 가까이 있을수록 육체의 일이 더욱 선명하고 죄에 더욱 민감하게 됩니다. 만일 우리가 율법으로 그리스도의 장성한 분량에까지 이를 수 있다면(엡 4:13) 예수님의 십자가는 불필요했을 것입니다. 율법은 자신의 달려갈 길을 다 마쳤습니다. 예수님이 율법의 유효기간을 언제까지라고 하셨습니까?

> **율법과 선지자는 요한의 때까지요 그 후부터는 하나님 나라의 복음이 전파되어 사람마다 그리로 침입하느니라** (눅 16:16).

예수님은 부활하신 후에 열한 제자들을 만나 말씀하셨습니다.

> **또 이르시되 내가 너희와 함께 있을 때에 너희에게 말한 바 곧 모세의 율법과 선지자의 글과 시편에 나를 가리켜 기록된 모든 것이 이루어져야 하리라 한 말이 이것이라 하시고** (눅 24:44).

예수님은 율법 시대의 종언을 알리시고 복음 시대의 문을 여셨습니다. 이제부터는 예수님의 복음이 우리 삶의 받침대입니다. 예수님이 승천하신 이후부터는 오순절의 성령 강림을 기점으로 성령 시대가 개막되었습니다(눅 24:49; 행 2:1~4). 우리를 하나님께로 인도하고 하나님의 형상으로 빚어가시는 분은 성령님이십니다. 그래서 바울은 율법으로 치우친 갈라디아 교인들에게 "만일 우리가 성령으로 살면 또한 성령으로 행"(갈 5:25)하라고 하였고, "성령을 위하여 심는 자는 성령으로부터 영생을 거두리라"(갈 6:8)고 하였습니다.

우리에게 성령의 열매를 달리게 하고 영생을 거두게 하는 것은 율법 준수에 달린 것이 아니고 성령 아래로 들어가서 그분의 인도에 순종하는 것입니다. 이제 우리의 최대 관심은 어떻게 율법을 잘 지켜야 하는지가 아니고 어떻게 주님을 내 믿음의 버팀목으로 삼고 성령의 열매를 많이 맺을 것인가에 집중되어야 합니다.

49. 성령으로 행하라

갈라디아서 5:24~25

요즘 시대는 하도 교회에 대한 비판과 불신이 심해서 교회 다닌다고 말하기가 부끄러울 정도입니다. 전도하기도 여간 힘들지 않습니다. 과거에는 사람들에게 교회에 나가자고 권하면 노골적으로 교회를 비판하지 않았습니다. 물론 교회를 싫어하는 사람들도 있었지만, 교회를 어느 정도 긍정적으로 보았습니다. 이제는 교회에 대한 나쁜 이미지가 전국에 퍼져 있습니다. 여러 해 동안 교회 추문이 줄지어 뉴스에 나옵니다. 미디어가 반기독교적이라고 하기보다는 교회가 오히려 반사회적입니다. 우리나라 교회는 더 이상 자신의 부정과 부패를 부인할 수 없는 지경에 이르렀습니다. 그런데 뉴스에 오르내리는 스캔들은 주로 교회 지도자들에 관한 것입니다. 특별히 대형교회의 유명 목회자들에 대한 부패와 부도덕이 뉴스에 나오면 우리나라 교회 전체에 대한 이미지를 흐려놓습니다.

과거에는 불신자들이 주로 일반 신자들의 그릇된 품행과 처신에 대해 비판했지만, 요즘은 기독교 자체에 대한 불신과 혐오가 심각한 수준입니다. 2021년 교계 한 여론 조사에 의하면 교회의 신뢰도 평가에서 전혀 신뢰하지 않는다는 비율이 76퍼센트였습니다. 그래서 교회를 떠나는 사람들도 늘어나고 아예 처음부터 교회에 발을 들여놓지 않으려고 하는 분들이 많은 것은 전혀 이상하지도 않고 놀랍지도 않습니다.

한편, 교회가 갱신되어야 한다는 목소리도 높아지고 있습니다. 그런데 교회 갱신을 위해서 실제로 하는 일이 무엇입니까? 사실 한국 교회가 교회 갱신의 절박한 필요성을 어느 정도 심각하게 의식하고 있는지 의문입니다. 일부에서 세미나도 열고 자체 정화를 위해 노력하고 있는 줄 압니다. 그런데 토론을 하고 내놓는 대책이 무엇입니까? 교회 타락의 근본적인 문제를 찾아서 해결책을 제시하기보다는 현상적인 것들에만 집중하고 부차적인 이슈들을 다루는 정도로 그친다면 별다른 유익이 없을 것입니다.

우리가 현상적인 것만 보면 처방도 피상적으로 됩니다. 근본적인 원인을 밝혀야 합니다. 그런데 교회의 근본이 무엇입니까? 예수 그리스도와 복음입니다. 우리가 주 예수를 성경에 계시된 대로 바르게 알지 못하고 복음의 참뜻을 놓쳤기 때문에 교회가 타락할 수밖에 없습니다. 그럼 대책이 무엇입니까? 자명합니다. 주 예수와 그의 복음을 다시 바르게 깨닫고 성령의 인도에 순종하는 것입니다. 바울의 고백을 들어보십시오.

> 내가 너희 중에서 예수 그리스도와 그가 십자가에 못 박히신 것 외에는 아무 것도 알지 아니하기로 작정하였음이라 (고전 2:2).

예수 그리스도와 십자가 복음을 떠나면 교회는 사탄의 놀이

터가 됩니다. 말로는 다 예수를 알고 십자가를 믿는다고 할 것입니다. 그러나 무슨 열매가 있습니까? 성령의 열매보다는 육체의 일이 현저하게 드러나지 않습니까? 그렇다면 우리 자신들의 문제를 바르게 깨닫고 오직 주 예수를 성경대로 배우고 그분의 성품을 닮기 위해 성령의 인도를 받아야 합니다. 이것이 가장 중요한 일임에도 교회는 장기간 다른 부분에 열심을 내고 예수님과 그의 복음을 피상적으로 대하였습니다.

"자기 육체를 위하여 심는 자는 육체로부터 썩어질 것을 거두고 성령을 위하여 심는 자는 성령으로부터 영생을 거두리라"(갈 6:8)고 했습니다. 교회가 성령보다 육체에 심으면 부패한 열매를 거둘 수밖에 없습니다. 심은 대로 거두는 것은 자연의 원리일 뿐만 아니라 영적 삶에도 그대로 적용됩니다.

성령과 보조를 맞추어 살아야 합니다.

> 그리스도 예수의 사람들은 육체와 함께 그 정욕과 탐심을 십자가에 못 박았느니라 (5:24).

이 말씀은 무슨 뜻일까요? 새번역에는 "그리스도 예수의 사람"을 "그리스도 예수께 속한 사람"이라고 하였습니다. 그럼 예수께 속한 자들은 누구일까요? 두 가지 해석이 있습니다. 거듭난 모든 신자를 가리킨다고 보기도 하고, 혹은 예수님과 가까운 교제를 나누는 자들이라고 보기도 합니다. 그런데 문맥상 "그리스도 예수께 속한 사람"은 자신의 정욕과 탐심을 날마다 십자가에 못 박으며 주님과 긴밀한 교제를 가지는 특정된 신자들을 가리킨다고 봅니다. 신자라고 해서 누구나 정욕과 탐심을 십자가에 못 박으면서 살지 않기 때문입니다.

25절에서 "만일 우리가 성령으로 살면 또한 성령으로 행할지니"라고 했습니다. 5장 18절에서도 "너희가 만일 성령의 인도하시는 바가 되면 율법 아래에 있지 아니하리라"고 했습니다. 왜 '만일'이라고 했을까요? 신자라도 성령으로 행하지 않는 사람들이 있기 때문입니다. '만일'은 if 가 아니고 since 라는 결과로 해석할 수도 있습니다. 그러니까 우리가 성령으로 살기 때문에 성령으로 행해야 한다는 것입니다. 어느 쪽이 옳을까요? 양편 다 맞다고 봅니다.

신자는 거듭났을 때 육체에 지배되는 삶의 방식을 부정하고 십자가에 못 박은 자들입니다. 그러나 누구나 매사에 성령의 인도를 받고 살지 않습니다. 25절의 성령으로 행한다는 말과 5장 16절의 성령을 따라 행하라는 말은 우리말로는 차이가 나타나지 않습니다. 그러나 25절의 행한다는 헬라어 단어(stoicheo)는 '보조를 맞춘다' 혹은 '리더 뒤에 줄을 맞추어 걷는다'는 의미입니다. 16절보다(헬. peripateo) 훨씬 더 구체적입니다. James Packer는 Keep in step with the Spirit라는 그의 저서에서 그 차이를 이렇게 설명했습니다.

25절의 행한다(walk)는 16절에서처럼 페리파테오(peripateo)가 아니다. 페리파테오는 문자적으로 보행자가 사지를 움직이는 것이고, 은유적으로는 사는 활동을 가리킨다. 그러나 25절의 스토이케오(stoicheo)는 줄을 서서 규칙을 지키면서 행한다는 의미이다. 그러니까 다른 이의 컨트롤 아래에서 사는 프로세스를 말한다." (Keep in step with the spirit, J.I. Packer, p.11).

다소 전문적인 설명이 됐지만, 요점은 신자는 거듭났을 때부터 육에 속한 것을 성령의 구체적인 통제 아래에서 십자가에 못 박는 삶을 날마다 실천하면서 살아야 한다는 것입니다. 이것은 프로세스입니다. 성령의 열매는 단번에 받거나, 그냥 달리는 것이 아닙니다. 아담에게 속했던 죄의 습성들을 매일 꾸준하게 버리는 적극적인 성령 생활을 통해서 열매가 달립니다.

우리는 거듭났을 때 십자가에서 나의 죄악 된 과거의 본성이 처리되었으며 예수님과 연합된 사실을 항상 기억해야 합니다. 그러나 아직도 나를 따라다니며 귀찮게 하는 옛사람에 속한 죄의 행습을 날마다 죽이면서 살아야 합니다. 우리는 성령을 받았으므로 성령의 지배와 가르침을 받으면서 사는 것이 마땅합니다. 그런 성도는 정욕과 탐심을 십자가에 못 박으면서 사는 성도들입니다.

성령은 우리에게 십자가에서 주님이 우리를 위해 이루신 구원 사역의 의미를 새겨 주십니다. 십자가는 나의 죄가 용서된 곳이며, 나의 죄를 또한 못 박는 곳입니다. 십자가는 내가 어떻게 새사람이 되어 주님의 자녀로 거룩한 삶을 살게 되었는지를 보여주는 곳입니다.

성령의 열매는 꾸준해야 달립니다.

한 가지 질문을 던져 봅니다. 바울은 5장 19절에서 육체의 일은 분명하다고 하였습니다. 그 다음 대조적으로 '성령의 열매'를 열거했습니다. 왜 바울은 육체의 삶과 성령의 삶을 대조하면서 '육체의 일'이라는 표현과 맞추어서 '성령의 일'이라고 하지 않았을까요?. 육체의 '일'은 육체의 '행실'이라는 말과 같습니다. 그렇다면 성령의 열매보다는 성령의 '행실' 혹은 성령의 '행위'라고 해야 했을 텐데 대칭되는 표현을 피하고 '열매' 라는 말로 바꾸었습니다. 그 까닭이 무엇일까요?

이 질문은 우리가 육체의 일과 성령의 열매가 지닌 성격을 이해하는 데 도움이 됩니다. 육체의 행실은 즉각적이고 자연스럽습니다. 노력하지 않아도 됩니다. 예를 들어 어떤 나쁜 생각이나 상상을 할 때 내가 나쁜 생각을 해야 하겠다고 계획하거나 힘쓰지 않습니다. 나쁜 생각은 그냥 떠오릅니다. 죄악 된 상상을 할 때도 시간이 지난 후에 나타나는 것이 아니고 즉각적입니다. 어떤 일에 대한 부정적 반응도 마찬가지입니다. 가령 화를 내거나 질투를 하는 것은 훈련이 필요하지 않습니다. 다른 사람이 화를 내거나 질투하는 것을 보지 않고도 내 속에서 자연스럽게 일어납니다. 이런 것들을 배워서 하는 것이 아닙니다. 육체의 일은 그냥 나오고 드러나기 때문에 분명하다고 했습니다. 이런 것들이 무엇인지 몰라서 율법서를 들추어 볼 필요가 없습니다. 또 육체의 행위가 어떻게 하는 것인지 몰라서 교육을 받아야 하는 것도 아닙니다.

반면, 성령의 열매는 즉각적이지도 않고 자연스럽게 나타나는 것도 아닙니다. 열매란 그 성격상 시간과 노력이 필요합니다. 자연계를 보면 쉽게 확인할 수 있습니다. 우리는 사과나 오렌지나 감이나 고추를 그냥 즉석에서 만들어낼 수 없습니다. 열매는 요술 방망이로 생산할 수 없습니다.

열매는 두 가지 특징을 가진 것입니다. 하나는 시간이 걸립니다. 다른 하나는 꾸준한 노력이 있어야 합니다. 아무리 좋은 종자라도 풍성한 열매를 맺으려면 성장하는 시간이 지나야 하고 꾸준히 돌보아야 합니다. 물을 주었다가 말았다가 하면 열매를 제대로 수확하지 못합니다. 제때 물을 주고 꾸준히 살피면서 병충해도 막고 가지도 치고 거름도 주어야 합니다. 그래서 게으른 사람은 농부가 될 수 없습니다.

성령의 열매는 성의가 없고 게으르면 실패합니다. 평소에 친절하고 정직한 성품을 가졌다고 해서 가만히 있어도 그런 성품이 그대로 유지되는 것은 아닙니다. 우리가 왜 사랑이 식었다는 표현을 씁니까? 사랑의 성격이 변하기 때문입니다. 그래서 바울은 "우리 주 예수 그리스도를 변함없이 사랑하는 모든 자에게 은혜가 있을지어다"(엡 6:24)라고 축원하였습니다.

요한계시록에는 에베소 교인들이 "처음 사랑"(계 2:4)을 버렸다고 했습니다. 그들은 성령과 보조를 맞추지 않았습니다. 성령의 스텝을 따라 행하지 않고, 자기들의 스텝을 따라갔기 때문에 처음 사랑을 버렸습니다. 그래서 어떻게 해야 한다고 말했습니까?

> 그러나 너를 책망할 것이 있나니 너의 처음 사랑을 버렸느니라 그러므로 어디서 떨어진 것을 생각하고 회개하여 처음 행위를 가지라 만일 그리하지 아니하고 회개하지 아니하면 내가 네게 가서 네 촛대를 그 자리에서 옮기리라 (계 2:4~5).

모든 성령의 열매는 꾸준한 돌봄이 없으면 그리스도의 장성한 분량에 이르지 못하고 실패합니다. 히브리서의 말씀을 들어보십시오.

> 우리가 간절히 원하는 것은 너희 각 사람이 동일한 부지런함을 나타내어 끝까지 소망의 풍성함에 이르러 게으르지 아니하고 믿음과

오래 참음으로 말미암아 약속들을 기업으로 받는 자들을 본받는 자 되게 하려는 것이니라 (히 6:11~12).

예수 믿고 구원받으면 편안하게 살 수 있다고 생각하는 분들이 있습니다. 그러나 예수 믿으면 할 일이 더 많아집니다. 어쩌면 갈등도 더 생기고 마음도 더 불편해질 수 있습니다. 왜 그럴까요? 죄와 싸워야 하기 때문입니다. 나의 못된 성격을 죽여야 하고 세속적인 사고방식과 그릇된 생활 자세를 뜯어고쳐야 하기 때문입니다. 나의 교만과 자존심을 내려놓아야 하고 그리스도와 그의 복음을 위해 희생해야 합니다. 이런 삶에는 고난이 따릅니다. 그래서 예수님을 믿고 사는 것이 최선의 삶이라는 말은 차원이 다른 이야기입니다. 예수님을 믿으면 정말 복을 받습니다. 그런데 잘 믿어야 하고 바르게 믿어야 합니다. 제대로 알지 못하고 교회만 다니면 평생을 종교 생활만 하고 하나님이 주시는 새 생명을 누리지 못합니다. 성령의 열매는 새 생명의 특징입니다. 성령의 열매가 없으면 하나님이 주시는 영생을 체험할 수 없습니다.

영생은 죽은 후에 가는 사후 천국이 아닙니다. 물론 장차 올 세상에서의 삶도 영생입니다. 그러나 그것은 별도의 것이 아니고 주 예수를 믿고 난 이후부터 시작되는 하나님 나라의 새 생명의 연장입니다.

그런데 이 영생의 삶은 열매를 통해서 체험됩니다. 열매는 예수만 믿으면 달리는 것이 아닙니다. 예수님을 처음 믿으면 의롭다는 판정을 받고 하나님의 자녀로 입양됩니다. 그러나 하나님의 자녀로서의 모습을 갖추기 위해 약속된 유업을 받아야 합니다. 히브리서 저자가 게으르지 말고 부지런해야 유업을 받는다고 한 것은 천국 가는 일이 아니고 현재 이 세상에서 천국의 삶을 누리는 것을 가리킵니다(히 6:11-12) 이것을 바울은 갈라디아서 5장에서 구체적으로 어떤 것인지를 성령의 열매로 열거하였습니다. 또 6장에서는 영생을 거두는 것이라고 표현하였습니다. 그러니까 유업을 받거나 영생을 거두는 것은 내 영혼이 천국에 들어가는 것이 아니고 나의 삶 속에서 성령의 열매에 해당하는 것들을 맺으면서 새 생명의 삶을 누리는 것입니다.

그런데 한 가지 중요한 것은 성령의 열매는 내가 오래 참으면서 노력만 한다고 해서 성공하지 않는다는 것입니다. 성령의 열매는 내가 스스로 생산해 낼 수 없습니다. 흉내는 낼지 몰라도 진품이 아니고 오래가지 않습니다. 성령의 열매는 우리 속에 저장된 것이 아닙니다.

자연인은 창조주와 구속주이신 하나님을 사랑하지 않습니다. 하나님의 뜻에 순종하거나 그분의 거룩한 성품을 닮으려는 욕구를 갖지 않습니다. 오직 주 예수를 믿고 성령으로 거듭난 신자들만 구원을 받고 하나님의 자녀로서 살기 시작합니다. 그렇지만, 누구나 다 주 예수를 닮기 위해서 정욕과 탐심을 십자가에 못 박지 않습니다.

원리적으로 보면, 우리가 주 예수를 대속주 하나님으로 믿었을 때 아담에게 속했던 죄의 본성이 십자가에서 제거되었습니다. 그때 우리는 옛사람에 속한 그릇된 삶의 방식과 절연하였습니다. 그러나 실제로 보면, 새 사람의 모습이 드러나야 하는데 그것이 곧 날마다 자기 십자가를 지고 주 예수를 따르는 것입니다. 십자가에 나의 육체의 일들을 끊임없이 못 박는 것이 성령과 주 예수의 복음을 따라 사는 새 삶의 특징입니다.

그런데 내 편에서 꾸준히 노력만 한다고 되지 않습니다. 성령에 전적으로 의존해야 합니다. 우리는 선하게 되려고 작심하고 힘쓸 때 열매를 맺는 것이 아니고, 성령에게 자신을 전적으로 복종시킬 때 열매를 맺습니다. 그런데 순종의 삶은 일회로 그치는 것이 아니고 꾸준히 반복되어야 합니다. 물을 꾸준히 주지 않으면 식물이 자라지 않는 것과 같습니다. 그러나 우리가 꾸준히 성령의 인도를 받으며, 말씀에 복종하면서, 주 예수가 누구이시며 어떤 분이신지를 배운다면, 성령의 열매를 맺게 된다는 것이 성경의 가르침입니다.

그렇다면 왜 교회가 교회답지 않고, 교인이 교인답지 않은 것일까요? 여기서 다시 근본적인 질문으로 돌아가지 않을 수 없습니다.

첫째, 성경의 가르침을 그대로 잘 가르치고 배우지 않기 때문입니다. 예수님과 그분의 복음이 어떤 것이며 어떻게 하나님의 자녀로서 살아야 한다는 것에는 관심이 적고 자기 잘되는 일에만 매달리는 신앙생활을 하기 때문입니다. 많은 교인이 예수님의 가르침을 따르지 않고 세속적인 사상과 습성을 그대로 지니고 삽니다. 교회 생활도 거의 맹목적으로 교회에서 관습대로 행하는 일을 따라갑니다.

둘째, 자라고 열매를 맺는 일을 신앙생활의 최우선으로 삼지 않기 때문입니다. 열매에 관심을 둔다 하여도 꾸준하지 않는 것이 문제입니다. 늘 세상살이의 일들에 묶이거나 비복음적인 습성에 젖어 살곤 합니다. 한동안 교인의 참모습을 나타내다가도 곧 식어버립니다. 이것은 대부분의 교회에서 복음을 피상적으로 가르치고 꾸준히 가르치지 않기 때문입니다.

성령의 열매는 성령의 음성을 잘 듣고 순종할 때 달리기 시작합니다.

우리가 예수님처럼 되려면 즉각적인 만족을 약속하는 육체의 욕구에 귀를 기울이지 말고, 성령의 인도와 가르침에 순응하는 훈련을 받아야 합니다. 그럼 구체적으로 성령께서 우리를 무엇으로 인도하시는지 살피겠습니다.

✻ 성경 말씀을 통하여 말씀하십니다.

그러므로 성령이 이르신 바와 같이 .. (히 3:7).

성경을 모르면 성령의 인도를 잘 받지 못합니다. 성령은 성경을 통해서 예수님과 그분의 말씀을 우리에게 알리고 깨닫게 하십니다. 그래서 각자가 성경을 진지하게 공부해야 합니다. 교회에서만이 아니고 개인적으로 반드시 성경을 읽어야 합니다. 무턱대고 읽는 것이 아니라 성령의 도우심을 구하며 그 뜻을 생각하며 정규적으로 정독하는 습관을 붙여야 합니다. 성경을 매일 읽게 하는 묵상집이나 기타 조력서들을 사용하는 것도 좋은 아이디어입니다.

✻ 성령은 설교를 통해서 하나님의 뜻을 알리거나 구원의 지식이 깊어지게 하십니다. 그래서 좋은 강해 설교를 듣는 것이 매우 중요합니다. 설교는 하나님께서 처음부터 은혜의 통로로 사용해 오신 방법입니다. 그릇된 설교를 듣지 않도록 해야 합니다. 성경 본문을 강해하지 않고 이런저런 이야기로 채우거나 소화되

지 않은 내용을 여기저기서 베껴오는 차용 설교를 피하십시오. 개인의 사상이나, 누구나 알고 있는 도덕 강좌에 불과한 판에 박힌 윤리설교나, 율법적인 가르침을 배격하고 복음 자체에 집중된 설교를 들으시기 바랍니다.

설교는 은혜의 수단이지만, 교회가 복음에서 식어지고 멀어지는 통로로 오용될 수 있습니다. 설교를 간절한 마음으로 듣되 베뢰아 사람들처럼 "이것이 그러한가 하여 날마다 성경을 상고"(행 17:11)하는 자세를 가져야 합니다. 교회가 복음의 진리를 수호하지 못하고 세속화된 책임은 목회자들뿐만이 아니고 교인들에게도 있습니다. 교인들이 강단에서 하는 설교를 무비판적으로 받아들이거나 내용도 없고 무성의한 설교를 용인하기 때문입니다.

* 성령은 환경을 통해서도 확신을 주시고 직접적인 방법으로 하나님의 지혜와 능력을 공급하실 때도 있습니다.

* 성령은 성도의 삶에서 내적 증거를 통하여 구원의 확신에 이르거나 옳고 그른 것을 분별하게 하십니다. 또 우리 마음에 감동이 있게 하시고 선한 길을 택하도록 인도하십니다.

* 성령은 여러 형태의 초자연적인 방법으로 우리를 인도하실 수 있습니다.

그런데 우리는 성령의 음성에 귀를 막을 수 있습니다.

그러므로 성령이 이르신 바와 같이 오늘 너희가 그의 음성을 듣거

든 광야에서 시험하던 날에 거역하던 것 같이 너희 마음을 완고하게 하지 말라 (히 3:7~8).

이것은 우리가 성령의 음성을 저지함으로써 성령의 열매가 자라는 것을 막을 수 있다는 경고입니다. 칭의는 우리가 그리스도를 믿을 때 즉시 받습니다. 그러나 그리스도를 닮는 일은 시간이 걸리는 과정을 거쳐야 합니다. 크리스천 라이프는 순례입니다. 순례 길은 목적지가 있습니다. 그래서 가는 길의 방향을 확인해 가면서 잘 찾아가야 합니다. 분별없이 남들 따라가면 엉뚱한 곁길로 들어서기 쉽습니다. 그래서 성령과 보조를 맞추어야 합니다. 성령께서 뛰어가라고 하시면 뛰고, 천천히 가라고 하시면 서행해야 합니다. 또 기다리라고 하시면 기다릴 줄 알아야 합니다. 성령의 통제를 받아야 주님의 길을 잘 따를 수 있습니다. 만일 우리가 성령으로 살면 성령으로 행하라고 했습니다(5:25). 이것이 개인 경건 생활의 비결이고 교회가 교회다워지는 첩경입니다.

교회가 성령의 음성에 무관심하면 영적 생동력을 잃고 부패할 수밖에 없습니다. 이것은 우리 모두의 책임입니다. 우리나라 교회는 부패가 많이 진행됐기 때문에 속히 막지 않으면 붕괴될 위험에 놓여 있습니다. 이때야말로 회개하고 복음으로 돌아가야 합니다. 하나님의 자비하심을 믿고 주의 이름을 간절히 부르는 자들은 영적 위기의 시대에도 개인 부흥과 교회 갱신을 체험하게 될 것입니다.

50.
성령으로 행하는 사람들
갈라디아서 5:24~26

바울은 앞 항목에서 성령을 따라 행하면 육체의 욕심을 이루지 않는다고 하였습니다(갈 5:16). 그리고 이어서 성령의 인도를 받으면 율법 아래 들어가지 않는다고 했습니다. 갈라디아 교인들은 율법 아래에서 율법의 지시와 지배를 받으면서 사는 것이 거룩의 길이라는 유대주의자들의 가르침을 받았습니다. 그러나 바울은 육체의 욕심을 이루지 않는 길은 율법을 지켜서 될 일이 아니고 성령의 지배를 받아야 한다고 가르쳤습니다.

갈라디아서의 한 중요한 주제는 신약 성도들의 거룩한 삶입니다. 바울은 육체의 일과 성령의 열매를 대조시킨 후에 성령의 인도를 받는 삶의 특징을 지적하였습니다. 그것은 육체의 정욕과 탐심을 십자가에 못 박는 삶입니다. 그래서 이러한 성령 생활의 한 실례로서 5장 26절의 권면을 주었습니다.

> 헛된 영광을 구하여 서로 노엽게 하거나 서로 투기하지 말지어다(갈 5:26).

그런데 이 말은 바울이 육체의 일을 열거할 때 이미 언급한 것입니다. "분쟁과 시기와 분냄"(5:20)이 하나님 나라를 유업으로 못 받게 한다고 경고했습니다. 25절에서 "만일 우리가 성령으로 살면 또한 성령으로 행할지니"라고 했는데 성령으로 행하는 것이 어떤 것인지를 여기서 확인할 수 있습니다. 곧 육체의 일을 하지 않는 것입니다. 그런데 왜 바울이 이러한 실례를 성령으로 행하는 일의 예시로 들었을까요? 이것은 의도적인 권면입니다. 갈라디아 교회가 서로 물고 뜯었기 때문입니다. 5장 15절에서 "만일 서로 물고 먹으면 피차 멸망할까 조심하라"고 했습니다. 그런데 바울은 이 말을 하기 전에 온 율법은 이웃 사랑으로 성취된다고 하였습니다. 갈라디아교회에 이웃 사랑이 없었다는 시사입니다. 그 앞에서 또 "오직 사랑으로 서로 종 노릇 하라"(5:13)고 했습니다.

율법적인 교회에는 사랑이 적을 수밖에 없습니다. 모든 것을 규정으로 처리하기 때문입니다. 성령이 아닌 율법의 지배를 받기 때문에 성령의 열매보다 육체의 일이 더 현저하게 드러납니다. 이것은 비단 갈라디아 교회뿐만 아니고 우리나라 교회도 많은 경우에 사실입니다. 우리나라 교회처럼 분열과 시기와 다툼이 많은 교회도 드물 줄 압니다. 율법의 체제 아래에서는 신자가 정상적인 성숙을 할 수 없습니다. 거룩과 경건을 강조하지만 위선이 많고, 예수님의 가르침과 모범을 제시하여도 잘 받아들이지 않습니다. 그저 몇 가지 율법적인 교회 전통을 따라서 지키면 교회 생활이 다 된다고 생각합니다. 그러니 사회생활에서 기독교 복음과 가치관이 반영되거나 제대로 적용되지 않을 것은 당연합니다. 이것이 교인들이 세상으로부터 욕을 먹는 이유의 하나입니다.

그럼 어떤 교회가 좋은 교회이며 성령의 인도를 받는 교인들이겠습니까? 서로 다투고 시기하고 잘난 체하는 것이 없는 교회입니다. 우리는 모두 좋은 교회를 원합니다. 좋은 교회란 여러 가지 흥미로운 프로그램이 있고 설교가 부담을 주지 않으며 현대식 시설을 갖춘 명성 있는 곳일까요? 이런 것은 반드시 좋은 교회의 필수 요소는 아닙니다. 우리는 겉으로 판단하지 말아야 합니다. 좋은 교회란 성령의 인도를 받고 그리스도의 삶과 가르침을 실천하는 곳입니다. 그런데 어떻게 해야 성령으로 행할 수 있을까요? 이것은 자동으로 되지 않습니다.

그래서 바울은 "만일 우리가 성령으로 살면 또한 성령으로 행할지니"(5:25)라고 했습니다. 성령으로 행하라는 것은 우리가 행해야 할 일입니다. 우리가 실제로 정욕과 탐심을 십자가에 매일 못 박아야 한다는 것입니다. 다툼과 시기와 분열을 실제로 내가 십자가에 못 박고 진정한 의미에서 "예수의 사람"(5:24)이 되어야 한다는 것입니다. 그런데 왜 이 일이 잘 안되는지는 우리 각자가 깊이 생각하고 반성해야 할 문제입니다.

바울이 언급한 첫 번째 고쳐야 할 자세는 자랑하거나 잘난 척하는 것입니다. 우리는 대체로 자기의 잘난 모습이 드러나서 영광 받기를 원합니다. 그런데 잘난 척하는 사람들은 자기만 옳고 똑똑한 줄 압니다. 그들은 남에게 사과하지 않습니다. 죄를 고백하거나 교만한 자세를 고치려고 하지 않습니다. 자신을 낮추는 일이 자존심이 상하기 때문입니다.

자만하면 다른 사람이 나의 우월감을 도전할 때 참지 못하고 나보다 더 잘난 사람이 나타나서 인기를 얻거나 인정을 받으면 시기합니다. 예수님 당시에 잘난 사람들이 많았습니다. 종교 지도자들은 예수님의 인기를 시기하였습니다. 많은 무리가 예수님을 따랐기 때문에 자신들의 위치가 위협을 받는다고 여겼습니다. 그들은 여호와 종교의 담지자로서 백성을 가르쳤지만, 백성은 그들보다 예수님을 더 따랐습니다. 그들은 자기들보다 더 큰 영향력과 권위를 행사하는 예수님을 질시하였고 용납할 수 없는 경쟁자로 보아 십자가에 죽게 하였습니다. 바울도 가는 곳마다 종교 지도자들로부터 박해를 받았습니다.

갈라디아 교인들을 율법 아래로 끌어들이려던 유대주의자들도 바울의 인기를 싫어하였고 갈라디아 교인들과 바울의 관계를 찢어놓으려고 하였습니다. 그래서 바울이 이렇게 말했습니다.

> 내가 너희에게 증언하노니 너희가 할 수만 있었더라면 너희의 눈이라도 빼어 나에게 주었으리라 그런즉 내가 너희에게 참된 말을 하므로 원수가 되었느냐 그들이 너희에게 대하여 열심내는 것은 좋은 뜻이 아니요 오직 너희를 이간시켜 너희로 그들에게 대하여 열심을 내게 하려 함이라 (갈 4:15~17).

그럼 어떻게 이런 일을 막을 수 있을까요?

성령을 받고 성령과 보조를 맞추어 그분과 동행하는 '예수의 사람들'(5:24)이 아니고서는 하나님이 요구하시는 방식으로 살 수 없습니다. 우리는 누구나 인정받기를 원합니다. 아내는 남편으로부터, 남편은 아내로부터 인정받기를 원합니다. 목회자는 교인들로부터 인정받기를 원하고, 교인들은 목회자의 인정을 받기 원합니다. 그런데 인정을 받으면 자랑하게 되고 잘난 체하려는 습성이 있습니다. 그래서 누가 나타나서 경쟁이 된다 싶으면 시기하고 제쳐놓으려고 합니다.

잘났다는 사람들은 대개 교만하고 시기심이 많습니다. 바울은 이런 성향을 “헛된 영광을 구”(5:26)하는 것이라고 했습니다. 그럼 어떻게 해야 이런 헛된 영광을 구하지 않을 수 있을까요? 바울은 우리가 성령으로 산다면 성령으로 행하라고 했습니다. 율법으로 행하라고 하지 않았습니다. 이것이 바울의 포인트입니다. 율법은 시기나 다툼이나 분열을 막지 못합니다. 그런 문제에 도움이 되지 않습니다. 그래서 성령으로 행하라는 것이 바울의 대안입니다. 성령은 순종을 강요하지 않습니다.

우리가 율법처럼 형벌이 두려워서 마음에 없어도 외형적으로나마 순종하는 것이 아닙니다. 행하는 것은 우리들이지만 순종의 능력을 주는 분은 성령님이십니다. 바울의 결론은 갈라디아 교인들이 율법적으로 되고 있었다는 것입니다. 그래서 서로 싸우고 잘난 척하면서 사랑을 실천하지 않는다고 지적하였습니다. 모세법은 그들에게 잘난 척하는 것과 라이벌 의식과 시기 등에 아무 도움을 주지 않았다는 것입니다. 그래서 성령을 따라 행하면 육체의 일들을 통제할 수 있다는 말이었습니다.

성령님은 우리가 서로에게 어떻게 대하는지를 눈여겨 보십니다. 우리의 대인관계에서 교만이나 시기나 싸움이 있는지 살피십시오. 이것은 우리가 성령의 다스림을 받으면서 신자생활을 하는지에 대한 기본적인 가이드라인입니다. 우리가 사랑으로 서로 종노릇하지 못하고 이웃 사랑을 실천하지 못한다면 율법의 수준을 넘어갈 수 없습니다. 하지만 우리는 율법의 수준을 넘어감으로써 율법을 성취하고 예수 그리스도의 온전한 목표에 닿도록 부름받은 새 언약 백성입니다.

그런데 성령 생활은 십자가에 자신을 못 박는 행위와 분리될 수 없습니다(24절). 날마다 주의 십자가를 지고 주님을 따르는 것이 성령 생활의 기본 자세이기 때문입니다. 성령의 인도와 지시를 받는 것은 매일의 삶에서 구체적으로 확인되어야 합니다. 예를 들어 오늘 내가 어떤 사람을 시기했다면 즉시 그것이 성령의 열매가 아님을 압니다. 모세 율법은 시기심이 육체의 일이라고 특별히 지적하지 않습니다. 그러나 성령의 내주가 있으면 율법이 없어도 금방 육체의 일을 분별합니다. 그래서 시기심이 성령을 근심케 한다는 것을 알고 내려놓으면 나는 십자가에 시기심을 못 박은 것입니다. 그 순간 나는 성령 안에서 자유와 승리를 체험합니다.

또 다른 예로써 우리의 기도가 얼마나 근시안적이고 자기 중심적인지를 반성해 보십시오. 우리는 대체로 너무도 자신의 문제에 묶여서 전혀 다른 사람의 필요를 위한 기도에 별다른 신경을 쓰지 않습니다. 주님은 먼저 하나님의 이름이 거룩하게 되고 하나님의 나라와 뜻이 속히 임하기를 기도하라고 하셨습니다. 그런데 주님 앞에 나의 기도 제목을 제시한다면 어떤 순서가 될 것 같습니까? 아마 주기도문의 우선순위를 뒤집고 나의 일용할 양식부터 앞세울 것입니다. 그런데 자기 중심의 기도가 잘못되었다는 것을 깨닫고 먼저 하나님 나라와 그분의 의를 위해 기도한다면 어떻게 될까요? 적어도 기도 문제에서 예수님의 가르침을 따랐다는 확신을 가질 수 있습니다.

자신에 관한 문제로 기도하는 것이 반드시 잘못된 것은 아닙니다. 자신의 그릇된 성품이나 세속적 습성이나 숨긴 죄악들은 주님 앞에 나아가 회개하고 간절히 도움을 청해야 합니다. 그런데 여기서 그치지 않고 일단 자기 중심의 기도를 잠시라도 내려놓고 오직 주 예수의 영광을 위한 기도를 드린다면 어떤 일이 일어날까요? 자신이 하나님의 뜻에 따라 올바른 기도를 드렸으므로 응답이 있을 것을 확신할 수 있습니다. 주님의 영광을 앞세우기 위해 잠시라도 자기 중심의 습관에서 벗어나면 나의 기도는 십자가의 죽음을 거쳐 하늘 성소에서 새 생명으로 되살아납니다.

내가 만일 이런 식으로 육체의 일들을 하나씩 십자가에 못박는다고 생각해 보십시오. 주님 앞에서 기쁨과 감사가 흘러넘침을 경험할 것입니다. 성령 생활은 날마다 성령의 인도와 보조에 자신을 일치시키는 훈련을 통해 율법의 요구를 능가할 뿐만 아니라 산상보훈의 수준에 이르게 합니다. 바울은 율법으로 돌아가려다가 서로 사랑하기는커녕 불화와 싸움판이 된 갈라디아 교인들에게 헛된 영광을 구하지 말고 정욕과 탐심을 십자가에 못박으며 성령으로 행하라고 권고하였습니다. 바울의 이러한 교훈은 우리에게도 해당하는 말씀입니다. 각자 자신들을 돌아보고 나와 우리 교회가 과연 성령으로 행하고 있는지를 살피는 시간을 가져야 하겠습니다.

51.
신령한 사람들
갈라디아서 6:1

바울은 지금까지 신약 성도는 모세법 아래 있지 않다고 강조했습니다. 이것은 신약 교인들이 모세법으로부터 자유한다는 말입니다. 그러나 바울은 율법으로부터의 자유가 방종을 뜻하는 것은 아니라고 했습니다.

> 형제들아 너희가 자유를 위하여 부르심을 입었으나 그러나 그 자유로 육체의 기회를 삼지 말고 오직 사랑으로 서로 종 노릇 하라 (갈 5:13).

우리가 모세 율법의 통제 아래에서 살지 않게 됐다고 해서 육적인 삶을 살아도 된다는 말이 아닙니다. 바울은 신약 교인들은 사랑으로 서로 종노릇해야 한다고 했습니다. 바울은 율법이 단순히 폐기되었다고 하지 않고 성취되어야 한다고 강조했습니다. 그런데 율법 성취 방법이 사랑의 지배를 받는 것이라고 밝혔습니다. 이것은 혁명적인 진술입니다. BC 13세기에 준 모세 율법은 그 이후로 수천 년 동안 유대인들이 지키려고 했지만 실패했습니다. 그러나 예수님이 오신 이후로는 달라졌습니다. 율법은 예수님에 의해서 완전하게 성취되었습니다. 그 비결은 이웃 사랑입니다.

> 온 율법은 네 이웃 사랑하기를 네 자신 같이 하라 하신 한 말씀에서 이루어졌나니 (갈 5:14; 레 19:18).

바울은 레위기 19:18절에 나오는 명령을 인용하였습니다. 그런데 율법에서 말하는 이웃 사랑은 동족 사랑입니다. 그러나 새 계명은 사랑의 대상을 동족 사랑에서 모든 사람으로 확대시켰습니다. 새 언약 백성의 거룩한 삶은 율법 준수가 아닌 성령의 인도를 따름으로써 육체의 욕심을 죽이는 것입니다. 이제 바울은 율법 생활이 아닌 성령 생활의 실제적인 예를 듭니다.

> 형제들아 사람이 만일 무슨 범죄한 일이 드러나거든 신령한 너희는 온유한 심령으로 그러한 자를 바로잡고 너 자신을 살펴보아 너도 시험을 받을까 두려워하라 (1절).

이 말씀은 몇 가지 전제하는 것이 있습니다.

⑴ 성령의 인도를 받는 신약 교인이라고 해서 죄를 안 짓는 것이 아니라는 것입니다. 그래서 어떤 사람이 범죄한 일이 드러나는 경우를 들었습니다.

⑵ 범죄한 성도를 대하는 방법은 율법의 경우와 딴판입니다. 율법에서는 규정대로 처리하면 끝입니다. 그러나 성령 생활에서는 다른 성도의 죄를 다루는 방법은 율법의 규정이 아니고 사랑에 기반한 그리스도의 법입니다.

⑶ 넘어진 성도를 우리가 회복시킬 수 있다고 당연시합니다. 628
그래서 그런 자를 바로잡으라고 했습니다.

⑷ 다른 성도의 죄는 신령한 자가 바로잡을 수 있다고 말합니다.

이제 한 가지씩 살피겠습니다.

첫째, 성령의 인도를 받으면 죄를 안 지을 것 같지만 사실은 죄에 넘어질 수 있습니다. 성령의 인도는 기계적인 것이 아닙니다. 성령은 인격체 하나님이십니다. 그래서 인격적인 상호 관계 속에서 배우고 깨닫는 것이 생기게 됩니다. 우리는 성령님을 전혀 모르던 상태에서 주 예수를 믿고 성령의 내주를 받게 되었습니다. 그래서 성령의 음성을 듣거나 가르침을 받는 일에 처음부터 익숙하지 않습니다. 이것은 시간이 걸립니다. 성령은 원칙적으로 성경 말씀을 통해 말씀하십니다. 물론 초자연적인 방법을 사용하실 때도 있습니다. 그러나 우리가 성경에 익숙하지 않으면 성령의 인도를 오해하거나 그분의 음성에 둔감해집니다. 초자연적인 성령의 인도라도 하나님의 성품과 뜻에 대한 기본적인 이해가 없으면 진리와 거짓을 잘 구별하지 못하여 큰 실수를 할 수 있습니다.

우리는 시행착오를 겪으면서 하나님을 알아갑니다. 이것은 개별 성도의 성숙과 신앙 경험에 관련된 것이므로 개인마다 차이가 있습니다. 성령은 우리가 죄를 지었을 때나 위기가 왔을 때 우리를 도우십니다. 특히 죄를 지었을 경우에는 교회 공동체의 도움을 받게 하십니다.

둘째, 범죄한 성도를 돕는 방법은 매우 격려가 됩니다. 신령한 자가 온유한 심령으로 죄에 넘어진 성도를 바로잡으라고 했습니다. 그런데 '바로잡으라'는 말은 다소 징계의 뉘앙스가 있으나 본뜻은 회복시키라는 의미입니다. 율법에서는 법대로 처리하면 공정합니다. 재판관의 성품이 어떠하든지 법의 규정대로 판결을 내려야 합니다. 그러나 새 언약 백성은 다른 형제의 죄를 다루고 회복시킬 때 온유한 성품으로 대해야 합니다. 성령 아래 있는 성도는 죄를 짓고 마음이 편할 리가 없습니다. 두려움이 있고 마음이 불편합니다. 그래서 온유한 자세로 대하여 마음을 놓게 하고 하나님 앞에서 겸비한 자세로 회개하도록 이끌어 주어야 합니다.

율법은 이럴 때 아무 도움이 되지 않습니다. 죄인을 정죄하고 벌만 주는 것은 회복의 길이 아닙니다. 죄가 드러난 교회 멤버는 회개하고 다시 공동체에 가족으로 복귀해야 합니다. 그러기 위해서는 사랑과 온유와 같은 성령의 열매가 풍성한 교인이 도와야 합니다. 경우에 따라 온 교회나 혹은 특정 멤버들이 기도해야 하고 성령의 도우심에 의존해야 합니다. 이런 교회라야 성령 안에서 행하는 교회입니다.

셋째, 바울은 범죄한 성도를 회복시키도록 노력해 보라고 하지 않고 회복시키라고 하였습니다. 바울은 다른 성도들이 죄에 빠진 교우를 당연히 회복시킬 수 있다고 보았습니다. 이것은 우리에게 도전이 됩니다. 죄에 빠진 형제자매를 바로잡는 일은 쉽지 않습니다. 누구도 다른 사람의 죄를 잘 처리할 수 있다고 자신할 수 없습니다. 자기도 그런 죄에 빠질 수 있기 때문입니다. 그래서 바울은 "너도 시험을 받을까 두려워하라"(1절)고 했습니다. 우리는 다른 사람의 죄를 취급할 때 자신이 무슨 재판관이나 되듯이 고자세로 나오지 말아야 합니다. 다른 사람의 죄를 함부로 정죄하거나 판단하는 것은 늘 조심해야 합니다. 그것은 율법주의자들의 자세입니다.

바리새인들이나 율법 교사들은 죄인들을 회당에서 내쫓았습니다. 그들은 죄인을 정죄하고 자기들은 의인인 듯 경건한 척했지만 위선자들이었고 하나님의 사랑을 알지 못하였습니다. 그들은 율법도 잘 알고 계명도 잘 지킨다고 생각했지만 죄인을 회복시킬 수 없었습니다. 우리는 어떻습니까? 실족한 죄인을 회복시킬 수 있습니까? 영성의 가장 큰 테스트의 하나는 우리가 넘어진 자를 그리스도의 사랑과 성령의 인도로 회복시킬 수 있느냐는 것입니다.

그런데 "만일 무슨 범죄한 일이 드러나거든"이라는 번역은 오해하기 쉽습니다. 죄를 짓고 숨기고 있다가 발각이 된 것 같은 느낌을 줍니다. 그러나 이것은 죄를 의도적으로 지을 생각이 없었는데 그만 죄에 말려 들어 죄에 압도되었다는 의미입니다. 물론 밧세바와 간음한 다윗의 경우처럼 의도적으로 빠진 죄를 숨기고 있다가 드러났다고 해도 회복을 도와야 하는 것은 마찬가지입니다.

사탄은 빛의 천사로 가장하고 우리를 속일 수 있습니다(고후 11:14). 죄처럼 달콤한 것이 없고 죄처럼 고혹적인 것이 없습니다. 죄처럼 걸리기 쉽고 죄처럼 기만적인 것이 없습니다. 누구도 빠질 수 있는 것이 죄의 함정입니다. 위대한 성자도 넘어집니다. 노아도 넘어졌고 아브라함도 넘어졌습니다. 하물며 나같은 연약한 죄인이겠습니까! 우리는 모두 다 죄에 걸려 넘어질 수 있는 소지가 넉넉히 있습니다. 우리는 죄라고 하면 보통 성적인 죄를 염두에 두지만 다른 종류의 죄들도 얼마든지 있습니다. 어떤 이들은 특정한 죄에 더 잘 빠집니다. 다른 이들은 그런 쪽으로 관심이 없지만 다른 종류의 죄에 잘 넘어갑니다. 죄에 관한 한, 약점이 없는 사람은 없습니다. 사탄은 곧 그 약한 곳을 공격합니다. 그래서 주님은 항상 깨어서 기도하라고 하셨습니다.

넷째, 누가 넘어진 자를 다시 일으켜 세울 수 있다고 했습니까? "신령한 너희"라고 했습니다. 어떤 의미에서 신령하다는 뜻일까요? 모든 교인이 아닌 것은 분명합니다. 교회에 갓 들어온 초신자가 다른 신자의 심각한 죄 문제를 판단하고 도울 수 있을까요? 물론 기도할 수 있을 테지만 성경 지식이 짧고 성령의 인도를 받는 경험이 적으므로 큰 도움이 될 수 없습니다. 새번역은 '신령한 너희'를 "성령의 인도하심을 따라 사는 사람인 여러분"이라고 풀어서 옮겼습니다.

주 예수를 믿으면 누구나 성령을 받는다는 의미에서, 모든 신자가 영적인 신령한 사람들입니다. 그렇지만 누구나 성령을 따라 행하지 않습니다. "신령한 너희"는 율법으로부터의 자유를 육체의 기회로 삼지 않고 이웃 사랑을 실천하는 자들입니다(5:13~14). 다른 형제를 공격하거나 질투하지 않고 온유의 열매를 맺는 자들입니다(5:15, 23, 26). 이런 자들이 넘어진 형제들을 회복시킬 수 있습니다.

넘어진 교인을 회복하려면 성숙해야 하고 많은 은혜가 필요합니다. 죄가 드러난 믿음의 형제나 자매에게 겸비해야 하고 따뜻하게 대할 줄 알아야 합니다. 그리고 성령의 인도를 받을 줄 알아야 하고 깊은 동정심으로 받은 말씀을 전달하는 지혜가 필요합니다.

'바로잡는다'는 말은 원문에서(헬. katartizete) 원상태로 돌아간다 632
는 뜻인데 의학용어로는 탈골을 바로잡는 것을 가리킵니다. 접골을 하려면 고통이 따르듯이 죄가 회복되는 과정은 고통스럽습니다. 그래서 죄인의 회복은 매우 민감한 일이므로 많은 기도와 경험과 성령의 역사가 있어야 합니다.

율법은 이럴 때 아무 도움이 되지 않습니다. 죄인을 정죄하고 벌만 주는 것은 회복의 길이 아닙니다. 죄가 드러난 교회 멤버는 회개하고 다시 공동체에 가족으로 복귀해야 합니다. 그러기 위해서는 사랑과 온유와 같은 성령의 열매가 풍성하고 이해심이 깊은 성숙한 영적 교인의 도움이 필요합니다.

우리가 다른 형제자매의 죄 문제를 도울 때 특히 조심할 일이 있습니다.

• 영적 우월감을 경계해야 합니다.

나는 이런 죄를 짓지 않으니까 이 사람보다는 영적으로 높구나 하는 생각을 갖지 말아야 합니다. 바울은 선 줄로 생각하는 자는 넘어질까 조심하라고 했습니다(고전 10:12). 급한 마음에서 상대방의 죄책감을 일으키도록 목소리를 높이거나 고압적인 자세로 대하지 말아야 합니다. 죄를 지은 사람은 약자의 입장에 있다는 점을 고려하고 죄를 속히 인정하지 않더라도 인내하며 성령의 때를 기다려야 합니다. 죄를 확신시키는 것은 우리가 아닌, 성령님의 일입니다. 힘들면 다른 영적인 사람들의 조언이나 실제적인 도움을 구하는 것이 좋습니다.

• 상대방의 구원을 의심하는 말을 삼가야 합니다.

'당신이 이런 죄를 범한 것을 보니 구원을 받지 않았음이 분명해요.' 라든지 '당신이 교인이라면 어떻게 그런 죄를 지을 수 있습니까?' '너무도 창피한 일이예요. 당신은 그런 일에 절대로 빠지지 말았어야 해요.'라는 힐문조의 말은 회복에 도움이 되지 않습니다. 이런 강한 도덕주의 힐책은 상대방을 정죄감과 수치감에 빠지게 할 뿐입니다. 이렇게 하면 부정적인 반응을 일으키기 쉽습니다. 회복의 비결은 성령님의 역사에 의존하는 것입니다. 무엇보다도 온유한 심령을 갖고 죄에 넘어진 성도를 사랑으로 대하여 진정으로 하나님 앞에서 회개하고 돌아오게 해야 합니다(고후 10:1).

> 모든 겸손과 온유로 하고 오래 참음으로 사랑 가운데서 서로 용납하고 평안의 매는 줄로 성령이 하나되게 하신 것을 힘써 지키라 (엡 4:2~3).

52.
그리스도의 법은 무엇인가?
갈라디아서 6:2~5

바울은 성령으로 행하는 크리스천 삶에 대한 실제적인 권면을 5장 26절에서 했습니다. 즉, 서로 화나게 하거나 질투하지 말라는 것이었습니다. 6장 1절에서는 죄에 넘어진 성도를 어떤 자세로 회복시켜야 하는지를 언급하였습니다. 이제 그는 2절에서 "너희가 짐을 서로 지라"고 하고서 그렇게 함으로써 "그리스도의 법"을 성취하라고 명합니다.

짐을 서로 지라는 말은 율법의 짐과 대조적입니다.

베드로는 예루살렘 공의회에서 이방인 신자들에게 모세 율법을 지키게 하는 것이 부당하다고 하면서 그 이유를 이렇게 제시하였습니다.

> 그런데 지금 너희가 어찌하여 하나님을 시험하여 우리 조상과 우리도 능히 메지 못하던 멍에를 제자들의 목에 두려느냐 (행 15:10).

모세 율법은 무겁고 짐스러운 멍에와 같았습니다. 이런 배경에서 예수님은 "나의 멍에를 메고 내게 배우라"(마 11:29)고 하셨고 "내 멍에는 쉽고 내 짐은 가벼움이라"(마 11:30)고 하셨습니다. 예수님은 모세 율법의 멍에를 지라고 하시지 않고 예수님의 멍에를 메라고 하셨습니다.

바울이 서로의 짐을 지라고 말한 것은 무거운 율법의 짐을 나누어 지라는 뜻이 아닙니다. 율법의 짐은 무겁지만 예수님의 멍에는 가볍습니다. 베드로의 말처럼 이스라엘 백성이 수천 년 동안 율법을 지키려고 했지만 감당할 수 없었습니다. 예수님은 율법의 멍에에서 벗어나는 길은 예수님의 멍에를 메고 배우는 것이라고 하셨습니다. 바울은 사실상 예수님의 말씀을 갈라디아 교인들에게 적용하여 서로의 짐을 지라고 하였습니다. 다시 말해서 율법의 짐 아래 자신들을 두지 말고 그 대신 다른 사람의 짐을 져 주라는 것이었습니다. 모세법 아래에서의 짐을 지지 않고 사랑으로 하나님 나라에서 서로의 짐을 지면 짐스럽지 않고 그리스도의 법을 성취하게 된다는 말입니다. 다른 사람의 짐을 덜어줄 때 힘든 일도 성령의 인도를 받으면서 사랑으로 행하면 짐이 훨씬 가벼워집니다.

그리스도의 법은 사랑의 법입니다.

'그리스도의 법'이란 말은 율법과 대조되지만 적합한 표현은 아닙니다. 성령 생활의 원리는 율법처럼 법규로 제시할 수 없기 때문입니다. 그러나 유대주의자들이 율법은 거룩한 삶의 길잡이라고 주장하였고, 갈라디아 교인들이 율법으로 돌아가려고 했기 때문에 그렇게 법을 내세우겠다면 '그리스도의 법'으로 살라는 말이었습니다.

그런데 우리는 어떤 법적 시스템 아래에서 신자 생활을 하는 것이 아닙니다. 율법은 시스템입니다. 법규가 있고 규정들이 있습니다. 재판관이 범법 여부를 판결하고 범죄자에게 형벌을 내립니다. 구약시대의 이스라엘 백성은 이런 율법 시스템 아래에서 살았습니다. 그러나 신약 백성은 모세 시스템이 아닌, 예수님이라는 인격체 아래 있습니다. 예수님이 신약 성도의 법인 셈입니다. 예수님이 성령을 통해 옳고 그릇된 것을 알리고 하나님의 뜻을 따라 살도록 인도하십니다. 우리는 예수님 아래 있습니다.

그리스도의 법은 법규가 아니고 사랑에 바탕한 것입니다. 물론 그리스도의 법에는 예수님이 주신 모든 가르침이 포함됩니다. 그러나 여기서는 5장 14절의 이웃 사랑의 문맥에서 이해하는 것이 좋습니다. 이웃 사랑은 자기만 생각하지 않습니다.

✽ 다른 사람의 필요를 보면 못 본 체하지 않습니다. 누가 죄에 빠지면 그의 회복을 위해 전심으로 기도하고 누가 슬퍼하면 함께 슬퍼하고 위로합니다. 비록 나의 원수가 어려움에 빠져도 도울 수 있는 길을 찾습니다. 그리스도의 법은 원수로부터 박해를 받아도 그들을 위해서 기도하라고 가르칩니다.

모세법은 이런 종류의 사랑에 대해서 아무것도 말하지 않습니다. 율법에서는 원수를 위해 기도하라는 규정이 없습니다. 그러나 레위기 19장 18절의 이웃 사랑을 '동포'의 범위에 한정시키지 않고 원수까지 포함할 수 있다면 나는 성령으로 행한다는 것을 증명하는 것입니다. 이것은 내가 율법 아래에서 살고 있지 않다는 확실한 증거입니다.

율법을 도덕 생활의 표준으로 삼고 율법의 의도를 따르게 하는 것은 모세법을 영성화시킨 것입니다. 그러나 율법의 영성화는 신약 교인에게는 어울리지 않습니다. 그것은 율법적 경건주의를 낳고 내성적 소극주의와 자기 의에 빠지게 합니다. 이것은 성령의 인도를 받는 사랑의 삶을 일으키지 못합니다.

그리스도의 법은 율법을 무한대로 추월합니다.

모세법은 조목을 나열하는 법조문이기 때문에 인간의 모든 상황을 다 커버할 수 없습니다. 그러나 그리스도의 법은 사랑에 근거한 성령의 인도와 지시에 따른 것이어서 어떤 상황에서도 바른 길을 택할 수 있으며 무제한적입니다. 율법은 정해진 조문대로 행하면 되지만 그 이상은 갈 필요도 없고 요구하지도 않습니다. 그러나 사랑은 끝이 없이 행할 수 있습니다. 사랑하고 더 사랑할 수 있습니다.

그리스도의 법은 사랑의 법입니다. 법이라는 말을 썼지만, 법규로 제정되었다는 뜻이 아니고 율법과 대조하기 위해 편의상 사용한 말입니다. 사랑의 법은 율법과 달라서 율법이 요구하거나 율법에 적혀 있지도 않은 것들까지 행하게 합니다. 사랑의 법은 율법처럼 문자로 입법화시킬 수 없는 내면적인 영역까지 포함합니다.

법은 문자로 된 규정으로 마음을 다룰 수 없는 한계가 있습니다. 그러나 새 언약 시대에는 마음으로 하나님을 섬기게 될 것이라고 말합니다. 마음에 하나님의 법이 새겨질 것이기 때문입니다(렘 31:33; 겔 36:26~27).

그러나 그 날 후에 내가 이스라엘 집과 맺을 언약은 이러하니 곧 내가 나의 법을 그들의 속에 두며 그들의 마음에 기록하여 나는 그들의 하나님이 되고 그들은 내 백성이 될 것이라 여호와의 말씀이니라 (렘 31:33)

예수님이 우리에게 요구하시고 기대하시는 것은 단순히 모세 율법을 지키라는 것이 아니고 율법의 수준을 넘어가는 그리스도의 의(義)입니다. 이것이 율법이 바라본 이상적인 수준이었습니다. 여호수아도 "그러므로 스스로 조심하여 너희의 하나님 여호와를 사랑하라"(수 23:11)고 권고하였습니다. 그러나 이런 삶은 율법 조문의 준수 영역을 넘어서는 새 언약 시대에 가서야 제대로 성취될 수 있는 이상이었습니다. 이제 우리는 율법이 아닌 그리스도의 법으로 살아야 하는 새 시대에 들어와 있습니다. 그러므로 십계명이 아직도 유효하다는 주장은 맞지 않습니다.

신약에서는 율법의 도덕법까지도 훨씬 더 높고 포괄적이며 구체적인 '사랑의 법'으로 추월되고 완성됩니다. 내가 성령 안에서 그리스도의 다스림을 받으면, 모세법을 성취하고 모세법의 도덕 수준을 앞지를 수 있습니다. 이것은 원론적인 말이지만 실제 삶에서 제대로 적용되려면 여러 번 듣고 생각하며 기도하고 반추해 보아야 합니다.

예수님은 제자들에게 주신 마지막 권면에서 온 세상의 제자들에게 율법책에 적힌 모든 것을 가르쳐 지키게 하라고 명령하시지 않았습니다. 신약 교인들은 율법 아래 있지 않고 예수님 아래 있기 때문입니다. 율법의 목표는 예수 그리스도입니다. 그런데 율법은 자신의 목표를 가리킬 수는 있어도 그 목표를 성취할 수 있는 능력은 주지 못합니다. 그래서 율법의 가르침이 아닌, 예수님의 가르침을 복종해야 합니다. 율법 아래 살던 시대는 지나갔습니다. 신약 교인들은 모세법의 지배를 받을 필요가 없습니다. 그러나 무법한 자들은 아닙니다. 그런데 굳이 법을 원한다면, 우리는 "그리스도의 법" 아래에 있다고 말할 수 있습니다.

한편, 그리스도의 법이 사랑의 법이라고 하면 질문이 생깁니다. 사랑은 정의되어야 하지 않는가 하는 것입니다. 그렇지 않으면 추상적이고 막연하여 혼란이 일어날 것입니다. 예수님은 그의 멍에를 메고 그에게서 배우라고 하셨습니다. 사랑은 배워야 합니다. 인간의 사랑이 아닌 하나님의 사랑을 배워야 합니다. 하나님은 사랑의 원천이십니다(요일 4:8).

하나님의 사랑은 십자가 사랑입니다. 하나님의 사랑은 세상을 너무도 사랑하여 자기 아들을 보내시고 십자가에서 우리 대신 죄의 형벌을 받게 하신 일에서 드러났습니다. 예수님의 삶도 하나님의 사랑의 표본입니다. 우리는 예수 그리스도의 삶과 가르침과 대속적 죽음에서 하나님의 사랑을 봅니다. 그리고 하나님과의 교제를 통해 하나님의 사랑을 체험합니다. 하나님이 그리스도를 통해 드러내신 구원의 사랑이 어떤 것인지는 신약 성경에서 자세히 진술되었습니다. 예를 들어, 예수님의 산상설교와 고린도전서 13장의 사랑장을 들 수 있습니다.

그럼 율법으로는 하나님의 사랑을 정의할 수 없을까요? 부분적으로 가능합니다. 그러나 하나님의 사랑은 모세법으로는 만족한 정의를 내리기 어렵습니다. 가나안 족속을 진멸하라든지, 안식일을 어기거나 부모를 거역해도 죽이라는 것은 사랑의 좋은 정의가 될 수 없습니다.

율법은 사랑의 방향으로 어느 정도 발을 떼어 놓았지만 새 언약 백성의 수준으로 삼기에는 충분하지 않습니다. 모세법은 BC 13세기의 문서로서 이스라엘 주변의 이방나라들의 법에 비하면 여러 면에서 더 공정하고 인도주의적이었지만 그리 높은 수준은 아니었습니다. 레위기 19장 18절만이 크리스천에게 적합한 수준이라고 할 수 있습니다. 그러나 예수님이 하셨듯이 이 구절의 '이웃'의 정의를 동족이 아닌 모든 종류의 이웃으로 확대해야 합니다.

우리는 성령 안에서 행할 때에 율법의 수준을 무한대로 추월합니다. 예수님과 사도들은 우리에게 성령 안에서 행하는 것이 무엇을 포함하는지를 자세히 예시하였습니다. 바울은 갈라디아서에서 서로 노엽게 하거나 질투하지 말라고 하였습니다. 그리고 서로의 짐을 지라고 했습니다. 자랑하지 말고 자기 의에 빠지거나 교만하지 말라고 하였습니다. 자기가 맡은 짐은 자기 책임으로 여기라고 했습니다. 그리고 사랑으로 행하면 육체의 일을 탐하지 않는다고 했습니다.

그리스도의 법은 현실적이기를 요구합니다(갈 6:4~5).

경건 생활의 일부는 자기 성찰입니다. 어떤 종류의 자기 성찰을 해야 할까요?

우리는 끝없이 자신이 하나님의 자녀인지를 알기 위해 자기를 살필 필요가 없습니다. 우리는 자신이 주 예수를 믿고 구원을 받았는지 못 받았는지 쉽게 알 수 있습니다. 우리가 자신을 점검하는 부분은 자신의 구원 여부가 아니고 하나님을 기쁘게 해 드리는지 아닌지를 확인해 보는 것이어야 합니다. 자기 성찰은 부정적이 되지 말아야 합니다. 비관적으로 나는 도저히 예수를 못 믿겠다든지, 나는 구원받지 못했을지도 모른다는 불안에 떤다든지 혹은 넋두리가 마치 경건의 표지 인양 자기 연민에 빠지지 말아야 합니다. 그런 식의 자기 성찰은 거룩한 삶에 아무 도움이 되지 않습니다. 자신의 문제를 보았으면 즉시 주께로 가서 이를 아뢰고 회개하며 성령의 능력을 구해야 합니다. 낙담과 비관과 자포자기는 부정적 성찰이며 하나님에게서 나오는 것이 아닙니다.

바울의 요점은 다른 사람을 보지 말고 자기를 보라는 것입니다. 다른 사람의 죄를 볼 때 나는 그런 죄를 짓지 않는다거나 혹은 나는 그 사람보다 낫다는 자기 의에 빠지지 말아야 합니다. 나 자신이 과연 하나님을 기쁘게 해 드리는 삶을 사는지 자문해 보아야 합니다. 우리는 그리스도의 법으로 사는 신앙생활을 통해 하나님을 기쁘게 해 드려야 할 개인적인 책임이 있습니다. 그래서 "각각 자기의 일을 살피라"(6:4)고 하였습니다. 이것은 다른 사람의 짐을 지라고 한 갈라디아서 6장 2절과 모순되는 것처럼 들립니다. 모순되지 않습니다. 우리는 다른 사람의 필요를 돕는 사랑의 삶을 살아야 합니다.

우리가 어떤 자세와 동기로 주 예수의 사랑의 삶을 반영하였는지는 심판날에 다 드러날 것입니다. 우리는 자신의 행위에 대해 하나님 앞에서 책임을 져야 합니다(롬 2:6; 계 22:12; 고후 5:10). 우리는 자기의 일을 살피면서 다른 사람을 도와야 합니다. 자기 문제는 보지도 못하고 또 해결하지도 못하면서 다른 사람의 눈에 있는 티를 빼려는 것은 모순입니다. 모세법에 의존하는 자들은 자기들이 잘하고 있다고 생각하기 쉽습니다. 그래서 바울은 말합니다.

> 만일 누가 아무 것도 되지 못하고 된 줄로 생각하면 스스로 속임이라 (갈 6:3).

이 말은 우리를 전적으로 무용한 존재로 여기라는 말이 아닙니다. 바울은 이 말을 6장 1절의 문맥에서 말하고 있습니다. 즉, 우리가 다른 사람을 회복하려고 할 때에는 자신의 힘이 아닌 주님의 힘에 의존해야 한다는 것입니다. 실제로 다른 사람을 도우려고 할 때 내가 아무것도 아니면서 무엇이 된 것처럼 자신을 속일 수 있습니다.

예를 들어, 다른 사람의 죄를 보면 나와는 전혀 상관이 없는 듯이 무관심할 수 있습니다. 그리고 나는 그런 죄를 절대로 짓지 않는다고 은근히 자찬합니다. 우리는 너무도 쉽게 영적 교만과 자기 의에 빠집니다. 우리는 다른 사람을 도울 때 나도 얼마든지 그런 죄를 지을 수 있다고 생각해야 합니다. 내가 영적으로 더 낫다고 생각하면 다른 이를 도우려고 하다가 오히려 자신이 같은 죄에 빠집니다.

혹은 자신이 전에도 넘어진 성도를 돕는데 성공적이었다고 보면 자신하게 됩니다. 상담 기술이 좋다는 인정을 받고 싶어하고 자신이 마치 문제 해결사인 듯이 스스로 자부하며 그렇게 알려지기를 바랍니다. 우리는 자신하지 말고 오직 성령의 능력에 의존해서 겸비하고 온유한 자세로 어려움에 빠진 형제자매를 도와야 합니다. 우리가 정직하다면 부끄러운 점이 많을 것입니다. 우리가 하나님 나라에서 겸비하지 못하면 자신들을 웃기는 일이라는 것이 바울의 진단입니다. 우리는 오직 주님께 만사를 의존해야 합니다. 고린도전서 15장 9~10절에 적힌 바울의 고백을 들어보십시오.

> 나는 사도 중에 가장 작은 자라 나는 하나님의 교회를 박해하였으므로 사도라 칭함 받기를 감당하지 못할 자니라 그러나 내가 나 된 것은 하나님의 은혜로 된 것이니 내게 주신 그의 은혜가 헛되지 아니하여 내가 모든 사도보다 더 많이 수고하였으나 내가 한 것이 아니요 오직 나와 함께 하신 하나님의 은혜로라 (고전 15:9~10).

53.
심고 거두기
갈라디아서 6:6 ~10

바울은 5장 13절부터 지금까지 갈라디아 교회가 직면한 여러 종류의 육체의 일들을 열거하며 그 해결책을 제시하였습니다. 갈라디아 교회는 율법을 따르면 더 거룩해지고 하나님께 더 가까이 나아갈 수 있다고 생각하였습니다. 이것은 바울의 가르침이 아니고 유대주의자들의 주장이었습니다. 그런데 실제로 갈라디아교회는 더 거룩해지지 않았습니다. 오히려 육체의 일이 현저하게 드러났습니다. 그들은 서로 물고 뜯었습니다(5:15). 시기와 분쟁이 있었고(5:26) 죄에 넘어진 자들을 냉대하였습니다(6:1). 교만하였고(6:3) 자기 할 일을 하지 않았으며(6:5) 가르치는 자들에게 인색하였습니다(6:6).

그들은 모세 율법을 따라 잘 행한다고 생각했지만 그들의 도덕적 수준은 매우 낮았습니다. 율법은 이런 문제에 도움이 되지 않았음이 분명합니다. 바울은 그들의 문제를 다루면서 율법을 인용하거나 율법을 적용하지 않았습니다. 사실상 율법은 이런 문제들을 거의 다루지 않습니다. 바울의 해법은 성령으로 살면 된다는 것이었습니다. 성령과 보조를 맞추면 이런 문제들을 해결할 수 있다는 것이었습니다. 본 항목에서 바울은 두 측면을 다룹니다.

첫째, 교회에서 가르치는 자들에게 후하라고 하였습니다(갈 6:6).

짐을 서로 지는 것 중의 하나는 복음 사역자들을 지원하는 것입니다. 여기서 바울은 특히 사역자들에 대한 재정 지원을 염두에 두었습니다. 물론 "모든 좋은 것을 함께 하라"(6절)고 했으므로 생활비 지원에만 국한된 것은 아닙니다.

사역자를 위한 지원에는 사례비뿐만이 아니고 기도와 격려, 조언과 감사 등의 지원도 있어야 합니다. 그런데 사역자에 대한 후원은 교인들의 의무와 책임이지만 어떤 상황에서도 당연히 요구할 수 있는 것은 아닙니다. 성도들의 형편이 어려울 때는 사례금을 적게 받아야 하고 또 바울이 그랬듯이 경우에 따라 성도들의 폐를 끼치지 않기 위해서 자급 사역도 해야 합니다(고전 9:12, 18; 행 20:34). 바울은 디모데전서에서도 비슷한 지시를 하였습니다.

> **잘 다스리는 장로들은 배나 존경할 자로 알되 말씀과 가르침에 수고하는 이들에게는 더욱 그리할 것이니라**(딤전 5:17; 비교. 고전 9:9 ~10; 신 25:4)

배나 존경할 자로 알라는 말은 목회자 사례비를 배로 늘려 주라는 뜻이 아닙니다. 장로는 흔히 치리 장로와 가르치는 장로로 나눕니다. 가르치는 장로는 목사에 해당합니다. 그래서 목사도 장로라는 말이 나왔습니다. 그러나 초대교회에서는 오늘날처럼 장로나 목사의 구분이 뚜렷하지 않았습니다. 교회 지도자들을 일반적으로 장로나 감독이라고 불렀는데 한 교회에 한 사람의 목사나 장로가 있었던 것이 아니고 복수 리더십으로 교회가 운영되었습니다. 목사를 장로라고 부르면 좀 어색하지만 초창기 초대 교회에서는 현대적인 의미의 직분 개념이 희박한 때였습니다.

성경에 일렀으되 곡식을 밟아 떠는 소의 입에 망을 씌우지 말라 하였고 또 일꾼이 그 삯을 받는 것은 마땅하다 하였느니라 (딤전 5:18).

회중은 교회 리더들을 존경해야 합니다. 그런데 가르치는 자는 은사가 있어야 하고 입증이 되어야 합니다. 말씀을 잘 가르칠 수 있는 은사와 준비가 없으면 그런 자리에 앉지 말아야 합니다. 일꾼에게 삯을 주는 것은 마땅할지라도 제대로 가르치고 설교하기 위해 수고하지 않는 일꾼은 삯을 받을 자격이 없습니다. 한편, 교인들 편에서는 각각 자기의 짐을 져야 합니다(5절). 사역자에 대한 존경과 지원을 하는 것이 교회에서 각자 자기 짐을 지는 일의 일부분입니다.

둘째, 심고 거두는 원리는 영적 삶에도 마찬가지입니다(7절).

거룩한 성도의 삶은 농부가 씨를 심고 열매를 수확하는 것과 같습니다. 우리말에 콩 심은 데 콩 나고 팥 심은 데 팥 난다고 합니다. 심은 것은 좋은 것이든 나쁜 것이든 반드시 거둡니다. 만일 그렇지 않을 것이라고 생각하고 행동한다면 자기를 속이는 것이라고 했습니다. 자신의 구원에 대해서 소홀한 태도를 가지는 신자들에게 주는 경고입니다.

우리는 다음과 같이 생각하고 방심할 수 있습니다.

「나는 교회에 충실한 편이다. 나는 이런저런 죄를 짓지만, 지금까지도 그냥 넘어갔다. 하나님은 그런 데 신경을 쓰시기에는 너무 크신 분이다.」

그러나 좀도둑이 소도둑이 된다는 말처럼 어느날 거의 통제할 수 없는 상황에 이릅니다. 별것 아니라고 생각한 것이 어느새 눈덩이가 됩니다. 그때 그쳤어야 할 것을 하고 후회합니다. 이때 우리는 하나님을 무시할 수 없다는 사실을 깨닫습니다.

우리는 다른 사람의 짐을 나누어 지는 일에 등한시할 수 있습니다. 또한 나의 책임에 해당하는 짐을 지지 않으면서 '괜찮겠지'라고 생각할 수 있습니다. 이것이 자기를 속이는 것인데 하나님의 불변의 원리를 무시하는 일입니다. 심고 거두는 일에는 예외가 없습니다. 우리는 의식하든지 않든지 누구나 하나님의 눈 앞에서 삽니다. 하나님의 눈은 불꽃같아서 모든 어둠을 비추고 폐부를 통찰합니다. 하나님의 눈에는 만물이 벌거벗은 것 같다고 했습니다(히 4:13). 그래서 심판 날에 자신의 죄를 숨길 수 없습니다. 하나님은 무시를 당하거나 업신여김을 당하는 일을 절대로 용납하시지 않습니다.

[육체에 심는 것은 무엇입니까?]

갈라디아서의 중심 이슈인 할례의 문맥에서 보면, 육체에 뿌리는 것은 일차적으로 할례를 받고 율법에 의존하는 것입니다. 그러나 바울은 신약 성도에게 할례가 아무 유익이 없다고 역설하였습니다. 할례는 거룩한 삶을 살게 하지 못합니다. 성령에 의존하지 않는 삶은 갈라디아서 5장 19~21절에서 열거된 육체의 일들을 거둡니다. 육체에 심는 것은 이러한 종류의 악한 일들에 자신을 넘기고 굴복하는 것입니다. 이것은 반드시 "썩어질 것'(6:8)

을 거둡니다.

그럼 무엇이 썩어질 것일까요?

육체에 심어서 오는 결과는 모두 부정적인 것들입니다. 무엇보다도 하나님과의 관계에 손상이 갑니다. 하나님 앞에서 양심이 깨끗하지 않습니다. 죄책감이 생깁니다. 기도를 깊이 할 수 없습니다. 성경을 읽어도 그 전처럼 절실하지 않고 하나님의 음성이 잘 들리지 않습니다. 하나님의 임재의 센스를 느낄 수 없습니다. 하나님의 생명이 나의 영혼에서 생동하거나 내 삶에 생기를 주지 않습니다. 죄를 막을 영적 능력이 감소되어 유혹에 넘어가기 쉽습니다. 그래서 주님을 섬겨도 능력이 흐르지 않습니다. 그 결과 하나님의 나라를 상속받지 못하고 사후에 주님의 심판대에서 불순종에 대한 추궁을 당하게 됩니다(고후 5:10; 고전 3:10~15). 순종에 심으면 보상을 수확한다는 것이 하나님 나라의 원리입니다.

> 좋은 땅에 있다는 것은 착하고 좋은 마음으로 말씀을 듣고 지키어 인내로 결실하는 자니라 (눅 8:15).

[성령에 심는 것과 성령의 인도]

성령에 심는 것은 성령이 원하시는 일에 자신의 뜻을 일치시키는 것입니다. 성령의 음성을 듣고 그분에게 순종으로 응답하는 것이 성령에 심는 것입니다. 그래서 오늘 그의 음성을 들으면 마음을 완고하게 하지 말라고 하였습니다(히 4:7).

그럼 성령의 인도는 어떤 것들일까요?

- 무엇보다도 성경 말씀을 통해 인도하십니다.
- 거듭난 성도의 마음을 자극하거나 부담을 줌으로써 어떤

일을 행하거나 행하지 않게 하십니다.

• 구체적으로 특정한 죄를 지적하시고 양심에 가책을 느끼게 하십니다.

• 세상과 교회의 영적 상태를 보게 하시고 담대하게 그리스도와 복음을 전하라고 격려하십니다.

• 기도와 성경 말씀에 집중하게 하시고 하나님의 뜻을 깨닫게 하십니다.

• 옳고 그른 것을 판별하는 지혜를 주시고 사랑의 길로 인도하십니다.

• 힘든 상황에서 하나님의 섭리와 주권을 신뢰하는 굳건한 믿음이 생기게 하십니다.

• 환난 중에서도 위로하시며 심령에 평안을 주시고 영혼에서 우러나오는 찬양이 있게 하십니다.

• 환경의 변화를 통해서 하나님의 뜻을 확인하게 하시거나, 그분의 돌보심을 피부로 느끼게 하십니다.

• 초자연적인 방식으로 개입하셔서 하나님이 살아계신다는 것을 확신하게 하시며 성령의 강력한 임재를 체험하게 하십니다.

성령의 인도와 활동은 이스라엘 역사와 신약 교회의 구속사를 통해 여러 방면에서 드러났음을 부인할 수 없습니다. 개인의 신앙생활에서도 성령의 활동은 지금도 진행중입니다. 우리는 성령의 활동 방식이나 신비한 능력을 다 헤아릴 수 없지만 각자의 삶 속에서 성령에 열려 있을 때 많은 것들을 깨닫고 체험할 수 있습니다.

[성령에 심는 삶의 유익은 무엇입니까?]

• 성령은 사랑과 진리의 길로 인도합니다.

• 성령의 길로 가면 율법의 수준을 넘어갑니다.

• 하나님께서 나를 돌보신다는 것을 체험합니다.

• 하나님의 말씀이 새롭게 들리고 내 영혼에 활력이 도는 것을 느낍니다.

• 놀라운 방법으로 기도를 응답하심을 경험합니다.

• 시시때때로 하나님의 보호와 축복의 손길을 의식합니다.

• 복음이 진리라는 사실을 확신하게 됩니다.

성령에 심어서 오는 이러한 축복은 우리가 성령에 순종하고 따르는 분량에 비례합니다. 성령을 더 따를수록 하나님이 내리시는 복의 분량이 늘어납니다. 이것은 하나의 영적 원리입니다. 그러나 사실 하나님은 너무도 후하셔서 작은 선행도 크게 갚아주시기 때문에 우리의 순종에 정비례하는 복을 내리신다고는 볼 수 없습니다. 바울은 에베소서에서 하나님을 "우리가 구하거나 생각하는 모든 것에 더 넘치도록 능히 하실 이"(엡 3:20)라고 하였습니다.

우리가 넘치게 주기를 원하시는 하늘 아버지의 진심을 알고 믿는다면, 성령을 따라 행하라는 말씀을 마이동풍식으로 듣지 않을 것입니다. 하나님은 우리가 하나님 앞에서 어떻게 살아가고 있는지를 항상 살피십니다. 잘못하는 것을 골라내어 벌을 주시려는 것일까요? 물론 하나님은 심판주이십니다. 모든 죄에 대해서 심판하십니다. 그러나 그것은 나중 일입니다. 하나님은 즉시 벌을 내리시지 않습니다. 오래 참으시고 기회를 넉넉히 주십니다. 매는 최후의 수단입니다.

하나님은 자기 자녀를 대하실 때에는 자비와 사랑의 손을 먼저 내미십니다. 항상 은혜를 듬뿍 담은 손입니다. 그러나 무조건적인 것이 아니고 성령을 따라 행하는 모든 선행과 고난에 대해 갚으시는 손입니다. 그래서 육체를 위하여 심지 말고 성령을 위하여 심으라고 하셨습니다. 성령에 심는 삶은 선한 삶입니다. 물론 우리는 선행으로 하나님 앞에서 의롭게 되거나 하나님의 자녀라는 신분을 획득하는 것이 아닙니다. 바리새인들만 그렇게 생각합니다(눅 18:11~12). 그러나 선한 삶은 우리가 받은 구원이 목표하는 것입니다. 우리는 선한 일을 위하여 지음을 받았습니다(엡 2:10). 우리는 의식적으로 선한 일을 힘써 행해야 합니다. 이것은 아름답고 유익한 일이라고 했습니다(딛 3:8).

성령에 심는 자들은 하나님의 말씀을 깨닫고 나에게 가까이와 계신 하나님의 임재를 실감합니다. 그리고 하루하루를 지나면서 하나님의 부성적 사랑과 보호하심을 피부로 느낍니다. 그리고 내가 약할 때에 나의 오른손을 잡고 일으키시는 주님의 권능을 새롭게 체험합니다. 그래서 내 입에서 하나님을 송축하는 기도와 찬송이 나옵니다. 우리 모두 하나님을 이렇게 알고 섬길 수 있어야 하겠습니다.

54.
영생을 거두리라
갈라디아서 6:8~10

일반적으로 영생이라고 하면 죽지 않고 영원히 사는 것을 의미합니다. 특히 사후에 천국에서 영원히 사는 것이라고 생각합니다. 이것은 수정이 필요한 개념입니다. 본 절에서 영생을 거둔다고 했습니다. 문맥은 심고 거두는 농경 원리를 영적 원리에 적용한 것입니다. 육체에 심으면 부패를 거두고 성령에 심으면 영생을 수확한다는 것입니다.

육체에 심으면 썩을 것을 거둔다는 말은 쉽게 이해할 수 있습니다. 예를 들어, 술을 과도하게 마시고 담배를 계속 피운다고 생각해 보십시오. 건강을 해치게 될 것입니다. 그런데 성령에 심으면 영생을 거둔다는 말은 영생에 대한 일반적인 의미 때문에 오해하기 쉽습니다.

여기서 말하는 영생은 첫 구원을 받거나 사후 천국에 들어간다는 말이 아닙니다. 구원이나 사후 천국은 내가 어떤 선행을 했기 때문에 오는 보상이 아닙니다. 구원은 전적으로 믿음에 의해서 은혜로 받습니다. 이런 의미에서 영생은 나의 선행으로 수확하는 것이 아닙니다. 그런데 다음 절들을 보면 "우리가 선을 행하되 낙심하지 말지니 포기하지 아니하면 때가 이르매 거두리라”(6:9)고 하였고, “기회 있는 대로 모든 이에게 착한 일을 하되 더욱 믿음의 가정들에게 할지니라”(6:10)고 했습니다.

여기서 성령을 위하여 심는 것이 선한 일과 착한 일을 행하는 것과 연결되었음을 알 수 있습니다. 무엇이 선을 행하는 것일까요? 지금까지의 문맥으로 보면 짐을 서로 짐으로써 그리스도의 법을 성취하는 것입니다.

본 항목에서 보면, 서로 싸우거나 미워하지 말고(5:15, 26), 죄 지은 형제를 온유한 자세로 바로잡아 주고, 교만하지 말고, 자기 책임을 회피하지 않으며 가르치는 자와 좋은 것을 나누는 것입니다(6:1~6). 한 마디로 이웃 사랑을 실천하는 것입니다(5:14). 그렇다면 이런 선한 삶이 구원을 확보하는 것일까요? 바울이 갈라디아 교회에게 첫 부분에서 주장한 것은 믿음으로 의롭게 된다는 것이었습니다. 구원은 율법 준수나 기타 선행으로 받는 것이 아니고 하나님이 그리스도의 대속을 통해서 모든 믿는 자에게 거저 주는 선물입니다. 이제 와서 바울이 이 칭의 구원을 행위 구원으로 뒤집는 것이 아닙니다. 그럼 무엇입니까?

영생은 무엇일까요?

갈라디아서 6장 8절의 “썩어질 것”에 대한 세 갈래 해석이 있습니다.

첫째, 배도(背道)를 가리킨다고 봅니다. 잘 믿다가도 탈선하고 배도하여 복음을 등진다는 것입니다.

둘째, 처음부터 진정으로 구원받지 못한 경우라는 것입니다.

셋째, 상급의 손실을 가리킨다고 보는 것입니다.

본 강해는 이 세 번째 해석을 따랐습니다. 그 이유는 다음과 같습니다.

• 바울은 갈라디아 지역에 사는 거듭난 교인들을 상대로 말하고 있습니다. 그는 배도한 교인이나 가짜 구원을 받은 사람들에게 경고하는 것이 아닙니다.

• 바울은 여기서 구원론이 아닌, 성화론을 진술하는 중입니다. 그는 갈라디아서 앞부분에서 이미 칭의 구원을 다루었습니다. 그가 본 서신의 후반부에서 가르치는 것은 구원받은 성도가 어떻게 살아야 하는 것을 농경 원리에 비추어 육체에 심는 자는 썩는 것, 곧 죽음을 거두고 성령에 심는 자는 영생을 거둔다고 가르칩니다.

• '영생' 이라는 말은 성경에서 여러 가지 의미로 사용됐기 때문에 무조건 구원이나 천국으로 대입시키지 말아야 합니다.

[영생은 신약에서 대략 세 가지 의미로 사용되었습니다.]

1) 처음으로 주 예수를 믿고 교인이 되는 것을 가리킵니다.

> 하나님이 세상을 이처럼 사랑하사 독생자를 주셨으니 이는 그를 믿는 자마다 멸망하지 않고 영생을 얻게 하려 하심이라(요 3:16).

2) 내세 천국에서 상을 받는 것을 가리킵니다.

> 현세에 있어 집과 형제와 자매와 어머니와 자식과 전토를 백 배나 받되 박해를 겸하여 받고 내세에 영생을 받지 못할 자가 없느니라

(막 10:30).

3) 성령에 뿌리고 거두는 것은 신자들에게 내리는 축복으로서 하나님 나라의 능력과 축복을 체험하는 것을 가리킵니다.

자기의 육체를 위하여 심는 자는 육체로부터 썩어질 것을 거두고 성령을 위하여 심는 자는 성령으로부터 영생을 거두리라 (갈 6:8).

갈라디아서 6장 8절에 나오는 영생은 갈라디아서 5장 21절과 에베소서 5장 5절에서 언급된 하나님 나라를 유업으로 받는 것과 유사한 개념입니다. 유업은 상속인데 하나님께서 자기 자녀들을 위해 주시려고 준비하신 모든 복을 가리킵니다. 그래서 바울은 디모데에게 "믿음의 선한 싸움을 싸우라 영생을 취하라 이를 위하여 네가 부르심을 받았다"(딤전 6:12)라고 했습니다.

여기서 영생을 구원받거나 천국 들어가는 것으로 보면 모순입니다. 디모데는 이미 구원을 받았습니다. 디모데에게 구원을 받기 위해 힘쓰라고 한 말이 아닙니다. 혹은 디모데에게 사역의 열매가 충분치 못하면 천국에 못 들어갈 수 있다는 경고도 아닙니다. 바울은 디모데에게 '생명'을 취하라고 하였습니다. 구원은 내가 취하고 안 취하는 문제가 아니고 믿음으로 받고 안 받는 문제입니다.

영생을 거두는 것과 취하는 것은 같은 의미입니다. 거두는 것은 상속한다는 의미입니다. 사실 유업을 상속하거나 영생을 거두는 것은 성령 생활을 통해서 하나님이 주시려는 하나님 나라의 복들을 믿음과 인내와 선한 삶으로 누리는 것입니다.

환언하면, 하나님으로부터 상을 상속받는 것을 가리킵니다. 바울은 디도서에서 이 점을 지적하였습니다.

> 우리로 그의 은혜를 힘입어 의롭다 하심을 얻어 영생의 소망을 따라 상속자가 되게 하려 하심이라 (딛 3:7).

여기서도 바울은 갈라디아서 6장 8절에서 영생을 거두는 일을 다음 절에서 선을 행하는 일과 연결했듯이(갈 6:9), 영생과 선한 일을 연결지었습니다. 다음 절인 디도서 3장 8절을 보면 "이는 하나님을 믿는 자들로 하여금 조심하여 선한 일을 힘쓰게 하려 함이라" 고 했습니다. 그러니까 갈라디아서 6장 8절의 영생이 행위 구원을 말하는 것도 아니고 천국에 들어가는 것을 가리키는 말이 아님을 확인할 수 있습니다. 이것은 하나님의 생명을 지상에서부터 넘치게 체험하는 것을 가리킵니다. 즉, 성령 안에 있는 의와 평강과 희락과 성령의 열매를 거두는 것입니다(롬 14:17; 갈 5:22).

영생은 여러 가지 종류의 복을 상으로 수확합니다.

✽ 하나님 나라를 위한 유용한 봉사의 기회와 능력을 받습니다.

✽ 이웃과 사회에 좋은 영향을 주고 하나님 나라를 빛내기 위해 기여할 수 있습니다.

✽ 악한 세력을 제압하는 하나님 나라의 능력과 권위를 행사할 수 있습니다(행 19:15; 시 18:16~24).

✽ 하나님의 뜻을 아는 신령한 지식 속으로 들어가고 하나님과 밀착된 교제를 누리며 예수님의 제사장적인 사역에 동참하여

중보 기도자가 됩니다(히 3:6).

✻ 성령의 인도와 능력으로 내게 주신 특별한 소명을 성취합니다.

✻ 악으로부터 하나님의 보호를 받고 하나님의 일을 위한 영적, 물질적 공급을 받습니다.

✻ 성령의 기름부음을 더욱 체험합니다.

✻ 하나님의 이름과 나라와 뜻을 위해 기도할 때 응답을 받습니다.

✻ 영적으로 활기가 솟고 하나님이 함께 하신다는 확신을 갖습니다.

영생은 다르게 표현하면 하나님 나라의 축복의 영역으로 더 깊이 들어가는 체험입니다. 우리는 영생의 의미를 내세의 영원한 생명으로 제한하지 말아야 합니다. 신약에서 영생의 의미는 대부분 내세가 아닌, 현세에서 하나님의 생명의 삶을 누리는 것을 말합니다.

수확의 때가 옵니다(9절).

수확은 시간이 걸려야 거둡니다. 오늘 씨를 뿌리고 내일 거두지 않습니다. 성령에다 심음으로써 우리는 성령의 열매를 생산합니다. 그런데 열매가 달려 수확의 때가 올 때까지 여러 시련이 있습니다. 그래서 바울은 "우리가 선을 행하되 낙심하지 말지니 포기하지 아니하면 때가 이르매 거두리라"(9절)고 했습니다. 왜 이런 말을 했을까요? 누구나 겪는 문제이기 때문입니다. 마귀가 방해하고 육신의 정욕이 유혹하며 부패와 불의가 들끓는 악한 세상에서 하나님을 섬기는 일은 누구에게도 쉽지 않습니다. 비록 하나님의 생명을 받고 성령의 내주가 있어도 하나님의 뜻에 순종하려면 시련이 오기 마련입니다. 경건하게 살려고 하는 성도들에게는 고난은 피할 수 없는 현실입니다(딤후 3:12).

그리스도의 좋은 병사로서 주의 나라를 위해 싸운다고 해서 항상 승승장구하지 않습니다(딤후 2:3). 믿음의 싸움에서 우리는 "피곤한 손과 연약한 무릎을 일으켜 세우고"(히 12:12) 고침을 받아야 할 때가 적지 않습니다.

그럼 선하고 옳은 일을 하면서 낙심하지 않으려면 어떻게 해야 할까요?

어려움 앞에서 낙심하는 것은 자연스런 반응입니다(살후 3:13). 누구나 낙심할 수 있습니다. 누구나 침체에 빠질 수 있습니다. 그러나 우리는 다시 일어서야 합니다. 주께서 붙들어 주시기 때문입니다.

> **그는 넘어지나 아주 엎드러지지 아니함은 여호와께서 그의 손으로 붙드심이로다** (시 37:24).

우리는 선한 싸움이 우리만의 싸움이 아니고 여호와의 전쟁임을 기억해야 합니다. 여호수아가 난공불락의 여리고 성 앞에 섰을 때 두려워하는 그에게 칼을 빼든 여호와의 군대 대장이 나타났습니다. 여호수아는 자기 칼이 아닌, 여호와의 칼을 보고 힘을 내야 했습니다(수 5:13~15).

우리는 주님의 일을 하면서 자칫하면 주님의 능력에 의존하기보다 자기 힘으로 해결하려고 합니다. 처음에는 열심을 내지만 일이 잘 풀리지 않으면 지치고 낙심이 됩니다. 그럴 때마다 우리는 자신을 돌아보고 자기 힘으로 주의 일을 하려고 하지 않았는지 반성해 보고 주님의 능력으로 사는 법을 익혀야 합니다.

우리가 낙심과 침체에서 벗어나는 또 다른 방법은 때가 이르면 거둔다는 확신을 갖는 것입니다. 하나님은 모든 일에 신실하시며 약속을 지키십니다.

> 눈물을 흘리며 뿌리는 자는 기쁨으로 거두리로다 울며 씨를 뿌리러 나가는 자는 반드시 기쁨으로 그 곡식 단을 가지고 돌아오리로다 (시 126:5~6).

우리가 주님의 약속을 믿고 인내하며 씨를 뿌리면 마침내 상을 받을 날이 올 것입니다. 수확기는 다가오는 중입니다. 어쩌면 거두는 때는 우리가 생각하는 것보다 더 빠를지 모릅니다.

중요한 것은 포기하지 않고 계속해서 신실하신 주님의 이름을 바라는 것입니다. 우리는 모든 일을 도맡아서 다 할 필요는 없습니다. 일하다가 지쳐서 낙심한다고 해서 죄를 짓는 것은 아닙니다. 우리의 연약한 순간을 주님은 동정하시고 이해하십니다. 작은 일이라도 내게 주어진 소명을 충실하게 최선을 다해 날마다 이행하는 것이 중요합니다. 때가 되면 잘하였다는 주님의 칭찬을 듣게 될 것입니다.

선을 행하다가 낙심하지 않으려면 자신이 주를 섬기는 일이 하늘의 소명임을 확신해야 합니다. 내가 하나님의 뜻으로 주를 섬긴다는 확신이 없으면 수고를 해도 쉽게 포기하거나 희생하려고 하지 않습니다.

어려움이 오면 하나님께서 행하라고 주신 선한 일이니 신실해야 한다고 자신에게 상기시켜야 합니다(엡 2:10). 또한 주님이 감당할 능력을 주실 것을 믿으면 두려워하지 않고 담대해질 수 있습니다.

무엇보다도 예수님과 날마다 교제하는 것이 필수적입니다. 성령의 인도를 받기 위해 성경을 읽고 주님을 더 배우기 위해 말씀을 묵상하며 기도해야 합니다. 주님의 부활 생명이 내 속에서 활동하면 성령으로 행하는 사랑의 삶에 윤기가 돌고 그리스도 안에 있는 평안이 내 영혼을 쉬게 합니다.

"모든 이에게 착한 일"(6:10)을 하는 것을 목표로 삼고 실천해 나가면 성령의 열매를 거두며 하나님 나라의 유업을 실제로 체험하게 될 것입니다. 우리에게 이런 체험이 날로 풍성해져야 하겠습니다.

55.
율법적 경건과 십자가 은혜
갈라디아서 6:11~18

> 내 손으로 너희에게 이렇게 큰 글자로 쓴 것을 보라 (6:11).

바울은 이제 본 서신을 마무리합니다. 그런데 우리에게는 서신의 끝머리에서 내 손으로 큰 글씨로 쓴다는 말은 이상하게 들립니다. 이것은 당시의 관습이었습니다. 많은 경우 대필을 시켰는데 바울도 자신의 서신을 다른 사람이 대신 쓰게 하고 끝에 가서 직접 자필로 적었습니다. 데살로니가후서 끝에는 이것이 바울의 습관임을 밝혔습니다.

> 나 바울은 친필로 문안하노니 이는 편지마다 표시로서 이렇게 쓰노라 (살후 3:17).

그런데 왜 바울이 이 점을 강조했을까요? 이미 바울의 이름으로 나도는 위조 서신이 있었다는 뜻입니다. 그런데 왜 큰 글자로 썼는지는 잘 알 수 없습니다. 당시의 전문 대필자들은 작은 글씨로 썼습니다. 아마 강조하기 위해 큰 글자를 사용했을지 모릅니다. 혹은 바울은 다메섹에서 주님의 광채를 본 후에 시력 장애가 있었기 때문인지도 모릅니다. 아무튼 자신의 친필을 알아볼 수 있도록 하여 서신의 출처를 밝힌 것입니다. 바울은 계속해서 큰 글씨로 몇 가지 더 언급하였습니다.

바울은 유대주의자들의 할례 문제를 다시 거론합니다.

> 무릇 육체의 모양을 내려 하는 자들이 억지로 너희에게 할례를 받게 함은 그들이 그리스도의 십자가로 말미암아 박해를 면하려 함뿐이라 (12절).

유대주의자들은 할례를 받는 것이 하나님의 백성이 되는 정통성을 드러내고 보다 온전한 구원에 이르게 한다고 선전하였습니다. 그런데 그들의 속내는 십자가를 피하려는 것이었습니다. 겉으로는 할례를 비롯한 율법 준수가 경건한 삶의 길이라고 했지만 사실은 십자가 복음을 부끄럽게 여기고 십자가 없는 유대주의적인 기독교로 변형시키는 것이 목적이었습니다. 이렇게 되면 기독교는 유대교의 한 분파로 종속되어 박해를 피할 수 있을 것이었습니다.

당시의 로마 제국은 유대교를 하나의 종교로 인정했지만 기독교는 아직 공인되지 않아 박해의 대상이었습니다. 그래서 기독교가 유대교 안으로 들어가면 종교의 자유를 누릴 수 있을 것이었습니다. 이것이 유대주의자들이 갈라디아 교인들에게 던진 미끼였습니다. 쉽게 말해서 왜 십자가 때문에 박해를 받느냐는 것입니다. 할례를 받고 유대교의 한 교파로 행세하면 유대교라는 정통 종교의 혜택도 받고 더 나은 신앙생활을 할 텐데 바울의 말을 듣고 그리스도의 십자가만 고집하지 말라는 것이었습니다. 이것은 매우 솔깃한 말입니다.

은혜 구원은 자연인에게 매우 거슬립니다. 불신자에게 하나님의 심판 아래 있는 죄인이라고 말하고 자신을 구원하기 위해서 아무것도 할 수 없다고 하면 부정적인 반응을 받기 쉽습니다.

「어떻게 그런 말씀을 하십니까? 나는 다른 사람 못지 않게 최선을 다해 사는 사람입니다. 내가 딴 사람보다 특별히 죄를 더 지은 것은 없습니다.」

그래서 처음부터 복음을 있는 그대로 전하지 않고 희석을 시켜 마시기 편하게 만듭니다.

「아, 네 그러시겠지요. 사실 최선을 다하면 구원을 받습니다. 그저 본인이 할 수 있는 몇가지 계명을 지키면 됩니다. 주일날 교회에 나오셔서 교제하시고 예배보시면 됩니다. 세례 받으시면 하나님의 자녀가 되고 또 앞으로 직분도 받으실 수 있습니다. 교회 다니시면 마음도 편해지고 목사님의 축복 기도도 받을 수 있습니다. 믿어보시기 바랍니다. 손해 될 것이 없으니까요.」

이런 식으로 대처함으로써 현대 교회는 율법적이고 물탄 복음이 많이 퍼져 있습니다. 그렇지만 십자가 복음은 자기 부정과 고난의 삶을 중요한 요소로 삼습니다. 교회당에는 안팎으로 십자가는 걸려 있어도 십자가를 지는 삶은 강조하지 않습니다. 그 대신 소극적인 개인 경건 훈련이나 소원 성취 기도나 공연성 프로그램이 주종을 이루고 영적 유익이 없는 행사 위주의 활동이 교회를 돌아가게 하는 회전축입니다. 이런 교회는 즐비하지만 영적 파워가 없고 복음의 참뜻이 드러나지 않습니다. 인기가 있어 사람들은 모일지 몰라도 주님을 만나는 체험의 장소는 될 수 없습니다. 주님을 만날 수 없는 곳이라면 예배처로서는 불합격입니다. 예배는 복음의 본질이 빠졌기 때문에 형식이 되고 결국 교회측에서는 교회당 운영이 주된 관심사가 되어 헌금만 강조하고 신자들 편에서는 '자기 복받기'에 급급합니다.

율법주의자들은 이론적으로만 법을 좋아할 뿐입니다.

할례를 받은 그들이라도 스스로 율법은 지키지 아니하고 너희에게 할례를 받게 하려 하는 것은 그들이 너희로 육체로 자랑하려 함이라 (13절).

율법의 중요성과 필요성에 대해서 강조하는 것은 어려운 일이 아닙니다. 율법적 경건은 듣기에도 당연해 보입니다. 그러나 율법에 정통하고 율법을 주야로 묵상한다는 바리새인들도 말로는 율법을 사랑한다고 하지만 실제로 잘 지키지 않았습니다(갈 6:13). 예수님은 그들을 위선자라고 정죄하셨습니다. 예루살렘에서 온 유대주의자들은 갈라디아 교인들을 율법의 멍에 아래 두려고 하였습니다. 그러나 그들 자신이 율법을 어겼으며 율법이 지향하는 목표에는 전혀 닿을 수 없었습니다. 그들은 모두 열번 째 계명인 탐심의 노예였습니다. 율법의 수준은 그리 높은 것이 아닙니다. 성령으로 거듭나고 그리스도의 피로 속죄를 받은 크리스천들에게 율법은 낮은 수준입니다. 그러나 율법 준수로 하나님께 나아가려고 하거나 경건의 표준으로 삼으려는 자들에게는 율법은 온전히 지킬 수 없는 불가능한 법입니다. 수천 개의 율법 조항에 한 가지라도 걸리지 않는 자는 없기 때문입니다(3:10).

바울은 율법이 아닌 십자가로 살았습니다(14절).

유대주의자들은 율법을 잘 지키는 경건한 주의 백성이라고 자부하며 할례를 자랑했습니다. 그러나 바울은 하나님과의 관계에서 십자가 이외의 어떤 것에도 영적 가치를 두지 않았습니다. 십자가가 없으면 복음이 아닙니다. 유대주의자들은 유대교로 변색된 복음을 전했지만 거짓된 복음이며 다른 복음이었습니다(1:6~9). 십자가 없는 복음은 인기가 있고 따르기가 쉽습니다. 그러나 십자가 복음은 "유대인에게는 거리끼는 것이요 이방인에게는 미련한 것"(고전 1:23)입니다.

지금도 마찬가지입니다. 십자가 복음은 있는 그대로 전하면 인기가 없습니다. 사람들은 예수님이 십자가에서 내 죄를 다 못 박았다고 하면 좋아합니다. 그러나 주님을 따르기 위해서는 나의 십자가를 져야 한다고 말하면 이해도 못하고 싫어합니다. 예수님이 내 죄를 다 지고 가셨다면 어째서 내가 나의 십자가를 따로 지고 예수님을 따라야 하느냐고 반문합니다. 구원은 믿기만 하면 거저 받는 은혜라고 하고서 자기 십자가를 지고 주 예수께 전적으로 헌신하지 않으면 그의 제자가 될 수 없다는 말은 전혀 입맛이 당기지 않습니다. 그냥 사랑의 주님을 믿고 내 일을 잘 보살펴 주시는 하나님으로 섬기면 되지 않느냐는 것입니다.

복음은 나 좋을 대로 믿는 것이 아닙니다. 복음은 인간에게 본능적으로 거부감을 일으킵니다. 예수님은 세상 죄를 지고 가신 하나님의 어린 양이십니다. 그래서 그분을 나의 대속주로 믿으면 나의 모든 죄를 용서받고 하나님의 자녀가 됩니다. 그렇지만 여기서 끝나지 않는 것이 복음입니다. 복음은 오직 예수님을 최우선으로 삼고 살 것을 요구합니다. 이것이 자기 십자가를 지고 그분을 따르는 것입니다(마 10:37~38; 16:24; 막 8:34; 눅 14:26~27).

바울은 자신이 어떻게 자기 십자가를 지고 주님을 따르는지를 고백합니다.

> **그리스도로 말미암아 세상이 나를 대하여 십자가에 못 박히고 내가 또한 세상을 대하여 그러하니라** (14절).

바울에게 이 세상은 자기에게 죽었다고 했습니다. 세상과 자신과의 관계에서 세상은 십자가에 못 박혔으니 자기와 아무런 상관이 없다는 것입니다. 세상이 아무리 좋은 것을 선전하고 유혹해도 자기에게는 전혀 매력이 없다는 말입니다. 바울 자신도 세상과의 관계에서 보면 죽었습니다. 세상에서 보면 바울은 아무런 반응을 하지 않는 죽은 존재입니다. 바울은 세상이 자랑하는 것에 전혀 군침을 삼키지 않고 아무런 관심을 두지 않습니다. 세상과 벗이 되면 하나님과는 원수가 됩니다(약 4:4).

바울은 갈라디아 교인들에게 오직 그리스도와 그의 십자가를 내세웠습니다. 그리스도 이외의 것들을 복음에 첨가하면 복음이 훨씬 부드럽고 나아보여서 인기가 있습니다. 그러나 복음을 각색하면 '다른 복음'이 됩니다. '다른 복음'에는 구원이 없습니다. 우리는 오직 십자가에 집중해야 합니다. 바울이 갈라디아서에서 줄곧 강조하는 것은 희석되지 않은 십자가 복음입니다. 그래서 바울은 "할례나 무할례가 아무것도 아니로되 오직 새로 지으심을 받는 것만이 중요하니라"(15절)고 했습니다.

바울의 말은 할례가 유대교의 중요한 의식이지만 그 자체로서는 하나님 나라에서 아무것도 성취하지 않는다는 것입니다. 신약 교회의 의식들도 마찬가지입니다. 세례와 성찬은 개신교의 중요한 의식입니다. 그러나 그 자체로서는 아무 가치가 없습니다. 거듭나지 않은 사람이 세례나 성찬식에 참여한다고 해서 하나님과의 관계가 좋아지는 것도 아니고 더 거룩해지지도 않습니다.

그럼 무엇이 중요하다는 말일까요? 바울의 대답은 새 창조입니다. 성령으로 거듭나는 것입니다. 오직 그리스도의 십자가를 하나님께서 나를 위해 준비하신 대속으로 믿을 때 새롭게 지음을 받습니다. 이것만이 영원한 가치가 있습니다. 바울이 시사하는 것은 율법주의를 버리라는 것입니다. 그리스도의 십자가면 충분하다는 것입니다. 십자가 복음을 믿고 거듭나면 할례와 같은 의식에 상관없이 주님을 자유롭게 섬길 수 있다는 것입니다.

우리는 이러한 자유를 위해 부름을 받았다는 사실을 늘 기억하고 성령의 인도에 따라 이웃 사랑을 실천해야 합니다(5:13~14). 우리는 무엇에 마음이 쏠려 있습니까? 율법적인 것들에 묶인 신앙생활에는 자유가 없습니다. 자유가 없으면 스스로 생각하고 판단할 수 없기 때문에 형식과 의식에 매이게 됩니다.

우리는 하나님께 속한 이스라엘 백성입니다(16절).

갈라디아 교인들은 복음을 듣고 주 예수를 믿었습니다. 그러나 얼마 후에 유대주의자들이 와서 그들에게 십자가 복음에 모세 법을 보충해야 한다고 설득하였습니다. 그들은 바울이 하나님이 주신 모세법을 무시한다고 비난하며 갈라디아 교인들에게 크리스천이 되었으니 이제 모세 율법으로 돌아가야 한다고 가르쳤습니다. 그래서 할례를 받고 유대교의 절기를 지키라고 했습니다(4:10~11). 그래야 '하나님의 이스라엘' 백성이 된다고 설득했을 것입니다. 바울은 이들이 사용한 '하나님의 이스라엘(16절)'이라는 표현을 되받아서 의도적으로 사용한 듯합니다.

'하나님의 이스라엘'은 누구입니까? 유대교의 율법을 지키는 자들일까요? 아닙니다. 주 예수를 믿는 모든 신자들입니다. 그리스도 안에는 유대인도 이방인도 없습니다(갈 3:28). 그리스도를 믿는 자는 진정한 의미에서 아브라함의 자손이며 하나님께 속한 이스라엘 백성입니다(갈 3:29). 바꾸어 말하면 '하나님의 이스라엘'은 범세계적인 교회입니다. 신약 교회는 이스라엘의 남은 자와 이방인 신자로 구성되었습니다. 바울은 이들에게 하나님의 평강과 긍휼을 기원하였습니다.

이후로는 누구든지 나를 괴롭게 하지 말라 내가 내 몸에 예수의 흔적을 지니고 있노라 (17절).

바울이 자신을 이제 더 괴롭히지 말라고 한 것은 대적자들로부터 많은 반대와 비난을 받았음을 시사합니다. 그는 지금까지 복음을 전하면서 여러 형태의 고난을 겪었습니다. '예수의 흔적'은 예수 그리스도의 복음 때문에 받은 몸의 상처를 가리킵니다. 그는 복음에 전적으로 헌신한 사람이었습니다. 그는 앞으로도 복음 이외의 것에 굴복하지 않을 것입니다. 그래서 자기에게 율법 문제로 더 시비를 걸어야 소용없다는 뜻이었습니다. 그는 갈라디아서에서 율법과 구원에 대한 충분한 해명과 반박을 했기 때문에 더 이상의 논쟁이 불필요하다고 보았습니다.

우리는 복음을 변호할 때 끝없는 논쟁에 말리지 않도록 조심해야 합니다. 충분한 해명을 했으면 그쳐야 합니다. 지나친 논쟁에 빠지면 교회의 에너지가 과도하게 소모되고 다른 필요한 일들을 돌볼 수 없게 됩니다.

이제 간단하게 갈라디아서의 중심 메시지를 정리하고 마치겠습니다.

• 예수님은 우리 죄를 대속하기 위해 아버지의 뜻을 따라 자신을 내주셨습니다(1:4). 우리의 구원은 예수님으로 충분합니다. 예수님은 하나님의 모든 요구를 만족시켰습니다. 예수님 이외의 것을 덧붙이면 「Jesus+Extra」가 됩니다. 이것은 다른 복음입니다(1:7~9).

• 하나님 앞에서 의롭게 되는 일은 율법의 행위가 아닙니다. 할례를 받거나 음식 규례를 지키거나 이방인과 식탁 교제를 하지 않는다고 하나님 앞에서 더 거룩해지거나 더 의로워지지 않습니다. 누구든지 오직 그리스도 예수를 대속주로 믿음으로써 의롭게 됩니다(2:11~16, 21; 3:11; 3:25~29).

• 율법은 그리스도인들에게 구속력이 없습니다. 율법은 죄인을 의롭다고 선포할 수 없습니다. 그리스도인은 그리스도의 속죄 사역 덕분으로 율법에 대하여 죽었고 하나님께 대하여 살았습

니다(2:19, 20).

• 그리스도인은 율법으로 거듭나지 않고 성령으로 거듭나서 주 예수를 믿고 아브라함의 자손이 되었습니다(3:7~9, 29). 하나님의 자녀는 약속된 유업을 상속합니다(3:29; 4:5, 7). 그러나 육체의 일을 행하면 유업을 받지 못합니다(5:19~21).

• 율법은 하나라도 어기면 율법이 정한 형벌의 저주를 받습니다. 예수님은 십자가에서 우리 대신 율법의 저주를 받고 우리를 속량하셨습니다(3:10, 13).

• 그리스도를 믿으면 약속된 성령을 받습니다. 그리스도인은 성령으로 시작하고 성령의 인도로 행하며 성령의 능력으로 율법의 요구를 성취합니다(3:3, 14; 4:16, 18, 25; 4:6).

• 율법은 믿음으로 받는 칭의 구원을 폐하지 못합니다. 율법은 아브라함에게 전한 복음 이후에 430년이 지나서 이스라엘 국가를 위해 주신 법입니다. 믿음의 언약은 율법 이후에도 여전히 유효하며 유일한 구원의 길입니다(3:15~21). 율법은 이스라엘 국가를 보존하고 그리스도의 날을 바라보게 하는 잠정법이었습니다(3:19).

• 신자의 신앙생활은 모세 시대의 율법이 아닌 "그리스도의 법"(6:2)을 성취하는 새 삶입니다. 그리스도의 법은 그리스도를 주님으로 믿고 그분의 가르침과 권위 아래 들어가서 그분의 영으로 인도를 받으며 이웃 사랑을 실천하는 것입니다(5:13~14; 6:2,

8). 한마디로 예수님이 우리의 유일무이한 구원자며 우리의 절대적 권위입니다.

우리에게는 십자가 이외에 자랑할 것이 아무것도 없습니다(6:14). 왜 그럴까요? 예수 그리스도의 십자가만이 하나님께서 우리를 구원하는 유일한 길이기 때문입니다. 십자가의 피가 우리의 모든 죄를 씻습니다. 십자가는 구원받은 성도들이 받는 모든 복의 근원지입니다. 십자가 이외의 것들은 우리를 구원하지 못하며 영원하지도 않습니다. 우리는 구원받기 이전에는 세상이 자랑하는 것들을 원하며 살았습니다. 그러나 주 예수를 믿고 성령을 받은 이후에는 세상에 대한 시각이 달라졌습니다. 우리는 세상에 속한 사람으로 살다가 그리스도에게 속한 '하나님의 이스라엘' 백성이 되었기 때문입니다.

갈라디아의 율법주의자들은 율법 준수에 교인들의 시선을 집중시킨 반면, 바울의 눈은 십자가에 고정되었습니다. 그는 주 예수를 기쁘게 해 드리는 새 삶의 기초는 율법이 아니고 그리스도의 법이라고 역설했습니다. 우리는 그리스도의 사랑의 나라에서 성령을 따름으로써 하나님의 은혜를 체험합니다. 육체의 자랑에서 해방되고 성령의 열매를 맺으면서 영생의 복을 거두는 것이 새 언약 백성의 특징입니다(6:8). 이런 사람들이 '하나님의 이스라엘' 입니다.

갈라디아의 유대주의자들은 율법을 지켜야 하나님의 이스라엘 백성이고 언약 백성의 복을 받는다고 가르쳤습니다. 그러나 모세 율법은 '평강과 긍휼'(16절)을 주지 못합니다. 누구도 율법을 다 지킬 수 없습니다. 그래서 율법으로 의롭게 되고 거룩한 삶을 유지하려고 시도하는 자들은 항상 좌절하고 죄책감을 갖습니다.

율법은 긍휼이 없는 정죄를 일삼고 평강을 앗아갑니다.

그러나 오직 그리스도만 신뢰하는 참된 의미의 '하나님의 이스라엘' 백성에게는 언제나 평강과 긍휼이 있습니다. 바울은 그리스도께서 우리에게 자유를 주셨으니 다시는 종의 멍에를 메지 말라고 하였습니다. 우리는 율법이나 종교 의식이나 인간이 만든 교회 전통의 종이 되지 말고 그리스도 안에서 성령의 인도를 받으며 "사랑으로 서로 종노릇(5:1, 13) 해야 합니다. 오직 주 예수만이 우리의 모든 것입니다. 우리는 「예수+Nothing」으로 살아야 합니다. 우리의 구원은 행위가 아닌, 그리스도에 대한 믿음으로 받는 은혜의 선물입니다. 그래서 바울이 본 서신의 끝에서 "형제들아 주 예수 그리스도의 은혜가 너희 심령에 있을지어다"(6:18)라고 한 것은 매우 적절한 축원이었습니다.

[부록]

톰 라이트(Tom Wright)의 칭의론은 옳은가?

[참고 도서]

N.T. Wright, What saint Paul really said.
N. T, Wright, Justification
N. T. Wright, Paul for everyone: Galatians and Thessalonians.
N. T. Wright, Paul for everyone: Romans.
N.T. Wright, The Climax of the covenant.
Michael Eaton, No condemnation, Part 3
D.A. Carson(ed. Two vol.) Justification and Variegated Nomism. The Paradoxes of Paul.
John Piper, The future of Justification
John Piper, Counted Righteous in Christ.
John MacArthur(ed), Fool's gold? Chapter 4
Gary Johnson, Guy Waters(ed), By Faith Alone, chs. 1-3
Philip H. Eveson, Justification by faith alone
Mark A. Seifrid, Christ, our Righteousness (Paul's theology of justification)

소개

최근 우리나라 교회에 새관점(New Perspective) 칭의론이 소개되면서 신학계에 파문을 일으키고 있습니다. 새관점학파의 인기 있는 톰 라이트(Tom Wright)의 영향을 받은 목회자들이 전통적 칭의론을 버리고 새관점 칭의론을 설교하는 곳도 늘어나는 추세입니다. 주 예수를 믿으면 그리스도의 의로 덮여진다는 전통적 칭의론은 E.P. Sanders, James Dunn, Tom Wright 등과 같은 새관점학파로부터 공격을 받고 있습니다.

우리나라에는 이미 톰 라이트가 쓴 많은 저서들이 번역되었고 신학자들 사이의 토론도 활발한 편입니다. 본 장은 새관점주의자들 중에서도 전통적 칭의론을 가장 많이 다운그레이드 시킨 톰 라이트의 칭의론이 지닌 문제를 일반 독자를 위해 소개용으로 다루었습니다. 사실 톰 라이트의 바울 신학은 스케일이 크고 그의 저서도 방대하여 일반인이 쉽게 접근할 수 없습니다. 다행히 그는 평신도들을 위한 저술도 하고 많은 메시지들을 통해 바울 신학을 대중화하는데 기여하고 있습니다. 우리는 이러한 자료들에서 학적 논쟁을 위한 상세한 내용은 다룰 수 없을지라도 논점의 아웃라인은 짚어볼 수 있다고 생각합니다. 필자는 수십 년 전에 영국 T.V에서 몇몇 신학자들이 모여 당시 성공회 감독이었던 톰 라이트에 대한 평가를 한 것을 기억합니다. 그때 그들이 다 동의하는 것은 톰 라이트의 신학사상에는 문제점이 있지만 그의 아이디어는 매우 신선하고 고무적이라고 했습니다. 과연 톰 라이트는 탁월한 설교자며 다작가로서 창의적이며 유익한 정보를 제공합니다. 그런데 바울의 칭의론에 대한 그의 해석은 지금까지 제시된 전통적인 복음주의 입장에 대한 가장 큰 도전의 하나라고 할 수 있기에 우리의 관심거리입니다.

1. 톰 라이트는 칭의란 하나님이 아브라함에게 약속하신 언약 공동체의 멤버가 되는 것이라고 재정의합니다.

그에 의하면 언약 공동체는 아브라함에게 주셨던 하나님의 약속들이 그리스도를 통해 성취되는 것과 관계된 것입니다. 그리스도는 하나님이 보내신 메시아로서 하나님의 언약의 약속들을 자신의 완전한 순종으로 신실하게 이루었습니다. 특별히 십자가는 그리스도의 전적 순종과 어둠의 권세들에 대한 승리의 절정입니다(갈 4:1–11). 그리스도의 죽음은 죄와 사망의 통치가 은혜의 통치로 대치되는 수단이었습니다(롬 5:12–21). 그래서 그리스도의 왕되심과 그의 신실하심을 믿으면 이스라엘의 언약 공동체의 멤버가 된다는 것입니다.

라이트가 말하는 칭의는 하나님의 언약적 신실이 그리스도를 통해 드러났으며 이를 수용하는 자들은 참 이스라엘 공동체의 멤버가 된다는 것입니다. 이것은 처음으로 예수를 믿고 구원을 받았다는 뜻이 아니고 구원을 이미 받은 신자가 언약 공동체에 소속되었다는 증거라는 것입니다. 그러니까 라이트의 칭의 개념은 전통적인 해석에서 말하는 첫 단계의 구원이 아니고 구원 이후에 새로운 이스라엘을 대표하는 교회 공동체의 일원이 되는 것입니다.

> 칭의는 구원론이기보다는 교회론에 대한 것이며 구원에 대한 것이기보다는 교회에 대한 것이다. (N.T. Wright, What Saint Paul really said, p.119).

이것은 분명 전통적인 개신교의 칭의 개념과 다른 새로운 해석입니다. 라이트의 칭의 개념은 익숙해지기 전까지는 쉽게 이해되지 않고 혼란스런 느낌을 줍니다. 그래서 그의 칭의론에서 전통적 해석과 두드러지게 다른 점들을 짚어보는 것이 도움이 됩니다.

2. 톰 라이트는 바울의 칭의에는 전가(넘겨줌, imputation) 교리가 포함되지 않았다고 주장합니다.

그의 주장은 이렇게 요약할 수 있습니다.

「히브리 법정에서 판사는 자신의 의를 피고에게 넘겨주지 않는다. 판사의 의는 사건을 집행할 때 차별을 두지 않는 공정성을 가리킨다. 판사의 의는 판사 자신의 성품과 활동이다. '의'는 판사로부터 피고에게 넘겨질 수 있는 성격의 물질이 아니다. 피고가 의롭다는 유리한 선포를 받는 것은 그들이 실제로 소유한 신분이기 때문입니다. 신적 의와 인간의 의는 비록 같은 단어를 사용하여도 두 개의 완전히 다른 카테고리에 속한다」(N.T. Wright, What Saint Paul really said, p.125, Romans and the Theology of Paul. p.7).

그럼 전통적으로 전가된 의의 증거본문으로 인정된 고린도후서 5:21절을 라이트는 어떻게 이해하고 있을까요?

> 하나님이 죄를 알지도 못하신 이를 우리를 대신하여 죄로 삼으신 것은 우리로 하여금 그 안에서 하나님의 의가 되게 하려 하심이라 (고후 5:21).

라이트는 바울이 사용하는 '하나님의 의'는 하나님의 언약적 신실을 의미하는 전문술어라고 전제합니다. 이것은 자신의 신학적 구조에 맞도록 정의한 것이기 때문에 주변 문맥이나 다른 서신의 용법에 매일 필요가 없게 됩니다. 전가(넘겨줌)에 해당하는 바울의 본문들을 모두 '하나님의 언약적 신실'이라는 관점에서 재해석할 수 있기 때문입니다. 그러나 바울은 전문적인 자신의 독특한 술어를 만들어 사용한 것이 아닙니다. 바울은 당시의 독자들이 가진 '의'에 대한 보편적인 개념을 염두에 두고 서신을 보냈다고 보아야 한다. 그는 매우 지적인 사람들만 알 수 있는 고도로 신학화된 논문을 보낸 것이 아닙니다. 우리는 성경의 평이한 본문을 별스러운 아이디어를 주입하여 어렵게 해석하려는 시도를 경계해야 합니다.

라이트에 의하면 고린도후서 5:21절은 그리스도의 의를 넘겨주는 것과 무관한 본문이며 '우리'는 바울과 그의 독자들이 아니고, 바울과 그의 동역자들을 가리킵니다. 그들은 그리스도의 고난을 나누며 그리스도의 언약적 신실의 대표자들이 되기 위해 부름을 받았다는 것입니다. 그래서 본 절의 '하나님의 의'는 하나님 앞에서 의로운 자로 서게 하는 구원의 신분이 아닙니다. 그것은 바울과 그의 동역자들이 그리스도를 본받는 사역을 통해 하나님의 언약적 신실을 드러내고 모든 듣는 자에게 하나님과의 화해를 제공한다는 것입니다(고후 5:6). 이것은 평이한 바울의 본문을 자신이 원하는 곳으로 억지로 끌어당긴 실례입니다. 그리스도는 우리 죄를 가져가시고 우리에게는 자신의 의를 넘겨주셨다는 루터의 전통적 전가 교리는 본문의 가장 자연스런 해석입니다. 바울은 고린도전서 1:30절과 빌립보서 3:9절에서도 믿음으로 그리스도의 의가 우리의 의가 되었다고 하였습니다. `

라이트는 하나님의 의를 언약적 신실에 결착시켜 해석하지만 '의'(righteousness, dikaioo)라는 헬라어는 사전적 의미에서 '언약' 관계와 상관된 경우가 없을 뿐만 아니라 히브리어의 '의'(zedeq)도 언약(berith)과 관계된 말로 나타나지 않는다는 것이 학자들의 중론입니다. 구약의 '의'의 용법을 전반적으로 연구한 Mark Seifrid에 의하면 '의'라는 단어는 '다스림, 심판'이라는 단어와 함께 자주 나타나지만 관계적인 의미가 아니며 기본적으로 법정적이라고 결론지었습니다. 하나님의 의는 하나님께서 자신의 언약적 신실함을 증시하기 위해서 드러낸 것이 아닙니다. 그것은 "하나님의 진노가 불의로 진리를 막는 사람들의 모든 경건하지 않음과 불의에 대하여 하늘로부터 나타난"(롬 1:18) 것이었습니다. (Mark A. Seifrid, Christ Our Righteousness: Paul's Theology of Justification, p. 40-43). 그러나 라이트는 칭의를 다루면서 죄인들에 대한 하나님의 진노는 거론하지 않습니다. 한편, 하나님의 의와 의의 전가는 성경에서 매우 평이한 말로 진술되었습니다.

✱ "곧 예수 그리스도를 믿음으로 말미암아 모든 믿는 자에

게 미치는 하나님의 의니 차별이 없느니라" (롬 3:22).

✲ "그런즉 한 범죄로 많은 사람이 정죄에 이른 것 같이 한 의로운 행위로 말미암아 많은 사람이 의롭다 하심을 받아 생명에 이르렀느니라 한 사람이 순종하지 아니함으로 많은 사람이 죄인 된 것 같이 한 사람이 순종하심으로 많은 사람이 의인이 되리라" (롬 5:18~19).

하나님과의 관계에서 인간의 문제는 하나님께서 받아주실 수 있는 '의'가 없는 것입니다. 그래서 하나님께서 그리스도를 보내시고 그를 믿는 자들을 의롭다고 여기십니다. 그러므로 우리가 받은 의는 그리스도의 완전하고 흠 없는 전가된 의입니다. 그래서 바울은 "내가 가진 의는 율법에서 난 것이 아니요 오직 그리스도를 믿음으로 말미암은 것이니 곧 믿음으로 하나님께로부터 난 의"(빌 3:9)라고 하였습니다.

✲ "하나님의 의를 모르고 자기 의를 세우려고 힘써 하나님의 의에 복종하지 아니하였느니라" (롬 10:3).

여기서 하나님의 의는 인간의 의와 대립되는 것으로서 하나님이 제공하시는 전가된 의입니다. 믿음으로 그리스도의 의를 넘겨받는 것이 구원의 길인데 유대인들은 자신들의 율법 준수로 하나님 앞에 의로운 자로 서 보려고 시도했습니다. 그러나 모두 실패했기 때문에 하나님의 칭의 구원을 받아야 한다는 것이 바울의 요지입니다(롬 10:9~11).

✲ "여호와 하나님이 아담과 그의 아내를 위하여 가죽옷을

지어 입히시니라" (창 3:21)

아담과 하와는 범죄하였고 하나님의 저주를 받았습니다(창 2:17). 그들은 죽음의 형벌을 받고 생명나무 접근을 금지당하며 영생하지 못할 것이었습니다(창 3:22). 그런데 하나님은 그들의 구원과 회복을 약속하셨습니다. 하나님은 뱀에게 그의 머리를 깰 여자의 후손에 대해 예고하셨고 아담과 하와에게는 가죽옷을 지어 입히셨습니다(창 3:15, 21). 가죽옷의 임자는 인류의 조상이 지은 죄에 가담하지 않았지만 그들의 죄를 대신하여 속죄 제물이 되었습니다. 그들은 하나님 앞에서 의로운 신분으로 서기 위해서 어린 양의 의의 가죽옷을 받아 입었습니다. 이것은 타락한 인류의 구원을 위해 하나님께서 예표적으로 사용하신 그리스도의 전가된 의에 대한 첫 번째 실례입니다. 그리스도의 완전한 의를 죄인에게 값없이 넘겨주고 의롭다고 선포하는 것이 칭의의 핵심입니다.

✻ "여호수아가 더러운 옷을 입고 천사 앞에 서 있는지라. 여호와께서 자기 앞에 선 자들에게 명령하사 그 더러운 옷을 벗기라 하시고 또 여호수아에게 이르시되 내가 네 죄악을 제거하여 버렸으니 네게 아름다운 옷을 입히리라 하시기로" (슥 3:3~4).

여호수아는 대제사장으로서 포로의 형벌에서 돌아오는 이스라엘을 대표합니다. 그는 더러운 옷을 입고 여호와 앞에 서 있습니다. 그 곁에는 사탄이 그의 죄책을 고발합니다. 그런데 여호와께서 사탄을 꾸짖으시며 여호수아에게 '아름다운 옷'을 입히신다고 선포하십니다(슥 3:2~4).

이것은 주 예수께서 우리의 죄를 자신에게 얹고 자신의 의를 우리에게 올려놓는 전가에 대한 명료한 진술입니다. 그럼에도 라이트는 죄인들에게 그리스도의 의가 전가되기 때문에 의롭다는 칭의의 선언을 받는다는 사실을 부정합니다.

> 만약 우리가 법정 용어를 사용한다면 심판관이 자신의 의를 원고나 피고에게 전가하거나 부여하거나 넘기거나 양도한다는 것은 넌센스다. 의는 법정에서 전달할 수 있는 물체나 가스가 아니다. (What the Saint Paul really said, p. 98).

전통적 칭의론의 골자는 하나님께서 주 예수의 의를 그리스도의 대속을 믿는 죄인에게 넘겨주고 의인이라고 칭하는 것입니다. 그러나 라이트는 칭의를 주로 언약 공동체의 멤버십의 문제라고 보기 때문에 그리스도를 믿는 자들에게 전가되는(imputed) 의와 아무 상관이 없다고 주장합니다. 중요한 것은 언약 백성의 상태를 유지하는 것인데 율법 준수가 언약 백성 안에 머물러 있다는 표식이라는 것입니다. 그리고 이러한 상태가 마지막 때까지 유지되면 최종적인 칭의가 확정된다고 말합니다.

칭의는 라이트가 주장하듯 언약 멤버로서 받아지는 것을 의미하지 않습니다. 그는 '의'(righteounsness), '칭의'(justification), '언약 멤버십'(covenant membership)을 모두 동의어로 간주합니다(N.T. Wright, Galatians, p. 27). 그러나 칭의 자체는 언약 멤버십이 아닙니다. 전가된 의(imputed righteousness)라는 의미의 칭의는 사전적으로 잘 정립된 말로서 하나님의 눈에 죄가 없는 신분을 가진 것을 가리킵니다. 이것을 언약 멤버십(covenant membership)으로 대치하려는 것은 개인의 신학적 틀에 맞추려는 시도입니다.

라이트의 성경 번역은 본문의 뜻을 쉽게 풀어준다기보다는 다른 의미로 왜곡시키는 경향이 있습니다. 한 대표적인 예는 "…우리로 하여금 믿음으로 말미암아 의롭다 함을 얻게 하려 함이라" (개역개정)는 갈라디아서 3:24절을 "…우리가 신실함에 근거하여 언약 멤버십을 받게 하려는 것입니다"라고 옮겼습니다. (so that we might be given covenant membership on the basis of faithfulness).

그는 고린도후서 5장 21절도 같은 식으로 번역하였습니다. 그러나 의롭게 한다(Justify)는 단어(dikaioo)가 언약 멤버십을 준다는 의미로 사용되었다는 증거가 없습니다. 이것은 '옳다고 선포한다' (declare to be right) 혹은 '옳다고 변호한다' (to vindicate)라는 의미라야 합니다.

3. 라이트는 칭의가 선행에 의해 최종적으로 결정된다고 말합니다.

새관점 학자들은 모두 나름대로의 이견들을 가지고 있으나 「은혜+선행」을 칭의의 공식으로 보는 데에는 일치하는 듯합니다. 라이트는 칭의를 현재적 칭의와 미래적 칭의로 나누고 칭의의 최종 판결은 사후 심판에서 행위에 따라 결정된다고 말합니다.

> 하나님의 심판은 엄격한 정의에 근거한다. 이 심판은 각 사람이 살아온 생애 전체에 비추어 내릴 것이다. 신자들은 바울의 칭의 교리가 행위에 의한 최후 심판을 폐지한다고 생각하는 경우가 많다. 그러나 바울은 절대로 그렇게 말하지 않았다(롬 2:1-11, N.T. Wright, Paul for everyone: Romans).

라이트는 마지막 칭의 선언에 선행이 포함된다고 보기 때문에 반(semi) 펠라기우스적인 로마가톨릭의 가르침과 매우 유사하다는 인상을 줍니다. 이것은 분명 '오직 은혜'만을 강조하는 전통적인 개신교 칭의론으로부터의 이탈입니다.

칭의는 현재 내가 실제로 죄가 없는 자가 되었다는 뜻은 아닙니다. 하나님의 눈에 나는 그리스도의 의로 덮여 있으므로 신분적으로 하나님 나라에 소속되었으며 법적으로 의로운 자입니다. 또한 칭의는 우리가 마지막 날에 그리스도를 대면할 때 새 몸을 받고 우리의 의가 광채를 발하며 남은 죄는 흔적도 없이 사라지고 성품적으로도 주의 모습처럼 변화될 것을 포함합니다(요일 3:2). 그러나 이것은 라이트의 주장처럼 우리가 율법을 지키고 선을 행하기 때문에 마지막 날에 의롭다는 선언을 최종적으로 받게 된다는 뜻은 아닙니다. 구원은 전적으로 그리스도에 대한 믿음과 하나님의 은혜로 받습니다. 율법이나 선행은 첫 단계 구원이든지 마지막 단계 구원이든지 칭의의 신분에 영향을 주지 않습니다. 그래서 칭의는 영원한 구원의 보장입니다. 그런데 톰 라이트는 죽어보아야 구원여부를 알 수 있다고 말합니다. 이것은 칭의 구원을 받은 신자들이 종말에 행위 심판을 받고 구원을 확정받는다는 의미가 되기 때문에 행위 구원론적이며 신인협동설(Semi Pelagianism)이라는 비판을 피할 수 없습니다.

전통적 칭의론은 믿음으로 받은 칭의의 현재적 신분은 확정된 것이며 미래의 심판에서 공적인 선포를 받는다고 말합니다. 라이트는 미래 심판의 결과를 선행에 기준하기 때문에 칭의의 불확실성을 열어 둡니다. 이것은 현재 그리스도의 의로 덮여졌을지라도 구원을 확신할 수 없게 만듭니다. 새관점의 행위 심판에 대한 증거 본문은 고린도후서 5:10; 로마서 2:13, 16; 14:10~11 등입니다. 그러나 믿음으로 말미암아 확정된 칭의의 신분은 선행이나 순종의 삶에 따라 좌우되지 않습니다. 칭의와 성화를 한 묶음으로 밀착시키면 미래적 칭의 구원에 쏠리게 되어 구원의 확실성에 부정적 영향을 줍니다. 칭의는 성화를 일으킬지라도 순종의 삶이 죄인을 의롭게 하는 것은 아닙니다. 신자의 순종과 사랑의 삶은 이미 받은 칭의의 신분에 최종적인 영향을 주기보다 유업의 상과 관련된 것입니다. 마지막 심판대에서 신자들이 받는 것은 칭의의 진위에 대한 최종 판결이 아니고 유업의 상속에 대한 평가입니다.

칭의는 구원의 확신을 주는 강력한 근거입니다. 물론 우리의 구원을 두려움과 떨림으로 이루어야 하는 측면이 있지만(빌 2:12) 이것은 거룩한 삶과 유업의 상을 위한 권면이지 구원을 결정하는 요인이 아닙니다. 신자는 칭의 구원의 확신을 가질 때 기쁨과 감사함으로 주님을 위한 사랑의 삶을 살게 됩니다

4. 톰 라이트는 개인 구원을 강조하지 않습니다.

톰 라이트는 예수님의 신실하심을 믿음으로써 범세계적인 교회에 가담하면 하나님의 언약 공동체인 이스라엘의 일부가 된다고 말합니다. 다만, 바울은 이를 위해 이방인이 유대인의 표식인 할례나 음식 규례 등을 지킬 필요가 없다고 말했다는 것입니다. 라이트의 주장에 의하면 칭의는 하나님이 우리를 언약 공동체의 멤버로 받아주셨다는 뜻입니다. 구원은 그리스도의 부활을 믿고 지구를 치유하는 언약 공동체에 들어가면 됩니다. 신생(new birth)은 개인의 신생이 아니고 지구의 갱신입니다.

라이트는 공동체적이고 우주적이며 종말론적인 구원을 강조합니다('Me and my salvation', Justification, p. 7). 이것은 개인 구원에 집중해 온 개혁주의 개신교가 경청해야 할 말입니다. 우리는 '내가' 예수 믿고 '내가' 천국가는 것이 다라고 생각하지 말아야 합니다. 종교개혁 전통을 따르는 개신교회가 개인 구원에 치우쳐 복음의 사회적 적용에 적극성을 보이지 않고 더 나아가 지구 전체의 회복과 갱신에 별다른 신경을 쓰지 않은 것은 반성해야 합니다. 그렇지만 개인 구원은 칭의론에서 제거시킬 수 없는 필수 요항입니다.

✻ 한 나병 환자는 예수께 나아와 "원하시면 저를 깨끗하게 하실 수 있나이다"(막 1:40)라고 간구했습니다. 바디매오 맹인은 "다윗의 자손 예수여 나를 불쌍히 여기소서"(막 10:48)라고 호소했습니다. 성전에서 기도했던 세리는 가슴을 치며 "하나님이여 불쌍히 여기소서 나는 죄인이로소이다"(눅 18:13)라고 부르짖었습니다. 빌립보 간수는 바울에게 "내가 어찌하여야 구원을 받으리이까"(행 16:31)라고 물었습니다. 바울 자신도 하나님이 "그의 은혜로 나를 부르신 이가 그의 아들을 이방에 전하기 위하여 그를 내 속에"(갈 1:15~16) 나타내셨다고 했습니다.

신약은 개인이 구원받았다는 간증으로 가득합니다. 물론 칭의가 구원의 전부는 아닙니다. 칭의는 구원의 한 측면입니다. 구원에는 개인뿐만 아니라 세상을 구출하는 일도 포함됩니다. 그러나 칭의에서 개인 구원이 중요하지 않다면 개인 구원을 호소하고 고백하는 진술은 성경에 기록될 필요가 없었을 것입니다. 개인 구원을 다운그레이드 하는 것은 복음의 강조점을 굴절시키는 일입니다.

칭의를 공동체적 언약 멤버십에 집중시키면 개인 구원의 진리가 묻혀버립니다. 칭의가 그룹 공동체의 멤버십으로 이해되면 개인의 구원보다 사회 정의와 정치, 경제의 영역에 더 중요성을 두게 됩니다. 물론 칭의는 사회적 적용으로 확대되어야 합니다. 그러나 하나님 앞에서의 개인의 의로운 신분과 이웃과 사회를 위한 봉사를 별개의 것으로 나눌 필요가 없습니다. 이 둘은 서로 연관되었기 때문입니다. 하나님의 용서를 체험한 신자는 사랑의 삶을 살아야 할 가장 강력한 동기부여를 받기 때문입니다.

새관점에 의하면 칭의는 개인 구원의 확신 문제라기보다는 사회적 함의를 지닌 개념입니다. 그러나 개인 구원과 칭의의 사회적 측면은 반립적 개념이 아니고 상호적 개념입니다. 칭의에 담긴 개인적 구원은 바르게 적용하면 의로운 사회를 위한 기여와 세상의 치유를 위해 많은 것을 이끌어낼 수 있습니다. 칭의는 오직 믿음에 의한 구원의 길이기 때문에 문화나 인종의 장벽을 뛰어 넘습니다. 칭의는 비(非)배타적이므로 남녀나 민족의 차별이 없으며 식탁 교제가 시사하듯이 사회적 교류의 문을 열어 줍니다. 그러나 이러한 칭의의 후속 활동과 성도의 거룩한 삶은 개인 구원을 확신하지 못하면 인본주의 활동에 머물 뿐입니다. 우리는 칭의의 사회적 측면을 강조하되 개인 구원의 우선순위를 잊지 말아야 합니다.

바울의 다메섹 체험은 새관점의 주장처럼(James Dunn) 단순한 선교 소명이 아니고, 개인이 그리스도를 만나는 강력한 회심 사건이었습니다. 바울은 구원을 말할 때 자주 '나' 라는 말을 사용하였습니다(갈 2:20; 고전 1:15~17). 바울은 그리스도 예수께서 죄인을 구원하시려고 세상에 임하셨다고 하면서 그 죄인들 중에 자신이 괴수라고 고백하였습니다(딤전 1:15). 그는 또한 칭의를 자신에게 개인적으로 적용하며 이렇게 고백했습니다.

> 이제 내가 육체 가운데 사는 것은 나를 사랑하사 나를 위하여 자기 자신을 버리신 하나님의 아들을 믿는 믿음 안에서 사는 것이라 (갈 2:20).

예수 그리스도께서 나를 사랑하시고 나를 위하여 십자가 형벌을 대신 받으셨다는 사실이 확실하지 않으면 구원의 확신은 설 곳이 없습니다. 주 예수의 완전한 의가 나에게 넘겨졌다는 것을 믿지 못하면 내가 하나님의 용서를 받고 거듭나서 하나님의 자녀가 되었음을 확신할 길이 없습니다. 칭의는 개인 구원의 소중함을 가장 힘있게 역설합니다. 칭의는 유대적인 일부 율법 규례를 지킬 필요가 없이 아브라함에게 주셨던 하나님의 약속을 성취하신 예수님의 신실하심을 믿고 언약 백성이 되는 것 이상의 의미가 있습니다. 칭의는 그리스도의 의를 넘겨받는 것이며 의롭다는 선언을 받는 하나님의 법정적 행위입니다. 칭의는 그리스도를 믿는 죄인들을 죄책과 하나님의 진노의 형벌로부터 해방시키고 하나님 나라의 가족이 되는 신분의 변화입니다. 칭의는 율법 준수나 선행이 아닌 오직 믿음으로 받는 구원입니다. 칭의는 그리스도의 십자가 대속에 근거한 것으로서 사랑의 계명을 순종하는 변화된 삶으로 드러납니다.

우리가 만일 라이트의 새관점 주장을 받아들인다면 종교개혁 이후로 칭의 구원 교리를 통해 하나님께서 일으키신 교회사의 큰 부흥의 은혜들을 부정하는 셈이 됩니다. 그렇게 되면 지난 수백 년 동안 수 없이 많은 사람이 칭의 교리를 깨닫고 구원을 확신한 것이 허구였다는 결론에 이릅니다.

전통적 칭의론과 새관점 칭의론 사이의 논쟁은 2천 년 교회사에서 자주 등장했던 묵은 논쟁입니다. '오직 믿음에 의한 칭의'를 회피하려는 시도는 항상 있어 왔습니다. 어거스틴은 행위가 없이 믿음으로 구원받는다고 하였고, 제롬은 율법 준수로 구원받는다고 했습니다. 루터는 오직 믿음에 의한 칭의를 외쳤고, 반대파들은 '오직 믿음만으로'(faith alone)라는 표현을 싫어하였습니다.

새관점에서는 믿음과 사랑과 선행으로 의롭게 된다고 말합니다. 믿음은 칭의의 한 요소에 불과합니다. 이들은 '행위로 말미암는 칭의'를 다시 가져오려고 시도하지만 바울은 아브라함이 율법이 없었던 시대에 오직 하나님을 믿음으로써 의롭게 되었다고 증언하였습니다. 그는 아브라함이 받은 칭의를 이방인들도 동일하게 받는다는 것을 모델로 제시했습니다.

> 그것은 아브라함에게 내리신 복을 그리스도 예수 안에서 이방 사람에게 미치게 하시고, 우리로 하여금 믿음으로 말미암아 약속하신 성령을 받게 하시려는 것입니다 (갈 3:14).

라이트는 일면으로는 율법의 도덕적 측면의 유효성을 지지하면서 다른 면으로는 성령이 모세법을 대치했다고 말합니다(Galatians, p.70). 물론 그는 갈라디아 지역의 이방인 교회들이 유대적인 의식이나 민족적인 영역 표시에 해당하는 안식일, 할례, 음식 규례등은 지킬 필요가 없었다고 지적합니다. 그러나 성령이 대치한 것은 율법 전체라고 보아야 합니다. 십계명조차도 성령을 따라 사는 새 언약 백성에게는 탐심에 대한 마지막 계명을 제외한다면 너무 낮은 수준입니다.

그런데 개인 구원의 체험을 낮추어 보면서 성령을 강조하는 것은 어울리지 않습니다. 성령의 가장 뚜렷한 활동은 무엇입니까? 영적 체험을 주는 것입니다. 오순절의 성령 강림은 각 성도가 초자연적인 체험을 한 사건이었습니다. 우리는 복음을 믿을 때 성령의 인치심을 받습니다(엡 1:13). 이것은 강력한 성령 세례로서 하나님 나라의 애피타이저(appetizer, 前菜)입니다. 성령은 율법의 도덕적 측면까지도 추월하고 율법의 목표와 상한선을 상회하므로 새 언약 백성은 율법의 수준으로 살지 않습니다.

5. 톰 라이트는 율법의 저주를 이스라엘이 받은 포로의 저주로 봅니다.

> 무릇 율법 행위에 속한 자들은 저주 아래에 있나니 기록된 바 누구든지 율법 책에 기록된 대로 모든 일을 행하지 아니하는 자는 저주 아래에 있는 자라 하였음이라 (갈 3:10).

> 그리스도께서 우리를 위하여 저주를 받은 바 되사 율법의 저주에서 우리를 속량하셨으니 기록된 바 나무에 달린 자마다 저주 아래에 있는 자라 하였음이라 (갈 3:13).

라이트의 주장에 의하면 당시의 이스라엘 백성은 자신들이 계속해서 이방인의 속박 아래에서 포로 생활을 계속하는 중이라고 생각하였습니다. 왜 이런 생각을 갖게 되었을까요? 유대인들은 항상 자신들을 하나님의 백성, 곧 언약 공동체의 멤버들이라고 자부하였습니다. 그들은 하나님이 특별히 사랑하셔서 거룩한 나라로 택하시고, 율법을 주셨으며, 죄를 속죄하는 방편으로 희생제사 제도를 제공하셨다고 믿었습니다. 그런데 1세기 당시의 이스라엘의 형편은 언약 백성으로서 약속된 복을 받은 것 같지 않았다는 것입니다. 신명기 30장에는 이스라엘 백성이 회개하고 이방인의 포로에서 돌아오게 될 때에 큰 복을 받게 될 것을 약속하였습니다.

> 너와 네 자손이 네 하나님 여호와께로 돌아와 내가 오늘 네게 명령한 모든 것을 온전히 따라 마음을 다하고 뜻을 다하여 여호와의 말씀을 청종하면 네 하나님 여호와께서 마음을 돌이키시고 너를 긍휼히 여기사 포로에서 돌아오게 하시되 … 여호와께서 또 네게 선을 행하사 네게 네 조상들보다 더 번성하게 하실 것이며… 너를 다시 기뻐하사 네게 복을 주시리라 (신 30:2~10).

하나님께서는 과연 이스라엘 백성을 바벨론 포로에서 고국으로 돌아오게 하셨습니다. 그러나 바벨론 포로에서 해방되었지만 예고된 독립과 번영은 오지 않았습니다. 그들은 포로의 종식이 마음의 할례를 가져오고, 토라를 준수하며, 여호와를 사랑하는 신정국가의 이상을 실현시킬 것으로 기대했습니다(신 30:6~20). 그러나 이스라엘은 여전히 이방나라의 지배를 받고 있었으므로 포로 시기가 끝나지 않은 저주 아래 산다고 생각했다는 것입니다. 그래서 그들은 하나님께서 자기 백성이 옳다는 것을 변호해 줄 심판날을 고대하였는데 바울이 그리스도의 십자가 사건을 해답으로 내놓았다는 것입니다.

라이트에 의하면 "그리스도께서 우리를 위하여 저주를 받은 것은"(갈 3:13) 예수님이 자기 백성을 대신하여 받는 대리적 속죄를 위한 수난 사건이 아닙니다. 바울이 말하는 것은 이스라엘이 국가적으로 경험하고 있는 포로의 저주라는 것입니다. 다시 말해서 '율법의 저주'가 하나님과의 사귐과 축복의 단절이 아니고, 이스라엘이 집단적으로 경험하는 포로의 저주라는 것입니다(N.T. Wright, Galatians, p. 33). 그래서 그리스도의 십자가는 예수님이 이스라엘을 대신하여 받은 율법의 저주이며 동시에 포로의 종식을 뜻하는 승리였다고 말합니다.

> 메시아이신 예수의 십자가에서 포로의 저주가 극점에 이르렀으며 단번에 처리되었다. 그래서 언약 갱신이 하나님이 항상 의도하신 대로 흘러나오게 되었다(The climax of the covenant p. 141).

라이트는 바울의 칭의교리는 신약에서 그다지 큰 비중을 차지하지 않는다고 말합니다. 그는 칭의가 일차적으로 인간의 죄악과 죄책에 대한 것이 아니라고 보기에 그리스도의 속죄 사역에 대한 직접적인 충분한 설명을 하지 않습니다. 그가 지적하는 것은 그리스도의 죽음과 부활이 이스라엘의 포로와 회복을 예시한다는 것입니다. 이것들은 아브라함에게 주셨던 하나님의 언약의 약속들이 온 세상으로 확대되어 세계적인 언약 공동체가 형성된다는 의미라고 봅니다.

그러나 "율법의 저주에서 우리를 속량"하신 것은 민족적 해방이라는 정치적 독립이나 언약 공동체의 확장이 아니고 죄와 하나님의 진노로부터 해방되는 구속사적 사건이었습니다. 바울은 율법의 저주를 행위로 의롭게 되려는 불가능한 시도와 관련해서 언급했기 때문입니다. 바울이 말한 것은 예수님의 대리적 저주와 죄로부터의 속량이었습니다. 물론 당시의 이스라엘 백성이 로마의 압제를 받고 있었지만 그것을 율법의 저주로 보거나 포로 시기의 연속으로 여겼는지는 확신할 수 없습니다.

포로 주제는 신약에서 단 한 번 나옵니다. 마태복음 2:17-18절에서 인용된 예레미야 선지자의 메시지는 바벨론으로 잡혀가는 이스라엘 백성이 라헬의 무덤 앞을 지나갈 때 라헬이 그녀의 자녀들을 위해 애곡한다고 묘사합니다. 이것은 헤롯이 아기 예수를 죽이기 위해 베들레헴 지역의 어린아이들을 모두 살해하는 사건과 관련된 것입니다(렘 31:15). 본 사건은 이스라엘의 포로 시기가 계속되거나 여전히 포로의 저주 아래 있다는 이야기가 아닙니다. 바울은 갈라디아서에서 포로 주제를 내걸지 않았습니다. 그는 전가된 의는 분명하게 적시하였지만, 그리스도의 속죄를 국가적인 포로의 종식으로 보지 않았습니다.

그런데 예수님의 십자가 죽음이 라이트가 주장하듯이 이스라엘의 포로 생활을 종식시킨 승리의 사건이었다면 유대인에게 십자가가 그처럼 혐오스런 사건이 될 수 없었을 것입니다. 물론 바울이 그리스도의 십자가를 포로의 종식이라고 선포한 것을 백성이 믿지 않았다고 변호할 수 있을지 몰라도, 바울은 십자가를 언제나 그리스도의 대속적 속죄로 진술하였습니다.

> 그리스도께서 하나님 곧 우리 아버지의 뜻을 따라 이 악한 세대에서 우리를 건지시려고 우리 죄를 대속하기 위하여 자기 몸을 주셨으니 영광이 그에게 세세토록 있을지어다 아멘 (갈 1:4~5).

율법의 저주는 이스라엘 백성의 포로가 아니고 율법의 정죄이며 죽음의 심판입니다. 예수님이 율법의 저주가 되신 것은 십자가의 대리적 죽음을 의미하며 하나님의 진노가 거두어져서 율법의 장벽이 허물어지고 누구나 구원을 받을 수 있는 길이 열린 것을 가리킵니다(갈 3:13; 신 21:23).

6. 톰 라이트가 주장하는 율법의 행위는 어떤 것일까요?

> 또 하나님 앞에서 아무도 율법으로 말미암아 의롭게 되지 못할 것이 분명하니 이는 의인은 믿음으로 살리라 하였음이라 (갈 3:11).

칭의론을 둘러싼 논쟁의 핵심은 갈라디아서에 나온 "율법의 행위"가 무엇을 의미하느냐는 것입니다.

> 사람이 의롭게 되는 것은 율법의 행위로 말미암음이 아니요 오직 예수 그리스도를 믿음으로 말미암는 줄 알므로 우리도 그리스도 예수를 믿나니 이는 우리가 율법의 행위로써가 아니라 그리스도를 믿음으로써 의롭다 함을 얻으려 함이라 율법의 행위로써는 의롭다 함을 얻을 육체가 없느니라 (갈 2:16).

톰 라이트에 의하면 '율법의 행위'는 모세 율법의 일정 부분을 지킴으로써 의롭게 되려고 하는 것입니다. 할례, 절기, 안식일, 음식 규례 등은 모세 율법의 일부 의식들로서 이스라엘 민족의 특징을 드러냅니다. 이것들은 유대인과 이방인을 분리시키는 표준 잣대입니다. 라이트에 의하면 이러한 유대인의 특징적인 의식들은 이방인들을 제외시키는 역할을 하기 때문에 타락한 창조계를 치유하는 하나님의 목적을 방해합니다.

그런데 유대인과 이방인 사이의 구분은 예수님이 오시기 이전에는 유효했지만 이제는 우리가 할례, 성일, 음식 규례에 죽었기 때문에 양편의 구분이 사라졌습니다. 그래서 칭의는 이스라엘 역사의 완성자이신 예수님의 신실하심을 믿음으로써 하나님의 언약 백성이라는 선언을 받는 것을 의미한다고 말합니다. 얼핏 들으면 라이트의 칭의론은 종교개혁자들의 칭의론과 비슷한 듯하지만 사실은 전통적인 칭의교리와 사뭇 다른 이야기입니다.

라이트에 의하면 바울이 '율법의 행위'로 의롭게 되지 않는다고 한 말은 유대적인 일부 의식을 지키는 것으로 되지 않는다는 뜻입니다. 말을 바꾸면 이방인들이 언약 백성의 멤버가 되기 위해서 유대인처럼 살 필요가 없다는 것입니다. 즉, 바울은 율법으로 의롭게 되지 않는다고 말한 것이 아니라, 율법의 유대인적인 특징들에 의해서 의롭게 되지 않는다고 말했다는 것입니다. 즉, 바울이 반대한 것은 유대인과 이방인을 갈라놓는 할례나 음식 규례와 같은 의식법이 예수님이 오신 이후에도 계속해서 필요하다는 유대교의 주장이었다는 것입니다.

라이트는 바울이 '율법의 행위들'이라는 문구를 사용할 때 전통주의 해석에서처럼 구원을 공로로 획득하려는 율법주의적 행위들을 염두에 둔 것이 아니었다고 말합니다. 그에 의하면 바울이 반대한 것은 유대인의 경계 표시에 속하는 할례나 음식 규례 등을 언약 멤버십의 증표로 삼으려는 것이었습니다. 다시 말해서 율법의 행위는 유대인들을 이방인들과 구별시키는 언약 멤버십의 뱃지들입니다. 이것들은 유대인들을 이방인들로부터 분리시키기 위한 의식적 표지들이었습니다. 라이트에 의하면 바울은 모세법의 독특한 유대인적인 의식 규례가 언약 멤버십을 보장하지도 않고 더 이상 필요하지도 않다고 말했습니다. 그뿐만 아니라 그런 것을 사회적 용도의 울타리로 사용하여 이방인들을 언약 멤버십에서 제외시키려는 것을 반대했다고 봅니다.

라이트는 갈라디아서 2:16절이 인간의 행위가 칭의에 어떤 역할도 하지 않는다는 것을 말하려고 의도된 것이 아니라고 합니다. 바울은 전통적으로 생각한 자기 의의 수단으로서의 율법 사용을 반대한 것이 아니라 인종적 배타주의를 반대했다고 봅니다. 갈라디아서의 칭의는 그리스도를 믿는 자들은 모두 같은 식탁 교제를 공유한다는 것을 주장하는 비차별적 교리라는 것입니다.

새관점주의자들의 결론은 바울 당시의 유대교는 행위 의(義)에 근거한 구원론을 가르치지 않았다는 것입니다. 그들의 주장에 따르면 1세기 유대교는 이스라엘과 맺은 하나님의 언약에서 드러난 하나님의 선하심과 후한 은혜를 강조하였으며 율법 행위는 단지 언약 관계 속에 머물러 있다는 표시라는 것입니다. 이것은 하나님과의 교제 속으로 들어가는 근거를 세우는 것이 아니라 은혜로 세워진 언약 관계를 확인하기 위한 수단이었습니다.

톰 라이트는 바울의 칭의론을 전통적인 개신교 칭의론으로부터 탈피시켜 대중화시켰습니다. 그는 종교개혁자들이 '믿음으로 말미암는 의'에 대한 바울의 가르침을 오해했다고 봅니다. 그는 유대주의자들이 행위에 호소한 것은 율법주의가 아니라 왜곡된 민족주의라고 주장합니다. 바울이 말하는 '율법의 행위'는 죄인들이 어떻게 율법 준수로 하나님의 호의를 얻느냐는 것에 대한 것이 아니고, 하나님의 언약 약속이 오직 유대인들게만 해당한다는 민족주의적 편견이었다고 봅니다. 바울이 유대주의자들을 공격한 것은 민족적인 특권을 뽐내고 언약 약속이 이방인들에게도 해당한다는 것을 인정하지 않으려는 것이었습니다. 그래서 종교개혁자들이 칭의론을 논할 때 바울이 행위에 의한 율법주의를 반대한 것이라고 본 것은 칭의의 과장이며 오류라는 것입니다.

새관점 칭의론은 스탠달(Krister Stendahl, 1961)의 논문인 'Paul and the Introspective Conscience' 와 샌더스(E. P. Sanders 1977)의 Paul and Palestinian Judaism에서 제기된 주장들을 발전시킨 것인데 더 거슬러가면 루터의 대적이었던 가톨릭 주교였던 Johann Eck의 가르침을 반향합니다. 그는 '율법의 행위들'(the works of the law)을 할례, 성일, 음식 규례라고 했습니다.

그런데 과연 바울이 '율법의 행위'가 단지 유대인의 표지인 할례나 성일 및 음식 규례 등에 그친다고 말했을까요? 바울이 의미한 것은 그 이상이라고 보아야 합니다. 바울이 '율법의 행위'라고 했을 때 그 의미는 유대인 종교 문화의 영역을 표시하는(Jewish boundary-markers) 의식이나 음식 규례만을 염두에 둔 것이 아닙니다. 그는 "내가 할례를 받는 각 사람에게 다시 증언하노니 그는 율법 전체를 행할 의무를 가진 자라"(갈 5:3)고 했습니다. 할례나 음식 규례 등에 대한 논란은 갈라디아 교회의 특수한 상황에서 분명 중요한 이슈였습니다. 그래서 유대주의자들이 주로 유대인의 종교 문화에 관한 것을 염두에 둔 것은 사실이지만, 그렇다고 하여도 '율법의 행위'를 전적으로 의식적인 것으로 감량시키는 것은 정당화될 수 없습니다. 바울이 율법에 죽었다(갈 2:19)고 했을 때는 모세 시스템 전체로부터의 죽음과 자유를 선포한 것이었습니다.

바울은 죄인이 예수 그리스도의 십자가 대속을 믿을 때 의롭게 된다고 하였습니다. 그는 예수님 이외에 그 어떤 것도 덧붙이지 않았습니다. 우리는 율법의 행위가 아닌, 그리스도의 대속을 믿고 의롭다는 인정을 받습니다.

라이트가 말하는 '율법의 행위'는 유대인 영역 표시에 해당하는 일부 모세법의 규정에 제한된 것입니다. 그는 바울이 언급한 '율법의 행위'란 갈라디아 교인들이 하나님의 언약 백성의 멤버가 되기 위해서 유대인적인 의식들은 지키지 않아도 된다는 뜻이었다고 봅니다. 그럼 왜 이런 식의 해석이 나온 것일까요? 새 관점은 1세기 유대교가 행위로 구원을 확보하려는 율법 종교가 아니고 은혜 종교였다고 주장합니다. 그래서 '율법의 행위'는 유대인의 민족적 특징을 드러내는 아이디(ID, identification)였지 그런 의식들을 지킴으로써 의롭게 되려고 한 것이 아니라는 것입니다. 그들이 보인 '율법의 행위'는 언약 백성의 멤버로 들어가려는(getting in) 것이 아니고 언약 백성의 멤버로 머물러 있는(staying in) 증거라는 것입니다.

그럼 과연 이것이 갈라디아 교인들의 문제였을까요? 바울은 '율법의 행위'를 모세 율법 전체를 가리키는 의미로 사용하였습니다. 그는 갈라디아 교인들이 유대주의자들의 유혹을 받고 율법으로 돌아가려는 위험을 직시하고 이를 강력하게 말렸습니다(갈 1:6~9). 그 까닭은 이방인들이 유대인의 영역 표시를 수용하여 유대인처럼 되려는 것은 모세 율법 아래로 들어가는 것을 의미했기 때문입니다. 이것은 은혜 구원의 역행이며 오직 믿음으로 받는 칭의의 부정이었습니다.

1세기 당시의 유대교 안에는 여러 그룹의 종파가 있었습니다.

그들은 쿰란 공동체처럼 자기 그룹에 들어와서 자체적으로 만든 공동체 규칙들을 지켜야 언약 멤버가 된다고 하였습니다. 그들의 언약 공동체의 아이디(I.D)는 단순히 그들을 이방인들과 구별 짓는 것만이 아니고 할례처럼 믿음과 경건의 표시였습니다. 이러한 경계 표시들은 자신들이 다른 공동체 멤버들보다 도덕적으로 우월하다는 것을 드러내었고 자기 공동체에 대한 자부심과 함께 행위 종교로 발전하게 되었습니다(Seifrid, 'Pauline Gospel in a postmodern Age.' p.196-197).

바울 당시의 일부 유대인들이 하나님의 구원을 은혜로 보고 감사의 답례로서 율법을 지킴으로써 언약 공동체에 속했다는 것을 증시했다 하여도, 행위로 하나님의 인정을 받고 스스로 구원을 이루려는 인간의 노력은 시대를 초월하는 인류의 공통된 성향입니다.

율법 준수를 통한 행위 구원은 바울 당시의 유대교와 일반 백성 가운데서 보편적이었다는 것은 성경 자체의 증언에서도 충분히 입증될 수 있습니다. 바울은 모세법의 준수나 인간의 어떤 선행으로 의롭게 될 자가 없다는 것을 여러 번 강조하였습니다. 우리가 의롭게 되는 것은 오직 믿음에 의한 것이지 「믿음+행위」가 아니라고 하였습니다. 칭의는 행위가 없는 경건하지 않은 자들에게 거저주는 하나님의 행위입니다(갈 2:16; 롬 4:5). 갈라디아 교인들은 믿음에 율법의 행위를 추가시킴으로써 칭의를 더 충분하게 확보할 수 있다는 유대주의 교사들의 유혹을 받았습니다. 그래서 바울은 "무릇 율법 행위에 속한 자들은 저주 아래 있다"(갈 3:10)고 경고하였습니다. 누구도 하나님 앞에서 자신의 공로를 인정받을 수 있을 만큼 율법을 완전하게 지킬 수 없습니다.

그러므로 율법의 행위로 그의 앞에 의롭다 하심을 얻을 육체가 없나니 율법으로는 죄를 깨달음이니라. (롬 3:20).

✻ 바리새인과 세리의 바유에서 지적된 죄는 유대인의 민족적 특권들에 대한 자랑만이 아니고 자신의 도덕적 우월성에 대한 자기 의의 자랑도 포함되었습니다. 이것은 당시의 유대인들이 은혜 구원에 의지하지 않고 행위 구원에 의존했음을 반증합니다. 바리새인은 십일조도 내고 안식일도 엄수하고 착취나 간음을 행하지 않았지만 의롭다는 인정을 받은 자는 그가 아니고 아무 공로가 없이 가슴을 치며 하나님의 자비를 바랐던 세리였습니다(눅 18:9~14).

그러나 새관점 학파는 이런 종류의 자기 의는 예수님과 바울 당시의 유대교의 문제가 아니었다고 봅니다. 하지만 성경의 명백한 증언을 21세기 일부 학자들의 신학적 틀에 맞추어 재해석하거나 부정하는 것은 정당시될 수 없습니다.

만약 1세기 유대교가 은혜 종교였고 공로신학의 영향이 초대교회에 잠식하지 않았다면 바울은 그처럼 강력하게 행위가 아닌 하나님의 은혜로 구원받는다는 사실을 거듭해서 역설할 필요가 없었을 것입니다. 바울은 로마서와 갈라디아서뿐만 아니라 에베소서에서도 같은 주장을 하였습니다.

너희는 그 은혜에 의하여 믿음으로 말미암아 구원을 받았으니 이것은 너희에게서 난 것이 아니요 하나님의 선물이라 행위에서 난 것이 아니니 이는 누구든지 자랑하지 못하게 함이라 (엡 2:8~9)

목회서신에도 마찬가지입니다.

> 하나님이 우리를 구원하사 거룩하신 소명으로 부르심은 우리의 행위대로 하심이 아니요 오직 자기의 뜻과 영원 전부터 그리스도 예수 안에서 우리에게 주신 은혜대로 하심이라 (딤후 1:9)

> 우리를 구원하시되 우리가 행한 바 의로운 행위로 말미암지 아니하고 오직 그의 긍휼하심을 따라 중생의 씻음과 성령의 새롭게 하심으로 하셨나니 … 우리로 그의 은혜를 힘입어 의롭다 하심을 얻어 영생의 소망을 따라 상속자가 되게 하려 하심이라 (딛 3:5).

칭의는 하나님께서 의롭지 않은 죄인을 그리스도의 의를 입혀서 의롭다고 여기는 것입니다. 칭의는 그리스도를 자신의 대속주로 믿는 자들에게 그리스도가 가진 의로운 신분을 수여하고 무죄라고 판결하는 법정적 선포입니다. 칭의는 하나님이 결정하시는 것으로서 나 자신의 공로나 노력과 아무 상관이 없습니다. 칭의 교리는 구원이 오직 믿음으로 거저 받는 하나님의 선물이라는 사실을 역설하는 복된 소식입니다. 칭의 교리는 중세기 가톨릭 교회에서 오랫동안 가려져 있다가 16세기 종교개혁자들에 의해 발견되었고 강력한 부흥을 일으키는 불씨가 되었습니다. 유감스럽게도 지금은 상황이 달라져서 칭의 교리의 기본 개념인 그리스도의 의의 전가(imputation)를 부정하거나 구원은 오직 믿음만으로 받는 것이 아니라 마치 선행이 믿음으로 말미암는 칭의를 보강하는 듯한 주장이 제기되고 있습니다.

그럼 예수 그리스도의 전가된 의가 칭의라는 전통적 해석은 옳은 것일까요? 바울은 반복하여 칭의가 믿음으로 넘겨받는 하나님의 은혜의 선물임을 강조하였습니다.

그러므로 사람이 의롭다 하심을 얻는 것은 율법의 행위에 있지 않고 믿음으로 되는 줄 우리가 인정하노라 (롬 3:28).

일을 아니할지라도 경건하지 아니한 자를 의롭다 하시는 이를 믿는 자에게는 그의 믿음을 의로 여기시나니 (롬 4:5).

바울의 칭의관은 바리새인과 세리의 비유에서 드러난 예수님의 칭의 개념과 일치합니다(눅 18: 9~14). 우리는 그리스도를 믿음으로써 의롭게 됩니다. 우리는 선행으로 의롭게 되지 않습니다. 유대인의 종교 문화적인 측면의 율법은 제쳐두고 율법의 큰 부분들을 지킨다고 하여도 의롭게 되지 않습니다.

바울은 갈라디아서 3:17절에서 율법이 언약을 폐기하지 못한다고 했을 때 그는 모세 시스템 전체를 염두에 두고 있었습니다. 또한 "믿음이 오기 전에 우리는 율법 아래에 매인 바 되고 계시될 믿음의 때까지 갇혔느니라"(갈 3:23)고 했을 때에도 단순히 유대인의 특징적인 몇몇 의식법의 지배를 받았다는 의미는 아니었습니다. "내가 율법으로 말미암아 율법에 대하여 죽었다"(갈 2:19)고 했을 때에도 유대인의 영역 표시에 해당하는 부분에서만 죽었다는 뜻이 아니고 율법 전체에 죽었다는 뜻이었습니다. 바울이 '율법의 행위들'이라고 한 것은 율법(토라)의 모든 체계에 순종함으로써 의로운 삶을 살려는 진지한 시도를 가리킨 것이었습니다. 그의 포인트는 이러한 율법 준수가 종교 문화적인 의식이든지 도덕적인 것이든지 칭의의 근거가 될 수 없다는 것이었습니다. 바울은 사실상 칭의의 수단으로서 율법 전체의 유효성을 부정했을 뿐만 아니라 성도의 거룩한 삶을 위해서도 율법 전체를 밀어내었습니다. 바울에게는 율법은 칭의의 수단도 아니고(갈

2:21) 성화의 수단도 아니었습니다.

그러므로 사람이 의롭다 하심을 얻는 것은 율법의 행위에 있지 않고 믿음으로 되는 줄 우리가 인정하노라 (롬 3:28).

너희가 이같이 어리석으냐 성령으로 시작하였다가 이제는 육체로 마치겠느냐 (갈 3:3).

육체로 마친다는 말은 인간의 노력과 공로를 말합니다. 그의 요점은 구원으로 '들어가는 것' (getting in)과 '머무는 것'(staying in)이 모두 은혜로 된다는 말입니다.

또한 그로 말미암아 우리가 믿음으로 서 있는 이 은혜에 들어감을 얻었으며 하나님의 영광을 바라고 즐거워하느니라 (롬 5:2).

그러니까 은혜 안에 들어간 자는 계속해서 은혜 안에서 머물러 있다는 것입니다. 바울이 왜 이런 식으로 말했을까요? 바울 당시에 [믿음 + 행위 신학] (a faith plus works theology)이 퍼져 있었다는 증거입니다. 그래서 바울은 구원이 오직 믿음으로 받는 하나님의 은혜라는 것을 재천명할 필요가 있었습니다.

7. 톰 라이트는 언약이 칭의의 핵심이라고 봅니다.

라이트에 의하면 갈라디아 교회들의 오류는 그들의 신분에 대한 새로운 기반을 찾으려고 한 것입니다. 그들은 메시아 공동체의 일원이라는 신분 확인을 위해 할례를 받음으로써 이스라엘의 공동체 멤버가 되려고 하였습니다(Galatians, p. 29). 다시 말해서 그들은 유대인이 되려고 하였고 메시아의 새 가족 멤버십보다는 종교 문화적이고 인종적으로 표시되는 멤버십을 선호하였습니다. 이러한 성향은 갈라디아교회의 침입자들이 유포하는 할례, 안식일, 절기, 음식 규례 등에 대한 가르침을 따르려는 시도였다는 것입니다.

라이트에 의하면 1세기 당시의 유대인들은 자신들이 아직도 포로생활을 한다고 생각했다는 것입니다. 그래서 그들은 로마로부터의 구출이 곧 실현될 것이라는 소망에 집중하였습니다. 그들의 관심은 하나님과의 개인적인 관계가 아니라 하나님께서 이스라엘을 어떻게 구출하실 것인지에 쏠려 있었습니다. 그들의 마음속에는 특별히 다니엘서 9장 4절에서 언급된 '언약'을 지키시는 하나님에 대한 소망이 있었다고 합니다.

> …주의 계명을 지키는 자들을 위하여 언약을 지키시고 그에게 인자를 베푸시는 이시여 (단 9:4).

라이트는 이 구절을 핵심 텍스트로 삼고 칭의를 언약에 결착시킵니다. 그는 '하나님의 의'를 이스라엘과 창조계를 궁극적으로 구출하기 위한 하나님 자신의 언약적 투신이라고 정의합니다(God's commitment: Justification p. 46). 그러나 바울 서신에는 '언약'이라는 단어가 별로 나오지 않음에도 라이트는 언약이 칭의의 중심이라고 봅니다. 그러나 신약에서 언약이 나오는 본문들에서 칭의도 함께 나오는 경우는 없습니다.

✻ 예를 들어 바울은 로마서 10장에서 칭의를 논하면서도 언

약에 대한 언급은 하지 않았습니다. 갈라디아서 2:16-22절에서도 칭의를 진술했지만 언약에 대한 말은 없습니다. 신약에서는 칭의와 언약이 함께 엮어지지 않았습니다. 바울은 언약을 대부분 대조하기 위해서 복수로 사용했습니다(롬 9:4; 고후 3:6, 14; 갈 4:24; 엡 2:12).

라이트는 언약이 마치 구속사 전체를 점철하는 단일 언약인 듯이 사용하므로 혼란을 일으킵니다. 그는 언약을 하나로 보기 때문에 아브라함과 맺은 하나님의 언약과 모세 율법 언약을 구분하지 않습니다. 고린도후서 3:6절과 14절에서 언약이라는 단어가 사용되었지만 새 언약을 모세 언약과 대조시킨 것이었습니다.

아브라함 언약은 오직 믿음으로 의롭게 되는 구원을 가리키고 모세 율법 언약은 행위에 의해 이스라엘 백성이 의로운 백성이 되는 것을 가리킵니다. 그러나 율법 언약은 이스라엘 국가에게 준 잠정적 신정법이었으며 율법 준수가 가져오는 복은 국가적 차원의 안녕이었습니다. 언약은 맹세로 확증되고 확보되는 약속입니다. 언약과 맹세는 성경에서 동의어입니다(John Murray, Michael Eaton, 참조. 히브리서 강해 16장, 언약과 하나님의 맹세, 이중수 지음, 근간).

아브라함 언약에서는 하나님이 믿음으로 말미암는 칭의의 약속을 맹세로 날인하셨습니다. 그러나 모세 언약에서는 하나님이 맹세하시지 않았습니다. 백성이 언약 준수를 맹세했지만 지켜질 수 없었습니다. 이것은 모세 언약이 처음부터 칭의 구원의 길이 아니었음을 드러낸 것입니다. 율법은 그리스도가 오실 때까지만 이스라엘에 적용된 임시 방편이었습니다(갈 3:19). 따라서 모세 언약을 아브라함 언약과 함께 다루는 것은 믿음으로 말미암는 칭의의 본 뜻을 흐리게 합니다. 바울은 아브라함 언약과 모세 언약을 하나로 보지 않고 시대적인 전환점으로 대조시켰습니다(갈 3:16-29; 비교. 렘 31:32).

라이트의 key chapter는 창세기 15장입니다. 그는 하나님께서 세계 가족을 구원하는 소명을 위해 아브라함과 언약을 맺으셨다고 말합니다. 그러나 아브라함은 하나님과 언약을 맺기 이전에 이미 의롭게 되었습니다. 창세기 15:6절은 "아브람이 주님을 믿으니, 주님께서는 아브람의 그런 믿음을 의로 여기셨다"(새번역)고 했습니다. 이것은 칭의에 대한 완결된 진술로서 아브라함은 그 시점에서 의롭다고 여겨졌습니다. 한 가지 주목할 것은 아브라함이 칭의의 선언을 받았을 때 그는 개인이었고 공동체적인 것은 아무것도 없었다는 사실입니다. 그런데 아브라함이 언약이 비준되는 하나님의 맹세를 받은 것은 창세기 22장에서 일어났습니다. 그래서 칭의가 언약 맹세를 향하게 하는 화살표라면, 신실한 믿음과 순종은 언약 맹세의 목표에 닿게 하는 원동력입니다. 칭의와 언약은 선후 관계가 있지만 동일하지 않은 구별된 주제들입니다.

라이트는 하나님이 주시는 약속의 오퍼가 곧 언약이라고 보는 듯합니다('The promises made to Abraham was a covenant.' Justification, p. 111). 이렇게 보는 것은 약속이 꾸준한 믿음과 인내로 확실하게 성취될 것을 보장하는 언약 맹세(covenant-oath)의 특성을 고려하지 않았기 때문입니다. '약속'은 맹세가 취해지기 전에는 조건부며 취소될 수 있습니다. 아브라함은 칭의 선언 후에 하나님의 약속을 들었지만 그 약속의 성취는 자동적이 아니고 모리아 산정에서의 높은 레벨의 순종의 테스트를 거쳐서 이루어졌습니다. 언약 관계의 절정은 하나님께서 우리의 순종 때문에 복주실 것을 맹세하는 것입니다.

> 여호와께서 이르시기를 내가 나를 가리켜 맹세하노니 네가 이같이 행하여 네 아들 독자도 아끼지 아니하였은즉 내가 네게 큰 복을 주고… 네 씨로 말미암아 천하 만민이 복을 받으리니 이는 네가 나의 말을 준행하였음이니라 하셨다 하니라 (창 22:16~18).

이것은 하나님께서 약속하신 유업을 받고 안식에 들어가는 것을 의미합니다(히 4:9~11). 따라서 약속과 언약은 구별되어야 합니다. 다시 말해서 언약은 하나님의 후한 맹세로 확정되는 유업의 획득입니다. 히브리서의 저자는 이러한 약속의 성취를 위해서 한결같은 믿음과 인내를 발휘해야 한다고 권면합니다(히 6:12).

✲ 아브라함은 맹세가 주어진 언약이 어떻게 작용하는지에 대한 모델 케이스입니다.

⇨처음에 그는 의롭게 되었습니다(창 15:6).

⇨그 다음 그는 약속을 받았습니다. 그러나 이 약속은 칭의가 아닙니다. 그는 약속을 받기 전에 이미 의롭다는 선언을 받았기 때문입니다.

⇨그다음 그는 하나님께 자신이 받은 약속이 실현될 것을 어떻게 알 수 있느냐고 물었습니다(창 15:8). 이 시점에서 하나님은 언약 절차를 밟기 시작하였습니다(창 15:9~21). 그러나 언약 맹세는 아직 주어지지 않았습니다. 언약 맹세가 주어진 때는 아브라함이 모리아 산정에서 이삭을 바치는 극치의 순종 이후였습니

다(창 22:15–18). 언약은 맹세에 의해서 확보되는 서약입니다(왕하 11:4; 느 5:12; 겔 16:59; 17:13, 16, 18). 그런데 인간의 맹세는 깨어질지라도 하나님의 맹세는 취소되지 않고 반드시 성취됩니다.

✻ 다윗에게 준 맹세는 그의 후손으로 태어날 메시아의 약속을 마침내 실현시켰습니다(시 89편; 마 1:1).

✻ 멜기세덱의 제사장직도 맹세로 된 것이므로 예수 그리스도의 제사장직은 영원합니다(히 7:14~17, 20~21).

우리의 칭의 구원은 보장된 것입니다. 하나님께서 아브라함에게 맹세하신 것은 그에게 주신 약속들이 하나도 땅에 떨어지지 않고 모두 성취될 것이라는 보장이었습니다. 아브라함이 받았던 약속 중에 가장 중요한 요소는 씨에 대한 약속입니다. 씨는 후손인데 궁극적으로 예수 그리스도입니다. 그런데 하나님의 맹세에 의해 아브라함의 자손으로 오신 주 예수 그리스도를(마 1:1) 믿는 자들이 모두 아브라함의 후손이며 하나님의 자녀입니다(갈 3:6~7; 요 1:12).

환언하면 믿음에 의한 아브라함의 후손이 받는 구원은 영원히 보장된 것입니다. 하나님께서 아브라함에게 믿음의 후손에 대한 약속의 성취를 맹세하셨기 때문입니다. 아브라함은 자신의 유업을 맹세로 보장받았기 때문에 하나도 상실하지 않습니다. 그래서 우리의 구원은 상실되지 않습니다. 이것은 하나님의 맹세로 확정된 것이기에 우리의 행위와 상관없이 은혜로 받는 영원한 구원입니다.

마찬가지로 예수님은 하나님의 맹세로 영원한 대제사장이 되셨습니다. 그는 대제사장으로서 자기의 피를 우리를 위해 영원한 속죄제물로 바쳤습니다(히 9:11~12). 우리가 그리스도의 십자가 대속을 믿는 순간에 우리의 구원은 확보됩니다. 예수께서 하나님의 맹세로 대제사장이 되셨기 때문에 그가 바친 언약의 피는 우리의 모든 죄를 씻고 의롭다는 선언을 받게 합니다. 우리의 구원은 아브라함과 예수님께 준 하나님의 맹세에 의해서 영원히 보장되었습니다.

이것이 우리가 구원을 확신할 수 있는 근거입니다. 우리는 톰 라이트가 주장하듯이, 사후에 우리의 행위에 따라 구원을 확정받는 것이 아니고 현재 이 땅에서 아브라함과 예수님께 주신 하나님의 맹세에 근거해서 받습니다. 그래서 우리는 아브라함과 예수님에게 주신 하나님의 맹세를 기억하고 우리의 영원한 구원의 안전을 확신해야 합니다.

한편, 우리는 영원한 구원의 안전과 개인적으로 하나님의 맹세를 체험하는 것을 구별해야 합니다. 전자는 우리가 주 예수를 믿을 때부터 시작되는 확신이고 후자는 그러한 구원의 확신에 바탕한 적용입니다. 즉, 하나님의 후한 맹세를 체험하기 위해 꾸준한 믿음과 오래 참음으로 약속된 유업을 확보해 나가는 것입니다. 이것이 언약의 약속을 획득하는 방법입니다. 하나님께서는 아브라함에게 크고 많은 유업을 약속하셨습니다. 아브라함은 장기간의 순종 끝에 이러한 유업의 확보에 대한 하나님의 맹세를 받고 안식에 들어갔습니다.

우리도 칭의의 선언을 받은 후에 꾸준한 믿음과 오래 참음으로 우리의 유업을 확보하는 하나님의 맹세를 체험해야 합니다. 하나님께서는 우리 각자의 삶에서 성취시켜야 할 선한 일들에 대한 유업의 상을 준비하고 기다리십니다(엡 2:10). 히브리서 11장에 열거된 믿음의 영웅들도 우리처럼 연약하여 넘어지기도 하고 뒷걸음질도 쳤지만 꾸준히 주 예수께 나아가 힘을 얻고 마침내 하나님의 맹세를 체험하고 안식에 들어갔습니다.

예수님은 많은 자녀들을 이러한 하늘의 상이 쌓이는 영광으로 데리고 가시는 중입니다(히 2:10). 예수님도 자신의 상을 받으시고 하나님 우편에서 우리를 위해 중보하십니다. 완전하고 영원한 대제사장이 하늘 성소에서 우리를 향해 날마다 새 언약의 많은 약속들을 유업으로 받으라고 격려하십니다. 이것이 '언약'의 의미입니다. 칭의 구원으로 모든 것이 끝나지 않습니다. 하나님께서는 주 예수를 통하여 우리를 죄와 사망과 정죄로부터 구원하셨습니다. 그러나 거기서 그치지 않고 우리를 계속 '유업'의 길로 인도하십니다. 주님은 우리가 더 높은 레벨의 영광이 기다리는 새 언약의 유업을 신실한 믿음과 오래 참음으로 받아 누림으로써 영원한 구원과 하나님의 사랑과 능력을 더욱 확신하기를 원하십니다. 이것이 언약 신앙의 핵심입니다.

십자가가 복음의 중심입니다. 주님은 성찬 때 그의 살과 피를 상징하는 성찬의 의미를 절대로 잊지 말고 기념하라고 하셨습니다. 십자가가 초점입니다. 예수님이 우리 대신 형벌을 받으신 것은 우리가 받아야 할 형벌이 없어졌다는 뜻입니다(고후 5:21).

> 그리스도께서 우리를 위하여 저주를 받은 바 되사 율법의 저주에서 우리를 속량하셨으니 기록된 바 나무에 달린 자마다 저주 아래에 있는 자라 하였음이라(갈 3:13).

그런데 나의 죄가 예수께 옮겨졌을 뿐만 아니라 예수님의 완전한 의가 우리에게 넘어왔습니다. 내가 주 예수를 믿는 순간에 예수님의 십자가는 효력을 발생하여 예수님의 의를 받고 하나님의 자녀가 되는 새로운 신분을 받습니다. 성경은 이것을 의롭게 되었다고 합니다. 나의 죄는 십자가 피로 씻겨지고 예수 그리스도의 의로 덮입니다. 하나님은 나를 죄인으로 보시지 않습니다. 하나님은 나를 정죄하시지 않고 지옥에 갈 자로 보시지 않습니다. 710

우리의 죄는 예수님이 지고가시고 예수님의 완전한 의는 우리에게 넘어와서 우리는 하늘 법정에서 의롭다는 선언을 받았습니다. 칭의 복음은 톰 라이트를 위시한 새관점학파들의 주장처럼 누가 하나님의 언약 공동체의 멤버인지를 알리는 것이 아니라, 하나님께서 우리를 그리스도의 속죄피로써 어떻게 구원하시는지를 알리는 복음의 계시입니다. 우리는 그리스도의 의를 입고 하나님 앞에 서 있습니다. 그리고 언젠가는 우리의 연약함을 벗고 마지막 영광의 날에 새몸을 받고 주 예수의 모습처럼 변화될 것입니다(요일 3:2~3).

하나님께서는 일찍이 선지자들을 통해 새 언약을 약속하셨습니다(렘 31:33~34; 겔 36:25~27; 히 8:8~13). 드디어 예수님이 오셔서 제자들과 가졌던 유월절 식탁에서 자신의 새 언약을 선포하셨습니다. 우리는 이 새 언약의 약속들을 유업으로 향유하기 위해 하나님을 기쁘게 해 드리는 삶을 살아야 합니다(참조. 히 8:10~11). 물론 선행은 우리의 구원을 확정하지 않습니다. 칭의 구원은 우리의 선행에 따라 사후에 비로소 결정되지 않습니다. 그러나 주 예수를 위한 선한 삶은 새 언약의 약속들을 유업으로 받게 할 뿐만 아니라 착하고 충성된 종이라는 하나님의 칭찬을 받게 합니다. 언약은 하나님의 맹세가 발생하는 지점에서 불변의 복으로 확보됩니다. 이것은 행위에 의한 칭의가 아니고 믿음과 오래 참음으로 받는 유업의 상입니다. 이것이 언약 관계의 절정이며 유업 신앙의 목표입니다.

맺음말

톰 라이트의 칭의론은 과연 옳은 것일까요? 위에서 살펴보았듯이 그의 칭의론은 1세기 유대교의 역사적 해석과 새관점주의의 기본 아이디어를 발전시켜 재구성한 비전통적 해석입니다. 그런데 그의 칭의론은 단순히 종교개혁자들의 칭의론과 다르기 때문에 비판을 받아야 하는 것은 아닙니다. 그의 칭의론은 전통적 칭의론이 간과한 몇 가지 중요한 측면들을 지적합니다. 그의 칭의론의 주된 결함은 바울이 강조한 '오직 은혜'에 의한 칭의교리를 이스라엘 언약 공동체의 멤버가 되는 것으로 전향시킴으로써 개인 구원과 그리스도의 속죄와 전가 교리를 약화시킨 것입니다(What Saint Paul really said, 133). 또한 행위를 사후 심판의 최종 판결에 포함시킨 것도 오직 믿음으로 말미암는 칭의 구원의 확신을 불안정하게 만듭니다.

그럼에도 톰 라이트가 주창하는 칭의의 사회적 함의와 차별이 없는 칭의의 보편성과 지구 갱신을 향한 언약 공동체의 소명과 예수님의 주되심과 성령에 의한 새 삶의 실현 등은 우리에게 긍정적 도전이 됩니다. 하지만 중요한 것은 칭의의 스케일보다 칭의의 출발점이 무엇이냐는 것입니다. 칭의는 우주적인 목표와 적용을 가졌을지라도 개인이 그리스도의 속죄를 믿고 구원받는 것이 우선이어야 합니다. 라이트는 "칭의의 아이디어는 개인적인 구원론에 속하는 것이 아니고 누가 하나님의 언약 가족의 멤버인지를 하나님이 확인하는 문맥에서 이해되어야 한다."(Wright, Climax of the Covenant. p.203)라고 주장합니다. 그는 죄와 십자가도 개인이 아닌 공동체의 문맥에서 다루었습니다. 물론 전세계적인 교회 공동체의 중요성을 인정해야 합니다. 그럼에도 바울은 여전히 나를 사랑하여 나를 위해 자신을 내어주신 주님을 강조하였습니다(갈 2:20). 칭의는 그리스도가 나의 대속주라는 사실을 믿고 내가 주님의 의로운 자녀가 되었다는 확신이 우선시될 때에만 언약 공동체로서의 교회의 역할과 죄에 물든 지구의 운명을 갱신하는 소명이 제자리를 잡게 될 것입니다.